हिन्दी नवजागरण का आर्थिक चिन्तन

[आलोचना]

हिन्दी नवजागरण का आर्थिक चिन्तन

जयसिंह 'नीरद'

राधाकृष्ण प्रकाशन

ISBN : 978-81-19989-67-6

हिन्दी नवजागरण का आर्थिक चिन्तन

पहला संस्करण : 2023

मूल्य : ₹995

प्रकाशक
राधाकृष्ण प्रकाशन प्राइवेट लिमिटेड
जी-17, जगतपुरी, दिल्ली-110 051
शाखाएँ : अशोक राजपथ, साइंस कॉलेज के सामने, पटना-800 006
पहली मंजिल, दरबारी बिल्डिंग, महात्मा गांधी मार्ग, प्रयागराज-211 001
1, अनमोल सोराबजी सन्तुक लेन, धोबी तलाव, मरीन लाइंस, मुम्बई-400 002
वेबसाइट : www.radhakrishnaprakashan.com
ई-मेल : info@radhakrishnaprakashan.com

मुद्रक
विकास कंप्यूटर एंड प्रिंटर्स
ट्रॉनिका सिटी-201 102

HINDI NAVJAGARAN KA AARTHIK CHINTAN
Criticism by Jay Singh 'Neerad'

वर्तमान हिन्दी आलोचना के
शलाका पुरुष
प्रोफेसर शंभुनाथ
को सादर

क्रम

आमुख : कुछ अलग से 9

प्रवेश 11

परिदृश्य, औपनिवेशिक शासन की विडम्बनाएँ और बदलता भारतीय जनमानस 53

हिन्दी नवजागरण का आर्थिक चिन्तन : पृष्ठभूमि और स्वरूपगत वैशिष्ट्य की पहचान 84

हिन्दी नवजागरण का आर्थिक चिन्तन : पूर्वार्द्ध 139

हिन्दी नवजागरण का आर्थिक चिन्तन : उत्तरार्द्ध 228

तब और अब 342

उपसंहार 364

सहायक ग्रन्थ सूची 380

कुछ अलग से

नवजागरण को लेकर हिन्दी में पर्याप्त विचार-विमर्श हो चुका है यह विचार-विमर्श घनत्व और विस्तार दोनों दृष्टियों से महत्त्वपूर्ण और प्रासंगिक है। विशेष रूप से डॉ. रामविलास शर्मा ने हिन्दी नवजागरण को हिन्दी प्रदेश की जातीय अस्मिता से जोड़कर व्याख्यायित और विश्लेषित किया, उसका अनेक दृष्टियों से महत्त्व है। यद्यपि बाद में हिन्दी की जातीय अस्मिता को लेकर विद्वानों ने प्रश्न भी उठाए किन्तु इसमें कोई सन्देह नहीं कि रामविलास जी ने हिन्दी नवजागरण को जातीय अस्मिता के परिप्रेक्ष्य में जो औदात्य और गरिमा प्रदान की उसका ऐतिहासिक महत्त्व है। इसके साथ ही अनेक विशिष्ट विद्वानों ने हिन्दी नवजागरण के स्वरूप, वैशिष्ट्य और प्रासंगिकता की अपने-अपने ढंग से पूरी गहराई के साथ पड़ताल की। किन्तु हिन्दी नवजागरण की यह पड़ताल उसके सामाजिक, सांस्कृतिक और राजनीतिक पक्षों तक सीमित रही। यहाँ यह उल्लेखनीय है कि हिन्दी नवजागरण का एक आर्थिक पक्ष भी है जिसको समझे बिना उसके समग्र स्वरूप को आत्मसात नहीं किया जा सकता।

दरअसल हिन्दी नवजागरण से जुड़े साहित्यकार सामाजिक-सांस्कृतिक विषयों पर विमर्श के साथ-साथ औपनिवेशिक सत्ता के उस चरित्र को भी उजागर करते हैं जो भारतीय किसानों, मजदूरों, शिल्पकारों और निम्न मध्यवर्ग का पूरी निर्लज्जता और निष्ठुरता के साथ आर्थिक दृष्टि से शोषण कर रहे थे। भारतेन्दु, पं. सदानन्द मिश्र (सारसुधानिधि), प्रतापनारायण मिश्र, प्रेमघन, बालकृष्ण भट्ट, माधवराव सप्रे, महावीर प्रसाद द्विवेदी, राधामोहन गोकुल, प्रेमचन्द आदि साहित्यकारों ने इस आर्थिक शोषण को सप्रमाण और अंग्रेजी सरकार के प्रति क्षुब्धता के साथ रेखांकित किया है। एक ओर तो ये लेखक औपनिवेशिक शासन के आर्थिक शोषण में लिप्त घिनौने चरित्र को सामने लाना चाहते थे तो दूसरी ओर पं. सदानन्द मिश्र, महावीर प्रसाद द्विवेदी और राधामोहन गोकुल जैसे साहित्यकार हिन्दी का अपना अर्थशास्त्र खड़ा करने की पहल कर रहे थे। हमें यह भी नहीं भूलना चाहिए कि दादाभाई नौरोजी, आर.सी. दत्त जैसे विद्वान भारत में अंग्रेजी शासन के आर्थिक शोषण पर आधारित तंत्र की अकाट्य प्रमाणों द्वारा पोल खोल चुके थे। 1885 से कांग्रेस भी अपने उद्भव काल से ही सरकार द्वारा किये गए भारतीय आर्थिक शोषण के बहुत से सवालों

को लेकर भारतीयों के साथ खड़ी थी। बाद में स्वदेशी आन्दोलन और गांधीजी की आर्थिक प्रश्नों से जुड़ी रणनीति अन्तत: देश की स्वतंत्रता के महत्त्वपूर्ण कारक बने। आशय यह कि सामाजिक और सांस्कृतिक अस्मिता से राजनीतिक अस्मिता तक की यात्रा में हिन्दी नवजागरण पूर्ववर्ती आर्थिक चिन्तन को आगे बढ़ाता हुआ भारतीय स्वतंत्रता का पथ प्रशस्त करता है। इसलिए यह आवश्यक था कि हिन्दी नवजागरण की आर्थिक चिन्तन की दृष्टि से पड़ताल की जाए। यह कृति इसी दृष्टि से किया गया एक विनम्र प्रयास है।

हमने हिन्दी नवजागरण के आर्थिक चिन्तन के अन्तर्गत जिन लेखकों, साहित्यकारों, पत्र-पत्रिकाओं को अपने विवेचन का विषय बनाया है उनके अतिरिक्त भी ऐसे लेखक, साहित्यकार और पत्र-पत्रिकाओं के सम्पादक हैं जिन्होंने आर्थिक चिन्तन की इस परम्परा को समृद्ध किया है। किन्तु सभी का उल्लेख और उनके आर्थिक चिन्तन की प्रस्तुति एक तो विस्तार-भय से नहीं की गई, साथ ही ऐसा करने से पुनरावृत्ति की भी आशंका थी। जो आर्थिक चिन्तन यहाँ प्रस्तुत किया गया है, उससे इस दौर की आर्थिक सोच का एक समग्र बिम्ब सामने आ जाता है और यही हमारा उद्देश्य भी था।

साहित्य का विद्यार्थी होने के नाते मेरे लिए यह निश्चय ही एक श्रमसाध्य कार्य था। आर्थिक-जगत में प्रवेश का मेरे लिए यह पहला अवसर था किन्तु जैसे-जैसे आगे बढ़ा विद्वानों की अनुकम्पा से पथ प्रशस्त होता गया। इस कार्य को पूरा करने में मुझे सात वर्ष लगे। किन्तु अब जब यह कार्य सम्पूर्ण होकर आपके हाथों में है, आपसे निवेदन है कि इस कार्य की जो भी उपलब्धियाँ हों उसे विद्वानों का प्रसाद मानें और जो दोष दृष्टिगत हों उनका दायित्व मुझ पर है।

आगरा के स्वनामधन्य साहित्यकार अग्रज स्वर्गीय प्रणवीर चौहान की स्मृति को नमन करता हूँ जिन्होंने अनेक सम्बन्धित ग्रन्थ जुटाने में विशिष्ट सहयोग प्रदान किया।

राजकमल प्रकाशन समूह के कर्ता-धर्ता बन्धुवर अशोक महेश्वरी का हृदय से कृतज्ञ हूँ जिन्होंने उत्साह और उदारतापूर्वक इस ग्रन्थ का प्रकाशन किया।

—जयसिंह 'नीरद'

प्रवेश

अपनी अनेक विशेषताओं के साथ भारतीय नवजागरण इसलिए महत्त्वपूर्ण है क्योंकि अतीत, वर्तमान और भविष्य—तीनों, इस जागरण की दृष्टि में हैं। अपने अतीत का पुनरविष्कार, वर्तमान की वास्तविक पहचान और भविष्य के लिए एक 'विज़न' तैयार करना इसके आधारभूत उद्देश्यों में सम्मिलित है। निश्चय ही इस उद्देश्य तक पहुँचना कठिन था क्योंकि इसके लिए विरासत में प्राप्त और तत्कालीन अवधारणाओं के दबावों से निपटना उसके लिए गम्भीर चुनौती था। अपने वर्तमान की अपेक्षानुसार बदलाव के लिए जहाँ उसे अपने अतीत की पुनर्व्याख्या करनी थी, वहीं भविष्य को गढ़ने के लिए उसे वर्तमान का सधा हुआ उपयोग करना था। अपनी परम्परा के अन्तर्विरोधों तथा उपनिवेशवाद के पूर्वग्रहों की काई छाँटते हुए काल की प्रवहमानता में आत्मपहचान को उभारना भारतीय नवजागरण के लिए ऐतिहासिक चुनौती से कम नहीं था। इसलिए इस दौर के जागरण को जागरण न कहकर 'नवजागरण' कहा जाता है। भारत में इससे पहले जो भी सांस्कृतिक जागरण सम्पन्न हुए उनमें सांस्कृतिक अन्तर्दृष्टि तो मौजूद थी किन्तु आधुनिकता और राष्ट्रीयता को एक बिन्दु पर संक्रमित किये जाने की छटपटाहट केवल भारतीय नवजागरण की देन है। इस दौर में परम्पराएँ टकराती कम हैं, आत्मनिरीक्षण से अपने पुनरविष्कार की कोशिश अधिक करती हैं। वस्तुतः भारतीय नवजागरण की मौलिकता, आधुनिकता और राष्ट्रीयता को परम्परा से पाई विरासत का सजग उपयोग करते हुए आधुनिकता और राष्ट्रीयता को एक बिन्दु पर संक्रमित किये जाने की सम्भावनाओं का पहला पायन्दाज है जो भारतीय परिप्रेक्ष्य में सर्वाधिक नया भी है और सर्वाधिक चुनौतीपूर्ण भी। यदि हम सतही रूप से देखें तो भारतीय नवजागरण एक समग्र इकाई के रूप में दृष्टिगोचर होता है किन्तु दृष्टि गड़ा कर देखने पर यह आंतरिक रूप से बहुमुखी, बहुस्तरीय और बहुआयामी दीख पड़ता है, जिसका भारतीय जनमानस पर प्रभाव-स्तर भी भिन्न है। इस वास्तविकता को समझे बिना भारतीय नवजागरण को उसके सही परिप्रेक्ष्य में समझना सम्भव नहीं।

भारतीय नवजागरण जिस पृष्ठभूमि पर विकसित हुआ वह इतने जटिल अन्तर्विरोधों को समेटे हुए है कि उसे सीधे और सपाट रूप में समझना कठिन है। यह वह दौर है जब ब्रिटिश उपनिवेशवाद, सामन्तीय सोच और भारतीय जनमानस

जटिल अन्तर्सम्बन्धों और अन्तर्विरोधों के दबाव को महसूस कर रहे थे। प्रारम्भ में ब्रिटिश उपनिवेशवाद राजनीतिक रूप से भारतीय सामन्तों की शक्ति को छिन्न-भिन्न करने में लगा था। किन्तु उन्नीसवीं शती के उत्तरार्द्ध तक आते-आते यही सामन्त ब्रिटिश उपनिवेशवाद का रक्षा-कवच बनते दीखते हैं। आम जनता का शोषण दोनों शक्तियाँ अपने-अपने ढंग से कर रही थीं। किन्तु यह मानना होगा कि भारतीय नवजागरण के उद्‌भव और विकास में ब्रिटिश उपनिवेशवाद की भूमिका घुणाक्षरन्याय से ही सही किन्तु महत्त्वपूर्ण थी। यदि भारत में सामन्तीय शक्तियों के वर्चस्व में उपनिवेशवादी शक्तियों का हस्तक्षेप न होता तो भारतीय नवजागरण के इस रूप में आरम्भ और विकसित होने की कोई सम्भावना नहीं थी। उपनिवेशवादी शक्तियों के बहुआयामी और बहुस्तरीय दबावों ने भारतीय नवजागरण के लिए उद्दीपन का काम किया।

ब्रिटिश उपनिवेशवाद के भारत के विषय में कुछ अपने पूर्वग्रह थे। इन पूर्वग्रहों का प्रस्थान-बिन्दु था—भारत की सांस्कृतिक दरिद्रता। यह मान लिया गया था कि इस देश की अपनी कोई सांस्कृतिक परम्परा या तो है ही नहीं और अगर है भी तो वह पूरी तरह रूढ़िबद्ध और कपोलकल्पनाओं पर आधारित है। स्थूल काल-क्रम की तलाश में सफल न होने पर वे यह मान लेते थे कि भारतीय इतिहास लिखना नहीं जानते। यह मान लेने में भी इन उपनिवेशवादी शक्तियों को कोई शर्म नहीं आती थी कि 'असभ्य', 'रूढ़िग्रस्त' और 'पिछड़े' भारतवासियों को सभ्य बनाने की जिम्मेदारी उन पर है। इस 'महान' उद्‌देश्य से प्रेरित होकर उपनिवेशवादी बुद्धिजीवियों का एक वर्ग (जो प्रशासन से भी जुड़ा था) अपने ढंग से 'भारत की खोज' में जुट गया। इसमें कोई सन्देह नहीं कि इन प्राच्यविद्याविदों ने अपने धार्मिक, सांस्कृतिक तथा भाषागत अनुसंधानों से ज्ञान के क्षेत्र में महत्त्वपूर्ण योगदान दिया। किन्तु इसका एक उल्लेखनीय परिणाम यह हुआ कि भारतीयता की सांस्कृतिक पहचान की छटपटाहट को उभारने में शिक्षित भारतीयों ने परम्परा को लेकर नये सिरे से संवाद आरम्भ किया। एक ओर हमारे शिक्षित समुदाय के लोग अपनी परम्पराओं के पुनर्पाठ की दिशा में काम कर रहे थे तो दूसरी ओर अपने समय में मौजूद ब्रिटिश उपनिवेशवाद की विडम्बनाओं और अन्तर्विरोधों को सजगतापूर्वक पैनी दृष्टि से देखा जा रहा था। इन दोनों प्रयासों के एक बिन्दु पर संक्रमित होने की परिणति में भारतीय नवजागरण सम्पन्न हो रहा था।

जैसा कि हम पहले कह चुके हैं भारतीय नवजागरण अपनी संरचना और स्वरूप में न केवल बहुस्तरीय है, बल्कि बहुआयामी है। एक प्रदेश का नवजागरण दूसरे से प्रवृत्तियों की दृष्टि से तो भिन्न है ही उनकी अपनी-अपनी महत्त्वाकांक्षाएँ और उद्‌देश्य हैं। बंगाल का नवजागरण विशुद्ध रूप से बौद्धिक जागरण है जो बंग-भंग के बाद दूसरी दिशा में मुड़ जाता है। इसी प्रकार महाराष्ट्र, केरल और तमिलनाडु का नवजागरण अस्पृश्यता, ब्राह्मणवाद का विरोध जैसे सामाजिक सुधारों को लेकर आगे बढ़ रहा था। हिन्दी पट्‌टी का नवजागरण समाज सुधार के साथ अपनी सांस्कृतिक स्वचेतना

और राजनीतिक स्वचेतना से स्वतंत्रता आन्दोलन में घुल जाने की जद्दोजहद कर रहा था। सच पूछिए तो भारतीय नवजागरण के भीतर न कोई निरन्तरता है और न कोई संश्लिष्टता। उसके समग्र स्वरूप में ऐसे अनेक अन्तर्विरोध हैं जिनको समझे बिना हम उसके विषय में कोई स्पष्ट अवधारणा नहीं बना सके। किन्तु इस सबके बावजूद यदि विहंगम दृष्टि से देखें तो भारतीय नवजागरण की सारी विविधताओं और अन्तर्विरोधों के रहते हुए भी कुछ ऐसे अवधारणात्मक बिन्दु हमारा ध्यान आकर्षित करते हैं जो इसे संश्लिष्ट समग्रता प्रदान करते हैं।

भारतीय नवजागरण की एक सामान्य विशेषता है—उसकी बौद्धिक प्रकृति। मध्यकाल में जिस प्रकार जीवन के केन्द्र में ईश्वर प्रतिष्ठित था और जीवन और ईश्वर को लेकर जनमानस स्वभावत: भावनाशील था, उसी प्रकार आधुनिक युग में भारतीय नवजागरण के चलते जीवन के केन्द्र में मनुष्य की प्रतिष्ठा होने के साथ जनमानस में बौद्धिकता और तर्क की प्रतिष्ठा हुई। परम्पराओं के पुनर्पाठ एवं पुनरविष्कार के लिए तर्क एवं सन्देह को कारगर औजार के रूप में इस्तेमाल किया गया। भारतीय नवजागरण का कोई भी विचारक ऐसा नहीं है जिसने सांस्कृतिक, सामाजिक, राजनीतिक अथवा राष्ट्रीय प्रश्नों पर विचार करने में बौद्धिकता, तर्क एवं सन्देह का अपने-अपने ढंग से उपयोग न किया हो। बौद्धिकता की यह अन्तर्धारा समूचे भारतीय नवजागरण में पूरे वेग के साथ प्रवाहित हो रही है।

धर्म से भारतीय नवजागरण का अपरिहार्य एवं जटिल रिश्ता है। धर्म को लेकर भारतीय नवजागरण से पूर्व भी विवाद-संवाद होता रहा है किन्तु धर्म के अतिरिक्त संवाद-विवाद के लिए दूसरे विकल्प भी मौजूद रहे हैं। आधुनिक युग में भले ही जीवन के केन्द्र में मनुष्य की प्रतिष्ठा होती गई हो किन्तु भारतीय नवजागरण के केन्द्र में धर्म अपरिहार्य रूप से बना रहा। इस दौर के मनीषी इस देश के मानस को भलीभाँति समझते थे। वे जानते थे कि सारे भौतिक और वैचारिक परिवर्तनों के बावजूद भारतीय समाज परम्परानिष्ठ है और धर्म उसकी धमनियों में रक्त की तरह बहता है। वे मानते थे कि इस परम्परानिष्ठ भारतीय समाज में आधारभूत परिवर्तनों के लिए धर्म को बुद्धि और तर्क की कसौटी पर कसा जाना आवश्यक है। भारतीय नवजागरण का उद्देश्य धर्म को महिमा-मंडित करना नहीं था और न इस दौर में कभी धर्म को अप्रासंगिक मानकर अविश्वास की दृष्टि से देखा गया। दरअसल भारतीय नवजागरण ने धर्म को अपने सम्पूर्ण चिन्तन का प्रस्थान-बिन्दु बनाया। धर्म का विरोध न करके उन्होंने उसकी रूढ़ियों, अन्धविश्वासों और कट्टरता का विरोध किया, ताकि वह अधिक से अधिक मानवीय हो सके। जिन सामाजिक बुराइयों से भारतीय नवजागरण के महापुरुषों का विरोध था उनके उन्मूलन के लिए उन्होंने धर्म की आलोचना भी की और उसे ढाल की तरह इस्तेमाल भी किया। एक ओर वे समाज में व्याप्त रूढ़ियों के प्रदूषण को दूर करने के लिए धर्म का आलोचनात्मक पुनर्पाठ करने में नहीं हिचकिचाते थे, वहाँ

दूसरी ओर सामाजिक सुधारों के समर्थन के लिए प्राचीन धर्म ग्रन्थों से साक्ष्य प्रस्तुत करने में भी संकोच नहीं करते थे। भारतीय नवजागरण का धर्म को लेकर रीझ और खीझ का यह अद्वैतमूलक द्वैत उसके वैशिष्ट्य का एक महत्त्वपूर्ण पक्ष है। उस दौर में कोई चाहकर भी धर्म पर ऐसा आक्रमण नहीं कर सकता था कि भारतीय समाज उसे पूरी तरह अस्वीकार कर दे। इसीलिए भारतीय नवजागरण के इस दौर में धर्म को यथासम्भव बुद्धिसम्मत बनाने का प्रयत्न किया गया।

भारतीय नवजागरण से अतीत का अभूतपूर्व रिश्ता एक अन्तर्धारा की तरह उसके सम्पूर्ण स्वरूप में व्याप्त है। ये वह समय है जब न अतीत की पूर्णतः स्वीकृति है और न उसका पूरी तरह बहिष्कार ही। यहाँ अतीत से पुनर्पाठ और पुनरविष्कार का रिश्ता है। वस्तुतः किसी भी देश के आधुनिक होने के लिए यह आवश्यक है कि वह वर्तमान के परिप्रेक्ष्य में अपने अतीत की बुद्धिसम्मत और प्रासंगिकता-केन्द्रित व्याख्या करे। भारतीय नवजागरण इसी दृष्टि से अतीत के प्रति अपने सम्बन्धों की पुनर्रचना करता है। आत्मालोचन, सम्बन्धों की इसी पुनर्रचना का परिणाम है। यह आत्मालोचन अपने पूरे उभार के साथ भारतीय नवजागरण में मौजूद है। यहाँ यह भी उल्लेखनीय है कि चाहे पुनरुत्थानवादी हों या पश्चिम से प्रभावित आधुनिकतावादी—दोनों अतीत को जैसे का तैसा स्वीकार नहीं करते, बल्कि अपनी-अपनी अवधारणाओं की कसौटी पर उसे परखने और व्याख्यायित करने का प्रयास करते हैं।

भारतीय नवजागरण पर पश्चिम का प्रभाव उसकी एक महत्त्वपूर्ण विशेषता है। यह प्रभाव दो रूपों में हमारे सामने आया। एक प्रत्यक्ष रूप में और दूसरा अप्रत्यक्ष रूप में। उपनिवेशवादी शक्तियों ने जिस प्रकार अपने व्यापारिक एवं राजनीतिक हित साधने के लिए वैज्ञानिक, तकनीकी और औद्योगिक विकास का जो ताना-बाना बुना उसका भारतीय जनमानस पर व्यापक प्रभाव पड़ा। इस प्रभाव में सम्भ्रम, भय और मुग्धता का जटिल मिश्रण था। भले ही उपनिवेशवादी शक्तियों ने अपने हितों के संरक्षण के लिए तथाकथित विकास के इन माध्यमों का विस्तार किया किन्तु इस पश्चिम आधुनिकीकरण ने घुणाक्षर न्याय से भारतीय जनमानस को भी अपने ढंग से आधुनिकीकृत किया। भारतीय परिवेश में यह मूलगत बदलाव हमारी पारम्परिक सोच के समक्ष एक बड़ा प्रश्नचिह्न था। जहाँ तक पश्चिम के अप्रत्यक्ष प्रभाव की बात है, यह अंग्रेजी शिक्षा के कारण सम्भव हो पाया। अंग्रेजी शिक्षित उच्च और मध्यवर्ग के लोगों ने जहाँ भारत की धार्मिक, सांस्कृतिक एवं सामाजिक परम्पराओं को नये परिप्रेक्ष्य में समझना चाहा वहीं उन्होंने इससे राजनीतिक स्वतंत्रता की जमीन भी तैयार की। किन्तु इससे यह नहीं माना जा सकता कि इस जमीन को तैयार करने में केवल अप्रत्यक्ष पाश्चात्य प्रभाव की ही भूमिका थी। उपनिवेशवादी शक्तियाँ इन प्रभावों से व्यापारिक एवं राजनीतिक वर्चस्व के साथ-साथ भारत को 'जानने' और 'खोजने' के बहाने भारत के लोगों को आत्महीनता का बोध भी करा रही थीं। दूसरे शब्दों में

कहें तो इन पश्चिमी भारतविदों द्वारा भारत को उसकी औकात दिखाने के लिए एक एकेडेमिक षड्यंत्र चल रहा था। भारतीय नवजागरण निश्चय ही पश्चिम के प्रभाव से अछूता नहीं रहा किन्तु, भारत के राजनीतिक एवं सामाजिक शोषण में इस प्रभाव की भूमिका को भुलाना भी सम्भव नहीं है।

भारतीय जागरण की एक महत्त्वपूर्ण पहचान है—मुक्ति की आकांक्षा। निश्चय ही यह आकांक्षा भारतीय धर्म और दर्शन द्वारा प्रतिपादित मुक्ति से पूरी तरह भिन्न बल्कि एक हद तक विरोधी है। मुक्ति की यह आकांक्षा—बल्कि छटपटाहट दरअसल एक स्तर पर परम्परा पर लदी रूढ़ियों एवं तर्कहीन वर्जनाओं से संघर्ष में स्वयं को परिभाषित करती है तो दूसरे स्तर पर उपनिवेशवादी शक्तियों का विरोध करते हुए सांस्कृतिक आलोचना से राजनीतिक मुक्ति की आकांक्षा को रेखांकित करती है। डॉ. नामवर सिंह जब भारतीय नवजागरण के पुरोधाओं के लिए राजनीतिक मुक्ति का मार्ग अवरुद्ध पाते हैं[1] तो ऐसा लगता है कि उनकी दृष्टि में मुख्यतः बंगला, मराठी अथवा केरल आदि के नवजागरण ही रहे हैं। उन्होंने स्वाधीनता के परिप्रेक्ष्य में भारतीय नवजागरण पर समग्रता से विचार नहीं किया। यह सही है कि कुछ क्षेत्रों में नवजागरण की प्राथमिकता राजनीतिक स्वतंत्रता नहीं रही किन्तु उसके कुछ अपने कारण थे जिनका सम्बन्ध वहाँ की परिस्थितियों से था। किन्तु इसमें कोई सन्देह नहीं कि औपनिवेशिक शोषण से सम्पूर्ण भारतीय जनमानस त्रस्त था और पूरे देश का जनसाधारण प्रत्यक्ष या अप्रत्यक्ष रूप से इसके प्रतिरोध का मन बना चुका था। अनुपात-भेद भले ही हो किन्तु भारतीय नवजागरण राजनीतिक मुक्ति की जमीन तैयार कर रहा था। इसके साथ ही परम्पराओं पर पसरी रूढ़ियों और वर्जनाओं से मुक्त होने की छटपटाहट की मौजूदगी तो निर्विवाद है ही। अस्तु हमें भारतीय नवजागरण में निहित मुक्ति की इस आकांक्षा को उनकी एक महत्त्वपूर्ण पहचान के रूप में रेखांकित करना होगा।

सामाजिक सरोकार भारतीय नवजागरण को एक पृथक वैशिष्ट्य प्रदान करते हैं। दरअसल यह दौर धार्मिक परम्पराओं को यथासम्भव बुद्धिसम्मत बनाते हुए उनमें मौजूद रूढ़ियों और वर्जनाओं से मुठभेड़ का था। इसलिए सामाजिक सरोकारों को प्राथमिकता देना नवजागरण के पुरोधाओं के लिए आवश्यक ही नहीं अपरिहार्य भी था। ये लोग अपने समाज के सामाजिक और सांस्कृतिक अन्तर्विरोधों को बहुत नजदीक से देख और महसूस कर रहे थे। ये अन्तर्विरोध जहाँ एक ओर समाज को पिछड़ेपन की ओर ठेल रहे थे, वहाँ वे राजनीतिक स्वतंत्रता का पथ भी अवरुद्ध कर रहे थे। ऐसे में उनका यह मानना पूरी तरह उचित था कि सामाजिक विकास के बिना राजनीतिक स्वतंत्रता किसी भी रूप में सम्भव नहीं है। इसलिए भारत के विभिन्न प्रदेशों में धार्मिक एवं सांस्कृतिक दृष्टि से सामाजिक उत्थान को उद्देश्य मानकर विभिन्न आन्दोलनों का सूत्रपात हुआ। वस्तुतः भारतीय नवजागरण के दौर में समाज-

सुधार की जो प्रक्रिया चल रही थी वह विवेक की धुरी पर टिकी थी। परम्पराओं से संवाद करते हुए उनका पुनर्पाठ समाज के सभी वर्गों को जाग्रत करने के लिए था। इस दृष्टि से हमें भारतीय नवजागरण के परिप्रेक्ष्य में सामाजिक सरोकारों की अपरिहार्यता को समझना होगा।

समग्रतः कहें तो भारतीय नवजागरण मध्य युग से आधुनिक युग की दिशा में आने का प्रवेश द्वार है। सांस्कृतिक अस्मिता से राजनीतिक अस्मिता तक पहुँचने में भारतीय नवजागरण ने महत्त्वपूर्ण और अपरिहार्य भूमिका का निर्वाह किया। इस दौर में दो सभ्यताएँ एक-दूसरे से टकराईं। इस टकराहट से पहली बार भारतीय समाज ने सांस्कृतिक आत्मनिरीक्षण के दबाव को महसूस किया। हम आज भारतीय नवजागरण की ऐतिहासिक वास्तविकताओं पर सीधे-सीधे विचार करने की स्थिति में नहीं हैं क्योंकि तब उसके पुरोधा उपनिवेशवाद की सारी विडम्बनाओं से संघर्ष करने के लिए एकजुट थे। सभी अतीत के नये सिरे से पुनर्पाठ की आवश्यकता को महसूस कर रहे थे। पूरे नवजागरण के केन्द्र में भारतीयता पूरी प्रखरता के साथ मौजूद है। इसलिए यह आवश्यक नहीं कि उसे पश्चिमी नवजागरण के समानांतर रख कर देखा जाए बल्कि यह आवश्यक है कि भारतीय नवजागरण को भारत की दृष्टि से समझा जाए। किसी देश का कोई भी परिप्रेक्ष्य दूसरे देश का प्रतिमान नहीं हो सकता। हमारी जो आकांक्षाएँ, प्राथमिकताएँ और समस्याएँ थीं उनसे पश्चिम के उसके भरे बौद्धिक नवजागरण का कोई मेल नहीं हो सकता था। हम ठेठ मध्ययुग की रपटीली जमीन पर औपनिवेशिक शक्तियों के वर्चस्व की चुनौतियों के बीच अन्तर्विरोधों से भरी परम्पराओं से तर्कसम्मत संवाद करके धीरे-धीरे आधुनिक होना सीख रहे थे। अलग-अलग आदर्शों और उद्देश्यों को लेकर विभिन्न प्रदेशों में नवजागरण की उत्ताल तरंगें उठीं। किन्तु अनेक समानधर्मातत्त्वों (जिनकी चर्चा पहले की जा चुकी है) के कारण वे भारतीय नवजागरण का महासागरीय बिम्ब बनाते हैं। सम्भवतः यही बिम्ब इस नवजागरण को भारतीय नवजागरण बनाता है।

इससे पहले कि हिन्दी नवजागरण पर विचार किया जाए, इस प्रश्न का उत्तर तलाशना आवश्यक है कि क्या हिन्दी प्रदेश की कोई अपनी संस्कृति है? इस प्रश्न को यों भी प्रस्तुत किया जा सकता है कि क्या समग्र भारतीय संस्कृति के साथ किसी प्रदेश विशेष में क्या ऐसी सांस्कृतिक परम्पराएँ मौजूद रहती हैं जो उस प्रदेश की अस्मिता को अपनी विशिष्टताओं के साथ उभार देती हों? क्या भारतीय संस्कृति और प्रादेशिक संस्कृति के बीच स्पष्टतापूर्वक कोई विभाजक रेखा खींची जा सकती है? इन प्रश्नों के उत्तर भारतीय संस्कृति की अन्तःप्रकृति को समझकर दिए जा सकते हैं। दरअसल भारत बहुलताओं और विविधताओं के रहते हुए भी अपनी कुछ आधारभूत और मौलिक समानताओं के कारण एक राष्ट्र है। इन बहुलताओं और विविधताओं के

बीच अन्त:क्रियाएँ और टकराहटें समानांतर रूप से घटित होती हैं। हमारी प्रादेशिक सांस्कृतिक परम्पराएँ और सभ्यताएँ अपने-अपने दायरों में कैद नहीं हैं अपने खुलेपन और मिश्रणशीलता की प्रवृत्ति के कारण अपनी विशिष्ट पहचान को बनाए रखकर भी समावेशी बनी रहती हैं। इसीलिए संस्कृति की प्रादेशिक अस्मिताओं के बीच एकता का धागा कभी टूटने नहीं पाता।

जब हम हिन्दी-संस्कृति का सन्दर्भ लेते हैं तो मन में यह जिज्ञासा भी रहती है कि क्या अन्य प्रान्तों की तरह हिन्दी प्रदेश की भी कोई अपनी संस्कृति है? जिस प्रकार बंगाल, महाराष्ट्र, केरल, तमिलनाडु की जातीय चेतना के साथ उनकी प्रादेशिक संस्कृति अनिवार्य रूप से गुँथी हुई है, उसी प्रकार हिन्दी प्रदेश की संस्कृति भी उसकी जातीय चेतना से सम्बद्ध है अथवा नहीं। डॉ. रामविलास शर्मा ने हिन्दी की जातीय चेतना पर विशद चिन्तन किया है। उन्होंने हिन्दी की जातीय चेतना को प्रमुख रूप से भाषा के साथ जोड़कर देखा और इस हिन्दी जाति सम्बन्धी अवधारणा को आगे ले जाने में जो कठिनाइयाँ और अन्तर्विरोध थे उनसे वे प्राय: कन्नी काटकर निकल गए। यद्यपि उन्होंने हिन्दी नवजागरण को हिन्दी जाति के निर्माण और उसकी अस्मिता से जोड़कर देखा। किन्तु यह मानना होगा कि हिन्दी जाति की अवधारणा को हिन्दी पट्टी के लोगों ने न सैद्धान्तिक स्वीकृति दी और व्यवहार में तो कभी लाई ही नहीं गई। हिन्दी प्रदेश में जातीयता का उभार कभी मूर्त रूप लेता दिखाई नहीं दिया। इसके मूलभूत दो कारण थे। एक—निरन्तरता में पहले सामन्तीय और फिर औपनिवेशिक दमन के परिणामस्वरूप हिन्दी समाज में जातीय चेतना उभर नहीं पाई। अन्य प्रान्तों की अपेक्षा हिन्दी पट्टी के लोगों में समावेशी प्रकृति की अधिकता। एक तीसरा कारण इसमें और भी जोड़ा जा सकता है जो इन दोनों कारणों के मूल में विद्यमान है, वह है—अन्धविश्वास, पारस्परिक विद्वेष और भौतिक सन्दर्भों के प्रति नियतिवादी उदासीनता (जो राजनीतिक चेतना के अभाव में व्यक्त हुई)। यही कारण है कि हिन्दी प्रदेश में जातीय चेतना का उभार सम्भव नहीं हो पाया। रामविलास जी का पक्ष महत्त्वपूर्ण है, इसलिए प्रणम्य भी किन्तु यह एक वास्तविकता है कि अन्य प्रदेशों की तरह हिन्दी प्रदेश में जातीय चेतना का उभार न तब सम्भव हो पाया और न वर्तमान में ही।

दरअसल हिन्दी नवजागरण बंगला नवजागरण की कोख से जन्मा। किन्तु उसके उद्भव के बाद उसकी अपनी विशिष्टताएँ भी उभरकर सामने आईं। एक ओर तो अपनी समावेशी प्रवृत्ति के कारण उसने विभिन्न प्रादेशिक नवजागरणों की महत्त्वपूर्ण प्रवृत्तियों को आत्मसात किया वहीं दूसरी ओर राजनीतिक परिस्थितियों के दबाव के चलते वह औपनिवेशिक विडम्बनाओं के प्रतिरोध में खड़ा हुआ। किन्तु हमें यह नहीं भूलना चाहिए कि अन्य प्रदेशों के नवजागरणों के प्रभावों को ग्रहण करने के बावजूद हिन्दी नवजागरण ने इन प्रभावों को हिन्दी पट्टी की जमीन से जुड़ी वास्तविकताओं

के अनुरूप विकसित किया। यही कारण है कि हिन्दी नवजागरण बंगाल, महाराष्ट्र आदि नवजागरणों से प्रेरित होने के बावजूद न केवल विशिष्ट था बल्कि बृहत्तर भी था। बृहत्तर इसलिए कि वह सामाजिक सुधारों का वाहक होने के साथ-साथ सांस्कृतिक आत्म पहचान के अपने प्रयासों का अतिक्रमण करके राजनीतिक आत्म पहचान को रेखांकित करने भारतीय स्वतंत्रता-संग्राम का प्रस्थान-बिन्दु बन सका।

वस्तुतः भारत में कोई भी नवजागरण अपनी अन्तःप्रकृति में न तो पूरी तरह प्रादेशिक या जातीय है और न ठीक-ठीक भारतीय। ठीक उसी प्रकार जैसे हिन्दी, बंगला, मराठी अथवा अन्य भाषा-केन्द्रित संस्कृतियाँ या जातीयताएँ न आत्यन्तिक रूप से प्रादेशिक हैं और न राष्ट्रीय। सभी में परस्पर अन्तःक्रियाएँ और आदान-प्रदान चलता रहा। हिन्दी नवजागरण भी इस ऐतिहासिक तथ्य का अपवाद नहीं है। किन्तु हिन्दी नवजागरण में भले ही जातीय तत्त्व उभरकर नहीं आ पाए किन्तु अपने अतिरिक्त समावेशी स्वभाव के कारण वह भारतीय नवजागरण की समग्र अवधारणा को प्रतिबिम्बित करता है। इस दृष्टि से हिन्दी नवजागरण अपनी सारी निजी विशिष्टताओं के बावजूद दूसरे प्रादेशिक नवजागरणों की तुलना में भारतीय नवजागरण के अधिक निकट दीख पड़ता है। सांस्कृतिक पहचान से राजनीतिक पहचान की अपनी यात्रा में हिन्दी नवजागरण की भूमिका को किसी भी दृष्टि से अनदेखा नहीं किया जा सकता। अस्तु, यदि हम हिन्दी नवजागरण को यदि उसकी समस्त अर्थवत्ता के साथ समझना चाहें तो हमें उसे भारतीय नवजागरण के परिप्रेक्ष्य को सामने रखकर समझना होगा।

जब हम हिन्दी नवजागरण की पृष्ठभूमि पर विचार करते हैं तो सबसे पहले यह तथ्य उभरकर सामने आता है कि दूसरे प्रदेश के नवजागरणों की तरह हिन्दी नवजागरण भी कोई आकस्मिक परिघटना नहीं है बल्कि कहना होगा कि साहित्य और संस्कृति की अपनी पूर्व परम्पराओं के साथ उसका गहरा सर्जनात्मक रिश्ता है और जैसा कि हम कह चुके हैं कि बंगला और मराठी नवजागरणों से भी उसने अपना वैचारिक पाथेय प्रात किया। 1857 के स्वातंत्र्य समर के साथ भारतीयों और ब्रिटिश उपनिवेशवाद के बदलते रिश्ते भी हिन्दी नवजागरण की पृष्ठभूमि में मौजूद हैं। हिन्दी समाज का सामाजिक, सांस्कृतिक और आर्थिक पिछड़ापन भी हिन्दी नवजागरण के पुरोधाओं के लिए वैचारिक उद्दीपन का आधार बना। भक्तिकालीन लोकजागरण तो अपरिहार्य रूप से हिन्दी नवजागरण की पृष्ठभूमि में था ही। हमें इन्हीं सन्दर्भों और परिप्रेक्ष्यों में हिन्दी नवजागरण की पृष्ठभूमि पर विचार करना है।

हिन्दी नवजागरण कोई आकस्मिक परिघटना नहीं बल्कि निरन्तरता में प्रवाहित एक सांस्कृतिक प्रक्रिया है। हिन्दी प्रदेश का जनमानस जिन अणुओं से संघटित हुआ, उनमें अधिकांश के सूत्र कहीं न कहीं भक्तिकालीन लोकजागरण से जुड़ते हैं। भक्तिकालीन युग से हिन्दी प्रदेश का जनमानस दो रूपों में प्रभावित हुआ। एक—सत्ता

और समाज की पतनोन्मुखता का प्रतिरोध और दो—जातिगत प्रभेद, अन्धविश्वास, विवेकहीन आस्था का स्वीकार। एक ओर तो भक्तिकाल के बहुत से कवि सत्ता के अहंकार और उसकी आत्ममुग्धता के विरुद्ध खड़े होकर समाज की रूढ़ियों और संकीर्णताओं के उन्मूलन के लिए कटिबद्ध हैं तो दूसरी ओर ईश्वरीय सत्ता के सम्मुख मनुष्य की अकिंचनता को केन्द्र में रखकर जीवन की वास्तविकताओं से उदासीन होकर राजनीतिक स्वचेतना से विमुखता का समर्थन कर रहे हैं। यदि हमें हिन्दी प्रदेश के जनमानस को उसके वास्तविक रूप में समझना है तो भक्तिकालीन कवियों में व्याप्त इस अन्तर्विरोध को आँखें गड़ाकर देखना होगा। इस दौर के कवि सत्ता की जनविमुखता और जनता की सत्ता के प्रति विरक्ति के बीच भक्ति को एक औजार की तरह इस्तेमाल करते हैं। यह भक्ति लोकविमर्श से प्राण-रस ग्रहण करती है और उसे प्राण-रस देती भी है। यही कारण है कि समाज उससे सीधे-सीधे जुड़ पाया। अपने समय की सामाजिक और राजनीतिक अराजकता के बीच इन कवियों ने जीवन के सौंदर्य को अपने-अपने ढंग से उकेरा जिसने समाज को कहीं बहुत गहरे तक प्रभावित किया। किन्तु इस सबके बावजूद भक्तिकालीन कवियों की धार्मिकता और भक्ति-भावना के पृथक-पृथक स्रोत और भिन्न-भिन्न सामाजिक दृष्टिकोण था जिसके चलते समूचे भक्तिकालीन लोकजागरण में न कोई योजनाबद्धता है और न कोई संगठित उपक्रम। यह लोकजागरण किस हद तक समाज को व्यावहारिक रूप में प्रभावित कर पाया इस पर बहुत उत्साह से बात नहीं की जा सकती। निस्सन्देह भक्ति की धारा को समाज ने आप्लावित किया किन्तु इसकी अन्तर्धारा के रूप में लोकजागरण सामाजिक ढाँचे के अन्तर्गत निरन्तरता में विकसित न हो पाया। भक्तिकालीन लोकजागरण में नारी उसके हाशिये पर ही रह गई। उसकी अस्मिता और भक्ति श्रृंगार के धुँधलके को बेधकर बाहर न आ सकी। यद्यपि भक्तिकाल में नारी को चरम आदर्शों से जोड़कर उसको महिमा-मंडित करने का प्रयास किया गया किन्तु यह महिमा-मंडन उसकी आत्मपहचान को नहीं उभार पाया। रीतिकाल तक आते-आते तो वह उपभोग की ढलान पर ढकेल दिया गया। समग्रत: भक्तिकालीन लोकजागरण शास्त्र और सत्ता के दोहरे प्रतिरोध से पहचान बनाती एक विलक्षण सृजन-क्रान्ति है, जिसने भले ही समाज को पूरी तरह जाग्रत न किया हो किन्तु पूरी तरह से झिंझोड़ा अवश्य। शास्त्र और सत्ता के प्रतिरोध का सर्जनात्मक प्रवास समाज की अन्तश्चेतना में बना रहा और अन्तत: हिन्दी नवजागरण की पृष्ठभूमि का एक महत्त्वपूर्ण पक्ष बन गया। हमें यह भी ध्यान में रखना होगा एक युग की विशिष्टताएँ हमारी जातीय धरोहर बन जाती हैं। कालांतर में नई परिस्थितियों और नये परिप्रेक्ष्य में जब उनकी प्रासंगिकता उभरने लगती है तब वे किसी नये सांस्कृतिक आन्दोलन का आधार बन जाती हैं। भक्तिकालीन लोकजागरण की यात्रा शास्त्र और सत्ता के जिस प्रतिरोध को पाथेय बनाकर सम्पन्न हुई, ब्रिटिश उपनिवेशवाद के दौर में यही प्रतिरोध अपनी युगीन

प्रासंगिकता के कारण हिन्दी जनमानस को प्रेरित और प्रभावित कर रहा था। इसीलिए कालगत अन्तराल के बावजूद भक्तिकालीन लोकजागरण के अनेक पक्ष हिन्दी नवजागरण की पृष्ठभूमि बन सके।

कभी-कभी इस मुद्दे पर विद्वानों में बहस होती है कि यदि उपनिवेशवादी शक्तियों का भारत में आधिपत्य न होता तब भी क्या हिन्दी प्रदेश में नवजागरण सम्भव था? यह हिन्दी जगत् की विडम्बना है कि कभी इस बहस का स्वरूप वस्तुगत या यथार्थपरक नहीं रहा। इस बहस में पुनरुत्थानवादी राष्ट्रीयता कुलाँचे मारने लगती है। ऐसा सिद्ध करने का प्रयास किया जाता है कि भारतीय नवजागरण या कम से कम हिन्दी नवजागरण के लिए ब्रिटिश उपनिवेशवाद के विज्ञान-पक्ष की कोई आवश्यकता नहीं थी। एक खास तरह की रूमानी (जो ऊपर से बौद्धिक दिखाई देती है) तरंग में कल्पना के रेशों से बना एक ऐसा हिन्दी नवजागरण खड़ा कर दिया जाता है जो भक्तिकालीन लोकजागरण से आगे नहीं देख सकता। तब हम आधुनिक युग की बहुत सी वास्तविकताओं से कन्नी काटकर भक्तिकालीन लोकजागरण को उसके ऐतिहासिक दायरे से फिसलने देते हैं। दूसरी ओर पश्चिमी सभ्यता, संस्कृति, ज्ञान-विज्ञान और शिक्षा के प्रभाव से गद्‌गद् हुए हमारे मनीषी हिन्दी नवजागरण को उसकी परम्पराओं से पूरी तरह काटकर उसे पूरी तरह ब्रिटिश उपनिवेशवाद के खाते में डाल देना चाहते हैं। उनके लिए हिन्दी प्रदेश के लोग इतने पिछड़े और जाहिल हैं कि उन्हें सभ्य बनाने का ठेका जैसे ही ब्रिटिश उपनिवेशवाद ने लिया, हिन्दी नवजागरण आरम्भ हो गया। सच तो यह है कि इस सम्बन्ध में किसी निष्कर्ष पर पहुँचने से पहले हमें हिन्दी प्रदेश के जनमानस को गहराई से समझना होगा। जिसे हम हिन्दी प्रदेश कहते हैं वहाँ का जनसाधारण एक सिरे पर अपनी परम्पराओं पर बहुत भीतर से आस्था और विश्वास रखता है। यही नहीं वह अपनी परम्पराओं के 'वेस्ट' को भी चाहे-अनचाहे जुगाकर रखता है। दूसरी ओर वह अपने परिवेश के प्रति भी कम संवेदनशील नहीं होता, जितना वह धर्म, भक्ति और अध्यात्म से जुड़ा होता है। वह वर्तमान के भौतिक हित-अनहित को भी भलीभाँति समझता है। परम्परा और अपने परिवेश का यह दोहरा तनाव उसे अन्धविश्वास से तर्कशीलता और तर्कशीलता से अन्धविश्वास—दोनों ओर आने-जाने की छूट देता है। इसलिए हिन्दी प्रदेश के लोग विरासत में प्राप्त परम्परा को मथने के साथ उस पर टिके रहकर भी अपने तरह का नवजागरण खड़ा करने की कोशिश कर रहे थे। हिन्दी प्रदेश में जो नवजागरण उभरकर आया उसे जैसा वह है वैसा ही होना था। इसमें अगर-मगर लगाना शेखचिल्ली के अलावा कुछ नहीं।

1857 की क्रान्ति से नवजागरण के सम्बन्ध को लेकर विद्वान एकमत नहीं हैं। विद्वानों का एक वर्ग इस क्रान्ति को नवजागरण का प्रेरक बिन्दु मानने को सिरे से नकार देता है। तर्क यह दिया जाता है कि भारतेन्दु और उनके मंडल की दृष्टि में

हिन्दी नवजागरण राजनीतिक से अधिक सांस्कृतिक मसला है जिसके लिए बंगला नवजागरण में जमीन तैयार हो चुकी थी। 1857 की क्रान्ति के बाद मुसलमानों में हिन्दुओं के प्रति जो अविश्वास पैदा हुआ उससे हिन्दी नवजागरण साम्प्रदायिक रूप से विभाजित हो गया। हिन्दी नवजागरण इस विभाजन से 1857 की क्रान्ति के प्रभावों से विमुख हो गया। इन तर्कों से जहाँ एक ओर इस क्रान्ति के फलितार्थों के अवमूल्यन का प्रयास किया गया है वहाँ दूसरी ओर हिन्दी नवजागरण की समग्रता को आहत किया गया है। वास्तविकता यह है कि भारतेन्दु युग के लेखक 1857 की क्रान्ति के फलितार्थों को आँखें गड़ाकर गहराई से समझने की कोशिश कर रहे थे। 1857 की क्रान्ति की त्रासद परिणति से उनकी दृष्टि में एक बात साफ थी—ब्रिटिश उपनिवेशवाद की राजनीतिक सत्ता और सैनिक शक्ति का सीधे-सीधे उन्हीं औजारों से मुकाबला नहीं किया जा सकता था जो इस क्रान्ति के नेताओं द्वारा इस्तेमाल किये गए थे। इस दौर के लेखक समझ गए थे कि ब्रिटिश सत्ता से सीधे-सीधे मुठभेड़ के स्थान पर इस देश की जनता को सामाजिक, सांस्कृतिक एवं आर्थिक दृष्टि से उन्नत बनाकर अहिंसात्मक प्रतिरोध के लिए तैयार करना होगा। अब यह लड़ाई सुरक्षात्मक व्यूह-रचना के अन्तर्गत लड़ी जानी थी। इसके लिए इस दौर के लेखकों ने राजभक्ति का मुखौटा लगाने में भी संकोच नहीं किया। ब्रिटिश सत्ता से सीधे-सीधे टकराने की परिणति उनके सामने थी। इसलिए गाहे-बगाहे राजभक्ति की माला जपते हुए एक ओर वे जनसाधारण को सामाजिक और सांस्कृतिक दृष्टि से समुन्नत बनाकर आगामी स्वातंत्र्य आन्दोलन के लिए प्रशिक्षित कर रहे थे तो दूसरी ओर उपनिवेशवादी शक्तियों द्वारा किये जा रहे निर्लज्ज आर्थिक शोषण पर जनता का ध्यान लगाकर आर्थिक राष्ट्रवाद की जमीन तैयार कर रहे थे। यह अकारण नहीं है कि 1885 में कांग्रेस की स्थापना के बाद आर्थिक राष्ट्रवाद के बहुत से मुद्दे कांग्रेस के प्रस्तावों में प्रमुखता पाने लगे थे और जिनकी परिणति बाद में स्वदेशी और गांधी जी के संरक्षण में चलाए जाने वाले राष्ट्रीय आन्दोलनों में देखी जा सकती है।

कुछ लोग भारतेन्दुयुगीन हिन्दी नवजागरण को पुनरुत्थानवादी यहाँ तक कि साम्प्रदायिक मानने से गुरेज़ नहीं करते। हिन्दी नवजागरण के लेखक व्यक्तिगत रूप से किसी भी धर्म के अनुयायी क्यों न हों; उनकी जीवन-पद्धति, संस्कार और जीवन-मूल्य किसी विशेष परिधि में सीमित क्यों न हों; किन्तु अपने सामाजिक, सांस्कृतिक अथवा राष्ट्रीय सरोकारों में वे किसी भी दृष्टि से साम्प्रदायिक नहीं हैं। बंगाल का नवजागरण आत्यंतिक रूप से बौद्धिक एवं एकायामी था। इसीलिए उसमें सामाजिक, सांस्कृतिक और राजनीतिक रूप से उपनिवेशवादी शक्तियों का सामना करने की कोई चुनौती मौजूद नहीं है। हिन्दी नवजागरण अपने प्रारम्भिक दौर में एक ओर जनता के सामाजिक, सांस्कृतिक एवं आर्थिक पिछड़ेपन से जूझता है तो दूसरी ओर जाति, धर्म और सम्प्रदाय से ऊपर उठकर समग्र भारतीयता के बिम्ब को पूर्णता

देने का प्रयास करता है। इसिलिए जो लोग हिन्दी नवजागरण को साम्प्रदायिक रूप से विभाजित करते हैं वे उपनिवेशवादी शक्तियों का ही अधूरा काम पूरा कर रहे हैं।

हिन्दी नवजागरण की कुछ ऐसी विशेषताएँ हैं जो उसका एक समूचा बिम्ब निर्मित करती हैं। हमें यह भी ध्यान में रखना होगा कि ये सभी विशेषताएँ केवल हिन्दी प्रदेश तक सीमित नहीं हैं। इनमें कुछ दूसरे प्रदेश के नवजागरणों में भी मौजूद हैं। सामाजिक सुधारों को लेकर सम्पूर्ण भारतीय नवजागरण उद्वेलित था। बंगाल, महाराष्ट्र, केरल, तमिलनाडु आदि सभी प्रदेशों में सामाजिक सुधारों को लेकर वैचारिक और रचनात्मक आन्दोलन चलाए जा रहे थे। यह बात अलग है कि सामाजिक सुधारों को लेकर उनके किसी विशेष पक्ष या पक्षों को भिन्न-भिन्न प्रदेशों में विशेष महत्त्व प्राप्त हुआ। बंगाल के बाद केवल हिन्दी प्रदेश के मनीषियों ने पाश्चात्य शिक्षा, वैज्ञानिक एवं तकनीकी प्रगति को उदार भाव से अपना समर्थन दिया। हिन्दी नवजागरण के दो वैशिष्ट्य-बिन्दु ऐसे हैं जिनको केवल हिन्दी प्रदेश में विशेष महत्त्व दिया गया। इनमें एक है—उपनिवेशवादी शक्तियों द्वारा किये गए भारतीयों के शोषण का उद्‌घाटन और दूसरा—भाषायी अस्मिता को लेकर हिन्दी के साहित्यकारों द्वारा किया गया संघर्ष। इन दोनों वैशिष्ट्य बिन्दुओं की उपस्थिति दूसरे प्रदेशों के नवजागरण में या तो है ही नहीं या इनको कहीं-कहीं प्रकीर्ण रूप में रेखांकित भर किया गया। इसलिए हिन्दी नवजागरण की इन विशेषताओं पर विचार करना आवश्यक है ताकि हिन्दी नवजागरण के विषय में एक समग्र अवधारणा बनाई जा सके।

हिन्दी नवजागरण ने सामाजिक सुधारों को अपनी इस वैचारिक यात्रा के प्रस्थान-बिन्दु के रूप में ग्रहण किया। दरअसल हिन्दी नवजागरण पुनरुत्थानवादी दृष्टिकोण की कोख से नहीं जन्मा था बल्कि वह अपनी अन्त:प्रकृति से ही आलोचनात्मक था। अपने आरम्भ से ही वह पाश्चात्य संस्कृति के नकारात्मक तत्त्वों के प्रतिरोध के लिए हिन्दी समाज के अन्तर्विरोधों को समझकर उनका उन्मूलन करना चाहता था। हिन्दी नवजागरण के प्रारम्भिक दौर में भारतेन्दु ने सामाजिक रूढ़ियों पर प्रहार करने के साथ-साथ उन रूढ़ियों के स्रोतों—धर्म, दर्शन, संस्कारों को भी अपनी आलोचना का विषय बनाया था क्योंकि ये स्रोत ही मनुष्य को पराधीनता और पिछड़ेपन में सन्तुष्ट रहना सिखाते थे। एक तरह से देखें तो सामाजिक सुधार की यह छटपटाहट भक्तिकालीन लोकजागरण से भी जुड़ती है। कवियों ने जब-जब और जहाँ-जहाँ समाज की रूढ़ियों और कुरीतियों पर प्रहार किया है उसकी अनुगूँज हिन्दी नवजागरण में सुनाई देती है। भक्तिकालीन कवियों की समाज सुधार विषयक चेतना स्थायी भाव की तरह इस दौर के कवियों में मौजूद है जो ब्रिटिश उपनिवेशवाद की कोख से जन्मा पाश्चात्य संस्कृति का विज्ञान पाकर समाज-सुधार के एक विराट् आन्दोलन में परिणत हो गई। वस्तुत: हिन्दी नवजागरण के लिए सामाजिक सुधार उसकी वैचारिक यात्रा का एक प्रस्थान-बिन्दु है जो

अन्तत: राजनीतिक स्वत्व से जुड़कर परवर्ती स्वतंत्रता संग्राम का वाहक बनता है। इसके अग्रदूतों में सभी अपनी परम्पराओं का पुनर्पाठ करते हुए अपने समय की प्राथमिकताओं, आवश्यकताओं एवं आकांक्षाओं के अनुरूप सामाजिक परिवर्तन की अलख जगाते हैं। भारतेन्दु में समाज-सुधार की यह प्रवृत्ति अपेक्षाकृत अधिक मुखर और मूर्त रूप लेती हुई दिखाई देती है। दरअसल भारतेन्दु युग के रचनाकारों की जिम्मेदारी तिहरी थी। एक ओर तो उन्हें सामाजिक, सांस्कृतिक और राजनीतिक दृष्टि से हो रहे बदलावों के अनुरुप पिछड़े हिन्दी समाज को परिवर्तन के लिए तैयार करना था तो दूसरी ओर उपनिवेशवाद के प्रतिरोध के लिए समाज के मानस को बदलना था और इसके साथ ही आधुनिकीकरण की प्रक्रिया में समय के साथ चलने के लिए रास्ता भी बनाना था। समाज-सुधार इन तीनों चुनौतियों का सामना करने के लिए प्रस्थान-बिन्दु बना। इस प्रस्थान-बिन्दु की दिशा में आगे बढ़ने के लिए अपने साहित्य में भारतेन्दु ने व्यंग्य की धार का सफल प्रयोग किया। यद्यपि व्यंग्य की यह धार द्विवेदी युग तक आते-आते भोथरी हो गई और उपनिवेशात्मक इतिवृत्तात्मकता को हथियार बनाकर सामाजिक रूढ़ियों और कुरीतियों पर हमला बोला गया किन्तु इसमें कोई सन्देह नहीं कि द्विवेदीयुगीन हिन्दी नवजागरण में सामाजिक सुधारों का परिप्रेक्ष्य अधिक बौद्धिक और मानवीय है। भारतेन्दु युग में नारी को लेकर जो भावुक और सतही सहानुभूति थी उसे द्विवेदी युग में वास्तविकता का मूर्त धरातल मिला। उपेक्षित नारी चरित्रों के उद्धार की एक सर्जनात्मक मुहिम चलाई गई। इस प्रकार भारतेन्दुयुगीन हिन्दी नवजागरण में समाज-सुधार की जो चेतना परम्परा के नकारात्मक पक्षों पर प्रहार करती है वह द्विवेदीयुगीन हिन्दी नवजागरण में अधिक नैतिक और जीवन-मूल्यों से अधिक सम्पृक्त होकर उदात्त और व्यापक रूप धारण कर लेती है जिसका सर्जनात्मक विकास परवर्ती हिन्दी नवजागरण में मौजूद है।

हिन्दी नवजागरण अपनी जिस प्रमुख विशेषता के कारण कालांतर में भारतीय स्वतंत्रता संग्राम का वाहक बना वह है उपनिवेशी शासन द्वारा किये गए किसानों, मजदूरों और शिल्पियों के निर्मम शोषण का उद्घाटन। इस विषय पर हम आगे विस्तार से विचार करेंगे। यहाँ इतना कहना पर्याप्त है कि हिन्दी नवजागरण के सभी प्रमुख लेखकों ने उपनिवेशवाद के प्रतिरोध के लिए किसानों, मजदूरों और शिल्पियों के इस शोषण का कारगर हथियार की तरह इस्तेमाल किया। क्योंकि हिन्दी पट्टी के लोग इस शोषण से अपेक्षाकृत अधिक प्रभावित थे इसलिए उपनिवेशवादी शक्तियों द्वारा किये गए आर्थिक शोषण को इस दौर के पुरोधाओं ने अधिक महत्त्व दिया। कहना होगा कि हिन्दी नवजागरण के लेखक जानते थे कि जब तक देशवासियों का ध्यान उपनिवेशवादी शक्तियों द्वारा की जा रही इस लूट के प्रति आकर्षित नहीं किया जाएगा तब तक वे राजनीतिक स्वतंत्रता को अपना उद्देश्य नहीं बना पाएँगे। दरअसल हिन्दी नवजागरण जहाँ तक एक ओर अपनी सांस्कृतिक अस्मिता की

पहचान और उसकी रक्षा के लिए भारतीय जनमानस को तैयार कर रहा था वहीं दूसरी ओर वह उपनिवेशवादी शक्तियों द्वारा भारत की सम्पत्ति के अबाध दोहन को रेखांकित करके स्वराज्य के स्वप्न को आकार दे रहा था। इस दृष्टि से उपनिवेशवादी आर्थिक शोषण का उद्घाटन हिन्दी नवजागरण की एक ऐसी विशेषता है जो एक ओर उसे राष्ट्रीय स्वाधीनता आन्दोलन से जोड़ती है, वहीं दूसरी ओर हिन्दी समाज के पिछड़ेपन के लिए उसे जागरूक करते हुए उससे उबरने के लिए कुछ विकल्पों की खोज भी करती है।

हिन्दी नवजागरण के साहित्यकार अपने समय की समस्याओं, प्राथमिकताओं एवं आकांक्षाओं से पूरी तरह अवगत थे। अपनी सांस्कृतिक परम्पराओं के प्रति संवेदनशील होने के साथ-साथ उपनिवेशवादी दौर में सम्पन्न होने वाली आधुनिकीकरण की प्रक्रिया भी उनकी दृष्टि से ओझल नहीं थी। वे ब्रिटिश सत्ता की विडम्बनाओं और अन्तर्विरोधों का प्रतिरोध करते हुए समानांतर रूप से उसकी वैज्ञानिक और औद्योगिक उपलब्धियों से हिन्दी नवजागरण को जोड़ना चाहते थे। इस दृष्टि से वे परम्परा और आधुनिकता के बीच एक सेतु बनाने का प्रयास कर रहे थे। यह एक कठोर वास्तविकता थी कि हिन्दी पट्टी के लोग अन्धविश्वास और रूढ़ियों में जकड़े होने के साथ-साथ उपनिवेशवादियों द्वारा किये जा रहे आर्थिक शोषण के चलते अत्यधिक विपन्न भी थे। इन्हें सशक्त करने के लिए यह आवश्यक था कि वे आधुनिकीकरण की प्रक्रिया से रचनात्मक रूप से जुड़ें। इसके लिए यह आवश्यक था कि परम्परा से चली आ रही शिक्षा-व्यवस्था के ढाँचे पर प्रहार किया जाए। 'कविवचनसुधा' में 30 सितंबर 1872 के अंक में भारतेन्दु ने लिखा—

> अंग्रेज लोग केवल हम लोगों को उसी शिक्षा का उपदेश देते हैं जिसमें किसी प्रकार की शिल्पादिक कोई कला न हो केवल पंडित मात्र बन जाएँ।[2]

अंग्रेजों द्वारा शिक्षा के क्षेत्र में जो नये प्रावधान किये गए थे उनका अनुपालन करते हुए कुछ विद्यालयों की तुलना में स्कूलों और मदरसों की स्थिति अत्यन्त दयनीय थी। आचार्य महावीर प्रसाद द्विवेदी ने इस सम्बन्ध में सरस्वती में जो कविता लिखी वह इस दुरवस्था का मर्मस्पर्शी चित्र प्रस्तुत करती है—

'ऊनामासी धम्म' लगे बालकगण रटने
उनकी मेधा-शक्ति लगी क्रम क्रम से घटने
प्यौंचा ख्यौंचा सिर्फ कभी थे विकट पहाड़े,
कैंथी मुड़िया लिखी शुद्ध-लिपि-वर्ण बिगाड़े।
अर्द्ध दग्ध से हो गए पेट पाल लेने लगे
किसी तरह से जगत् में समय ढाल लेने लगे।[3]

अब मदरसों की हालत देखिए—

कहीं मौलवी लोग फ़ारसी लगे पढ़ाने,
आमद आया, रफ्त गया की मश्क़ बढ़ाने।
बच्चे रटने लगे करीमा ख़ालिक़ बारी
पढ़ा गुलिस्ताँ कभी रहा यदि यह क्रम जारी।
अन्य विषय का नाम भी लेने लगे न चूक से
इतना ही पढ़कर रहे बने कूप-मंडूक से।[4]

हिन्दी नवजागरण के मनीषी ऐसी शिक्षा के पक्षधर थे जो हिन्दी जाति की पीढ़ी को विज्ञान और प्रौद्योगिकी से जोड़े। उनकी एक बड़ी चिन्ता यह थी कि वैज्ञानिक और तकनीकी शिक्षा के प्रति यहाँ के लोगों की बिल्कुल रुचि नहीं थी। ऐसे में इस प्रकार की शिक्षा पर बल दिया गया जो ज्ञान-विज्ञान और तकनीक से विद्यार्थियों को जोड़ सकें। भारतेन्दु ने अपने मित्र रामशंकर शर्मा से अपनी चार अन्तिम इच्छाओं की चर्चा की थी—(1) इंग्लैंड, फ्रांस जैसे समुन्नत देशों की यात्रा, (2) हिन्दी प्रदेश में तकनीकी शिक्षा के लिए एक कॉलेज की स्थापना करना, (3) एक हिन्दी विश्वविद्यालय की स्थापना करना और (4) श्री ठाकुर जी के बगीचे में एक बड़ा उत्सव आयोजित करना।[5] इनमें यदि पहली तीन इच्छाओं पर गम्भीरता से विचार करें तो इनमें हिन्दी नवजागरण की नई पीढ़ी को देन का पूरा परिप्रेक्ष्य समझा जा सकता है। भारतेन्दु चाहते थे हमारी नई पीढ़ी के लोग कूप-मंडूक बनकर न रहें बल्कि उन्नतिशील देशों में जाकर उनके विकास के कारणों की स्वयं पड़ताल करें। हिन्दी प्रदेश के नवयुवकों के लिए प्रौद्योगिकी की शिक्षा कितनी आवश्यक है, भारतेन्दु इसे बखूबी जानते थे। इस उद्देश्य के लिए हिन्दी प्रदेश में तकनीकी महाविद्यालय की स्थापना का उनका स्वप्न उनके व्यावहारिक और यथार्थवादी दृष्टिकोण को रेखांकित करता है। उन्होंने धनी लोगों का आह्वान किया—"इसलिए अब जो-जो विद्वान् और विचारी मनुष्य हों उनको उचित है कि अपने द्रव्य की वृद्धि के निमित्त जितने भाप के यंत्र मँगा सकें मँगावें और यहाँ भी धातु आदि रटान कई हैं उनका शोध करें।"[6]

द्विवेदी युग में शिक्षा को ज्ञान-विज्ञान सम्मत बनाने के लिए जो प्रयत्न किये गए उन्होंने हिन्दी नवजागरण को विशद और व्यापक बनाया। 'सरस्वती' में ज्ञान-विज्ञान का कोई क्षेत्र ऐसा नहीं जिस पर लेख प्रकाशित न हुए हों। 'सरस्वती' के द्वारा हिन्दी समाज को शिक्षित और जाग्रत करने के लिए जो वैचारिक आन्दोलन चलाया गया उसका ऐतिहासिक महत्त्व है। इस प्रकार हिन्दी नवजागरण में समाज-सुधार और वैज्ञानिक तथा औद्योगिक पक्षों के प्रति आग्रह समानांतर रूप से मौजूद है। हिन्दी नवजागरण जहाँ एक ओर पुनरुत्थान के अवरोधों से जूझ रहा था वहाँ दूसरी ओर वह हिन्दी समाज को ज्ञान-विज्ञान और प्रौद्योगिकी में शिक्षित करने के लिए कटिबद्ध

था। समग्रतः कहना होगा कि हिन्दी नवजागरण भारत के स्वातंत्र्य आन्दोलन के लिए हिन्दी समाज को तैयार करने का काम कर रहा था। इसके लिए उपनिवेशवादी आर्थिक शोषण से बचाने और आर्थिक स्वावलम्बन के लिए यह आवश्यक था कि हिन्दी समाज परम्परावाद की कूप-मंडूकता से निकल कर वैज्ञानिक और औद्योगिक प्रशिक्षण से स्वदेशी उद्योग-धंधों का विकास करे। इस दृष्टि से वह बंगला नवजागरण के रहस्यवाद से अलग खड़ा दिखाई देता है। गुजरात के नवजागरण में विद्यमान विज्ञान और औद्योगीकरण के विरोध से भी वह अपनी पृथक पहचान बनाता है।

हिन्दी नवजागरण भारतीय नवजागरण की तरह अपने में अनेक अन्तर्विरोधों को समाहित किये था। इनमें एक अन्तर्विरोध जिसकी प्रायः चर्चा होती है वह है—राजभक्ति और राष्ट्रभक्ति का अन्तर्विरोध। विशेष रूप से भारतेन्दु को लेकर उनकी राजभक्ति के सम्बन्ध में प्रश्न उठाए जाते हैं। यह मान लिया जाता है कि राजभक्त होने के नाते राजनीतिक स्वतंत्रता के मुद्दे पर वे स्पष्टतापूर्वक कुछ कहने से प्रायः बचते हैं। यही नहीं इस राजभक्ति को लेकर कभी-कभी प्रायः समूचे भारतेन्दुयुगीन हिन्दी नवजागरण को सन्देह की दृष्टि से देखा जाता है।

हमें भारतेन्दुयुग में विद्यमान राजभक्ति और राष्ट्रभक्ति के अन्तर्विरोध को उसके सम्पूर्ण परिप्रेक्ष्य में समझना होगा। 1857 की क्रान्ति का जब आरम्भ हुआ तब भारतेन्दु केवल सात वर्ष के थे। बाद में इस क्रान्ति को लेकर उनकी कोई प्रतिक्रिया नहीं मिलती। ले-देकर उनकी निम्नलिखित पंक्तियाँ उपलब्ध होती हैं—

कठिन सिपाही द्रोह अनल जा जन बल नासी।
जिन भय सिर न हिलाय सकत कहुँ भारतवासी॥

यदि इन पंक्तियों को ध्यान से देखें तो 1857 की क्रान्ति को लेकर भारतेन्दु के दृष्टिकोण को बेहतर ढंग से समझा जा सकता है। पहली बात तो यह इसे सिपाही द्रोह कहा गया। कहा जा सकता है कि यह दृष्टिकोण किसी व्यवस्था-प्रिय राजभक्त का हो सकता था और एक हद तक था भी किन्तु हमें देखना होगा कि उस समय के इतिहासकारों ने इस ऐतिहासिक घटना की गहराई में जाकर इसकी वास्तविकता को सामने नहीं रखा था। अंग्रेज प्रशासकों, इतिहासकारों ने जिस शरारतपूर्ण ढंग से इसे 'सिपाही विद्रोह' का नाम दिया वही पक्ष भारतेन्दु के सामने था। एक अल्पवयस्क युवक उपलब्ध और प्रचलित धारणाओं के चलते यदि इस जनक्रान्ति को 'सिपाही विद्रोह' कह देता है तो इसे पकड़कर भाग नहीं लेना चाहिए। फिर वे इसकी निंदा नहीं करते बल्कि इसे कठिन मानते हैं वे वस्तुतः 1857 की क्रान्ति में सम्मिलित सेनानियों की उन कठिनाइयों की ओर संकेत करते हैं जिनके कारण यह महान घटना अपनी सम्पूर्ण परिणति तक नहीं पहुँच सकी। साधनों की कमी, पारस्परिक फूट तथा कुछ लोगों के विश्वासघात ने इसे 'कठिन' बना दिया था। इस क्रान्ति के बीच और बाद में

भी अंग्रेजों द्वारा किये गए लोमहर्षक अत्याचारों की परिणति को वे 'जन बल नाशी' जैसे शब्दों के द्वारा रेखांकित करते हैं। इन अत्याचारों के कारण—'सिर न हिलाइ सकत कहुँ भारतवासी'। दरअसल भारतेन्दु यह देख पा रहे थे कि सशस्त्र प्रतिरोध की रणनीति असफल हो चुकी है इसलिए हमें अपनी रणनीति को बदलना होगा। एक ऐसा आवरण तैयार करना होगा जिसकी ओट में उपनिवेशवाद की विडम्बनाओं और अन्तर्विरोधों को उजागर कर जनमानस को धीरे-धीरे बदल जाए। भारतेन्दु की राजभक्ति दरअसल ऐसा ही आवरण है।

इसमें कोई सन्देह नहीं कि भारतेन्दु अपनी तथाकथित राजभक्ति के बावजूद अपने समय में ब्रिटिश शासन द्वारा किये जा रहे भारतीयों के आर्थिक शोषण को आँखें गड़ाकर देख रहे थे किन्तु यह दृष्टिकोण प्रत्यक्ष या अप्रत्यक्ष रूप से उन्हें अपने पूर्वजों से विरासत में भी मिला था। इसके साथ ही वे उस शिक्षित युवा पीढ़ी के प्रतिनिधि भी हैं जो महारानी विक्टोरिया के उदार दिखने वाले घोषणा-पत्र को आशा और विश्वास की दृष्टि से देखते हैं। शंभुनाथ का यह मानना है कि—

> भारतेन्दु हरिश्चन्द्र को भारत में अंग्रेजीराज यूरोपीय नवजागरण के ही विस्तार जैसा लगा था, आधुनिक जीवन की ओर उन्मुख कर किसी गहरी नींद से जगाने वाला।[7]

किन्तु यह तस्वीर का एक पहलू है। भारतेन्दु यूरोपी नवजागरण और भारतीय परिवेश—दोनों के अलगाव को भी साफ-साफ समझ रहे थे। उनके ध्यान में उपनिवेशवादी तंत्र की शोषण आधारित मानसिकता का पूरा बिम्ब मौजूद था। इसलिए वे राजभक्ति और राष्ट्रभक्ति का सन्तुलन साध सके।

द्विवेदी युग में राजभक्ति का स्वर एक हद तक मद्धिम हो गया। भारतेन्दु युग की राजभक्ति का स्थान राजभक्ति के औपचारिक निर्वाह ने ले लिया था। इस पूरे दौर में पुनरुत्थानवादी आत्मगौरव और मूल्यबोध प्रधान राष्ट्रीयता के स्वर सशक्त रूप से उभरते दिखाई देते हैं। राष्ट्रीय स्वतंत्रता संग्राम को जितनी गति और प्रखरता मिलती गई राजभक्ति के स्वर उतने ही नि:शेष होते गए। समग्रत: कहें तो हिन्दी नवजागरण के उद्‌भवकाल में परिवेश के दबावों और सामन्तीय संस्कृति की कोख से जन्मी राजभक्ति को स्वीकार करते हुए और इसके साथ उपनिवेशवाद के वास्तविक चरित्र के उद्‌घाटन और राष्ट्रप्रेम को आत्मसात् करते हुए परस्पर विरोधी प्रवृत्तियों में एक रचनात्मक सन्तुलन बनाया गया।

हिन्दी नवजागरण की पहचान का एक प्रमुख बिन्दु है हिन्दी का पथ प्रशस्त करने का अभियान। जब हम हिन्दी साहित्य के इतिहास की बात करते हैं तो आधुनिक काल से पहले वह कविता का ही इतिहास होता है। गद्य का उद्‌भव और प्रकर्ष हमें आधुनिक काल में ही दिखाई देता है। हिन्दी नवजागरण अपनी अन्त:प्रकृति में

विचारात्मक था अत: उसकी चिन्ताओं और चिन्तन को वहन करने के लिए गद्य का माध्यम अपरिहार्य था। फिर गद्य भी ऐसा जो समाज के प्रत्येक वर्ग से जुड़ सके। बंगला और मराठी की तुलना में हिन्दी गद्य का स्वरूप-निर्माण विलम्ब से हुआ। ठीक वैसे ही जैसे अन्य प्रदेश के नवजागरणों से हिन्दी नवजागरण बाद में आया। किन्तु उन्नीसवीं शती के अन्तिम दशक में हिदी नवजागरण के चिन्तक हिन्दी के स्वत्व के लिए संघर्ष कर रहे थे वहीं दूसरी ओर वे जीवंत और उन्मुक्त गद्य की रचना में लगे थे। परिणामस्वरूप हिन्दी को कचहरियों में स्थान मिलता है और उसे सामाजिक स्वीकृति भी मिलती है। हिन्दी गद्य अब नवजागरण के साथ कदम से कदम मिलाकर चलने लगता है।

यहाँ हमें भारतेन्दु से पूर्व हिन्दी गद्य को रूपाकार दे रहे राजा द्वय—शिवप्रसाद सितारे हिन्द और राजा लक्ष्मण सिंह के योगदान की चर्चा करनी होगी। राजा शिवप्रसाद हिन्दी गद्य को 'आमफ़हम' रूप देने के लिए काम कर रहे थे। दूसरी ओर राजा लक्ष्मण सिंह संस्कृतनिष्ठ गद्य के पक्षधर थे। भारतेन्दु के इन दोनों अतिवादी प्रयासों के बीच एक सेतु बनाने का कार्य करना था। दरअसल भारतेन्दु का संघर्ष दोहरा था। एक ओर तो उन्हें हिन्दी को जनपदीय लोक संस्कृति से जोड़ना था और दूसरी ओर उन्हें शिक्षितों के बीच व्यवहार के लिए हिन्दी गद्य को विकसित करना था। भारतेन्दु हिन्दी की जातीय परम्परा को इस ढंग से समृद्ध करना चाहते थे कि वह रचनाकार को पाठक से आत्मीय रूप से जोड़ सके। संस्कृत की परम्परा के दबाव में गद्य के तत्सम शब्दों से बोझिल होने का खतरा उनके सामने था। एक खतरा यह भी था कि वह संस्कृत की परम्परा से पूरी तरह छिटककर अरबी-फारसी के शब्दों में अपनी पहचान न खो दे। दोनों परम्पराओं के तनावों के बीच उन्होंने एक सन्तुलित और सधे हुए मध्यम मार्ग की तलाश को अपना प्रस्थान-बिन्दु बनाया। इस युग के साहित्यकारों की एक प्रमुख चिन्ता यह थी कि हिन्दी को उसके पाठकवर्ग से पूरी जीवंतता के साथ कैसे जोड़ा जाए। केवल शुष्क वैचारिक आग्रहों को प्रमुखता देकर हिन्दी का अपेक्षित विस्तार सम्भव न था। इसके लिए हास्य और व्यंग्य को एक कारगर हथियार की तरह इस्तेमाल किया गया। इस दौर के साहित्यकार अपनी छवि विद्वान उपदेशक की नहीं बल्कि हँसाने, गुदगुदाने और कोंचने वाले आत्मीय मित्र की छवि गढ़ना चाहते थे। इसके लिए हास्य और व्यंग्य से उपयुक्त माध्यम कोई हो ही नहीं सकता था। क्योंकि इस युग के सभी प्रमुख साहित्यकार पत्रकार भी थे अत: उन्होंने इस माध्यम को अपनाकर पाठकों से जीवंत और आत्मीय रिश्ता कायम किया। किन्तु ये साहित्यकार हिन्दी को ज्ञान-विज्ञान की भाषा बनाने के लिए पूरी तरह जागरूक थे। कविवचनसुधा में भारतेन्दु ने उन आत्महीनता से ग्रस्त लोगों को उनकी इस मान्यता के लिए करारा जवाब दिया है कि हिन्दी ज्ञान-विज्ञान में लेखन के लिए उपयुक्त नहीं है। वे लिखते हैं—

> बहुत लोग गाल बजा-बजा कर कहते हैं कि हिन्दी हो जाने से विज्ञान के पढ़ने-पढ़ाने में विघ्न हो जावेगा क्योंकि हिन्दी भाषा में इतने थोड़े शब्द हैं कि वैज्ञानी भावना उसके द्वारा प्रकाश नहीं हो सकती है ××× उनके इस कहने पर भी हिन्दी में वैज्ञानी शिक्षा नहीं हो सकती कोई नहीं मानेगा जब तक अपने साक्ष्य के लिए प्रबल प्रमाण न देंगे। यों तो अपनी कलम है और अपना कागज।[8]

वस्तुत: भारतेन्दु और उनके मंडल के साहित्यकारों ने प्ररम्भिक रूप से ही सही हिन्दी को ज्ञान-विज्ञान की भाषा बनाने का पुरजोर समर्थन किया। भले ही यह कार्य द्विवेदी युग में विस्तार पा सका किन्तु भारतेन्दुयुग में इस कार्य की पृष्ठभूमि निर्मित की जा चुकी थी। यदि हम भारतेन्दुयुग द्वारा हिन्दी की अस्मिता के लिए किये गए संघर्ष को समग्रता में देखें तो पाएँगे कि भारतेन्दु के नेतृत्व में हिन्दी के लिए किया गया संघर्ष हिन्दी की मूल प्रकृति के निर्धारण एवं उसे स्थायित्व प्रदान करने से जुड़ा था। हम जब भी आधुनिक युग में हिन्दी के विकास का अध्ययन करना चाहेंगे, तब यह असम्भव है कि हम भारतेन्दुयुगीन हिन्दी साहित्य को उपेक्षित करके आगे बढ़ पाएँ। क्योंकि यही वह दौर है जब पहली बार हिन्दी अपनी अस्मिता को प्राप्त करने के संघर्ष के साथ अपने जनवादी (राजनीतिक अर्थ में नहीं) स्वरूप को सिद्ध करती है।

महावीर प्रसाद द्विवेदी के सामने चुनौती थी हिन्दी को हिन्दी प्रदेश का अतिक्रमण करके उसे राष्ट्रीय स्वरूप प्रदान करने की। उस समय हिन्दी को राष्ट्रीय स्वरूप देने की मुहिम का संचालन प्रमुखत: दो ही व्यक्ति कर रहे थे—महात्मा गांधी और महावीर प्रसाद द्विवेदी। द्विवेदी जी ने स्वराज्य प्राप्ति के समानांतर मातृभाषा के स्वराज्य के मुद्दे पर गम्भीर चर्चा की। मार्च 1923 में कानपुर में आयोजित तेरहवें साहित्य सम्मेलन में स्वागतकारिणी सभा के सभापति के रूप में अपने विचार व्यक्त करते हुए उन्होंने कहा—

> भाइयो, स्वराज्य प्राप्ति की चेष्टा के साथ-साथ ही हमें मातृभाषा के स्वराज्य की प्राप्ति के लिए भी सचेत होना चाहिए। स्वराज पाने के लिए हमें किसी हद तक परमुखापेक्षण और परावलम्बन की आवश्यकता है पर भाषा के स्वराज्य के लिए नहीं। उसकी स्थापना तो सर्वथा हमारे ही हाथ में है।[9]

द्विवेदी जी की हिन्दी को लेकर जो चिन्ताएँ थीं वे हैं—

1. ज्ञान-विज्ञान की दृष्टि से हिन्दी साहित्य की विपन्नता।
2. हिन्दी और दूसरी भाषाओं में पारस्परिक आदान-प्रदान का अभाव।
3. भाषा और व्याकरण के उचित सम्बन्ध का निर्धारण न हो पाना।

4. हिन्दी और उर्दू का विवाद।

5. हिन्दी को लेकर आत्मगौरव की भावना का अभाव।

द्विवेदी युग से पहले साहित्य को एक सीमित दृष्टि से परिभाषित किया जाता था। संस्कृत काव्यशास्त्र की परम्परा के दबाव में साहित्य को रसानुभूति के दायरे से निकाल पाना सम्भव नहीं हो पा रहा था। स्वयं भारतेन्दु का अधिकांश काव्य भक्तिकालीन आस्था-भाव और रीतिकालीन कलावाद पर आश्रित था। द्विवेदी जी ने 'ज्ञान राशि के संचित कोष' के रूप में साहित्य को परिभाषित कर उसे साहित्य की समझ का प्रस्थान-बिन्दु माना। उन्होंने इस दिशा में जो गम्भीर प्रयास किये उसका साक्ष्य है 'सरस्वती' में प्रकाशित वे लेख जो ज्ञान-विज्ञान को विषय बनाकर लिखे गए। हिन्दी की समृद्धि और स्वावलम्बन की दिशा में द्विवेदी जी का योगदान ऐतिहासिक होने के साथ-साथ अप्रतिम भी है। हिन्दी और दूसरी भाषाओं में पारस्परिक आदान-प्रदान को वे आवश्यक ही नहीं अपरिहार्य भी मानते थे। उन्होंने अपने सम्पर्क में आए अनेक साहित्यकारों को दूसरी भाषाओं से अनुवाद के लिए प्रेरित किया। उनकी इस प्रेरणा का फल यह हुआ कि हिन्दी में देश-विदेश की भाषाओं से श्रेष्ठ कृतियों के अनुवाद की बाढ़-सी आ गई। हमें यह भी नहीं भूलना चाहिए कि द्विवेदी जी ने पूर्वोपलब्ध हिन्दी को व्याकरण सम्मत बनाया। भारतेन्दुयुगीन हिन्दी अपनी प्रकृति से जीवंत और सहज सम्प्रेषणीय होते हुए भी व्याकरण की दृष्टि से अराजकता की शिकार थी। न वाक्य-विन्यास में कोई व्यवस्था थी और न विराम-चिह्नों के प्रयोग में व्याकरण के नियमों का पालन किया जाता था। क्योंकि इस युग के साहित्यकार व्यापक उद्देश्यों के लिए कार्य कर रहे थे इसलिए भाषा की व्याकरणिक व्यवस्था पर वे ध्यान नहीं दे पाए। द्विवेदी जी ने इस दिशा में सचमुच आचार्य की भूमिका का निर्वाह किया। वे स्वयं रचनाकारों की रचनाओं में व्याकरण-सम्बन्धी संशोधन किया करते थे। यही नहीं, उन्होंने अनेक विद्वानों को हिन्दी में व्याकरण लिखने के लिए प्रेरित किया। किन्तु वे हिन्दी को व्याकरण की जकड़बन्दी में बँधा भी नहीं देखना चाहते थे। वे जानते थे कि ऐसा होने पर एक तो साहित्य की सहज गतिशीलता अवरुद्ध हो जाएगी, दूसरे उसकी सम्प्रेषणीयता में बाधा उत्पन्न हो जाएगी। दरअसल वे भाषा और व्याकरण के सम्बन्धों को इतना लचीला बनाना चाहते थे कि भाषा न तो व्याकरण की मूलभूत सीमाएँ लाँघकर स्वच्छंद और अराजक हो जाए और न वह व्याकरण की जकड़बन्दी में फँसकर अपनी सहज प्रकृति से दूर चली जाए। द्विवेदी जी हिन्दी-उर्दू के विवादों को लेकर भी चिन्तित थे। सच तो यह है कि चाहे भारतेन्दु हों या महावीर प्रसाद द्विवेदी; प्रेमचन्द हों या निराला सभी हिन्दी-उर्दू-विवाद की भयावह परिणति को लेकर आशंकित थे। क्योंकि इस विवाद के गहरा जाने से साम्प्रदायिक गोलबन्दी हो सकती थी। द्विवेदी जी ने हिन्दी के साथ-साथ उर्दू और उसकी लिपि को भी सीखने का आग्रह किया। क्योंकि ऐसा किये बिना साम्प्रदायिक

सद्भाव सम्भव नहीं था। वे मानते थे कि दोनों भाषाएँ अलग नहीं हैं। इतना ही अन्तर है कि उर्दू में अरबी और फारसी के शब्दों को ग्रहण किया गया है।[10]

वस्तुतः हिन्दी नवजागरण काल में हिन्दी की अस्मिता के लिए संघर्ष केवल हिन्दी के संरक्षण या प्रचार का मामला नहीं था। यह संघर्ष उनकी धमनियों में रक्त की तरह बहता था। हम इस प्रसंग को उपर्युक्त भाषण के इस उद्धरण के साथ समाप्त करते हैं—

> मुझे अपुण्य कर्म्मा ने अपनी आयु के कोई साठ वर्ष अधिकतर तिल, तंडुल, लवण और ईंधन की चिन्ता में बिता दिए। अपनी मातृभाषा हिन्दी की उन्नति के लिए जो-जो काम करने का संकल्प मैंने किया था, वे सब मैं नहीं कर सका। यह जन्म तो मेरा अब गया। आप उदारता और दयालुतापूर्वक मेरे लिए परमात्मा से अब यह प्रार्थना कर दीजिए कि जन्मांतर ही में वह किसी तरह वे काम कर सकने का सामर्थ्य मुझे दे। वह मुझ पर ऐसी कृपा करे कि मेरे हृदय में मातृभाषा का आदर सदा ही न बना रहे, वह बढ़ता भी रहे, और जिस भाषा में मेरी माँ ने मुझे अम्मा और बप्पा कहना सिखाया था उसी में हरि-हर-स्मरण करते हुए—*प्राणाः प्रपान्तु मम नाथ तव प्रसादात्*।[11]

हिन्दी नवजागरण को या तो पूरी तरह निर्दोष और सफल माना गया या अपने पूर्वग्रहों और बँधी हुई नकारात्मक रणनीति के तहत उसे पूरी तरह रद्द कर दिया गया। 1857 की क्रान्ति के मूल्यांकन की भी लगभग यही परिणति हुई। यदि समग्रता में तटस्थ और वस्तुपरक दृष्टि से देखा जाए तो हिन्दी नवजागरण के सूत्रधार अपनी वैयक्तिक आस्था को बनाए रखकर एक ओर अपनी सांस्कृतिक परम्पराओं से संवाद करते हैं और दूसरी ओर सामाजिक सुधार की चेतनाओं को विस्तार देते हैं। हिन्दी नवजागरण में पुनरुत्थान को कभी साम्प्रदायिक परिप्रेक्ष्य में ग्रहण नहीं किया गया। नवजागरण के सूत्रधारों की वैयक्तिक आस्था को आधार मानकर समूचे हिन्दी नवजागरण को पुनरुत्थानवादी मान लिया गया। इतिहास साक्षी है कि इसी वैयक्तिक आस्था को उछालकर कुछ अतिवादियों ने गांधी जी को भी साम्प्रदायिक करार दे दिया। हिन्दी नवजागरण के लोग यदि पश्चिमी संस्कृति के प्रतिरोध के लिए जातीय प्रतीकों का इस्तेमाल करते हैं तो यह क्यों गलत है? हर प्रादेशिक नवजागरण ने अपने सामाजिक-सांस्कृतिक उद्देश्यों के लिए जातीय प्रतीकों का इस्तेमाल किया है। दरअसल हिन्दी नवजागरण एक ओर उपनिवेशवाद के छल-छंदों को भलीभाँति समझकर उसकी विडम्बनाओं और अन्तर्विरोधों को सधे हुए ढंग से सामने ला रहा था तो दूसरी ओर वह हिन्दी समाज को सामाजिक, सांस्कृतिक और आर्थिक सन्दर्भों में आत्मालोचन, आत्मपरिष्कार और आत्मसंशोधन के लिए प्रेरित कर रहा था।

इस दृष्टि से हिन्दी प्रदेश में आधुनिकता के पहले उभार को साफ तौर पर महसूस किया जा सकता है। निस्सन्देह किसी भी बड़े सामाजिक-सांस्कृतिक आन्दोलन की तरह हिन्दी नवजागरण में भी कुछ अन्तर्विरोध और अन्तराल है किन्तु यहाँ परम्परा, आधुनिकीकरण और आधुनिकता से संवाद के लिए पर्याप्त 'स्पेस' है। यही उसकी हमारी पीढ़ी को सबसे बड़ी देन है जो इस ग्लोबल दौर में हाशिये पर होते हुए भी सबसे बड़ी चुनौती के रूप में मौजूद है।

हिन्दी नवजागरण के आर्थिक चिन्तन पर विद्वान् प्रायः उदासीन रहे हैं। हिन्दी नवजागरण के सामाजिक और सांस्कृतिक पक्ष पर तो विस्तार से विचार किया गया है किन्तु उसके कर्णधारों द्वारा जिस गहनता और विस्तार से उपनिवेशवादी शोषण पर चर्चा की गई है उस पर प्रायः ध्यान नहीं दिया गया। वस्तुतः हिन्दी नवजागरण की सामाजिक और सांस्कृतिक आत्मपहचान के राजनीतिक आत्मपहचान में परिणत होने की प्रक्रिया में उसके आर्थिक चिन्तन की प्रमुख एवं अपरिहार्य भूमिका रही है। यदि इस दौर में औपनिवेशिक शोषण को रेखांकित न किया जाता तो हिन्दी नवजागरण सामाजिक-सांस्कृतिक मामला बनकर रह जाता। निस्सन्देह वह सामाजिक सुधारों और अपनी सांस्कृतिक परम्पराओं से संवाद को अपना आधारभूत प्रस्थान-बिन्दु मानकर चलता है किन्तु यह भी एक वास्तविकता है कि हिन्दी नवजागरण से जुड़े हुए साहित्यकार ने अपने आर्थिक चिन्तन के माध्यम से राजनीतिक स्वत्व के साथ औपनिवेशिक तंत्र से स्वतंत्र होने के लिए आवश्यक पृष्ठभूमि तैयार की। इस पृष्ठभूमि को अनदेखा करना न केवल राष्ट्रीय स्वतंत्रता संग्राम को उसके परिप्रेक्ष्य से काटकर देखना है बल्कि हिन्दी नवजागरण को उसकी समग्रता में समझने में हमारी असमर्थता को भी दर्शाता है। इस दृष्टि से हिन्दी नवजागरण के आर्थिक चिन्तन पर न केवल गम्भीर चर्चा होनी चाहिए बल्कि आज के ग्लोबल परिप्रेक्ष्य में उसकी प्रासंगिकता का निर्धारण भी आवश्यक है।

हिन्दी नवजागरण के आर्थिक चिन्तन पर बात करने से पहले हमें यह जानना होगा कि आखिर इस दौर के साहित्यकारों को औपनिवेशिक शोषण के आर्थिक पहलू पर विचार करने की आवश्यकता क्यों हुई? क्या सामाजिक सुधारों और सांस्कृतिक परम्पराओं से संवाद में हिन्दी नवजागरण सम्पन्न नहीं हो सकता था? इस प्रश्न का उत्तर हिन्दी नवजागरण की पृष्ठभूमि की पड़ताल में निहित है। इस पृष्ठभूमि का सबसे महत्त्वपूर्ण पक्ष है—ब्रिटिश उपनिवेशवाद। यदि ब्रिटिश शासन की उपनिवेशवादी विडम्बनाओं का सामना इस देश को नहीं करना पड़ता तो निश्चय ही इस आर्थिक चिन्तन को हिन्दी नवजागरण में इतनी प्रमुखता नहीं मिलती। ब्रिटिश उपनिवेशवादी व्यवस्था ने न केवल अपने से पूर्व की मुगल शासन की अर्थव्यवस्था को पूरी तरह बदल डाला बल्कि तत्कालीन सामाजिक-सांस्कृतिक सम्बन्धों को भी नया रूप प्रदान किया। निस्सन्देह ये बदलाव अपनी प्रकृति में अधिकांशतः अपने

पूर्व चरित्र के अनुसार इस देश के प्राकृतिक एवं मानव-संसाधनों की लूटपाट और दोहन में लग गया। हिन्दी नवजागरण की आर्थिक पृष्ठभूमि पर विचार करते हुए ब्रिटिश शासन के उपनिवेशवादी चरित्र को समझने के साथ-साथ हमें यह भी देखना होगा कि इस उपनिवेशवादी शासन-व्यवस्था ने अपने से पूर्व की शासन व्यवस्था में भारतीय अर्थतंत्र को किस प्रकार और किस रूप में बदला।

ब्रिटिश शासन से पूर्व अपने सामाजिक, सांस्कृतिक और आर्थिक अन्तर्विरोधों और विडम्बनाओं के बावजूद भारत न केवल आमतौर पर समृद्ध और खुशहाल था बल्कि शिल्प, स्थापत्य, व्यापार आदि में अनेक दृष्टियों से यूरोप और कुछ अन्य देशों की तुलना में कहीं आगे था। जैसा कि हम जानते हैं कि ब्रिटिश उपनिवेशवाद का पहला शिकार बंगाल बना। यदि हम ब्रिटिश शासन से पूर्व बंगाल की स्थिति को देखें तो दोनों शासन-व्यवस्थाओं का अन्तर स्पष्ट हो जाता है। सुप्रसिद्ध इतिहासकार एफ.एम. कैन्नू ने चालीस वर्षों तक औरंगजेब के चिकित्सक रहे मनूची के संस्मरणों के आधार पर लिखा है—

> हम कह सकते हैं कि यह सूबा मिस्र से किसी तरह घटकर नहीं है और रेशम, कपास, शक्कर और नील की पैदावार में तो उससे भी बढ़कर है। दाल, अनाज, फल, मलमल, सोने और चाँदी के काम के कपड़े सभी की इफ़रात है।[12]

बंगाल की इस समृद्धि से आगे बढ़कर यदि हम सम्पूर्ण भारत की धन-सम्पदा की चर्चा करें तो हम पाएँगे कि दूसरे देशों से व्यापार के द्वारा जो सोना-चाँदी आता था वह भारत में ही रह जाता था। फ्रांसीसी लेखक बर्नियर ने, जिसने शाहजहाँ और औरंगजेब के शासनकाल में एक मुगल अमीर के यहाँ नौकरी की थी,इस सम्बन्ध में लिखा है—

> ××× हिन्दुस्तानियों, डचों, अंग्रेजों और पुर्तगीजों के सब ज़हाज जो हर साल हिन्दुस्तान का माल पेगू, लेनासरीम, सिलोन, अचीन, मगासर, मलय द्वीप, भोजाम्बिक आदि स्थानों को ले जाते हैं वे भी उसके बदले में चाँदी, सोना ही लाते हैं और यह भी उस रुपये की तरह जो मुखाबन्दर, बसरा और अब्बास बन्दर से आता है, यहीं रह जाता है। जो सोना, चाँदी डच लोग जापान की खानियों से निकालते हैं उसमें से भी थोड़ा-बहुत किसी न किसी समय यहाँ आता रहता है और जो रुपया सीधे मार्ग से फ्रांस और पुर्तगाल से आता है वह भी कदाचित ही यहाँ से लौटकर जाता है।[13]

जहाँ तक उद्योग-धंधों का प्रश्न है, इसमें कोई सन्देह नहीं कि अंग्रेजों के आने से

पहले भारत इस दृष्टि से पूरी तरह विकसित और पारंगत था। 1916-18 में हिन्दुस्तान के औद्योगिक कमीशन की रिपोर्ट के अनुसार—

> "पश्चिमी यूरोप में नये उद्योगों का जब आरम्भ ही हुआ था तब भारत अपनी समृद्धि और कला-कौशल के लिए विख्यात था। यहाँ पश्चिम से जब व्यापारी भारत में आए तब भी भारत के उद्योग-धंधों को पिछड़ा हुआ नहीं कहा जा सकता था क्योंकि यहाँ जो लोहा प्राप्त होता था वह गुणवत्ता की दृष्टि से उच्च कोटि का था अत: ऊँचे दर्जे के इस्पात के निर्माण के लिए यहाँ विशिष्ट कौशल विकसित किया गया। उसकी तुलना में तब इस दृष्टि से यूरोप पिछड़ा हुआ था। पीतल और ताँबे की जैसी सुन्दर चीजें बनाई जाती थीं उसकी तुलना में यूरोप हीनतर ठहरता था। धातु-निर्माण में उस समय भारत का दबदबा था।[14]

कृषि व्यवस्था की दृष्टि से भी भारत ब्रिटिश उपनिवेशवादी व्यवस्था से बेहतर स्थिति में था। तब गाँव शासन-व्यवस्थाओं के बदलते रहने के बावजूद स्वायत्त इकाई के रूप में मौजूद थे। भले ही शासन किसी का भी हो किसान जमीन का मालिक स्वयं को भी समझते थे। इसी कारण किसान पूरी मेहनत और लगन से खेती करते थे। टैक्स वसूलना और टैक्स देना ही शासन और किसानों के सरोकारों का प्रमुख कारण होता था। हिन्दू शासक पैदावार के छठे हिस्से से बारहवें हिस्से तक टैक्स वसूलते थे। अकबर के समय तक आते-आते पैदावार का एक-तिहाई टैक्स के रूप में वसूला जाने लगा। किन्तु इसके बावजूद ब्रिटिश शासन से पूर्व तक किसान अपने स्वायत्त ग्राम-तंत्र में आत्मतुष्ट होकर जीवन व्यतीत कर रहा था।

यहाँ यह सब लिखने का उद्‌देश्य यह नहीं कि भारत में ब्रिटिश शासन की स्थापना से पहले सब कुछ ठीक-ठाक था। सामन्तवादी व्यवस्था के दुष्परिणामों और शासन की निरंकुशता से जनता का आक्रांत होना स्वाभाविक था। निर्धनता, अशिक्षा, पिछड़ापन इस व्यवस्था में भी मौजूद थे। किन्तु इस दुरवस्था के चलते बहुत से सकारात्मक पहलू भी मौजूद थे। पहली बात यह कि बाहर से जो शासक यहाँ आए उन्होंने इस देश को पूरी तरह अपना लिया था। यहाँ की तहजीब और संस्कृति में वे काफी हद तक रच-बस गए थे। जो धन करों, लूट या उपहारों से उन्हें मिलता था वह धन किसी न किसी रूप में इस देश में ही बना रहता था। टैक्स वसूली के साथ खेती को बेहतर बनाने की चिन्ता भी की जाती थी। बर्नियर हमें बताता है—

> राजमहल से लेकर समुद्र तक गंगा से निकली हुई तमाम नहरें हैं जिन्हें पुराने जमाने के आबपाशी और नाव चलाने के लिए बड़ी मशक्कत से खोदा गया था।[15]

अकाल पड़ने पर लगान में कमी ही नहीं की जाती थी, लोगों की सहायता भी की जाती थी। मुगल शासन (कुछ अपवादों को छोड़कर) यहाँ की प्रजा को अपनी प्रजा मानते थे और एक हद तक उसकी चिन्ताओं और समस्याओं का ध्यान रखते थे।

ईस्ट इंडिया कम्पनी का शासन होते ही परिदृश्य पूरी तरह बदल गया। अब शासक और शासित में राजा और प्रजा का सम्बन्ध नहीं था। भारतीय प्रजा का पाला एक ऐसे विदेशी शासन से पड़ा था जिनकी यहाँ की जनता से कोई सहानुभूति नहीं थी। उनका एकमात्र उद्देश्य यहाँ के प्राकृतिक और मानव-संसाधन का दोहन था। राजनीतिक आधिपत्य से पूर्व बंगाल के पहले गवर्नर जनरल लॉर्ड क्लाइव ने 7 जनवरी, 1759 को इंग्लैंड के प्रधानमंत्री को लिखे अपने पत्र में कम्पनी द्वारा भारत पर आधिपत्य की सम्भावनाओं को टटोलते हुए आर्थिक लूट को लेकर अपना मंसूबा जाहिर किया था। उसने इस मंसूबे को जाहिर करते हुए अपने इस पत्र में लिखा—

> अब मैं आपके विचार के लिए यह मामला छोड़ देना चाहता हूँ कि उन तीन सूबों (बंगाल, बिहार, उड़ीसा) का आधिपत्य लेना ठीक होगा या नहीं, जहाँ सालाना आमदनी 20 लाख की है और जहाँ प्राकृतिक संसाधन बहुतायत से हैं। सीधे आधिपत्य से, या किसी निष्पक्ष मंत्री के द्वारा बहुत आमदनी भी हो सकती है जिससे कम्पनी का व्यापारिक धाटा भी निपटाया जा सकता है।[16]

यह पत्र प्लासी की लड़ाई से अठारह महीने के बाद लिखा गया जिससे भारत में भावी ब्रिटिश शासन की नीति और नीयत स्पष्ट रूप से उजागर हो जाती है।

ब्रिटिश शासन अपने प्रारम्भिक दौर में भूमि-व्यवस्था लेकर दुविधा में था। मालगुजारी वसूलने की पूर्वोपलब्ध व्यवस्था उनकी समझ से बाहर थी। फिर भी क्लाइव ने इस व्यवस्था को बनाए रखा। वारेन हेस्टिंग्स के समय में भूमि और मालगुजारी की पूर्ववर्ती व्यवस्था की समीक्षा की गई। ब्रिटिश शासन को भूमि के स्वामित्व का मसला भी तय करना था। वारेन हेंस्टिगज ने अन्तिम रूप से यह तय किया कि भूमि न किसानों की है और न जमींदारों की। भूमि का स्वामित्व अंग्रेजी शासन का है। जमींदार केवल बिचौलिए हैं जिन्हें कर वसूली के लिए कमीशन दिया जाएगा। नीलामी में जो जमींदार मालगुजारी वसूलने के लिए अधिकतम बोली लगाएगा उसे ही मालगुजारी वसूलने का काम दिया जाएगा। यह भारत के उस मूलभूत राजनीतिक, आर्थिक और सामाजिक ढाँचे में आधारभूत बदलाव की पहल थी जो किसानों और जमींदारों की स्वायत्त पहचान पर निर्णायक प्रहार कर रही थी। कहने की आवश्यकता नहीं कि यह उपनिवेशवादी शक्तियों द्वारा देश को अधिकाधिक लूटने की नीयत को रेखांकित

करती है। यदि हम ब्रिटिश शासन से पहले के मालगुजारी वसूलने के आँकड़ों पर दृष्टिपात करें तो स्थिति काफी हद तक स्पष्ट हो जाती है—

अधिकारी जिसने मालगुजारी निर्धारित की	वर्ष	राशि (रुपयों में)
टोडरमल	1596	107 लाख
मुर्शीद कुली खाँ	1722	145 लाख
अलीवर्दी खाँ	1755	186 लाख
मीर कासिम	1763	256 लाख[17]

> 1765-66 में कम्पनी ने मालगुजारी वसूलने का काम सँभाला। उसी साल मालगुजारी में 1,4,70,000 पौंड (एक करोड़ सैंतालीस लाख रुपये) वसूल किये गए। 1800-01 में कम्पनी ने कुल मिलाकर 4,20,00,000 पौंड (चार करोड़ बीस लाख रुपये) वसूल किये। 1857-58 में कम्पनी के शासन के समाप्त होते समय कुल मालगुजारी 1,53,00,000 (एक करोड़ तिरेपन लाख पौंड) (15 करोड़ 30 लाख रुपये) वसूली गई। इस मालगुजारी वसूली में इजाफा होता गया। 1936-37 तक आते-आते मालगुजारी 02 करोड़ 39 लाख पौंड (लगभग 30 करोड़ 53 लाख रुपये) हो गई।[18]

उपर्युक्त आँकड़ों से स्पष्ट है कि ईस्ट इंडिया कम्पनी के शासन से पूर्व तक किसानों की हालत यदि बहुत अच्छी नहीं तो उतनी भयावह भी नहीं थी जितनी ब्रिटिश औपनिवेशिक शासन के दौरान देखने को मिलती है। हमने यह भी देखा कि व्यापारिक और औद्योगिक रूप से भारत किस प्रकार प्राक् उपनिवेशवादी दौर में अपना दबदबा बनाए रख सका था। इस दौर की एक झलक इसलिए प्रस्तुत करनी आवश्यक थी क्योंकि तभी यह समझा जा सकता है कि अपने सारे दावों के बावजूद प्राक् उपनिवेशवादी दौर एक हद तक ही सही भारतीय जनता के लिए सन्तोषप्रद था।

जैसा कि पहले कहा जा चुका है हिन्दी नवजागरण के आर्थिक चिन्तन की पृष्ठभूमि में ब्रिटिश साम्राज्य का प्राकृतिक एवं मानव-संसाधनों का दोहन भी है। इस दोहन से भारतवासियों की पीड़ा का एहसास ही इस आर्थिक चिन्तन के मूल में विद्यमान है। इसलिए इस शोषण पर एक समग्र दृष्टिपात कर लेना उचित होगा। भारत में निर्मित हर तरह का माल विशेष रूप से वस्त्र इंग्लैंड में खूब बिकते थे। यह सिलसिला 19वीं शताब्दी के प्रारम्भ तक कायम रहा। 1757 में जब प्लासी के

युद्ध में अंग्रेजों की जीत हुई उसके बाद कम्पनी को भारत का माल बहुत सस्ते में मिलने लगा और भारत की धन-सम्पत्ति बड़े पैमाने पर इंग्लैंड जाने लगी। इस लूट के फलस्वरूप ही इंग्लैंड के उद्योग-धंधों को विकसित होने का अवसर मिला। तभी जेम्स वॉट ने भाप के इंजन का आविष्कार किया। ऐसे बहुत से आविष्कार सफल न हुए होते यदि बंगाल की लूट का धन इंग्लैंड न पहुँचता। 1757 से 1815 तक लगभग एक हजार मिलियन पाउंड अर्थात् 15 अरब रुपया भारत से इंग्लैंड पहुँचा। सन् 1813 के 'चार्टर एक्ट' के बाद इंग्लैंड का बना हुआ माल भारत में खपाने और भारत के प्राचीन उद्योग-धंधों के विनाश के लिए प्रयत्नों का आरम्भ हुआ। जो कपड़ा सूरत से विलायत भेजा जाता था उसके लिए यहाँ के जुलाहों पर लोमहर्षक अत्याचार किये गए। कम्पनी के गुमाश्ते अपने मानकों के अनुसार बढ़िया माल तैयार करने के लिए जुलाहों को कम से कम मेहनताना देते थे। अगर जुलाहे इसमें आपत्ति करते तो उन्हें इतनी कड़ी सजाएँ दी जाती थी कि इनमें बहुत से जुलाहों ने अपना पेशा छोड़ दिया। तब कम्पनी के लोगों ने इन्हें अपना पेशा करने के लिए बाध्य करने के लिए यह निश्चय किया कि जुलाहों को फौज में भरती न किया जाए। एक बार यह भी नियम बनाया गया कि कोई भी जुलाहा अंग्रेज अफसरों के आदेश के बिना शहर से बाहर नहीं जा सकता था। उन पर जुर्माना लगाना, उन्हें कैद में डाल देना, कोड़े मारना जैसे अत्याचार करने में कम्पनी के अधिकारी और गुमाश्ते बिल्कुल संकोच नहीं करते थे। इन अमानवीय अत्याचारों के चलते सिराजुद्दौला के शासन काल में सात सौ जुलाहा परिवार अपना पेशा छोड़कर बाहर पलायन कर गए।

हमें इस तथ्य पर ध्यान देना होगा कि सन् 1918 के चार्टर कानून में स्पष्ट रूप से यह प्रावधान किया गया कि भारत के साथ व्यापार के लिए भारत के दरवाजे ब्रिटिश व्यापारियों के लिए खोल दिये गए। इस चार्टर में यह भी तय किया गया कि भारत के उद्योग-धंधों को धीरे-धीरे पूरी तरह नष्ट कर दिया जाए और इंग्लैंड में बने हुए माल से भारतीय बाजारों को पाट दिया जाए। जिस समय इस विषय पर बहस हो रही थी ब्रिटिश पार्लियामेंट के एक सदस्य टीरने ने ब्रिटिश नीति को स्पष्ट रूप से रेखांकित करते हुए लिखा—

> The general principle was to be that England was to force all her manufactures upon India, and not to take a single manufacture of India in return. It was true they would allow cotton to be brought; but them, having found out that they could by means of machinery, cheaper then the people of India, they would say—'Leave off weaving; supply us with the raw material, and we will weave for you.'[19]

भारतीय उद्योग-धंधों को नष्ट करने के लिए ब्रिटिश शासन ने जो नीतियाँ निर्धारित कीं उनके अनुसार इंग्लैंड के बने हुए माल पर कम से कम महसूल लगाया जाए। भारत के तैयार उत्पादनों पर इंग्लैंड में अधिक से अधिक महसूल लगाया जाए ताकि वह इंग्लैंड के माल की तुलना में अपने आप महँगा हो जाए। भारत में रुई इत्यादि कच्चे माल को इंग्लैंड भेजने में चुंगी के नियमों को उदार बनाया जाए ताकि यहाँ का कच्चा माल आसानी से वहाँ जा सके। अंग्रेज व्यापारियों और कारीगरों को भारत में रहने और काम करने के लिए विशेष सुविधाएँ दी जाएँ। इतिहासकार विल्सन ने इस सम्बन्ध में बहुत स्पष्टता से वस्तुस्थिति का अंकन किया है कि किस प्रकार ब्रिटिश शासन ने सारी नैतिकता को ताक पर रखकर भारतीय उद्योग-धंधों को नष्ट करने का कार्य किया। बहुत मर्मस्पर्शी रूप में शासक और शासित के अन्तर को स्पष्ट करते हुए उन्होंने लिखा—

> Had India been independent, she would have retaliated would have imposed preventive duties upon British goods and thus would have presented her own productive industry from annihilation. This act of self-defense was not permitted her; she was at the mercy of the stranger. British goods were forced upon her without paying any duty, and the foreign manufacturer employed the arm of political injustice to beep down and ultimately strangle a competitor with on he could not have contended on equal terms.[20]

दरअसल भारतीय व्यापार, उद्योग और दस्तकारी का विनाश एक सोची-समझी रणनीति के तहत किया गया। इसके लिए अन्य नियमों को लागू करने के साथ चुंगी के मुलाजिमों की मनमानी; कई बार चुंगी वसूली—इन सबने भारतीय व्यापार एवं दस्तकारी को लगभग पूरी तरह नष्ट कर दिया। इसी क्रम में ईस्ट इंडिया कम्पनी के शासकों ने भारत के जहाजरानी उद्योग को चौपट किया। सन् 1796 से पहले तक भारतीयों के पास काफी बड़ी संख्या में जहाज थे। एशिया का अधिकांश व्यापार भारतीय जहाजों से होता था। 1796 में कम्पनी के चार्ट के अनुसार एक विशेष धारा का प्रावधान किया गया जिसके अनुसार ब्रिटिश या भारतीय व्यापारी जो भी माल भारत से इंग्लैंड अथवा इंग्लैंड से भारत लाएँ, ले जाएँ वे उन्हीं जहाजों का उपयोग कर सकेंगे जो कम्पनी किराये पर लेगी। दूसरे जहाजों का प्रयोग नहीं किया जा सकेगा। लोहा उद्योग भी कम्पनी की नीति और नीयत के चलते विनाश की कगार पर जा पहुँचा। पहले लोहा गलाने की भट्टियाँ लगभग हर गाँव में थीं। अब इस तरह की भट्टियों और कारखानों का ठेका अंग्रेजी कम्पनियों को दे दिया गया। इससे इस भारतीय उद्योग को भी समाप्त कर दिया गया।

इसी प्रकार कागज उद्योग जिसके बहुत से कारखाने भारत में मौजूद थे चार्ल्स वुड के एक आदेश से दम तोड़ गया कि भारत सरकार भविष्य में इंग्लैंड में बना हुआ कागज ही खरीदेगी। इससे भारत का कागज उद्योग भी नष्ट हो गया। चीनी उद्योग का भी यही हश्र हुआ। ब्रिटिश सरकार ने चीनी आवक पर इतना अधिक महसूल लगा दिया कि उसका भारत से आना बहुत कम हो गया। इस सबका परिणाम यह हुआ कि इंग्लैंड के कारीगरों और मजदूरों की आय निरन्तर बढ़ती रही और भारतीय कारीगर और मजदूर कंगाल होते गए। इस प्रकार उन्नीसवीं शताब्दी के बीतते-बीतते भारत के प्राचीन उद्योग इतिहास बनकर रह गए और राजनीतिक गुलामी के साथ भारत निर्धनतम देशों में गिना जाने लगा।

अब हम औपनिवेशिक शक्तियों द्वारा किये गए किसानों के विनाश की बात करें। जैसा कि पहले कहा जा चुका है, ब्रिटिश शासन से पहले कृषि-भूमि का स्वामित्व किसानों और जमींदारों का था। अंग्रेजों ने इंग्लैंड की जमींदारी प्रथा का भारत में भी प्रचलन किया। सन् 1793 में लार्ड कार्नवालिस ने बंगाल, बिहार और उड़ीसा में स्थायी बन्दोबस्त किया। आगे चलकर यही व्यवस्था उत्तर भारत में भी लागू कर दी गई। उस समय जमींदार वास्तव में शासन से नियुक्त किये मालगुजार किसान या हाकिम होते थे जिन्हें मालगुजारी के लिए कमीशन मिलता था। उन्हें किसानों से लगान वसूलने और कम्पनी को राजस्व चुकाने का जिम्मा सौंपा गया। इसके लिए उन्हें ढाई प्रतिशत कमीशन दिये जाने की व्यवस्था की गई। इस बन्दोबस्त का मतलब यह था कि लगान की जो दर तय की गई थी वह बदली नहीं जा सकती थी। वास्तव में जो राजस्व तय किया गया था उसकी दरें इतनी अधिक थीं कि उसको चुकाने में जमींदारों को भारी कठिनाइयों का सामना करना पड़ता था। जो जमींदार लगान चुकाने में असमर्थ होता था उसकी जमींदारी छीन ली जाती थी। बहुत सारी जमींदारियों को कम्पनी नीलाम कर चुकी थी। दूसरी तरफ किसानों की दशा और भी बदतर थी। लगान को चुकाने के लिए उन्हें अक्सर महाजनों से कर्ज लेना पड़ता था। लगान न चुकाने की स्थिति में उसे ज़मीन से हाथ धोना पड़ता था। किन्तु इस सबके बावजूद इस व्यवस्था से जमींदारों का एक ऐसा वर्ग पैदा कर दिया था जो अंग्रेजी हुकूमत को बनाए रखने के पक्षधर थे और वे जनता को अपने नियंत्रण में रखकर किसी भी आन्दोलन को सम्भव नहीं होने देते थे। किन्तु स्थायी बन्दोबस्त में लगान की दर को बढ़ाया नहीं जा सकता था इसलिए बाद में ऐसे बन्दोबस्त किये गए जो अस्थायी थे और उनसे इच्छानुसार लगान की दर को बढ़ाया जा सकता था। सर टॉमस मुनरो ने रैयतवारी व्यवस्था का आरम्भ किया। इस व्यवस्था में सरकार स्वयं किसानों से बन्दोबस्त तय करती थी और बिचौलियों के बिना पूरा लगान सरकार को मिल जाता। सर टॉमस मुनरो ने यह दावा किया था कि यह बन्दोबस्त पहले की तरह विलायती न होकर लगभग देसी था।

इस बन्दोबस्त के अस्थायी होने के नाते लगान की दरों को बढ़ाने की भी व्यवस्था थी। किन्तु रैयतवारी प्रथा की इसलिए आलोचना की गई क्योंकि हर खेत की मालगुजारी अलग-अलग तय करना न केवल अव्यावहारिक है बल्कि शासन के लिए भी हानिकारक है। इसलिए पंचायती बन्दोबस्त का विकल्प सुझाया गया, जिसके अनुसार लगान वसूली का काम ग्राम पंचायत को दिया जाए। किन्तु इसे सरकार नहीं मानी और उसने रैयतवारी बन्दोबस्त चलाने का आदेश दिया। इस प्रकार औपनिवेशिक शासन ने तीन बन्दोबस्तों को लागू किया—एक स्थायी बन्दोबस्त; दो अस्थायी जमींदारी बन्दोबस्त और तीन रैयतवारी बन्दोबस्त। इन तीनों बन्दोबस्तों में छोटी जोत के किसानों या खेत मजदूरों के हितों का किसी भी रूप में संरक्षण नहीं था। ब्रिटिश शासन ने किसानों को लेकर जो बन्दोबस्त किये या जो भी नियम-कानून बनाए उनका किसानों पर क्या प्रभाव पड़ा इसको संक्षेप में इस प्रकार प्रस्तुत किया जा सकता है—

1. औपनिवेशिक शासन-व्यवस्था में कृषि-विकास की सारी सम्भावनाएँ समाप्त हो गईं। ब्रिटिश शासन अपने देश को सम्पन्न बनाने के लिए इस देश के प्राकृतिक एवं मानव-संसाधनों के दोहन में लगा था। इसलिए किसानों का हित शासन की दृष्टि से पूरी तरह ओझल था। इसलिए किसानों की दशा दिनोदिन बदतर होती गई।
2. कृषि के विकास के स्थान पर उसमें ठहराव और जड़ता आ गई। यह जड़ता भी ह्रास की ओर उन्मुख है। किसान कठोर परिश्रम करते हैं किन्तु उन्हें उसका कोई फल नहीं मिलता। अपनी हाड़तोड़ मेहनत के बावजूद कृषि पैदावार निरन्तर घटती चली गई। पुराने तरीकों से काम लेने के कारण तथा सिंचाई सुविधाओं के अभाव के कारण पैदावार अपेक्षा से बहुत कम हो गई। इसका दुष्परिणाम यह हुआ कि खेती की जमीन बढ़ी तो नहीं उल्टे खुद की जमीन पड़ती होती गई।
3. किसानों के पास जो जमीन है, उसका रकबा भी सिकुड़ता गया। पारिवारिक बँटवारे और परिवार के सदस्यों की संख्या अधिक होने के कारण जमीन छोटी होती गई क्योंकि भारतीय कृषक परिवारों में यह बँटवारा वंशानुगत होता है अतः कृषि योग्य भूमि की इकाइयाँ सिमटती गईं। किसान की जोत के निरन्तर सिमटते जाने के कारण किसान जिस छोटी-सी जोत पर खेती करता है उससे वह परिवार का पेट पालने में पूरी तरह अक्षम हो गया। ऐसी स्थिति में लगान की कमरतोड़ वसूली ने उसकी हालत को और भी बदतर बना दिया।
4. जमींदारों का वह वर्ग जिसे औपनिवेशिक शासन ने पैदा किया है उसे किसानी से कोई सरोकार नहीं था। इन्होंने कभी स्वयं खेती नहीं की। शासन

का हाथ पीठ पर होने के कारण किसानों का खून चूसकर भोग-विलास करने के अतिरिक्त इनके पास कोई काम नहीं था। विडम्बना यह थी कि इन गैर किसान जमींदारों के पास ही सबसे अधिक जमीन थी।

5. किसानों का ऋणग्रस्त होना उनके लिए एक गम्भीर समस्या थी। औपनिवेशिक शासन में महाजन ने भयावह रूप से किसानों का शोषण किया है। कर्ज लेने की जरूरत एक सी नहीं होती। जैसे मालगुजारी तक फसल तैयार न होने पर कर्ज लेना; शादी-ब्याह, तेरहवीं आदि के लिए खड़ी फसल पर कर्ज लिया जाना; पूरी मालगुजारी जिसे वह अपने पशु आदि बेचकर भी अदा नहीं कर पाता। तब उसे अदा करने के लिए लिया जाने वाला कर्ज; फसल समेत या खाली खेतों को रेहन रखकर लिया जाने वाला कर्ज आदि। अंग्रेजी शासन ने महाजनों से कर्ज वसूली के लिए उन्हें खुली छूट दे दी। उसके साथ पुलिस और कानून तो थे, ही वह गुंडों से किसानों पर अत्याचार कर अपने कर्ज की वसूली कर सकता था। किसान की फसल खलिहान में आते ही वह अपना ब्याज और कर्ज वहीं वसूल लेता था। वह अपने कर्ज के लिए खेत ही नहीं हथियाता उनके मवेशी, जेवर आदि सब कुछ लूट लेता था। उपनिवेशवादी कृषक बन्दोबस्तों की यह भयावह परिणति थी।
6. उपर्युक्त कारणों से किसान की जमीन कम होती या छिन ही जाती थी। इस देश के आधे किसानों को मजदूरी से अपना पेट पालना पड़ता था। ग्रामीण अर्थव्यवस्था में ये खेतिहर मजदूर सबसे निचले पायदान पर थे। इनका जीवन गुलामों से भिन्न नहीं था। मजदूरी के नाम पर इन्हें मोटा-मोटा खाना या निकृष्ट दर्जे का अनाज दिया जाता था। कर्ज के मकड़जाल में वे जीवनभर फँसे रहते थे। यही नहीं, उनके आगे के वंशज भी कर्जा देने वालों के यहाँ मजदूर बने रहते थे।
7. जिस समय दूसरा महायुद्ध प्रारम्भ हुआ बर्मा ने भारत को चावल की आपूर्ति रोक दी। जमाखोरों की बन आई। उन्हें दंडित करने और सार्वजनिक वितरण-प्रणाली को दुरुस्त करने की बजाय सरकार ने ज्यादा नोट छापे। इससे अनाज के भावों में बेतहाशा वृद्धि हुई। सरकार ने जमाखोरों से अनाज खरीदकर अपने सैनिकों को रसद उपलब्ध कराई। देश में भयंकर अकाल पड़ा और इसमें लाखों लोगों की जानें गईं। इसके बावजूद कालाबाजारियों ने इस अकाल का फायदा उठाकर करोड़ों कमाए। निस्सन्देह ऊपर से देखने पर यह एक आकस्मिक घटना प्रतीत होती है किन्तु वास्तव में औपनिवेशिक शासन की पहले से चली आ रही नीति और नीयत की यह स्वाभाविक परिणति थी। इस अकाल का परिणाम यह हुआ कि किसानों

की गरीबी और भी बढ़ गई। गाँवों के कारीगर, दस्तकार, जुलाहे मछुआरे, तथाकथित निम्न जातियों के लोग इस अकाल से सबसे अधिक प्रभावित हुए और अन्ततः भीख माँगने लगे।

कहने का आशय यह है कि हिन्दी नवजागरण के आर्थिक चिन्तन के मूल में औपनिवेशिक सत्ता द्वारा भारतीय जनसाधारण का क्रूर और निर्लज्ज शोषण पृष्ठभूमि का कार्य कर रहा था। निर्णायक रूप से राजनीतिक वर्चस्व प्राप्त कर लेने के पहले ही उपनिवेशवादी शक्तियों ने भारत की लूट का यह सिलसिला आरम्भ कर दिया था जो इन शक्तियों के निर्णायक पराभव तक चलता रहा। लूट का यह पूरा इतिहास और वर्तमान हिन्दी नवजागरण के आर्थिक चिन्तन की प्रस्थान-भूमि बना।

निस्सन्देह हिन्दी नवजागरण का आर्थिक चिन्तन अपने समय के परिवेश और परिस्थितियों की उपज था। उस पर प्रत्यक्ष रूप से दिखाई देने वाले औपनिवेशिक शोषण से मिली प्रेरणा और नैतिक दबाव अपने ढंग से काम कर रहे थे। एक ओर ये चिन्तक स्वयं ही ब्रिटिश साम्राज्य द्वारा किये जा रहे भारत के आर्थिक शोषण को खुली आँखों से देख रहे थे तो दूसरी ओर आर्थिक राष्ट्रवाद के पुरोधाओं के चिन्तन और प्रयासों से भी प्रेरित हो रहे थे। हम यहाँ यह देखने और जानने का प्रयत्न करेंगे कि आर्थिक राष्ट्रवाद के पुरोधाओं ने नवजागरण के आर्थिक चिन्तन को किस प्रकार प्रेरित और प्रभावित किया।

वस्तुतः जिसे हम आर्थिक मामलों से जुड़ा राष्ट्रवादी आन्दोलन कहते हैं वह परिप्रेक्ष्य बदलने के साथ अपने दृष्टिकोण में भी परिवर्तन करता रहा है। आरम्भिक दौर में यह राष्ट्रवाद बहुत मुखर नहीं था। औपनिवेशिक सत्ता द्वारा किये गए भारत के आधुनिकीकरण; मुगल शासन की अराजक परिस्थितियों के स्थान पर कानून और व्यवस्था की स्थापना; पश्चिम के लोकतांत्रिक चिन्तन-परम्परा; अंग्रेजी शिक्षा के प्रसार; यूरोप में अभिव्यक्ति की स्वतंत्रता को मिली सैद्धान्तिक स्वीकृति और इन सबके साथ राष्ट्र और राष्ट्रीयता की अवधारणा से भारत के नये परिचय आदि का श्रेय ब्रिटिश शासन को दिया जा रहा था। आर्थिक राष्ट्रवाद के प्रारम्भिक दौर के पुरोधा ब्रिटिश शासन में भारत के औद्योगिक विकास एवं औपनिवेशिक स्वतंत्रता का स्वप्न देख रहे थे। रेलें, सड़कें, नहरें प्रारम्भिक दौर का सूती कपड़ा उद्योग उन्हें भारत में भविष्य की औद्योगिक क्रान्ति की पृष्ठभूमि लग रहे थे। वास्तव में यह प्रारम्भिक आर्थिक राष्ट्रवाद के पुरोधाओं का ब्रिटिश औपनिवेशिक सत्ता के प्रति एक खास तरह का रोमेंटिक और स्वप्नजीवी दृष्टिकोण था। किन्तु इस सबके बावजूद ये पुरोधा भारत के औपनिवेशिक आर्थिक शोषण के प्रति न केवल जागरूक थे बल्कि उसको लेकर एक गहरा असन्तोष और विक्षोभ का अनुभव करने के साथ उसको बेलाग और बेलौस अभिव्यक्ति भी दे रहे थे।

सन् 1830 से 1905 की अवधि में भारतीय राष्ट्रवाद के नेताओं द्वारा यह महसूस किया गया कि भारतीय लोग औपनिवेशिक लूट से बुरी तरह आक्रांत हैं। इस लूट से भारतवासी दिनोदिन निर्धन होते जा रहे हैं। भारतीय नेताओं ने इस निर्धनता के लिए न तो प्रकृति को जिम्मेदार ठहराया और न भारतीय समाज पर इसका दोषारोपण किया। इसके लिए उन्होंने औपनिवेशिक शासन को ही उत्तरदायी ठहराया। वे यह मानने लगे थे कि जब तक भारत ब्रिटिश सत्ता से पूरी तरह छुटकारा नहीं पा लेता तब तक यहाँ की जनता को निर्धनता से मुक्ति नहीं मिल सकती। यहाँ यह भी ध्यान देने योग्य तथ्य है कि राजनीतिक रूप से भले ही इन नेताओं की माँगें कितनी ही उदार रही हों किन्तु आर्थिक मामलों में उनकी माँगें यथार्थपरक और क्रान्तिकारी थीं। यदि हम उनके आर्थिक विचारों का गहराई से अनुशीलन करें तो एक बात साफ है कि उन्हें औपनिवेशिक सत्ता के अर्थतंत्र की पूरी जानकारी थी। उन्होंने तत्कालीन आर्थिक शोषण के तीन पक्षों पर विशेष रूप से ध्यान दिया। पहला वाणिज्य पक्ष, दूसरा उद्योग पक्ष और तीसरा वित्त पक्ष। उन्होंने इन तीन पक्षों के स्वरूप और अन्तर्सम्बन्धों के अनुशीलन से यह निष्कर्ष निकाला कि ब्रिटिश आर्थिक साम्राज्यवाद का उद्देश्य भारत की अर्थव्यवस्था का दोहन करते हुए उसे खोखला कर देने का है। इसके लिए जो प्रयास ब्रिटिश शासन द्वारा किये गए वे भारत को ब्रिटिश उत्पादों की मंडी बनाना; उसे कच्चे माल का स्रोत मानकर चलना; भारत को विदेशी पूँजी के निवेश का क्षेत्र बनाना; सरकार की व्यापार कराधान की भारत-विरोधी नीतियाँ; सैन्य और प्रशासनिक सेवा के खर्चों के लिए भारत के आर्थिक संसाधनों का दोहन; भारत के राष्ट्रवादियों ने इन प्रयासों का पूरे विक्षोभ के साथ विरोध किया।

भारत की निर्धनता को उजागर करने के लिए कुछ भारतीय नेताओं ने निकासी के सिद्धान्त को अपना आधार बनाया। वे यह मानते थे कि भारत की दरिद्रता का सबसे बड़ा कारण है—भारत से इंग्लैंड को सम्पत्ति की निकासी। इस सिद्धान्त को प्रमाण पुष्ट रूप से प्रस्तुत करने का प्रमुख श्रेय दादाभाई नौरोजी को जाता है। उनका जन्म सन् 1825 में बम्बई में हुआ। उनके पिता जाने-माने पारसी पुरोहित थे। दादाभाई की शिक्षा एलीफिन्सर कॉलेज, बम्बई में हुई। 27 वर्ष की आयु में वे इसी कॉलेज में गणित के प्राध्यापक बन गए। बाद में एक भारतीय कम्पनी जो इंग्लैंड में व्यापार करती थी, उसके हिस्सेदार बनकर इंग्लैंड चले गए। लगभग पचास वर्षों तक लंदन में रहकर उन्होंने इंग्लैंड का ध्यान भारतीय समस्याओं की ओर आकर्षित किया। उन्होंने अपने लेखों, भाषणों आदि द्वारा सरकार से निरन्तर माँग की कि भारतीय नागरिकों को ब्रिटिश नागरिकों के समान सुविधाएँ और अधिकार मिलें। 1892 में दादाभाई इंग्लैंड के हाउस ऑफ कामंस के सदस्य बने। सन् 1885 में कांग्रेस की स्थापना करने वाले प्रमुख स्तंभों में वे एक थे। वे तीन बार (1886, 1893 एवं 1906

में) कांग्रेस के अध्यक्ष चुने गए। 1917 में बम्बई में उनका निधन हुआ।

दादाभाई का उपर्युक्त जीवन-परिचय केवल जानकारी बढ़ाने के लिए नहीं दिया गया है बल्कि इसके माध्यम से उनके व्यक्तित्व के औदात्य के साथ उसके अन्तर्विरोधों को भी समझ पाएँगे। दरअसल दादाभाई का व्यक्तित्व एक ओर पश्चिम के प्रजातांत्रिक मूल्यों के रेशों से संघटित हुआ है, वहाँ औपनिवेशिक शोषण से ग्रस्त भारत की निर्धनता उन्हें अपने व्यक्तित्व के उस दायरे से बाहर आने के लिए विवश करती है। वे अपने चिन्तन और तौर-तरीकों में भले ही उपनिवेशवादी व्यवस्था के समर्थक हैं किन्तु वे जब भारत की निर्धनता की बात करते हैं तब वे वैचारिक स्तर पर बार-बार अपनी लक्ष्मण रेखा से बाहर आने के लिए छटपटाते हैं। सन् 1857 की क्रान्ति की भयावह परिणति उनके सामने थी इसलिए ब्रिटिश सत्ता का सीधा-सीधा विरोध उनकी कार्य-योजना में सिरे से गायब है। किन्तु इसके बावजूद निकासी के सिद्धान्त का प्रवर्तन करके भविष्य के स्वतंत्रता-संग्राम की नींव का पत्थर बनने में उन्हें कोई संकोच नहीं है। इसलिए यदि उन्हें भावी भारतीय स्वतंत्रता-संग्राम का 'गोमुख' कहा जाए तो इसमें कुछ भी गलत नहीं है। बावजूद इसके कि वे ऊपरी तौर पर ब्रिटिश उपनिवेशवाद के समर्थक हैं और अपनी अन्तिम साँस तक वे इसे चुनौती देते नहीं दीखते। हम आगे दादाभाई के निकासी सिद्धान्त की चर्चा करेंगे।

दादाभाई नौरोजी के अनुसार धन निकासी का आशय है—भारत के द्रव्य, पदार्थ एवं धन-सम्पदा का इंग्लैंड चले जाना। उन्होंने 1870 एवं 1872 में लिखे अपने लेखों, जिनके शीर्षक क्रमशः 'द वांट्स एंड मीन्स ऑफ इंडिया' तथा 'आन द कॉर्मस ऑफ इंडिया', में प्रतिपादित किया कि भारत से वसूल किये गए राजस्व का लगभग चौथाई भाग देश से बाहर चला जाता है तथा इंग्लैंड के संसाधनों से जुड़ जाता है। परिणामस्वरूप भारत का रक्त निरन्तर निचोड़ा जा रहा है। उन्होंने यह भी निर्दिष्ट करने का प्रयत्न किया कि जिस प्रकार पूँजी का प्रवाह इंग्लैंड की ओर प्रवाहित हो रहा है वह देश को उत्पादक पूँजी से वंचित कर रहा है। उनके अनुसार ब्रिटिश शासन द्वारा प्रतिवर्ष उगाहे जाने वाले 50,000,000 पौंड में से 12,000,000 पौंड तो साफ-साफ खुलेआम इंग्लैंड को चले जाते हैं। उन्होंने अपने सुप्रसिद्ध ग्रन्थ 'Poverty and un British rule in India' में लिखा—

> निकासी से न केवल राष्ट्रीय बचतों को नाम शेष कर रही है बल्कि विरासत में मिली राष्ट्रीय पूँजी के भंडार को भी खाली कर रही है। कृषि तथा उद्योगों के संचालन तथा उनकी उन्नति के लिए आवश्यक जीवन-रक्त की व्यवस्था के लिए देश की पूँजी को बचाना अत्यावश्यक है।[21]

एक स्थान पर उन्होंने कहा—

निकासी हमारे लिए केवल एक व्यापार मुद्दा नहीं है। यह विदेशी सत्ता द्वारा भारत के संसाधनों के उपभोग के अस्वाभाविक प्रशासन और अस्वाभाविक प्रबन्ध का परिणाम है।[22]

दादाभाई अपने इस निकासी सिद्धान्त को भारत के भविष्य से जोड़ते हुए कहते हैं—

वर्तमान व्यवस्था का परिणाम भारतीयों को इस निष्कर्ष पर पहुँचा देगा कि भारतीयों के सामने अपने वर्तमान प्रशासकों से मुक्ति पाने के सिवाय और कोई रास्ता नहीं है। यदि निकासी जारी रही तो ब्रिटिश शासन भी एक विदेशी रक्त निचोड़ने वाली क्रूर शक्ति बना रहेगा जिसके फलस्वरूप जनता यूरोपीय शासकों से मुक्त होने को उत्कंठित रहेगी।[23]

दादाभाई ने 1835 से 1872 के बीच निकासी के सम्बन्ध में जो आँकड़े प्रस्तुत किए वे इस प्रकार हैं—

वर्ष	वार्षिक औसत (पाउंड में)
1835-1839	53,47,000
1840-1844	59,30,000
1845-1849	77,60,000
1850-1854	74,58,000
1855-1859	77,30,000
1860-1864	1,73,00,000
1865-1869	2,46,00,000
1870-1872	2,74,00,000[24]

ईस्ट इंडिया एसोसिएशन में 27 जुलाई, 1870 को दादाभाई नौरोजी ने एक आलेख के पाठ द्वारा यह सिद्ध किया कि ब्रिटिश भारत के नागरिक की औसत सालाना आय माना चालीस शिलिंग है। दूसरी तुलना में सैन्यमद पर किया जाने वाला खर्च यूरोप के अनेक देशों से अधिक है। उन्होंने बाद में अत्यन्त प्रयत्नों से यह भी सिद्ध किया कि भारत में जब कृषि के लिए मौसम अनुकूल होता है तब भी भारत के किसान मजदूर को जीवन यापन के लिए जो कुछ मिल पाता है वह जेल के एक कैदी पर किये जाने वाले खर्च से भी कम है। यहाँ यह भी उल्लेखनीय है कि बम्बई जेल के मैनुअल के अनुरूप कैदियों तक को 40 वर्गफीट जगह देने की व्यवस्था

थी किन्तु बम्बई नगरपालिका द्वारा बम्बई में प्रतिव्यक्ति मात्र 12 वर्गफुट स्थान ही निर्धारित किया गया था।

कुल मिलाकर कहना होगा कि दादाभाई नौरोजी के निकासी सिद्धान्त ने ब्रिटिश औपनिवेशिक शासन द्वारा किये गए और निर्लज्ज और अमानवीय शोषण को पूरे विश्व के सामने उजागर कर दिया। सच पूछिए तो दादाभाई का ब्रिटिश निकासी विषयक चिन्तन न कोई सिद्धान्त है और न दर्शन। वह एक भारतीय मनीषी द्वारा ब्रिटिश उपनिवेशवाद के शोषण आधारित चरित्र का तथ्य और प्रमाण सम्मत उद्घाटन है। ब्रिटिश शासन जिस समय सत्ता के मद में चूर था—अभिव्यक्ति की आजादी की सम्भावना दूर-दूर तक नहीं थी, दादाभाई नौरोजी ने निकासी पर अपने बेबाक विचार प्रस्तुत करते हुए भारत के भावी स्वतंत्रता संग्राम को आर्थिक राष्ट्रवाद का बीज मंत्र दिया।

भारतीय आर्थिक दुरवस्था का प्रामाणिक अंकन करने वाले दूसरे महत्त्वपूर्ण व्यक्ति थे—रमेशचन्द्र दत्त। उनका जन्म 13 अगस्त सन् 1848 को कलकत्ता में हुआ। राष्ट्रीय आन्दोलन के पुरोधाओं में से एक रमेशचन्द्र दत्त ने अपने आर्थिक चिन्तन से भारत को ही नहीं समूचे विश्व को प्रभावित किया। सन् 1868 में वे आइ.सी.एस. की परीक्षा देने इंग्लैंड गए और 1869 में उन्होंने परीक्षा में तीसरा स्थान प्राप्त किया। भारत आने के बाद उन्होंने अनेक पदों पर कार्य किया। 1894 में वे बर्धमान जिले के डिप्टी कमिश्नर नियुक्त किये गए। उन्नीसवीं शती में किसी भारतीय के लिए यह सबसे बड़ा पद था। 1897 में सेवानिवृत्त हुए और बाद में सात वर्षों तक इंग्लैंड में रहे। वे सन् 1897 से 1904 तक लंदन विश्वविद्यालय में इतिहास के प्रोफेसर भी रहे। सन् 1899 में इंडियन नेशनल कांग्रेस के लखनऊ अधिवेशन में उन्होंने अध्यक्ष पद को सुशोभित किया। उनका देहाँत सन् 1909 में हुआ।

भारत को दत्त का योगदान बहुआयामी और बहुस्तरीय है। वे वैश्विक ख्याति के इतिहासकार हैं; संस्कृतिमर्मी हैं। बंगला भाषा और साहित्य के जाने-माने विद्वान हैं। किन्तु इन सब विशिष्टताओं के बावजूद इस महान् व्यक्ति की सबसे बड़ी पहचान आर्थिक मुद्दों पर केन्द्रित राष्ट्रवादी चिन्तन है। दत्त महोदय ने कम्पनी शासन (1757) से लेकर विक्टोरिया शासन के प्रारम्भ तक लगभग एक शताब्दी की ब्रिटिश उपनिवेशवादी अर्थ-नीति का गम्भीर, प्रामाणिक और वस्तुपरक विश्लेषण किया है। इस विश्लेषण में उन्होंने प्रतिपादित किया कि गलत नीतियों के कारण भारत को विऔद्योगिकीकरण की ओर ढकेल दिया गया है। भारत जो अपनी दस्तकारी तथा उद्योगों के लिए विख्यात था वह केवल कच्चा माल पैदा करने वाला देश बनकर रह गया है। उन्होंने अपने सुप्रसिद्ध ग्रन्थ 'The Economic History of India' के प्रथम भाग की भूमिका में इस वस्तुस्थिति को स्पष्ट करते हुए लिखा—

It is, unfortunately, true that the East India Company and the British Parliament, following the selfish commercial policy of a hundred years ago, discouraged Indian manufactures in the early years of British rule in order to encourage the rising manufactures of England. Their fixed policy, pursued during the last decades of the eighteenth century and the first decades of the nineteenth was to make India people grow raw produce only, in order to supply material for the looms and manufactories of East Britain.[25]

उन्होंने ब्रिटिश शासन की आर्थिक नीतियों को लेकर जिस प्रामाणिकता के साथ तीखे और पैने प्रश्न उठाए उनका सामना करने से तत्कालीन ब्रिटिश शासन और अधिकारी भी कतराते थे। दत्त ने दुनिया के सामने यह महत्त्वपूर्ण तथ्य रखा कि भारत में जितने कम से कम में गुजर-बसर करने वाले किसान मौजूद हैं वैसे पूरी दुनिया में कहीं नहीं हैं। वे सवाल उठाते हैं कि 1858 से बाद के चालीस सालों में भारत को दस भीषण अकालों का सामना क्यों करना पड़ा? इस दौर में कम्पनी का शासन न होकर साम्राज्ञी का शासन था। ब्रिटिश प्रशासनिक अधिकारी भी प्रशिक्षित और भारतीय परिस्थितियों के जानकार थे। किसान भी मेहनती और किफायत से गुजर-बसर करने वाले थे। ऐसी अनुकूल परिस्थितियों में इन अकालों की चपेट में लाखों लोग क्यों मरे और क्यों डेढ़ करोड़ लोग भुखमरी के शिकार हो गए। इसके लिए कुछ ब्रिटिश अधिकारियों ने भारत में बढ़ती जा रही आबादी को इसका जिम्मेदार माना। दत्त महोदय ने अपने अध्ययनों से सिद्ध किया कि इसका कारण बढ़ती आबादी नहीं थी क्योंकि भारतीय कृषि पर जो बढ़ता दबाव है वह जनसंख्या का नहीं है बल्कि यह देशी उद्योगों के बलपूर्वक विनाश तथा नियोजन की अकुशलता का परिणाम है। भारत की निर्धनता के विषय में उन्होंने 'Economic History of India' में लिखा—

The poverty of the Indian population at the present day is unparalleled in any civilized Country; the famines which have desolated India within the last quarter of the nineteenth century are unexampled in their extent and intensity in the history of ancient or modern times.[26]

ऐसा नहीं था कि दत्त महोदय ब्रिटिश शासन की आर्थिक नीतियों पर केवल प्रश्नचिह्न ही लगाते थे। उन्होंने इसके लिए कुछ आवश्यक समाधान भी प्रस्तुत किये। जैसे : उन्होंने भारत के फौजी खर्ज को घटाने की पुरजोर वकालत की। यह सर्वविदित था कि भारत की फौज पर जो भी खर्च होता है वह भारत से ही वसूल

किया जाता है। उन्होंने इस बात पर विशेष बल दिया कि इंग्लैंड के फौजी खर्च और शाही भोग-विलास के खर्च भारत से उगाहने का कोई औचित्य नहीं है। उन्होंने भारतीय उद्योगों से उत्पादन शुल्क हटा लेने का भी सुझाव दिया। वे मानते थे कि किसानों के लिए लगान की दरें निम्न और लचीली होनी चाहिए। उनका सुझाव था कि लगान के अलावा भारत के किसानों से कोई टैक्स न लिया जाए। इन सभी सुझावों को ब्रिटिश शासन द्वारा मानने का तो कोई प्रश्न ही नहीं था किन्तु बाद में इन्हीं सुझावों ने माँगों का रूप धारण कर लिया और इन माँगों से स्वतंत्रता के आन्दोलन को एक पुष्ट आधार भी मिला।

दत्त महोदय द्वारा आर्थिक राष्ट्रवाद की दिशा में दिये गए योगदान को दृष्टि में रखते हुए उन्हें 1890 में लखनऊ में आयोजित कांग्रेस अधिवेशन का अध्यक्ष चुना गया। यह अपने आप में महत्त्वपूर्ण था कि ब्रिटिश सिविल सेवा में कार्यरत एक प्रशासनिक अधिकारी को बाद में कांग्रेस अध्यक्ष के रूप में सम्मानित किया जाए। इसका सबसे बड़ा कारण यह नहीं था कि वे तत्कालीन भारतीय प्रशासनिक सेवा के बड़े अधिकारी थे। कारण यह भी नहीं था कि वे आर्थिक मामलों के बड़े विशेषज्ञ और सुप्रसिद्ध साहित्यकार थे। वस्तुतः वे अध्यक्ष इस लिए बनाए गए थे क्योंकि कांग्रेस के नेतृत्व में चलने वाले भावी स्वतंत्रता-आन्दोलन को दिशा देने में उनका योगदान अत्यन्त महत्त्वपूर्ण था।

प्रशासन द्वारा बड़े पैमाने पर जनता का जो शोषण किया जा रहा था उसके कष्टों की अभिव्यक्ति के लिए वे कांग्रेस को आजादी की लड़ाई के कारगर हथियार के रूप में देख रहे थे। वे यह भी देख रहे थे कि किस तरह ब्रिटिश शासन समाचार-पत्रों और सभाओं पर पाबन्दी लगाकर अभिव्यक्ति की स्वतंत्रता पर ताला लगा रहे थे। अपने अध्यक्षीय भाषण में उन्होंने इस दमन पर अपनी प्रतिक्रिया व्यक्त करते हुए कहा—

> अखबारों और सभाओं में स्वतंत्र विचार के दमन की अपेक्षा राजद्रोह को उत्तेजना देने का और कोई अच्छा उपाय नहीं है।[27]

वस्तुतः दत्त महोदय आर्थिक राष्ट्रवाद के उन पुरोधाओं में से एक थे जिन्होंने अपने प्रामाणिक, गम्भीर एवं तार्किक ढंग से ब्रिटिश शासन की आर्थिक विडम्बनाओं और अन्तर्विरोधों के विश्लेषण द्वारा भारतीय स्वतंत्रता-संग्राम की पृष्ठभूमि तैयार करने में महत्त्वपूर्ण योगदान दिया। दादाभाई नौरोजी के बाद वे दूसरे बड़े राष्ट्रवादी आर्थिक चिन्तक थे जिन्होंने व्यापक रूप से भारतीय जनमानस को प्रभावित किया।

आर्थिक राष्ट्रवाद के इन दो पुरोधाओं के अतिरिक्त बहुत से महापुरुषों ने भिन्न-भिन्न रूप से औपनिवेशिक आर्थिक शोषण का सप्रमाण एवं प्रभावी उद्घाटन किया। किन्तु इन दोनों ने जिस गहराई, सूक्ष्मता और व्यापक परिप्रेक्ष्य में इस शोषण को

अभिव्यक्ति दी वह अन्यत्र दुर्लभ है। किन्तु यहाँ यह भी उल्लेखनीय है कि कांग्रेस से बाहर शायद ही कोई राष्ट्रवादी नेता ऐसा होगा जिसने इस आर्थिक शोषण को रेखांकित न किया हो। गोपालकृष्ण गोखले, सुरेन्द्र नाथ बैनर्जी, महादेव गोविन्द रानाडे, दीनशावाचा, महात्मा गांधी, पं. मदनमोहन मालवीय, लाला लाजपत राय आदि ने आर्थिक राष्ट्रवाद को आगे बढ़ाया। हिन्दी नवजागरण के आर्थिक चिन्तन ने इन सभी से प्रेरणा ली। यह कहने की आवश्यकता नहीं कि इस चिन्तन की अधिकांश सामग्री उन्हें इन्हीं आर्थिक राष्ट्रवादी नेताओं से प्राप्त हुई। किन्तु इसमें कोई सन्देह नहीं कि हिन्दी नवजागरण के आर्थिक चिन्तन का अपना वैशिष्ट्य और अपनी पहचान है जिसे हम समझने का प्रयास करेंगे।

हिन्दी नवजागरण का आर्थिक चिन्तन उपेक्षित तो रहा ही है उससे जुड़ी सामग्री संकलन के प्रति भी हमारे विद्वान प्राय: उदासीन रहे हैं। इसका प्रमुख कारण यह है कि भारतीय नवजागरण के साथ-साथ हिन्दी नवजागरण को भी प्राय: सामाजिक और सांस्कृतिक परिप्रेक्ष्य में देखा गया। इस सामाजिक-सांस्कृतिक परिप्रेक्ष्य के नीचे आर्थिक चिन्तन की जो अन्तर्धारा प्रवाहित हो रही थी। उसकी ओर विद्वानों ने ध्यान देने की आवश्यकता नहीं समझी। इस दृष्टि से बंगला नवजागरण हिन्दी नवजागरण से आगे था। वहाँ अनेक पत्र-पत्रिकाओं में आर्थिक चिन्तन से जुड़ी सामग्री प्रकाशित होती रही। गिरीन्द्र कुमार सेन की कृति 'धन विज्ञान' और 'वाणिज्य' ने उस समय के बुद्धिजीवियों का ध्यान अपनी ओर आकर्षित किया। मराठी और गुजराती में भी इस विषय पर ज्यादा तो नहीं किन्तु गम्भीरता से लिखा गया। हिन्दी में यह मान लिया गया है कि भारतेन्दु युग में अर्थशास्त्र को लेकर ज्यादा कुछ लिखा नहीं गया। किन्तु उसी दौर की पत्र-पत्रिकाओं में इस प्रकार का लेखन इस मान्यता को खंडित करता है। भारतेन्दु युग से लेकर आजादी मिलने के पहले तक हिन्दी नवजागरण के आर्थिक चिन्तन की धारा निरन्तर प्रवाहित रही यह बात अलग है कि इतिहासकारों ने राष्ट्रवादी आर्थिक चिन्तन पर लिखते हुए हिन्दी नवजागरण के आर्थिक चिन्तन को जानबूझकर हाशिये पर रखा। इसका एक महत्त्वपूर्ण कारण यह भी था कि ये सभी इतिहासकार हिन्दी की साहित्यिक परम्पराओं से अनभिज्ञ होने के साथ-साथ हिन्दी नवजागरण की मूलभूत प्रवृत्तियों से भी अपरिचित थे। अन्तर्विरोधी मानसिकता से इतिहास लेखन की बजाय वे आर्थिक राष्ट्रवाद का 'शुद्ध इतिहास' लिख रहे थे। जैसे-जैसे युग और उसके परिप्रेक्ष्य बदले हैं अब कोई विषय न तो शुद्ध रहा और न आत्यन्तिक इसलिए यदि हमें आर्थिक राष्ट्रवाद को विस्तार और गहराई से समझना है तो इसमें हिन्दी नवजागरण के आर्थिक चिन्तन को सम्मिलित करना ही होगा।

समग्रत: हिन्दी नवजागरण का आर्थिक चिन्तन औपनिवेशिक शोषण के उद्दीपन विभाव का स्वाभाविक परिणाम है जिसे हिन्दी नवजागरण के विद्वानों ने प्राय: अनदेखा

किया। एक हद तक इस दौर के विचारकों का यह मानना उचित था कि कम्पनी शासन से पहले तक भारतवासी बेहतर स्थिति में थे। उस समय एक-दो अपवादों को छोड़कर जो भी इस देश का शासक बना वह यहीं का होकर रह गया। शासक वर्ग अपनी सभ्यता और संस्कृति को भारत की सभ्यता और संस्कृति में घुलता-मिलता देख रहा था। इसलिए वह इस देश में ही पूरी तरह रच-बस गया था। इसका एक सकारात्मक परिणाम यह हुआ कि पूरे देश से जो सोना-चाँदी रुपया-पैसा आगरा और बाद में दिल्ली के तख्त की ओर खिंचा चला आता था वह हमारे देश में ही बना रहता था। हमें यह भी ध्यान में रखना होगा कि तब हमारे देश की दस्तकारी कला-कौशल और व्यापार की पूरे विश्व में धूम थी। ईस्ट इंडिया कम्पनी का शासन होते ही शोषण और लूट का बोलबाला हो गया। कम्पनी के अधिकारियों का एकमात्र उद्‌देश्य था—भारत के प्राकृतिक और मानव-संसाधनों का दोहन करके सम्पत्ति को इंग्लैंड ले जाना। भारत के उद्योग-धंधे पूरी तरह नष्ट कर दिये गए। हिन्दी नवजागरण का आर्थिक चिन्तन इसी वास्तविकता की पृष्ठभूमि पर खड़ा हुआ। प्रारम्भ में आर्थिक राष्ट्रवाद से प्रेरित और प्रभावित होकर यह आर्थिक चिन्तन परवान चढ़ा और बाद में वह अपनी कुछ मौलिक विशिष्टताओं के साथ स्वतंत्र रूप में विकसित हुआ। हिन्दी नवजागरण के अन्तर्गत जो आर्थिक चिन्तन किया गया उसमें अर्थशास्त्र का एक ढाँचा खड़ा करने का भी प्रयास हुआ क्योंकि अर्थशास्त्र के सामान्य सिद्धान्तों को समझे बिना भारत की आर्थिक दुरवस्था को समझना सम्भव नहीं था। हिन्दी नवजागरण के आर्थिक चिन्तन में किसानों और मजदूरों के आर्थिक शोषण की तह में जाकर इस शोषण के कारणों की भी गम्भीर विवेचना की गई है। यद्यपि हिन्दी नवजागरण के आर्थिक चिन्तन से पूर्व भी अनेक विद्वानों ने इस तरह के प्रयास किये थे किन्तु हिन्दी नवजागरण के आर्थिक चिन्तन में इसे अधिक मूर्तता और संवेदनशीलता के साथ प्रस्तुत किया। आर्थिक शोषण के कारणों पर विचार करते हुए जहाँ ब्रिटिश शासकों की जवाबदेही तय की गई वहाँ देश की आर्थिक दशा सुधारने के लिए शासन के समक्ष अनेक रचनात्मक सुझाव भी प्रस्तुत किये गए। किन्तु सबसे महत्त्वपूर्ण यह है कि इस दौर के विचारकों ने किसानों, मजदूरों, दस्तकारों, धनिकों, व्यापारियों को देश की आर्थिक दशा सुधारने के लिए अनेक कारगर उपाय भी सुझाए जिनमें कुछ सुझाव आज के दौर में भी प्रासंगिक हैं।

यद्यपि हिन्दी नवजागरण के आर्थिक चिन्तन को केवल मूल विषय पर केन्द्रित करके भी प्रस्तुत किया जा सकता था किन्तु ऐसा यहाँ नहीं किया गया। भारतवर्ष को स्वतंत्र हुए 71 वर्ष हो चुके हैं। इस देश की अर्थव्यवस्था योजनाबद्ध विकास से आर्थिक उदारीकरण की यात्रा तय कर चुकी है। निस्सन्देह भारतीय अर्थव्यवस्था की बहुत सी उपलब्धियाँ हैं। एक सशक्त भारत का बिम्ब उभरता जा रहा है। किन्तु हिन्दी नवजागरण के आर्थिक चिन्तकों और भारतीय स्वतंत्रता सेनानियों ने आर्थिक

रूप से आत्मनिर्भर जिस स्वतंत्र भारत की कल्पना की थी उससे हम काफी दूर दिख रहे हैं। राजनीतिक स्वतंत्रता के खोल में आर्थिक परतंत्रत उपनिवेशवाद के सारे औजारों के साथ मौजूद है। ऐसे में वर्तमान के धरातल पर खड़े रहकर अतीत से संवाद आवश्यक ही नहीं अपरिहार्य है। इसी दृष्टि से 'तब और अब' में हिन्दी नवजागरण के आर्थिक चिन्तन को वर्तमान आर्थिक परिदृश्य के सामने रखकर देखा गया है।

सन्दर्भ सूची

1. आलोचना, सं. नामवर सिंह, अक्तूबर-दिसम्बर-1986, सम्पादकीय, पृ. 4, कविवचनसुधा, सं. भारतेन्दु हरिश्चन्द्र, 30 सितम्बर-1872, उद्धृत—भारतेन्दु हरिश्चन्द्र और हिन्दी नवजागरण की समस्याएँ, रामविलास शर्मा, पृ. 71
2. सरस्वती, सं. महावीर प्रसाद द्विवेदी, मई-1915, द्विवेदी जी द्वारा रचित कविता—'देहातियों की शिक्षा', उद्धृत—आचार्य महावीर प्रसाद द्विवेदी और हिन्दी नवजागरण, रामविलास शर्मा, पृ. 176
3. वही, पृ. 176
4. भारतेन्दु हरिश्चन्द्र का जीवन चरित्र, राधाकृष्ण दास, पृ. 95
5. कविवचनसुधा, सं. भारतेन्दु हरिश्चन्द्र, 9 मार्च-1874, उद्धृत—भारतेन्दु हरिश्चन्द्र और हिन्दी नवजागरण की समस्याएँ, रामविलास शर्मा, पृ. 52
6. हिन्दी नवजागरण और संस्कृति, शंभुनाथ, पृ. 63
7. कविवचनसुधा, सं. भारतेन्दु हरिश्चन्द्र, 29 सितम्बर-1973, उद्धृत—भारतेन्दु हरिश्चन्द्र और हिन्दी नवजागरण की समस्याएँ, रामविलास शर्मा, पृ. 161
8. मार्च-1923 में कानपुर में आयोजित तेरहवें साहित्य सम्मेलन में सभापति के रूप में द्विवेदी जी का वक्तव्य, उद्धृत महावीर प्रसाद द्विवेदी रचना-संचयन, सं. भरत यायावर, पृ. 137
9. उद्धृत, वही, पृ. 161
10. उद्धृत, वही, पृ. 165
11. मुगल साम्राज्य का इतिहास, एफ.एम. कैन्नू, उद्धृत—आज का भारत, रजनी पामदत्त, पृ. 40
12. बर्नियर की भारत यात्रा, फ्रैंविकस बर्नियर, अनुवादक—गंगा प्रसाद गुप्त, पृ. 128
13. हिन्दुस्तानी औद्योगिक कमीशन की रिपोर्ट, कमीशन के अध्यक्ष सर टाम्स हालेंड का अभिमत, उद्धृत—आज का भारत, रजनी पामदत्त, पृ. 45
14. वही पृ. 40
15. क्लाइव द्वारा इंग्लैंड के प्रधानमंत्री विलियम पिट को लिखे गए पत्र का अंश, उद्धृत भारत विभाजन की अन्तःकथा, प्रियंवद, पृ. 56
16. वही, पृ. 69
17. आज का भारत, रजनी पामदत्त, पृ. 220
18. उद्धृत—भारत में अंग्रेजी राज, भाग-2, मास्टर सुन्दरलाल, पृ. 895-96
19. वही, पृ. 904-05

20. पॉवर्टी एंड अनब्रिटिश रूल इन इंडिया, दादा भाई नौरोजी, पृ. 59
21. स्पीचेज एंड राइटिंग, दादा भाई नौरोजी, पृ. 316
22. वही, पृ. 123, 125
23. पॉवर्टी एंड अनब्रिटिश रूल इन इंडिया, दादा भाई नौरोजी, पृ. 34
24. द इकोनॉमिक हिस्ट्री आफ इंडिया, भाग-1, आर.सी. दत्त, भूमिका, पृ. xxi
25. वही पृ. xxi
26. कांग्रेस का इतिहास, भाग-1, पट्टाभिसीतारमैया, पृ. 94
27. वही, पृ. 96

परिदृश्य, औपनिवेशिक शासन की विडम्बनाएँ और बदलता भारतीय जनमानस

हिन्दी नवजागरण का आर्थिक चिन्तन भविष्य के स्वातंत्र्य आन्दोलन का एक महत्त्वपूर्ण प्रेरणा स्रोत तो है ही वह इस स्वातंत्र्योत्तर आन्दोलन को जनोन्मुखी बनाने में भी महत्त्वपूर्ण भूमिका का निर्वाह करता है। औपनिवेशिक सत्ता ने प्रौद्योगिकी और विज्ञान के क्षेत्र में जो कदम बढ़ाए और उनसे जनमानस जिस रूप में और जिस हद तक प्रभावित हुआ उसे समझे बिना हम हिन्दी नवजागरण के आर्थिक चिन्तन के वैशिष्ट्य को पूरी तरह नहीं समझ सकते। औपनिवेशिक शासन से पूर्व हम जिस प्रकार की प्रौद्योगिकी और तकनीक को अमल में ला रहे थे वह भले ही औपनिवेशिक शासन में प्रयुक्त प्रौद्योगिकी और तकनीक से पिछड़ी हुई हो किन्तु उसका एक निश्चित सांस्कृतिक परिप्रेक्ष्य था। ठीक उसी प्रकार जैसे औपनिवेशिक शासन में अपनी नई प्रौद्योगिकी और तकनीक के पीछे निश्चित रूप से पश्चिम का सांस्कृतिक परिप्रेक्ष्य मौजूद था। हमें इन दोनों सांस्कृतिक परिप्रेक्ष्यों पर अपनी दृष्टि रखनी होगी। सामान्य रूप से नवजागरण की विवेचनाओं में हम राजनीतिक, सामाजिक, सांस्कृतिक परिस्थितियों की चर्चा करते हैं। किन्तु नवजागरण की प्रौद्योगिकी, तकनीक और विज्ञान के विकसित होने की भी अपनी परिस्थितियाँ हैं जो हिन्दी नवजागरण के आर्थिक चिन्तन का महत्त्वपूर्ण और अपरिहार्य प्रस्थान-बिन्दु हैं। यहाँ हम इन्हीं परिस्थितियों से भारतीय जनमानस के अन्तर्सम्बन्ध की पड़ताल करेंगे।

औद्योगिक परिदृश्य

प्रौद्योगिकी और उपनिवेशवाद में एक रिश्ता हमेशा बना रहा है। हमें यह नहीं भूलना चाहिए कि औद्योगिक क्रान्ति और उपनिवेशन की प्रक्रिया—दोनों का उद्‌भव और विकास समानांतर रूप से हुआ। इसलिए भारत में ईस्ट इंडिया कम्पनी जिन निहित स्वार्थों को लेकर आगे बढ़ रही थी प्रौद्योगिकी उसका एक महत्त्वपूर्ण औजार थी। परम्परागत रूप से हम जिन प्रौद्योगिकियों और तकनीकों का उपयोग करते चले आ रहे थे निश्चय ही अपूर्णताएँ, दोष और न्यूनतम परिणाम—इनकी सीमाएँ रही होंगी

किन्तु उनके साथ सांस्कृतिक आवरण बराबर लिपटा रहता था जिससे आत्मगौरव और निजता के भावों के द्वारा पूरी उत्पादन-प्रक्रिया से एक आत्मीय रिश्ता बनता दिखाई देता है—

> प्रौद्योगिकी का इतिहास सिर्फ मशीन, मशीनीकरण या फिर नट-बोल्ट का इतिहास नहीं है। ये शून्य में उपस्थित नहीं होते हैं। इनके भी सामाजिक, आर्थिक और सम्भवत: सांस्कृतिक परिप्रेक्ष्य हैं।[1]

ईस्ट इंडिया कम्पनी ने प्रौद्योगिकी के क्षेत्र में जिस तरह से उपनिवेशवादी स्वार्थों को साधा वह भारत के लिए एक अभूतपूर्व घटना थी। इस प्रौद्योगिकीकरण ने भारत को आर्थिक रूप से तो बुरी तरह प्रभावित किया ही सांस्कृतिक रूप से भी भारतीय चेतना को आकर्षण और घृणा; उल्लास और भय तथा लगाव और विरक्ति के बीच कभी टिकने और कभी रपटने के लिए विवश कर दिया। औद्योगिक क्रान्ति का आधार लेकर ईस्ट इंडिया कम्पनी ने जिस प्रकार भारत में औद्योगिक ढाँचे का ताना-बाना बुना उससे भारतीय समाज की सोच और व्यवहार में भी महत्त्वपूर्ण बदलाव आया—

> प्रौद्योगिक बदलाव हर समाज में होता है। विकास के प्राचल भी इसी प्रौद्योगिकी बदलाव के प्रवाह पर निर्भर करते हैं। अंग्रेजों के आने से पहले यह प्रवाह मद्धिम था। यूरोप में उस वक्त जो उथल-पुथल मची थी उनसे वंचित था। किसी किस्म की औद्योगिक क्रान्ति के बीज भारत में न पनपे। यहाँ की सारी प्रौद्योगिकी विद्या हस्तकौशल और कारीगरी पर निर्भर करती थी।[2]

मुगल शासन में निश्चय ही कारीगरी और कला-कौशल अपने उत्कर्ष पर थे। किन्तु यहाँ हाथों की भूमिका प्रमुख थी। मशीनों के बिना उत्पादन के परिणाम बहुत सीमित थे। मुगल शासन जिसके वैभव और शक्ति को सम्पूर्ण विश्व में ईर्ष्या की दृष्टि से देखा जाता था, अपने पराभव के बाद आधुनिकीकरण का आधार न बन सका। औद्योगिक क्रान्ति के हथियारों से लैस यूरोप के सामने आधुनिकीकरण की दृष्टि से भारत पिछड़ा हुआ और अविकसित था।

उपनिवेशवादी शक्तियों के भारत में आने से पहले प्रौद्योगिकी की दृष्टि से भारत जिस स्थिति में था उसके पीछे भारत की नश्वरतावादी दृष्टि को कारण मान लिया जाता है। इसमें आंशिक रूप से सचाई भी है। भारतीय दर्शन की मूलधारा कभी भौतिकवादी नहीं रही। उसने प्राय: परलोक की सापेक्षता में भौतिक विकास एवं समृद्धि को हेय दृष्टि से देखा है। इसीलिए औद्योगिक और तकनीकी विकास को अपनी जीवन-पद्धति के केन्द्र में नहीं रखा। इसके साथ ही अपने सम्पूर्ण जीवन-व्यवहार में परम्परा से भावनात्मक जुड़ाव के कारण आम भारतीय ने औद्योगिकीकरण को अपरिचय और

सन्देह की दृष्टि से देखा। किन्तु ये तथ्य सत्य के एक खंडित अंश को रेखांकित करते हैं। यह भी सच है कि—

> भारतीयों ने उन सभी प्रक्रियाओं एवं विचारों को स्वीकारा जिनमें उन्हें फायदा दिखा, जो उन्हें उपयुक्त जँचे। भारतीय समाज कभी भी विदेशी-द्वेषी नहीं रहा। हर समाज परिवर्तनशील होता है बशर्ते परिवर्तन फायदेमन्द हो और इस सन्दर्भ में भारतीय समाज कोई अपवाद नहीं था।[3]

भारतीय जनमानस इन दोनों परस्पर विपरीत लगने वाले विरोधाभासों में जीता है। यही कारण है कि पश्चिम के औद्यगिकीकरण को एक साथ रीझ और खीझ से देखता है और औद्योगिक परिदृश्य के इस बदलाव से नवजागरण की उद्दीपन सामग्री तैयार करता है।

उपनिवेशवादी शक्तियों के भारत में आने से पहले यहाँ आत्मनिर्भर ग्राम समाज व्यवस्था थी। एशिया के अन्य देशों की भाँति यहाँ भी भूमि पर व्यक्तिगत स्वामित्व न था। शासक का किसान से सम्बन्ध केवल कर वसूलने का था। शासक सामन्त सरदारों के द्वारा कर की वसूली किया करता था। सर चार्ल्स मेटकाफ जो 1835 में भारत के गवर्नर जनरल थे ने इस आत्मनिर्भर ग्राम समाज व्यवस्था का स्वरूप उद्घाटित करते हुए लिखा—

> ग्राम समाज छोटे-छोटे गणतंत्र हैं। अपनी जरूरत की सारी चीजें इन्हें अपने यहाँ प्राप्त हैं। जहाँ कुछ भी स्थायी नहीं, वहाँ ये जैसे अकेले अमर हैं। राजकुल लुढ़कते रहे, क्रान्तियाँ होती रहीं, हिन्दू, पठान, मराठा, सिख, अंगरेज क्रमशः मालिक बनते रहे, लेकिन ग्राम समाज यथापूर्व बने रहे।[4]

यदि हमें इस आत्मनिर्भर ग्राम समाज व्यवस्था को विस्तार से समझना हो तो हमें मार्क्स के इस विवरण पर दृष्टिपात करना होगा—

> हिन्दुस्तान के वे छोटे-छोटे अत्यन्त प्राचीन ग्राम समुदाय (समाज), जिनमें से कुछ आज तक कायम हैं, जमीन पर सामूहिक स्वामित्व, खेती तथा दस्तकारी के मिलाप और एक ऐसे श्रम-विभाजन पर आधारित है जो कभी नहीं बदलता; और जो जब कभी एक नया ग्राम समुदाय (समाज) आरम्भ किया जाता है तो पहले से बनी-बनाई और तैयार योजना के रूप में काम करता है। सौ से लेकर कई हजार एकड़ के रकबे में फैले इन ग्राम समुदायों (समाजों) में से प्रत्यक एक गठी हुई इकाई होती है जो अपनी जरूरत की सभी चीजें पैदा कर लेती हैं। पैदावार का मुख्य भाग सीधे तौर पर समुदाय के ही उपयोग में आता है और वह माल का रूप धारण नहीं करता। इसलिए यहाँ पर उत्पादन उस श्रम-विभाजन से स्वतंत्र होता है जो

माल के विनिमय ने मोटे तौर पर पूरे हिन्दुस्तानी समाज में चालू कर दिया है। केवल अतिरिक्त उत्पादन ही माल बनता है और यहाँ तबकि उसका भी एक हिस्सा तब तक माल नहीं बनता जब तक वह राज्य के हाथों में नहीं पहुँच जाता। अत्यन्त प्राचीनकाल से ही यह रीति चली आ रही है कि इस उत्पादन का एक निश्चित भाग सदा जिसकी शक्ल में दिए जाने वाले लगान के तौर पर राज्य के पास पहुँच जाता है। हिन्दुस्तान के अलग-अलग हिस्सों में इन समुदायों (समाजों) का विधान (गठन) अलग-अलग ढंग का है। जिनका सबसे सरल विधान (गठन) है, उन समुदायों (समाजों) में जमीन को सब मिलकर जोतते हैं और पैदावार सदस्यों में बाँट ली जाती है। इसके साथ-साथ हर कुटुंब में सहायक धंधों के रूप में कताई और बुनाई होती है। इस प्रकार, उन आम लोगों के साथ-साथ, जो सदा एक ही प्रकार के काम में लगे रहते हैं, एक 'मुखिया' होता है, जो जज, पुलिस और वसूलदार का काम एक साथ करता है; एक परवारी होता है जो खेती-बारी का हिसाब रखता है और उसके बारे में हर बात अपने कागजों में दर्ज करता जाता है; एक और कर्मचारी होता है जो अपराधियों पर मुकदमा चलाता है, अजनबी मुसाफिरों की हिफाजत करता है और उनको अगले गाँव तक सकुशल पहुँचा आता है; एक पहरेदार होता है जो पड़ोस के समुदायों (समाजों) से सरहद की रक्षा करता है; आबपाशी का हाकिम होता है जो सिंचाई के लिए पंचायती तालाबों से पानी बाँटता है; ब्राह्मण होता है जो धार्मिक अनुष्ठान करवाता है; पाठशाला का पंडित होता है जो बच्चों को बालू पर लिखना-पढ़ना सिखाता है; पंचांग वाला ब्राह्मण या ज्योतिषी होता है जो बोआई, कटाई और खेत के अन्य हर काम के लिए मुहूर्त विचारता है; एक लोहार और एक बढ़ई होते हैं जो खेती के तमाम औजार बनाते हैं और उनकी मरम्मत करते हैं; कुम्हार होता है जो सारे गाँव के लिए बर्तन-भांडे तैयार करता है; नाई होता है; धोबी होता है; सुनार होता है और कहीं-कहीं कवि भी होता है जो कुछ समुदायों (समाजों) में सुनार का, कुछ में पाठशाला के पंडित का स्थान ले लेता है। इन एक दर्जन व्यक्तियों की जीविका पूरे समुदाय (समाज) के सहारे चलती है। अगर आबादी बढ़ जाती है तो खाली पड़ी जमीन पर पुराने समुदाय (समाज) के ढाँचे के मुताबिक एक नए समुदाय (समाज) की नींव डाल दी जाती है। पूरे ढाँचे से एक सुनियोजित श्रम विभाजन का प्रमाण मिलता है। इन आत्मनिर्भर ग्राम समुदायों (समाजों) में, जो लगातार एक ही रूप के समुदायों (समाजों) में पुन: प्रकट होते रहते हैं तो उसी स्थान और नाम से फिर खड़े हो जाते हैं। उत्पादन का संगठन बहुत

ही सरल ढंग का होता है और उसकी यह सरलता ही एशियाई समाजों की अपरिवर्तनशीलता की कुंजी है, उस अपरिवर्तनशीलता की जिसके बिल्कुल विपरीत एशियाई राज्य सदा बिगड़ते और बनते रहते हैं और राजवंशों में होने वाले परिवर्तन तो मानो कभी रुकते ही नहीं। राजनीति के आकाश में जो तूफानी बादल उठते हैं वे समाज के आर्थिक तत्त्वों के ढाँचे को नहीं छू पाते।[5]

कुल मिलाकर मार्क्स का यह ब्यौरा हमें भारत की आत्मनिर्भर ग्राम समाज व्यवस्था की पूरी जानकारी दे सकने में समर्थ है।

जहाँ तक दस्तकारी का प्रश्न है भारत इस क्षेत्र में यूरोप से भी आगे था। भारतीय माल की उस समय पूरी दुनिया में माँग थी। भारतीय उद्योगों की तत्कालीन स्थिति के विषय में वी.एफ. कैलबर्टन ने लिखा था—

तीव्र बुद्धि, सूक्ष्म योग्यता और सर्जनात्मक प्रतिभा के फलस्वरूप भारतीय उद्योग पाश्चात्य देशों से अपेक्षाकृत आगे बढ़े हुए थे। शुरू की उन सदियों में, जब पाश्चात्य नौ परिवहन सर्वथा अविकिसित था, भारत ने भारी बोझ ढोने वाले समुद्री जहाज बनाए थे। ××× वस्त्र निर्माण हिन्दुस्तान का प्रमुख उद्योग था, और यहाँ के सूती और रेशमी कपड़ों की सारी दुनिया में तारीफ और माँग थी। तेरहवीं, चौदहवीं और पन्द्रहवीं सदियों में धातु कार्य, प्रस्तर शिल्प, शक्कर, नील और कागज के भी उद्योग विकसित थे। कुछ भागों में काष्ठ कर्म, भृत्तिका-पात्र और चर्म कार्य आदि उद्योग भी पल्लवित हुए। ××× देश के कई हिस्सों में रंगाई प्रमुख उद्योग उद्योग था, कुछ भागों में जरी का काम और कसीदाकारी का काम पूर्णता के चरमबिन्दु तक विकसित था। खानों से रांगा, पारा और कुछ हद तक लोहा निकालने और शीशे के निर्माण कार्य भी महत्त्वपूर्ण और विकसित उद्योग थे। बहुत सारे यात्रियों ने भारत में निर्मित लोहे और यहाँ के रासायनिक उद्योग की प्रशंसा की है। चीन की तरह भारत में भी चीनी मिट्टी के बर्तनों का उद्योग काफी विकसित था। राजदंत से कंगन, अंगूठी, पांसा, मनका, पलंग और अन्य अनेक चीजें बनती थीं और सारी दुनिया में, खासकर यूरोप में, इनकी बड़ी माँग थी। बेशकीमती पत्थरों पर किए गए काम में भी बड़ी कुशलता का परिचय मिलता है।[6]

निस्सन्देह भारत के दस्तकारी उद्योग का यह स्वर्णिम काल था। किन्तु हमें यह नहीं भूलना चाहिए कि दस्तकारी जैसे ये विभिन्न उद्योग घरों या छोटे-मोटे कारखानों तक सीमित थे। इसके साथ ही इनका प्रमुख स्रोत कृषि पर टिका था। इन उद्योगों से जो उत्पादन होता था उसका परिमाण अत्यन्त सीमित था। उत्पाद्य वस्तुएँ

या तो शासक वर्ग और अन्य सम्पन्न वर्गों की जरूरतों को पूरा करती थीं अथवा बाहर विदेश में भेजी जातीं। निस्सन्देह दस्तकारी उद्योग से एक समृद्ध पूँजीपति वर्ग अस्तित्व में आया और यह वर्ग साधन-सम्पन्न और शक्तिशाली भी था किन्तु वह न तो आत्मनिर्भर ग्रामीण समाज व्यवस्था में कोई आधारभूत बदलाव ला सका और न ही राजनीतिक शक्ति अर्जित कर सका। इससे पहले कि ऐसा हो पाता भारत में सशस्त्र, शक्तिशाली और अत्यधिक महत्त्वाकांक्षी यूरोपीय पूँजीपतियों के गुट भारत आ पहुँचे। इन गुटों में आर्थिक तथा राजनीतिक वर्चस्व के लिए गला-काट प्रतियोगिता आरम्भ हो गई। औद्योगिक क्रान्ति की उपलब्धियों से लैस ब्रिटिश साम्राज्यवाद की निर्णायक विजय के बाद ग्रामीण समाज व्यवस्था और तत्कालीन आर्थिक ढाँचे को छिन्न-भिन्न करने में लग गया।

प्रौद्योगिकी का हस्तांतरण

यह स्वाभाविक ही है कि हर देश अपने राष्ट्रीय विकास के लिए नई तकनीक की अपेक्षा करे किन्तु यह देखा गया है कि नई तकनीक को ग्रहण करने में इन देशों के समक्ष ऐसी बाधाएँ आती रही हैं जिनकी जड़ें उनकी परम्पराओं एवं सामाजिक परिप्रेक्ष्य में खोजी जा सकती हैं। दूसरी ओर हमें यह भी नहीं भूलना चाहिए कि भारत में उपनिवेशवादी शक्तियों द्वारा प्रौद्यगिकी का जो हस्तांतरण हुआ, वह इन शक्तियों के अपने हितों के संरक्षण पर टिका था। इन हितों के साधन में 'घुणाक्षर न्याय' से यदि देशी लोगों का भी हित-साधन हो जाए, वह अलग बात है। यहाँ प्रौद्योगिकी के हस्तांतरण पर जो बात की जा रही है उसमें हमारा उद्देश्य केवल उपनिवेशवादी दौर में इस दौर का एक यथासम्भव वस्तुगत परिदृश्य प्रस्तुत कर देना मात्र है। इसने किस प्रकार भारतीयों का शोषण किया, वह हमारे परवर्ती विवेचन का विषय है।

सिंचाई के क्षेत्र में जो पारम्परिक तौर तरीके मौजूद थे उनके किसानों को वांछित परिणाम नहीं मिल रहे थे। अकाल ने इनके जीवन को और भी दुर्वह बना दिया था। 1882 में सरकारी कुएँ खुदवाने की सम्भावनाओं पर वाणिज्य विभाग के विशेष कार्याधिकारी इंजीनियर जॉनविल बर्न ने एक रिपोर्ट राजस्व विभाग के सामने प्रस्तुत की जिसके अनुसार कुओं से सिंचाई में सरकारी हस्तक्षेप को उचित नहीं माना गया था क्योंकि किसानों ने कुओं से पर्याप्त लाभ उठा लिया है और वहाँ कुछ नया करने की गुंजाइश नहीं बची थी। इसके साथ ही किसान इस क्षेत्र में सरकारी सहायता के लिए विशेष उत्साहित नहीं हैं। राजस्व बोर्ड ने जॉनविल बर्न और उसके सहयोगी सदस्यों की राय की उपेक्षा करते हुए यह माना कि कुएँ से सांची में 'विशेषज्ञों' की सेवाओं का लाभ उठाया जा सकता है। इसी आधार पर कुआँ सिंचाई की एक पृथक शाखा का गठन कर दिया गया। कुआँ खुदाई शाखा के इंजीनियर विल्सन ने

ट्रायल बोरिंग तकनीक का उपयोग करते हुए बोरिंग के स्थान की उपयुक्तता का पथ प्रशस्त किया। इससे कम गहराई तक खुदाई के बावजूद पर्याप्त जल प्राप्त किया जा सकता था। जमींदारों को यह आश्वासन भी दिया गया कि अगर वे पक्के कुओं के लिए धन का निवेश करेंगे तो उन्हें सिंचाई की इस तकनीक से अधिक लाभ होगा। इन कुओं की मरम्मत के लिए सस्ती दर पर स्थानीय कारीगर भी मिल सकते थे। 1890 से ही जमींदार सफलतापूर्वक विभाग द्वारा विकसित उपकरणों की खरीद के साथ भाड़े पर उपलब्ध खुदाई करने वालों से काम लेने लगे थे। किन्तु अब एक नई समस्या सामने थी—कुओं में मिट्टी जमने या उनके ढहने की समस्या। ये समस्याएँ आगामी तीन दशकों से बनी रहीं। इसके लिए आधुनिक पंपिंग तकनीक के जानकार एफ.एच. विक नामक इंजीनियर को इस समस्या से निपटने का काम सौंपा गया। विक ने इसके लिए तीन उपाय सुझाए—

1. ट्रायल बोरिंग,
2. पक्के कुएँ बनाना और
3. छेदों वाले ट्यूब का प्रयोग।

भविष्य के नलकूप के लिए यह छेदों वाला ट्यूब आधार बना। विक के इन प्रयासों से पानी की उपलब्धता तो बढ़ी ही लम्बे समय तक पंपिंग मशीनरी का उपयोग सम्भव हो सका। इस सफलता का श्रेय विभाग द्वारा मिट्टी, जल-विज्ञान और प्रान्तीय किसानों की दशा के उचित एवं प्रामाणिक ज्ञान को जाता है। तब से यह लघु सिंचाई तकनीक किसानों द्वारा निरन्तर काम में लाई जाने लगी।

जहाँ तक चीनी उत्पादन में आधुनिक तकनीक के हस्तांतरण की बात है हमें यह समझना होगा कि अपने हितों के संरक्षण की विवशता ने उपनिवेशवादी साम्राज्य को प्रेरित किया कि देश के चीनी उद्योग को अधिक समर्थ बनाया जाए। स्थिति यह थी कि 1889 और 1910 के बीच चीनी का आयात 75000 टन से बढ़कर 700000 टन तक जा पहुँचा था। यूरोप, मॉरिशस, जावा से बेहतरीन चीनी का आयात किया जा रहा था जिस पर होने वाला व्यय 10000000 पाउंड तक पहुँच गया। सरकार ने इस संकट का सामना करने के लिए चीनी उत्पादन-प्रक्रिया को अधिक कार्यकुशल बनाने का निश्चय किया।

पूरे भारत की कुल गन्ना पैदावार का आधार गन्ना संयुक्त प्रान्त में पैदा होता था। किन्तु प्रति एकड़ कम पैदावार और गन्ने में सुक्रोज की मात्रा सन्तोषजनक न होने के कारण नकदी फसल के रूप में उसका अधिक महत्त्व न था। गुणवत्ता और प्रति एकड़ अधिक पैदावारी की दृष्टि से मेरठ, गोरखपुर, रुहेलखंड डिवीजनों का गन्ना नकदी फसल की दृष्टि से सबसे आगे था। इसका कारण इस क्षेत्र में नहरों से सिंचाई की भरपूर सुविधा थी। इसके बावजूद आयातित चीनी गुणवत्ता की दृष्टि से देशी चीनी से श्रेष्ठ थी। यहाँ की चीनी को अधिक समय तक जमा करके नहीं रखा

जा सकता था। वैसे भी आमतौर पर गन्ना उत्पादक गुड़ और राब बनाने के लिए शोधन प्रक्रिया का उपयोग करते थे—

> गन्ने का रस निकालने की प्रक्रिया में सुधार के लिए प्रान्त भर में पत्थर और लकड़ी की पारम्परिक मशीनों की जगह लोहे की नई पेराई मशीनें लाई गईं। ये मशीनें बिहिया में स्थापित ब्रिटिश कम्पनी मेसर्स थामसन, माइल एंड कं. में बनाई जाती थीं जिसने दो रोलर वाली लोहे की मशीनें 1873 में और बाद में तीन रोलर वाली मशीनें बनाईं।[7]

1895 में भूमि राजस्व और कृषि के एन.डब्ल्यू.पी. विभाग के सहायक निदेशक एस.एम. हादी ने देशी छोटी पक्की चीनी परिशोधन इकाइयों के लिए एक ऐसी मशीन बनाई जिसमें निकासी की अपकेन्द्रित व्यवस्था थी। इससे एक ही प्रक्रिया में गन्ने के रस से सीधे सफेद चीनी बनकर निकलती थी। इसमें अब पहले गन्ने के रस को उबालकर गुड़ या राब बनाने की आवश्यकता नहीं थी। किन्तु समस्या यह थी कि इस संयंत्र को चलाने के लिए जो भाप इंजन चाहिए था वह महँगा था और इससे यह तकनीकी किफायती और कारगर सिद्ध नहीं हो रही थी। इस प्रकार हादी का प्रयोग असफल हो चुका था। यहाँ यह भी उल्लेखनीय है कि चीनी मिलें जब पूरी ताकत से काम करती थीं तब किसानों को भी कठोर परिश्रम करना पड़ता था और मवेशियों को भी हलकान होना पड़ता था। ऐसे में उन्होंने खुद को और मवेशियों को सुरक्षित रखने को प्राथमिकता दी। बाद में प्रान्त के चीनी उद्यमियों ने अपनी नीति बदली। उन्होंने परिशोधन के लिए किसानों से बेहतर किस्म का गुड़ खरीदना आरम्भ किया और अच्छे किस्म के गुड़ के उत्पादन के लिए सरकारी सहायता का भी प्रयास किया। एक तो गुड़ का उत्पादन पारम्परिक सामाजिक उद्देश्यों के अनुकूल था तो दूसरी ओर यह चीनी उत्पादन का एक बेहतर विकल्प था।

अब हम पोत-निर्माण पर आते हैं। भारतीय पोतों को बनाने में पश्चिम भारत में मालावार से लेकर गुजरात तक के जंगलों से उपलब्ध सागवान का उपयोग होता था। लकड़ी से निर्मित ये पोत व्यापारिक दृष्टि से काफी उपयोगी थे क्योंकि वे मजबूत और टिकाऊ होते थे। किन्तु इनसे उन यूरोपीय जलयानों की चुनौतियों का सामना नहीं किया जा सकता था जो सामरिक दृष्टि से उपयुक्त थे। ये सामरिक दृष्टि से बने पोत अब भारतीय जलयानों पर हमला करने लगे थे। सत्रहवीं और उन्नीसवीं शती के आरम्भिक वर्षों में ऐसे अनेक पोत बनाए गए जिनमें भारतीय और यूरोपीय दोनों प्रकार की तकनीकों का इस्तेमाल होता था। नेपोलियन से हुए युद्ध की अवधि के दौरान भारतीय पोत-उद्योग अपने शिखर पर था। रॉयल नेवी के लिए अन्तिम विशाल जलयान 1831 में पानी में उतारा गया। किन्तु उसके दस वर्ष पूर्व ही इस क्षेत्र में भाप-युग आ जाने से बम्बई का पोत-उद्योग ह्रासमान होने लगा था।

> कहा जा सकता है कि लोहे के जहाजी ढाँचों और भापचालित इंजनों के द्वारा पाल से चलने वाले जहाजों का स्थान ग्रहण कर लेने के कारण भारतीय पोत निर्माण का ह्रास अनिवार्य हो गया था।[8]

हालाँकि भारतीय पोत-निर्माण के ह्रास के परोक्ष में निहित औपनिवेशिक शक्तियों के राजनीतिक एवं आर्थिक स्वार्थों की उपस्थिति से इनकार नहीं किया जा सकता। भारतीय पोत निर्माण की सफलताओं से ब्रिटिश पोत निर्माताओं और पोत-परिवहन से जुड़ी कम्पनियों के हित सीधे-सीधे प्रभावित होते थे इसलिए भारतीय पोतों के ब्रिटिश पत्तनों में प्रवेश को रोकने के लिए ब्रिटिश संसद पर दबाव बनाया गया। ब्रिटिश साम्राज्य ने इस परिप्रेक्ष्य में जो नीतियाँ बनाईं उनसे भारतीय पोत-निर्माण-उद्योग का विकास अवरुद्ध कर दिया गया।

ब्रिटिश सरकार ने सामरिक आवश्यकताओं को ध्यान में रखते हुए भारतीय सड़कों के पुनर्निर्माण पर ध्यान दिया। 1853 में ग्रान्ड ट्रंक रोड को दोबारा नई तकनीक से बनाया गया—

> सड़कों की सतह को कड़ा और सभी मौसमों के अनुकूल रखने के लिए उस पर गिट्टियों का चूरा बिछाया गया। 1855 तक सड़क का फैलाव दिल्ली से 75 मील उत्तर करनाल तक और शीघ्र ही पेशावर के मार्ग में हाल ही में जीते गए पंजाब तक हो गया।[9]

इधर सड़कों के निर्माण के चलते 1850 के दशक तक उत्तर पश्चिम क्षेत्र में परिवहन व्यवस्था में महत्त्वपूर्ण बदलाव आया। बैलगाड़ियों का स्थान घोड़ा गाड़ियों ने ले लिया। कलकत्ता स्थित नार्थ वेस्ट डाक कम्पनी ने 1200 मील लम्बी सड़क पर डाक सेवा आरम्भ की। इन घोड़ा गाड़ियों से अब केवल 52 घंटों में कलकत्ते से डाक आने लगी। किन्तु ग्रांड ट्रंक रोड के निर्माण के बाद अन्य सड़कों को उस तरह नहीं बनाया गया। मुख्य मार्गों से जोड़ने के लिए सहायक सड़कों के निर्माण की प्रायः उपेक्षा की गई।

कोयले की ढलाई रेलमार्ग के आरम्भिक अभियान का एक महत्त्वपूर्ण प्रेरक तत्त्व था। इससे पूर्व कोयले की ढुलाई में आयातित माल से अधिक लागत आ रही थी। इसीलिए 1855 में जो पहले रेलमार्ग बनाए गए उनमें एक हुगली से रानीगंज कोयला-क्षेत्र तक 120 मील की दूरी तक था। किन्तु कोयला ढुलाई के अतिरिक्त दक्षिण और उत्तरी भारत के कच्चे सूत की बढ़ती माँग तथा निर्यात की ओर उन्मुख अर्थव्यवस्था के दबाव भी रेलपथ के निर्माण में काम कर रहे थे—

> रेलवे का मुख्य उद्‌देश्य ब्रिटिश अर्थ-व्यवस्था को भारतीय अर्थ-व्यवस्था से जोड़ना था। इसके द्वारा ब्रिटिश व्यापार और उद्योग आसानी से भारतीय

> बाजारों और कपास, तेलहन, अनाज और अन्य बुनियादी मालों के स्रोत तक पहुँच सकते थे।[10]

इसके साथ ही अकालग्रस्त क्षेत्रों में राहत के सन्दर्भ में रेलवे प्रौद्योगिकी की भूमिका अत्यन्त महत्त्वपूर्ण रही। भारत में जैसे-जैसे ब्रिटिश साम्राज्य का विस्तार होता गया वैसे-वैसे कलकत्ता और शेष भारत के बीच कारगर संचार-व्यवस्था की उपादेयता बढ़ती गई—

> रेलवे सरकार को अपनी सामरिक सेना को पहले की अपेक्षा अधिक द्रुतगति से लामबन्द करने की सुविधा प्रदान करती थी। लेकिन रफ्तार ही एकमात्र लाभ नहीं था, सैनिकों को उन लम्बे और थकान पैदा करने वाले क्षेत्रपारीय अभियानों से भी मुक्ति मिलती थी जिनके कारण सैन्यदल की पहले से ही चिन्ताजनक मृत्यु-दर में अब तक और वृद्धि होती रही थी।[11]

इसके साथ ही रेलवे नेटवर्क को ब्रिटिश लोग अपनी भौतिक श्रेष्ठता का जीता-जागता प्रतीक मानते थे। वे यह मानने में भी संकोच नहीं करते थे कि भारत के लोगों को सभ्य बनाने में भी भाप इंजन की इस 'क्रान्ति' ने महत्त्वपूर्ण भूमिका निभाई। दावा तो यहाँ तक किया गया कि—

> ××× उसने पूरबी जगत को जाग्रत और सचेत कर दिया। ××× शताब्दियों से चले आ रहे अनेक ऐसे पूर्वग्रहों—इनमें वर्ण-व्यवस्था भी शामिल थी—को ध्वस्त कर दिया जो भारत में पूर्व के सभी आक्षेपों का लम्बे समय तक हठपूर्वक प्रतिरोध करते रहे हैं।[12]

इससे पहले कि हम रेलवे उस हानि या लाभ का लेखा-जोखा करें जिसने तत्कालीन भारतीय जनजीवन को प्रभावित किया हम रेलवे को प्रौद्योगिकी के हस्तांतरण की दृष्टि से देखने की कोशिश करते हैं। 1870 तक आते-आते लम्बी दूरियों के लिए नमक और अनाज की ढुलाई में बंजारों की बैलगाड़ी टीम को एक हद तक गैरजरूरी बना दिया। किन्तु कपास और अन्य नकदी फसलों को रेलवे स्टेशन तक पहुँचाने के लिए बैलगाड़ियों का उपयोग किया जाता रहा। शताब्दी के आरम्भिक दशकों में रेल पटरियाँ, शायिकाएँ, पूर्व निर्मित पुल और इंजन भी ब्रिटेन से आते थे। प्रशिक्षण प्राप्त चालकों का भी ब्रिटेन से आयात किया जाता था। 1850 के बाद भारत में कुछ इंजन अवश्य बनाए गए किन्तु ब्रिटिश दबावों के चलते यह काम आगे न बढ़ सका। 1850 से 1940 के बीच 14,000 से अधिक इंजन भारत को बेचे गए, जबकि यहाँ मुश्किल से 700 इंजन ही बन पाए। लाहौर और अन्य स्थानों पर अनेक वर्कशॉप बनाई गईं जिनमें दस हजार श्रमिक काम करते थे किन्तु उनमें केवल कलपुर्जों को जोड़ने और मरम्मत का काम लिया जाता था। कुल मिलाकर

यह कहना होगा कि विभिन्न परिस्थितियों और कारणों के चलते रेलवे प्रौद्योगिकी का ब्रिटेन से भारत को सीधा हस्तांतरण नहीं हो सका। इसमें भारतीय श्रम का वैशिष्ट्य और उसकी सीमाएँ महत्त्वपूर्ण रूप से उत्तरदायी थीं। नई रेल लाइनों के निर्माण में पारम्परिक भारतीय औजारों के स्थान पर एक पहिया ठेलों और भापचालित मिट्टी खोदने वाले यंत्रों का प्रयोग असफल सिद्ध हुआ। इसका कारण यह था कि यहाँ के श्रमिक इनके प्रयोग में न तो निपुण थे और न इनको इस्तेमाल में लाने में उनकी रुचि थी। इन परिस्थितियों से बाहर निकलने में रेलवे अभियंताओं को कई दशक लग गए। काष्ठकारों, राजमिस्त्रियों और खुदाई करने वाले मानव-संसाधन की तुलना में अकुशल मानव-संसाधन भारत में कई गुना था, जिसको धीरे-धीरे प्रौद्योगिकी के उद्देश्यों के अनुकूल बनाया गया। 1890 के बाद ही रेलवे अभियंताओं ने भारत में सांगठनिक, प्राविधिक और पर्यावरणीय कठिनाइयों को दूर करने में सफलता प्राप्त की।

जहाँ तक वस्त्रोद्योग का प्रश्न है वस्त्र प्रौद्योगिकी के विकास को हम दो सोपानों में रखकर देख सकते हैं—

1. भाप आधारित यंत्रों से पूर्व की प्रौद्योगिकी और
2. इससे बाद की प्रौद्योगिकी। भाप आधारित यंत्रों ने किस प्रकार भारतीय दस्तकारी को हाशिये पर लाते-लाते समाप्त कर दिया। अथवा उपनिवेशवादी शक्तियों के निजी आर्थिक स्वार्थों के कारण जानबूझकर भारत की पारम्परिक दस्तकारी को नष्ट किया गया या नष्ट होने दिया गया इसकी आर्थिक राष्ट्रवाद के विशेषज्ञों ने विस्तार से विवेचना की है। यहाँ हम पुरानी प्रौद्योगिकी को धीरे-धीरे हस्तांतरित होने वाली नई प्रौद्योगिकी के प्रभावों पर वस्तुनिष्ठ दृष्टि से विचार करेंगे।

इसमें कोई सन्देह नहीं कि ब्रिटिश शासन से कई शताब्दियों पहले भारत अपने वस्त्र-उत्पादन के लिए विख्यात था। अठारहवीं सदी के उत्तरार्द्ध तक सूती कपड़े के उत्पादन में भारत सबसे आगे था। सूती वस्त्र-उत्पादन में जब चरखे के रूप में नई (जो ईरान में पहले से प्रचलित प्रौद्योगिकी थी) प्रौद्योगिकी का प्रयोग प्रारम्भ हुआ—

> इसके फलस्वरूप श्रम की बचत होने के कारण कताई में तेजी आई और बुनाई के लिए पूर्वापेक्षा अधिक मात्रा में सूत उपलब्ध होने लगा। साथ ही, हाथ से काते गए सूत की तुलना में इससे एक जैसे सूत का उत्पादन सरल हो गया।[13]

जैसे-जैसे वस्त्र का उत्पादन बढ़ता गया वैसे-वैसे कुछ गौण या सहायक प्रौद्योगिकियाँ वस्त्र-उद्योग के सम्पर्क में आईं—

> इनमें काष्ठ के प्रिंटिंग ब्लॉक्स (मुद्रण के ठप्पे) का निर्माण और रंगों तथा रंग स्थापकों (मौडन्ट्स) जैसे ताँबे की खान के अपशिष्ट पदार्थ से

निकाली गई फिटकरी के उत्पादन जैसी चीजें थीं।[14]

किन्तु इससे पहले कि केवल उपनिवेशवादी शक्तियों को ही भारतीय वस्त्र-उत्पादन को नष्ट करने का एकमात्र श्रेय दिया जाए, हमें यह भी ध्यान रखना होगा कि भारतीय वस्त्र निर्माण की पारम्परिक पद्धति क्योंकि जलवायु और मौसम पर आधारित थी इस कारण निरन्तर बढ़ती जा रही माँग की आपूर्ति में वस्त्र-उद्योग अपने को सक्षम नहीं पा रहा था। मशीनों की कमी और दस्तकारी पर निर्भरता (जो स्वयं जलवायु और मौसम पर टिकी थी), साथ ही बढ़ती माँग के चलते भारत का पारम्परिक वस्त्र-उद्योग स्वयं ही ह्रासोन्मुख होने लगा था। अन्य वस्त्र उत्पादन राज्यों की तुलना में अठारहवीं सदी के बंगाल की कपड़ा तैयार करने की प्रविधि को यहाँ एक उदाहरण के रूप में देखा जा सकता है। बिना फुट लीवर पादोत्तोलक अथवा पैडल के पुराने नमूनों के काठ के करघे प्रौद्योगिक रूप में बुरी तरह से पिछड़े हुए थे।

> रुई को परिष्कृत वस्त्र का रूप देने में बीस प्रक्रियाओं से गुजरना पड़ता था और प्रत्येक प्रक्रिया प्रारम्भिक उपकरणों को प्रयोग में लाने वाले जातिगत विशेषज्ञों पर निर्भर करती थी। ××× वस्त्र जितना ही नफीस होता था, उतना ही अधिक उसमें श्रम-निवेश की आवश्यकता पड़ती थी।[15]

कपड़ा तैयार करने वाले बुनकर भारतीय बिचौलियों पर पूरी तरह निर्भर थे। दिनोदिन वे उनके कर्ज के बोझ तले दबते चले जाते थे। परिणामत: उनका जीवन-यापन दिनोदिन कठिन होता चला जाता था। ब्रिटिश शासन ने 1760 के दशक से देहाती रेशम की गुणवत्ता बढ़ाने के लिए बंगाल में मशीनों के उपयोग पर तो ध्यान दिया किन्तु ब्रिटेन के वस्त्र-उद्योग के विस्तार में उपयोगी प्रौद्योगिकी के भारतीय हस्तांतरण में अधिक रुचि नहीं ली। किन्तु हथकरघा उद्योग सीमित हो जाने के बावजूद समय के अनुरूप अपने को ढालने और प्रौद्योगिकी में बदलाव के कारण अस्तित्व में बना रहा।

उन्नीसवीं सदी के उत्तरार्द्ध से रेलवे के उद्भव और विकास के कारण रेलवे द्वारा आयातित सामान की जैसे बाढ़ आ गई जिसका परिणाम यह हुआ कि बुनकरों और करघे धीरे-धीरे कम होते गए। अब बुनकर शहरों में जाकर बसने लगे थे जो किसी तरह अपने अस्तित्व को बचाए थे।

भारत में वस्त्र-उद्योग के अतिरिक्त जो ग्रामीण शिल्प मौजूद था वह भी नई प्रौद्योगिकी के अभाव में तथा व्यापक माँग के अभाव में धीरे-धीरे समाप्त होता गया। इसके पीछे उपनिवेशवादी शक्तियों के जो निहित स्वार्थ मौजूद थे उनको भी नजरअन्दाज नहीं किया जा सकता।

प्रौद्योगिकी के क्षेत्र में तार-व्यवस्था से भारत में अनेक महत्त्वपूर्ण बदलाव आए।

1849 में द्वितीय विश्वयुद्ध के बाद खैबर दर्रे तक पंजाब पर ब्रिटिश साम्राज्य का कब्जा हो गया और जब कम्पनी की सेना के सामने सीधे अफगान सैनिक थे तब यह आवश्यक समझा गया कि भारत में विद्युतचालित तार व्यवस्था लागू की जाए। इसके लिए कम्पनी को दो प्रस्ताव मिले। पहला प्रस्ताव कलकत्ता टकसाल के एक अधिकारी और युवा वैज्ञानिक विलियम ब्रूक का जो शाघ्नेस्सी का था। दूसरा प्रस्ताव इंग्लैंड के एक उद्यमी फ्रांसिस व्हिज्ञा का था। दोनों ने तार-व्यवस्था के लिए भूमिगत प्रणाली का समर्थन किया। उन्होंने खंबों पर तार ले जाने वाली ऊपरी प्रणाली का इसलिए विरोध किया क्योंकि वह मौसम, शरारती तत्त्वों और पक्षियों बन्दरों आदि से सुरक्षित नहीं थी। डलहौजी ने दोनों प्रणालियों में अधिक उपयोगी प्रणाली पर विचार करने के लिए मामले को मिलिट्री बोर्ड के हवाले किया। विलियम फोर्बेस ने खंभों पर तार ले जाने वाली बाहरी प्रणाली का समर्थन किया। शाघ्नेस्सी को दोनों प्रणालियों में काम करने का जिम्मा दिया गया। कलकत्ता से डाइमंड हर्बर तक लाइन 04 अक्टूबर, 1851 को चालू हो गई। जहाजरानी से सम्बन्धित गुप्त सन्देश कलकत्ता के व्यापारिक समुदाय में प्रचारित किए गए। 05 दिसम्वर को सीमापुर के पुराने टावरों को बन्द कर तार प्रणाली जनता के लिए उपलब्ध करा दी गई। इससे बैंकिंग, कानूनी मामलों और जिंस के भाव आदि के सन्देशों का आदान-प्रदान हुआ। अन्ततः अपने परिवारों से उत्साहित होकर शाघ्नेस्सी ने खंभों पर व्यापक रूप से तार लगाने की सिफारिश की।

भारत में तार प्रणाली के प्रचलन के पीछे सीधे-सीधे ब्रिटिश साम्राज्य के राजनीतिक और सैनिक उद्देश्य थे। किन्तु बाद में यह विवाद का विषय रहा कि इस व्यवस्था पर पूरी तरह सरकारी नियंत्रण हो या निजी क्षेत्रों को भी इस व्यवस्था में शामिल किया जाए। डलहौजी की पक्षधरता निजी क्षेत्रों को भी इसमें शामिल करने की थी। किन्तु लंदन में कोर्ट ऑफ डायटक्ट इतनी संवेदनशील और राजनीतिक और सैनिक दृष्टि से महत्त्वपूर्ण व्यवस्था में निजी क्षेत्र के हस्तक्षेप के लिए तैयार नहीं थी। परिणामतः उपनिवेशवादी व्यवस्था ने तार-प्रणाली को पूरी तरह अपने नियंत्रण में ले लिया।

उपनिवेशवादी दौर में भारत के औद्योगिक परिदृश्य के विहंगवलोकन के बाद हमारे समक्ष तीन प्रश्न उभरते हैं—

1. ब्रिटिश साम्राज्य द्वारा विभिन्न क्षेत्रों में जिन प्रौद्योगिकियों का प्रयोग किया गया, उनके उद्देश्य क्या थे?
2. इन प्रौद्योगिकियों का भारतीय जनजीवन पर क्या प्रभाव पड़ा?
3. भारतीय नवजागरण का इस प्रौद्योगिकीकरण से निर्मित सम्बन्धों का स्वरूप क्या है?

पहले प्रश्न का सम्बन्ध सीधे-सीधे उपनिवेशवादी मानसिकता से है। यदि सैद्धांतिक रूप से देखें तो एक पूर्व-पूँजीवादी देश पर पूर्णरूप से साम्राज्यवादी प्रभुत्व

ही उपनिवेशवाद है। ब्रिटिश शासन में भारत न तो पूँजीवादी ब्रिटेन के समान था और न ही मुगल भारत के समान था। ब्रिटिश साम्राज्य द्वारा विभिन्न क्षेत्रों में जिन प्रौद्योगिकियों का प्रयोग किया गया उनका उद्देश्य अपने देश में आर्थिक विकास को बढ़ाना था। कोई भी उपनिवेशी देश प्रौद्योगिकी का प्रचलन उपनिवेश में इसलिए नहीं करता कि उपनिवेश के लोगों के जीवन में कोई सकारात्मक बदलाव आए (यदि 'घुणाक्षर न्याय' से ऐसा हो जाए तो दूसरी बात है)। अपने राजनीतिक, सैनिक, प्रशासनिक तथा आर्थिक हितों के संरक्षण और संवर्द्धन के लिए ही ऐसा किया जाता है। यदि जनसाधारण को इन प्रौद्योगिकियों से कोई प्रत्यक्ष या परोक्ष लाभ होता है तो उपनिवेशवादी शक्तियाँ यह प्रदर्शित करने का कोई मौका नहीं चूकतीं कि ज्ञान, विज्ञान और तकनीक के द्वारा भारत को सभ्य बनाने का एकमात्र श्रेय उन्हीं को जाता है। अत: प्रौद्योगिकीकरण की इस समूची प्रक्रिया में उपनिवेशवादी शक्तियों की नीयत में किसी तरह की मानवीय नैतिकता का कोई स्थान नहीं है।

जहाँ तक भारतीय जन-जीवन पर प्रौद्योगिकियों के प्रभाव की बात है, हम इसे दो रूपों में समझ सकते हैं। पहले तो भारतीय दस्तकारी जो सम्पूर्ण विश्व में अपना वर्चस्व कायम किए थी, वह धीरे-धीरे ह्रासोन्मुख होती चली गई। भारतीय कारीगर अपने हस्तकौशल से हटकर या तो किसानी अथवा मजदूरी करन के लिए विवश हुआ अथवा वह शहरों की ओर पलायन कर गया। कृषि-क्षेत्र में भी नई प्रौद्योगिकियों के उपयोग को या तो लोगों ने पसन्द नहीं किया या उनकी अपेक्षानुरूप उनके परिणाम सामने नहीं आए। वैसे भी इस क्षेत्र में प्रौद्योगिकी के उपयोग को लेकर उपनिवेशवादी शक्तियों को विशेष रुचि नहीं थी। रेल, प्रिंटिंग मशीन, तार, सड़क निर्माण, से निश्चय ही एक प्रकार के नये रोमांच को भारतीयों ने महसूस किया। इनसे उनका जीवन भी पहले की अपेक्षा सुगम हुआ इसलिए एक मुग्धता का भाव उनके मन था (एक सीमा तक ब्रिटिश साम्राज्य के प्रति कृतज्ञता का भाव भी इनमें मौजूद था) किन्तु प्रौद्योगिकी के इस आक्रमण से वे इसे अनेक पक्षों से सन्देह की दृष्टि से भी देखते थे। कुल मिलाकर यह प्रभाव मिला-जुला था जिसमें अन्धकार और प्रकाश दोनों मौजूद थे।

भारतीय नवजागरण के लिए निश्चय ही पश्चिमी शिक्षा, ज्ञान-विज्ञान, औद्योगिकीकरण, प्रौद्योगिकी का प्रसार प्रेरक उद्दीपन का कार्य कर रहे थे। किन्तु इस सम्बन्ध में सारा विमर्श एकतरफा नहीं था। कुछ का यह मानना था कि पश्चिमी औद्योगिकीकरण ने फैक्ट्रियों और कारखानों का विस्तार करके मजदूर को पूँजीपति का गुलाम बना दिया। कुछ लोग यह भी मानते थे कि पश्चिमी शिक्षा, ज्ञान-विज्ञान, औद्योगिकीकरण और तकनीकी भारतीयों को परम्परा से विमुख करने यहाँ तक कि ईसाई बनाने का षड्यंत्र है। किन्तु भारतीय बुद्धिजीवियों का एक वर्ग खुले दिमाग और उदार हृदय से इन शैक्षिक, वैज्ञानिक और प्रौद्योगिकीय परिवर्तनों को देख रहा था। वह 'स्थापित' परम्पराओं और इन उपनिवेशवादी बदलावों की शक्ति

और सीमाओं को बिना किसी पूर्वग्रह के समझना चाहता था। विज्ञान, प्रौद्योगिकी के बदलावों तथा भारतीय परम्परा की भीतरी प्राणशक्ति दोनों के संवाद से यह वर्ग एक नये भारत के निर्माण का सपना देखने लगा था। अपनी अन्त:प्रकृति से यह वर्ग नीर-क्षीर विवेकी था। इसीलिए वह भारतीय नवजागरण का अग्रदूत बनकर उभर सका।

कुल मिलाकर भारतीय नवजागरण की पृष्ठभूमि के रूप में यह तकनीकी और औद्योगिक परिदृश्य हमें इस पूरे दौर को नई दिशा और नये परिप्रेक्ष्य में समझने का आधार प्रस्तुत करता है।

वैज्ञानिक परिदृश्य

औपनिवेशिक दौर में विज्ञान भी प्रौद्योगिकी की तरह उपनिवेशवादी शक्तियों द्वारा नियंत्रित और संचालित था। विज्ञान का विकास यहाँ शुद्ध व्यावहारिक आधार पर टिका था—

> औपनिवेशिक विज्ञान को ऐसे पर निर्भर विज्ञान के बतौर परिभाषित किया जा सकता है, जहाँ शुद्ध विज्ञान की जिज्ञासोन्मुख खोजों की अपेक्षा कहीं ज्यादा जोर व्यावहारिक विज्ञान की परिणामोन्मुख खोजों पर हुआ करता है।[16]

किन्तु इस निहित उद्देश्य के परोक्ष में कुछ ऐसे तत्त्व विद्यमान रहते हैं जो अनायास और उपनिवेशवादी शक्तियों के बिना चाहे उनके विपरीत जाते हैं—

> इसने मानवीय अस्तित्व के सारे पक्षों को प्रभावित किया—उपनिवेश बनने वालों और उपनिवेश बनाने वालों, दोनों की ही काया और मस्तिष्क को प्रभावित किया।[17]

इससे पहले कि हम औपनिवेशिक दौर की विज्ञान सम्बन्धी गतिविधियों की चर्चा करें हमें इस दौर से पहले की विज्ञान और प्रौद्योगिकी सम्बन्धी उपलब्धियों का भी विहंगावलोकन कर लेना चाहिए। इससे एक तो पूर्व-औपनिवेशिक इतिहास को उसके सही परिप्रेक्ष्य में समझा जा सकेगा और दूसरे औपनिवेशिक दौर में वैज्ञानिक और तकनीकी विकास का सम्यक् मूल्यांकन भी सम्भव होगा। यूरोपीय यात्रियों ने इस सम्बन्ध में जो विवरण प्रस्तुत किये हैं उन्हें हम तीन वर्गों में विभक्त कर सकते हैं। पहले प्रकार के विवरणों में नकारात्मक दृष्टि से यह सिद्ध करने का प्रयत्न किया गया है कि पूर्व औपनिवेशिक दौर में वैज्ञानिक और तकनीकी विकास में कुछ भी उल्लेखनीय नहीं है। इन क्षेत्रों में जो भी प्रगति हुई वह पूरी तरह से औपनिवेशिक दौर की देन है। दूसरे प्रकार के विवरण अधिमूल्यनपरक हैं और वे पूर्व औपनिवेशिक

दौर में उपस्थित विज्ञान और तकनीक के विकास पर आत्ममुग्ध हैं। तीसरे प्रकार के विवरण सावधानी से तटस्थ दृष्टि से विज्ञान और तकनीकी उपलब्धियों का मूल्यांकन करते हैं। यह कहने की आवश्यकता नहीं कि विवरण का कोई पक्ष अकेले सही वस्तुस्थिति को स्पष्ट करने में असमर्थ है।

इसमें कोई सन्देह नहीं कि औपनिवेशिक दौर का विज्ञान सम्बन्धी परिदृश्य अधिकांशतः यूरोपीय छाया से आक्रांत है किन्तु हमें इस क्षेत्र में विभिन्न देशों ने विभिन्न अवधियों में उल्लेखनीय योगदान दिया है। उदाहरण के लिए जिन वैज्ञानिक उपलब्धियों ने नवजागरण को आकार देने में महत्त्वपूर्ण भूमिका का निर्वाह किया वे हैं छपाई, बारूद और चुंबकीय कुतुबनुमा। और इनके अविष्कार का श्रेय यूरोप को नहीं चीन को है। इन अविष्कारों से साहित्य, युद्धकला और जहाजरानी में यूरोप व्यापक परिवर्तनों का वाहक बना। यूरोप के लोगों का मानसिक खुलापन, नई सोच और ग्रहणशीलता ने इन अविष्कारों से अपने विकास का पथ प्रशस्त किया। इन गुणों के अभाव से भारत में पूर्व औपनिवेशिक दौर में हमें विकास की रेखा एक सीमा के बाद धुँधलाती हुई दीखती है। किन्तु इसका यह आशय कदापि नहीं कि पूर्व औपनिवेशिक दौर में भारत में विज्ञान और तकनीकी के विकास को अनदेखा किया जा सकता है।

खगोल विज्ञान में भारत की प्रगति को यूरोपीय विद्वानों ने भी प्रशंसा की दृष्टि से देखा है किन्तु साथ ही वे यह निर्दिष्ट करना नहीं भूलते कि—

> यह कुछ बँधे-बँधाए नियमों द्वारा संचालित है—बगैर यह जाने कि ये नियम किन सिद्धान्तों पर आधारित हैं। ××× इस्तेमाल में लाए जाने वाले यंत्र अत्यन्त फूहड़ किस्म के हैं।[18]

किन्तु 18वीं सदी में सवाई जयसिंह ने इस दिशा में जो काम किया उसकी अनदेखी नहीं की जा सकती। वे जानना चाहते थे कि सूर्यग्रहण और चन्द्रग्रहण जैसी महत्त्वपूर्ण आकाशीय घटना का समय ग्रीक और अरब देशों के खगोलशास्त्र से मेल क्यों नहीं खाता? उन्होंने भारतीय और यूरोपीय विद्वानों से परामर्श करके दिल्ली, जयपुर, मथुरा और वाराणसी में वेधशालाओं का निर्माण कराया। इस क्षेत्र में एक व्यवस्थित वैज्ञानिक प्रणाली विकसित करने का श्रेय उन्हें दिया जा सकता है। यह एक प्रकार से वैज्ञानिक क्षेत्र में नवजागरण के पथ को प्रशस्त करने का प्रयास था।

पूर्व औपनिवेशिक युग में भारतीय इस्पात की धाक थी—

> कोणम सुन्दरम का लौह प्रगलन केन्द्र, वह इस्पात बनाता था, जिसे इस्फहान के सौदागर दमिश्क की मशहूर तलवारें बनाने के लिए खरीदते थे। भारतीय लोहे की श्रेष्ठता इस तथ्य के चलते थी कि यह कम ताप

> पर थोड़ी मात्राओं में एक ऐसे संयत्र में बनाया जाता था जिसमें लौह आक्साइडों का अपचयन अपूर्ण रहता था और अन्य आक्साइडों का अपचयन व्यवहारत: नहीं के बराबर होता था।[19]

किन्तु इससे जो उत्पादन होता था वह कम होने के साथ स्थानीय क्षेत्रों तक ही सीमित था। यूरोप में यह उत्पादन तेजी से हो रहा था। हिन्दुस्तान के लौह-शिल्पी प्रगलन के लिए हल्के ताप का उपयोग करने के लिए बाध्य थे, उच्चताप वाली भट्टियाँ यहाँ सुलभ नहीं थीं।

हथियारों के क्षेत्र में भारतीय कौशल का वर्चस्व औपनिवेशिक दौर में स्पष्ट रूप से देखा जा सकता है। फतहुल्ला शीराजी (16वीं शती) ने एक ऐसी कई नाल वाली तोप का आविष्कार किया जिसे हम मशीनगन का पूर्वज कह सकते हैं। इसके साथ ही उन्होंने 'यरगू' नाम से नाल साफ करने वाले उपकरण और गाड़ी चक्की का निर्माण भी किया। केवल पानी खींचने वाले गीयर वाले पहिए का उन्होंने दूसरे कामों में भी उपयोग किया। मैसूर में अंग्रेजों से युद्ध में ऐसे राकेटों का प्रयोग किया गया जो अंग्रेजों के लिए पूरी तरह नये थे—

> मैसूर के राकेट अंग्रेजों द्वारा देखे-सुने राकेटों की अपेक्षा कहीं विकसित थे। ऐसा मुख्यत: प्रणोदक रखने के लिए लोहे की नलियों के चलते था—जिनसे कि दहनकक्ष में विस्फोट का दबाव बढ़ जाता था, जिससे अधिक धक्का लगता था और मिसाइल की रेंज बढ़ जाती थी।[20]

इन्हीं राकेटों द्वारा पेल्लिलूर के युद्ध में एक बड़े गोला-बारूद भंडार को उड़ा दिया गया जिससे अंग्रेज युद्ध में पराजित हुए। अन्तिम आंग्ल-मैसूर युद्ध में लार्ड वेलेस्ली ने बहुत से राकेट के खोलों को परीक्षण के लिए ब्रिटेन भेजा और वैज्ञानिक सिद्धान्तों का इस्तेमाल करते हुए वहाँ उन्नत किस्म की राकेट तकनीक विकसित की गई।

एक प्रश्न यह उत्पन्न होता है कि क्या पूर्व औपनिवेशिक विज्ञान और तकनीक और औपनिवेशिक विज्ञान और तकनीक में अन्त:क्रिया और हस्तांतरण के सूत्रों की उपस्थिति को रेखांकित किया जा सकता है—

> कई क्षेत्र ऐसे थे, जिनमें पश्चिम व पूर्व की अन्त:क्रिया के फलस्वरूप स्वीकृति और सुधार हुआ। ये क्षेत्र थे जहाज-निर्माण, हथियार, धातु-विज्ञान, कपड़ा छपाई और वास्तुकला। बहुतेरे अन्य महत्त्वपूर्ण विकास जैसे यांत्रिक घड़ियाँ, प्रिंटिंग प्रेस, टेलिस्कोप, कोयला आदि महज उत्सुकता के विषय बने रहे। चूँकि उन्हें सांस्कृतिक रूप से सुसंगत नहीं पाया गया।[21]

जहाँ तक विज्ञान की शिक्षा का प्रश्न है इस सम्बन्ध में कम्पनी के अधिकारियों

ने प्रारम्भ में किसी विशेष उत्साह का परिचय नहीं दिया—

> 1813 में शिक्षा की मद में एक लाख रुपए खर्च करने के सम्बन्ध में जो घोषणा-पत्र जारी किया गया था उसमें यह तो निर्दिष्ट किया गया था कि भारत के लोगों को विज्ञान से जोड़ते हुए उनके स्तर को ऊपर उठाया जाए।[22]

किन्तु अधिकारियों की दृष्टि से यह मामला क्योंकि सांस्कृतिक दृष्टि से बेहद संवेदनशील था इसलिए जहाँ अधिकारियों का एक वर्ग इस मामले में तटस्थता का रुख अपनाए जाने का पक्षपाती था वहीं कोलबुक, एडम, प्रिंसेप, टाइटलर जैसे सुलझे हुए अधिकारियों ने भारत के ज्ञान-विज्ञान को दृष्टि में रखते हुए विज्ञान की शिक्षा पर बल दिया किन्तु अहंकारी, आत्ममुग्ध बड़े अधिकारियों ने इस दृष्टिकोण को सिरे से नकार दिया। इस दिशा में मैकाले का हस्तक्षेप बड़ा प्रभावशाली रहा—

> वह भारत की अपनी चिकित्सा-पद्धति को ऐसा मानता था कि वह इंग्लैंड के ठगों को भी अपमानजनक प्रतीत हो और उसकी दृष्टि में इस देश का खगोलशास्त्री ज्ञान ऐसा था जो इंग्लिश बोर्डिंग स्कूल की लड़कियों को हँस पड़ने को मजबूर कर दे।[23]

विज्ञान के प्रति रुचि न होने के कारण मैकाले का पूर्वग्रह ऐसे पाठ्यक्रम के निर्माण में सहायक हुआ जिसमें विज्ञान की उपस्थिति दूर-दूर तक कहीं नहीं थी। विज्ञान के स्थान पर साहित्य की शिक्षा को तरजीह देने वाले मत सामने आने लगे। 1835 में इसी झोंक के चलते जनरल कम्पनी ऑफ पब्लिक इंस्ट्रक्शन ने हिन्दू कॉलेज से विज्ञान प्रोफेसर का पद समाप्त करने की सिफारिश की और वहाँ रसायनशास्त्र की शिक्षा भी बन्द कर दी गई। किन्तु जहाँ कम्पनी के अधिकारियों को अपना लाभ दिखाई देता था या दिखावे अथवा आडम्बर का प्रदर्शन करना होता था तब सम्बन्धित क्षेत्र में विज्ञान शिक्षा की व्यवस्था की जाती थी। आर्थिक भूगर्भशास्त्र में शिक्षा को समर्थन देते हुए वहाँ प्रोफेसरों की नियुक्ति पर विचार किया गया। किन्तु यह शिक्षा कहाँ दी जाए इस पर शिक्षा परिषद् और कोर्ट में मतभेद था। इसके साथ ही एक स्वायत्त विषय के रूप में भूगर्भशास्त्र के अध्ययन-अध्यापन के स्थान पर उसे प्राकृतिक इतिहास के साथ सम्बद्ध कर दिया गया। इसका परिणाम यह हुआ कि इस 'सर्वव्यापक' पाठ्यक्रम का आधारभूत क्षेत्रीय सुविधाओं के अभाव में पढ़ना और पढ़ाया जाना असम्भव हो गया। यहाँ यह भी उल्लेखनीय है कि क्योंकि भूगर्भशास्त्र को बी.ए. की डिग्री का एक विषय नहीं बनाया गया था इसलिए यह छात्रों को भी अधिक आकर्षित नहीं कर सका। कृषि जो उपनिवेशवादियों की आय का सबसे बड़ा स्रोत थी उसकी वैज्ञानिक शिक्षा के लिए अधिकारियों ने कोई रुचि नहीं दिखाई। वेलेस्ली ने कृषि की शिक्षा के लिए

उसकी एक शाखा के रूप में कृषि फार्म स्थापित करने पर बल दिया था पर यह परवान न चढ़ सका। समग्रत: विज्ञान-शिक्षा किसी भी दृष्टि से उपनिवेशवादी शक्तियों की प्राथमिकता में नहीं थी। किन्तु इंजीनियरिंग के क्षेत्र में निश्चय ही महत्त्वपूर्ण कार्य किया गया। 1830 में स्टीमरों, टेलीग्राफ, जल-निकास तथा रेलवे आदि क्षेत्रों में क्योंकि स्थानीय लोगों के बिना काम नहीं चल पा रहा था इसलिए ओवरसियरों, मिस्त्रियों आदि की जरूरत महसूस की जा रही थी। मैटलैंड ने मद्रास में गोलाबारूद के क्षेत्र में प्रशिक्षण के लिए बिना किसी सरकारी सहायता के एक स्कूल खोला। बाद में बंगाल सरकार ने हिन्दू कॉलेज से इंजीनियरिंग कक्षा को सम्बद्ध किया। दो साल बाद सहारनपुर में प्राइवेट इंजीनियरिंग कॉलेज खोला। इसी क्रम में 1847 में रुढ़की में सम्पूर्ण सुविधाओं से सम्पन्न इंजीनियरिंग कॉलेज प्रारम्भ किया गया। बाद में कलकत्ता, मद्रास, बम्बई में रुढ़की मॉडल पर अनेक इंजीनियरिंग कॉलेज खोले गए।

निष्कर्षत: कहा जा सकता है कि भले ही विज्ञान के क्षेत्र में निराशापूर्ण स्थिति थी, लेकिन ऐसा होते हुए भी इंजीनियरिंग क्षेत्र में कम्पनी राज ने उल्लेखनीय उपलब्धियाँ हासिल कीं।

ब्रिटिश उपनिवेशवाद की विडम्बनाएँ

यों तो किसी राष्ट्र में उपनिवेशवाद की उपस्थिति स्वयं में एक विडम्बना है क्योंकि आधुनिक परिप्रेक्ष्य में उपनिवेशवाद का अर्थ ही है उपनिवेशवादी शक्तियों द्वारा—

> ××× गैर-पश्चिमी संस्कृतियों और राष्ट्रों पर जबरन कब्जा करके वहाँ के राजकाज, प्रशासन, पर्यावरण, पारिस्थिति की शिक्षा, भाषा, कला-साहित्य, धर्म, समाज-व्यवस्था और जीवन-शैली पर अपने विजातीय मूल्यों और संरचनाओं को थोपने की दीर्घकालीन प्रक्रिया।[24]

इस प्रक्रिया को यदि हम उपनिवेशवादी दृष्टि से देखें तो इसमें उसके वैशिष्ट्य के विभिन्न पक्ष सन्निहित हैं और यदि इसी प्रक्रिया को मानवीय दृष्टि से देखा जाए तो इसमें यही वैशिष्ट्य के विभिन्न पक्ष किसी उपनिवेशवाद के शिकार के लिए विडम्बनाओं का रूप धारण कर लेते हैं। यहाँ हम ब्रिटिश औपनिवेशिक शक्तियों से प्रभावित भारत की दुर्दशा के लिए उत्तरदायी कुछ महत्त्वपूर्ण विडम्बनाओं पर विचार करेंगे।

सामान्यत: तत्कालीन ब्रिटिश साम्राज्य के पक्षधर शिक्षित भारतीय यह मानते थे कि ब्रिटिश उपनिवेशवाद इस देश के लोगों के लिए वरदान बनकर सामने आया। इनमें कुछ तो भारत में आधुनिक नवजागरण लाने का श्रेय ब्रिटिश उपनिवेशवाद

को देते हैं। किन्तु जो लोग उपनिवेशवाद के चरित्र को जानते हैं वे भारत में ब्रिटिश उपनिवेशवाद की इस विडम्बना को भलीभाँति समझते हैं कि ऊपरी स्तर पर भले ही कितनी ही बड़ी-बड़ी बातें की जाएँ किन्तु भारतीयता में दरार डालकर शासन करना ब्रिटिश उपनिवेशवाद की महत्त्वपूर्ण प्रवृत्ति है—

> यह धारणा गलत है कि भारत में अंग्रेजी राज हमारे समाज के लिए एक सेकुलर ढाँचा और नवजागरण लेकर आया। वह भेदभाव की नींव पर खड़ा हो रहा था। दरअसल उन्नसवीं सदी में जिन सामाजिक कुप्रथाओं का विरोध हुआ, उन्हें कभी अंग्रेजों ने ही धार्मिक विशेषाधिकार प्राप्त वर्गों से प्रभावित होकर तुष्टीकरण की नीति के तहत कानून का रूप दिया था।[25]

ये कानून इन विशेषाधिकार प्राप्त वर्गों के हितों का संरक्षण तो करते ही थे भारतीय समाज को जाति, धर्म और वर्ग में बाँटते थे। ब्रिटिश शासक वर्ग यह मानता था कि हिन्दू और इस्लाम धर्म जिस रूप में परम्परा से चले आ रहे थे उनमें कोई भी हस्तक्षेप अराजकता का कारण बन सकता था। शिक्षा के सम्बन्ध में भी ब्रिटिश शासक भारतीयों को यूरोपीय शिक्षा देने में कतराते थे। वे नहीं चाहते थे कि इस सम्बन्ध में उन्हें किसी विरोध का सामना करना पड़े। किन्तु जैसे-जैसे प्रबुद्ध भारतीयों ने उपनिवेशवादी शक्तियों पर दबाव बनाया वैसे-वैसे धर्म और शिक्षा के क्षेत्र में सुधार होते गए। किन्तु जहाँ भी धार्मिक, सामाजिक अथवा सांस्कृतिक दृष्टि से विभेद उत्पन्न करने की जरा भी गुंजाइश होती उपनिवेशवादी शक्तियाँ उसका पूरा लाभ उठाती थीं।

आर्थिक शोषण उपनिवेशवाद की ऐसी विडम्बना थी जिसने इस देश को आंतरिक और बाह्य रूप से पूरी तरह खोखला कर दिया। यदि पूर्व औपनिवेशिक भारतीय समाज और औपनिवेशिक भारतीय समाज की तुलना करें तो स्पष्ट होगा कि उपनिवेशवादी शक्तियों के भारत में आने से पूर्व यहाँ गाँव अधिकांश मामलों में स्वतंत्र और स्वायत्त थे। शासन-व्यवस्था बदलने से गाँव के मौलिक चरित्र पर कोई विशेष प्रभाव नहीं पड़ता था। कृषि और दस्तकारी परस्पर इस प्रकार गुँथे हुए थे कि किसी को अपने जीवन-यापन के लिए बाहर जाने की आवश्यकता नहीं पड़ती थी।

दस्तकारी में भारत का कौशल विश्व-स्तर पर जाना जाता था। यहाँ के सूती और रेशमी कपड़ों की सारी दुनिया में माँग थी। लकड़ी के काम, धातु के काम, प्रस्तर-शिल्प कागज के उद्योग भी विकसित थे। भारतीय जहाजरानी उद्योग पूरी तरह विकसित होकर यूरोपीय देशों के आकर्षण का केन्द्र बन गया था। शीशे का निर्माण-उद्योग खूब फल-फूल रहा था। हाथी दाँत से कंगन, अँगूठी, पांसे, मनके, पलंग आदि बनाए जाते थे। किन्तु इस सबके बावजूद हमें यह नहीं भूलना चाहिए कि दस्तकारी का समूचा कार्य घरों या छोटे-मोटे कारखानों तक सीमित था। निर्मित वस्तुओं का उपभोक्ता एक सीमित वर्ग था जो सम्पन्न होने के साथ शासकवर्ग से

जुड़ा था। छोटी दस्तकारियाँ प्रमुख रूप से कृषि पर आधारित थीं। अन्ततः औद्योगिक क्रान्ति की उपलब्धियों से लैस ब्रिटिश साम्राज्यवाद की निर्णायक विजय के बाद उपनिवेशवादी शक्तियाँ ग्रामीण समाजव्यवस्था, कृषि, दस्तकारी के आर्थिक ढाँचे को नष्ट करने में लग गईं।

यदि हम इस उपनिवेशवादी शोषण के अतीत में झाँकें तो अनेक महत्त्वपूर्ण तथ्य हमारे सामने आते हैं। जब उपनिवेशवादी शक्तियों का आगमन इस देश में नहीं हुआ था तब यूरोप में उद्योग धंधे बहुत पिछड़ी हालत में थे। तब उसमें यह सामर्थ्य ही नहीं थी कि वह अपने उत्पादन भारत या विश्व के अन्य बाजार में बेच सके। यह वह समय है जब—

> भारतीय माल के बदले उपयुक्त सामग्री देने लायक इंग्लैंड के उद्योग धंधे नहीं हैं। इसलिए उस देश का सोना-चाँदी तब तक भारत आता रहता है, जब तक आयात-निर्यातक का यह सम्बन्ध बदल नहीं जाता।[26]

इस समय यूरोप में व्यापारिक पूँजीवाद का दौर है। यह दौर आयात और निर्यात की सीमाओं में बँधा रहता है। व्यापार की दिशा में भारत का वर्चस्व है। भारत में इंग्लैंड की जरूरतों के मुताबिक माल तैयार होता है जिसे यूरोप के व्यापारी सोना-चाँदी देकर खरीदते हैं। भारत निर्यातक की भूमिका में है और इंग्लैंड आयातक की भूमिका में—

> यह सम्बन्ध बदलता है। 19वीं सदी के दूसरे दशक में। इस समय तक इंग्लैंड में औद्योगिकी क्रान्ति लगभग हो चुकी है। मशीनों के उत्पादन में विकास-क्रम जारी है। व्यापारिक पूँजीपतियों के समानांतर उद्योगपतियों का प्रभावशाली वर्ग तैयार हो गया है।[27]

ये उद्योगपति औद्योगिक क्रान्ति की उपलब्धियों का आधार लेकर नई प्रौद्योगिकी के साथ व्यापार के क्षेत्र में आए। भारतीय व्यापारियों की समस्या यह थी कि वे जल मार्गों की सम्भावनाओं और शक्ति की उपेक्षा कर घर बैठे धन कमाना चाह रहे थे। घर के बाहर जल मार्गों पर विदेशी शक्तियों का आधिपत्य था। औद्योगिक क्रान्ति के फलस्वरूप भाप की शक्ति के बल पर जहाँ माल-परिवहन आसान हुआ वहाँ भाप की मशीनों से कपड़ा बुना जाने लगा। इन्हीं स्थितियों में आयातक और निर्यातक के सम्बन्धों में भी परिवर्तन आया। किन्तु भारत में आर्थिक प्रभुत्व कायम करने के लिए राजनीति प्रभुत्व की आवश्यकता थी। ऐसा होने के बाद ही ईस्ट इंडिया कम्पनी ने भारतीय माल की ब्रिकी पर रोक लगाई और अपने माल की बिक्री के लिए सारी सुविधाएँ प्राप्त कर लीं। यह तथ्य महत्त्वपूर्ण है कि राजनीतिक वर्चस्व के पहले दौर में और काफी हद तक बाद में भी ईस्ट इंडिया कम्पनी के लिए व्यापारिक हित ही प्रमुख थे।

××× सौदागरों की कम्पनी सत्ताधारी बन जाने पर भी सत्ताधारी की तरह काम नहीं करती। प्रभु सत्ता उसके लिए व्यापार का पुछल्ला है; उसके लिए प्रभु सत्ता का एक ही उपयोग है कि हिन्दुस्तान में माल सस्ता खरीदे और यूरोप में ज्यादा मुनाफे पर बेचे।[28]

उपनिवेशवादी शक्तियों के लालच का कोई अन्त नहीं था। यहाँ के लोग जिएँ या मरें उन्हें अपने लाभ से मतलब था—

ईस्ट इंडिया कम्पनी के इजारे का परिणाम यह था कि हर तरह की उपज की वृद्धि रोकी जा रही थी। जो चीजें मुनाफा कमाने के लिए पैदा की जाती थीं, उनके अलावा केवल जीवित रहने के लिए जो खाने-पहनने की चीजें निहायत जरूरी थीं, उनकी पैदावार रोकी जा रही थी।[29]

ईस्ट इंडिया कम्पनी ने भारतीय बाजार को न केवल हतोत्साहित किया बल्कि अपनी प्रभुसत्ता के बल पर उसे पूरी तरह बरबाद कर दिया—

किसी भी देश में उद्योग धंधों की उन्नति के लिए यह जरूरी होता है कि कारखानों में बना माल बेचने के लिए सुलभ हो। बाजार न होगा, माल की माँग न होगी तो कोई कारखाना लगाएगी ही क्यों? अंग्रेजों ने बाजार कायम करने के बदले जो बाजार यहाँ पहले से मौज़ूद था, उसे बरबाद किया। इस तरह उन्होंने औद्योगिक विकास का जो आवश्यक आधार था, उसे ही खत्म कर दिया।[30]

इस प्रकार सरकार की सहायता से भारत को इंग्लैंड में तैयार माल का बाजार बना दिया गया। अब स्वच्छंद व्यापार करने के लिए कम्पनी के व्यापारियों को खुली छूट थी। विलायती माल के लिए भारत में नाममात्र की चुंगी ली जाती थी। इसके विपरीत भारत में तैयार होने वाले माल पर दूसरे देशों में भारी चुंगी वसूल की जाती थी। नेविगेशन एक्ट के द्वारा हिन्दुस्तान को दूसरे देशों से सीधे व्यापार के लिए पूरी तरह प्रतिबन्धित कर दिया गया था।

अब हम गाँवों और उससे जुड़ी कृषि-व्यवस्था की ओर आते हैं। जैसा कि पहले कहा जा चुका है—ईस्ट इंडिया कम्पनी के राजनीतिक वर्चस्व से पहले भारतीय गाँव—उनका सामाजिक, आर्थिक और सांस्कृतिक ढाँचा पूरी तरह स्वायत्त था। न शासकवर्ग इस स्वायत्त ढाँचे में हस्तक्षेप करता था और न यह ग्रामीण तंत्र राजनीतिक और प्रशासनिक गतिविधियों में कोई रुचि लेता था। 'कोउ नृप होइ हमैं का हानी' की मानसिकता ग्रामीण लोगों को अपने काम से काम रखने के लिए प्रेरित और बाध्य करती थी। उपनिवेशवादी शक्तियों को राजनीतिक वर्चस्व मिलने के साथ ही इस स्थिति में मूलभूत बदलाव आया—

पहले स्वायत्तशासित ग्राम समाज जो काम करता था, वे काम उसके हाथों से छीन लिए गए। न्याय का काम सरकारी अदालतें, रक्षा का काम सरकारी थाने और जमीन का हिसाब रखने का काम सरकारी पटवारी करने लगे। गाँवों की स्वाधीनता समाप्त कर दी गई और ग्राम समाज के सारे काम केन्द्रीभूत राज्य के हाथ सौंप दिए गए। वे बन्धन तोड़ डाले गए जो किसान को सामूहिक तौर पर ग्राम से बाँधे रखते थे।[31]

इसमें कोई सन्देह नहीं कि मुगल साम्राज्य के पतन-काल में मालगुजारी वसूल करने वाले अधिक लालची हो गए। अब मालगुजारी ज्यादा वसूल की जाने लगी किन्तु इस समय भी भूमि पर किसानों का हक था। जैसी फसल होती थी उसके अनुरूप ही ख़िराज की वसूली की जाती थी। वसूली नकद या फसल के रूप में होती थी। किसानों की दशा चिन्ताजनक थी। यहीं से ईस्ट इंडिया कम्पनी ने नये सिरे से किसानों का शोषण आरम्भ किया। नई तरह से भूमि के बन्दोबस्त किये गए और पूरी क्रूरता और निर्लज्जता के साथ किसानों से टैक्स वसूली की जाने लगी। बिशप हेबर ने इस वसूली का अंकन करते हुए लिखा—

आजकल जितना टैक्स लिया जाता है, उसे देकर कोई भी किसान, वह देशी हो चाहे विलायती खुशहाली में नहीं रह सकता। धरती में जो कुछ पैदा होता है उसका आधा सरकार ले लेती है। ××× हिन्दुस्तान (उत्तर भारत) के सरकारी अफसरों का आमतौर से यह खयाल है कि कम्पनी-राज से देशी राज की प्रजा के ज्यादा गरीबी, तबाही और उदासी में दिन कटते हैं। कई बातों में मेरी भी यही राय हुई है। ××× दरअसल कोई भी देशी राज इतना लगान नहीं लेता जितना हम लेते हैं।[32]

विडम्बना यह कि इस बेलगाम, क्रूर और निर्लज्ज लगान वसूली के साथ देशी लोगों के कुछ वर्गों ने भी किसान को लूटने में कोई कसर नहीं रखी। महाजन, जमींदार, दुकानदार सभी ने किसान को अपने शोषण के जाल में जकड़ लिया—

मालगुजारी वसूल करने में कुछ कसर रह जाती थी तो बनिया, महाजन और जमींदार सूद, नजराना और मुनाफाखोरी से उसे पूरा कर देते थे। उसकी छत्रछाया में सैकड़ों जोंकें पलती हैं और हिन्दुस्तान के किसानों को चूसती हैं। इतना होने पर भी मालगुजारी की दर पहले से कुछ बढ़ ही जाती है; किसानों के बन्धन और भी दृढ़ हो जाते हैं।[33]

इस प्रकार इस औपनिवेशिक व्यवस्था ने किसान को उस दशा में पहुँचा दिया जब वह किसान न रहकर एक अदना-सा खेतिहर मजदूर हो गया। मालगुजारी,

सूद, नजराना न चुकाए जाने पर वह अपनी जमीन से बेदखल कर दिया गया। इस बेदखली को कानून का हवाला देकर इस पर लीपापोती की कोशिश की गई। किसानों से जमीन पर उनका मालिकाना हक छीन लिया गया। कोई किसान शायद ही ऐसा मिले जिसकी जमीन पर कर्ज न हो और वह रेहन न रखी हो।

> यह सिलसिला जारी रखने से पिछले सौ साल में, खासतौर से पिछले पचास साल में अधिकाधिक किसान बेजमीन, खेतिहर मजदूर बनते गए हैं। देहात की आबादी में एक तिहाई से आधे तक ये नए खेतिहर मजदूर वर्ग के लोग हैं।[34]

इस प्रकार इस औपनिवेशिक दौर में आर्थिक शोषण एक प्रमुख विडम्बना बनकर सामने आया और इसने राष्ट्रवाद और नवजागरण की भूमि तैयार की। वे किसान जो अपनी-अपनी जमीनों से बेदखल हो गए थे ब्रिटिश सेना में भरती होने लगे थे, जो कालांतर में 1857 के स्वतंत्रता समर के वाहक बने। नवजागरण के आर्थिक चिन्तकों के मजदूरों और किसानों के शोषण को सप्रमाण देश के सम्मुख प्रस्तुत करने का परिणाम यह हुआ कि देश इस शोषण से निजात पाने के लिए एक साथ उठ खड़ा हुआ। निस्सन्देह भारतीय नवजागरण को औपनिवेशिक शक्तियों द्वारा किए गए इस आर्थिक शोषण से अलग करके नहीं देखा जा सकता। हम आगे विस्तार से नवजागरण के आर्थिक चिन्तन की विवेचना करेंगे किन्तु यहाँ इतना कहना यथेष्ट है कि इस आर्थिक शोषण की विडंना ने न केवल भारतवासियों को नवजागरण के लिए प्रेरित किया बल्कि उसने भविष्य में राष्ट्रवाद का पथ भी प्रशस्त किया।

बदलता हुआ भारतीय जनमानस

किसी भी देश का बदलता हुआ जनमानस ही मूलभूत और महत्त्वपूर्ण सामाजिक, राजनीतिक, राष्ट्रीय अथवा अन्तरराष्ट्रीय परिवर्तनों का वाहक बनता है। इतिहास साक्षी है कि विश्व में जब-जब वैश्विक क्रान्तियों का सूत्रपात हुआ उनके पीछे इस बदलते हुए जनमानस की भूमिका सर्वाधिक महत्त्वपूर्ण रही है। भारतीय जनमानस भी इसका अपवाद नहीं है। भारत में जितने भी नवजागरण आए उनमें जनमानस का बदलाव उन सभी नवजागरण के मूल में था।

किसी भी देश के जनमानस को हम तब तक नहीं समझ सकते जब तक हम उसकी बहुलता, बहुआयामिता और बहुस्तरीयता को साथ लेकर नहीं चलते। दरअसल जब हम नवजागरण के परिप्रेक्ष्य में भारतीय जनमानस के बदलाव की बात करते हैं तब यह ध्यान रखना होगा कि इसमें सहगामी और प्रतिगामी—सकारात्मक और नकारात्मक दोनों का सह-अस्तित्व बना रहता है। इसके साथ ही इस जनमानस में

अनेक प्रकार की मन:स्थितियाँ (कई बार एक-दूसरे से विपरीत भी) गुँथी रहती हैं। हमें इसी तथ्य को ध्यान में रखकर नवजागरण के परिप्रेक्ष्य में भारतीय जनमानस के बदलावों का विश्लेषण और मूल्यांकन करना होगा।

इससे पहले कि हम नवजागरण को केन्द्र में रखकर भारतीय जनमानस में बदलाव की बात करें, हमारे सामने एक प्रश्न उभरता है कि हमारे पास बदलते हुए भारतीय जनमानस का स्रोत क्या है? इस दृष्टि से उस दौर के ऐतिहासिक और सामाजिक-सांस्कृतिक साक्ष्य तो महत्त्वपूर्ण होते ही हैं किन्तु इनके साथ-साथ एक और भी महत्त्वपूर्ण स्रोत है जिसे इस परिप्रेक्ष्य में प्राय: अनदेखा किया गया है और वह है साहित्य।

> जबकि प्रत्येक देश का साहित्य वहाँ की जनता की चित्तवृत्ति का संचित प्रतिबिम्ब होता है, तब यह निश्चित है कि जनता की चित्तवृत्ति के परिवर्तन के साथ-साथ साहित्य के स्वरूप में भी परिवर्तन होता चला जाता है।[35]

हम प्रयास करेंगे कि दोनों दृष्टियों से बदलते हुए भारतीय जनमानस को समझते हुए नवजागरण पर विचार किया जाए।

पूर्व औपनिवेशिक व्यवस्था में हम जिन परिस्थितियों में रह रहे थे उससे बाद (औपनिवेशिक व्यवस्था) की परिस्थितियाँ बिल्कुल भिन्न थीं। यदि इन दो युगों की परिस्थिति पर हम सापेक्षिक ढंग से विचार करें तो हम भारतीय जनमानस और उसमें आए बदलावों को अधिक स्पष्टता से समझ सकेंगे। जैसा कि हम पहले देख चुके हैं—प्राक् उपनिवेशवादी व्यवस्था में गाँव की समूची व्यवस्था स्वायत्त थी। शासन वर्ग से जनता का प्रत्यक्ष या अप्रत्यक्ष किसी प्रकार का रिश्ता नहीं था। किन्तु करों की अधिकाधिक वसूली सैन्य अभियानों के दौरान फसलों का विनाश; बाढ़-अकाल आदि के प्राकृतिक प्रकोप—इन प्रकोपों से किसान की दशा बद से बदतर हो रही थी। इन परिस्थितियों में एक ओर तो भारतीय जनमानस अपने समय की राजनीतिक गतिविधियों से पूरी तरह विरक्त और विमुख था तो दूसरी ओर अपनी दुरवस्था का प्रतिरोध करने की उसमें शक्ति नहीं थी और वह इसके लिए नियति को अथवा अपने कर्म-फलों को दोषी मानता था। उसे बदलती राजनीतिक सत्ता और राजनीतिक घटनाक्रम से कोई सरोकार नहीं था। व्यापारी वर्ग, सामन्त वर्ग या सैनिकों का वर्ग अन्याय के प्रतिरोध के लिए किसी भी दृष्टि से तैयार न था। इन सबका उद्‌देश्य अधिक से अधिक राजभक्ति का प्रदर्शन, धन-संग्रह और भोगविलास था। एक ओर नियति और कर्म-फल पर विश्वास तथा प्रतिरोधहीनता ने बहुसंख्यक कृषक एवं श्रमिक वर्ग के मानस को जड़ बना दिया था तो दूसरी ओर अल्पसंख्यक, शोषक और विलासी वर्ग पूरी तरह संवेदनाहीन था।

18वीं शती के आरम्भ से ही मुगल साम्राज्य का छिन्न-भिन्न होना स्पष्ट रूप

से दिखाई पड़ रहा था। राजनीतिक एवं सैनिक शक्ति के रूप में मुगल साम्राज्य की दुर्बलताएँ अब पूरी तरह उभरकर सामने आ गई थीं। ब्रिटिश साम्राज्य और उसकी प्रतिनिधि ईस्ट इंडिया कम्पनी—दोनों इन दुर्बलताओं को भली प्रकार समझ चुके थे। ईस्ट इंडिया कम्पनी इस देश में प्रमुख रूप से व्यापार करने के लिए आई थी किन्तु यहाँ के शासकों की परस्पर फूट ने उनकी राजनीतिक महत्त्वाकांक्षाओं को हवा दी। पहले दौर में दो प्रतिद्वंद्वी शासकों ने एक ही पक्षधरता से राजनीतिक एवं आर्थिक महत्त्वाकांक्षाओं की पूर्ति की फिर अन्ततः वे यहाँ शासक बन बैठे।

भारत में जैसे शताब्दियाँ बीत जाने के बाद पहली बार औपनिवेशिक शासन-व्यवस्था कायम हुई वैसे ही इस दौर में हमें भारतीय जनमानस पहली बार आधारभूत रूप से बदलता दिखाई देता है। यह बदलता हुआ भारतीय जनमानस अनेक अन्तर्विरोधों और विसंगतियों के बावजूद आधारभूत रूप से ही नहीं प्रमुख रूप से भी पारम्परिक यथास्थितिवाद का अतिक्रमण करता है। इस अतिक्रमण के अनेक पहलू हैं जो इस जनमानस के लिए एक नये रूप में सांस्कृतिक से सामाजिक और सामाजिक से राजनीतिक यात्रा का पथ प्रशस्त करते हैं।

प्रश्न यह है कि भारतीय समाज परम्परा से जिस मानसिकता को अपने जीवन की धुरी मानकर चलता रहा औपनिवेशिक सत्ता के कायम होते ही उसमें अभूतपूर्व परिवर्तन कैसे आया? दरअसल जिस सामन्तीय व्यवस्था का भारतीय समाज आदी था वह अपने सारे दोषों के बावजूद उसे सीधे-सीधे और स्थायी रूप से प्रभावित नहीं करती थी। वंशवादी उत्तराधिकार व्यवस्था या उसके अच्छे-बुरे विकल्पों के चलते शासकों के बदलाव में कुछ भी ऐसा नहीं था जो जनसाधारण को सीधे-सीधे प्रभावित कर सके। ईस्ट इंडिया कम्पनी के भारत से सम्पर्क के पहले दौर में जनसाधारण ने यही माना था कि यह एक व्यापारी कम्पनी है और अपने व्यापारिक उद्देश्यों की पूर्ति के बाद इंग्लैंड लौट जाएगी। वैसे भी हमारे परम्परानिष्ठ भारतीय समाज से सम्बन्ध बढ़ाने में न भारतीय समाज की रुचि थी और न उपनिवेशवादियों की। किन्तु जैसे-जैसे ईस्ट इंडिया कम्पनी ने छल-बल से आर्थिक वर्चस्व के साथ राजनीतिक वर्चस्व प्राप्त करने के लिए कोशिशें आरम्भ कीं जनसामान्य को यह लगने लगा कि आर्थिक, सामाजिक, धार्मिक, शैक्षिक—सभी दृष्टियों से उनका शोषण करते हुए उन्हें पूरी तरह इस विदेशी सत्ता ने अपना गुलाम बना लिया है। इस प्रकार उपनिवेशवादी व्यवस्था के चलते भारतीय जनमानस में जो बदलाव आया और जो समानांतर रूप से नवजागरण का वाहक बना उसके महत्त्वपूर्ण कारण हैं जिनको रेखांकित किया जाना उचित होगा।

ब्रिटिश उपनिवेशवादी व्यवस्था का प्रमुख उद्देश्य था भारत और भारतवासियों का आर्थिक शोषण। जितना और जहाँ तक सम्भव हो इस देश का दोहन इस व्यवस्था का प्रधान लक्ष्य था। एक ओर तो किसानों को टैक्सों की अंधाधुंध वसूली से कंगाली

की पराकाष्ठा तक पहुँचा दिया गया तो दूसरी ओर यहाँ के शिल्पकारों का सभी दृष्टियों से शोषण करते हुए उनके जीवन-यापन की सारी सम्भावनाएँ समाप्त कर दी गईं। पूर्व औपनिवेशिक व्यवस्था में किसान का जीवन कठिन अवश्य था किन्तु शासकों द्वारा किये जाने वाला शोषण अपनी सीमा का अतिक्रमण नहीं करता था। किन्तु नई व्यवस्था में तो किसान का अस्तित्व ही दाँव पर था। किसान को विवश होकर मजदूरी करनी पड़ रही थी। 'प्रेमाश्रम' में दुख हरन इस विषम परिस्थिति को रेखांकित करता हुआ कहता है—

> क्या जाने क्या हो गया है कि अब खेती में बरक्कत ही नहीं रही। पाँच बीघे रब्बी बोई थी, लेकिन दस मन की भी आशा नहीं है और गुड़ का तुम जानते ही हो, जो हाल हुआ। कोल्हाड़े में ही बिसेसर साह ने तौल लिया। बालबच्चों के लिए शीरा तक न बचा। देखें भगवान कैसे पार लगाते हैं।[36]

यह हमारे कृषक वर्ग की वह मानसिकता है जो अपनी दुरवस्था के विषय में और उसके कारणों के विषय में जानता तो है किन्तु प्रतिरोध उसके बस की बात नहीं। वह भली प्रकार जानता है कि उसका खून चूसने वाले कौन लोग हैं। 'गोदान' में होरी कहता है—

> जमींदार तो एक ही है मगर महाजन तीन-तीन हैं, सहुआइन अलग और मँगरू अलग और दातादीन पंडित अलग। किसी का ब्याज भी पूरा न चुका। जमींदार के भी आधे रुपये बाकी रह गए। सहुआइन से फिर रुपये उधार लिये तो काम चला। सब तरफ किफायत करके देख लिया भैया कुछ नहीं होता। हमारा जन्म इसीलिए हुआ है कि अपना रक्त बहाएँ और बड़ों का घर भरें। मूल का दुगना सूद भर चुका, पर मूल ज्यों-का-त्यों सिर पर सवार है। लोग कहते हैं, खुशी-गमी में तीरथ, बरत में हाथ बाँधकर खरच करो। मुदा रास्ता कोई नहीं दिखाता।[37]

किसान अपने शोषण की विडम्बनाओं से परिचित होता हुआ भी प्रतिरोध का साहस नहीं जुटा पाता। किन्तु धीरे-धीरे उसका मानस भी बदलता है। वह महसूस करता है कि जब तक इस शोषण का उचित प्रतिरोध न किया जाए तब तक इससे मुक्त नहीं हुआ जा सकता। कृषकों की पुरानी पीढ़ी से हटकर युवा पीढ़ी इस शोषण के विरोध के लिए कमर कसती दिखाई देती है। 'गोदान' में होरी या 'प्रेमाश्रम' में बलराज इस विरोध को मुखर अभिव्यक्ति देते दिखाई देते हैं। 'गोदान' में यह विरोध इन शब्दों में अभिव्यक्त होता है—

> संसार में गऊ बनने से काम नहीं चलता। जितना दबो लोग इतना ही दबाते हैं। थाना, पुलिस, कचहरी-अदालत सब हैं हमारी रक्षा के लिए; लेकिन

रक्षा कोई नहीं करता। चारों तरफ लूट है। जो गरीब हैं, बेकस हैं उनकी गर्दन काटने के लिए सभी तैयार रहते हैं। भगवान न करे कोई बेइमानी करे। यह बड़ा पाप है, लेकिन अपने हक और न्याय के लिए न लड़ना उससे भी बड़ा पाप है।[38]

इस प्रकार आर्थिक शोषण में पिसता किसान और मजदूर जहाँ एक ओर अपने शोषण के कारकों को पहचान रहा है तो दूसरी ओर इस शोषण का प्रतिरोध करने की छटपटाहट भी अब उभरकर सामने आने लगी है। यहाँ यह भी उल्लेखनीय है कि वे किसान और मजदूर जो इस शोषण में सब कुछ लुटा देने के बाद जब कम्पनी की सेना में भर्ती हुए तो वही 1857 के प्रथम स्वतंत्रता समर में उपनिवेशवादी शोषण का विद्रोह करने में सबसे आगे रहे।

औपनिवेशिक आर्थिक शोषण के साथ-साथ कम्पनी के अधिकारियों और पादरियों द्वारा भारतीयों के धार्मिक मामलों में हस्तक्षेप ने भारतीय जनमानस के बदलाव में महत्त्वपूर्ण भूमिका निभाई। दरअसल अपनी श्रेष्ठता के दम्भ एवं रंगभेदी मानसिकता के कारण ब्रिटिश अधिकारी कभी भी भारतीयों में घुल-मिल नहीं सके। इंग्लैंड भारत पर अपने आधिपत्य के औचित्य को सिद्ध करने के लिए जो कारण विश्व के सामने प्रस्तुत करता था उनमें एक कारण यह था कि उनकी दृष्टि में भारत एक असभ्य एवं अविकसित देश है। इसे सभ्य एवं विकसित बनाने के उद्देश्य से ही उन्हें भारत को अपने आधिपत्य में लेना पड़ा है। औपनिवेशिक कर्णधारों का एक निहित उद्देश्य यह भी था कि जहाँ तक सम्भव हो यहाँ के लोगों को प्रलोभन देकर अथवा बलपूर्वक ईसाई बनाया जाए। इसके लिए कुछ पादरियों ने तो हिन्दी सीखी और ब्राह्मण की वेशभूषा भी धारण की। कुछ ब्रिटिश अधिकारी जो भारत के प्रति अपेक्षाकृत कोमल भाव रखते थे उन्होंने वेदों, उपनिषदों, संस्कृत के स्वनामधन्य कवियों की रचनाओं का अनुशीलन किया किन्तु भारतीय मेधा का लोहा मानने के बावजूद वे अपने पूर्वग्रहों और श्रेष्ठता के दम्भ से नहीं उबर सके।

इस पूरे परिदृश्य को सामने रखकर यदि हम भारतीय जनमानस को समझना चाहें तो स्पष्ट होगा कि परम्परानिष्ठ भारतीय यूरोपीय सम्पर्क को अच्छी दृष्टि से नहीं देखते थे। वे न केवल अपने धर्म में होने वाले विदेशी हस्तक्षेप के प्रति शंकालु और सजग थे बल्कि उनकी दृष्टि में उनका धर्म सर्वश्रेष्ठ था और उसमें किसी संशोधन या परिवर्तन की न कोई आवश्यकता थी और न कोई उपादेयता।

औपनिवेशिक व्यवस्था के अन्तर्गत युवाओं का एक वर्ग ऐसा पनप रहा था जो यूरोपीय शिक्षा का पक्षधर था। उसने यह जान लिया था कि जब तक हम यूरोपीय शिक्षा के द्वारा पश्चिमी ज्ञान-विज्ञान से परिचित न होंगे तब तक हम आगे नहीं बढ़ सकते। यह युवा वर्ग न केवल पश्चिमी सभ्यता और ज्ञान-विज्ञान को गहराई से समझना चाहता था बल्कि वह हिन्दू धर्म की रूढ़ियों, कुरीतियों का उन्मूलन करके

उसे प्रगतिशील रूप दिए जाने के लिए भी कटिबद्ध था। इसलिए पश्चिमी सभ्यता की अच्छी-अच्छी बातों को ग्रहण करके उनसे अपने धर्म को समुन्नत बनाने में उन्हें किसी प्रकार का परहेज न था। भारत में जो नवजागरण प्रारम्भ हुआ निश्चय ही आरम्भ में उसकी धुरी धर्म था और उसी को केन्द्र मानकर इस नवजागरण ने आकार लेना आरम्भ किया। भारतीय जनमानस में यह महत्त्वपूर्ण बदलाव था जो सामाजिक सुधारों और राजनीतिक अधिकारों के प्रति जागरूकता से होते हुए आजादी की दूसरी लड़ाई में संक्रमित हुआ। इस प्रकार एक ओर ईसाई धर्म से घृणा एवं अपने धर्म के प्रति विवेकहीन पक्षधरता से ग्रस्त मानसिकता हमारे सामने थी और दूसरी ओर यूरोपीय ज्ञान-विज्ञान से गुजरते हुए अपनी धार्मिक परम्पराओं के संशोधन की ललक भी युवा पीढ़ी में देखी जा सकती थी। इसे हम परम्परा और आधुनिकता के संघर्ष का पहला दौर भी मान सकते हैं।

हमने पूर्व में बदलते हुए वैज्ञानिक और औद्योगिक परिदृश्य की चर्चा की। इसमें कोई सन्देह नहीं कि जिस प्रकार भारतीय समाज के एक वर्ग को अपने धर्म पर अन्धश्रद्धा थी और वे इसमें किसी प्रकार के परिवर्तन की आवश्यकता का अनुभव नहीं करते थे, उसी प्रकार उपनिवेशवादी व्यवस्था द्वारा विज्ञान और नई उन्नत तकनीकों के आगमन को भी इस वर्ग ने भय और संशय की दृष्टि से देखा। कुछ अशिक्षित लोगों ने रेलगाड़ी को दानव मान लिया और उसे देखते ही भाग खड़े हुए। या तो ऐसे लोग इन नये तकनीकी परिवर्तनों को भय या संशय से देख रहे थे अथवा इनको लेकर उनमें आश्चर्य और मुग्धता का भाव था। इसके विपरीत यूरोपीय शिक्षा में पारंगत युवा पीढ़ी ने न केवल इन तकनीकी परिवर्तनों का स्वागत किया बल्कि इन्हें भारत की उन्नति के लिए आवश्यक माना। इसमें कोई सन्देह नहीं कि उपनिवेशवादियों ने अपने हितों के संरक्षण के लिए नई तकनीकों, नये यंत्रों को भारत में स्थापित किया किन्तु पश्चिमी शिक्षा, ज्ञान-विज्ञान, नई तकनीक और नये यंत्रों का उपयोग करते हुए भारतीयों ने अपनी उन्नति का ही नहीं स्वतंत्रता का पथ भी प्रशस्त किया।

सन्दर्भ सूची

1. प्रौद्योगिकी और भारत में अंग्रेजी राज, सं. दीपक कुमार, रॉय मैकलायड, पृ. 9
2. वही, पृ. 10
3. वही, पृ. 16
4. कास्ट एंड रेस इन इंडिया, सर चार्ल्स मेटकाफ, पृ. 24, उद्धृत—भारत में मुक्ति-संग्राम, अयोध्या सिंह, पृ. 34
5. पूँजी, खंड-1, कार्ल मार्क्स, पृ. 404
6. द अवेकनिंग आफ अमेरिका, वी.एफ. कैलबर्टन, पृ. 16-17, उद्धृत—भारतीय राष्ट्रवाद की सामाजिक पृष्ठभूमि, ए.आर. देसाई, पृ. 12-13

7. द शुगर इंडस्ट्री ऑफ यूनाइटेड प्रोविंसेज ऑफ आगरा एंड अवध, एस.एम. हादी, रिपोर्ट ऑफ दि इंडियन इंडस्ट्रियल कमीशन नोट्स, पृ. 54, 70 और आगे, उद्धृत—प्रौद्योगिकी और भारत में अंग्रेजीराज, सं. दीपक कुमार, रॉय मैकलायड, पृ. 56
8. औपनिवेशिक भारत में विज्ञान, प्रौद्योगिकी और आयुर्विज्ञान, डेविड आर्नोल्ड, पृ. 137
9. वही, पृ. 148
10. द पैटर्न ऑफ रेलवे डेवलपमेंट इन इंडिया, डैनियल थार्नर, पृ. 201, उद्धृत औपनिवेशिक भारत में विज्ञान, प्रौद्योगिकी और आयुर्विज्ञान, डेविड आर्नोल्ड, पृ. 143
11. स्टडीज इन इकॉनॉमिक एंड सोशल डेवलपमेंट ऑफ माडर्न इंडिया, एम.एन. दास, पृ. 72, उद्धृत—औपनिवेशिक भारत में विज्ञान, प्रौद्योगिकी और आयुर्विज्ञान, डेविड आर्नोल्ड, पृ. 143
12. वेज़, मैक जॉर्ज, पृ. 22, उद्धृत—औपनिवेशिक भारत में विज्ञान, प्रौद्योगिकी और आयुर्विज्ञान, डेविड आर्नोल्ड, पृ. 144
13. स्टडीज इन हिस्ट्री ऑफ साइंस इन इंडिया, द्वितीय खंड, देवी प्रसाद चट्टोपाध्याय, पृ. 818-822, उद्धृत—औपनिवेशिक भारत में विज्ञान, प्रौद्योगिकी और आयुर्विज्ञान, डेविड आर्नोल्ड, पृ. 128
14. औपनिवेशिक भारत में विज्ञान, प्रौद्योगिकी और आयुर्विज्ञान, डेविड आर्नोल्ड, पृ. 128
15. वीवर्स, हुसैन, पृ. 21, 38, उद्धृत—औपनिवेशिक भारत में विज्ञान, प्रौद्योगिकी और आयुर्विज्ञान, डेविड आर्नोल्ड, पृ. 129
16. इंडियन जर्नल ऑफ हिस्ट्री ऑफ साइंस, अंक-15, 1 मई, 1980 दीपक कुमार का शोध-पत्र, पृ. 105-113, उद्धृत—औपनिवेशिक भारत में विज्ञान, प्रौद्योगिकी और आयुर्विज्ञान, डेविड आर्नोल्ड, पृ. 01
17. विज्ञान और भारत में अंग्रेजीराज, सं. दीपक कुमार, राय मैकलायड, पृ. 02
18. हिस्टारिकल एकाउंट ऑफ डिस्कवरी एंड ट्रैवल्स फ्राम द अर्लिएस्ट एजेज टु द प्रेजेंट टाइम, पृ. 310-11, उद्धृत—विज्ञान और भारत में अंग्रेजीराज, सं. दीपक कुमार, पृ. 18
19. डेवलपमेंट ऑफ आइरन एंड स्टील टेक्नोलाजी इन इंडिया ड्यूरिंग द एटींथ एंड नाइनटींथ सेंचुरी, एचसी. भारद्वाज, पृ. 223-30
20. राकेट्स इन मैसूर एंड ब्रिटेन, 1750-1850, रोहन नरसिम्हा, पृ. 1-45, उद्धृत—विज्ञान और भारत में अंग्रेजीराज, सं. दीपक कुमार, पृ. 24
21. विज्ञान और भारत में अंग्रेजीराज, सं. दीपक कुमार, पृ. 25
    उद्धृत—विज्ञान और भारत में अंग्रेजीराज, सं. दीपक कुमार, पृ. 46
22. वही, पृ. 47
23. एजुकेशन इन ब्रिटिश इंडिया, आर्थर हावेल, पृ. 05, उद्धृत—विज्ञान और भारत में अंग्रेजीराज, सं. दीपक कुमार, पृ. 47
24. सभ्यता से संवाद, शंभुनाथ, पृ. 14
25. भारत में अंग्रेजीराज और मार्क्सवाद, भाग-1, रामविलास शर्मा पृ. 23
26. वही, पृ. 23
27. वही, पृ. 40
28. वही, पृ. 41
29. वही, पृ. 47

30. द इंडस्ट्रियल इवोल्यूशन आफ इंडिया इन रीसेंट टाइम, डी.आर. गैडगिल, पृ. 153-54, उद्धृत—भारत का मुक्ति संग्राम, अयोध्या सिंह, पृ. 21
31. संस्मरण और पत्र, बिशप हैबर, पृ. 413, उद्धृत—आज का भारत, रजनीदास दत्त, पृ. 219
32. आज का भारत, रजनीदास दत्त, पृ. 220
33. वही, पृ. 222
34. हिन्दी साहित्य का इतिहास, रामचन्द्र शुक्ल, पृ. 17
35. प्रेमाश्रम, प्रेमचन्द, पृ. 6-7
36. गोदान, प्रेमचन्द, पृ. 23
37. वही, पृ. 15
38. वही, पृ. 201

हिन्दी नवजागरण का आर्थिक चिन्तन : पृष्ठभूमि और स्वरूपगत वैशिष्ट्य की पहचान

निश्चय ही हिन्दी नवजागरण में आर्थिक चिन्तन की एक अनवरत, सुनिश्चित और व्यवस्थित परम्परा है। यह परम्परा भारतेन्दु युग से लेकर बीसवीं सदी के चौथे दशक तक मौजूद है। यह बात अलग है कि उन्नसवीं सदी में जहाँ यह परम्परा साहित्य और पत्रकारिता में संक्षिप्त किन्तु सारगर्भित रूप में दिखाई देती है वहाँ बीसवीं शती के आरम्भ से ही विस्तृत एवं व्यवस्थित रूप से आर्थिक चिन्तन का दौर हमारे सामने आता है। यह दौर जहाँ एक ओर अपनी सीमाओं में हिन्दी का अपना अर्थशास्त्र खड़ा करने का प्रयास है, वहाँ दूसरी ओर उपनिवेशवादी शोषण की विडम्बनाओं को यथासम्भव प्रामाणिक रूप से प्रस्तुत करने की छटपटाहट इसे विशिष्ट बनाती है। दरअसल हिन्दी नवजागरण के आर्थिक चिन्तन की समूची परम्परा कई विशिष्ट निहित उद्‌देश्यों को सामने लेकर आगे बढ़ती है—आर्थिक शोषण के परिप्रेक्ष्य में ब्रिटिश औपनिवेशिक चरित्र का उद्‌घाटन व देश की भयावह निर्धनता का प्रामाणिक अंकन; भारतीय व्यापारियों, उद्योगपतियों, आर्थिक क्षेत्र में रुचि रखने वाले अन्य लोगों को आवश्यक आर्थिक ज्ञान का सम्प्रेषण; ब्रिटिश शासन को आवश्यकतानुसार प्रतिक्रिया देना, अपील करना ये ऐसे उद्‌देश्य हैं जो समय और परिस्थितियों के अनुसार ऊपर-नीचे होते रहते हैं। ऐसा नहीं है कि यह चिन्तन पूरी तरह अपने उद्‌देश्यों को सिद्ध कर पाया हो। सामाजिक, राजनीतिक और ऐतिहासिक कारकों की उपस्थिति में यह सम्भव नहीं था। इस चिन्तन का स्तर सब जगह एक सा हो ऐसा भी नहीं है। उसकी गुणवत्ता में उतार-चढ़ाव मौजूद हैं। किन्तु इतना तय है कि हम हिन्दी पट्टी (जो राष्ट्रीय स्वतंत्रता आन्दोलन का कुरुक्षेत्र कहा जा सकता है) में लड़ी गई लड़ाई को तब तक पूरी तरह नहीं समझ सकते जब तक हिन्दी नवजागरण के आर्थिक चिन्तन का वस्तुपरक दृष्टि से अध्ययन, विश्लेषण और मूल्यांकन न किया जाए।

हिन्दी नवजागरण के उस दौर में जब पूरे देश में सामाजिक-सांस्कृतिक परम्पराओं का सागर-मंथन हो रहा था, उस समय नवजागरण के पुरोधाओं को आर्थिक चिन्तन की आवश्यकता पड़ी, इसकी एक निश्चित पृष्ठभूमि है। इस पृष्ठभूमि को समझे बिना

हम हिन्दी नवजागरण के आर्थिक चिन्तन का, उसके सही परिप्रेक्ष्य में मूल्यांकन नहीं कर सकते। इस पृष्ठभूमि का सबसे महत्त्वपूर्ण पक्ष है—ब्रिटिश उपनिवेशवाद। यदि ब्रिटिश शासन की उपनिवेशवादी विडम्बनाओं का सामना इस देश को नहीं करना पड़ता तो निश्चय ही इस आर्थिक चिन्तन को हिन्दी नवजागरण में इतनी प्रमुखता नहीं मिलती। ब्रिटिश उपनिवेशवादी शासन-व्यवस्था ने न केवल अपने से पहले के मुगल शासन की अर्थव्यवस्था के ढाँचे को पूरी तरह बदल डाला बल्कि पूर्व में विद्यमान सामाजिक-सांस्कृतिक सम्बन्धों को भी नया रूप प्रदान किया। निस्सन्देह ये बदलाव और रूपांतरण अपनी प्रकृति में पूरी तरह नकारात्मक थे बल्कि ये भारतीय जनजीवन को चिन्तनीय रूप से बदतर बना रहे थे। ब्रिटिश उपनिवेशवाद अपने पूर्व चरित्र के अनुसार इस देश के प्राकृतिक एवं मानव-संसाधनों की लूट एवं दोहन में लग गया। यह आवश्यक है कि हिन्दी नवजागरण के आर्थिक चिन्तन की पृष्ठभूमि पर विचार करते हुए हम ब्रिटिश शासन के इस उपनिवेशवादी चरित्र को समझें। इसके साथ ही हमें यह भी देखना होगा कि इंग्लैंड की उपनिवेशवादी शासन व्यवस्था ने अपने से पूर्व की शासन-व्यवस्था के अर्थ-तंत्र को किस प्रकार और किस रूप में बदला और उसके क्या परिणाम सामने आए। हमें यह भी ध्यान में रखना है कि कम्पनी के कर्णधारों ने इस देश के संसाधनों का जिस निर्लज्जता और निर्ममता से शोषण किया उसको हिन्दी नवजागरण से पूर्व विद्वानों ने किस रूप में रेखांकित किया। वस्तुतः इस रेखांकन के आधार पर ही हिन्दी नवजागरण के आर्थिक चिन्तन को रूपाकार दिया। किन्तु इसका आशय यह नहीं कि हिन्दी नवजागरण का आर्थिक चिन्तन इस विषय पर पूर्वोपलब्ध सामग्री का पिष्टपेषण मात्र था। हिन्दी नवजागरण के पुरोधाओं ने इस पूर्वोपलब्ध सामग्री का उपयोग करते हुए उसे अपनी मौलिक दृष्टि का संस्पर्श देते हुए उसे यथासम्भव पूर्णता प्रदान की।

हिन्दी नवजागरण के आर्थिक चिन्तन की पृष्ठभूमि

इसमें कोई सन्देह नहीं कि बहुत सी इतिहासगत आलोचनाओं के बावजूद औपनिवेशिक शासन से पूर्व भारत व्यापार, शिल्प, उद्योग आदि दृष्टियों से यूरोप को पीछे छोड़ गया था। बंगाल के विषय में औरंगजेब के समकालीन इतिहासकार मनूची की इस टिप्पणी का अवलोकन करें—

> हम कह सकते हैं कि यह सूबा मिस्र से किसी तरह घट कर नहीं है और रेशम, कपास, शक्कर और नील की पैदावार में तो उससे भी बढ़कर है। दाल, अनाज, फल, मलमल, सोने और चाँदी के काम के कपड़े सभी की इफरात हैं।[1]

प्रसिद्ध फ्रांसीसी इतिहासकार बर्नियर जो शाहजहाँ का समकालीन था, व्यापार की दृष्टि से भारत की समृद्धि को इन शब्दों में उद्घाटित करता है—

××× हिन्दुस्तानियों, डचों, अंगरेजों और पुर्तगीजों के सब जहाज जो हर साल हिन्दुस्तान का माल पेगू, तेनासरीम, सिलोन, अचीन, मगासर, मलयद्वीप, मोजम्बिक आदि स्थानों को ले जाते हैं वे भी उसके बदले में चाँदी-सोना ही लाते हैं और यह भी उस रुपये की तरह जो मुखा बन्दर, बसरा और अब्बास बन्दर से आता है, यहीं रह जाता है। जो सोना-चाँदी डच लोग जापान की खानियों से निकालते हैं उसमें से भी थोड़ा-बहुत किसी न किसी समय यहाँ आता रहता है और जो रुपया सीधे मार्ग से फ्रांस और पुर्तगाल से आता है वह भी कदाचित ही यहाँ से लौटकर जाता है।[2]

जो चीजें भारत में पैदा नहीं होतीं और बाहर से मँगाई जाती थीं—

××× तो भी इन चीजों के बदले भारतवर्ष से चाँदी-सोना बाहर नहीं जाता। क्योंकि जो व्यापारी ये चीजें लाते हैं वे इसमें अधिक लाभ समझते हैं कि उनके बदले में यहाँ की वस्तुएँ ही अपने देश को यहाँ से ले जाएँ। सो यद्यपि हिन्दुस्तान में बाहरी देशों से प्राकृतिक या बनावटी चीजें आती हैं तथापि वे संसार भर के सोने या चाँदी एक बड़े भाग के यहीं रह जाने में (जिनका अनेक द्वारों से आगमन होता है) रुकावट नहीं डालतीं। और जो चाँदी-सोना एक बार यहाँ आता है वह कठिनता से कहीं जाता है।[3]

औद्योगिक कमीशन की 1916-18 की रिपोर्ट के अनुसार औपनिवेशिक शासन से पहले भारत में विकास देखा जा सकता है—

पश्चिमी यूरोप में बनाए उद्योगों का जब आरम्भ ही हुआ था तब भारत अपनी समृद्धि और कला-कौशल के लिए विख्यात था। यहाँ पश्चिम से जब व्यापारी भारत में आए तब भी भारत के उद्योग-धंधों को पिछड़ा हुआ नहीं कहा जा सकता था।[4]

क्योंकि यहाँ जो लोहा प्राप्त होता था वह गुणवत्ता की दृष्टि से उच्च कोटि का था अत: ऊँचे दर्जे के इस्पात के निर्माण के लिए यहाँ उस समय जो विशिष्ट कौशल विकसित किया गया उसकी तुलना में तब इस दृष्टि से यूरोप पिछड़ा हुआ था। पीतल और तांबे की जैसी सुन्दर चीजें बनाई जाती थीं उसकी तुलना में यूरोप हीनतर ही ठहरता था। धातु-निर्माण में उस समय भारत का दबदबा था।[5]

> कृषि-व्यवस्था की दृष्टि से भारत उपनिवेशवादी शासन-व्यवस्था से बेहतर स्थिति में था। गाँव के लोगों का ही जमीन पर स्वामित्व था। "गाँव में जिस जाति या भाईचारे के लोग रहते थे, जमीन उसी की होती थी। यह कभी न समझा जाता था कि जमीन का मालिक राजा है। ××× सामन्ती व्यवस्था में कभी यह नहीं कहा गया कि किसानों के अलावा जमीन का मालिक कोई और है।[6]

इससे किसान पूरी मेहनत के साथ खेती करते थे। टैक्स वसूल करने के अतिरिक्त शासन का किसानों से कोई सरोकार नहीं होता था। जहाँ तक टैक्स वसूली की दर की बात है हिन्दू शासक पैदावार के छठे हिस्से से बारहवें हिस्से तक टैक्स लेते थे। अकबर के समय तक आते-आते पैदावार का एक तिहाई टैक्स के रूप में वसूला जाने लगा—

> ××× हालाँकि मुगल हाकिम उनसे पाई-पाई वसूल करते थे और उनसे बड़ी घृणा से पेश आते थे, फिर भी ××× उन्हें वही मुसीबतें कबूल थीं।[7]

यहाँ यह सब लिखने का हमारा उद्देश्य यह नहीं कि भारत में ब्रिटिश शासन की स्थापना से पहले सामन्तवादी व्यवस्था में सब कुछ ठीकठाक था। जनता पूरी तरह सन्तुष्ट और समृद्ध थी। सामन्तवादी व्यवस्था के दुष्परिणामों और शासन की निरंकुशताओं से जनता कम आक्रांत नहीं थी। निर्धनता, अशिक्षा, पिछड़ापन इस व्यवस्था में भी किसी न किसी रूप में विद्यमान थे। किन्तु इस दुरवस्था के चलते कुछ सकारात्मक पहलू भी मौजूद थे। पहली बात यह कि बाहर से जो शासक यहाँ आए उन्होंने इस देश को पूरी तरह अपना लिया था। यहाँ की तहजीब और संस्कृति में वे काफी हद तक रच-बस गए थे। जो धनकरों, लूट या उपहारों में इन्हें मिलता था उसे बाहर भेजने में भला वे क्यों रुचि लेते? यह अर्जित धन किसी न किसी रूप में इस देश में ही बना रहता था। टैक्स वसूली के साथ खेती को बेहतर बनाए जाने के लिए भी चिन्ता की जाती थी, शाहजहाँ और औरंगजेब का समकालीन बर्नियर हमें बताता है—

> राजमहल से लेकर समुद्र तक गंगा से निकली हुई तमाम नहरें हैं जिन्हें पुराने जमाने में आबपाशी और नाव चलाने के लिए बड़ी मशक्कत से खोदा गया था।[8]

अकाल पड़ने पर शासन की ओर से लगान में कमी ही नहीं की जाती थी, बल्कि उनकी सहायता भी की जाती थी। ऐसा तो नहीं था कि मुगल शासन व्यवस्था पूरी तरह जनकल्याणकारी थी। कुछ अपवादों को छोड़कर किसी सामन्ती व्यवस्था से ऐसी अपेक्षा करना उचित भी नहीं होगा। किन्तु इसमें कोई सन्देह नहीं कि मुगलशासक

(यहाँ भी कुछ अपवादों को छोड़ना पड़ेगा) यहाँ की प्रजा को अपनी प्रजा मानते थे और एक हद तक उसकी चिन्ताओं और समस्याओं का ध्यान रखते थे।

ईस्ट इंडिया कम्पनी का शासन स्थापित होते ही परिदृश्य पूरी तरह बदल गया। अब शासक और शासित में राजा और प्रजा का सम्बन्ध नहीं था—

> अंग्रेजों के रूप में पहली बार ऐसे विदेशी शासक आए थे जिनकी कोई सहानुभूति इस देश की जनता से नहीं थी। उनका एकमात्र उद्देश्य धन की लूट था। इस दृष्टि से वे अपना क्षेत्र और देश का शासन और नियंत्रण करते थे।[9]

लार्ड क्लाइव बंगाल में आर्थिक लूट की सम्भावनाओं को इन शब्दों में व्यक्त करता है—

> अब मैं आपके विचार के लिए यह मामला छोड़ देना चाहता हूँ कि उन तीन सूबों का (बंगाल, बिहार, उड़ीसा) आधिपत्य लेना ठीक होगा या नहीं, जहाँ सालाना आमदनी 20 लाख की है और जहाँ प्राकृतिक संसाधन बहुतायत से हैं। सीधे आधिपत्य से या किसी निष्पक्ष मंत्री के द्वारा बहुत आमदनी भी हो सकती है जिससे कम्पनी का व्यापारिक घाटा भी निपटाया जा सकता है।[10]

इंग्लैंड के प्रधानमंत्री विलियम पिट को यह पत्र प्लासी की लड़ाई से सिर्फ 18 महीने बाद लिखा गया जिसमें भारत में भावी ब्रिटिश शासन की नीति और नीयत स्पष्ट रूप से उजागर हो जाती है।

औपनिवेशिक शासन में वारेन हेस्टिंग्स ने अन्तिम रूप से जमीन पर ब्रिटिश शासन का स्वामित्व घोषित कर अधिकाधिक मालगुजारी वसूलने की कोशिश की। इसके विपरीत ब्रिटिश शासन से पूर्व मुगलकाल में बहुत कम मालगुजारी वसूल की जाती थी। जैसे—

अधिकारी का आकलन	वर्ष	राशि (रुपयों में)
टोडरमल	1596	107 लाख
मुर्शीद कुली खाँ	1722	145 लाख
अलीवर्दी खाँ	1755	186 लाख
मीर कासिम	1763	256 लाख[11]

यहाँ यह भी उल्लेखनीय है कि नवाबों के लिए यह सम्भव नहीं था कि निर्धारित राशि को पूरा-पूरा वसूला जा सके। ऐसा व्यावहारिक दृष्टि से तो असम्भव था ही नवाबों के लिए भी ऐसा सर्वाधिक प्राथमिकता का मुद्दा नहीं था कि इस पर शासन की पूरी शक्ति लगाई जाए। परिस्थितियों के अनुसार उन्हें लचीला या कठोर होना

पड़ता था। परन्तु अंग्रेजों द्वारा निर्धारित राजस्व का एक पैसा भी छोड़ने का प्रश्न नहीं था। लार्ड कार्नवालिस द्वारा स्थायी बन्दोबस्त लागू करने के बाद भारत का पारम्परिक राजनीतिक, आर्थिक, सामाजिक ढाँचा पूरी तरह टूट कर बिखर गया। उपनिवेशवादी शासन वसूली के मामले में निष्ठुर ही नहीं अमानवीय भी था। समय पर पैसा जमा न करने पर जमींदार को भूमि से बेदखल करके उसकी नीलामी कर दी जाती थी।

> सरकार के पास तो बन्दूक की नली पर पैसा वसूलने का अधिकार था पर जमींदार के पास अपने काश्तकारों से इस तरह पैसा वसूलने का न तो कोई तंत्र था, न परम्परा थी। परिणामस्वरूप जमींदार बहुत तेजी से इसके दबाव में टूटने लगे।[12]

ब्रिटिश शासन की इस नीति से पारिवारिक ढाँचा भी टूटने और बिखरने लगा। पहले परिवार मुखिया ही परिवार का प्रतिनिधि होने के नाते जमींदार होता था। अब नई व्यवस्था में भूमि को व्यक्तिगत सम्पत्ति मान लिया गया तो उत्तराधिकारियों में भूमि का बँटना आरम्भ हो गया। इससे परिवार के बीच विवाद और झगड़े होने लगे। इससे पारिवारिक ढाँचे का टूटना और बिखरना आरम्भ हो गया।

यदि हम समग्रत: उपनिवेशवादी शासन से पूर्व की सामाजिक एवं आर्थिक व्यवस्था का तटस्थ मूल्यांकन करें तो उनमें क्षमताओं और सीमाओं का जटिल अन्तर्विरोध उभरकर सामने आता है। निश्चय ही इन व्यवस्थाओं की आंतरिक संरचनाओं में बहुत कुछ ऐसा था जो उपनिवेशवादी शासन की नीतियों से बेहतर था, बल्कि उससे जनसाधारण के जीवन-स्तर पर सकारात्मक प्रभाव स्पष्ट रूप से देखा जा सकता था किन्तु प्राक् उपनिवेशवादी सामाजिक और आर्थिक ढाँचे में भविष्य के लिए विकास की सम्भावनाएँ नहीं दीख पड़ती थीं।

> कृषि और उद्योग के क्षेत्रों में स्पष्ट अलगाव न होने के कारण श्रम-विभाजन उतना स्पष्ट न था, इसलिए किसान जहाँ खेती करता था वहाँ उसका परिवार सूत कातने का काम भी करता था। गाँव की जरूरतों की पूर्ति गाँव में होने के कारण गाँव और शहर में किसी तरह का सम्बन्ध न था। लगभग पूर्ण अलगाव की स्थिति थी और इसी अलगाव के कारण किसी भी उच्चतर अर्थव्यवस्था का जन्म नहीं हो सका।[13]

नगरों में भी जिन वस्तुओं का उत्पादन किया जाता था वे उपयोगिता की अपेक्षा कलात्मक दृष्टि से अधिक महत्त्वपूर्ण थीं। इन वस्तुओं का सम्बन्ध क्योंकि विलासितापूर्ण जीवन से था अत: उनके ग्राहक ग्रामीण समाज के लोग न होकर शासक वर्ग के लोग, शाही धनाड्य वर्ग अथवा विदेशी लोग थे, क्योंकि ग्रामीण समाज नगर की गतिविधियों से कोई सीधा रिश्ता नहीं रखता था। कर-वसूली के अतिरिक्त

शासन का ग्रामीण समाज से कोई सरोकार नहीं था। गाँव की आत्मतुष्ट व्यवस्था के कारण नगरों का औद्योगिकीकरण और वाणिज्यिक विकास सम्भव न हो सका।

> फलतः भारतीय अर्थ-व्यवस्था राजनीति को प्रभावित नहीं कर पाई जिससे वह नई आर्थिक व्यवस्था को जन्म दे सकती।[14]

किन्तु यहाँ यह उल्लेखनीय है कि भले ही ग्रामीण एवं शहरी तंत्र के अलगाव से किसी ऐसी अर्थव्यवस्था का जन्म न हो सका हो जो तत्कालीन राजनीति को व्यापक रूप से प्रभावित कर सकती किन्तु इसमें कोई सन्देह नहीं कि उपनिवेशवादी शासन से पहले भारतीय अर्थव्यवस्था न केवल समृद्ध थी बल्कि विश्व के अधिकांश प्रमुख देशों में भारतीय उत्पादनों की खपत का आश्चर्यजनक रूप से विस्तार हो रहा था।

ब्रिटिश उपनिवेशवादी शासन-व्यवस्था का शोषण आधारित स्वरूप

उपनिवेशवादी आर्थिक शोषण का सम्बन्ध सीधे-सीधे ईस्ट इंडिया कम्पनी के भारत में आगमन से है। इस दृष्टि से देखें तो ईस्ट इंडिया कम्पनी का युग आमतौर से सन् 1600 से सन् 1858 तक माना जाता है। 1600 में उसे इस देश में व्यापार करने का अधिकार मिला और 1858 में ईस्ट इंडिया कम्पनी के स्थान पर भारत सीधे-सीधे ब्रिटिश साम्राज्ञी महारानी विक्टोरिया के आधीन हो गया। किन्तु इस बदलाव के चलते उपनिवेशवादी शोषण निरन्तरता में जारी रहा। हाँ, अब इस शोषण से प्राप्त धन पर अब ब्रिटिश क्राउन का एकाधिकार हो गया। किन्तु हमें सबसे पहले उपनिवेशवादी शोषण के तंत्र को व्यवस्थित रूप से समझने के लिए ईस्ट इंडिया कम्पनी की गतिविधियों से पहल करने होगी।

ईस्ट इंडिया ने व्यापार में अपनी स्थिति मजबूत करने के लिए सत्रहवीं सदी में अपने व्यापारिक अड्डों का निर्माण किया। ये व्यापारिक अड्डे सूरत (1612), मद्रास (1639), बम्बई (1669) और कलकत्ता (1696) में बनाए गए।

> हिन्दुस्तान से व्यापार करने में ईस्ट इंडिया कम्पनी का मूल उद्देश्य वही था जो एकाधिकार पाने वाले सौदागरों की दूसरी कम्पनियों का होता था कि समुद्र पार के देशों के माल और पैदावार का व्यापार करने के लिए एकाधिकार मिल जाए और उस पर मुनाफा कमाएँ।[15]

किन्तु इस उद्देश्य की पूर्ति इसलिए कठिन थी क्योंकि भारतीय उत्पादनों का मुकाबला करने की क्षमता ईस्ट इंडिया कम्पनी में नहीं थी। इसके साथ ही—

> पूर्व से व्यापार करने की सारी कठिनाई यह थी कि पूर्व को जिन चीजों की जरूरत थी, वे यूरोप के पास थीं नहीं। चाँदी के अलावा, दरबारों के

> लिए कुछ भोग-विलास का सामान, रांगा, तांबा, पारा, टीन, मूंग, सोना, हाथीदाँत, वगैरा ही थोड़ी सी चीजें ऐसी थीं जो हिन्दुस्तान में खप सकती थीं। इसलिए ज्यादातर चाँदी ही निकाली गई।[16]

किन्तु इससे कम्पनी के लालची और महत्त्वाकांक्षी व्यापारी भला कैसे सन्तुष्ट हो सकते थे। हर साल तीस हजार पौंड (लगभग तीन लाख रुपए) का सोना-चाँदी उनकी जमा पूँजी से निकल जाए यह उन्हें बिल्कुल भी सहन नहीं था। वे अफ्रीका, अमेरिका तथा अन्य देशों से लूट का जो माल पाते थे उन्होंने हिन्दुस्तान में निवेश करना आरम्भ किया। किन्तु इससे भी उन्हे सन्तोष नहीं था। अभी यह सम्भव नहीं था और न इन लोगों में यह हिम्मत थी कि वे यहाँ अपने व्यापारिक हितों की रक्षा के लिए सीधे-सीधे लूट-मार कर सकें।

सन् 1757 में प्लासी के युद्ध के बाद जैसे ही कम्पनी का हिन्दुस्तान पर निर्णायक वर्चस्व कायम हो गया। इसके साथ ही व्यापार के बहाने कम्पनी ने पूरी तरह लूट का तांडव आरम्भ कर दिया। अब कम्पनी को किसानों, दस्तकारों, श्रमिकों के शोषण की खुली छूट मिल गई।

> अंग्रेज लोग अपने बनियों और काले गुमाश्तों के ज़रिये मनमाने ढंग से तय कर देते थे कि माल बनानेवाला आसामी उन्हें किस भाव पर कितना माल बेचेगा। ××× बेचारे जुलाहे की रजामन्दी जरूरी नहीं समझी जाती। कम्पनी का कारबार करने वाले गुमाश्ते अकसर चाहे जैसे कागज पर उनसे दस्तखत करा लेते हैं। यह भी देखा गया है कि अगर जुलाहे यह कीमत नहीं लेते तो उनके पैर बाँधकर उन्हें बेंतों से पीटा जाता है। ××× आमतौर पर बहुत से जुलाहों के नाम कम्पनी के गुमाश्ते की बहियों में दर्ज होते हैं। उन्हें इस बात की इजाजत नहीं होती कि वे दूसरों के लिए कपड़ा बुनें। वे गुलामों की तरह एक गुमाश्ते से दूसरे के हाथ बेच दिए जाते हैं। ××× इस महकमे में कितनी बदमाशी होती है, यह कोई सोच नहीं सकता, लेकिन आख़ीर में गरीब जुलाहे के मत्थे जाती है। कम्पनी के गुमाश्ते और उनसे मिले हुए जाचनदार (कपड़ों की जाँच करने वाले), जो भाव तय कर देते हैं, वह खुले बाजार से पन्द्रह फीसदी और कभी-कभी चालीस फीसदी तक कम होता है।[17]

सन् 1765 का वर्ष ब्रिटिश उपनिवेशवादी शोषण के इतिहास में इसलिए महत्त्वपूर्ण है क्योंकि इस वर्ष दीवानी मामलों की देखभाल कम्पनी के हाथों में आ गई। अब व्यापारिक लूटमार के साथ-साथ मालगुजारी वसूल करने के ज़रिए अब खुली लूट-मार का दौर आरम्भ हो गया। अगर हम बंगाल का उदाहरण लें तो आँकड़े बताते हैं कि—

> कम्पनी की हुकूमत के पहले साल, 1765-66 में 14 लाख 70 हजार पौंड मालगुजारी वसूल की गई। 1771-72 में यह बढ़कर 23 लाख 41 हजार पौंड हो गई और 1775-76 में 28 लाख 18 हजार पौंड तक पहुँच गई। 1793 में जब लार्ड कार्नवालिस ने पक्का बन्दोबस्त किया, तब 34 लाख पौंड मालगुजारी तय की गई।[18]

जैसे-जैसे कम्पनी का लालच बढ़ता गया वैसे-वैसे मालगुजारी की माँग में इजाफा होता गया। किसानों द्वारा अपना घर-बार व पशु बेच देने के बाद भी मालगुजारी अदा करना सम्भव नहीं था। 1770 में बंगाल को दुर्भिक्ष की त्रासदी झेलनी पड़ी। अनुमान यह है कि इस अकाल में एक करोड़ लोग काल कवलित हुए। खेती बहुत कम हुई। किन्तु निर्लज्ज कम्पनी के कर्ता-धर्ता निष्ठुरतापूर्वक लगान वसूल करते रहे। विडम्बना यह कि मालगुजारी में कोई कमी नहीं हुई, बल्कि वह 1768 में वसूल की गई मालगुजारी से ज्यादा थी। पन्द्रह वर्ष बाद ब्रिटिश पार्लियामेंट के सदस्य कलर्टन ने इस दुरवस्था का अंकन करते हुए लिखा—

> पुराने जमाने में बंगाल के इलाके लोगों के लिए खलिहान के समान थे। पूरब में यह प्रदेश तैयार माल, व्यापार और दौलत का खजाना था। लेकिन हमारे बुरे ढंग ने ज़ोर-शोर से काम किया है कि 20 साल के थोड़े से अरसे में ही बहुत से इलाके वीरान हो गए हैं। खेत जोते नहीं जाते। बहुत सी जमीन पर जंगली झाड़ियाँ उग आई हैं। किसानों को लूटा जाता है, कारीगरों को सताया जाता है लोगों को बार-बार अकाल का सामना करना पड़ता है और आबादी का मिटना शुरू हो गया है।[19]

वस्तुतः इस दोहरी लूट ने हमारे देश के अधिकांश संसाधनों को चूस लिया। यही उपनिवेशवादी शोषण का ऐसा घिनौना रूप था जिसकी कोई दूसरी मिसाल नहीं मिलती।

अठारहवीं शताब्दी के बीतते-बीतते हिन्दुस्तान की लूट का अपार धन इंग्लैंड की औद्योगिक क्रान्ति का आधार बना। बड़े-बड़े आविष्कार हुए। 1764 में हार ग्रीब्स ने नया करघा (स्पिनिंग जेनी) बनाया। जेम्स वॉट ने पहले भाप के इंजन का आविष्कार किया। आर्कराइट ने 1769 में वाटर फ्रेम बनाकर रुई की सफाई, खिंचाई और कताई को सम्भव बनाया। खच्चर-करघा (म्यूल) और मशीन का करघा क्रमशः 1779 और 1785 में क्राम्पटन और कार्टराइट द्वारा आविष्कृत हुए। लोहा गलाने के लिए भाप के इंजन का इस्तेमाल 1788 में आरम्भ हो गया। यद्यपि इससे पहले भी बहुत से आविष्कार किये जा चुके थे किन्तु उनका सन्तोषजनक उपयोग सम्भव न हो सका। इसका कारण यह था कि आविष्कारों का बड़े पैमानों पर लाभ तभी उठाया जा सकता है जब किसी देश के पास उत्पादन के लिए पर्याप्त पूँजी उपलब्ध हो।

क्योंकि अठारहवीं सदी के अन्त तक आते-आते इंग्लैंड में हिन्दुस्तान से की गई लूट का अपार धन मौजूद था। अतः इन आविष्कारों का लाभ इंग्लैंड को आर्थिक रूप से समुन्नत करने के लिए हो सका। सच तो यह है कि इंग्लैंड की समृद्धि में औद्योगिक क्रान्ति की भूमिका महत्त्वपूर्ण बल्कि कहें कि आधारभूत और अपरिहार्य थी। और औद्योगिक क्रान्ति के अधिकांश आर्थिक संसाधन हमारे देश के उपनिवेशवादी शोषण और खुली लूट का परिणाम थे।

औद्योगिक क्रान्ति के फलस्वरूप भले ही इंग्लैंड में बड़े पैमाने पर माल का उत्पादन होने लगा किन्तु अब दूसरी समस्या उत्पन्न हुई। इस ढेरों उत्पादित माल को कहाँ और कैसे खपाया जाए? इसके लिए यह आवश्यक था कि उत्पादित माल को बेचने के लिए बाजार मिले। क्योंकि सौदागरों का पूँजीवाद अब बीती बात हो चुका था और उसका स्थान स्वच्छंद व्यापार पर आधारित पूँजीवाद ने ले लिया था। इसका परिणाम हुआ—आर्थिक व्यवस्थाओं में आधारभूत बदलाव। इसके लिए उपनिवेशवादी शोषण के चरित्र में परिवर्तन आवश्यक ही नहीं अपरिहार्य भी था। कम्पनी ने जिस प्रकार हिन्दुस्तान की आर्थिक लूट को अंजाम दिया उससे लग रहा था जैसे सोने के अंडे देने वाली मुर्गी को ही हलाल किये जाने की तैयारी हो। ऐसा होना क्योंकि अंग्रेज मिल मालिकों के हितों के प्रतिकूल था अतः इन्होंने कम्पनी के विरुद्ध मोर्चा खोल दिया। इस विरोध में मिल मालिक तो शामिल थे ही उनके साथ वे शक्तिशाली व्यापारी भी थे जिन्हें हिन्दुस्तान में कम्पनी शासन से कुछ भी नहीं मिल सका था। इस विरोध की परिणति औद्योगिक पूँजीवाद के ऐसे दौर में हुई जो हिन्दुस्तान के बाजार पर अपना एकाधिकार चाहता था। यह नया पूँजीवाद भारत में ऐसे बाजार की माँग कर रहा था जहाँ सभी को अपना माल बेचने की खुली छूट हो। इसके लिए यह आवश्यक था कि कम्पनी के एकाधिकार पर निर्णायक प्रहार किया जाए। 1776 में ही एडम स्मिथ ने मिल मालिकों के पूँजीवाद की अप्रत्यक्ष वकालत करते हुए कम्पनी शासन की आर्थिक नीतियों का प्रबल विरोध करते हुए लिखा—

> इस तरह की एकाधिकार वाली कम्पनियाँ हर तरह से एक अड़ंगा ही हैं। जिस देश में भी वे बनती हैं, हमेशा उसको नुकसान ही पहुँचाती हैं और जिन लोगों को उनकी हुकूमत में रहने का दुर्भाग्य प्राप्त होता है, वे चौपट हो जाते हैं। हिन्दुस्तान की मालिक होने की हैसियत से ईस्ट इंडिया कम्पनी का फायदा इस बात में है कि यूरोप का जो माल कम्पनी की हिन्दुस्तानी रियासत में जाए, वह सस्ते से सस्ता जाए, और हिन्दुस्तान का जो माल यहाँ आए, उससे अच्छी से अच्छी कीमत मिले, यानी उसे महँगे से महँगा बेचा जाए ×××। यह भी एक अजीब हुकूमत है जहाँ का हर नौकर और हाकिम उस देश को छोड़कर भागने की जल्दी में रहता है जिस पर वे

हुकूमत करते हैं। किसी भी तरह वे उस हुकूमत से पिंड छुड़ाना चाहते हैं। अपनी कमाई ले चलने के बाद उस हुकूमत का क्या होता है, इससे उन्हें कोई सरोकार नहीं रहता ×××। ××× किसी भी राज्य के मालिक अपनी प्रजा के सुख-दुख की तरफ से इतने लापरवाह नहीं रहे जितने कि सौदागरों की कम्पनी के मालिक रहे हैं ×××।[20]

पिट का 'इंडिया एक्ट' (1784) में यद्यपि ऊपरी तौर पर कम्पनी और पार्लियामेंट की मिली-जुली हुकूमत कायम करके बीच का रास्ता निकाला गया किन्तु वास्तव में इस एक्ट के द्वारा कम्पनी पर ब्रिटिश शासन का सीधा नियंत्रण कायम कर दिया गया। इससे उद्योगपतियों को हिन्दुस्तान को लूटने का एक नया रास्ता मिल गया। इसका परिणाम यह हुआ कि हिन्दुस्तान की अर्थव्यवस्था पूरी तरह छिन्न-भिन्न हो गई।

सन् 1813 में हिन्दुस्तान से कम्पनी का एकाधिकार समाप्त हो गया। कम्पनी को शासन का परवाना जारी करने से पहले 1813 में पार्लियामेंट की ओर से जो जाँच-पड़ताल की गई उसकी कार्रवाई से यह पूरी तरह स्पष्ट हो जाता है कि औद्योगिक क्रान्ति के फलस्वरूप मशीनों के द्वारा इंग्लैंड में जो भारी मात्रा में माल का उत्पादन हो रहा था उसकी खपत के लिए हिन्दुस्तान के बाजार को जरिया बनाने का निश्चय किया जा चुका था। इस जाँच-पड़ताल के दौरान हिन्दुस्तानी कैलिको (छींट) पर 78 प्रतिशत चुंगी लगा दी गई। मशीनों से जिस माल का भारी मात्रा में उत्पादन किया जाता था उसको भारतीय बाजार में खपाने के लिए ब्रिटिश शासन ने पूरा सहयोग किया। इंग्लैंड के माल से भारतीय बाजार पूरी तरह भर दिया गया। शासन ने अंग्रेज व्यापारियों को स्वच्छंद व्यापार के लिए प्रोत्साहित किया। नाममात्र की चुंगी देकर विलायत का कपड़ा हिन्दुस्तान के बाजार में बिकता था लेकिन हिन्दुस्तान के माल पर विलायत में भारी चुंगी लगाई जाती थी। नेविगेशन एक्ट (जहाजों पर माल ढोने सम्बन्धी नियम) के द्वारा हिन्दुस्तान को यूरोप या अन्य देशों से व्यापार करने से रोक दिया गया।

1814 और 1835 के बीच हिन्दुस्तान में विलायती कपड़े की खपत 10 लाख गज से बढ़कर 5 करोड़ 10 लाख गज हो गई। इस बीच हिन्दुस्तान के सूती कपड़ों की खपत विलायत में 30 लाख 6 हजार थान से कम होते-होते 17 लाख 50 हजार थान रह गई और 1844 में तो वह केवल 63 हजार थान रह गई है।[21]

यह एक ध्यान देने योग्य तथ्य है कि औद्योगिक क्रान्ति के फलस्वरूप इंग्लैंड में दस्तकारी के नष्ट होने पर उनकी जगह मशीनों ने ले ली और वहाँ उद्योग-धंधे विकसित हुए। हिन्दुस्तान में कम्पनी और शासन की नीतियों के फलस्वरूप यहाँ की दस्तकारी के नष्ट होने पर औद्योगिक विकास सम्भव नहीं हो सका। ढाका,

मुर्शिदाबाद, सूरत जैसे उत्पादन में अग्रणी नगर पूरी तरह से चौपट हो गए। केवल कपड़ों का उत्पादन ही नष्ट नहीं हुआ हिन्दुस्तान के तांबे और पीतल के बर्तनों के बनाने वाले भी चौपट हो गए। इनके स्थान पर कलई किये बर्तन और अलमोनियम की चीजें यहाँ के बाजार पर काबिज हो गईं। इस्पात के सम्बन्ध में यही स्थिति थी। पहले हमारे देश में इस्पात से शस्त्रों का निर्माण होता था। ये शस्त्र अपनी गुणवत्ता के कारण पूरे विश्व में जाने जाते थे। यहाँ मौजूद लोहे की भट्टियाँ जिनके चित्र मौजूद हैं वे नये जमाने से पहले मौजूद यूरोप की भट्टियों से किसी भी दृष्टि से कमतर नहीं थीं किन्तु रेलों के निर्माण के साथ-साथ उन क्षेत्रों में जहाँ रेलों का निर्माण होता था वहाँ से सस्ता लोहा और इस्पात बाहर भेजकर यहाँ के लोहे के कारोबार को नष्टप्राय: कर दिया गया।

उपनिवेशवादी शक्तियों द्वारा उद्योग-धंधों को चौपट करने के दृश्य का विहंगावलोकन करने के बाद हम किसानों के शोषण पर आते हैं कम्पनी के शासन से पूर्व यदि हम किसानों की दशा पर बात करें तो एक हद तक किसान सन्तुष्ट और खुशहाल थे। हिन्दू राजाओं के शासन में उपज के छठे से बारहवें हिस्से तक कर लिया जाता था। युद्ध के समय यह कर उपज के चौथाई हिस्से तक हो जाता था। मुगल शासन में एक तिहाई कर वसूल किया जाता था। यद्यपि मुगल हाकिम सख्ती से मालगुजारी वसूल करते थे किन्तु फिर भी इस बात का ध्यान रखा जाता था कि इतना टैक्स वसूल किया जाए जिसे किसान अपनी उपज से दे सकने में सक्षम हो।

कम्पनी शासन आरम्भ होते ही परिदृश्य पूरी तरह बदल गया। मालगुजारी देने के लिए अब नकद राशि तय कर दी गई। पैदावार चाहे अच्छी हो या खराब; खेती के लिए जमीन कम हो या अधिक; खेती चाहे खुद किसान करे या जमींदार—निर्धारित मालगुजारी वसूल कर ही ली जाती थी। कम्पनी से पहले जमींदारी प्रथा हिन्दुस्तान में नहीं थी। अंग्रेजों ने जमींदारी प्रथा का सूत्रपात किया। अब जमीन पर पंचायती अधिकार समाप्त हो गया। अंग्रेजों ने भूमि पर व्यक्तिगत अधिकार का प्रचलन किया। अब जमीन रेहन रखने के साथ बेची जा सकती थी। इस बदलाव ने अंग्रेजों को भूमि पर पूर्ण अधिकार प्रदान कर दिया।

> किसान जमीन के मालिक नहीं रहे। उनका दर्जा रैयत का है, लेकिन कर्ज रेहन के मामले में वे जमीन के मालिक भी बन जाते हैं। ज्यादातर जमीन रेहन और कर्ज में घिर चुकी है। यह सिलसिला जारी रहने से पिछले सौ साल में, खासतौर से पिछले पचास साल में, अधिकाधिक किसान बेजमीन खेतिहर मजदूर बनते गए हैं। देहात की आबादी में एक-तिहाई से आधे तक खेतिहर मजदूर वर्ग के लोग हैं।[22]

कम्पनी ने जो नया बन्दोबस्त किया वह लगभग विलायत की जमींदारी का

ही संशोधित रूप था। लार्ड कार्नवालिस ने बंगाल, बिहार और उड़ीसा में 1793 में स्थायी बन्दोबस्त लागू किया। आगे उत्तर भारत में भी इसे लागू कर दिया गया। शासन ने मालगुजारी वसूल करने के लिए जिन जमींदारों को नियुक्त किया उनसे तयशुदा राशि मालगुजारी के रूप में ले ली जाती थी। कुल मालगुजारी का 10/11 भाग जमींदारों से लिया जाता था, शेष 1/11 जमींदार लोग कमीशन के रूप में पाते थे। बंगाल के जमींदार 30 लाख पौंड मालगुजारी के रूप में सरकार को देते थे। यह राशि रुपयों में 3 करोड़ होती थी। जो जमींदार किसानों को कुछ रियायत देने की कोशिश करते थे और निर्धारित लक्ष्य से कम मालगुजारी जुटा पाते थे उनकी रियासत तुरंत नीलाम कर दी जाती थी। उनके स्थान पर नये निर्दयी और लालची जमींदारों का वर्ग पैदा हुआ। वे अपनी धन-लिप्सा पूरी करने के लिए निर्धारित राशि से अधिक मालगुजारी किसानों पर अत्याचार करके वसूलते थे। ऐसे जमींदारों की सरकार को भी आवश्यकता थी। क्योंकि ऐसे जमींदार वास्तव में उपनिवेशवादी शासन की ढाल बन गए। मुट्ठीभर अंग्रजों के शासन को मजबूत करने के लिए ऐसे जमींदारों ने महत्त्वपूर्ण भूमिका का निर्वाह किया। इन जमींदारों ने किसानों से बिना किसी लिहाज़ के पूरी निर्दयता से मालगुजारी वसूल की। किसान धीरे-धीरे खेतिहर मजदूरों में बदलने लगे। या तो किसान अपने खेत जमींदार को बँटाई पर उठा देता था या खुद ही किसान से खेतिहर मजदूर बन जाता।

> खेत मजदूरों और उठाए हुए खेतों को जोतने वाले किसानों के बीच भेद करना बड़ा कठिन है। ऐसा बहुत कम है कि खेत रुपया लेकर उठाए जाएँ। अकसर खेत बँटाई पर उठाए जाते हैं, जिसमें जमींदार को 40 से 60 फीसदी तक और कभी-कभी 80 फीसदी तक पैदावार का हिस्सा मिल जाता है। बाकी हिस्सा किसान को मिलता है। इस तरह की शर्तों पर साल-दर-साल मेहनत करता हुआ किसान अपना पेट पालता रहता है। वह जमींदार से उधार लेता है, उसी से बिया-बेसार, हल-मांची और बैल-बधिया पाता है। उधर खेत-मजदूर की यह हालत होती है कि वह छोटी-मोटी जरूरतों के लिए जमींदार से पेशगी रुपए ले लेता है और फ़सल कटने पर या तो कुछ गल्ला या लांक का एक हिस्सा पा जाता है। बिया-बेसार, हल-मांची और बैल-बधिया वह भी जमींदार से लेता है। कहीं-कहीं पर उसे थोड़ा पैसा और थोड़ा नाज, दोनों चीजें मिल जाती हैं। मजदूर अपनी चीजों से भी किसानी कर सकता है, लेकिन इससे कोई फ़र्क नहीं पड़ता। जब जमींदार बाहर का होता है तो यह नहीं पता चलता है कि जोतने-बोने वाला आदमी खेत-मज़दूर है या जमींदार ने उसे खेत उठा दिया है।[23]

यद्यपि महाजन और कर्ज—इन दोनों से भारतीय किसान सदियों से परिचित हैं। शासक वर्ग को अपनी क्षमता से बाहर मालगुजारी देने के बाद शादी-ब्याह, खेती-बाड़ी, विभिन्न सामाजिक अवसरों त्योहारों आदि के लिए वह पहले से ही महाजनों से कर्जा पाता आया है। और यह भी सही है कि ये महाजन अपनी धन-लिप्सा के चलते किसानों को लूटते-खसोटते रहे हैं। किन्तु उपनिवेशवादी शासन में तो जैसे पूरा परिदृश्य ही बदल गया। अंग्रेजी कानून ने महाजन को मनमानी करने की पूरी छूट दे दी। अब वह किसान की जमीन छीन सकता था; अब उसे पुलिस और कानून का पूरा संरक्षण था। शिक्षित न होने के कारण किसान उनके चंगुल में फँसते जाते और किसान से मजदूर और मजदूर से भिखारी बन जाते। किसान का सीधा साबका क्योंकि महाजन से पड़ता था इसलिए उसके द्वारा किये जाने वाले शोषण से परेशान होकर महाजन की हत्या कर देने तक की बात उनके मन में आती थी। किन्तु सरकार के संरक्षण को देखकर वे खामोश रह जाते। वे जानने लगे थे कि महाजन के पीछे पूरी उपनिवेशवादी ताकत मौजूद है।

उपनिवेशवादी शोषण के इस समूचे परिदृश्य के विहंगावलोकन के बाद अब यह जान लेना आवश्यक है कि इस शोषण के चलते शोषित वर्ग की आय क्या थी। शाह और खंबात ने इस सम्बन्ध में लिखा—

> औसत भारतीय की आय महज इतनी थी कि जिसमें हर तीन व्यक्तियों में दो को ही खाना मिल सके या उन सबको आवश्यक तीन वक्त के भोजन के स्थान पर दो वक्त का भोजन दिया जा सके। बशर्ते वे सब इस बात पर सहमत हों कि उन्हें बिना कोई कपड़ा पहने रहना है, पूरा वर्ष घर के बाहर आसमान के नीचे बिताना है, किसी प्रकार का आमोद-प्रमोद या मनोरंजन नहीं करना है और सबसे घटिया, सबसे रद्दी और सबसे कम पौष्टिक भोजन के अलावा और किसी चीज की माँग नहीं करनी है।[24]

यह तो स्थिति तब थी जबकि इन औसत भारतीयों को अकाल का सामना नहीं करना पड़ता था। अकाल के समय इनकी हालत इतनी दयनीय हो जाती थी कि जिसको जानकर रोंगटे खड़े हो जाते हैं। जून 1870 के दरबार नें अंग्रेज रेजिडेंट ने अकाल की दारुण दशा पर टिप्पणी करते हुए बताया कि—

> जीवित व्यक्ति मरे हुए लोगों को खा रहे थे। कुत्ते मनुष्य की हड्डियाँ चबाते फिर रहे थे और मनुष्य स्वयं को भूल चुका था। मरे हुए लोगों को क्षुधा से पीड़ित अभागे भूखी निगाहों से देखते थे।[25]

किन्तु उपनिवेशवादी शक्तियों को इन अभागों की दारुण दशा से कोई सरोकार नहीं था। वे तो लूटकर अपना और शासन का घर भर रहे थे। दादाभाई नौरोजी ने

'निकासी के सिद्धान्त' को स्थापित करके यह रेखांकित किया कि—

> भारत से वसूल किये गए राजस्व का लगभग चौथाई भाग देश से बाहर चला जाता है तथा इंग्लैंड के संसाधनों से जुड़ जाता है। परिणामस्वरूप भारत का रक्त निरन्तर निचोड़ा जा रहा है। धन की निकासी विदेशी शासन का ही एक प्राकृतिक परिणाम था।[26]

उपनिवेशवादी शक्तियों द्वारा किए जा रहे शोषण के परिणामस्वरूप हिन्दुस्तान में प्रतिव्यक्ति आय न केवल अत्यल्प थी बल्कि वह विश्व के अन्य देशों की तुलना में कहीं भी नहीं ठहरती थी। दादाभाई नौरोजी ने इस दिशा में महत्त्वपूर्ण कार्य किया। उन्होंने सालाना कृषि उत्पादन में कारखानों, खानों, मत्स्य उत्पादन तथा साधारण विदेशी व्यापार के वार्षिक लाभ के साथ अकाल आदि दैवी आपदाओं की संगणना कर 1867-68 की सकल राष्ट्रीय आय का निर्धारण किया और पाया कि 1867-68 में हिन्दुस्तान की 17 करोड़ आबादी की कुल राष्ट्रीय आय 3.4 अरब रुपए है। यदि इस आय को प्रति व्यक्ति में बाँटा जाए तो यह 20 रुपए प्रति व्यक्ति बैठती है। इस आय की विडम्बना को तब और अधिक स्पष्टता से समझा जा सकता है जब उसकी तुलना दूसरे देशों की प्रति व्यक्ति आय से की जाए। दादाभाई ने एक तालिका द्वारा इसे इस प्रकार प्रस्तुत किया[27]—

देश	प्रतिव्यक्ति आय (पाउंड)	देश	प्रतिव्यक्ति आय (पाउंड)	देश	प्रतिव्यक्ति आय (पाउंड)
इंग्लैंड	41.0	स्काटलैंड	32.0	जर्मनी	18.7
यूनाइटेड किंगडम	35.2	फ्रांस	25.7	इटली	12.2
स्वीडन तथा नार्वे	16.2	आस्ट्रिया	16.3	पुर्तगाल	13.6
यूनाइटेड स्टेट्स	27.2	रूस	9.9	हालैंड	26.0
स्विट्जरलैंड	16.2	स्पेन	13.8	इंडिया	2.0
डेनमार्क	23.2	यूरोप	18.0	कनाडा	26.9
आस्ट्रेलिया	43.4	टर्की	4.0		
बेलजियम	22.1	आयरलैंड	16.0		

इस तालिका को देखने से यह पूरी तरह स्पष्ट है कि अन्य देशों की प्रतिव्यक्ति आय की तुलना में एक आम भारतीय की आय कहीं नहीं ठहरती। क्या इसे गरीब

किसान और मजदूर के साथ एक क्रूर और घिनौना मज़ाक नहीं कहेंगे कि सरकार कैदियों पर जो ख़र्च करती थी उससे भी हिन्दुस्तान की प्रतिव्यक्ति आय बहुत कम थी। 1867-68 की रिपोर्टों के आधार पर दादाभाई ने कैदियों पर होने वाले ख़र्च की गणना इस प्रकार की—

सेंट्रल प्राविंसेज	-	31 रुपए
पंजाब	-	27 रुपए 3 आने
नार्थ-वेस्ट प्राविंसेज	-	21 रुपए तेरह आने
बंगाल	-	31 रुपए 11 आने
मद्रास	-	53 रुपए 2 आने
बम्बई	-	47 रुपए 7 आने[28]

आपराधिक गतिविधियों में संलिप्त बन्दियों पर होने वाले व्यय से भी हिन्दुस्तान में प्रतिव्यक्ति आय कम होने से यह पूरी तरह स्पष्ट है कि उपनिवेशवादी शक्तियों ने किस तरह इस देश को चूसकर निर्धनता के अन्तिम छोर तक पहुँचा दिया था। यहाँ यह भी उल्लेखनीय है कि जब दादाभाई नौरोजी तथा अन्य राष्ट्रवादी नेता प्रतिव्यक्ति 20 रुपए आय की संगणना करते हैं तो इसमें निर्धन वर्ग को तो यह भी उपलब्ध नहीं होती। औसत प्रतिव्यक्ति आय में तो सिविल सर्विस के ऊँचा वेतन पाने वाले, पूँजीपतियों, बड़े-बड़े जमींदारों आदि की आय भी शामिल है। इसलिए यदि हम अलग से भारत के निर्धन और शोषित व्यक्तियों की प्रतिव्यक्ति आय की संगणना करना चाहें तो निश्चय ही 20 रुपए से बहुत कम होगी।

कुल मिलाकर कहना होगा प्राक् उपनिवेशवाद की सारी विडम्बनाओं और अन्तर्विरोधों के बावजूद भारत में अंग्रेजी शासन आर्थिक दृष्टि से राजनीतिक एवं सांस्कृतिक प्रभावों की तुलना में अधिक भयावह अभिशाप था। इस शासन ने हिन्दुस्तान के प्राकृतिक संसाधनों की तो खुली लूट की ही, यहाँ के किसानों, मजदूरों, शिल्पियों को भी निर्धनता के अन्तिम छोर तक पहुँचा दिया। हमने इस सम्पूर्ण स्थिति का संक्षिप्त किन्तु सारगर्भित विवरण देने का प्रयास किया है।

हिन्दी नवजागरण के आर्थिक चिन्तन की पृष्ठभूमि में उपनिवेशवादी शक्तियों द्वारा किये जा रहे भारतवासियों के निर्लज्ज शोषण और उसके परिणामस्वरूप मजदूरों, किसानों, दस्तकारों की भयावह निर्धनता की सम्पूर्ण पृष्ठभूमि मौजूद थी। निश्चय ही हिन्दी नवजागरण के आर्थिक चिन्तन के उभार के अनेक कारण हैं किन्तु वह कारण जो इसका आधार बना वह उपनिवेशवादी शक्तियों द्वारा किसानों, मजदूरों और दस्तकारों का निर्लज्ज और घिनौना शोषण ही है। हिन्दी नवजागरण के पुरोधाओं के सामने प्रत्यक्ष रूप में तो यह शोषण तो मौजूद था ही किन्तु इसके साथ बहुत से अंग्रेज अधिकारियों, आर्थिक राष्ट्रवाद से प्रेरित देशभक्त

नेताओं का वह लेखन भी प्रेरणा बना जो इस शोषण को पुष्ट और प्रमाणित करता था। दूसरे शब्दों में हम कहें तो हिन्दी नवजागरण के लेखक जहाँ एक ओर अपने समय के दरिद्र नारायण की दारुण दशा को प्रत्यक्ष रूप से देख और महसूस कर रहे थे वहाँ दूसरी ओर उन साक्ष्यों से भी प्रेरित और प्रभावित थे जो उनसे पूर्व के लेखकों ने अनवरत शोध और अथक परिश्रम द्वारा अर्जित किये थे। यद्यपि भावनात्मक रूप से हिन्दी नवजागरण के लेखक अपने आर्थिक चिन्तन में अपने समय के जनसाधारण की दारुण दशा से जुड़े थे किन्तु उन्होंने अपने चिन्तन को प्रामाणिक एवं तथ्यपूर्ण बनाने के लिए पूर्वोपलब्ध आर्थिक चिन्तन के स्रोतों का पूरी बौद्धिक प्रखरता के साथ उपयोग किया।

हिन्दी नवजागरण के आर्थिक चिन्तन के उद्देश्य

जिस प्रकार हिन्दी नवजागरण बहुमुखी एवं बहुआयामी उद्देश्यों को लेकर आगे बढ़ा उसी प्रकार उसकी कोख से जन्मे आर्थिक चिन्तन के मूल में भी अनेक उद्देश्य सन्निहित थे। हमें यह नहीं भूलना चाहिए कि हिन्दी नवजागरण अपनी प्रकृति में बौद्धिक और वस्तुपरक है। वह एक ओर अपनी परम्परा से संवाद की दिशा में आगे बढ़ रहा था तो दूसरी ओर समाज-सुधार की जिम्मेदारी उसके कन्धों पर थी। इन दोनों दिशाओं में उसे अपनी परम्पराओं और अपने समाज से संघर्ष करना था। इस संघर्ष में उपनिवेशवादी शक्तियों से मुठभेड़ के लिए कोई अवकाश प्राय: नहीं था। दूसरे शब्दों में कहें तो सामाजिक और सांस्कृतिक वास्तविकताओं को राजनीतिक वास्तविकताओं में परिवर्तित करना सम्भव नहीं था। अपनी परम्पराओं से संवाद और समाजसुधार के सीमित दायरे में भारतीय स्वतंत्रता संग्राम की पृष्ठभूमि निर्मित करना कठिन था। हिन्दी नवजागरण के आर्थिक चिन्तन ने इसी अभाव की पूर्ति की। यदि हम हिन्दी नवजागरण के आर्थिक चिन्तन के मूलभूत उद्देश्यों पर दृष्टिपात करें तो स्पष्ट होगा कि जहाँ एक ओर इस आर्थिक चिन्तन ने पूर्वोपलब्ध आर्थिक राष्ट्रवाद की वैचारिक परम्परा को आगे बढ़ाया तो दूसरी ओर भारतीयों को आर्थिक जनजागरण के लिए प्रेरित किया। पहले यह माना जाता था कि भारतीयों को आर्थिक प्रश्नों से कोई लेना-देना नहीं है। हिन्दी नवजागरण के आर्थिक चिन्तन ने जनसाधारण को ही नहीं व्यापारियों और उद्योगपतियों को भी न केवल उपनिवेशवादी शक्तियों द्वारा किये जा रहे आर्थिक शोषण के प्रति जागरूक किया बल्कि उनकी आर्थिक समस्याओं के समाधान के लिए समाधान प्रस्तुत करने का भी प्रयास किया। हिन्दी नवजागरण के लेखकों ने सम्भवत: पहली बार अर्थशास्त्र के सैद्धान्तिक स्वरूप का एक ढाँचा खड़ा किया। इन लेखकों ने उपनिवेशवादी शक्तियों द्वारा किये जा रहे शोषण का तो प्रामाणिक और सारगर्भित अंकन किया ही ब्रिटिश शासन की आलोचना के साथ

आर्थिक व्यवस्था में सुधार के लिए उपयोगी सुझाव भी प्रस्तुत किये। यही नहीं, देश के किसानों, व्यापारियों, उद्योगपतियों की दशा सुधारने के लिए अपने विवेकानुसार सुझाव और विकल्प भी प्रस्तुत किया। हिन्दी नवजागरण के आर्थिक चिन्तन का एक बड़ा उद्देश्य यह भी था कि हिन्दी साहित्य अपने पारम्परिक दायरे का अतिक्रमण करके अपने सीमित फलक को विस्तार दे सके। किन्तु हिन्दी नवजागरण का आर्थिक चिन्तन सामाजिक-सांस्कृतिक वास्तविकता से राजनीतिक वास्तविकता की ओर बढ़ाया गया एक बड़ा कदम है। इससे पहले कि हम हिन्दी नवजागरण के आर्थिक चिन्तन के स्वरूप पर दृष्टिपात करें यह आवश्यक होगा कि इस आर्थिक चिन्तन के मूलभूत उद्देश्यों पर विचार कर लिया जाए।

पूर्वोपलब्ध आर्थिक राष्ट्रवाद की परम्परा का विकास

राष्ट्रवाद एक ऐसी सोच, विचारधारा या मानसिकता है जो देश की भौगोलिक संरचनाओं; सांस्कृतिक परम्पराओं से प्रेरित और प्रभावित होकर राष्ट्रहित को अपरिहार्य रूप से सर्वाधिक महत्त्व देती है। वह अपने देश के प्रति एक ऐसी भावनात्मक प्रतिबद्धता है जो राष्ट्र के प्रति पूरी तरह समर्पित रहती है। राष्ट्रवाद जहाँ अतीत की अपने ढंग से व्याख्या करता है वहाँ वर्तमान के सन्दर्भों को राष्ट्र की आवश्यकताओं, प्राथमिकताओं एवं प्रासंगिकताओं के अनुरूप नये सिरे से गढ़ता और आकार देता है। राष्ट्रवाद के इस बृहत्तर स्वरूप को स्पष्ट रूप से समझने के लिए जब हम उसका प्रवृत्तियों के अनुसार वर्गीकरण करते हैं तब आर्थिक राष्ट्रवाद उभरकर सामने आता है।

जैसा कि शीर्षक से स्पष्ट है—आर्थिक राष्ट्रवाद राष्ट्रीय हितों के परिप्रेक्ष्य में राष्ट्र के आर्थिक परिप्रेक्ष्य पर विचार करता है। इस दृष्टि से देखें तो प्रारम्भ में अधिकांश भारतीय नेता ब्रिटिश शासन के विरुद्ध न होते हुए भी आर्थिक राष्ट्रवाद के अन्तर्गत उपनिवेशवादी शक्तियों द्वारा भारत के आर्थिक शोषण को राष्ट्रीय हितों के अनुरूप प्रस्तुत करने का प्रयास कर रहे थे। प्रारम्भ में भारतीय नेता ब्रिटिश शासन के प्रभाव से अभिभूत थे।

> उनकी दृष्टि में अठारहवीं और उन्नीसवीं सदी की लगभग अराजकता की स्थिति के उपरांत कानून और व्यवस्था की स्थापना, आधुनिक केन्द्रीय प्रशासन, पश्चिमी लोकतंत्रीय विचार और ज्ञान के माध्यम से आधुनिक शिक्षा के प्रसार, भाषण और लेख द्वारा विचाराभिव्यक्ति की स्वतंत्रता तथा सामाजिक स्वाधीनता और इन सबसे कदाचित् बढ़-चढ़कर भारत के लोगों को एक सामान्य राष्ट्रीयता में ढालने की प्रक्रिया और उसके फलस्वरूप सारे ही देश में एक राष्ट्र के निवासी होने की भावना का उदय

> तथा नये राजनीतिक जीवन का उद्भव, ये सब ब्रिटिश राज्य के आगमन के परिणाम थे; अतः इनका श्रेय ब्रिटिश राज्य को दिया जा रहा था।[29]

जैसे-तैसे समय बीता ब्रिटिश शासन की वास्तविकता इन नेताओं के समक्ष स्पष्ट होने लगी। उन्होंने यह पाया कि ब्रिटिश शासन भारतीयों के आर्थिक शोषण का प्रमुख कारण है। यह शासन भारत के उज्ज्वल भविष्य का आधार बन सकेगा—इसमें इन नेताओं को सन्देह होने लगा। भारत की दयनीय आर्थिक दशा के फलस्वरूप उनके आर्थिक चिन्तन को आधारभूत से प्रभावित किया। आर्थिक सन्दर्भों में ब्रिटिश शासन के प्रति कृतज्ञता का भाव धीरे-धीरे लुप्त होने लगा।

> भारतीय नेता यह शिकायत करने लगे कि निर्धनता इस देश में जड़ पकड़ रही है। सरकारी राजस्व अधिकारियों द्वारा किसानों को लूटा-खसोटा जा रहा है। स्वदेशी उद्योगों को नष्ट कर दिया गया है और आधुनिक उद्योग को जान-बूझकर निरुत्साहित किया जा रहा है अथवा कम से कम पर्याप्त प्रोत्साहन नहीं दिया जा रहा है, देश के लिए अनावश्यक खाद्य संभरण का निर्यात किया जा रहा है। भारतीय उद्योग और कृषि के हितों के विरुद्ध मुद्रा नीति अपनाई जा रही है। विदेशियों के स्वामित्व वाले बागान उद्योगों में भारतीय श्रमिक को दास बनाया जा रहा है, भारतीय राजस्व और कृषि विकास की आवश्यकताओं की उपेक्षा करके रेलों का विस्तार किया जा रहा है। कराधान का भार लोगों को निचोड़ रहा है। लोकवित्तों को राष्ट्र निर्माण के विभागों से हटाकर इतर भारतीय हितों के पोषण में, अनावश्यक आजीविका जुटाने में तथा विस्तारवादी युद्ध लड़ने में ख़र्च किया जा रहा है। अन्तिम, सबसे भारी शिकायत उन्हें यह थी कि भारत में सम्पत्ति और पूँजी की निकासी की जा रही है।[30]

अधिकांश प्रारम्भिक राष्ट्रवादी नेता क्योंकि पाश्चात्य संस्कृति और सभ्यता से अत्यधिक प्रभावित थे, उनकी शिक्षा-दीक्षा अंग्रेजी में हुई थी अतः यह स्वाभाविक था कि वे ब्रिटिश लोकतंत्र और उसकी वैचारिकता को अपना आदर्श मानते थे। उन्हें यह विश्वास था कि ब्रिटिश सरकार को भारत की वास्तविक स्थिति का ज्ञान नहीं है। यदि भारत की सही तस्वीर उनके सामने रख दी जाए तो निश्चित रूप से इसके सकारात्मक परिणाम सामने आएँगे। इस दिशा में इन नेताओं ने जो प्रयास किये उनका कोई परिणाम सामने नहीं आया। विशेष रूप से भारत की आर्थिक समस्याओं के प्रति उपेक्षापरक दृष्टिकोण राष्ट्रवादी नेताओं को बहुत खला। वे धीरे-धीरे इस निष्कर्ष पर पहुँचे कि भारत की निर्धनता ब्रिटिश शासन की अनभिज्ञता से नहीं, बल्कि कम्पनी को दिये जा रहे प्रत्यक्ष-अप्रत्यक्ष समर्थन से है। भारतीयों के आर्थिक शोषण को ब्रिटिश शासन अपनी उदारता और न्यायपरता पर किस हद

तक वरीयता देता है इससे आर्थिक राष्ट्रवाद के पुरोधा न केवल आहत थे बल्कि क्षुब्ध भी थे। दरअसल ये नेता एक ओर ब्रिटिश शासन की उदारता और न्यायपरता के प्रति अपने बद्धमूल दृष्टिकोण और उसके द्वारा भारत की लूट के समर्थन की वास्तविकता दोनों के प्रति अन्तर्विरोधी दृष्टिकोण अपनाए रहे। उन्होंने कभी अपने राजनीतिक विश्वास और आर्थिक चिन्तन के बीच के अन्तराल को स्पष्ट रूप से महसूस करके ब्रिटिश साम्राज्यवाद की आलोचना नहीं की। यही कारण है कि वे एक ओर राजनीतिक माँगों के प्रति उदार थे तो दूसरी ओर अपनी आर्थिक माँगों के प्रति उतने ही क्रान्तिकारी थे।

आर्थिक राष्ट्रवाद से जुड़े नेताओं ने ईस्ट इंडिया कम्पनी के शासन के अन्तर्गत प्राय: सभी आर्थिक पक्षों का गहराई से अध्ययन किया। उन्होंने अपने समय के आर्थिक शोषण पर तीन दृष्टियों से विचार किया—

1. वाणिज्य के माध्यम से किया जा रहा आर्थिक शोषण।
2. उद्योगों के अन्तर्गत किया जाने वाला आर्थिक शोषण।
3. वित्त नीतियों के द्वारा किया जाने वाला आर्थिक शोषण।

आर्थिक शोषण के इन पक्षों का अध्ययन करते हुए उन्होंने पाया कि ब्रिटिश शासन में भारत केवल कच्चे माल की आपूर्ति करने वाला देश बनकर रह गया था। दूसरे शब्दों में कहें तो वह इंग्लैंड में तैयार होने वाले माल के लिए कच्चा माल उपलब्ध कराने का जरिया भर था। जो माल इंग्लैंड में तैयार होता था उसे खपाने के लिए अब भारत एक बाजार बन गया था। भारत में पूँजी के निवेश के लिए उपनिवेशवादी शक्तियाँ पूरे जोर-शोर से काम कर रही थीं। इस प्रकार की नीतियों से देश का औद्योगिक विकास पूरी तरह अवरुद्ध हो गया था। आर्थिक राष्ट्रवाद के पुरोधाओं ने इसीलिए न केवल सरकार की सीमा शुल्क, व्यापार, परिवहन और कराधान की नीतियों का विरोध किया, बल्कि रेलों, बागान और उद्योगों में बड़े पैमाने पर विदेशी पूँजी के आयात एवं सरकार द्वारा इन क्षेत्रों में दी गई सुविधाओं को भी अपने विरोध का केन्द्र बनाया। उन्होंने सरकार की भूमि लगान और कराधान की नीतियों के प्रति हमला बोलते हुए ब्रिटिश शासन के आर्थिक आधार पर आघात किया। ब्रिटिश साम्राज्यवाद के प्रसार के लिए किए जा रहे भारत के आर्थिक शोषण की उन्होंने कठोर निंदा की। आर्थिक राष्ट्रवाद का विकास करते हुए इन नेताओं ने ब्रिटिश शासन के वित्तीय भार को भारत पर डालने की नीतियों पर प्रश्नचिह्न लगाया। निकासी के मुद्दे को लेकर उन्होंने यह सिद्ध करने का प्रयास किया कि वह उपनिवेशवादी शक्तियों द्वारा किए जा रहे भारत के आर्थिक शोषण का प्रामाणिक दस्तावेज है। दादाभाई नौरोजी ने प्रामाणिक आँकड़े देकर स्पष्ट किया कि "अन्य देशों से इंग्लैंड को जो आय होती है, वह पूँजी इंग्लैंड में ही रह जाती है। ऐसी 7 करोड़ की पूँजी वहीं रह जाती है, इसलिए देश की पूँजी में, जिस पर उत्पादन निर्भर करता है, कोई घाटा नहीं होता। क्योंकि भारत

दूसरे देश के अधीन है इसलिए 5 करोड़ पौंड में से 1.2 करोड़ पौंड या कुछ ऊपर, हर साल इंग्लैंड चले जाते हैं।" इसलिए भारत की पूँजी जिस पर उत्पादन टिका है हर साल कम होती जाती है। दादाभाई ने आँकड़े जुटाकर सिद्ध किया कि "1835 से 1872 के बीच भारत में 9,43,000,009 पौंड (उस समय की भारतीय मुद्रा में 94 करोड़ 30 लाख रुपए) का आयात हुआ जबकि 1,430,000,000 का निर्यात किया गया। इसमें 50 करोड़ पौंड वह धनराशि थी जो भारत ने इंग्लैंड को अतिरिक्त दी।"[31] इन आँकड़ों से स्पष्ट है कि उपनिवेशवादी शक्तियाँ किस प्रकार भारत को लूटकर अपना घर भर रही थीं। यही कारण है कि आर्थिक राष्ट्रवाद से जुड़े नेताओं ने भारतीय अर्थव्यवस्था का अनुशीलन करते हुए राष्ट्रवादी दृष्टिकोण अपनाया। यह बात अलग है कि उन्होंने भारत के वाणिज्यिक हितों की तुलना में औद्योगिक हितों को अधिक महत्त्व दिया।

हमें यह भी ध्यान रखना होगा कि राष्ट्रवादियों का यह आर्थिक चिन्तन अपनी प्रकृति में पूँजीवाद का पोषक था। भले ही यह सीधे-सीधे प्रत्यक्ष न हो किन्तु आर्थिक राष्ट्रवाद के नेताओं ने औद्योगिक पूँजीपतियों के हितों पर विशेष ध्यान दिया। किन्तु ऐसा नहीं है कि उनका आर्थिक चिन्तन औद्योगिक पूँजीवाद की पक्षधरता से आगे नहीं बढ़ता। बल्कि सबसे पहले हमें इस तथ्य पर ध्यान देना होगा कि आर्थिक राष्ट्रवाद अपने सिद्धान्तों को उपनिवेशवादी शक्तियों के उस शोषण की आलोचना से गढ़ता है जिसने भारत के उद्योगों, कृषि-व्यवस्था और व्यापार की कमर तोड़ दी है। इसलिए उनके देशभक्त होने पर सन्देह नहीं किया जा सकता और न ही उनके आर्थिक राष्ट्रवाद के नैतिक आधार पर अँगुली उठाई जा सकती है। वस्तुतः अपने गहन आर्थिक विश्लेषण के बाद उन्हें विश्वास हो गया कि यदि भारत को आर्थिक दृष्टि से समृद्ध होना है तो पूँजीवादी प्रणाली पर आधारित औद्योगिक विकास का रास्ता अपनाना होगा। दरअसल वह समय ही ऐसा था जब औद्योगिक पूँजीपतियों का हित ही राष्ट्रीय हितों से मेल खाता था। उनका मानना था कि जिस औद्योगिकीकरण से भारत समृद्ध हो सकता था उसे भारतीय पूँजीपति ही सम्भव बना सकता था। हमें यह भी ध्यान में रखना होगा कि उन्नीसवीं शती के अन्तिम चरण में भारतीय पूँजीपति वर्ग प्रारम्भ में सरकार समर्थक था इसलिए कांग्रेस की स्थापना के शुरुआती दौर में उसने उभरते राष्ट्रीय आन्दोलन के प्रति उपेक्षा का रुख बनाए रखा। यही कारण है कि कांग्रेस के प्रारम्भिक अधिवेशनों में प्रायः धन की कमी का रोना रोया गया। यदि व्यक्तिशः देखा जाए तो—

> दादाभाई नौरोजी, ए.ओ. ह्यूम और विलियम वेडरबर्न ने इंग्लैंड में काम करते समय अपना निजी धन लगाया। सक्रिय रूप से भारत समर्थक अंग्रेज लोक नेता विलियम डिगबी को अपने जीवन-निर्वाह के लिए बहुत से भारतीय राजकुमारों के निजी हितों के लिए इंग्लैंड में प्रतिनिधित्व

> करने का काम करना पड़ा। जस्टिस रानाडे, ए.एम. बोस, एल.एम. घोषण, पी.एम. मेहता, डी.ई. वाचा, लाजपतराय, मदन मोहन मालवीय को अपनी व्यावसायिक आय पर जीवन निर्वाह करना पड़ा। लोकमान्य तिलक कानून के प्राइवेट छात्रों के लिए खोले गए ट्यूशन के कालेज से अपनी आजीविका चलाते थे। जी.के. गोखले दक्षिण शिक्षा समिति के सदस्य के रूप में थोड़ा सा ही वेतन पाते थे। सुरेन्द्रनाथ बैनर्जी एक प्राइवेट कालेज चलाते थे। जी. सुब्रहण्य और विपिन चन्द्र पाल पत्रकार के रूप में काम करते थे।[32]

इस उद्धरण से एक बात साफ है कि इनमें से कुछ लोगों ने तो इंग्लैंड में पैसा लगा रखा था और बाकी शिक्षित और सम्भ्रान्त वर्ग के लोग थे। यदि लोकमान्य तिलक को छोड़ दें तो किसी ने स्पष्ट रूप से स्वराज्य की अपरिहार्यता को स्पष्ट रूप से रेखांकित नहीं किया और बाकी लोग औद्योगिक पूँजीवाद की पक्षधरता को प्रत्यक्ष या अप्रत्यक्ष अभिव्यक्ति देते रहे।

वस्तुतः यदि हम अपने स्वतंत्रता-संग्राम के प्रारम्भिक दौर पर दृष्टिपात करें तो स्पष्ट होगा कि इसका नेतृत्व बुद्धिजीवियों और दार्शनिकों का वर्ग कर रहा था। इनमें अधिकांश उच्चवर्ग या उच्च मध्यवर्ग से सम्बन्धित थे। निश्चय ही इनमें से कुछ के आर्थिक स्वार्थों से इनकार नहीं किया जा सकता किन्तु समग्रतः वे ऐसा समझते थे कि औद्योगिक पूँजीवाद ही वह मार्ग है जिस पर चलकर भारत आर्थिक रूप से आत्मनिर्भर और समृद्ध हो सकता था। बुद्धिजीवी होने के नाते पश्चिमी आर्थिक सिद्धान्तों से प्रेरित और प्रभावित होकर वे आर्थिक राष्ट्रवाद के स्वरूप को आकार दे रहे थे। किन्तु इसी के बीच से उन्होंने उपनिवेशवादी शक्तियों के विरुद्ध संघर्ष का सूत्रपात किया। इसी का यह परिणाम था कि भारत के आर्थिक शोषण की वस्तुस्थिति को उन्होंने राजनीतिक स्वशासन या कम से कम राजनीतिक अधिकारों में भारतीयों की सहभागिता के साथ जोड़ दिया—

> आर्थिक प्रश्नों की गहरी और यहाँ तक कि बुद्धिमत्तापूर्ण जानकारी के बावजूद भारतीय राष्ट्रवादी नेता भारत सरकार की नीतियों को प्रभावित करने में यदि सफल नहीं हो पाए अथवा राष्ट्रवादी आन्दोलन को विशेष शक्ति नहीं दे पाए तो इसका कारण उनकी आर्थिक नीतियों के पीछे जनता के आन्दोलन और संघर्ष का अभाव था।[33]

कांग्रेस के उदय की परिस्थितियों के पीछे उपनिवेशवादी शक्तियों के सूत्रधार जिस शातिर तरीके से अपनी चाल चल रहे थे उसको समझकर हमें इस प्रश्न का उत्तर मिल जाएगा कि आर्थिक राष्ट्रवाद के प्रारम्भिक दौर के नेताओं और कांग्रेस के प्रारम्भिक सूत्रधारों के साथ हिन्दुस्तान की जनता क्यों नहीं थी। दरअसल उस

दौर में सरकार को प्रामाणिक सूचना दी गई थी कि 1857 की घटनाओं के बाद एक बार फिर भारतीयों द्वारा अराजकता फैलाने की कोशिश की जाएगी।

> सबसे नीचे दर्जे के लोग भूखों मर रहे थे इसलिए डर यह था कि छिटपुट अपराधों को देखते हुए एक ऐसी अशांति फैल जाएगी कि सरकार और उच्चवर्ग से कुछ भी करते-धरते न बनेगा। देश के सभी छंटे हुए बदमाश उनमें शामिल हो जाएँगे और कुछ पढ़े-लिखे लोग उनके नेता बन जाएँगे। ये पढ़े-लिखे लोग सरकार से बहुत नाराज थे, भले ही इसका कोई कारण न रहा हो। ख़तरा यह था कि बगावत शुरू होने पर ये लोग उसे एकता के सूत्र में बाँध देंगे और राष्ट्रीय विद्रोह के रूप में उसका संचालन करेंगे।[34]

इस आशंका के चलते ह्यूम ने तत्कालीन गवर्नर जनरल लार्ड डफ्रिन से कई बार भेंट की और किसी भी प्रकार के अराजकता विद्रोह से निपटने के लिए कांग्रेस को एक सेफ्टी वॉल्व के रूप में उपयोग करने पर बल दिया। डफ्रिन ने इससे सहमत होकर अपने विचार व्यक्त करते हुए लिखा—

> बागियों को छोड़कर दूसरे लोगों की माँगें न तो बेजा हैं, न खतरनाक हैं। जिन काले आदमियों नेटिवों से मैं मिला हूँ, उनमें बहुत से आदमी योग्य और बुद्धिमान हैं। हम इन पर भरोसा कर सकते हैं कि वे वफादारी से हमारा साथ देंगे। इनकी मदद मिलने से सरकार के बहुत से कामों को जनता मान लेगी। लेकिन इस मदद के बिना लोगों को मालूम होगा कि सरकार जबर्दस्ती कर रही है। सरकार के पीछे अगर काले आदमियों की जमानत भी होगी तो आज की तरह वह अकेली न रह जाएगी।[35]

समग्रतः यदि हम आर्थिक राष्ट्रवाद के इस प्रारम्भिक दौर का ध्यानपूर्वक अवलोकन करें तो पाएँगे उस समय के राष्ट्रीय नेताओं ने अपने सम्पूर्ण आर्थिक चिन्तन को औद्योगिक पूँजीवाद की धुरी पर केन्द्रित रखा। उन्होंने निश्चय ही भारत की आर्थिक दशा का प्रमाण-पुष्ट अनुशीलन करते हुए किसानों, मजदूरों, व्यापारियों, उद्योगपतियों की दुरवस्था का यथार्थपरक अंकन किया। हमें यह भी मानना होगा कि भावी स्वतंत्रता-संग्राम के लिए इस यथार्थपरक अंकन से आवश्यक पृष्ठभूमि का निर्माण किया किन्तु इन नेताओं के द्वारा यह सम्भव नहीं हो पाया कि वे अपने इन प्रयासों को जनसाधारण से जोड़ते हुए जनजागरण का सूत्रपात कर सकें। इसका एक कारण तो यह था कि इनमें से बहुत से नेता या तो स्वयं उद्योगपति थे या अभिजात वर्ग से सम्बन्ध रखते थे। यही कारण था कि वे आम आदमी के सरोकारों से प्रायः विमुख रहे। इसके साथ ही वे अपनी इस बद्धमूल धारणा से नहीं हट सके कि ब्रिटिश शासन लोककल्याणकारी है और इस शासन के अन्तर्गत रहकर ही अपनी माँगों को

प्रार्थी के रूप में अधिकारियों के सम्मुख प्रस्तुत करना ही श्रेयस्कर है। लार्ड डफ्रिन सरकार के पीछे जिन 'काले आदमियों की जमात' को रखकर उनका उपयोग करना चाहते थे, अधिकांश राष्ट्रीय नेता ब्रिटिश शासन द्वारा इस्तेमाल किए जाते रहे।

अब हम स्वदेशी आन्दोलन की बात करते हैं। वस्तुतः स्वदेशी आन्दोलन एक प्रकार से प्रारम्भिक आर्थिक राष्ट्रवाद का ही विकास है। स्वदेशी आन्दोलन यों तो उत्तरोत्तर विकसित होते हुए पूरे देश में फैल गया किन्तु उसका कार्य-क्षेत्र मुख्यतः बंगाल था जो ब्रिटिश शासन द्वारा किये गए बंगाल विभाजन का परिणाम था। 1866 के उड़ीसा दुर्भिक्ष के बाद सर स्टैफर्ड नार्थ कोट ने प्रशासन के व्यवस्थित संचालन के लिए बंगाल प्रान्त के आकार को सीमित करने का सुझाव दिया। इस विशाल प्रान्त में बंगाल के अतिरिक्त पूरा बिहार, उड़ीसा और असम भी शामिल था। इस विषय पर चर्चा होती रही। 1901 में बंगाल की सीमा का मुद्दा फिर सामने आया। विभागीय स्तर पर मध्य प्रान्त के चीफ कमिश्नर सर एंड्रू फेजर के कुछ सुझावों से यह मामला आगे बढ़ा। अन्ततः 16 अक्टूबर, 1905 को बंगाल का विभाजन कर दिया गया।

बंगाल का विभाजन वहाँ के निवासियों पर एक बम की तरह गिरा। इससे प्रादेशिक एकता की अवधारणा को गहरा आघात हुआ। पहली बार स्पष्ट रूप से यह महसूस किया गया कि उपनिवेशवादी शक्तियाँ अपने हितों के संरक्षण के लिए जिस प्रकार बाँटों और राज करो की नीति अपना रही थीं, जिस प्रकार भारत का आर्थिक शोषण करके उसे विदेशी माल की खपत के लिए बाजार बना दिया गया था—उससे निजात पाने के लिए पूर्ण स्वराज्य ही एकमात्र विकल्प है। और इस पूर्ण स्वराज्य के लक्ष्य को पाने के लिए यह आवश्यक है कि स्वदेशी को अपनाया जाए और विदेशी वस्तुओं का बायकाट (बहिष्कार) किया जाए। दरअसल देशी औद्योगिक कौशल के पतन के परिणामस्वरूप यहाँ के उत्पादक वर्ग के लिए विकास, समृद्धि और सम्पन्नता की सारी सम्भावनाएँ समाप्त हो गई थीं। इन परिस्थितियों में यह आवश्यक था कि भारतीय उद्योगपति आगे आकर अपने उद्योगों की स्थापना करें। 1867 में किशोरी लाल मुखर्जी ने हावड़ा के निकट शिवपुर में लोहे का कारखाना खोला जो स्वदेशी आन्दोलन के दौर में भी मौजूद था। 1893 में प्रफुल्ल चन्द्र राय ने बंगाल केमिकल्स की स्थापना की। पश्चिमी शिक्षा का प्रसार इस दिशा में बहुत सहायक सिद्ध हुआ। पश्चिमी शिक्षा प्राप्त बुद्धिजीवियों ने औद्योगिक दृष्टि से सम्पन्न पश्चिम तथा आर्थिक रूप से विपन्न भारत के अन्तर को बहुत गहराई से महसूस किया। दादाभाई नौरोजी, डिग्बी, आर.सी. दत्त, रानाडे आदि ने प्रमाणों से सिद्ध किया कि भारत की दरिद्रता का कारण उसकी नियति नहीं, बल्कि वह उपनिवेशवादी शक्तियों द्वारा किये जा रहे भारत के आर्थिक शोषण का सहज स्वाभाविक परिणाम है। उन्होंने पाया कि—

> कृषि पर निर्भर होने की विवशता; भूमिकर का भारी बोझ; पहले विनियोग और बाद में निर्यात बचत के माध्यम से सरकार द्वारा अदा किए जा रहे गृह

शुल्कों (होम चार्जेज) के रूप में भारत के धन की निकासी तथा विदेशी माल की खपत के लिए भारत को बाजार के रूप में इस्तेमाल किये जाने की नीति—भारत की आर्थिक दरिद्रता के प्रमुख कारण हैं। एक ओर तो आर्थिक राष्ट्रवाद के प्रारम्भिक दौर में दादाभाई, आर.सी. दत्त, रानाडे जैसे नेता उपनिवेशवादी शक्तियों की इन गतिविधियों और भारत की दरिद्रता के बीच कारण-कार्य सम्बन्ध स्थित करने की चेष्टा कर रहे थे तो दूसरी ओर हमारे पत्र-पत्रिकाओं के सम्पादक भारत की आर्थिक विपन्नता को दूर करने के लिए स्वदेशी के महत्त्व को रेखांकित कर रहे थे। अमृत बाजार पत्रिका ने 8 दिसम्बर, 1888 को एक लोकप्रिय संगठन बनाने का सुझाव दिया ताकि भारत के बाहर उत्पादित सूती वस्त्रों के बहिष्कार का प्रचार करते हुए मानचेस्टर की चुनौती का सामना किया जा सके।[36]

जो लोग विदेशी वस्त्रों को अपनाते थे उनको आड़े हाथों लेते हुए इसी पत्रिका ने लिखा—

> विभिन्न प्रकार के यूरोपी वस्त्रों की आवश्यकता केवल उन लोगों को है, जो अपने को छैलछबीला दिखाने के शौकीन हैं। ××× वस्तुतः इन लोगों के आचार व्यवहार में तो अपने को सम्मानित एवं कुलीन दिखाने को कुछ होता नहीं, अतः ये लोग धन से उपलब्ध होने वाले साधनों से ही अपने को ऊँचा दिखाने की चेष्टा करते हैं।[37]

उपर्युक्त विवेचन से यह स्पष्ट हो जाता है कि स्वदेशी आन्दोलन के आरम्भ से पहले भी स्वदेशी की अवधारणा मौजूद थी।

> गरज यह कि स्वदेशी युग का आर्थिक चिन्तन बुनियादी तौर पर मौलिक नहीं था, और याचक नीति के अन्य पहलुओं के प्रति तिरस्कार का भाव रखते हुए भी स्वयं गरमपंथी नेताओं ने इस मामले में नरमपंथियों का ऋण बड़ी उदारता से स्वीकार किया।[38]

किन्तु इसमें कोई सन्देह नहीं कि इस आन्दोलन की कुछ ऐसी विशेषताएँ थीं जो उसे अपनी पूर्व परम्परा से अलग करता है। इस दौर में स्वदेशी की चर्चा केवल बुद्धिजीवियों में नहीं होती थी बल्कि गीतों, नाटकों, जात्राओं तथा प्रचार पुस्तिकाओं में भी इसको प्रस्तुत किया जाने लगा था। कुछ समय के लिए लोगों को यह लगने लगा था कि स्वदेशी और बायकाट ही भारत की सारी समस्याओं का हल है। यह माना जाने लगा कि स्वदेशी और बायकाट को एक-दूसरे का पर्याय मानकर स्वदेशी के लिए भारत में बाजार तैयार होगा जिसके फलस्वरूप कारीगरों, उद्यमियों और व्यापारियों की समृद्धि का रास्ता खुलेगा। उद्यमियों और व्यापारियों के हाथ में अधिक

पैसा आने से स्वदेशी माल तैयार करने के लिए पर्याप्त पूँजी उपलब्ध होगी।

स्वदेशी आन्दोलन में रोजगार की सम्भावनाओं पर बल दिया गया। शिक्षा पद्धति के दोषपूर्ण होने तथा सरकारी नौकरियों के लिए जिस प्रकार युवा बेरोजगारों की भीड़ बढ़ती जा रही थी उसको ध्यान में रखकर भी स्वदेशी आन्दोलन से जुड़े उद्यमियों ने कुछ महत्त्वपूर्ण प्रयास किये। बंगाल केमिकल्स के संस्थापक प्रफुल्ल चन्द्र राय का विचार था कि—

> हमारे नौजवान कालेजों से निकलते ही कम मशक्कत वाली सरकारी नौकरी की तलाश में ××× या यह सम्भव न हुआ तो किसी यूरोपीय व्यापारिक फर्म में काम की खोज में लग जाते थे। शिक्षितों के लिए उपयुक्त पेशों में जरूरत से ज्यादा भीड़ होती जा रही थी। कुछ नौजवान इंजीनियरिंग कॉलेज से भी निकलते थे, लेकिन वे भी काम की तलाश में असहाय भटकते रहते थे। ××× इन नौजवानों का क्या किया जाए? ××× मध्यवर्ग के अधभूखे, अभावग्रस्त युवकों को रोटी कैसे मुहैया कराई जाए?[39]

देउस्कर ने अपनी पुस्तक देशेरकथा में यह अनुमान लगाया था कि—

> लंकाशायर से प्रतिवर्ष आयात किये जाने वाले 216 करोड़ गज कपड़े का स्थान पूरी तरह से भारतीय मिलों का कपड़ा ले सके, इसके लिए कम से कम 30 करोड़ रुपए के पूँजीगत विनियोग की आवश्यकता है। किन्तु उनका कहना था कि मात्र 2 करोड़ की लागत से बेहतर किस्म की उड़न फिरकी से युक्त 7 लाख हथकरघे चालू किए जा सकते हैं। ऐसी नीति से बहुत बड़ी संख्या में लोगों को रोजगार भी मिलेगा, और पारम्परिक बुनकर जातियों का उद्धार भी हो जाएगा।[40]

निस्सन्देह प्रारम्भिक तौर पर यह अनुमान सुखद है किन्तु औद्योगिकीकरण और मशीनीकरण के सभी परिणाम सकारात्मक ही हों ऐसा नहीं है। इस सम्बन्ध में एक धारणा यह भी उभरकर सामने आई कि—

> मशीनें आमलोगों का कष्ट बढ़ाती हैं, और उनका लाभ केवल मुट्ठीभर अमीरों को मिलता है, स्वतंत्र धंधे नष्ट हो जाते हैं, मजदूरों की संख्या बढ़ जाती है, वे मद्यपान और तरह-तरह की अनैतिकताओं के शिकार हो जाते हैं, और कालांतर में उनका पूरा पतन हो जाता है। दस्तकारियाँ सबको भोजन देती हैं, और मनुष्य को योग्य और धार्मिक बनाती हैं।[41]

समग्रत: कहा जा सकता है कि स्वदेशी आन्दोलन जो अपने संशोधित और

विकसित रूप में बंगाल-विभाजन की कोख से उत्पन्न हुआ प्रारम्भिक आर्थिक राष्ट्रवाद के चिन्तन की वैचारिक परिणति है। यह स्वाभाविक था कि बंगाल स्वदेशी आन्दोलन का कार्य-क्षेत्र बना रहे। अनेक धनिकों ने अपने उद्योग स्थापित किए। अनेक स्वदेशी उत्पादनों की प्रदर्शनियाँ आयोजित की गईं। 1901 के बाद तो ये प्रदर्शनियाँ कांग्रेस अधिवेशनों का निश्चित अंग बन गईं। 1905 में राजेन्द्र नाथ मुखर्जी द्वारा उत्तर पारा में 'देशी धोती हाट'; हिरण्यमयी देवी द्वारा गठित महिला शिल्प समिति द्वारा अक्टूबर, 1906 और मार्च, 1908 में महिला स्वदेशी मेलों का आयोजन; औद्योगिक संघ द्वारा स्वदेशी उत्पादनों की प्रदर्शनियाँ इसके उदाहरण हैं। स्वयंसेवकों द्वारा स्वदेशी के प्रचार हेतु महत्त्वपूर्ण भूमिका का निर्वाह किया गया। किन्तु इन सबके बीच यह दृष्टिकोण भी कम महत्त्वपूर्ण नहीं कि स्वदेशी आन्दोलन प्रकारांतर से पूँजीपतियों के हितों के संरक्षण का माध्यम बन रहा था।

> स्वदेशी का व्यावसायिक उपलब्धियों के किसी भी सर्वेक्षण में निराशा के भाव से बचना कठिन है। लड़खड़ाते ढंग के चन्द उपभोक्ता वस्तु के निर्माण उद्योग, कुछ बैंक तथा थोड़ी सी व्यावसायिक और बीमा कम्पनियाँ—कुल मिलाकर यही चीजें स्वदेशी लहर की देन थीं, और निश्चय ही इन सबका मतलब वह औद्योगिक पुनरज्जीवन नहीं था, जिसका सपना आन्दोलन के आरम्भ में देखा गया था।[42]

पूँजी के अभाव; तकनीकी शिक्षा की विरलता तथा पूँजीपति वर्ग के हितों का राष्ट्रीय हितों की तुलना में संरक्षण—इन कारणों से स्वदेशी आन्दोलन अपनी अपेक्षित परिणति तक नहीं पहुँच पाया। किन्तु निस्सन्देह यह आन्दोलन हमारे राष्ट्रीय स्वातंत्र्य आन्दोलन के लिए महत्त्वपूर्ण भूमिका के निर्वाह में सहायक हुआ। कांग्रेस ने गांधीजी के नेतृत्व में आजादी की जो लड़ाई लड़ी उसके मूल में स्वदेशी आन्दोलन धड़कता रहा।

हिन्दी नवजागरण के आर्थिक चिन्तन की पृष्ठभूमि में आर्थिक राष्ट्रवाद और स्वदेशी आन्दोलन की विशेष स्थिति है। हिन्दी नवजागरण के आर्थिक चिन्तन के प्रेरक के रूप में इनकी महत्त्वपूर्ण भूमिका है। आर्थिक राष्ट्रवाद के प्रारम्भिक दौर के बुद्धिजीवियों ने भारत की दयनीय आर्थिक दशा और उसके कारणों की जो गम्भीर पड़ताल की उसने नवजागरणकालीन साहित्यकारों को न केवल प्रेरित किया बल्कि उनकी राष्ट्रीय चेतना को भी उद्दीप्त किया। इसके साथ ही हमें यह नहीं भूलना चाहिए कि आर्थिक राष्ट्रवाद से जुड़े नेताओं ने अपने गहन परिश्रम से भारत के भयावह आर्थिक शोषण के लिए ब्रिटिश शासन को उत्तरदायी ठहराते हुए जो प्रामाणिक सामग्री प्रस्तुत की उसका अपने ढंग से उपयोग करते हुए हिन्दी नवजागरण के आर्थिक चिन्तन में उसका भरपूर उपयोग किया। यदि नवजागरण के साहित्यकारों को यह

सामग्री उपलब्ध न होती तो उनका आर्थिक चिन्तन वायवी और अपुष्ट ही रहता। इस सामग्री ने हिन्दी नवजागरण के आर्थिक चिन्तन को सारगर्भित पैनापन प्रदान किया। जैसा कि पहले कहा जा चुका है कि प्रारम्भिक आर्थिक राष्ट्रवाद का चरित्र ब्रिटिश शासन से काफी हद तक प्रभावित था। यह बात अलग है कि उपनिवेशवादी शक्तियों के वास्तविक चरित्र से अवगत होने के पश्चात उन्हें शासन से अपनी प्रतिबद्धता की धारणा को बदलना पड़ा। विशेष रूप से बंगाल-विभाजन के बाद आर्थिक राष्ट्रवाद के नरमपंथी नेताओं के दृष्टिकोण में बदलाव आया किन्तु तब भी वह स्वतंत्रता की माँग से झिझकता रहा। स्वदेशी आन्दोलन के स्वदेशी के समर्थन और विदेशी वस्तुओं के बहिष्कार ने समूचे भारत को झकझोर दिया। हिन्दी नवजागरण के आर्थिक चिन्तन में 'स्वराज्य' के लिए यह एक महत्त्वपूर्ण और कारगर विकल्प के रूप में स्वीकार किया गया। भारतेन्दुयुगीन हिन्दी नवजागरण से ही इस विकल्प को जनजागरण का हथियार मानकर आर्थिक चिन्तन को दिशा दी गई। इस प्रकार हिन्दी नवजागरण के आर्थिक चिन्तन में प्रारम्भिक आर्थिक राष्ट्रवाद के वैचारिक एवं स्वदेशी आन्दोलन के व्यवहार पक्ष का सामंजस्य पृष्ठभूमि के रूप में मौजूद दिखाई देता है। इन पूर्वोपलब्ध परम्पराओं के विकास की आहट हिन्दी नवजागरण के आर्थिक चिन्तन में स्पष्ट रूप से सुनी जा सकती है।

आर्थिक नवजागरण

हिन्दी नवजागरण के आर्थिक चिन्तन का एक महत्त्वपूर्ण उद्‌देश्य भारत के लोगों में आर्थिक जागरूकता पैदा क़रना था। हमारे देश की अधिकांश जनता में नियतिवाद और पुनर्जन्म उसकी धमनियों में ख़ून की तरह बहता है। इतिहास साक्षी है कि जनसाधारण ने कभी भी अपनी दरिद्रता के लिए केवल अपने भाग्य को दोषी माना है। अगर वह निर्धन है, शोषित है तो वह मान लेता था कि इन सभी के लिए उसका दुर्भाग्य ही कारण है। जो विधाता ने उसके लिए निश्चित कर दिया है उसको बदलना उसके लिए असम्भव है। 'हुई है वही जो राम रचि राखा' को वह आप्त वाक्य की तरह स्वीकार करता था। धार्मिक पोंगापंथियों ने उसके मन में यह बात कूट-कूटकर भर दी थी कि इस जन्म में वे दरिद्रता का जो अभिशाप भोग रहे हैं उसका कारण उनके पूर्व जन्मों के कर्म हैं। इस जन्म में किए गए अच्छे कर्मों का फल अगले जन्म में मिलेगा। इस रूढ़िगत मान्यता के चलते वह अपनी गरीबी और शोषण का कोई तार्किक कारण नहीं खोज पाता था। अपनी नियतिवादी मानसिकता एवं पुनर्जन्म में दृढ़विश्वास के कारण जनसाधारण अपनी दुरवस्था को आँखें मूँदकर स्वीकार कर लेता था। भारत में हमारे तत्त्व चिन्तकों ने ईश्वर-प्राप्ति को अपना चरम लक्ष्य माना और सम्पत्ति को माया मानते हुए उसकी उपेक्षा की—

इस देश के तत्त्वदर्शी पंडित सम्पत्ति को कोई चीज ही नहीं समझते थे। लक्ष्मी को उन्होंने हमेशा तुच्छ दृष्टि से देखा है। यदि एक ने उसे स्पृहणीय कहा है तो दस ने त्याज्य। इसे तृणवत मानने ही में उन्होंने अपनी प्रतिष्ठा समझी है। उसे अनेक अनर्थों का मूल बतलाने ही में उन्होंने संसार का भला सोचा है। फिर भला ऐसी अनर्थकारी सम्पत्ति की उत्पत्ति, वृद्धि और रक्षा के नियम वे क्यों बनाते?[43]

हिन्दी नवजागरण के आर्थिक चिन्तकों ने अपने लेखन से एक ओर तो भारत की दयनीय आर्थिक दशा का प्रामाणिक यथार्थपरक अंकन किया तो दूसरी ओर जनसाधारण की निर्धनता के निवारण के लिए ठोस और रचनात्मक उपाय भी प्रस्तुत किए। इसमें कोई सन्देह नहीं कि इसके लिए उन्होंने पूर्वोपलब्ध आर्थिक चिन्तन को अपना प्रस्थान बिन्दु बनाया किन्तु हिन्दी प्रदेश की जनता जो प्राय: भाग्यवाद और पुनर्जन्म के दायरे में कैद थी—उसे आर्थिक प्रश्नों और समस्याओं के प्रति जागरूक करने में उनकी भूमिका को भी कम करके नहीं आँका जा सकता। उन्होंने एक ओर अपनी सीमाओं में व्यवस्थित रूप से अर्थशास्त्र के सिद्धान्त पक्ष का ढाँचा खड़ा करने का प्रयास किया तो दूसरी ओर अपने आर्थिक लेखन के द्वारा इस देश की दयनीय दशा से हिन्दी पाठकों को परिचित करते हुए उन्हें यह सोचने के लिए विवश किया कि इस दशा के लिए नियति या पुनर्जन्म दोषी नहीं, बल्कि इसके लिए उपनिवेशवादी शक्तियों द्वारा किया जा रहा निर्लज्ज शोषण ही उत्तरदायी है। हिन्दी प्रदेश ने पहली बार अपनी आर्थिक दुरवस्था के लिए जिम्मेदार उपनिवेशवादी शक्तियों के चरित्र को पहचाना।

हिन्दी नवजागरण के आर्थिक चिन्तन ने भारत के स्वाधीनता संग्राम के लिए आवश्यक भूमि तैयार की। उन्होंने पहली बार आर्थिक प्रश्नों को राजनीतिक स्वाधीनता के प्रश्नों से जोड़ा। उन्होंने पूरी गम्भीरता के साथ यह प्रतिपादित किया—

सम्पत्तिशास्त्र का सम्बन्ध व्यापार और राज्य व्यवस्था से बहुत अधिक है। पर इन दोनों बातों में यह देश पराधीन है। जिस तरह से विदेशियों ने इस देश के राजपाट को अपने अधीन कर लिया है उसी तरह व्यापार को भी। जब सम्पत्तिशास्त्र के उत्पादक कारण उपस्थित हुए तब स्वाधीनता जाती रही। और स्वाधीनता के बिना सम्पत्ति-वृद्धि के नियम बनाकर तदनुकूल व्यवहार करना और सम्पत्ति को नष्ट होने से बचाना बहुत कठिन काम है। तथापि स्वदेश प्रेम का अंकुर लोगों के हृदय-क्षेत्र पर जैसे-जैसे अंकुरित होता जाता है तैसे-तैसे इस देश की सम्पत्ति के बढ़ाने और उसका निर्गमन रोकने की यथाशक्ति चेष्टा की जाने लगी है।[44]

यह सही है कि स्वदेश-प्रेम हमें देश के आर्थिक प्रश्नों से जोड़ता है किन्तु हिन्दी नवजागरण के आर्थिक चिन्तन ने रचनात्मक राष्ट्रीयता की अलख जगाकर भारत की स्वाधीनता का पथ प्रशस्त किया।

आर्थिक जागरण के परिप्रेक्ष्य में हिन्दी नवजागरण से जुड़े साहित्यकारों ने जहाँ एक ओर भारतवर्ष की आर्थिक दुरवस्था की ओर जनता का ध्यान आकर्षित किया वहाँ दूसरे आर्थिक दृष्टि से समुन्नत देशों का उदाहरण प्रस्तुत करते हुए आर्थिक जागरण की आवश्यकता पर बल दिया। इस सम्बन्ध में क्रान्तिकारी और आर्थिक चिन्तक श्रीराधामोहन गोकुल के विचार उल्लेखनीय हैं। गोकुल जी लिखते हैं—

> भारतवर्ष जैसे परतंत्र, धनहीन परन्तु सब प्रकार के काम के द्रव्यों से और बड़ी मनुष्य संख्या से परिपूर्ण देश को भी हम जो दुखी देखते हैं सो सब अर्थ विद्या के अभाव का ही कारण है। बिना अर्थशास्त्र के ज्ञान के परमात्मा के दिये हुए असीम द्रव्य बिल्कुल व्यर्थ हो रहे हैं। और उन्हीं से दूसरे अर्थशास्त्र तत्त्व के जानने वाले धनी हो गए और होते जाते हैं। छोटे-छोटे देश जो बल, बुद्धि, विद्या, उपजाऊ धरती कुछ भी नहीं रखते, न उनके यहाँ की धरती ही कच्चे द्रव्यों को अपने गर्भ से स्वभावतः पैदा करने वाली है, पर वे अपनी अर्थविद्या की बदौलत उक्त सब त्रुटियों को जीतकर उन्नति कर गए परन्तु भारत दिनोदिन गड्ढे में ही गिरता जा रहा है। फिर क्या अब भी हम अर्थविद्या के बड़प्पन को भूल ही बैठे रहेंगे।[45]

कहने का आशय यह है कि हिन्दी नवजागरण के जिन साहित्यकारों ने आर्थिक पक्षों को अपने लेखन का विषय बनाया वे जनता को आर्थिक दृष्टि से यदि जाग्रत करना चाहते थे तो उसके मूल में यह धारणा थी कि भारतवासी अपने को आर्थिक दृष्टि से समुन्नत बनाने के लिए अर्थ के महत्त्व को समझकर आर्थिक प्रश्नों से रूबरू होकर अपने, अपने समाज और अपने देश को आर्थिक दृष्टि से विकसित और समृद्ध बनाने में सार्थक और रचनात्मक भूमिका का निर्वाह करें। वे यह भी सोचते थे कि आर्थिक चिन्तन ही राजनीतिक स्वाधीनता की धुरी है। अतः राजनीतिक स्वाधीनता की दिशा में आगे बढ़ने के लिए आर्थिक जनजागरण आवश्यक ही नहीं अपरिहार्य भी है।

अर्थशास्त्र का सैद्धान्तिक ढाँचा खड़ा करने का प्रयास

हिन्दी नवजागरण से जुड़े साहित्यिकारों ने केवल भारत की आर्थिक दुरवस्था का अंकन करते हुए उनके उत्तरदायी कारणों की ही विवेचना नहीं की, बल्कि अर्थशास्त्र का एक सैद्धान्तिक ढाँचा खड़ा करने का भी सफल प्रयास किया। इन साहित्यकारों ने न

केवल साहित्य की परम्परागत विधाओं को अपना विषय बनाया, बल्कि अपने लेखन द्वारा ज्ञान-विज्ञान से जुड़े विषयों को भी महत्त्व प्रदान किया। इसी क्रम में अर्थशास्त्र का स्वरूप निर्धारित किया गया। आचार्य महावीर प्रसाद द्विवेदी ने अर्थशास्त्र को सम्पत्तिशास्त्र का नाम देते हुए उसकी परिभाषा इन शब्दों में प्रस्तुत की—

> यह वह शास्त्र है जिसमें मनुष्य समाज या मनुष्य जीवन से सम्बन्ध रखने वाले कुछ व्यापक व्यवहारों को आधार मानकर उनका शास्त्रीय विचार किया जाता है। इस तरह शास्त्र के प्राथमिक सिद्धान्त स्थिर करके, फिर इस बात पर विचार किया जाता है कि उस समय मनुष्य की जैसी स्थिति है उसके ख्याल से ये सिद्धान्त कहाँ तक सही हैं।[46]

इस परिभाषा से स्पष्ट है कि अर्थशास्त्र के अन्तर्गत न केवल उसके सैद्धान्तिक पक्ष का निर्धारण करके उसकी मीमांसा की जाती है, बल्कि अपने समय की परिस्थितियों और जनसाधारण की आर्थिक प्राथमिकताओं और समस्याओं के अनुरूप उन सिद्धान्तों के व्यवहार-पक्ष की विवेचना भी की जाती है। हिन्दी नवजागरण के आर्थिक चिन्तन की एक महत्त्वपूर्ण विशेषता यह है कि उसमें सिद्धान्त-पक्ष और व्यवहार-पक्ष का सन्तुलन साधा गया है।

अर्थशास्त्र का हमारे सामाजिक और राष्ट्रीय जीवन में क्या महत्त्व है, इससे नवजागरण के आर्थिक चिन्तक भलीभाँति परिचित थे। वस्तुत: जब तक भारत की दरिद्रता और उसके कारणों की प्रामाणिक पड़ताल नहीं हो जाती तब तक इस देश के लोगों द्वारा अपनी दरिद्रता का निवारण सम्भव नहीं है।

> बिना सम्पत्तिशास्त्रीय (महावीर प्रसाद द्विवेदी जी अर्थशास्त्र को सम्पत्तिशास्त्र की संज्ञा से अभिहित करते हैं) ज्ञान के इसका (दरिद्रता का) यथार्थ कारण जानना बहुत कठिन है। ××× सम्पत्तिशास्त्र पढ़ने और विचार करने वाले उसके सिद्धान्तों के अनुसार व्यवहार करने से वहाँ की दरिद्रता थोड़ी-बहुत जरूर दूर हो सकती है। अच्छी तरह शिक्षा न मिलने और सम्पत्तिशास्त्र का ज्ञान न होने से हम लोग अपनी कमजोरियों को नहीं जान सकते; और देश की दशा क्यों खराब हो रही है, इसके कारणों को नहीं समझ सकते।[47]

इससे स्पष्ट है कि अर्थशास्त्र (या सम्पत्तिशास्त्र) के कुछ सुनिश्चित उद्देश्य हैं—जैसे जिन उपायों से सम्पत्ति की उत्पत्ति, बढ़ोतरी और संरक्षण के जो प्राकृतिक कारण हैं—उनको जानना; और उन उपायों को भी जानना जिनसे ऐसा करना सम्भव हो सकता है। शासन, व्यापार और उद्योग—जिनका सम्बन्ध सम्पत्ति की उत्पत्ति, वृद्धि और रक्षा से है उनका ज्ञान प्राप्त करना।

हमें यह स्वीकार करना होगा कि अर्थशास्त्र का जो ढाँचा हिन्दी नवजागरण के आर्थिक चिन्तकों ने निर्धारित और विकसित किया वह न तो पूरी तरह मौलिक है और न अन्तिम ही। वह पूरी तरह निर्दोष हो ऐसा भी नहीं कहा जा सकता किन्तु इसकी सबसे बड़ी विशेषता यह है कि इसे अपने देश की आर्थिक परिस्थितियों, प्राथमिकताओं और समस्याओं के परिप्रेक्ष्य में विकसित किया गया है। यह अर्थशास्त्र किसानों और मजदूरों के प्रति गहरी संवेदना से अपना प्राण-रस ग्रहण करता है अत: अर्थशास्त्र के पूर्वोपलब्ध सैद्धान्तिक ग्रन्थों की भाँति नीरस, जड़ और उबाऊ नहीं, बल्कि उसमें साहित्यगत मानवीय संवेदना का संस्पर्श भी होता जाता है। इन आर्थिक चिन्तकों के सम्मुख एक ओर अर्थशास्त्रीय चिन्तन की यूरोपीय परम्परा थी तो दूसरी ओर भारतीय आर्थिक चिन्तन की पृष्ठभूमि भी मौजूद थी। भले ही उनके द्वारा प्रस्तुत अर्थशास्त्र का ताना-बाना आधारभूत रूप से यूरोपीय आर्थिक चिन्तकों—एडम स्मिथ (राष्ट्र की सम्पत्ति), जान स्टुअर्ट मिल (राजनीतिक अर्थशास्त्र) आदि से बुना गया हो किन्तु दादाभाई नौरोजी, आर.सी. दत्त, महादेव गोविंद रानाडे जैसे देशभक्तों के आर्थिक राष्ट्रवाद ने भी उन्हें अपने ढंग से प्रभावित किया। यही कारण है कि हिन्दी नवजागरण का अर्थशास्त्र आर्थिक वास्तविकताओं की विवेचना करते हुए राजनीतिक वास्तविकताओं में पर्यवसित हो जाता है। इस प्रकार हिन्दी नवजागरण के आर्थिक चिन्तन का एक महत्त्वपूर्ण उद्‌देश्य हिन्दी के अपने अर्थशास्त्र का निर्माण भी था जिसमें वे पूरी तरह सफल रहे।

शासन की गलत आर्थिक नीतियों की आलोचना और सुझाव

जैसा कि पहले कहा जा चुका है कि हिन्दी नवजागरण के आर्थिक चिन्तन से पूर्व भी आर्थिक राष्ट्रवादी नेताओं द्वारा प्रामाणिक रूप से यह स्थापित किया जा चुका था कि भारत के आर्थिक शोषण और तज्जन्य घोर गरीबी के लिए केवल ब्रिटिश शासन ही उत्तरदायी है। हिन्दी नवजागरण काल में अपने आर्थिक चिन्तन के द्वारा साहित्यकारों ने इस पूर्वधारणा को तो पुष्ट किया ही ब्रिटिश शासन को भी खूब खरी-खोटी सुनाई। ऐसा आर्थिक राष्ट्रवाद के पुरोधाओं के द्वारा सम्भव न हुआ। इसके लिए उनका ब्रिटिश शासन-समर्थक नरम दृष्टिकोण उत्तरदायी था। हिन्दी नवजागरण के आर्थिक चिन्तन में आर्थिक वास्तविकता की राजनीतिक वास्तविकता में संक्रमण को स्पष्ट रूप से देखा और महसूस किया जा सकता है। अपने लेखन के द्वारा उन्होंने भारत की आर्थिक दुरवस्था के लिए सीधे-सीधे सरकार को आड़े हाथों लिया है। जब ब्रिटिश शासन के अधिकारी अपने शासन की उपलब्धियाँ गिनाने से अघाते नहीं थे तब इस शासन की आलोचना करते हुए भारतेन्दु ने कविवचन सुधा में 9 मार्च, 1874 के अंक में लिखा है—

> सरकारी पक्ष का कहना है कि हिन्दुस्तान में पहले लोग लड़ते-भिड़ते थे और आपस में गमनागमन न हो सकता था, यह सब सरकार की कृपा से हुआ। हिन्दुस्तानियों का कहना है कि उद्योग और व्यापार बाकी न रहा। रेल आदि से भी द्रव्य बढ़ने की आशा नहीं है। रेलवे कम्पनी वालों ने जो द्रव्य व्यय किया है उसका ब्याज सरकार को देना पड़ता है और उसे लेने वाले बहुधा विलायत के लोग हैं। कुल मिलाकर 26 करोड़ रुपया बाहर जाता है।[48]

यह सही है कि हिन्दी नवजागरण के आर्थिक चिन्तन के दौर में ब्रिटिश शासन की आलोचना में उतनी कटुता या उग्रता नहीं थी जितनी कि 20वीं शती के प्रारम्भिक वर्षों से देखी जा सकती है। किन्तु इस नरम आलोचना के पीछे जो ऐंठन और क्षुब्धता है उसको स्पष्ट रूप से देखा और महसूस किया जा सकता है। ब्रिटिश सरकार द्वारा इनकम टैक्स लादे जाने पर सारसुधानिधि के लेखक द्वारा की गई टिप्पणी, हमें नवजागरण के आर्थिक चिन्तन में विद्यमान शासन के प्रति कटुता का स्पष्ट आभास इस लेख में दिखाई पड़ता है। ब्रिटिश शासन के प्रति क्षुब्धता व्यक्त करते हुए कहा गया—

> ××× यदि हमारे दिन ही अनुकूल होते तो क्या राज प्रतिनिधि प्रभु लार्ड लीटन महोदय के अधीन रहकर इस असह्य दुख के भागी होते? प्रेस और आर्म्स एक्ट अपने अत्याचार में निरत रहते? जिनकी केवल कृपादृष्टि से लोग दम भर में बन जाते हैं उन्हीं के आधिपत्य में लाइसेंस टैक्स का अपरिमित भार अपने सिर पर उठाते? क्या हमारे राजस्व मंत्री को हत्यारे लाइसेंस और इन्कम टैक्स के जन्म ग्रहण के समय करुणा न आती? ××× जानष्ट्राची साहिब जो आज कई वर्षों से हमारे देश की अवस्था को भलीभाँति जानते हैं, अज्ञ की नाईं नये-नये टैक्सों के लगाने में एताहश आग्रह क्यों करते? क्या इन्हें राजस्व के मंत्री होने पर भी इतना बोध न हुआ जो इस देश की वर्तमान अवस्था का यथार्थ अनुभव कर सकते। क्या वास्तव में प्रजा का वृतान्त उन्हें मालूम था। जो हाल में ऐसे कुसमय पर जबकि भारतवासी लाइसेंस टैक्स से महापीड़ित हो रहे थे। इन्कम टैक्स नामी एक एक नवीन कर की सृष्टि करने की सम्मति गवर्नमेंट को दी।[49]

इस उद्धरण का यदि हम ध्यानपूर्वक अवलोकन करें तो स्पष्ट होगा कि यथासम्भव शालीनता बरतने के बावजूद लेखक की ब्रिटिश शासन के प्रति कटुता और निराशा अन्ततः उभरकर सामने आ ही जाती है। हिन्दी नवजागरण के आर्थिक चिन्तकों ने प्रायः ब्रिटिश शासन की आलोचना में आवश्यक शिष्टाचार का उल्लंघन नहीं किया

है। वस्तुतः हमें इस सन्दर्भ में तत्कालीन राजनीतिक परिदृश्य को समझना होगा। सरकार उस दौर में पत्रकारों की गतिविधियों के प्रति बेहद सजग थी। वह देख रही थी कि भारत में स्वतंत्रता संग्राम के पथ को प्रशस्त करने में पत्रकारिता की भूमिका धीरे-धीरे महत्त्वपूर्ण होती जा रही है इसलिए सरकार-विरोधी समाचार-पत्रों और पत्र-पत्रिकाओं का दमन करने के लिए वह कटिबद्ध थी। ऐसे में उस दौर के पत्रकार और लेखक ब्रिटिश शासन की आलोचना करने में फूँक-फूँक कर कदम रख रहे थे। किन्तु इसके बावजूद उनका क्षोभ उबल ही पड़ता था—

> हम ऐसे बीसियों द्रष्टान्त दिखा सकते हैं कि जिन पर 500 रुपये लगाये गए हैं। इस पर कहीं टैक्स देने वाले व्यापारी ने अपना खाता पत्र दिखाया और यह दिखाया कि हम पर अन्याय टैक्स लगाया है, इस पर यहाँ के कलक्टर साहब ने यह विचार किया कि जो लोग 500 रुपये नहीं दे सकते उन पर और 250 रुपये जुरमाने के लगाकर 750 रुपये स्थिर कर लिये गए हैं। इस अन्याय का भला कहीं ठिकाना है? इस अवस्था में क्या यह जान पड़ता है कि क्या यह न्यायपरायण ब्रिटिश राज्य है? कभी नहीं।[50]

समग्रतः कहना होगा कि हिन्दी नवजागरण के आर्थिक चिन्तन में ब्रिटिश शासन की आलोचना में उग्रता और शालीनता के जो धूप छाँही रंग मौजूद हैं वे भारतीय स्वतंत्रता आन्दोलन का पथ प्रशस्त करने में महत्त्वपूर्ण और कारगर भूमिका का निर्वाह करते हैं।

हिन्दी नवजागरण के आर्थिक चिन्तन में जुड़े लेखकों ने अपने देश की दरिद्रता के लिए उत्तरदायी ब्रिटिश शासन की कटु आलोचना के साथ-साथ इस दरिद्रता के निवारण के लिए व्यावहारिक और ठोस सुझाव भी प्रस्तुत किए। दरअसल हिन्दी नवजागरण के लेखक अपने आर्थिक चिन्तन के द्वारा भावी स्वतंत्रता की नींव तो रख ही रहे थे किन्तु उन्हें इस वस्तुस्थिति का भी आभास था कि आजादी की लड़ाई को अपना लक्ष्य पाने के लिए लम्बी दूरी तय करनी है। स्वतंत्रता-प्राप्ति का लक्ष्य न इतना सरल था और न निकट ही कि वे ब्रिटिश शासन का सीधा-सीधा विरोध कर सकें। ब्रिटिश शासन एक कटु वास्तविकता थी जिसको स्वीकार किए जाने के अतिरिक्त कोई चारा न था। इसलिए आर्थिक सुधारों के लिए वे इस सरकार से अपील भी करते थे और ठोस सुझाव भी देते थे। इस सम्बन्ध में आचार्य महावीर प्रसाद द्विवेदी ने 'सम्पत्तिशास्त्र' में लिखा—

> राजा जो कर प्रजा से लेता है वह प्रजा की रक्षा के लिए, प्रजा के लाभ के लिए लेता है। प्रजा को अर्थकारी शिक्षा देना भी राजा का ही काम है। पर औद्योगिक कला-कौशल सम्बन्धी शिक्षा देने का गवर्नमेंट ने आज तक

> इस देश में कुछ भी प्रबन्ध नहीं किया। जो कुछ किया भी वह न करने के बराबर है। जिस जाति को—जिस देश को—इस सभ्यता और व्यापार विषयक चढ़ा-ऊपरी के जमाने में औद्योगिक शिक्षा नहीं मिलती उसकी आर्थिक दशा कभी उन्नत नहीं हो सकती। अंग्रेजों की जाति व्यापार ही से बढ़ी है। उद्योग और कला-कौशल ही की बदौलत वह इस समय संसार में सबसे अधिक सम्पत्तिवान् हो रही है। हिन्दुस्तान का राज्यसूत्र इसी जाति के हाथ में है। अतएव यही जाति यदि हम लोगों को शिल्प, वाणिज्य और कला-कौशल आदि से सम्बन्ध रखनेवाली अर्थकारी विद्या न सिखलावे तो बड़े आश्चर्य की बात है।[51] सारसुधानिधि ने जहाँ इन्कम टैक्स के कष्ट के निवारण के लिए अपील विभाग के पुनर्गठन का सुझाव दिया[52] तो राधामोहन गोकुल ने अकाल की दशा में देश के अन्न को निर्यात न करने की अपील की।[53]

कहने का आशय यह कि हिन्दी नवजागरण के लेखकों ने जहाँ एक ओर भारत की दयनीय आर्थिक दशा के लिए उपनिवेशवादी शक्तियों को आड़े हाथों लिया वहाँ इस आर्थिक दशा को सुधारने के लिए अपील करने एवं सुझाव प्रस्तुत करने का रास्ता भी अपनाया। यह बात अलग है कि इन अपीलों और सुझावों का ब्रिटिश शासन पर कोई असर नहीं पड़ा।

आर्थिक दशा सुधारने के लिए भारतीयों का आह्वान

हिन्दी नवजागरण का आर्थिक चिन्तन अपनी अन्त:प्रकृति से राष्ट्रीय है। उसके मूल में देश और देशवासियों की निर्धनता की चिन्ता विद्यमान है। इस दौर का लेखक यह भलीभाँति जानता है कि भारत की दरिद्रता के लिए प्रमुख रूप से उपनिवेशवादी शक्तियाँ उत्तरदायी हैं। किन्तु इस आर्थिक चिन्तन का उद्‌देश्य केवल इन शक्तियों की आलोचना मात्र नहीं है, बल्कि वह इस देश की निर्धनता के लिए एक हद तक अपने देशवासियों को भी दोषी पाता है। अपने आर्थिक चिन्तन को प्रस्तुत करने में इन लेखकों का एक महत्त्वपूर्ण उद्‌देश्य यह भी है कि वे अपने देश की दरिद्रता के लिए देशवासियों, किसानों, मजदूरों, व्यापारियों और उद्योगपतियों को जागृत करें। उनके वे दोष जो इस दरिद्रता को बनाए रखने के लिए (आंशिक रूप से ही सही) जिम्मेदार हैं—उन्हें रेखांकित करें और इसके साथ उन उपायों को भी बताएँ जिनसे उनकी और देश की दरिद्रता को कम किया जा सकता है।

भारत एक कृषि प्रधान देश है—इस अवधारणा को भी हम आज भी स्वीकार करते हैं। इसमें कोई सन्देह नहीं कि यह अवधारणा न केवल निर्विवाद है बल्कि हमारे देश की केन्द्रीय विशेषता है। नवजागरण काल में भी इस वैशिष्ट्य को स्वीकार

करने में किसी को भी आपत्ति नहीं थी। किन्तु इस दौर के जिन लेखकों ने देश की आर्थिक समस्याओं पर विचार किया वे अपने आर्थिक चिन्तन से भारत के भविष्य की रूपरेखा भी तैयार कर रहे थे। उन्होंने अपने समय की परिस्थितियों पर विचार कर यह पाया कि उपनिवेशवादी शक्तियाँ कदापि यह नहीं चाहती थीं कि यह देश औद्योगिक, व्यापारिक और तकनीकी दृष्ट से समुन्नत हो। उनकी योजना थी कि भारत केवल कच्चे माल का उत्पादक देश बनकर उनके औद्योगिक और व्यापारिक मंसूबों को पूरा करता रहे। भारत को कृषि प्रधान देश बनाए रखकर ही वे अपने मंसूबों को पूरा कर सकते थे। हमारे देश के लोग भी किसानी को ही प्रमुख रूप से अपनी आजीविका का साधन मानते थे। एक ओर तो ब्रिटिश सरकार ने जानबूझकर इस देश के शिल्प और उद्योग को नष्ट किया और नष्ट हो जाने दिया तो दूसरी ओर किसानी पर निर्भरता और शिल्प तथा दस्तकारी के प्रति उदासीनता ने कृषि-योग्य भूमि पर बोझ बढ़ा दिया। परिवार बढ़ने के साथ जोत की भूमि सिकुड़ती गई। किसानों का खेती से भरण-पोषण कठिन होता गया। परिणामस्वरूप अनेक रूपों में किसान गरीबी के मकड़जाल में फँस गए। 'मर्यादा' पत्रिका में श्रीरामकृष्ण शर्मा ने भारत के कृषि प्रधान होने पर टिप्पणी करते हुए लिखा—

> हमारे देश की अवनति का सबसे बड़ा कारण उसका कृषि प्रधान होना ही है। बहुत वर्षों से, जबसे यहाँ की कारीगरी का नाश हुआ है, देश के लोगों का सबसे बड़ा काम खेतीबारी ही रह गया है। वह देश जिसमें केवल कच्चा माल ही उपजाया जाता है, कभी आर्थिक या सामाजिक उन्नति नहीं कर सकता।[54]

लेखक कारीगरी के विनाश के लिए तो ब्रिटिश शासन को उत्तरदायी मानता है किन्तु इसके साथ ही कृषि के अलावा अन्य दस्तकारियों या उद्योगों के लिए भारतीयों को प्रेरित भी करना चाहता है। वह इस बात पर बल देता है कि कोई भी देश जब तक शिल्प, उद्योग और व्यापार में आगे नहीं बढ़ता और कच्चे माल को पैदा करने में ही लगा रहता है उसके पिछड़े रहने में कोई सन्देह नहीं। किन्तु भारत के कृषिप्रधान न होने से उसकी असहमति नहीं है, बल्कि वह देश में कृषि, उद्योग और व्यापार में सन्तुलन साधने के पक्ष में है। आज के दौर में भी भारत को कृषिप्रधान माना जाता है किन्तु अब वैश्वीकरण के चलते किसान और खेती के विकास को महत्त्व नहीं दिया जा रहा। बहुराष्ट्रीय कम्पनियों, देसी उद्योगपतियों द्वारा जिस प्रकार सरकारों को दबाव में लेकर उद्योगों और बहुमंज़िली इमारतों का जाल बिछाया जा रहा है उसमें किसान आज हाशिये पर हैं। भूमाफियाओं को खुलकर खेलने का मौका मिल गया है। खेती की जमीन पर कंक्रीट के जंगल पसरते जा रहे हैं। हिन्दी नवजागरण के आर्थिक चिन्तन में निश्चय ही भारत में औद्योगिकीकरण को समर्थन दिया गया

था किन्तु वह भारत की कृषिप्रधानता को नष्ट करने के लिए नहीं था, बल्कि कृषि और उद्योगों के बीच सन्तुलन बिठाने के लिए था। भारत के विकास के लिए हम हिन्दी नवजागरण के आर्थिक चिन्तन से बहुत कुछ सीख सकते हैं।

हिन्दी नवजागरण के जिन लेखकों ने भारत की आर्थिक दशा पर विचार करते हुए इस दशा से मुक्ति पाने के लिए जो सुझाव प्रस्तुत किए उनमें न केवल राष्ट्रभक्ति की भावना है बल्कि ये सुझाव काफी हद तक यथार्थपरक और रचनात्मक हैं। जैसा कि हम पूर्व में देख चुके हैं कि नवजागरण के आर्थिक चिन्तकों ने भारत की कृषि प्रधानता के समानांतर स्वदेशी दृष्टि से उद्योगों और व्यापार के विकास पर बल दिया। उन्होंने उद्योगों के विकास में स्वदेशी शिल्प को अपनाने पर बल दिया—

> ××× यही अवसर है हम लोग विदेशीय शिल्प की अपेक्षा अपने देशी शिल्प का आदर करें और यहाँ बड़े-बड़े शिल्प कार्यालय खोलें जिनकी बहुतायत से यहाँ विदेशीय शिल्पजात पदार्थों की अपेक्षा स्वदेशीय शिल्पजात पदार्थ सहज और सस्ते प्राप्त हों।[55]

सदानन्द मिश्र ने इस पत्रिका में संकलित अपने विचार 'भारतीय शिल्पोन्नति की आवश्यकता' लेख में सन् 1882 में प्रस्तुत किये। उस समय तक स्वदेशी आन्दोलन का प्रारम्भ नहीं हो पाया था। किन्तु स्वदेशी शिल्प की उन्नति के लिए लेखक द्वारा दिया गया सुझाव स्वदेशी आन्दोलन के भविष्य का पथ प्रशस्त करता है। व्यापार में भारत के वर्चस्व के लिए श्रीराधामोहन गोकुल ने भारतीय व्यापारियों के समक्ष जो सुझाव प्रस्तुत किये उनका उल्लेख भी यहाँ किया जाना आवश्यक है। गोकुलजी लिखते हैं—

> यह समय हमारे देशी धनी पात्रों, व्यवसायियों के सचेत होने का है, चाहिए कि वे विदेश का माल मँगाना सर्वथा बन्द करें। जो खरीदें तो तैयार माल कलकत्ता, बम्बई, करांची आदि बन्दरगाहों पर अपने नेत्रों से देखकर भाव करके एक हाथ में माल लें दूसरे हाथ से दाम दें। नहीं तो, जर्मनी, जापान, अमरीका से जो भी चीजें खरीद लेते हैं उनके बनाने की कलें खरीदें और आप माल तैयार करें तथा कारीगरों से उदारता के साथ बरतें और कलें तैयार करावें, कम्पनियाँ बनावें, विचार से काम करें। जो अपना विश्वास न करे उसके बाप-दादों और देश का विश्वास स्वप्न में भी न करें। तब व्यापार की लड़ाई जीतेंगे।[56]

यदि हम ध्यान से इस अवतरण का अनुशीलन करें तो पाएँगे कि व्यापार की उन्नति के लिए दिए गए इन ठोस सुझावों में राष्ट्रीय स्वाभिमान भी झिलमिला रहा है। गोकुलजी उन वस्तुओं को स्वयं अपनी कलों से बनाने पर जोर दे रहे हैं। लगभग

110 वर्ष बाद हमारी सरकार 'मेक इन इंडिया' का नारा देकर विदेशी सामान के आयात के साथ तकनीक के आयात पर भी बल दे रही है। उसी का यह परिणाम है कि न केवल बड़े हथियारों, संयंत्रों, उपग्रहों आदि के निर्माण में सक्षम होकर भारत विकसित देशों की पंक्ति में शामिल हो गया है। हिन्दी नवजागरण का आर्थिक चिन्तन अपनी अन्त:प्रकृति से स्वदेशी है—की नींव पर भारत अपने वर्तमान और भविष्य का ताना-बाना बुन रहा है इसमें कोई सन्देह नहीं।

यदि हम समग्रत: नवजागरण के आर्थिक चिन्तन के अन्तर्गत इन लेखकों द्वारा अपने देशवासियों को दिए गए सुझावों का विहंगावलोकन करना चाहें तो देश की आर्थिक दशा सुधारने के लिए निम्नलिखित सुझावों पर विशेष बल दिया गया—

खेती के पुराने तरीकों से भूमि की उर्वरा शक्ति नहीं बढ़ाई जा सकती। इसके लिए यह आवश्यक है कि इसके लिए नये प्रकार के कृषि-यंत्रों का प्रयोग हो। दूसरे देशों में कृषि-उत्पादन बढ़ाने के लिए जिन उपायों को काम में लाया जाता है उन्हें अपने देश में भी काम में लाया जाए। यदि हमें कृषि उत्पादन में वृद्धि करनी है तो इसके लिए कृषि-कार्य में शिक्षित युवकों की आवश्यकता होगी। इसके लिए देश में कृषि विश्वविद्यालयों की स्थापना करना आवश्यक है। इन विश्वविद्यालयों में कृषि के लिए उन्नत प्रविधियों का प्रशिक्षण दिया जाए। हमारे किसान शिक्षा के अभाव में जिन पुराने तौर-तरीकों को अपनाकर खेती कर रहे हैं उनसे कृषि-उत्पादन बढ़ने की कोई सम्भावना नहीं। कृषि की उन्नत प्रविधियों में पारंगत लोगों द्वारा ही जमीन की उत्पादक शक्ति में वृद्धि की जा सकती है। इसके साथ ही परती पड़ी जमीन है, उसको कृषि योग्य बनाने के लिए भी प्रयास करने होंगे। दरअसल कृषि-योग्य जमीन पीढ़ी-दर-पीढ़ी बँटवारे के कारण सिकुड़ती जा रही है। खेती पर निर्भरता बढ़ने के समानांतर कृषि-योग्य भूमि का कम होते जाना कृषि-उत्पादन को घटाता है। बहुत सी अच्छी जमीन है, जो परती पड़ी है। उसको खेती योग्य बनाने से भूमि के सिकुड़ते जाने की समस्या से एक हद तक निजात पाई जा सकती है।

इस देश में हस्त-शिल्प की दशा अत्यन्त शोचनीय है। इसमें कोई सन्देह नहीं कि उपनिवेशवादी शक्तियों ने हमारे हस्त-शिल्प को विनाश के कगार पर पहुँचा दिया। हमें हस्त-शिल्प उद्योग को दोबारा खड़ा करना है। इसके लिए दस्तकारों को पुराने तरीकों को छोड़ना होगा। हस्त-शिल्प से उत्पादित वस्तुओं की परम्परागत गुणवत्ता को बनाए रखने के साथ-साथ उनके उत्पादन में माँग के अनुरूप वृद्धि तथा लागत में कमी का सन्तुलन भी स्थापित करना होगा। इसके लिए उन्नत तकनीकों को अपनाना आवश्यक ही नहीं अपरिहार्य भी है।

एक समय था जब यह देश अपने विश्वविख्यात उत्पादनों को बाहर भेजकर समृद्ध होता जा रहा था। हमारे उत्पादनों की दूसरे देशों में बेहद माँग थी। औद्योगिक क्रान्ति के बाद हमारे कच्चे माल को बाहर भेजकर बाहर से तैयार माल से यहाँ के

बाजार को पाट दिया गया। भारत केवल कच्चे माल का उत्पादन करने वाला देश बनकर रह गया। हिन्दी नवजागरण के आर्थिक चिन्तकों ने स्वदेशी आन्दोलन से प्रेरित होकर देशवासियों का आह्वान किया कि जिस कच्चे माल को इंग्लैंड भेजकर उपनिवेशवादी शक्तियाँ तैयार माल से हमारे देस के बाजार को पाटकर समृद्ध होती जा रही हैं, उसी कच्चे माल को बाहर न भेजकर हम स्वयं ही उसका उपयोग कर इस देश में ही वस्तुओं का उत्पादन करें। इसके लिए नई मशीनों को बाहर से मँगाकर सम्पन्न भारतीय स्वयं उद्योग स्थापित करें। इससे हमारी आर्थिक दशा में अपेक्षित सुधार हो सकता है। किन्तु यह सब तभी सम्भव था जब सरकार भी इस दिशा में सहयोग दे। इसके लिए हिन्दी नवजगारण में आर्थिक विषयों के लेखक सरकार को भी समय-समय पर सुझाव भेजकर उन्हें प्रेरित करते रहते थे।

उस दौर में जिनके पास धन था वे पूँजी को बढ़ाने में प्राय: रुचि नहीं लेते थे। धन को या तो गाड़कर या किसी अन्य विधि से छिपाकर रखा जाता था अथवा उसे ब्याज पर उठाकर उससे प्राप्त लाभ पर ही सन्तोष कर लिया जाता था। जोखिम उठाकर बड़ा लाभ कमाने की प्रवृत्ति हमारे देश के धनिकों में प्राय: नहीं रही। इन लेखकों में से अनेक ने यहाँ के धनिकों की इस बात के लिए आलोचना की और आह्वान किया कि संचित पूँजी की अभिवृद्धि के लिए यह पैसा कलकारखानों को स्थापित करने में लगा दिया जाए। संभूय समुत्थान के आदर्श पर चलकर व्यवसाय किया जाए या उद्योगों का संचालन किया जाए।

समग्र रूप से कहना होगा कि एक ओर तो इन लेखकों ने भारत की निर्धनता के लिए उपनिवेशवादी शक्तियों को उत्तरदायी माना दूसरी ओर अपने देशवासियों की उन कमियों को भी रेखांकित किया जिनके चलते यह देश निर्धनता की समस्या से उबर नहीं पा रहा था। उन्होंने देश और समाज के हर वर्ग को ध्यान में रखते हुए अपने सुझाव प्रस्तुत किए और आवश्यकता पड़ने पर आलोचना भी की। दरअसल हिन्दी नवजागरण के आर्थिक चिन्तन का उद्‌देश्य आलोचना और सुझावों के माध्यम से देशवासियों के बीच आर्थिक जागृति उत्पन्न करना था, ताकि भारत अपनी निर्धनता से अपने बल पर उबर सके। इसमें कोई सन्देह नहीं कि हिन्दी नवजागरण का आर्थिक चिन्तन अपने इस उद्‌देश्य में न केवल सफल हुआ, बल्कि वह राष्ट्रीय फलक पर अपना प्रभाव छोड़ पाने में भी सफल रहा।

हिन्दी साहित्य का फलक विस्तार

हिन्दी नवजागरण के आर्थिक चिन्तन का शुद्ध साहित्य से कोई प्रत्यक्ष सम्बन्ध नहीं है। क्योंकि उसका आधारभूत सम्बन्ध अर्थशास्त्र से है इसलिए साहित्य की परम्परागत अवधारणा की परिधि में वह नहीं आता। जब हम साहित्य की बात करते हैं तब

स्वाभाविक रूप से उसमें काव्य, गद्य की विविधताएँ (नाटक, उपन्यास, कहानी, संस्मरण, रेखाचित्र आदि) साथ ही सैद्धान्तिक और व्यावहारिक आलोचना को भी हम साहित्य के अन्तर्गत शामिल करते हैं। आधुनिक युग में भले ही साहित्येतर-ज्ञानात्मक एवं विज्ञान साहित्य को भी साहित्य के बृहत्तर दायरे में शामिल किया जाने लगा हो किन्तु अपने बद्धमूल दृष्टिकोण के कारण साहित्य को प्रायः सीमित दायरे में ही रखकर देखा जाता है।

उपनिवेशवादी शक्तियों का राजनीतिक वर्चस्व जैसे ही भारत पर स्थापित होता है वैसे ही हमें मध्ययुगीन बोध का तिलिस्म टूटता दिखाई देता है। धीरे-धीरे होता अंग्रेजी शिक्षा का विस्तार; उपनिवेशवादियों के हितों के अनुरूप बढ़ता आधुनिकीकरण भारतीय नवयुवकों को व्यापक रूप से प्रभावित और उद्वेलित कर रहा था। तार्किक वैज्ञानिक दृष्टिकोण का वे एक हथियार के रूप में इस्तेमाल करना सीखने लगे थे जिसके पीछे कहीं न कहीं औपनिवेशिक प्रभाव मौजूद था। मुद्रण यंत्रों के उपयोग ने गद्य के प्रसार में महत्त्वपूर्ण भूमिका निभाई। इस गद्य में साहित्य के साथ-साथ साहित्येतर विषयों का समावेश भी होता गया।

हिन्दी में भारतेन्दु युग से व्यवस्थित और सजीव गद्य की विकास-परम्परा आरम्भ होती है। यद्यपि भारतेन्दु ने पद्य में प्रमुखतः पारम्परिक बोध को ही अभिव्यक्ति दी किन्तु गद्य में उन्होंने अपने समय की वास्तविकताओं को रेखांकित किया। उन्होंने उपनिवेशवादी शक्तियों की उपलब्धियों और सीमाओं को बहुत गहराई से समझा और भारतीयों को नये भारत के निर्माण की नई चुनौतियों का साम्ना करने की प्रेरणा दी। उन्होंने इसके लिए हिन्दी गद्य को तैयार करने के लिए आवश्यक पृष्ठभूमि का निर्माण किया। उन्होंने लेखकों को इतिहास, भूगोल, राजनीति आदि विभिन्न विषयों पर लेख लिखने के लिए प्रेरित और प्रोत्साहित किया। दरअसल भारतेन्दु की साहित्य-साधना के मूलभूत उद्देश्यों में एक महत्त्वपूर्ण उद्देश्य था—'स्वत्वनिज भारत गहै।' वे चाहते थे कि भारत अपनी अस्मिता को पहचानकर उसे समग्रता से आत्मसात करे। उनकी दृष्टि में भारत की आर्थिक, राजनीतिक और सांस्कृतिक पराधीनता उसके स्वत्व पाने में सबसे बड़ी बाधाएँ हैं। उन्होंने यद्यपि एक कवि, लेखक और पत्रकार के रूप में तीनों प्रकार की पराधीनताओं पर निर्णायक प्रहार किये हैं किन्तु भारत की आर्थिक पराधीनता जिसके मूल में उपनिवेशवादी शोषण मुख्य कारण था—को लक्ष्य बनाकर उन्होंने अपने आर्थिक चिन्तन का स्वरूप निर्धारित किया। उनकी 'कविवचनसुधा' की टिप्पणियाँ; पं. सदानन्द मिश्र की 'सारसुधानिधि' के आलेख; माधव राव सप्रे का स्वदेशी आन्दोलन पर लिखा गया विस्तृत निबन्ध—वास्तव में समस्त भारतेन्दु युग अपने आर्थिक चिन्तन के माध्यम से पहले के साहित्य को विचार के एक नये धरातल पर खड़ा कर रहा था यह धरातल कठोर है, वास्तविक है और अभूतपूर्व भी।

द्विवेदी युग वस्तुतः भारतेन्दु युग के गद्य की वैचारिक परम्परा का अधिक तार्किक और प्रामाणिक विकास है। भारतेन्दु युग में आधुनिक होने के पहले अहसास के साथ कविता की पुरानी परम्पराएँ भी संरक्षित और संवर्द्धित होती रहीं। द्विवेदी युग में एक ओर तो रीतिकालीन शृंगारिकता और कलावाद पर कठोर प्रहार किया गया तो दूसरी ओर आर्यसमाज से प्रेरित और प्रभावित होकर साहित्य में नैतिकता और समाज सुधार का अलख जगाया गया।

आचार्य महावीर प्रसाद द्विवेदी ने साहित्य को ज्ञान-राशि का संचित कोश मानकर साहित्य को सस्ते मनोरंजन की कारा से मुक्त किया। हिन्दी पाठक जो साहित्य के सीमित दायरे में सन्तुष्ट था उसे 'सरस्वती' के माध्यम से ज्ञान-विज्ञान से जोड़ने में द्विवेदी जी ने महत्त्वपूर्ण भूमिका का निर्वाह किया। इसी क्रम में उन्होंने अपने महत्त्वपूर्ण ग्रन्थ 'सम्पत्तिशास्त्र' के माध्यम से आर्थिक चिन्तन की परम्परा का सूत्रपात किया। 'सम्पत्तिशास्त्र' में एक ओर उन्होंने देसी अर्थशास्त्र का एक सैद्धान्तिक ढाँचा खड़ा करने का भगीरथ प्रयास किया तो दूसरी ओर उन्होंने भारतीय किसानों और श्रमिकों के आर्थिक शोषण की प्रामाणिक एवं मर्मस्पर्शी विवेचना की। इसी क्रम में जाने-माने साहित्यकार और क्रान्तिकारी राधामोहन गोकुल ने अपनी पुस्तिका 'देश का धन' में द्विवेदी जी की आर्थिक चिन्तन की परम्परा को आगे बढ़ाया। बाद में 'मर्यादा' पत्रिका में आर्थिक चिन्तन सम्बन्धी अनेक लेख प्रकाशित हुए।

समग्रतः भारतेन्दु युग में आर्थिक चिन्तन की जो वैचारिक परम्परा आरम्भ हुई उसको घनत्व और विस्तार द्विवेदी-युग में प्राप्त हुआ। द्विवेदी-युग के बाद जाने-माने कवि, लेखक, पत्रकार और स्वतंत्रता सेनानी माखनलाल चतुर्वेदी ने 'कर्मवीर' पत्र का सम्पादन करते हुए द्विवेदीयुगीन आर्थिक चिन्तन को एक नई ऊर्जा और दिशा प्रदान की। प्रेमचन्द जी ने 'हंस' में अपनी सम्पादकीय टिप्पणियों के द्वारा यथार्थ के धरातल पर किसानों और मजदूरों के आर्थिक शोषण की विडम्बनाओं और अन्तर्विरोधों को रेखांकित किया। पं. सुन्दरलाल ने 'भारत में अंग्रेजी राज' (दो भागों में प्रकाशित) में भारतीय उद्योग-धंधों को अंग्रेजी शासन द्वारा नष्ट किये जाने की कारुणिक गाथा को अत्यन्त प्रामाणिक ढंग से प्रस्तुत किया।

समग्र रूप से कहें तो हिन्दी नवजागरण का आर्थिक चिन्तन जिन मूलभूत उद्देश्यों को लेकर आगे बढ़ा उनमें एक महत्त्वपूर्ण उद्देश्य हिन्दी साहित्य को 'शुद्ध साहित्य' के दायरे से निकालकर देश और समाज की वास्तविकताओं से जोड़ना था। इसलिए हिन्दी साहित्य का फलक-विस्तार आवश्यक ही नहीं अपरिहार्य भी था। हिन्दी नवजागरण का आर्थिक चिन्तन इस उद्देश्य की पूर्ति का महत्त्वपूर्ण उपक्रम था। यह हिन्दी नवजागरण के आर्थिक चिन्तन का एक उद्देश्य भी था और महत्त्वपूर्ण वैशिष्ट्य भी।

हिन्दी नवजागरण के आर्थिक चिन्तन का वैशिष्ट्य

हिन्दी नवजागरण का आर्थिक चिन्तन निश्चय ही पूर्वोपलब्ध आर्थिक चिन्तन की परम्परा का स्वाभाविक विकास है। एक ओर वह दादाभाई नौरोजी, आर.सी. दत्त, महादेव गोविंद रानाडे प्रभृति आर्थिक चिन्तन के विशेषज्ञों से प्रेरित है तो दूसरी ओर अर्थशास्त्र का प्रारम्भिक ढाँचा खड़ा करने में पश्चिम के अनेक विश्वविख्यात अर्थशास्त्रियों के सिद्धान्तों और विचारों को अपना पाथेय बनाता है। इसके साथ ही स्वदेशी आन्दोलन से भी वह रचनात्मक ऊर्जा प्राप्त करता है।

यदि सतही रूप से देखा जाए तो ऐसा प्रतीत होता है जैसे हिन्दी नवजागरण का सम्पूर्ण चिन्तन पूर्वोपलब्ध आर्थिक चिन्तन की परम्परा से भिन्न नहीं है। प्रथम दृष्ट्या हमें इस चिन्तन में मौलिकता का आभास नहीं होता। किन्तु यदि हिन्दी नवजागरण के आर्थिक चिन्तन पर सूक्ष्मता से दृष्टिपात किया जाए तो स्पष्ट होगा कि उसमें पूर्वोपलब्ध आर्थिक चिन्तन की परम्परा का पिष्टपेषण नहीं, बल्कि उसका विकास है। पूर्वोपलब्ध परम्परा से यह आर्थिक चिन्तन कितना भिन्न और किस दृष्टि से विकसित है इसे समझने के लिए हमें इस चिन्तन की उन विशेषताओं पर विचार करना होगा जो इसकी पहचान को रेखांकित करती हैं—

राष्ट्रीय दृष्टिकोण

हिन्दी नवजागरण के आर्थिक चिन्तन की धुरी उसका राष्ट्रीय दृष्टिकोण है। इस दौर का कोई लेखक ऐसा नहीं है जिसने किसी भी रूप में किसी भी दृष्टिकोण में ब्रिटिश सरकार और उसमें निहित उपनिवेशवादी शक्तियों का समर्थन किया हो। इन लेखकों से पूर्व भी बहुत से आर्थिक चिन्तकों के विवेचन में राष्ट्रीय चिन्ताएँ विद्यमान थीं। किन्तु यह लेखन प्राय: ब्रिटिश शासन से तालमेल बिठाकर चलता था। दूसरे शब्दों में कहें तो जिस वर्ग से ये लेखक आए थे वहाँ एक विशेष तरह की सुविधाजीविता और सरकार की तथाकथित उपलब्धियों को लेकर कृतज्ञता का भाव राष्ट्रीय दृष्टिकोण की स्पष्ट अभिव्यक्ति में बाधक बनता था। यद्यपि 1857 की जनक्रान्ति के समय ईस्ट इंडिया कम्पनी के साथ सशस्त्र युद्ध के मूल में भी कुछ सपने थे जो पूरी तरह भविष्य के स्वशासन के राष्ट्रीय दृष्टिकोण से ओतप्रोत थे। 25 अगस्त, 1857 को जारी बहादुरशाह ज़फर के घोषणा-पत्र में कहा गया—

> बादशाही हुकूमत कायम होने पर अंग्रेजों का जाल फ़रेब खत्म कर दिया जाएगा और हर चीज का व्यापार करने का अधिकार इस देश के सौदागरों का होगा। अपना माल ले जाने के लिए भाप से चलने वाले जहाज़ और भाप से चलने वाली गाड़ियाँ सरकार उन्हें सुलभ करेगी। जिन सौदागरों के

पास अपनी पूँजी न होगी, उन्हें सरकारी खज़ाने से सहायता दी जाएगी। राजा और रईसों का सारा काम देशी कारीगरों को दिया जाएगा। इससे वे खुशहाल होंगे।[57]

यहाँ यह कहना आवश्यक है कि यह घोषणा-पत्र भावी भारत का राष्ट्रीय घोषणा-पत्र होने के साथ आर्थिक घोषणा-पत्र भी है। इसके आर्थिक फलितार्थों पर हम बाद में चर्चा करेंगे। किन्तु जहाँ तक इस घोषणा-पत्र में निहित राष्ट्रीय दृष्टिकोण की बात है—यह पूरी तरह स्पष्ट है कि सामन्तवादी सीमाओं में ही सही, स्वराज्य की कल्पना जनक्रान्ति के मूल में विद्यमान थी। बहुत से भारतीय इतिहासकारों ने इस महान जनक्रान्ति को 'सिपाही विद्रोह' मानकर उसका अवमूल्यन किया है। किन्तु बहुत से अकाट्य साक्ष्यों और प्रमाणों के आधार पर यह निर्विवाद रूप से मान्य है कि बहुत सी सीमाओं और अन्तर्विरोधों के बावजूद 1857 की इस विराट् परिघटना के परोक्ष में एक सुचिन्तित, सुनिश्चित राष्ट्रीय दृष्टिकोण मौजूद था जो एक ओर अपने स्वर्णिम अतीत से प्रेरित था तो दूसरी ओर राष्ट्रवाद के उज्ज्वल भविष्य के प्रति अडिग निष्ठा रखता था।

भारतेन्दु युग में राष्ट्रीय दृष्टिकोण के साथ-साथ राजभक्ति की भावना भी सक्रिय थी। कुछ विद्वानों ने इस राजभक्ति को लेकर भारतेन्दु युग के लेखकों की आलोचना की है। किन्तु हमें इस राजभक्ति के निहितार्थों को वस्तुपरक दृष्टिकोण से समझना होगा। यहाँ यह ध्यान देने योग्य तथ्य है कि ये लेखक राजकुल के लोगों के प्रति तो अपनी राजभक्ति का प्रदर्शन करते थे किन्तु अंग्रेज अधिकारियों की प्रशंसा में इनकी कोई रुचि नहीं थी। वे यह भी जानते थे कि ब्रिटिश सरकार से सीधे-सीधे संघर्ष का मतलब था अन्य मुसीबतों के साथ अभिव्यक्ति की सम्भावनाओं पर पूर्ण विराम। एक ओर तो इन लेखकों को भारत की निर्धनता का यथार्थपरक चित्रण करना था तो दूसरी ओर अपनी राष्ट्रभक्ति से भावी स्वतंत्रता संग्राम की जमीन तैयार करना भी उनकी कार्य-योजना में शामिल था। किन्तु इन दोनों उद्देश्यों की पूर्ति के लिए यह आवश्यक था कि वे अपने लेखन पर राजभक्ति का आवरण भी डाले रहें। इसके साथ यह भी ध्यान देने योग्य तथ्य है कि इनमें से अधिकांश लेखकों की शिक्षा-दीक्षा औपनिवेशिक शिक्षा-व्यवस्था के अन्तर्गत हुई थी। पश्चिमी साहित्य से तो ये लेखक प्रभावित थे ही भारत के वैज्ञानिक और तकनीकी विकास (भले ही वह औपनिवेशिक हितों के अनुकूल था) को भी वे सम्भ्रम के भाव से देखते थे। स्वयं भारतेन्दु ने जिस प्रकार अंग्रेजी शिक्षा से औपनिवेशिक शासन को एक हद तक सकारात्मक दृष्टिकोण से देखा।

भारतेन्दु हरिश्चन्द्र को भारत में अंग्रेजी राज यूरोपीय नवजागरण के ही विस्तार जैसा लगा था, आधुनिक जीवन की ओर उन्मुख कर किसी गहरी

> नींद से जगाने वाला। उन्हें अंग्रेजी राज से सबसे पहले निरंकुश भारतीय राज सत्ताओं से छुटकारे का भान हुआ।[58]

वस्तुतः इस दौर में भारतेन्दु युग के लेखकों के लिए राजभक्ति, अपने विचारों की अभिव्यक्ति में बाधक ब्रिटिश सरकार के दबावों का सामना करने की एक सोची-समझी रणनीति थी। इससे इस दौर के आर्थिक चिन्तन में विद्यमान राष्ट्रीय दृष्टिकोण पूरी तरह अप्रभावित रहा।

द्विवेदी युग तक आते-आते पूरा परिदृश्य बदल जाता है। एक ओर तो यह दौर स्वदेशी आन्दोलन के उठान का है जहाँ ब्रिटिश शासन के दबावों की चिन्ता न कर इस दौर के लेखक अधिक स्पष्टता और दृढ़ता से भारत की निर्धनता के लिए प्रमुख रूप से उत्तरदायी ब्रिटिश शासन की आलोचना करते हैं। भारतेन्दु युग में राष्ट्रीय दृष्टिकोण मौजूद तो था किन्तु राजभक्ति के इस आवरण ने उसे मुखर नहीं रहने दिया था। इसके साथ ही इस दौर के लेखकों की दृष्टि प्रमुख रूप से समाज-सुधार पर टिकी थी किन्तु द्विवेदी युग में राष्ट्रीयता का उभार अधिक प्रभावी था। मैथिलीशरण गुप्त, रामनरेश त्रिपाठी आदि कवियों ने सांस्कृतिक राष्ट्रीयता को प्रमुखता दी। उसी के समानांतर इस युग के लेखकों ने राष्ट्रीय चेतना को सशक्त अभिव्यक्ति प्रदान की। स्वयं द्विवेदी जी ने स्वदेशी आन्दोलन से प्रभावित होकर अपनी एक कविता में अपने राष्ट्रीय दृष्टिकोण को इन शब्दों में अभिव्यक्त किया—

विदेशी वस्त्र क्यों हम ले रहे हैं
वृथा धन देश का क्यों दे रहे हैं
न सूझे है अरे भारत भिखारी
गई है हाय तेरी बुद्धि मारी
हजारों लोग भूखे मर रहे हैं
पड़े वे आज या कल कर रहे हैं
महा अन्याय हाँ हाँ हो रहा है
कहें क्या कुछ नहीं जाता कहा है
मरें असगर बिसेसर और काली
भरें घर ग्रान्त ग्राहम और राली।[59]

वस्तुतः द्विवेदी जी के राष्ट्रीय दृष्टिकोण के मूल में है भारत की आर्थिक दुरवस्था। वे मानते थे कि भारत की स्वाधीनता का आन्दोलन राजनीतिक मुक्ति के साथ आर्थिक मुक्ति के साथ भी जुड़ा है। यही कारण है कि उनका आर्थिक चिन्तन भारत को आर्थिक दुरवस्था से मुक्त करने के उद्‌देश्य से प्रेरित है। इसी क्रम में राधामोहन गोकुल जी ने 'देश का धन' शीर्षक से जो आर्थिक चिन्तन प्रस्तुत किया

उसमें राष्ट्रीय दृष्टिकोण आद्योपांत विद्यमान है। यहाँ यह तथ्य भी उल्लेखनीय है कि गोकुल जी स्वयं क्रान्तिकारी गतिविधियों से जुड़े थे। क्रान्तिकारियों के साथ उनके अन्तरंग सम्बन्ध थे। इसलिए अपने आर्थिक चिन्तन में वे राष्ट्रीय दृष्टिकोण को केन्द्र में रखते हैं। माधवराव सप्रे स्वदेशी आन्दोलन से इस हद तक प्रभावित थे कि उनका आर्थिक चिन्तन स्वदेशी आन्दोलन के इर्द-गिर्द ही घूमता है। अपने विचार व्यक्त करते हुए उन्होंने अपने सुप्रसिद्ध निबन्ध 'स्वदेशी आन्दोलन और बायकाट' में लिखा है—

> वास्तव में यह (स्वदेशी आन्दोलन) एक प्रकार का व्यापार-युद्ध ही है। इस युद्ध में शस्त्रास्त्रों की जरूरत नहीं, जरूरत है सिर्फ हमारे दृढ़ निश्चय, ऐक्य भाव और निस्सीम देशभक्ति की। इस युद्ध में हमको जितनी सफलता प्राप्त होगी, उतना ही हमारे देश का कल्याण होगा। जब हम एक पैसे की भी कोई स्वदेशी वस्तु खरीदेंगे तब उतना ही हमारे देश का लाभ होगा।[60]

इस प्रकार द्विवेदी युग में हमें सम्पूर्ण आर्थिक चिन्तन राष्ट्रवाद की धुरी पर घूमता दिखाई देता है।

द्विवेदी युग के बाद हिन्दी नवजागरण का आर्थिक चिन्तन अधिक मजबूती के साथ राष्ट्रवाद के धरातल पर खड़ा दिखाई देता है। हिन्दी पत्रकारिता इस दृष्टि से अधिक मुखर एवं जीवंत है। अपनी सम्पादकीय टिप्पणियों में माखनलाल चतुर्वेदी अधिक यथार्थपरक दृष्टिकोण से आर्थिक राष्ट्रवाद को अभिव्यक्ति देते हैं। 'कर्मवीर' की इन सम्पादकीय टिप्पणियों में स्वदेशी आन्दोलन की छाप पूरी तरह स्पष्ट है। देशवासियों को सम्बोधित करते हुए सितंबर, 1925 के अंक में वे लिखते हैं—

> ××× तुम एक सेर रुई का दान एक रुपया लेकर जो रुई विदेश को भेजते हो; वहाँ उस रुई के कम से कम दो धोती जोड़े बनते हैं, जिन्हें तुम दस रुपये में खरीदते हो। इसका मतलब यह हुआ कि तुमने अपनी एक रुपये की रुई दस रुपये में खरीदी। जानते हो यह नौ रुपया कहाँ चला गया। यह विलायती कपड़े के जुलाहों की मजदूरी और विलायती व्यापारी के मस्त मुनाफे में चला गया। जो अपने एक रुपये के मुनाफे को चार महीने पश्चात् दस रुपये में खरीदे, भला वह किसान भूकों क्यों न मरे?[61]

जिस प्रकार एक कुशल अध्यापक अपने विद्यार्थियों की किसी जटिल प्रश्न की गुत्थी को बहुत सरलता से सुलझा देता है उसी प्रकार माखनलाल जी ने स्वदेशी के अर्थशास्त्र को हस्तामलक की भाँति स्पष्ट कर दिया है। दरअसल वे देशवासियों के आर्थिक हितों को प्रधानता देते हुए अन्य सभी उपलब्धियों को गौण मानते हैं। उनकी दृष्टि में—

> यह आवश्यक है कि कृषि सुधार हो, कृषकों का रहन-सहन, कृषकों का ज्ञान, कृषि के साधन, कृषि की वैज्ञानिक नवीनताएँ बढ़ें, परन्तु इन सबका लाभ किसे मिले? पहले देशवासियों को फिर बाहर वालों को। देशवासियों को कृषि-सुधार से लाभ तभी हो सकता है जब कृषि द्वारा पैदा कच्चे पदार्थ इस देश के कारखानों में ही पक्का रूप धारण करें।[62]

आर्थिक राष्ट्रवाद का यह दृष्टिकोण प्रेमचन्द में प्रगतिशील राष्ट्रवाद में रूपांतरित हो जाता है। वे इस तथ्य से भलीभाँति अवगत हैं कि भारत को आर्थिक स्वराज्य प्राप्त हुए बिना राजनीतिक स्वराज्य कदापि सम्भव नहीं है। 'हंस' पत्रिका के 24 अप्रैल, 1933 के अंक में प्रेमचन्द लिखते हैं—

> यदि भारत को आर्थिक स्वराज्य नहीं मिल रहा है, तो केवल इसी कारण कि ब्रिटेन कभी भी, अपने भरसक, भारत के हित के सामने अपने हित का हवन नहीं कर सकता। इसीलिए भारत को राजनैतिक स्वराज्य भी नहीं दिया जा रहा है, कि सम्भव है कि आर्थिक शक्ति भी प्राप्त हो जाय और यह दुधारू गाय ब्रिटेन के हाथ से निकल जाय।[63]

दरअसल इस दौर के लेखक अब मानने लगे थे कि आर्थिक स्वतंत्रता और राजनीतिक स्वतंत्रता को एक-दूसरे से अलग करके नहीं देखा जा सकता। दोनों एक-दूसरे की पूरक हैं। वस्तुत: आर्थिक स्वतंत्रता राजनीतिक स्वतंत्रता का प्रस्थान-बिन्दु है। आर्थिक स्वतंत्रता के बिना राजनीतिक स्वतंत्रता कोई मायने नहीं रखती। इसलिए इस दौर के साहित्यकार देश की आर्थिक समस्याओं और देशवासियों की आर्थिक दुरवस्था के प्रश्नों को प्राथमिकता पर रखकर देख रहे थे। प्रेमचन्द के आर्थिक चिन्तन का एक सकारात्मक पक्ष यह है कि उनकी राष्ट्रीय चेतना प्रगतिशील दृष्टिकोण से अपना प्राण-रस ग्रहण करती है। वे स्वदेशी आन्दोलन के पक्षधर तो थे किन्तु उसमें विद्यमान अन्तर्विरोधों को भी वे गहराई से समझते थे। वे देख रहे थे कि स्वदेशी आन्दोलन को यहाँ के मिल मालिक अपने निहित स्वार्थों के लिए इस्तेमाल कर रहे थे। 'हंस' के 19 अक्टूबर, 1932 के अंक में उन्होंने लिखा—

> अगर मिल मालिकों की लोलुपता यों ही बढ़ती रही, तो जनमत की धारा पलट जाएगी और फिर परिस्थितियों को सँभालना कठिन हो जाएगा। 'स्वदेशी' राष्ट्र के प्रति व्रत है और इस व्रत का पालन दोनों ओर से होना चाहिए। मिल मालिकों का कर्तव्य है कि वे अपने माल को उसी त्याग-भाव से सस्ता बेचने का उद्योग करें, जिस त्याग-भाव से ग्राहक उनका माल खरीदता है।[64]

वस्तुत: हिन्दी नवजागरण का आर्थिक चिन्तन एक ओर अपने समय में मौजूद

औपनिवेशिक शोषण को रेखांकित करता है तो दूसरी ओर भारत की आर्थिक दुरवस्था के उन मूलभूत कारणों की भी पड़ताल करता है जिनके बीज मुगल शासन के बाद ईस्ट इंडिया कम्पनी की घिनौनी आर्थिक नीतियों में छिपे हैं। उस दौर को विषय बनाकर अनेक लेखकों ने भारत की आर्थिक दरिद्रता की पृष्ठभूमि को अत्यन्त प्रामाणिकता के साथ रेखांकित किया है। यह आर्थिक राष्ट्रवाद का एक दूसरा पहलू है जिसकी उपेक्षा करके हिन्दी नवजागरण के आर्थिक चिन्तन को नहीं समझा जा सकता। अपनी सुप्रसिद्ध पुस्तक 'भारत में अंग्रेजी राज' के दूसरे भाग में पंडित सुन्दरलाल ने ईस्ट इंडिया कम्पनी के आगमन से पहले भारत की आर्थिक खुशहाली पर टिप्पणी करते हुए लिखा है—

> 19वीं शताब्दी के प्रारम्भ तक, जबकि हिन्दोस्तान का बना हुआ तरह-तरह का माल और विशेषकर हिन्दोस्तान के बने हुए सुन्दर कपड़े इंगलिस्तान में जाकर बिकते थे और खूब पसन्द किए जाते थे, इंगलिस्तान के बने हुए कपड़े भारत में लाकर बेचने का अँगरेज स्वप्न में भी विचार न कर सकते थे।[65]

लेखक ने यह विस्तार से निर्दिष्ट किया है कि अठारहवीं शताब्दी के उत्तरार्द्ध तक भारत की तुलना में इंग्लैंड के उद्योग-धंधे बहुत ही पिछड़े हुए थे। वहाँ के जुलाहे और अन्य कारीगर किसी भी दृष्टि से अपने माल की तुलना भारतीय माल से नहीं कर सकते थे। यह तो हुई भारत के स्वर्णिम आर्थिक अतीत की बात जिसकी लेखक ने प्रामाणिक प्रस्तुति की है। किन्तु इसके साथ ही उसने ईस्ट इंडिया कम्पनी द्वारा किये गए आर्थिक शोषण का भी विस्तार से अंकन किया है। लेखक के शब्दों में—

> प्लासी के युद्ध के बाद से बंगाल की लूट के प्रताप अंग्रेजों को भारत का माल मुफ्त में या कौड़ियों के दाम मिलने लगा, और बंगाल, कर्नाटक, अवध और अन्य प्रान्तों से खज़ाने लद-लदकर इंगलिस्तान जाने लगे। इस अपूर्व लूट के कारण इंगलिस्तान के पिछड़े हुए उद्योग धन्धों को उन्नति करने का अवसर मिला।[66]

लेखक क्योंकि स्वयं भी स्वतंत्रता सेनानी थे इसलिए राष्ट्रीय दृष्टिकोण ही उनके सम्पूर्ण लेखन की धुरी है। उन्हें भारत की सभ्यता, संस्कृति और स्वर्णिम अतीत पर स्वाभाविक रूप से गर्व है। उन्होंने इस दृष्टि से तुलना करने पर प्रामाणिक रूप से सिद्ध किया है कि भारतीय सभ्यता और संस्कृति की तुलना में इंग्लैंड (जिसे वे इंगलिस्तान कहते हैं) कहीं नहीं ठहरता। उन्होंने इस सम्बन्ध में पन्द्रहवीं शती के इंग्लैंड को लेकर सुप्रसिद्ध इतिहासकार ड्रेपर का एक विस्तृत उद्धरण प्रस्तुत किया है जिसके प्रमुख अंश इस प्रकार हैं—

सड़कों पर डाकू फिरते रहते थे, नदियों पर समुद्री लुटेरे और लोगों के कपड़ों में जुएँ। ××× कोई ऐसा धन्धा न था, न कोई तिजारत थी जिससे बारिश न होने की सूरत में किसान दुष्काल से बच सकें। सभी मौसम की दया पर निर्भर थे।

जिस तेज़ी के साथ गरमी की बीमारी उन दिनों तमाम यूरोप में फैली, उससे इस बात का पता चलता है कि लोगों में दुराचार कितने भयंकर रूप में फैला हुआ था। यदि हम उस समय के लेखकों पर विश्वास करें तो विवाहित या अविवाहित, ईसाई पादरी, मामूली गृहस्थ, पोप लियो दसवें से लेकर गली के भिखमंगे तक—कोई वर्ग ऐसा न था जो इस रोग से बचा रहा हो। ××× किसान अपनी जमीन का मालिक न होता था। जमीन ज़मीदार की होती थी और किसान उसका मज़दूर या चौकीदार होता था। ××× सारी अंग्रेज कौम इतनी बेपढ़ी थी कि पार्लियामेंट के बहुत से हाउस ऑफ लार्ड्स के मेम्बर न लिख सकते थे और न पढ़ सकते थे। ××× पति अपनी पत्नी को कोड़ों से पीटता था। अपराधियों को टिकटिकी से बाँधकर पत्थर मार मारकर मार डाला जाता था। औरतों की टाँगों को बाँधकर सरे बाजार शिकंजों में कसकर छोड़ दिया जाता था।

××× राजनीतिक या धार्मिक अपराधों के बदले में जिस तरह की सख्त सजाएँ दी जाती थीं उन पर विश्वास होना कठिन है। लन्दन में टेम्स नदी के पुराने टूटे हुए पुल पर इस तरह के अपराधियों के डरावने सिर काटकर लटका दिए जाते थे, इसलिए कि उस भयंकर दृश्य को देखकर जनसामान्य कानून के विरुद्ध जाने से रुके रहें। ××× राजकुल की स्त्रियाँ यहाँ तक कि स्वयं इंग्लिस्तान की मलका तक स्त्रियोचित्त दया-भाव और मामूली मनुष्यत्व को भूल गुलामों के क्रय-विक्रय में हिस्सा लेती थीं... ।[67]

जिस तरह से अनेक यूरोपीय और भारतीय इतिहासकार इंग्लैंड को भारतीयों के लिए सभ्यता का आलोक स्तम्भ मानते नहीं थकते, यह उद्धरण उन्हें आईना दिखाने के लिए पर्याप्त है। इस उद्धरण को प्रस्तुत करने के परोक्ष में लेखक का राष्ट्रवादी दृष्टिकोण पूरी तरह स्पष्ट है। वह पन्द्रहवीं-सोलहवीं शती के इंग्लैंड की इस घिनौनी वास्तविकता की सापेक्षता में जब भारतीय सभ्यता और संस्कृति का गौरवपूर्ण निरूपण करता है तब उसका राष्ट्रवाद और भी दीप्त हो उठता है। वह लिखता है—

यह वह जमाना था, जबकि हिन्दोस्तान में कबीर और दादू के उदार धार्मिक विचार, अकबर का विश्वप्रेम, जहाँगीर का न्याय शासन, शाहजहाँ के समय की खुशहाली और आश्चर्यजनक कलाकौशल संसार भर के

> यात्रियों को चकाचौंध कर रहे थे, जबकि भारत में दरजनों नगर सुन्दर से सुन्दर इमारतों से सुसज्जित और अत्यन्त घने बसे हुए थे, जबकि दिल्ली और आगरे के किले और ताजमहल जैसी इमारतें बन चुकी थीं, और जबकि औरंगजेब तक के शासनकाल में देश के पूरब से पच्छिम और दक्खिन से उत्तर तक प्रजा में चारों ओर अलौकिक सुख समृद्धि और सुशासन दिखाई देता था।[68]

समग्रत: कहना होगा कि हिन्दी नवजागरण का आर्थिक चिन्तन मूलत: और प्रमुखत: राष्ट्रवादी मानसिकता पर टिका है। हमें यह ध्यान रखना होगा कि हिन्दी नवजागरण के आर्थिक पक्ष पर विचार करने वाले प्राय: सभी लेखक यदि उपनिवेशवादी शक्तियों के विरोध में खड़े हैं—या वे इस देश के आर्थिक शोषण को रेखांकित करते हैं तो इसलिए कि वे अपने देश की सभ्यता, संस्कृति, इतिहास, भूगोल से उत्कट और असीम प्रेम करते हैं।

आर्थिक चिन्तन की पूर्वोपलब्ध सामग्री का विवेकसम्मत उपयोग

हिन्दी नवजागरण का आर्थिक चिन्तन न तो अपने स्वरूप में पूरी तरह मौलिक है और न वह आकस्मिक रूप से अस्तित्व में आया। दरअसल जिसे हम हिन्दी नवजागरण का आर्थिक चिन्तन कहते हैं वह भारत और भारतवासियों की आर्थिक दुरवस्था का अंकन तो करता ही है, साथ ही अर्थशास्त्र-सम्बन्धी सिद्धान्तों का एक ढाँचा भी खड़ा करता है। हिन्दी नवजागरण से पूर्व इन दोनों प्रवृत्तियों या कहें इन दोनों पक्षों की परम्परा स्पष्ट रूप से दीख पड़ती है। हिन्दी नवजागरण के आर्थिक चिन्तकों ने इन दोनों पक्षों की पूर्वोपलब्ध परम्पराओं से काफी कुछ ग्रहण किया है।

भारतेन्दु युग में अंग्रेजी शासन में भारत के आर्थिक स्रोतों के दोहन के परिणामस्वरूप देशवासियों की भयावह दरिद्रता को रेखांकित करने के साथ अर्थशास्त्र के मूलभूत सिद्धान्तों की भी गम्भीर विवेचना की गई है। यद्यपि स्वयं भारतेन्दु ने इन सिद्धान्तों की चर्चा अपने साहित्य में नहीं की है किन्तु 'सारसुधानिधि' पत्रिका में धन (मदनमोहन भट्ट); 'अर्थशास्त्रं' (मदनमोहन भट्ट); 'अर्थनीति' (दुर्गाप्रसाद मिश्र); 'वाणिज्य' (दुर्गाप्रसाद मिश्र) आदि आलेखों में अर्थशास्त्र के सैद्धान्तिक पक्ष के अनेक महत्त्वपूर्ण विषयों की सार्थक और बोधगम्य विवेचना की गई है। निश्चय ही अर्थशास्त्र की भारतीय और पाश्चात्य परम्परा से इस विवेचना में सहयोग लिया गया है, किन्तु इन आलेखों में स्रोत-सामग्री का उल्लेख न करके विषयों को गम्भीर और गरिष्ठ बनाने से बचाया गया है। अर्थशास्त्र के जिन विषयों पर इन आलेखों में चर्चा की गई है उनमें स्रोत-सामग्री को आत्मस्थ करके उनकी सरल और स्पष्ट विवेचना की गई है। अर्थशास्त्र के सैद्धान्तिक पक्ष की विवेचना के साथ-साथ

अंग्रेजी शासनों द्वारा भारतीय आर्थिक संसाधनों के दोहन तथा उसके परिणामस्वरूप भारतीय मजदूरों, किसानों, व्यापारियों, उद्योगपतियों की दुरवस्था पर भी बहुत सटीक, सार्थक और मार्मिक टिप्पणियाँ की गई हैं। बाद में माधवराव सप्रे ने अपने विस्तृत निबन्ध 'स्वदेशी आन्दोलन और बायकाट' में स्वदेशी आन्दोलन की तो विस्तार से चर्चा की है 'बायकाट' की सैद्धान्तिक अवधारणा को अनेक उद्धरणों से पुष्ट करके प्रस्तुत किया है। यही नहीं, स्वदेशी आन्दोलन के विभिन्न पक्षों पर विचार करते हुए सप्रेजी आवश्यकतानुसार विशेषज्ञों के उद्धरण भी प्रस्तुत करते जाते हैं। इस प्रकार वे आर्थिक चिन्तन की पूर्वोपलब्ध परम्परा का अपने ढंग से उपयोग करते दीख पड़ते हैं। बालकृष्ण भट्ट इनकम टैक्स पर प्रकाश डालते हुए उसके सिद्धान्त पक्ष को उकेरते हैं। अपने अनेक सम्पादकीय आलेखों में वे आर्थिक चिन्तन के सैद्धान्तिक एवं व्यावहारिक पक्षों का धूपछाँही प्रयोग करते हैं। प्रेमघन, प्रतापनारायण मिश्र आदि ने भी देश की आर्थिक दुरवस्था को अपने आलेखों का विषय बनाया है। समग्रत: भारतेन्दु युग में अर्थशास्त्र की पूर्वोपलब्ध परम्परा का उपयोग अवश्य किया गया है किन्तु उसका सिद्धान्त-पक्ष व्यवहार-पक्ष में इस प्रकार घुला-मिला है जैसे दूध में शक्कर। अर्थशास्त्र के सिद्धान्त-पक्ष पर उपलब्ध सामग्री का उपयोग यदि किया भी गया है तो वह अलग से थोपा हुआ प्रतीत नहीं होता, बल्कि वह आर्थिक चिन्तन के व्यावहारिक पक्ष का पूरक बनकर आता है।

द्विवेदी युग तक आते-आते हिन्दी नवजागरण का आर्थिक चिन्तन अधिक प्रामाणिक, प्रौढ़ एवं बहुमुखी हो जाता है। भारतेन्दु युग में यद्यदि अर्थशास्त्र की पूर्वोपलब्ध परम्परा का उपयोग अवश्य किया गया है किन्तु स्रोत-सन्दर्भों का प्राय: उल्लेख नहीं किया गया। आचार्य महावीर प्रसाद द्विवेदी ने अपने आर्थिक चिन्तन के प्रतिनिधि ग्रन्थ 'सम्पत्तिशास्त्र' में यह उल्लेख किया है कि उन्होंने अपने इस ग्रन्थ के प्रणयन में किन-किन ग्रन्थों का सहयोग लिया। द्विवेदी जी सम्पत्तिशास्त्र की भूमिका में लिखते हैं—'जिन पुस्तकों के अध्ययन, अवलोकन और सहाय्य से हम इस पुस्तक को लिखने में समर्थ हुए हैं उनके दिखाने वालों के प्रति हम बहुत ऋणी हैं। उनके नाम हम नीचे देकर उनके अपनी कृतज्ञता व्यक्त करते हैं'—

क्र. सं.	नाम	भाषा	लेखक
1.	प्रिंसिपल्स ऑफ पोलिटिकल इकानामी	अंग्रेजी	जॉन स्टुअर्ट मिल
2.	प्रिंसिपल्स ऑफ इकनामिक्स	"	ए. मार्शल
3.	पोलिटिकल इकानामी	"	एफ.ए. वाकर

4.	पोलिटिकल इकानामी फ़ार बिगिनर्स	"	एम.जी. फ़ासेट (स्त्री)
5.	लैंड रेविन्यू पॉलिसी ऑफ गवर्नमेंट	"	गवर्नमेंट ऑफ इंडिया
6.	इंडस्ट्रियल इंडिया...	"	जी. बारलो
7.	इकनामिक हिस्ट्री ऑफ ब्रिटिश इंडिया	"	आर.सी. दत्त
8.	इंडिया इन द विक्टोरियन एज	"	" " "
9.	इसेज़ ऑन इंडियन इकनामिक्स	"	महादेव गोविंद रानाडे
10.	धन विज्ञान	बंगला	श्री गिरीन्द्र कुमार सेन
11.	वाणिज्य	"	" " "
12.	इल्मुलइक्त साद	उर्दू	शेख़ मुहम्मद इक़बाल
13.	कीमियाय दौलत	"	मौलवी मुहम्मद
14.	अर्थशास्त्र	मराठी	विट्ठल लक्ष्मल कवठेंकर
15.	अर्थशास्त्राचों मूलतत्त्वे	"	गणेश जनार्दन आगाशे
16.	अर्थशास्त्रनी बातो	गुजराती	मदनभाई लल्लू भाई मुंसिफ
17.	अर्थशास्त्र	"	अंबालाल साकरलाल देसाई[69]

वस्तुतः द्विवेदी जी का 'सम्पत्तिशास्त्र' वह पहला ग्रन्थ है जिसमें अर्थशास्त्र के प्रायः सभी प्रमुख पक्षों की सैद्धान्तिक चर्चा करने के साथ-साथ उसी सैद्धान्तिक ढाँचे में देश और देशवासियों की दुरवस्था को भी समायोजित कर लिया गया है। सच तो यह है कि यह ग्रन्थ बहुत तैयारी के साथ लिखा गया है और भारतीय-अभारतीय अर्थशास्त्रीय चिन्तन की पूरी परम्परा का मंथन करके इस ग्रन्थ का प्रणयन किया गया है—

> 'सम्पत्तिशास्त्र' लिखते समय द्विवेदी जी के सामने अंग्रेजी में मौजूद अर्थशास्त्रीय चिन्तन की यूरोपीय परम्परा थी और उसके आधार पर भारत में अंग्रेजी, मराठी, बंगला, गुजराती में लिखी हुई अर्थशास्त्र की पुस्तकें भी थीं।[70]

यद्यपि इसका सैद्धान्तिक ढाँचा पश्चिमी अर्थशास्त्रियों एडम स्मिथ (राष्ट्र की सम्पत्ति) तथा जान स्टुअर्ट मिल (राजनीतिक अर्थशास्त्र) के आधार पर

तैयार किया गया है। किन्तु ऐसा कहीं प्रतीत नहीं होता कि 'सम्पत्तिशास्त्र' इन अर्थशास्त्रियों बल्कि कहें पश्चिमी अर्थशास्त्र से प्रेरित और प्रभावित है। उन्होंने ठेठ भारतीय दृष्टि से इस ग्रन्थ को पल्लवित और विकसित किया है। इसका कारण यह है कि द्विवेदी जी के अन्तर्मानस में साम्राज्यविरोधी राजनीतिक चेतना के स्फुलिंग मौजूद हैं।

> ××× साम्राज्य विरोधी राजनीतिक चेतना के कारण सम्पत्तिशास्त्र का राजनीतिक स्वर अर्थशास्त्र की सीमाओं को कई बार पार कर जाता है। भारतीय विज्ञान जीवन से गहरी हमदर्दी के कारण द्विवेदी जी के अर्थशास्त्र सम्बन्धी चिन्तन में नवीनता आई है।[71]

'सम्पत्तिशास्त्र' का प्रकाशन सन् 1907 में हुआ और इसके ठीक एक वर्ष बाद राधामोहन गोकुलजी की कृति 'देश का धन' सामने आई। उस समय बंगाल में 'स्वदेशी आन्दोलन' की धूम थी। किन्तु केवल बंगाल ही नहीं बल्कि सम्पूर्ण भारत इस आन्दोलन से प्रेरित और प्रभावित था। यह वह समय था जब राधामोहन गोकुल जी 'सत्य सनातन धर्म' के सम्पादक थे। यह एक आर्यसमाजी पत्रिका थी और गोकुलजी उस दौर में स्वयं आर्यसमाज के रंग में रँगे थे। किन्तु कम्यूनिज़्म की प्रभाव-छाया भी उन पर पड़ने लगी थी। पूरी तरह तो नहीं किन्तु आंशिक तौर पर वे मार्क्सवादी विचारधारा से प्रेरित और प्रभावित थे। यद्यपि आस्तिकता उनके अन्तर्मानस के केन्द्र में थी। 'देश का धन' दरअसल उनकी प्रगतिशील यात्रा का पहला पड़ाव है। यहाँ भी वैचारिक प्रेरणा-स्रोतों को स्पष्ट रूप से रेखांकित नहीं किया गया है किन्तु ग्रन्थ के अनुशीलन से पूरी तरह स्पष्ट है कि कम्यूनिज़्म की स्रोत-सामग्री किसी न किसी रूप में उनके सामने थी। आगे भी हिन्दी नवजागरण के आर्थिक चिन्तन में हमें पूर्वोपलब्ध आर्थिक चिन्तन के ग्रहण किन्तु उसकी मौलिक विवेचना का प्रयास दीख पड़ता है।

निष्कर्ष यह है कि हिन्दी नवजागरण का आर्थिक चिन्तन न तो पूरी तरह मौलिक है और न पूर्वोपलब्ध सामग्री का पिष्टपेषण। निस्सन्देह सभी लेखकों और साहित्यकारों ने अर्थशास्त्र की स्रोत-सामग्री का अपने-अपने ढंग से उपयोग किया। किन्तु जो एक सामान्य बात देखने में आती है वो यह कि अर्थशास्त्र का ढाँचा खड़ा करने या उसकी पारिभाषिक शब्दावली की विवेचना के लिए भले ही उन्होंने इस क्षेत्र की पूर्वोपलब्ध सामग्री का उपयोग किया हो किन्तु राष्ट्रवादी भावना के अनुरूप देश और देशवासियों की आर्थिक दुरवस्था के अंकन में अपने आर्थिक चिन्तन में मौलिक होने का सफल प्रयास किया है।

सन्दर्भ सूची

1. मुगल साम्राज्य का इतिहास, एफ.एम. कैन्नू, उद्धृत—आज का भारत, रजनी पामदत्त, पृ. 40
2. बर्नियर की भारत यात्रा, फैंक्सिस बर्नियर, पृ. 128
3. वही, पृ. 128-29
4. हिन्दुस्तानी औद्योगिक कमीशन की रिपोर्ट (1916-18), उद्धृत—आज का भारत, रजनी पामदत्त, पृ. 41
5. हिन्दुस्तानी औद्योगिक कमीशन के अध्यक्ष सर टामस हालेंड का अभिमत, उद्धृत—आज का भारत, रजनी पामदत्त, पृ. 41
6. हिन्दुस्तान की भूमि समस्याएँ, राधाकमल मुखर्जी (1933), पृ. 16
7. आँकड़ों की जाँच, डॉ. फ्रांसिस बुकानिन, खंड-4, अध्याय-7, हाउस ऑफ कामंस की सिलेवर कमेटी की पाँचवी रिपोर्ट में उद्धृत (1872), उद्धृत—आज का भारत, रजनी पामदत्त, पृ. 218-19
8. सर विलियम विलिकॉक्स द्वारा बंगाल की पुरानी आबपाशी पर दिये गए व्याख्यानों में बर्नियर का मत उद्धृत किया गया था, पृ. 18-19, उद्धृत—आज का भारत, रजनी पामदत्त, पृ. 40
9. भारत विभाजन की अन्त:कथा, प्रियंवद, पृ. 56
10. 7 जनवरी 1759 को क्लाइव द्वारा इंग्लैंड के प्रधानमंत्री विलियम पिट को लिखे गए पत्र का अंश, द मेकिंग ऑफ इंडिया, पृ. 61-64, साभार उद्धृत—भारत विभाजन की अन्त:कथा, पृ. 56
11. वही, पृ. 69
12. वही, पृ. 70
13. भारत में उपनिवेशवाद और राष्ट्रवाद, सं. सत्या राय, 'कृषि व्यवस्था तथा उत्पादन पर प्रभाव' शीर्षक से निर्मल पुरी का लेख, पृ. 38
14. वही, पृ. 39
15. आज का भारत, रजनी पामदत्त, पृ. 111
16. समुद्र पार के साम्राज्य का आर्थिक विकास, एल.सी. नेल्स, पृ. 73, उद्धृत—आज का भारत, रजनी पामदत्त, पृ. 111
17. हिन्दुस्तानी मामलों पर विचार, विलियम बोल्ट्स, पृ. 192-94, उद्धृत—आज का भारत, रजनी पामदत्त, पृ. 112-13
18. वही पृ. 116
19. हिन्दुस्तान में ब्रिटिश स्वार्थों पर एक दृष्टि, विलियम फुलर्टन, एम.पी. (1787), उद्धृत—आज का भारत, रजनी पामदत्त, पृ. 117
20. देशों की सम्पत्ति (1776), एडम स्मिथ, भाग-5, अध्याय-1, उद्धृत—आज का भारत, रजनी पामदत्त, पृ. 122-23
21. वही, पृ. 126
22. वही, पृ. 222
23. मद्रास बैंकिंग जाँच कमेटी की रिपोर्ट (1930), उद्धृत—आज का भारत, रजनी पामदत्त, पृ. 233

24. द वैल्थ एंड टैक्सेबल कैपसिटी ऑफ इंडिया, शाह और खंबात, 1924, पृ. 125
25. सन्दर्भ—इकोनॉमिक हिस्ट्री ऑफ इंडिया, भाग-1, आर.सी. दत्त, पृ. 26, 70
26. स्पीचेज एंड राइटिंग्ज, दादाभाई नौरोजी, पृ. 590, उद्धृत—भारत में आर्थिक राष्ट्रवाद का उदय और विकास, विपनचन्द्र, पृ. 339
27. वही, पृ. 339-40
28. वही, पृ. 339
29. वही, पृ. 339-40
30. उद्धृत—भारत विभाजन की अन्त:कथा, प्रियंवद, पृ. 157
31. भारत में आर्थिक राष्ट्रवाद का उदय और विकास, विपनचन्द्र, पृ. 349
32. वही, पृ. 350
33. सर विलियम वैडरवर्न द्वारा प्रस्तुत ए.ओ. ह्यूम के विचार, उद्धृत—आज का भारत, रजनी पामदत्त, पृ. 292-93
34. सर अल्फ्रेड ल्याल, अवा और डफ़रिन के मारक्विज का जीवन, खंड-2, पृ. 151-52, उद्धृत—आज का भारत, रजनी पामदत्त, पृ. 294
35. उद्धृत—भारत में आर्थिक राष्ट्रवाद का उदय और विकास, बिपनचन्द्र, पृ. 68
36. वही, पृ. 69
37. बंगाल में 'स्वदेशी आन्दोलन' सुमित सरकार, पृ. 77
38. वही, पृ. 79
39. देशेर कथा (देश की बात), सखाराम गणेश देउस्कर, पृ. 170-72
40. वर्तमान स्वदेशी आन्दोलन, वीरेश्वर पारे, उद्धृत—बंगाल में स्वदेशी आन्दोलन, सुमित सरकार, पृ. 82
41. वही, पृ. 99
42. सम्पत्तिशास्त्र, महावीर प्रसाद द्विवेदी, पृ. 31
43. वही, पृ. 33
44. राधामोहन गोकुल समग्र, भाग-2, सं. कर्मेन्दु शिशिर, पृ. 305
45. सम्पत्तिशास्त्र, महावीर प्रसाद द्विवेदी, पृ. 35
46. वही, पृ. 19
47. कविवचनसुधा, 9 मार्च 1874, सं. भारतेन्दु, उद्धृत—भारतेन्दु समग्र, सं. हेमन्त शर्मा, पृ. 1090
48. सारसुधानिधि, भाग-1, सं. सदानन्द मिश्र, समग्र सम्पादन, कर्मेन्दु शिशिर, पृ. 145-46
49. वही, इम्पीरियल लाइसेंस टैक्स, सदानन्द मिश्र, पृ. 159
50. सम्पत्तिशास्त्र, महावीर प्रसाद द्विवेदी, पृ. 173
51. सारसुधानिधि, भाग-1, सं—सदानन्द मिश्र, इन्कम टैक्स का दु:संवाद, व्यास शंकर शर्मा, 17 मई 1880, समग्र सम्पादन कर्मेन्दु शिशिर, पृ. 337
52. राधामोहन गोकुल समग्र, भाग-2, सं. कर्मेन्दु शिशिर, पृ. 337
53. मर्यादा, भाग-13, सं. 3, भारतीय आर्थिक और व्यापारिक स्थिति, श्रीयुत रामकृष्ण शर्मा, पृ. 115
54. सारसुधानिधि, भाग-1, सं. सदानन्द मिश्र, समग्र सम्पादन कर्मेन्दु शिशिर, पृ. 332
55. राधामोहन गोकुल समग्र, भाग-2, सं. कर्मेन्दु शिशिर, भाग-2, देश का धन, पृ. 318

56. उद्धृत—भारतेन्दु और हिन्दी नवजागरण की समस्याएँ, रामविलास शर्मा, पृ. 18
57. हिन्दी नवजागरण और संस्कृति, शम्भुनाथ, पृ. 63
58. सरस्वती, सं. महावीर प्रसाद द्विवेदी, वर्ष 1903, महावीर प्रसाद द्विवेदी की कविता, उद्धृत—महावीर प्रसाद द्विवेदी और हिन्दी नवजागरण, रामविलास शर्मा, पृ. 354
59. माधवराव सप्रे, प्रतिनिधि संकलन, सं. नामवर सिंह, स्वदेशी आन्दोलन और बायकाट निबन्ध, पृ. 17-18
60. कर्मवीर, सं. माखनलाल चतुर्वेदी, सितम्बर 1925, उद्धृत—माखनलाल चतुर्वेदी ग्रन्थावली खंड-10, पृ. 52
61. वही, पृ. 195
62. हंस, सं. प्रेमचन्द, 24 अप्रैल 1938, उद्धृत—प्रेमचन्द के विचार, भाग-2, पृ. 148
63. हंस, सं. प्रेमचन्द, 19 अक्तूबर, 1932, उद्धृत—प्रेमचन्द के विचार, भाग-2, पृ. 157
64. भारत में अंग्रेजी राज, पं. सुन्दरलाल, पृ. 877
65. वही, पृ. 879-80
66. The intellectual development of Europe, John William Draper, Volume II, उद्धृत—भारत में अंग्रेजी राज, पं. सुन्दरलाल, भाग-1, पृ. 23-28
67. भारत में अंग्रेजी राज, पं. सुन्दरलाल, भाग-2, पृ. 29-30
68. सम्पत्तिशास्त्र, महावीर प्रसाद द्विवेदी, पृ. 22
69. वही, सम्पादक की प्रस्तावना, पृ. 8
70. वही, पृ. 8
71. वही, पृ. 8

हिन्दी नवजागरण का आर्थिक चिन्तन : पूर्वार्द्ध

हिन्दी नवजागरण का आर्थिक चिन्तन-1

1857 की क्रान्ति : आर्थिक चिन्तन की कुछ धूमिल रेखाएँ

इसे एक विडम्बना ही कहा जाएगा कि 1857 के प्रथम स्वतंत्रता संग्राम के ऐतिहासिक महत्त्व की निर्विवाद स्वीकृति के बावजूद उससे जुड़ा इतिहास लेखन अपने-अपने उद्देश्यों, स्वार्थों और अवसरवाद से प्रेरित होने के कारण अनेक अन्तर्विरोधों से भरा है। इतिहासकारों ने इस दौर के घटनाक्रम की 'अन्ध-गज-न्याय' के आधार पर टिकाकर जो अवसरवादी विवेचना की है, उसकी परिणति यही होनी थी। इतिहासकारों के एक वर्ग (जिसमें भारतीय और ब्रिटिश दोनों इतिहासकार सम्मिलित हैं) ने इसे सिपाही विद्रोह की धुरी पर व्याख्यायित किया तो दूसरी ओर सावरकर जैसे अतिवादी लेखक इसका महिमामंडन करने में लगे रहे इस जनक्रान्ति के मूल में जो वास्तविक प्रेरक बिन्दु थे उनसे 1857 के इतिहासकारों ने प्राय: बचकर निकलने का प्रयास किया।

यदि हम गहराई से 1857 की क्रान्ति की पड़ताल करें तो पाएँगे कि इस दौर के सेनानी उपनिवेशवादी शासन का जुआ अपने कंधों से उतारकर फेंक देना चाहते थे। भारत में शताब्दियों से बादशाहों, राजाओं का प्रभुत्व रहा। जनसाधारण को इनके शासन में घोर कष्ट भी सहने पड़े। किन्तु 1857 से पहले ऐसा कभी नहीं हुआ कि सम्पूर्ण राष्ट्र किसी सत्ता के विरुद्ध पूरी ताकत के साथ उठ खड़ा हो। जातियों और सम्प्रदायों से ऊपर उठकर पूरा देश उपनिवेशवादी शक्तियों के विरुद्ध संघर्ष करने के लिए कटिबद्ध हो गया हो। किसी शासन-सत्ता के विरुद्ध इतनी घृणा, आक्रोश विश्व इतिहास में कम ही देखने को मिलता है।

इतिहासकारों ने 1857 की क्रान्ति के प्रेरक बिन्दुओं पर विस्तार से चर्चा की है। इन प्रेरक बिन्दुओं में विशेष रूप से डलहौजी की राज्य हड़पने की प्रवृत्ति को उत्तरदायी माना गया है। इस सन्दर्भ में उन घटनाओं पर विस्तार से प्रकाश डाला गया है जिनके चलते अनेक सामन्तों को दत्तक पुत्र लिए जाने की अनुमति न देकर उनके

राज्य को ईस्ट इंडिया कम्पनी के अधिकारियों ने हड़प लिया। दिल्ली के बादशाह की शक्ति को धीरे-धीरे कम करते हुए उसे समाप्तप्राय कर दिया गया। वेलेजली द्वारा प्रवर्तित सहायक संधि ने तो जैसे भारत की सामन्तीय शक्तियों का रक्त ही निचोड़ लिया। इन सामन्तीय शक्तियों की ब्रिटिश साम्राज्य से शत्रुता एक ओर शासन का निर्लज्ज लालच और घोर स्वार्थपरता है किन्तु यह भी एक वास्तविकता है कि अपने पर आ पड़ने से ही इन सामन्तों को अपनी स्वतंत्रता का ध्यान आया। यदि इनका राज्य सुरक्षित रहता, पेंशन बनी रहती तो सब कुछ यों ही चलता रहता। क्रान्ति की योजना बनाने के पीछे सामन्तीय शक्तियों के लिए यही प्रेरक बिन्दु था।

दूसरी ओर जनमानस भी क्रान्ति के लिए स्वयं को कटिबद्ध कर रहा था। दरअसल 1857 की जड़ें आधारभूत रूप से दो रूपों में प्रेरणा के जल से सींची जा रही थीं। एक ओर तो भारतीय जनमानस उपनिवेशवाद के सांस्कृतिक आक्रमण से क्षुब्ध था। वह पश्चिमी आधुनिकीकरण का सामना जातीय अस्मिता को उभारने वाले शस्त्रों से करने का मन बना रहा था। उस दौर में जातीय आत्मगौरव के उपनिवेशवादी शक्तियों द्वारा किए जा रहे क्षरण से इस देश का जनमानस उद्वेलित और क्षुब्ध था। इस दौर में अतीत के समुद्र मंथन में परम्परा के सार्थक अंश को खंगाल पाने की जद्दोजहद जारी थी। हमें यह भी ध्यान रखना होगा कि—

> अंग्रेजों से जितनी लड़ाइयाँ हुई थीं, उनमें सन् 57 की लड़ाई गुणात्मक रूप से भिन्न थी। इसका नेतृत्व सिपाही कर रहे थे। ये फौजी वर्दी पहने हुए हिन्दी प्रदेश के किसान थे। भारतीय इतिहास में पहली बार सामन्त को मातहत बनाकर भारतीय किसान देश की आजादी के लिए लड़ रहा था।[1]

ये फौजी वर्दी पहने हुए हिन्दी प्रदेश के किसान इसलिए इस क्रान्ति में अग्रणी रहे क्योंकि वे इस देश के सामन्तों की तरह अपने-अपने स्वार्थों को लेकर उपनिवेशवादी शक्तियों का प्रतिरोध नहीं कर रहे थे बल्कि वे इन शक्तियों द्वारा उनकी जातीय अस्मिता पर किए जाने वाले आघात को प्रेरणा रूप में ग्रहण कर रहे थे। कारतूसों को लेकर जो आक्रोश इन सिपाहियों में दिखाई दिया उसके मूल में अपनी जातीय अस्मिता की रक्षा को लेकर छटपटाहट थी। ये फौज की वर्दी पहने हुए किसान क्योंकि प्राय: गरीब घरों से आए थे और फौज में भर्ती होना उनकी विवशता थी, उन्होंने तब तक सेना के अनुशासन को ध्यान में रखा, जब तक उन्हें लगा कि उनकी जातीयता और धर्म की मर्यादा सुरक्षित है। किन्तु जैसे ही उन्हें लगा कि ईस्ट इंडिया कम्पनी के शासक उनकी मर्यादा को नष्ट कर देना चाहते हैं, उन्होंने विदेशी शासन से मुक्ति का बिगुल बजा दिया। यहाँ यह तथ्य ध्यान देने योग्य है कि सामन्तीय शक्तियों और सिपाहियों—दोनों को एक-दूसरे की आवश्यकता थी। सामन्तों को सिपाहियों के समर्थन के लिए उनकी भावनाओं का संरक्षण करना था। और किसान

जो प्राय: अशिक्षित या अर्द्धशिक्षित थे उन्हें योजनाबद्ध ढंग से क्रान्ति के संचालन के लिए सामन्तों के औपचारिक नेतृत्व की आवश्यकता थी। क्रान्ति की पूर्ण सफलता के उद्‌देश्य से तथा परिस्थितियों के दबाव में सामन्तों और सिपाहियों का यह संयुक्त मोर्चा बना। किन्तु क्रान्ति का जो मूलभूत उद्‌देश्य था वह इन सैनिक वेशधारी किसानों के अन्तर्मानस से कहीं बहुत गहरे में जुड़ा था जिसको समझे बिना हम इस क्रान्ति की वास्तविकताओं की पड़ताल नहीं कर सकते।

प्रश्न यह है कि 1857 की क्रान्ति का क्या कोई आर्थिक पक्ष भी था? यह तो हम देख ही चुके हैं कि जातीय अस्मिता की उपनिवेशवादी शक्तियों से रक्षा हेतु ये सिपाही क्रान्ति के लिए कटिबद्ध हुए किन्तु एक महत्त्वपूर्ण पक्ष जिस पर प्राय: इतिहासकारों की दृष्टि नहीं गई वह है—1857 की क्रान्ति का आर्थिक पक्ष। इसको समझे बिना इस क्रान्ति की समग्र विवेचना सम्भव नहीं है। जैसा कि पहले कहा जा चुका है कि 1857 से पहले अधिकतर हिन्दी प्रदेश के किसान ईस्ट इंडिया कम्पनी में भरती हुए। इन सिपाहियों के परिवार कम्पनी शासन द्वारा किए गए आर्थिक शोषण के भुक्तभोगी थे। 1857 की क्रान्ति से पहले कम्पनी के शासन में देश की जनता को भयावह अकालों की भयावह यातना झेलनी पड़ी। 1769-70 में बंगाल के दुर्भिक्ष की काली छाया। सम्पूर्ण जनसंख्या के 1/3 भाग को निगल गई। कम्पनी ने जनता को राहत पहुँचाने के लिए कुछ नहीं किया। इसके विपरीत कम्पनी के अधिकारियों ने कम दामों पर चावल क्रय करके उसकी मनमानी कीमत वसूल कर अत्यधिक मुनाफा कमाया। मद्रास क्षेत्र भी 1781-1782 में सूखे से ग्रस्त था। 1784 में पूरे उत्तर भारत में भयावह सूखा पड़ा। किन्तु कम्पनी ने जनता के कष्ट निवारण के लिए कोई सुनिश्चित योजना नहीं बनाई। सन् 1803 में संयुक्त प्रान्त में; 1803 में गुंटूर जिले में (जिसमें कुल पाँच लाख की आबादी में दो लाख व्यक्ति काल-कवलित हो गए); 1837 में उत्तर भारत में भयंकर अकाल पड़े जिनमें लाखों लोग मरे और जो जिंदा बचे उनकी हालत मरे हुओं से भी बदतर हो गई। सरकार ने अव्वल तो अकाल की समस्या से निपटने के लिए कुछ किया नहीं। जो थोड़े- बहुत प्रयास किए भी गए वे बेमन से और अव्यवस्थित रूप में हुए। परिणाम यह हुआ कि भारतीय और विशेष रूप से उत्तर भारत का किसान पूरी तरह कंगाली से ग्रस्त हो गया।

ईस्ट इंडिया कम्पनी ने जो भूमि कर व्यवस्था की वह शुद्धरूप से कम्पनी की जेब भरने का जरिया थी। इस कर व्यवस्था के विरुद्ध किसान जब-तब विद्रोह करते रहते थे। भूमिकर की वसूली में सेना का उपयोग करने में कोई संकोच नहीं किया जाता था। उदाहरण के लिए पानीपत में कानून और व्यवस्था कायम करने के लिए केवल 22 घुड़सवार थे जबकि भूमिकर की वसूली के लिए 136 लोगों को लगाया गया था। जमींदारों और भूमिपतियों से उनकी जमीन छीनकर नीलामी करके उन लोगों को दे दी गई जो जमींदारी के काम से पूरी तरह अनजान थे और वे किसानों से

जबरन कर वसूली करके उन्हें पूरी तरह कंगाल बना रहे थे। असहाय किसान विवश होकर स्वार्थी और लालची महाजनों और साहूकारों के जाल में फँस गए। इस देश के लोगों के जीविकोपार्जन का मुख्य आधार खेती था। भारतीय किसान कठोर परिश्रम करते हुए भी कंगाल था और उनकी मेहनत से की हुई कमाई से अंग्रेज अधिकारियों की जेबें भरी जा रही थीं। 1831 में जेम्स मिल के अनुसार—

> अंग्रेजों की 90 प्रतिशत मालगुजारी का स्रोत जमीन का लगान था, यह लगान व्यक्तियों को नहीं मिलता था। हमेशा सरकार की सम्पत्ति समझा जाता था।[2]

> कम्पनी की आर्थिक नीतियाँ भारतीय व्यापार और उद्योगधंधों के विरुद्ध थीं। कम्पनी ने अपनी राजनीतिक शक्ति के प्रयोग से भारतीय हस्तशिल्प और उद्योगों का सर्वनाश कर दिया। "औद्योगिक क्रान्ति से इंग्लैंड उद्योग प्रधान देश बना, उसके मुकाबले भारत निपट खेतिहर देश था और उसका खेतिहरपन पहले से और बढ़ गया था क्योंकि उसके उद्योग धंधों का नाश कर दिया गया था।[3]

उपर्युक्त विवेचन से पूरी तरह स्पष्ट है कि समूचे भारत (विशेष रूप से उत्तर भारत) के किसान, श्रमिक और कारीगर भयावह रूप से दरिद्रता का जीवन जी रहे थे। इन्हीं किसानों के परिवारों से आकर लोग सेना में भर्ती हुए थे। कम्पनी द्वारा किए गए अपने परिवारों के शोषण की विभीषिका निश्चय ही उनके मन में रही होगी। वे सेना में रहकर अवश्य ही कम्पनी की नौकरी कर रहे थे किन्तु अपने ही किसान परिवारों को कम्पनी के शोषण और लूट से छटपटाते देखकर वे क्षुब्ध और उद्वेलित थे। इसलिए जब 1857 की क्रान्ति का तानाबाना बुनने का समय आया तब राजनीतिक रूप से स्वतंत्र होने की आकांक्षा के कम्पनी द्वारा किए जा रहे आर्थिक शोषण से मुक्त होने का सपना भी निश्चय ही उनके ज़ेहन में मौजूद था। वे एक स्वतंत्र राष्ट्र की कल्पना कर रहे थे जहाँ उनकी जातीय अस्मिता की स्वीकृति के साथ-साथ आर्थिक समुन्नति भी पूरी तरह सुरक्षित और विकासशील हो।

1857 की क्रान्ति के समय सिपाहियों और नागरिकों ने अनेक इश्तिहार प्रकाशित किए। यदि हम इस क्रान्ति के आर्थिक जागरण को समझना चाहें तो ये इश्तिहार न केवल महत्त्वपूर्ण हैं बल्कि इन्हें हिन्दी नवजागरण के आर्थिक चिन्तन की अपरिहार्य पृष्ठभूमि के रूप में देखा जा सकता है—

> इन्हें पढ़ने से मालूम होगा कि स्वाधीनता संग्राम के नेता अंग्रेजराज की आर्थिक नीति से परिचित थे। इन्हें पढ़ने से यह भी पता लगेगा कि भारतेन्दु हरिश्चन्द्र ने अंग्रेजी राज के बारे में जो कुछ लिखा और उनके बाद

> महावीर प्रसाद द्विवेदी ने उसके बारे में जो कुछ लिखा, उस सबका गदर के इतिहास से कितना गहरा सम्बन्ध है।[4]

'Meeting Records' शीर्षक से अंग्रेज सरकार ने 1911 में एक पुस्तक प्रकाशित की थी। इसमें 1857 में सिपाहियों और नागरिकों के कुछ इश्तिहार संकलित किए गए हैं। इनसे अंग्रेजी राज में किसानों, जमींदारों, व्यापारियों की तत्कालीन परिस्थितियों और भावी सुधारों पर चर्चा की गई है। इन इश्तिहारों के अवलोकन से स्पष्ट होता है कि इस दौर में उपनिवेशवादी शक्तियाँ किस प्रकार किसानों, जमींदारों और व्यापारियों का आर्थिक दोहन कर रही थीं। बहादुरशाह के नाम से जो इश्तिहार जारी किया गया उसमें व्यापारियों को तत्कालीन वस्तुस्थिति का अंकन करते हुए यह स्पष्ट किया गया—

> अंग्रेजों ने नील, कपड़ा और जहाजों से भेजी जाने वाली अन्य वस्तुओं के व्यापार पर इजारा कायम किया है। केवल मामूली चीजों का व्यापार यहाँ के लोगों के हाथ में रहने दिया है। लेकिन इसमें भी मुनाफा कमाने की बहुत सी तरकीबें निकाल ली गई हैं। चुंगी वगैरह के जरिए व्यापारियों पर वे भारी टैक्स लगाते हैं।[5]

उपर्युक्त इश्तिहार की इन पंक्तियों से पूरी तरह स्पष्ट है कि किस प्रकार कम्पनी ने अपनी व्यापारिक महत्त्वाकांक्षाओं की पूर्ति के लिए एक सोची-समझी साजिश के तहत लाभ कमाने वाली वस्तुओं के व्यापार पर अपना एकाधिकार स्थापित कर लिया था। 1857 की क्रान्ति में सहभागी सिपाही और नागरिक कम्पनी द्वारा की गई इस शोषणमूलक इजारेदारी से न केवल अवगत थे बल्कि इस इजारेदारी से मुक्त होने की छटपटाहट भी उनमें मौजूद थी।

इसी इश्तिहार में आगे कहा गया है—

> बादशाही हुकूमत कायम होने पर अंग्रेजों का जाल फरेब खत्म कर दिया जाएगा और हर चीज का व्यापार करने का अधिकार भारतीय सौदागरों को होगा। अपना माल ले जाने के लिए भाप से चलने वाले जहाज और भाप से चलने वाली गाड़ियाँ सरकार उन्हें सुलभ करेगी। जिन सौदागारों के पास अपनी पूँजी न होगी, उन्हें सरकारी खजाने से सहायता दी जाएगी। राजाओं और रईसों का सारा काम देशी कारीगरों को दिया जाएगा। इससे वे खुशहाल होंगे।[6]

इश्तिहार की उपर्युक्त पंक्तियाँ कोई सामान्य वक्तव्य या घोषणा नहीं है। दरअसल यह कम्पनी शासन में हो रहे औद्योगिक और व्यापारिक शोषण से मुक्ति के लिए 1857 की क्रान्ति की सफलता को दृष्टि में रखकर देखा गया एक विराट स्वप्न है।

इस स्वप्न में भावी स्वदेशी आन्दोलन की पदचाप तो है ही उद्योगों और व्यापार का पथ प्रशस्त करने के लिए विज्ञान और तकनीक के विकास की छटपटाहट भी मौजूद है।

यह तो बात हुई औद्योगिक और व्यापारिक पक्ष की जो 1857 की क्रान्ति के विभिन्न कारणों में एक महत्त्वपूर्ण कारण हैं; जो भारतेन्दु युग के आर्थिक चिन्तन से सीधे-सीधे जुड़ता है। इसके साथ ही हमें इस दौर के किसानों के कम्पनी द्वारा किए गए आर्थिक शोषण को भी इसमें जोड़ना होगा। हमें यह ध्यान रखना होगा कि 1857 की क्रान्ति में किसानों की भूमिका का कोई समतल बिम्ब नहीं मिलता। किन्तु उत्तर भारत में किसानों का आर्थिक दोहन उन्हें क्रान्ति में सहभागिता के लिए प्रेरित और उद्वेलित करता है। कम्पनी द्वारा की गई भूमि कर व्यवस्था ने किसानों को दरिद्रता की कगार पर ले जाकर खड़ा कर दिया था। जैसा कि पहले कहा जा चुका है कि 1857 से पहले (और बाद में भी) पड़े अकालों ने किसानों की कमर ही तोड़ दी। ये अकाल कम्पनी की शोषणमूलक कर नीतियों और कुप्रबन्धन की भयावह परिणति थी। इन अकालों में लाखों लोग काल के गाल में समा गए। इस सन्दर्भ में 1855-56 में संथालों के विद्रोह की चर्चा आवश्यक है। संथाल जो भूमिवेश शताब्दियों से जोत रहे थे 1793 की स्थायी भूमि कर व्यवस्था के अनुसार—

> अब वह जमींदारों की हो गई थी। जमींदारों की अत्यधिक माँग के कारण इन शांतिप्रिय लोगों को अपनी पैतृक भूमि को छोड़कर राजमहल की पहाड़ियों के आसपास बसना पड़ा। कड़े परिश्रम से इन लोगों ने जंगलों को काटकर भूमि कृषि योग्य बनाई। शीघ्र ही जमींदारों ने इस भूमि के स्वामित्व का दावा कर दिया।[7]

दूसरी ओर उत्तर भारत के साहूकारों और महाजनों ने इन भोलेभाले किसानों को ब्याज पर रुपया देकर उनका शोषण आरम्भ कर दिया। कृषि की पैदावार, पशु यहाँ तक कि वे और उनका परिवार सब कुछ उनके हाथों में चला जाता था। संथाल समुदाय देख रहा था कि प्रशासन और न्याय तंत्र भी इन्हीं साहूकारों के हाथ में है जो कठोरतापूर्वक वसूली और बेदखली में कोई कोताही नहीं बरतता था। इन्हीं परिस्थितियों में दो भाइयों सिद्धू तथा कान्हू के नेतृत्व में संथाल विद्रोह का आरम्भ हुआ। संथालों ने भागलपुर तथा राजमहल के बीच तार तथा रेल की व्यवस्था भंग कर दी। कम्पनी की ओर से सैनिक कार्रवाई आरम्भ की गई। संथालों ने डटकर प्रतिरोध किया। एक बार तो अंग्रेजी सेना को पराजय का सामना भी करना पड़ा। अन्ततः विद्रोह का कठोरता से दमन कर दिया गया। फरवरी 1856 में संथालों के नेता बन्दी बना लिए गए थे।

संथालों का विद्रोह वस्तुतः 1857 की क्रान्ति में उन किसान सिपाहियों का निश्चय ही प्रेरक बिन्दु बना होगा। ये सिपाही भी इस क्रान्ति के बहाने स्वराज्य की

स्थापना में आर्थिक शोषण से मुक्ति का सपना संजो रहे थे। उपर्युक्त इश्तहारों में किसान और मजदूरों की खुशहाली के लिए जो घोषणाएँ की गई थीं वे क्रान्ति के विस्तार में अन्य कारणों के साथ प्रेरक बिन्दु का काम कर रही थीं। भले ही भारतेन्दु ने 1857 की क्रान्ति पर सीधे-सीधे अपनी प्रतिक्रिया व्यक्त न की हो किन्तु इस क्रान्ति में मजदूर और किसानों ने जिस शोषण से मुक्ति के लिए उपनिवेशवादी शक्तियों से लोहा लिया था, उस शोषण से मुक्ति की छटपटाहट भारतेन्दु को 1857 की क्रान्ति से सीधे-सीधे जोड़ती है।

1857 की क्रान्ति को भले ही अंग्रेज और अनेक भारतीय इतिहासकारों ने एक 'सिपाही विद्रोह' के दायरे में सीमित करना चाहा किन्तु विश्व के अनेक अर्थशास्त्रियों, साहित्यकारों और मजदूर नेताओं ने इस क्रान्ति को अपनी पूरी सहानुभूति और समर्थन दिया। वे इस क्रान्ति को मजदूरों और किसानों से जोड़कर देखते थे। ब्रिटिश उपनिवेशवाद की शोषण और दमनकारी नीतियों का पर्दाफाश करते हुए इन विचारकों ने 1857 की क्रान्ति को औपनिवेशिक आर्थिक और राजनीतिक शोषण के विरुद्ध जनक्रान्ति के रूप में रेखांकित किया। इन विचारों के अनुशीलन से 1857 की क्रान्ति के कारणों और फलितार्थों को उनके सही परिप्रेक्ष्य में समझा जा सकता है। सुप्रसिद्ध अर्थशास्त्री एडमस्थिम ने अपनी पुस्तक 'वेल्थ ऑफ द नेशन' के दूसरे खंड में ईस्ट इंडिया कम्पनी के इजारेदारों और व्यापारियों द्वारा किए जा रहे किसानों, श्रमिकों और दस्तकारों के आर्थिक शोषण की जमकर आलोचना की है। इस आलोचना का सारांश डॉ. रामविलास शर्मा ने अपने ग्रन्थ 'भारत में अंग्रेजी राज और मार्क्सवाद' में प्रस्तुत किया है। स्मिथ कम्पनी द्वारा किए गए आर्थिक शोषण को रेखांकित करते हुए लिखता है—

> मुझे विश्वस्त जानकारी है कि फैक्ट्री का सबसे ऊपर वाला क्लर्क सरदार का काम करता है। उसके लिए यह बात असाधारण नहीं है कि किसान को हुक़्म दे कि पोस्त के पौधों से लहलहाते खेत को जोत डालो और उसमें धान या कोई अनाज बो दो। बहाना यह था कि अन्न की कमी न हो; असली कारण यह था कि सरदार के पास बहुत सी अफीम जमा थी और वह चाहता था कि उसे ऊँचे भाव बेचे। अन्य अवसरों पर इससे उलटा हुक़ुम दिया गया। धान या किसी दूसरे अनाज का लहलहाता खेत जुतवा डाला गया जिससे कि उसमें पोस्ता बोया जाए। ऐसा तब होता है जब सरदार देखता है कि अफीम से भारी मुनाफा मिलेगा।[8]

औपनिवेशिक आर्थिक शोषण की यह झलक भले ही बंगाल से जुड़ी है किन्तु कमोबेश यह स्थिति समूचे भारतवर्ष के किसानों की थी। पश्चिम के लेखक ही नहीं कवि भी इस शोषण से मुक्ति के लिए भारतीय स्वाधीनता संग्राम की कल्पना को

आकार देने में जुटे थे। सन् 1811 में विश्व प्रसिद्ध कवि बायरन ने 'द कर्स ऑफ मिनर्वा' नामक कविता में भविष्य के भारतीय स्वाधीनता संग्राम की कल्पना इन शब्दों में की—

'Look to the east,
where Ganges' Swarthy race
shall shake your tyrant empire to its base;
Lo! there Rebellion rears here ghastly head,
and glares the nemesis of native dead,
Till Indus rolls a deep puerperal flood
And claims his long arrear of northern blood.
So may ye perish I pillar, when she gave
Your freedom rights, ferbode ye to enslave.[9]

बायरन की तरह चार्टिस्ट आन्दोलन के श्रमिक नेता अर्नेस्ट जोन्स भी भारत में स्वाधीनता संग्राम की सम्भावनाओं को स्पष्ट रूप से देख और महसूस कर रहे थे। 1848 में उन्हें बन्दी बनाकर जेल की काल कोठरी में डाल दिया गया। इसी जेल की काल कोठरी में उन्होंने 'द न्यू वर्ल्ड' नाम की कविता लिखी। इस कविता का प्रकाशन 1851 में हुआ। जब 1857 में स्वतंत्रता संग्राम का आरम्भ हुआ तब जोन्स ने इस कविता का नया शीर्षक रखा—'द रिवोल्ट ऑफ हिन्दुस्तान एंड न्यू वर्ल्ड'। जोन्स की इस कविता में इस स्वतंत्रता संग्राम में भारतीयों की विजय की कल्पना को उकेरा गया है—

The rearward drums their dastard marches beat,
And shorting India rushed on the retreat.
Back press the frentiers, once the example given,
In part by force, but more by panic driven.
Victorious deluge ! from a hundred heights
Rolls the fierce torrent of a people rights,
And repay soldiers, waking band by sand,
At last remember they we a fatherland,
Then flier the huxlering judge, the pandering peer,
The English paceper, grown a nabab here!
Counting house tyranny, and pedlar pride,
While blasts of freedoom sweep the country wide.[10]

इन काव्य पंक्तियों में भारतीय सिपाहियों के शौर्य, आजादी के प्रति उनकी प्रतिबद्धता को तो रेखांकित किया ही गया है, ईस्ट इंडिया कम्पनी के लम्पट, निर्लज्ज, लुटेरे किरदारों को बेनकाब करते हुए अत्याचारी महाजनों और घमंडी व्यापारियों

की भी खबर ली गई है। जोन्स ने 1857 के भारतीय स्वतंत्रता संग्राम से छः वर्ष पूर्व इसकी सफलता की जो कल्पना की थी वह निश्चय ही साकार होती—

> किन्तु इस महान विप्लव की असलफता का एक महत्त्वपूर्ण कारण यह था कि यद्यपि क्रान्ति की पर्याप्त तैयारी की गई थी, किन्तु तदुप्रांत उत्पन्न होने वाली परिस्थितियों का सामना कैसे किया जाएगा, इस सम्बन्ध मे कोई आकर्षक और सुव्यवस्थित व्यवस्था नहीं की गई थी। अंग्रेज सत्ता को उखाड़कर नष्ट करने में तो सभी एकमत थे किन्तु उसके पश्चात् क्या होगा, इस सम्बन्ध में कोई सुनिर्धारित योजना नहीं बनाई जा सकी थी। क्रान्ति का प्रथम भाग अर्थात् विध्वंस का कार्य तो बड़ी सुगमता सहित पूर्ण हो गया; किन्तु जब रचनात्मक और विधायक गतिविधियों का प्रारम्भ होना था तो लोगों में पारस्परिक मतभेद और अविश्वास पुनः उभर आया।[11]

किन्तु क्रान्तियाँ कभी निःशेष नहीं होतीं। उसकी कोख से जो अंकुर उत्पन्न होते हैं, वही उसे सम्पूर्ण परिणति तक पहुँचाते हैं। इसलिए जब भी कहीं शोषण की अति होती है तब क्रान्ति के विस्फोट और उसकी सफलता के सपने भी देखे जाते हैं।

रिचार्ड कांग्रीव इंग्लैंड के उन मजदूर नेताओं में थे जो स्वयं को सामाजिक पुनर्गठन का समर्थक कहते थे किन्तु इसके लिए क्रान्ति का रास्ता अपनाए जाने के पक्षधर न थे। किन्तु इसके बावजूद 1857 के भारतीय स्वतंत्रता संग्राम के प्रति उत्कट सहानुभूति रखते थे। 9 नवम्बर, 1857 को उन्होंने 35 पृष्ठों की एक पुस्तक 'इंडिया' लिखी थी। इस पुस्तक में उन्होंने इंग्लैंड के पूँजीपति अखबारों के भारत विरोधी प्रचार का प्रतिरोध करते हुए वहाँ के मजदूरों को भारतीय जनता का साथ देने के लिए प्रेरित किया। कांग्रीव ने स्पष्ट रूप से रेखांकित किया—

> मैं विश्वासपूर्वक कहता हूँ कि हमने भारत पर जो बलपूर्वक अधिकार जमा रखा है, उसे कोई भी अंग्रेज युक्तिपूर्वक उचित सिद्ध नहीं कर सकता।[12]

बाद में मार्क्स, लेनिन और एंगेल्स ने भी भारतीय किसानों और मजदूरों के आर्थिक शोषण और शासकों द्वारा इस शोषण को विस्तार देने का सप्रमाण उल्लेख किया। किन्तु यह सब 1857 की क्रान्ति की पृष्ठभूमि के अन्तर्गत नहीं आता इसलिए हम उसकी चर्चा यहाँ नहीं कर रहे।

समग्रतः 1857 की क्रान्ति अपने मूल में जनक्रान्ति है। किसान, मजदूर, दस्तकार सभी उस दौर में उपनिवेशवादी शक्तियों के शोषण से कराह रहे थे। भूमि पर कर न केवल किसानों की कमर तोड़ रहा था बल्कि अपने खेत में कौन सी फसल उगाई जाए यह भी प्रायः कम्पनी के लोगों द्वारा तय किया जाता था। किसानों के आर्थिक शोषण की परिणति भयावह अकालों में हुई जिसमें लाखों लोग काल-कवलित हुए।

किसान और विशेष रूप से उत्तर भारत के किसान औपनिवेशिक शक्तियों के द्वारा किए जा रहे शोषण से निर्धनता की चरम सीमा तक पहुँच गए थे।

1857 की क्रान्ति से पहले कम्पनी के शासन में मजदूरों और शिल्पकारों के आर्थिक शोषण में कोई कोताही नहीं होती थी। कम्पनी ने अपने आर्थिक हितों के लिए भारतीय उद्योगधंधों को प्रायः पूरी तरह नष्ट कर दिया था। कम्पनी राज के पहले दौर में यहाँ के उत्पाद गुमाश्तों द्वारा मनचाही कीमतों पर खरीद लिए जाते थे और वहाँ उन्हें महँगे दामों पर बेचकर मुनाफा कमाया जाता था। बाद में यहाँ से कच्चे माल को इंग्लैंड भेज कर वहाँ से तैयार माल को यहाँ खपाने का दौर शुरू हुआ। सबका परिणाम यह हुआ कि यहाँ के शिल्पकारों के धंधे पूरी तरह चौपट हो गए।

हमें यह भी ध्यान में रखना होगा कि कम्पनी राज में जो भारतीय सैनिक भर्ती हुए उनके अधिकांश मूलतः किसान परिवारों से आए थे। उन्होंने अपने खेतिहर परिवारों को आर्थिक शोषण की पीड़ा से छटपटाते हुए स्वयं देखा था। जो थोड़ा-बहुत वेतन उन्हें मिलता था उसका एक बड़ा हिस्सा उन्हें अपने परिवारों के भरण-पोषण के लिए भेजना पड़ता था। उनके लिए सैन्य-सेवा में बड़े पद का द्वार बन्द था। सूबेदार से बढ़कर उन्हें कोई पद नहीं मिलता था। खेतिहर किसानों का भयावह शोषण कहीं न कहीं उनके अन्तर्मानस में मौजूद था।

यदि हम 1857 की क्रान्ति के प्रमुख कारणों की पड़ताल करें तो इनका स्पष्ट रूप से प्रमुख और गौण कारणों में विभाजन किया जा सकता है। जहाँ तक प्रमुख कारणों की बात है, इनमें दो कारण विशेष रूप से उभर कर सामने आते हैं। पहला यह कि भारतीय लोग स्पष्ट रूप से देख और महसूस कर रहे थे कि उपनिवेशवादी शक्तियों द्वारा उनकी सांस्कृतिक अस्मिता का क्षरण और अवमूल्यन किया जा रहा है। पश्चिम के इतिहासकार, स्वतंत्र लेखक और विचारक भारतीय दर्शन, धर्म, संस्कृति और साहित्य के कुछ पक्षों की अनमने ढंग से प्रशंसा तो करते थे किन्तु व्याजान्तर से भारत को असभ्य और बर्बर मानने में उन्हें कोई संकोच नहीं होता था। उपनिवेशवादी शक्तियाँ भारत को सभ्य बनाने की आड़ लेकर इस देश को गुलाम बनाने का समर्थन करती थीं। दूसरी ओर भारतीयों के ईसाईकरण की कोशिशें जारी थीं। कारतूसों का प्रकरण भी धार्मिक अस्मिता पर आए संकट से जुड़ा था। भले ही इससे जुड़ा उद्वेलन और आक्रोश बाद में महत्त्वपूर्ण न रहा हो किन्तु 1857 की क्रान्ति के विस्फोट में इसकी एक अपनी भूमिका थी। कुल मिलाकर जातीय और धार्मिक अस्मिता का संकट 1857 की क्रान्ति का एक प्रमुख कारण था। क्रान्ति का दूसरा कारण उपनिवेशवादी शक्तियों द्वारा किया गया किसानों का निर्मम और निर्लज्ज आर्थिक शोषण था। फौजी वर्दी पहने हुए हिन्दी प्रदेश के किसान इस शोषण के साक्षी ही नहीं भोक्ता भी थे। स्वाभाविक रूप से विदेशी शासन से निजात पाने के लिए इस क्रान्ति की समिधाएँ प्रज्ज्वलित करते हुए अपनी जातीय और धार्मिक अस्मिता की

रक्षा का सपना संजोने के साथ कम्पनी शासन द्वारा किए जा रहे किसानों और मजदूरों के आर्थिक शोषण से मुक्त होने की आकांक्षा भी उन्हें क्रान्ति के लिए उद्वेलित कर ही थी। क्योंकि इस क्रान्ति के लिए बड़े-बड़े नगरों को केन्द्र बनाया गया था इसलिए क्रान्ति के दौर में प्रकाशित और प्रसारित इश्तहारों में व्यापार और उद्योग की बात अधिक है किन्तु फौजी वर्दी पहने हिन्दी प्रदेश के किसान अपने आर्थिक शोषण से मुक्ति के लिए पूरी तरह सजग और सन्नद्ध थे, इसमें कोई सन्देह नहीं।

यद्यपि 1857 की क्रान्ति के सेनानी (सिपाही) अधिक शिक्षित नहीं थे और वे प्राय: या तो इस देश में सीमित रहे अथवा किसी देश से युद्ध होने पर वहाँ जाते थे किन्तु विश्व की राजनीतिक, आर्थिक और सांस्कृतिक गतिविधियों से उनका जुड़ाव न था। किन्तु विश्व के अनेक देशों के मजदूर आन्दोलनों के नेता, विचारक और साहित्यकार 1857 की क्रान्ति को न केवल सहानुभूति की दृष्टि से देखते थे बल्कि उसका समर्थन भी करते थे। उन्होंने अंग्रेजों के इस प्रचार का सशक्त विरोध किया कि यह जनक्रान्ति न होकर महज सिपाहियों का विद्रोह था। वे इस क्रान्ति को जन साधारण से जोड़ कर देखते थे। यह 1857 की जनक्रान्ति को रेखांकित कर लेने के साथ-साथ उसे सही अर्थों में परिभाषित करने का एक अकाट्य साक्ष्य है।

हमने 1857 की जनक्रान्ति की जो आर्थिक परिप्रेक्ष्य में विवेचना की है उसे निर्विवाद रूप से हिन्दी नवजागरण के आर्थिक चिन्तन की पृष्ठभूमि माना जा सकता है। भारतेन्दु युग जहाँ से हिन्दी नवजागरण का प्रारम्भ होता है, वह निश्चित रूप से 1857 की क्रान्ति के आर्थिक परिप्रेक्ष्य से प्रेरित और प्रभावित है। इस क्रान्ति यज्ञ के होते सिपाही वेशधारी किसानों और श्रमिकों ने अपने और अपने परिवार के आर्थिक शोषण से छटपटाकर औपनिवेशिक शक्तियों की आर्थिक गुलामी से निजात पाने के लिए जो स्वप्न देखा था उसको साकार करने के प्रयास हमें भारतेन्दु युग के आर्थिक चिन्तन में स्पष्ट रूप से देखने को मिलते हैं।

भारतेन्दु हरिश्चन्द्र

भारतेन्दु सही अर्थों में हिन्दी नवजागरण के भगीरथ हैं। उनकी अनवरत एवं समर्पित साहित्य-साधना एवं अथक प्रयासों से न केवल हिन्दी प्रदेश की जातीय अस्मिता को आकार मिला बल्कि इससे सांस्कृतिक वास्तविकता से सामाजिक वास्तविकता और सामाजिक वास्तविकता से राजनीतिक वास्तविकता की यात्रा सम्भव हो सकी। वे आधुनिकीकरण एवं आधुनिकता के प्रारम्भिक चरण के सफल सूत्रधार थे। हिन्दी नवजागरण के आर्थिक चिन्तन का पहला उभार भारतेन्दु की ही देन है।

बंगाल में जब नवाब सिराजुद्दौला का शासन था, सेठ अमीचन्द उनके समकालीन थे। अमीचन्द भारतेन्दु के पूर्वजों की परम्परा में थे। कम्पनी के द्वारा की

जाने वाली बंगाल की लूट में अमीचन्द भी प्रत्यक्ष अथवा अप्रत्यक्ष रूप से सहयोगी थे। उन्हें इसका परिणाम भी भुगतना पड़ा। क्लाइव ने छल से अमीचन्द को उनकी कम्पनी की लूट का अपना हिस्सा नहीं दिया जिससे वे पागल हो गए और इसी दशा में उन्हें अपने प्राणों से हाथ धोना पड़ा—

> सेठ अमीचन्द के जीवन से इस बात का पक्का सबूत मिलता है कि देशभक्ति या देशद्रोह हिन्दुओं या मुसलमानों के हिस्से ही न पड़ा था; इस या उस राह पर दोनों धर्मों के मानने वालों में मौजूद थे।[13]

अमीचन्द के पुत्र फतेहचन्द ने काशी को अपना निवास और कर्मक्षेत्र बनाया। फतेहचन्द ने भी अंग्रेजों के सहायक होने की परम्परा को पूरी निष्ठा से निभाया। बनारस के राजा चेतसिंह को अंग्रेजों द्वारा अपदस्थ किए जाने के बाद राज्य के प्रबन्धन में उन्होंने पूरा सहयोग दिया। फतेहचन्द के पुत्र हर्षचंद्र ने भी राजभक्ति की इस परम्परा को आगे बढ़ाया। बनारस में आय कर की वसूली के लिए जो कमेटी बनाई गई उसमें हर्षचन्द्र भी थे। किन्तु वे भारतीय व्यापार की दुर्दशा से व्यथित भी थे। इसलिए सन् 1834 में जब कम्पनी द्वारा हर्षचन्द्र से काशी के व्यापार के विषय में कुछ प्रश्न पूछे गए तब उन्होंने निडरतापूर्वक भारतीय व्यापार की दुर्दशा पर उत्तर प्रस्तुत किए—यहाँ कुछ चुने हुए प्रश्न और उनके उत्तर प्रस्तुत किए गए हैं जिनसे पता लगता है कि हर्षचन्द्र जी की राजभक्ति के अन्तर में कहीं यहाँ के व्यापार और उद्योग की दुर्दशा को लेकर एक छटपटाहट भी मौजूद थी—

> **प्रश्न :** सन् 1819 से चाँदी और सोना की खरीद कम हुई है या अधिक और इसका कारण क्या है?
>
> **उत्तर :** सोने की खरीद कम होने का कारण यह है कि उस समय इस प्रान्त के लोग सुखी थे और देहाती लोग भी बड़ा लाभ उठाते थे। इसलिए सोने की बाहरी खरीदारी अधिक होती थी और भाव भी महँगा था और अब चारों ओर दरिद्रता फैल गई है तो सोना की खरीद कहाँ से हो?
>
> **प्रश्न :** इस बात पर विचार करके लिखिए कि सन् 1813 व 1814 से अब तक भाव हुँडियान का बड़े-बड़े दिसावरों में पर्ता फैलाने से कमी के कारण व्यापार में अन्तर पड़ा है, या सन् 1816 व 1818 में सोना-चाँदी की कमी से?
>
> (इस प्रश्न के उत्तर में रोजगार की कमी के कारणों पर प्रकाश डाला गया है।)
>
> **उत्तर :** पहला कारण—सन् 1810 तक सब लोग सरकार में रुपया जमा

करके छः रुपया सैकड़ा वार्षिक सूद लेते थे। अब पाँच रुपया से होते-होते चार रुपए तक नौबत पहुँच गई। प्रजा का काम कैसे चले?

दूसरा कारण—अंग्रेज साहबों के कारोबार बिगड़ जाने से जिनकी ओर से हर जिले में नील की बड़ी खेती होती थी और उससे जमींदारों को बड़ा लाभ होता था, जमींदारों को कष्ट है और खेती पड़ी रह गई।

तीसरा कारण—अदालत के अप्रबन्ध और रुपया के वसूल होने में अदालत के डर के कारण कारोबार देनलेन महाजनी का जिस्से सूद का अच्छा लाभ था एकदम बन्द हो गया।

चौथा कारण—साहब लोगों के बहुत से हाउस बिगड़ जाने से बहुतेरे हिन्दुस्तानियों का लाखों रुपया मारे जाने का कारण बन्द हो जाने से दूसरा काम भी नहीं कर सकते।

पाँचवाँ कारण—विलायत से असबाब आने और सस्ता बिकने के कारण यहाँ के कारीगरों का सब काम बन्द और तबाह हो गया।

छठा कारण—सरकार की ओर से इस कारण से कि विलायत में रुई पैदा न हुई यहाँ से रुई की खरीद हुई, इससे भी कुछ लाभ था पर वह भी बन्द हो गया।[14]

कम्पनी सरकार द्वारा पूछे गए प्रश्नों का उत्तर देते हुए भारतेन्दु के पूर्वज हर्षचन्द्र ने बहुत सधे हुए ढंग से भारतीय व्यापार की दुर्दशा, महँगाई के कारण यहाँ के लोगों की निर्धनता; जमींदारों की दुरवस्था; अदालतों के कुप्रबन्धन; विदेशी माल की अत्यधिक आवक से यहाँ की कारीगरी के नष्ट हो जाने; भारतीय रुई की कम्पनी द्वारा की गई मनमानी खरीद को रेखांकित कर साहसपूर्वक कम्पनी राज में भारत के आर्थिक शोषण का निरूपण किया है। उनके वंशज भारतेन्दु ने अपने इस पूर्वज के इसी दृष्टिकोण को अपनाते हुए अपने आर्थिक चिन्तन की रूपरेखा निर्धारित की।

हर्षचन्द्र के पुत्र गोपालचन्द्र ने कम्पनी शासन द्वारा किए जा रहे भारत के आर्थिक शोषण को अनदेखा करते हुए अपने पूर्वज अमीचन्द्र के कम्पनी शासन के प्रति अपनी निष्ठा और राजभक्ति की परम्परा को आगे बढ़ाया। 1857 के स्वाधीनता संग्राम में वे पूरी तरह कम्पनी राज के पक्षधर बने रहे।

भारतेन्दु के सामने एक ओर तो अपने पूर्वजों द्वारा स्थापित कम्पनी शासन के प्रति राजभक्ति की परम्परा थी तो दूसरी ओर उसी राजभक्ति की कोख से हर्षचन्द्र द्वारा भारत की आर्थिक दुर्दशा को आईना दिखाने और अमीचन्द्र के साथ किए गए कम्पनी शासन के छल का प्रसंग भी मौजूद था। इसके साथ ही हमें यह भी ध्यान में रखना होगा कि भारतेन्दु ने अंग्रेजी शासन के प्रति जिस राजभक्ति का प्रदर्शन किया उसमें कहीं न कहीं महारानी विक्टोरिया के घोषणा-पत्र के प्रति आशावादी दृष्टिकोण भी मौजूद था। दूसरे, भारतेन्दु ने 1857 की क्रान्ति की अंग्रेज सेना द्वारा किए गए

पाशविक उन्मूलन को ध्यान में रखते हुए यह धारणा बना ली थी (और यह धारणा उस समय की परिस्थितियों को देखते हुए एक हद तक उचित भी थी) कि औपनिवेशिक शासन द्वारा किए गए सांस्कृतिक, राजनीतिक और आर्थिक शोषण का प्रतिरोध न शस्त्र-बल से किया जा सकता है और न शासन की सीधी-सीधी निंदा से। इसके लिए जनसाधारण को जाग्रत, शिक्षित एवं प्रशिक्षित करना होगा। इसीलिए अंग्रेजी शासन के विरोध में खड़ा उनका आर्थिक चिन्तन राजभक्ति के रंग-बिरंगे बाहरी कवच में इस तरह सँजोकर रखा गया है कि एक ओर शासन को अपनी राजभक्ति का विश्वास दिलाया जा सके और दूसरी ओर जनसाधारण औपनिवेशिक शक्तियों द्वारा किये गए निर्लज्ज आर्थिक शोषण के सम्बन्ध में उनके मन्तव्यों और संकेतों को सही परिप्रेक्ष्य में समझ सके। इसके साथ ही उनकी राजभक्ति पर चर्चा करते हुए हमें इस बात का विशेष ध्यान रखना होगा कि भारतेन्दु इंग्लैंड के औद्योगिक विकास से अत्यधिक प्रभावित थे। वहाँ की वैज्ञानिक एवं तकनीकी विकास की प्रगति उन्हें लुभाती थी। अपनी पन्द्रह साल की अवस्था से ही उन्होंने देश के भिन्न-भिन्न भागों की यात्राएँ कीं—

> यात्रा करने से उन्होंने अंग्रेजी राज की न्यामतें अपनी आँखों देखीं। जनता की निरक्षरता और गरीबी दूर करने के लिए उनका विचार और भी दृढ़ हो गया। उन्होंने यहीं न देखा कि हिन्दुस्तानी अंग्रेजों के मुकाबले में आर्थिक और वैज्ञानिक प्रगति में पिछड़े हुए हैं...।[15]

इसलिए भी भारतेन्दु अंग्रेजी शासन को प्रशंसा की दृष्टि से देखते थे। 9 मार्च 1874 की 'कवि वचन सुधा' में इंग्लैंड की विकसित उद्योग तकनीकों को ध्यान में रखते हुए उन्होंने लिखा—

> वहाँ एक लक्ष बाइलर, भाफ के यंत्र हैं और एक-एक की शक्ति 40 घोड़ों की है। एक घोड़े की शक्ति आठ मनुष्यों के बराबर है तो इस हिसाब से चालीस लाख घोड़े अर्थात् तीन करोड़ बीस लाख मनुष्य का काम इन यंत्रों के द्वारा होता है। मनुष्य तो काम करते-करते थक जाते हैं पर ये यंत्र कभी नहीं थकते और मनुष्यों के समान चार आना आठ आना रोज नहीं देना पड़ता। केवल इनमें अग्नि प्रदीप्त करने से चलने लगते हैं...।[16]

स्वाभाविक रूप से भारतेन्दु इंग्लैंड की औद्योगिक प्रगति से प्रेरित और प्रभावित थे। उनकी राजभक्ति को इस दृष्टि से भी देखा जाना चाहिए।

इस राजभक्ति के खोल में भारतेन्दु का वास्तविक व्यक्तित्व स्पन्दित और आलोकित था। यह व्यक्तित्व वैष्णवता, समाज सुधार, राष्ट्रभक्ति और फक्कड़पन के अणुओं से संघटित हुआ था।

वैष्णवता भारतेन्दु की आत्मा का भोजन है। वैष्णवता की देहरी का रसमय ताप सांसारिक भारतेन्दु को पूरी तरह पिघलाकर एक भावुक समर्पित भक्त में रूपांतरित कर देता है किन्तु अन्ततः जैसे ही वे भौतिक संसार में लौटते हैं, उस दौर के यथार्थ के बहुत से सन्दर्भ उन्हें बेचैन करते हैं। वे देखते हैं कि भारतवासी गम्भीर दुर्दशा के शिकार हैं। एक ओर उपनिवेशवादी शक्तियों द्वारा किसानों, मज़दूरों और शिल्पकारों का निर्लज्जतापूर्वक आर्थिक शोषण जिससे उनका जीवन संकट में है। दूसरी ओर अंग्रेज़ों द्वारा ईसाइयत के विस्तार हेतु भारतीयों पर किया जा रहा सांस्कृतिक आक्रमण जिससे उनकी अस्मिता पर संकट आ गया था। तीसरे, अशिक्षा के कारण लोगों में व्याप्त अन्धविश्वास और रूढ़िग्रस्तता जिससे देश और समाज को आगे बढ़ाने में उनकी हिस्सेदारी संकुचित होती जा रही थी इसीलिए भारतेन्दु को सामाजिक, सांस्कृतिक एवं आर्थिक मोर्चों पर उपनिवेशवादी शक्तियों से लोहा लेना पड़ा।

भारतेन्दु के व्यक्तित्व की एक अन्यतम विशेषता है उनका बेलाग और बैलौस फक्कड़पन। आभिजात्यपूर्ण वातावरण में भी उनका यह फक्कड़पन उन्हें जनसाधारण एवं गाँव की मिट्टी के सौंधेपन से जोड़ता था। वे अपने मुसाहिबों की चापलूसी से अभिभूत नहीं होते थे बल्कि उससे ऊपर उठकर इस चापलूसी का मज़ा लेते थे। 'कुछ आपबीती कुछ जगबीती' में भारतेन्दु ने इन चापलूसों की खबर लेते हुए लिखा—

> कोई कहता था आपसे सुन्दर संसार में नहीं है, कोई कसम खाता था, आप सा पंडित मैंने नहीं देखा, कोई पैगाम देता था, चमेली जान आप पर मरती हैं, आपके देखे बिना तड़प रही हैं, कोई बोला, हाय आपकी फलानी पढ़कर रात भर रोते रहे...।[17]

भारतेन्दु जानते थे कि सामनेवाला छल-छंद से उन्हें हानि पहुँचाना चाहता है किन्तु वे जानकर भी उससे उदारता का ही व्यवहार करते थे। निस्सन्देह उनके चरित्र की कुछ सीमाएँ रही होंगी। किन्तु मनुष्य मात्र में मानवीय दुर्बलताओं का होना स्वाभाविक है। भारतेन्दु के व्यक्तित्व का वैशिष्ट्य यह था कि वे अपनी दुर्बलताओं को छिपाते नहीं थे। ऐसा करके वे समाज में और अधिक सम्मान पाने का प्रयत्न कर सकते थे, किन्तु उन्होंने ऐसा न करके अपनी दुर्बलताओं को निडरतापूर्वक समाज केसम्मुख उजागर किया। उनके साहित्य में जो व्यंग्य की बेधकता, हास्य की सरसता, लोकचेतना का सौंधापन और अभिव्यक्ति की सजीवता है—उसका एक हद तक श्रेय सहज फक्कड़पन को जाता है। समग्रतः भारतेन्दु के व्यक्तित्व में भक्तिकाल और रीतिकाल की पृष्ठभूमि रहते हुए भी आधुनिकताबोध का पैनापन पूरी शिद्दत के साथ मौजूद है। उनमें कबीर, पद्माकर और घनानन्द की परम्पराएँ एकसाथ धड़कती हैं—

> ××× वे हिन्दी के पहले रचनाकार, विचारक हैं जो मध्यकालीनता के बाड़े से हिन्दी जाति को निकालकर आधुनिक जीवन की दहलीज़ पर खड़ा

करते हैं, एक लम्बे संघर्ष से, भीतरी तथा बाहरी दोनों स्तरों पर गुजरते हुए अपनी चेतना के साथ एक पूरे युग की चेतना को नया संस्कार देते हैं।[18]

जहाँ तक प्रश्न भारतेन्दु के आर्थिक चिन्तन का है हमें यह समझ लेना होगा कि हिन्दी नवजागरण के आर्थिक चिन्तन को उसकी अन्य प्रवृत्तियों से काटकर नहीं देखा जा सकता। इस आर्थिक चिन्तन को समाज सुधार एवं राष्ट्रवादी दृष्टिकोण के साथ मिलाकर देखना होगा। भारतेन्दु औपनिवेशिक शासन की विडम्बनाओं के साथ-साथ यह भी अनुभव कर रहे थे कि भारतीयों और विशेष रूप से हिन्दी प्रदेश के लोगों को राजनीतिक स्वत्व की प्राप्ति हेतु एक लम्बा रास्ता तय करना है। उन्हें शैक्षिक, सांस्कृतिक, राजनीतिक रूप से प्रबुद्ध एवं प्रशिक्षित होना है। इसके लिए उन्हें अंग्रेजी शासन के उन पक्षों को भी रेखांकित करना है या जिनसे हिन्दी प्रदेश के लोग कुछ सीख सकते हैं। इसके साथ ही जो रूढ़ियाँ, कुरीतियाँ और पाखंड इस प्रदेश के लोगों की प्रगति में बाधक थे उनकी आलोचना आवश्यक थी। इस दृष्टि से भारत दुर्दशा में सत्यानाश फौजदार का यह कथन उल्लेखनीय है—

जाति अनेकन करी नीच और ऊँच बनायो।
खानपान सम्बन्ध सबन सौं बरजि छुड़ायो॥
जन्मपत्र विधि मिले ब्याह नहिं होन देत अब।
बालकपन में ब्याहि प्रीति बल नास कियो सब।
करि कुलीन के बहुत ब्याह बल बीरज मार्यौ।
विधवा ब्याह निषेध कियो विभिचार प्रचार्यौ॥
रोकि विलायत गमन कूप मंडूक बनायौ।
औरन को संसर्ग छुड़ाइ प्रचार घटायो। [19]

इन कुरीतियों को रेखांकित करने के साथ भारतेन्दु औपनिवेशिक अंग्रेजी शिक्षा और वैज्ञानिक तकनीक विकास के समर्थक थे—

लखहु न अंगरेजन करी उन्नति भाषा माहँ।
सब विधा के ग्रन्थ अंगरेजिन माँह लखाहिं॥ [20]

वे देख रहे थे कि ज्ञान-विज्ञान आदि के श्रेष्ठ ग्रन्थ अंग्रेजी भाषा में ही मौजूद है, इसलिए उनका मानना था कि अंग्रेजी को सीखना आवश्यक ही नहीं अपरिहार्य है किन्तु निजभाषा (हिन्दी) की कीमत पर उन्होंने कभी अंग्रेजी का समर्थन नहीं किया। उनका तो स्पष्ट मत है—

अंग्रेजी पढ़ि के जदपि सबगुन होत प्रवीन।
पै निज भाषा ज्ञान बिन रहत हीन के हीन॥ [21]

वस्तुतः भारतेन्दु एक ओर तो जनसाधारण को सामाजिक कुरीतियों से मुक्त कर प्रबुद्ध बनाना चाहते थे तो दूसरी ओर शिक्षा, ज्ञान-विज्ञान और तकनीकी दृष्टि से औपनिवेशिक शासन के सकारात्मक पक्षों से जोड़ना चाहते थे। क्योंकि ऐसा किए बिना जनसाधारण की आर्थिक शोषण के प्रति जागरूकता सम्भव नहीं थी। एक शिक्षित एवं विज्ञान तकनीक से परिचित समाज ही औपनिवेशिक आर्थिक शोषण की विडम्बनाओं और अन्तर्विरोधों को पहचान कर उनसे मुक्ति के लिए प्रयास कर सकता था।

भारतेन्दु के आर्थिक चिन्तन के केन्द्र में औपनिवेशिक शासन द्वारा इस देश की धन सम्पत्ति का दोहन कर उसे अपने देश में ढोकर ले जाने की प्रवृत्ति है—

अंग्रेज राज सुख साज, सबै विधि भारी।
पै धन विदेश चलिजाति, इहै अति ख्वारी॥[22]

वे यह तो मानने को तैयार हैं कि अंग्रेजी शासन अनेक दृष्टियों से भारतीय प्रजा के लिए सुख और सन्तोष का विषय है किन्तु सबसे बड़ी विडम्बना यह है कि यहाँ की सम्पत्ति जो इस देश के किसानों और मजदूरों का शोषण करके एकत्रित की गई है, वह अंग्रेजों के अपने देश में जा रही है। वे लॉर्ड रिपन की प्रशंसा करते हुए भी औपनिवेशिक शोषण को रेखांकित करने से नहीं चूकते—

जदपि बाहुबल क्लाइव जीत्यौ सगरो भारत।
जदपि और लाटनहू को जन नाम उचारत।
जदपि हेसटिंग्स आदि साथ धन लै गए भारी।
पै हम हिन्दुन के हीय की भक्ति न काहू संग गई।
सो केवल तुम्हरे संग रिपन छापा सी साथिन भई।[23]

यह ध्यान देना होगा कि भारतेन्दु की राजभक्ति में वही शासक और अधिकारी उनके आदर के पात्र हैं जो किसी न किसी रूप में; किसी न किसी मात्रा में इस देश के हितैषी है या हितैषी दिखते हैं। क्लाइव, हेस्टिंग या लिटन जैसे आर्थिक या राजनीतिक शोषण के जिम्मेदार अधिकारियों को उन्होंने कभी अच्छी दृष्टि से नहीं देखा। क्योंकि ये लोग आर्थिक लूट के सीधे-सीधे जिम्मेदार हैं। काबुल युद्ध जिसमें भारत को फँसाया गया उसका परिणाम यह हुआ कि लिटन के शासन में भारत पूरी तरह जर्जर हो गया। इसी समय भयंकर अकाल की विभीषिका में 50 लाख से अधिक लोग काल-कवलित हो गए। इस दारुण दशा का अंकन भारतेन्दु इन शब्दों में करते हैं—

स्ट्रैची डिजरैली लिटन चितय नीति के जाल
फँसि भारत जरजर भयो काबुल युद्ध अकाल

सुजस मिलै अंगरेज को होय रूस की रोक
बढ़ै ब्रिटिश वाणिज्य ये हमकों केवल सोक।[24]

, भारतेन्दु की विश्व के रंगमंच की प्राय: उन सभी घटनाओं पर दृष्टि है जो किसी न किसी रूप में इस देश को प्रभावित करती हैं। वे जानते हैं कि एक ओर तो उपनिवेशवादी शासन द्वारा किसानों और मजदूरों का आर्थिक दोहन करके धन विदेश भेजा जा रहा है तो दूसरी ओर काबुल से अंग्रेजों की लड़ाई में भारत को सीधे-सीधे झोंक दिये जाने से भारत के आर्थिक संसाधनों के बल पर लड़ा जाने वाला युद्ध भारत को पूरी तरह कंगाल किए दे रहा है। अकाल की विभीषिका में लाखों लोग मर रहे हैं। ब्रिटिश व्यापार की तो बढ़ोतरी हो रही है किन्तु भारत के लिए केवल दुख ही दुख बचा है।

भारतेन्दु के लिए भारत से विदेश को धन चला जाना इसलिए चिन्तनीय है क्योंकि वह औद्योगिक क्रान्ति से मुटाए अंग्रेजों को अधिकाधिक सम्पन्न और यहाँ के लोगों को कंगाल बनाए दे रहा है। 'कवि वचन सुधा' के 22 दिसम्बर, 1873 के अंक में वे वस्तुस्थिति को इस प्रकार रेखांकित करते हैं—

> चाहे कैसे भी द्रव्य एकत्र किया हो अन्त में सब जाएगा विलायत में, क्योंकि हमारी शोभा की सब वस्तुएँ वहाँ से आवेंगी, कपड़ा झाड़-फानूस, खिलौने, कागज और पुस्तक इत्यादि सब वस्तुएँ विलायत से आवेंगी और उसके बदले यहाँ से द्रव्य जाएगा तो परिणाम यह होगा कि चाहे किसी उपाय से द्रव्य लो अन्त में तुम्हारे देश से निकल जाएगा।[25]

निस्सन्देह भारतेन्दु के दौर में अभिजात्य वर्ग में अंग्रेजी वस्तुओं के प्रति अत्यधिक आकर्षण था। भारतेन्दु इसके लिए केवल प्रलाप नहीं करते बल्कि वे चाहते हैं कि भारत में ही इन वस्तुओं का उत्पादन हो जो अंग्रेजी माल को टक्कर दे सके। इसीलिए वे 9 फरवरी 1874 की 'कवि वचन सुधा' में लिखते हैं—

> अब भी हम लोगों को कला कौशल की ओर ध्यान देना चाहिए। लोगों को तो अंगरेजी वस्तुओं की रुचि लगी है तो अंगरेजों के समान सब पदार्थों के कारखाने यहाँ नियत किए जाएँ। पर अभी यहाँ के व्यापारियों में इतना सामर्थ्य नहीं है कि अंगरेजों के समान लोहा, पीतल आदि मौल्यवान पदार्थ लेकर मट्टी की वस्तु तक बनाते, जैसे कि अंगरेजी व्यापारी माल भेजने लगे। देखो बड़ई आदि छोटे-छोटे व्यापारियों को काम मिलना कठिन हो गया है। यहाँ तक कि घर की खिड़कियाँ-दरवाजे सब विलायत से बन कर आते हैं। इस धोके का मुख्य कारण यही है जो अंगरेजों ने सबों के चित्त को अंग्रेजी भाषा की तरफ खींचा जो यथार्थ है कि हम लोगों ने

कला-कौशल की ओर ध्यान नहीं दिया और उन्होंने तो इसी मिस से हम लोगों को 'बहाली दी' और द्रव्य सब विदेश ले गए। ××× जब तक देश भर के व्यापारी इस विषय में उद्योग न करेंगे तब तक कार्य सिद्ध भलीभाँति नहीं हो सकता। जिसलिए केवल इतनी ही से एतददेशीय वस्त्र आदि की वृद्धि होनी कठिन है और अंग्रेजों के समान वस्तु तैयार करना बिना सबों की सहायता के नहीं हो सकता।

जानि सकैं सब कछू सबहि विविध कला के भेद
बनै वस्तु कल की इतै मिटै दीनता खेद।

और

अंगरेजी पहिले पढ़ै पुनि विलायतहिं जाय
या विद्या को भेद सब तो कछु ताहि लखाय।[26]

भारतेन्दु का आर्थिक चिन्तन यद्यपि भारत की निर्धनता और औपनिवेशिक शक्तियों के शोषण के तथ्यात्मक दस्तावेज तो प्रस्तुत नहीं करता किन्तु अपनी आँख-कान खुले रखकर वस्तुस्थिति को ईमानदारी से रेखांकित करता है। वे इस वास्तविकता से भलीभाँति अवगत हैं कि उच्च और उच्च मध्य वर्ग के लोग विदेश से आई वस्तुओं को खरीदना अपनी प्रतिष्ठा का प्रतीक मानते हैं। इससे भारत का धन इंग्लैंड में खिंचा चला जाता है। इन वर्गों की कमाई चाहे वह किसी तरह की जा रही हो, उसका विदेश जाना तय है। विदेशी वस्तुओं का एक ऐसा बाजार इस देश में बना दिया गया है जिसकी चकाचौंध में लोग इन वस्तुओं को खरीद कर इंग्लैंड को सम्पन्न और अधिक सम्पन्न बना रहे हैं। किन्तु इसके साथ ही भारतेन्दु इस कटु वास्तविकता को रेखांकित करना नहीं भूलते कि गुणवत्ता और टिकाऊपन की दृष्टि से भारत में तैयार माल विदेशी वस्तुओं की तुलना में कहीं नहीं ठहरता। भारतेन्दु इस वास्तविकता से भलीभाँति अवगत हैं कि कला कौशल में निपुणता और विज्ञान एवं तकनीकी ज्ञान के अभाव के कारण उन वस्तुओं का भारत में उत्पादन सम्भव नहीं है। भारतेन्दु का मानना है कि यदि इस देश के लोग कला-कौशल पर ध्यान देते; विज्ञान और तकनीकी शिक्षा में रुचि लेते, दृढ़ इच्छाशक्ति और सामूहिकता की भावना के साथ इस देश का व्यापारी और उद्योगपति स्वदेशी की भावना से प्रेरित होता तो शायद हम इस दिशा में आगे बढ़ पाते। भारतेन्दु इसे एक विडम्बना ही मानते हैं कि अंग्रेजों की इच्छानुसार यहाँ के शिक्षित लोग अंग्रेजी तो सीखने-जानने लगे किन्तु अंग्रेजी में उपलब्ध ज्ञान-विज्ञान, कला-कौशल की शिक्षा न पा सके। भारतेन्दु चाहते हैं कि हम अंग्रेजी सीखें-जानें और विदेश जाकर उनके कला-कौशल और ज्ञान-विज्ञान से परिचित हों तभी ऐसे शिक्षित लोग भारत की आर्थिक उन्नति को सम्भव बना पाएँगे। किन्तु भारतेन्दु की यह सोच सार्थक होते

हुए भी सपने जैसी थी। सच तो यह था कि—

सीखत कोउ न कला, उदर भरि जीवत केवल।
पसु समान सब अन्न खात पीअत गंगाजल।
धन बिदेश चलिजात तऊजिय होत न चंचल।
जड़ समान ह्वै रहत न अकिल हत रचि न सकल कल।
जीवत बिदेस की वस्तु लै ता बिनु कछु नहिं कर सकत।[27]

भारतेन्दु शिक्षा को लेकर बहुत चिन्तित थे। शिक्षा उनकी दृष्टि में कोरा पुस्तकीय ज्ञान नहीं था बल्कि वे विज्ञान, तकनीकी और शिल्प में पारंगत होकर भारत के नव-निर्माण में शिक्षा की भूमिका पर बल देते थे। वे इस वास्तविकता से पूर्णत: अवगत थे कि अंग्रेजों द्वारा किया गया शिक्षा का प्रसार भारत के हितों के विरुद्ध ही जाता है। उनकी मान्यता है कि—

> अंग्रेजों ने हम लोगों को विद्यामृत पिलाया और उससे हमारे देश बांधवों को बहुत लाभ हुए इसे हम अमान्य नहीं करते परन्तु उन्हीं के कहने के अनुसार हिन्दुस्तान की वृद्धि का समय आने वाला हो सो तो एक तरफ रहा पर प्रतिदिन मूर्खता, दुर्भिक्षता और दैन्य प्राप्त होता जाता है। अंगरेजों ने उनको अपने विद्या की रुचि लगा कर राजनीति में उनके चित्त का आकर्षण किया और सच्ची विद्या उन्हें न दिया। और यही कारण है कि हम लोग इनकी माया से मोहित हो गए और हम लोगों को अपनी हानि दृष्ट न पड़ी।[28]

भारतेन्दु निस्सन्देह अंग्रेजी भाषा और अंग्रेजों द्वारा दी गई शिक्षा की उपयोगिता को स्वीकार करते हैं। किन्तु वे औपनिवेशिक स्वार्थों, दम्भ और संकीर्ण दृष्टिकोण आदि के विरोध में खड़े हैं जो भारत की सांस्कृतिक, आर्थिक और राजनीतिक गुलामी के लिए अंग्रेजी शिक्षा का बहुत शातिर ढंग से 'उपयोग' करते हैं। भारतेन्दु इस अंग्रेजी शिक्षा को लेकर एक मूलभूत सवाल उठाते हैं—यदि ब्रिटिश शासन द्वारा भारतीयों को दी जा रही शिक्षा इतनी ही उपयोगी है—उनके लिए इतनी ही हितकारक है तो भारत उन्नति क्यों नहीं कर पा रहा है? यहाँ के लोग खुशहाली के बजाय बदहाली की ओर क्यों अग्रसर हैं? क्यों भारत तेजी से अकालग्रस्त होकर कंगाली की कगार पर खड़ा है। भारतेन्दु अंग्रेजों द्वारा दी गई शिक्षा एक परिणाम यह मानते है कि उपनिवेश समर्थक राजनीतिक चेतना में शिक्षित वर्ग पारंगत होता जा रहा है, जिसके लिए राष्ट्रहित कोई मायने नहीं रखता। यह वर्ग पूरी तरह औपनिवेशिक स्वार्थों का मोहरा बनकर रह गया है। इस शिक्षित वर्ग के पीछे जनसाधारण है जो भारी टैक्स, दुर्भिक्ष की कोख से जन्मी दरिद्रता का शिकार है। भारतेन्दु का सम्पूर्ण आर्थिक चिन्तन

इसी दरिद्र जनसाधारण पर केन्द्रित है। वे देख रहे हैं कि औपनिवेशिक सत्ता द्वारा दी गई शिक्षा से दरिद्र जनसाधारण के हितों का किसी भी दृष्टि से संरक्षण नहीं हो पा रहा है। उन्हें वह शिक्षा नहीं मिल पा रही है, जो उन्हें स्वावलम्बी बनाए—उन्हें ऐसी शिल्प-विद्या में पारंगत बनाए, जिससे वे कृषि के अतिरिक्त अन्य वस्तुओं का निर्माण करके अपनी आमदनी बढ़ा सकें। यहाँ के उद्योगपति तकनीकी ज्ञान प्राप्त करके अपने कारखाने खड़े कर सकें। इंग्लैंड से जो तैयार माल भारत में आता है—उसी गुणवत्ता का माल यहाँ भी बन सके। भारतेन्दु देख रहे थे कि औपनिवेशिक शक्तियाँ किस प्रकार विदेशी वस्तुओं के मायाजाल से यहाँ के लोगों को प्रलुब्ध कर रही थीं। वे इस मायाजाल को तोड़ना चाहते थे। इसीलिए वे एक ओर भारत में विज्ञान और तकनीकी शिक्षा के प्रसार को आवश्यक मानते थे तो दूसरी ओर विदेशी वस्तुओं के बहिष्कार के लिए एक जनआन्दोलन भी खड़ा करना चाहते थे। 'कवि वचन सुधा' के 23 मार्च, 1874 के अंक में उन्होंने 'स्वदेशी' का नारा बुलन्द करते हुए लोगों को यह शपथ लेने की शिक्षा दी—

> हम लोग सर्वान्तर्यामी सब स्थल में वर्तमान सर्वद्रष्टा और नित्य सत्य परमेश्वर को साक्षी देकर यह नियम मानते हैं और लिखते हैं—हम लोग आज के दिन से कोई विलायती कपड़ा न पहिनेंगे और जो कपड़ा कि पहले से मोल ले चुके हैं और आज की मिली तक हमारे पास है उनको तो जीर्ण हो जाने तक काम में लावेंगे पर नवीन मोल लेकर किसी भाँति का भी विलायती कपड़ा न पहिरेंगे। हिन्दुस्तान का बना कपड़ा स्वीकार करेंगे और अपना नाम इस श्रेणी में होने के लिए श्रीयुत् बाबू हरिश्चन्द्र को अपनी मनीषा प्रकाशित करेंगे और सब देशहितैषी इस उपाय के वृद्धि में अवश्य उद्योग करेंगे।[29]

भारतेन्दु द्वारा प्रेरित स्वदेशी की इस शपथ में उस स्वदेशी आन्दोलन की पदचाप सुनी जा सकती है जो सन् 1905 में बंगाल-विभाजन के बाद परवान चढ़ा। यद्यपि हमें यह स्मरण रखना होगा कि स्वदेशी की भावना स्वदेशी आन्दोलन के बहुत पहले हमारे देश में मौजूद थी। सन् 1849 में ही प्रभाकर नामक पत्र में गोपालराव देशमुख ने अनेक लेखों में आयातित माल के स्थान पर भारत की बनी वस्तुओं के प्रयोग का दृढ़तापूर्वक समर्थन किया था। यह भी उल्लेखनीय है कि नवगोपाल मित्र ने 1867 में हिन्दू अथवा राष्ट्रीय मेले का आयोजन किया था जिसमें राष्ट्र-निर्माण की भावना के प्रसार के साथ-साथ भारतीय उत्पादनों की प्रदर्शनी भी लगाई जाती थी। इस प्रदर्शनी का उद्देश्य स्वदेशी उत्पादनों को प्रोत्साहन देना था। यह मेला चौदह वर्षों तक निरन्तर आयोजित होता रहा। 1870 में विश्वनाथ नारायण मित्र ने अपने पत्र 'नेटिव ओपीनियन' में राष्ट्रप्रेमी जनता का आह्वान किया कि भले ही

आयातित वस्तुएँ सस्ती हों किन्तु महँगे दामों पर भी स्वदेशी वस्तुएँ खरीदी जाएँ। इसी क्रम में महादेव गोविंद रानाडे ने आयातित वस्तुओं की खरीद को हतोत्साहित कर स्वदेशी वस्तुओं को महँगी होने पर भी अपनाने का आह्वान किया। गणेश वासुदेव जोशी तो अपने धोती-कुर्ते तथा साफे के लिए स्वयं सूत कातते थे। पत्र-पत्रिकाओं में भी स्वदेशी की भावना विकसित होती रही। इस प्रकार स्वदेशी की जो भावना हम भारतेन्दु में देखते हैं उसके रचनात्मक प्रेरणास्रोत भारतेन्दु से पहले मौजूद थे। यदि अपने स्वदेशी अपनाए जाने के दृष्टिकोण से उन्होंने स्वदेशी की उपर्युक्त परम्परा ग्रहण की हो तो इसमें आश्चर्य नहीं होना चाहिए।

भारतेन्दु के आर्थिक चिन्तन की आधारभूत चिन्ता है—भारत की सम्पदा का निरन्तरता में विदेश जाते रहना और है भारी-भरकम करों और अकालों की भयावहता को भोग रहा दरिद्र भारतीय समाज। इस दुरवस की काट है औपनिवेशिक सत्ता के प्रतिनिधि अंग्रेजों के चरित्र की समझ और उस समझ को अपने दिमाग में बिठा कर विज्ञान और तकनीकी में दक्षता प्राप्त कर स्वदेशी उत्पादन को बढ़ावा देकर औपनिवेशिक अर्थतंत्र की कमर तोड़ते हुए स्वावलम्बी भारत का निर्माण।

भारतेन्दु औपनिवेशिक शासन की सम्पूर्ण कथित उपलब्धियों की आधे-आधूरे मन से प्रशंसा अवश्य करते हैं; किन्तु उनकी मूलभूत चिन्ता यह है कि अंग्रेजी शासक निर्लज्जता और निर्ममतापूर्वक इस देश के आर्थिक स्रोतों का दोहन कर रहे हैं। भारतीय आर्थिक स्रोतों का यह दोहन हमें खोखला किए दे रहा है। यह एक वास्तविकता है कि इंग्लैंड उन दिनों समृद्धि के जिन ऊँचे सोपानों को छू रहा था, वह समृद्धि केवल व्यापार के कारण नहीं थी। व्यापार तो इंग्लैंड की सम्पन्नता का एक छोटा सा जरिया था। दरअसल औपनिवेशिक शासन ने जो अकूत सम्पत्ति अर्जित की थी वह भारत के आर्थिक स्रोतों की लूट खसोट से मिली थी। यहाँ के कच्चे माल को इंग्लैंड भेजकर और भारत के बाजार को विदेशी माल से पाटकर उससे प्राप्त धन को इंग्लैंड भेजना शासन का मूलभूत उद्देश्य था। भारतेन्दु इसी को भारतवर्ष की निर्धनता का मूलभूत कारण मानते थे। किन्तु 1857 क्रान्ति का हमें यहाँ एक बार स्मरण करना होगा। यह एक इतिहास-विदित तथ्य है कि 1857 की क्रान्ति के असफल होने के बाद कम्पनी का शासन समाप्त हो गया और इंग्लैंड की महारानी विक्टोरिया ने शासन-सूत्र अपने हाथ में ले लिए। महारानी विक्टोरिया की ओर से जो घोषणा-पत्र जारी किया गया उस पर उदारता का मुखौटा लगाकर भारतीयों के शोषण की एक नई व्यवस्था कायम की गई। अब घोषित किया गया कि भविष्य में साम्राज्य विस्तार की नीति का परित्याग कर दिया जाएगा। यह विश्वास दिलाया गया कि—

> हमारी प्रजा किसी भी जाति अथवा धर्म की क्यों न हो, स्वतंत्र रूप से और बिना भेदभाव के उन कार्यों के लिए जिनके लिए वह अपनी विद्या,

योग्यता तथा ईमानदारी से करने के योग्य हो, हमारी सेवा तथा पदों पर नियुक्ति की जाएगी।[30]

महारानी की घोषणा से जो उच्चवर्गीय तथा मध्यवर्गीय शिक्षित भारतीय प्रभावित हुए उनमें भारतेन्दु भी थे। आशा की जा रही थी कि कम्पनी के शासन की लूटखसोट के बाद अब यहाँ के लोगों की दशा में सुधार होगा। किन्तु भारतेन्दु यह भलीभाँति जानते थे कि यहाँ शासन-प्रशासन चलाने वाले अंग्रेजों की नीयत और चरित्र में कोई बदलाव नहीं आया। उन्होंने भले ही कुछ आशाओं-अपेक्षाओं के साथ महारानी विक्टोरिया की प्रशंसा की हो किन्तु अंग्रेजों का चरित्र उनके सामने शीशे की तरह साफ था। 30 नवम्बर, 1872 की 'कवि वचन सुधा' में एक अंग्रेज स्त्रोत प्रकाशित किया गया है जो इस दृष्टि से ध्यान दिए जाने योग्य है—

चुंगी और पुलिस तुम्हारी दोनों भुजा हैं, अमले तुम्हारे नख हैं, अन्धेर तुम्हारा पृष्ठ है और आमदनी तुम्हारा हृदय है, अतएव हे विराटरूप अँगरेज! हम तुमको प्रणाम करते हैं।

खजाना तुम्हारा पेट है, लालच तुम्हारी क्षुधा है, सेना तुम्हारा चरण है, खिताब तुम्हारा प्रसाद है, अतएव हे विराट रूप अंगरेज। हम तुमको प्रणाम करते हैं।[31]

यह लम्बा-चौड़ा रूपक भारतेन्दु के आर्थिक चिन्तन को समझने में बहुत दूर तक सहायता करता है। यहाँ भारतेन्दु ने अंग्रेजों के शोषणमूलक चरित्र और इस शोषण के उपादानों और प्रक्रिया को स्त्रोत की इन पंक्तियों में ऐसे आत्मसात कर दिया है जैसे गागर में सागर भर दिया हो। 'बादशाह दर्पण' में भारतेन्दु ने मुसलमान और अंग्रेजी शासन की रोचक तुलना की है। इसके कुछ अंश यहाँ उद्धृत किए जा रहे हैं—

मुसलमानों के काल में शतसहस्त्र बड़े-बड़े दोष थे किन्तु दो गुण थे। प्रथम तो यह कि उन सबों ने अपना घर यहीं बनाया। इससे यहाँ की लक्ष्मी यहीं रहती थी। दूसरे बीच-बीच में जब कोई आग्रही मुसलमान बादशाह उत्पन्न होते थे तो हिन्दुओं का रक्त भी उष्ण हो जाता था इससे वीरता का संस्कार शेष चला आता था। किसी ने सच कहा है मुसलमानी राज्य हैजे का रोग है और अंगरेजी क्षयी का।××× यद्यपि अनेक प्रकार से हमारा धन ले गए किन्तु पेट भरने को भीख माँगने की विद्या भी सिखा गए।[32]

यदि हमारे रेखांकित वाक्यों को ध्यानपूर्वक अवलोकन करें तो स्पष्ट होगा कि भारतेन्दु की दृष्टि में मुसलमानी शासन की एक सकारात्मक विशेषता यह है कि प्रजा का आर्थिक दोहन करने के बावजूद वह शासन इस धन को विदेश नहीं ले जाता था।

बल्कि वह धन भारत में ही बना रहता था। भारतेन्दु ने मुसलमानी शासन की तुलना हैजे से की है। हैजे में खाया-पिया वमन और दस्त के रूप में बाहर निकल जाता है। इसी प्रकार मुसलमानी शासन में भारत का धन तो भारत में ही रहता है किन्तु वह रहता है बादशाहों, अमीरों और अन्य बड़े लोगों के पास जो धन की फिजूलखर्ची करके उसका वमन ही करते हैं। अंग्रेजों ने क्योंकि इस देश को कभी अपना नहीं माना, वे यहाँ की धन-सम्पत्ति को ढोकर अपने देश में ले गए। इससे क्षय के रोगी की तरह भारत निरन्तर दुर्बल होता जा रहा है। हैजे और क्षय की उपमा द्वारा दोनों शासनकाल की सटीक तुलना तो की ही गई है किन्तु उन्होंने अंग्रेजी शासन द्वारा की गई भारतीय धन की निर्लज्जतापूर्वक लूटमार की बखिया उधेड़ दी है। उन्होंने इस उद्धरण में एक महत्त्वपूर्ण तथ्य की ओर संकेत किया है कि जो शिक्षा ब्रिटिश शासन द्वारा भारतीयों को दी जा रही है वह उन्हें विज्ञान और तकनीकी में पारंगत नहीं बनाती बल्कि भिक्षुकों की भाँति परावलम्बी बनाती है।

भारतेन्दु अपनी सारी राजभक्ति और ब्रिटिश शासन के प्रति सारी सदाशयता के बावजूद अंग्रेजों के चरित्र और उनके शासकीय कार्यकलापों में निहित स्वार्थपरता और लालची प्रवृत्ति को भलीभाँति समझते थे। 1884 में लिखी नये जमाने की मुकरियों में उन्होंने अंग्रेजों के चरित्र को उजागर करने वाली एक मुकरी में लिखा—

भीतर-भीतर सब रस चूसै।
हँसि-हँसि के तन मन धन मूसै।
जाहिर बातन में अतेज
क्यों सखि सज्जन, नहिं अंगरेज॥[33]

पराधीन भारत में अंग्रेजों के चरित्र का इससे बेहतर अंकन शायद ही कहीं उपलब्ध हो। भारतेन्दु देख रहे थे कि भारत के आर्थिक स्रोतों का दोहन अंग्रेज बहुत छलपूर्ण ढंग और पूरे शातिरपने के साथ करते थे। आर्थिक स्रोतों की इस लूटमार से इस देश का वैभव का रस भीतर ही भीतर चूसा जा रहा था। बाहरी व्यवस्था में तो अंग्रेज बड़े शिष्ट और विनम्र दिखाई देते थे। वे शिष्टता और विनम्रता का आवरण ओढ़कर भारत की सम्पदा को लूट रहे थे। अंग्रेजों के इस दोहरे चरित्र को भारतेन्दु खूब समझते थे। इसलिए उनका आर्थिक चिन्तन यथार्थ की भूमि पर खड़ा है।

भारतेन्दु के आर्थिक चिन्तन में केवल अंग्रेजों द्वारा किए जा रहे आर्थिक शोषण की भयावहता का अंकन ही नहीं था बल्कि इस आर्थिक शोषण से मुक्ति के विकल्पों को भी उन्होंने स्पष्टता के साथ रेखांकित किया। भारतेन्दु ने अपने सुविख्यात बलिया भाषण में इस विषय पर बहुत गहराई और विस्तार से प्रकाश डाला था कि भारतवर्ष की उन्नति कैसे हो सकती है। हम इस भाषण के प्रमुख अंश यहाँ उद्धृत कर रहे हैं जो भारतवर्ष की उन्नति के उपायों को रेखांकित करते हैं—

किसी देश में भी सभी पेट भरे हुए नहीं होते किन्तु वे लोग जहाँ खेत जोतते-बोते हैं वहीं उसके साथ भी यही सोचते हैं कि ऐसी कौन सी नई कल का मसाला बनावें जिससे इस खेत में दून अन्न उपजे।[34]

मनुष्य दिन-दिन यहाँ बढ़ते जाते हैं और रुपया दिन-दिन कमती होता जाता है। सो अब बिना उपाय किए काम नहीं चलेगा कि रुपया भी बढ़े और वह रुपया बिना बुद्धि न बढ़ेगा।[35]

××× तुम केवल देश की दीन दशा देखो और उनकी बात मत सुनो।[36]

कारीगरी जिससे तुम्हारे यहाँ बढ़े तुम्हारा रुपया तुम्हारे ही देश में रहे वह करो। देखो जैसे हजार धारा होकर गंगा समुद्र में मिली है वैसे ही तुम्हारी लक्ष्मी हजार तरह से इंग्लैंड, फ्रांसीस, जर्मनी, अमेरिका को जाती है दीआसलाई जैसी तुच्छ वस्तु भी वहीं से आती है।[37]

जरा अपने ही को देखो। तुम जिस मारकीन की धोती पहने हो वह अमेरिका की बनी है। जिस लंकलाट का तुम्हारा अंगा है वह इंग्लैंड का है। फरांसीस की बनी कंघी से तुम सिर झारते हौ और जर्मनी की बनी चरबी की बत्ती तुम्हारे सामने जल रही है। ××× हाय अफसोस तुम ऐसे हो गए कि अपने निज की काम की वस्तु भी नहीं बना सकते।[38]

यदि हम इन उद्धरणों को ध्यान से देखें तो स्पष्ट होगा कि भारतेन्दु कृषि के पुराने तरीकों का इस्तेमाल उचित नहीं मानते बल्कि वे चाहते हैं कि खेती में ऐसी मशीनों का प्रयोग आरम्भ किया जाए जिनसे अनाज के उत्पादन में आशातीत वृद्धि हो। तभी भुखमरी से मुक्ति पाई जा सकती है। वे चाहते हैं कि सब बातों को छोड़कर देशवासी भारत की निर्धनता पर अपनी दृष्टि केन्द्रित करें। जनसंख्या में बेतहाशा वृद्धि भी भारतेन्दु की दृष्टि में है। जनसंख्या में वृद्धि का दुष्परिणाम यह होता है कि धीरे-धीरे देश निर्धनता की ओर बढ़ता है। वे मानते हैं कि धन की वृद्धि के लिए यह आवश्यक है कि नये ज्ञान को बुद्धिमत्ता से अपने प्रयासों में सम्मिलित करें। वे चाहते हैं कि भारत शिल्प विद्या में निपुण हो। हम कारीगरी के बल पर चीजों को स्वयं बनाएँ और निश्चित करें कि हमारा धन विदेश न जाकर यहीं रहे और हमारे ही काम आए। छोटी-छोटी वस्तुओं के लिए जो हम विदेशों का मुँह देखते हैं; जो हमारे दैनिक उपयोग की वस्तुएँ हैं जिनका उत्पादन हम अपने देश में कर सकते हैं, उनका विदेशी इस्तेमाल आर्थिक और राष्ट्रीय दोनों दृष्टियों से अनुचित है। इसलिए भारतेन्दु यह मानते हैं कि स्वदेशी वस्तुओं का उत्पादन और केवल उन्हीं का उपयोग भारत की निर्धनता दूर करने के लिए आवश्यक ही नहीं अपरिहार्य भी है।

समग्रतः भारतेन्दु का आर्थिक चिन्तन राष्ट्रवाद के धरातल पर दृढ़तापूर्वक टिका है। राजभक्ति उनके लिए आपद्धर्म है जिसका इस्तेमाल करके वे भारत के स्वत्व को उभारना चाहते हैं। वे पश्चिम से उतना ही ग्रहण करते हैं जो इस 'स्वत्व' को आधुनिक रूपाकार दे सके। वे भारत के आर्थिक स्रोतों का निर्लज्जता एवं निर्ममतापूर्वक दोहन करने वाली अंग्रेज सरकार के घोर विरोध में खड़े हैं। इस दृष्टि से वे बहुत बार राजभक्ति के धुंधलके को चीरकर बाहर निकलने में कतई संकोच नहीं करते। सच तो यह है कि भारतेन्दु अपने आर्थिक चिन्तन से भावी स्वतंत्रता आन्दोलन की अर्थनीति को प्रेरित करते हुए उसका पथ प्रशस्त करते हैं। यही उनके आर्थिक चिन्तन की सबसे बड़ी देन है।

पं. सदानन्द मिश्र (सारसुधानिधि)

'सारसुधानिधि' के सम्पादक पं. सदानन्द मिश्र के पिता पं. योगध्यान मिश्र ने 1829 में इसी नाम से प्रेस की स्थापना की। बाद में यहाँ से ग्रन्थों का प्रकाशन भी आरम्भ हुआ। लल्लूलाल जी के 'प्रेम सागर' के प्रकाशन का श्रेय इसी प्रेस को है। प्रकाशित पुस्तकों के विज्ञापन भी यहीं से प्रकाशित होते थे।

'सारसुधानिधि' पत्रिका के प्रारम्भ होने में पं. सदानन्दन मिश्र के साथ प्रसिद्ध पत्रकार दुर्गाशंकर मिश्र भी इसमें साझी थे। उन्होंने काशी में रहकर संस्कृत का ज्ञान प्राप्त किया। वे अंग्रेजी और बंगला भाषा में भी पारंगत थे। दुर्गाशंकर जी हिन्दी भाषा और साहित्य की साधना के लिए पूरी तरह समर्पित थे। उन्होंने भारतेन्दु के सम्पादन में निकल रही पत्रिका 'कवि वचन सुधा' में संवाददाता के दायित्व को भी निबाहा। पं. गोविंद नारायण मिश्र 'सारसुधानिधि' के तीसरे साझीदार थे। रिश्ते में वे पं. सदानन्द मिश्र के फुफेरे भाई थे। गोविंद नारायण मिश्र निबन्धावली में उनके निबन्ध संगृहीत हैं। शंभुनाथ मिश्र ने 'सारसुधानिधि' के सहायक सम्पादक के रूप में कार्य किया। किन्तु पहले ही वर्ष पत्रिका संचालन में गम्भीर आर्थिक घाटा हुआ और शंभुनाथ मिश्र 'सारसुधानिधि' से अलग हो गए। बाद में दुर्गाशंकर मिश्र ने पत्रिका का कार्य छोड़ दिया। उन्होंने 'उचित वक्ता' शीर्षक से एक पत्र निकाला। साझादारों के अलग होने के एक वर्ष बाद ही बढ़ते घाटे के कारण पत्रिका के प्रकाशन पर विराम लग गया। किन्तु उदयपुर के महाराजा सज्जन सिंह की प्रचुर मात्रा में आर्थिक सहायता के बल पर पत्रिका का प्रकाशन पुनः आरम्भ हुआ और 1890 तक वह निरन्तरता में प्रकाशित होती रही।

यद्यपि 'सारसुधानिधि' के पहले भाग में उपर्युक्त साझीदारों के साथ-साथ भारतेन्दु, श्रीनिवासदास, सरयू प्रसाद मिश्र, राधाचरण गोस्वामी, मदनमोहन भट्ट, राम शंकर मिश्र, शिवनाथ कुमार, ज्योतिर्विद माधवलाल आदि अनेक विद्वानों के आलेख, पत्र

आदि उपलब्ध हैं, किन्तु अधिकांश आलेख पं. सदानन्द मिश्र द्वारा ही लिखे गए हैं। दूसरे भाग में तो सारे आलेख उन्हीं की साधना का फल हैं। वस्तुतः 'सारसुधानिधि' की वैचारिक तेजस्विता का प्रमुख स्रोत और मूलभूत आधार मिश्र जी का लेखन ही है। विशेष रूप से राजनीतिक विषयों पर उनका लेखन गुण और परिणाम दोनों ही दृष्टियों से महत्त्वपूर्ण है।

यद्यपि 'सारसुधानिधि' में राजनीतिक, सामाजिक, आर्थिक, वैज्ञानिक, साहित्यिक, भाषा और शिक्षा सम्बन्धी महत्त्वपूर्ण आलेख हिन्दी नवजागरण के स्वरूप को घनत्व और विस्तार प्रदान करते हैं। किन्तु अपने विषय की सीमा का निर्वाह करते हुए हम इस पत्रिका के आर्थिक आलेखों पर अपनी दृष्टि केन्द्रित करेंगे।

हिन्दी नवजागरण के आर्थिक चिन्तन से सम्बन्धित सामग्री का विहंगावलोकन करने से एक बात पूरी तरह स्पष्ट हो जाती है कि इस आर्थिक चिन्तन की निरन्तरता और वैचारिक समृद्धि की एक समूची परम्परा हिन्दी नवजागरण के आरम्भ से ही वहाँ मौजूद है। 'सारसुधानिधि' से 25 वर्ष उपरांत गणेश देउस्कर ने बंगला में 'देशेर कथा' की रचना की थी। 'देशेर कथा' में औपनिवेशिक शासन द्वारा भारत के आर्थिक शोषण का प्रामाणिक और मार्मिक अंकन किया गया है। महावीर प्रसाद द्विवेदी का सम्पत्ति शास्त्र और राधामोहन गोकुल का 'देश का धन' हिन्दी नवजागरण के आर्थिक चिन्तन का विकास है। किन्तु 'सारसुधानिधि' में प्रकाशित आर्थिक आलेखों को हिन्दी नवजागरण के आर्थिक चिन्तन का गोमुख कहा जा सकता है। इन आलेखों में कहीं भी पूर्व उपलब्ध सामग्री का स्पष्ट रूप से उल्लेख नहीं है। लेखकों ने औपनिवेशिक शासन की आर्थिक गतिविधियों पर पैनी निगाह रखते हुए अपने आर्थिक चिन्तन के व्यावहारिक पक्ष का तानाबना बुना है। इसके साथ ही सिद्धान्त पक्ष (वह अपनी सीमाओं में जैसा भी है) का ढाँचा खड़ा करने में सम्भवतः भारतीय और पाश्चात्य अर्थशास्त्रियों के ग्रन्थों का भी एक हद तक सहयोग लिया गया होगा। यद्यपि 'सारसुधानिधि' की आर्थिक चिन्तन से सम्बन्धित सम्पूर्ण सामग्री का संकलन सम्भव नहीं हो पाया किन्तु ऐसे जितने आलेख यहाँ मौजूद हैं—

> ××× इनको पढ़ते हुए आप हिन्दी नवजागरण की अर्थ व्यवस्था सम्बन्धी समझ सोच और उनके विश्लेषण के आलोक में तत्कालीन वस्तुगत स्थितियों को समझ सकते हैं। ब्रिटिश साम्राज्यवाद किस तरह भारत को चूस रहा था, उसकी वास्तविक तस्वीर इन आलेखों में मौजूद है।[39]

'सारसुधानिधि' के सम्पादकों ने पत्रिका के जो आधारभूत उद्देश्य निर्धारित किए थे उनमें एक—निजभाषा की उन्नति; दो—देश-देशांतरों के समाचारों का प्रकाशन; तीन—भारतवासियों के मनोबल को ऊँचा उठाना, उनमें तेजस्विता और ओजस्विता उत्पन्न करना; चार—जन सामान्य एवं वणिकजनों को समसामयिक आर्थिक परिदृश्य

से अवगत कराना; और पाँच—सत्य परामर्श देने पर विशेष बल देना प्रमुख है।[40] इनमें चौथा उद्देश्य आर्थिक चिन्तन से सम्बन्धित है।

> ऐसे लेख लगातार छप रहे थे, जिनमें देश की अर्थव्यवस्था, शासन पद्धति, नीतियाँ, बजट की मीमांसा, युद्ध में धन का भारी अपव्यय, अनैतिक तरीके से कर वसूल करने की बात, इनकमटैक्स तथा नई-नई शोषण की बनने वाली नीतियाँ थीं। उनकी जमकर नुक्ताचीनी होती थी। अर्थव्यवस्था को समझने के लिए कुछ पाठ्यक्रम जैसी सामग्री भी प्रकाशित हुई।[41]

यह सुखद आश्चर्य का विषय है कि नवजागरण के जिस प्रारम्भिक दौर में आर्थिक चिन्तन से सम्बन्धित सामग्री का प्राय: अभाव था; प्रेस एक्ट अभिव्यक्ति की स्वतंत्रता को निगले ले रहा था; गम्भीर अर्थ संकट चुनौती बना हुआ था; विषयानुरूप विशेषज्ञ लेखकों का अभाव था और इन सबके साथ-साथ गम्भीर पाठकों का अभाव—इन प्रतिकूल परिस्थितियों के बावजूद 'सारसुधानिधि' पत्रिका एक दशक से अधिक निकलते रहे। उस दौर में जन साधारण भयंकर अर्थ-संकट से जूझ रहा था। कृषक वर्ग उपज की कमी और बढ़ते हुए टैक्स के बोझ से संत्रस्त था। उद्योगों और रोजगार की स्थिति अत्यन्त दयनीय थी। शासक वर्ग यहाँ के शिल्प को अपनी शोषणपरक रणनीति के तहत नष्ट कर रहा था। कच्चे माल को यहाँ से ले जाकर इंग्लैंड के तैयार माल से यहाँ के बाजार को पाटा जा रहा था। इन सभी चुनौतियों को स्वीकार कर 'सारसुधानिधि' के सम्पादक और लेखक अपने आर्थिक चिन्तन को आकार और दिशा प्रदान कर रहे थे। यहाँ यह भी उल्लेखनीय है कि इस पत्रिका में अर्थ सम्बन्धी सामग्री को सर्वाधिक स्थान दिया गया।

जिस समय 'सारसुधानिधि' पत्रिका का प्रकाशन आरम्भ हुआ उस समय देश की परिस्थितियाँ अत्यन्त विषम थीं। अंग्रेजी शासन द्वारा भारतीय किसानों, श्रमिकों और शिल्पकारों का पूरी निर्लज्जता और निर्ममता से शोषण किया जा रहा था। ज्यादा से ज्यादा लोगों को जबर्दस्ती केवल खेती करके जीविका कमाने के लिए मजूबर किया गया।

> हिन्दुस्तान की दौलत यहाँ से खींच ली गई। विकास के लिए उद्योग-धंधे और दूसरे ज़रिए रोक दिए गए। आम जनता को खेती का ही सहारा रह गया और जमीन के लिए बेतरह माँग होने लगी। फिर भी खेती के लिए ऐसा अंकुश लगाया गया कि वह पनप ही न सकी और सरकारी उदासीनता से मुरझा कर नष्ट होने लगी।[42]

विदेशी आक्रांताओं ने यद्यपि भारत की लूट में कोई कसर नहीं छोड़ी किन्तु उस समय भारत का धन तो लूटा गया था। पर आजकल की भाँति उसके उद्योग-धंधों

का सर्वनाश नहीं किया गया था। इसलिए भारत अपना इतना धन लुटा कर भी अपने उद्योगधंधों की बदौलत समृद्धिशाली बना हुआ था किन्तु कम्पनी शासन आने के बाद तो अपने व्यावसायिक हितों के लिए निर्लज्जतापूर्वक भारतीय शिल्पोद्योग का सर्वनाश कर दिया गया। कृषि की दशा का संकेत ऊपर किया ही जा चुका है। कहने का आशय यह कि भारतवासियों की भयावह दरिद्रता सुरसा की तरह मुँह बाए खड़ी थी।

'सारसुधानिधि' के सम्पादकों और लेखकों ने न केवल भारतवासियों की दरिद्रता को पूरी शिद्दत के साथ महसूस किया। बल्कि वे इस दरिद्रता के मूल कारणों की तलाश भी कर रहे थे। वे उन कारणों की ओर विशेष रूप से ध्यान आकर्षित कर रहे थे जिनका निवारण या तो जनता अथवा सरकार के प्रयासों से किया जा सकता था। जिन कारणों की चर्चा उन्होंने यहाँ की है, उनमें एक महत्त्वपूर्ण कारण किसानों द्वारा खेती करने के पुराने और आज के लिए पूरी तरह अव्यवहारिक तरीके थे। वे देख रहे थे कि—

> यहाँ कृषि की रीति यह प्रचलित है कि जिस भूमि में जो अनाज बोया जाता है बराबर प्रति मौसम में वहीं बोया करते हैं, और विज्ञान के अभाव से पृथ्वी के व्यथित पदार्थ पुनः अर्पित नहीं होते। यही कारण है कि यहाँ दिन पर दिन पैदावारी घटती जाती है।[43]

जिस प्रकार निरन्तर काम में खटने वाले व्यक्ति को भी विश्राम की आवश्यकता होती है, विश्राम करने के बाद वह व्यक्ति तरोताजा और ऊर्जावान हो जाता है, उसी प्रकार खेती की भूमि को भी कुछ समय खाली रखना उसकी उत्पादकता बढ़ाने के लिए आवश्यक ही नहीं अपरिहार्य भी होता है। लगातार जोते जाने से भूमि की उर्वरा शक्ति कम होती जाती है। भारतीय किसानों की दरिद्रता का यह एक प्रमुख कारण है जिसे रेखांकित करते हुए 4 अक्टूबर, 1880 के अंक में इस कारण की पड़ताल करते हुए लिखा गया—

> ××× पहले नाना कारणों से भूमि बराबर लगातार जोती-बोई नहीं जाती थी, बीच-बीच में विश्राम मिल जाता था। इसलिए शस्य विशेष उत्पन्न होता था। अब अंग्रेजी अमलदारी के कारण एक तो आपस के झगड़े-लड़ाई मिट गए हैं। दूसरे, अन्तर और बहिर्वाणिज्य दिन पर दिन बढ़ता जाता है। तीसरे, मालगुजारी देना सिर पर चढ़ा ही रहता है, तिस पर महाजनों का भी देना है। इन्हीं कारणों से भूमि को विश्राम नहीं मिलना है। अब तो यह दशा है कि जिस भूमि में दो फसलें पैदा होती है, उसमें की यदि एक फसल भी न हो तो बस दुर्भिक्ष है। किसानों का कहीं ठिकाना नहीं रहता है। इस अवस्था में जानबूझ के भूमि को विश्राम देना हो ही नहीं सकता है।[44]

भले ही इस उद्धरण में अंग्रेजी अमलदारी की प्रशंसा की गई हो (जो कि सरकारी शिकंजे से बचने का एक तरीका है) किन्तु भूमि खाली न रह पाने के जो कारण गिनाए गए हैं वे पूरी तरह सही हैं। बढ़ती मालगुजारी का दबाव; महाजनों के कर्ज को चुकाने की विवशता के मूल कारण हैं, जिनसे ग्रस्त किसान चाहकर भी अपनी जमीन को खाली नहीं रख पाता।

भारत की शिल्प विद्या का ह्रास यहाँ के लोगों की निर्धनता का दूसरा बड़ा कारण है। जैसा कि पहले कहा जा चुका है विदेशी आक्रांताओं ने भले ही यहाँ की धन-सम्पत्ति को लूटा हो किन्तु उन्होंने यहाँ के शिल्पोद्योग से छेड़छाड़ नहीं की। बल्कि जिन बादशाहों ने यहाँ शासन किया, उन्होंने यहाँ की शिल्प-विद्या को संरक्षण ही दिया। अंग्रेजी शासन आते ही वे अपने व्यावसायिक स्वार्थों की पूर्ति के लिए यहाँ की शिल्प विद्या को नष्ट करने में जुट गए। यदि वस्त्र उद्योगों को ही देखें तो अंग्रेजी शासक यहाँ के वस्त्रों की गुणवत्ता को लेकर हतप्रभ थे। नि:सन्देह भारत में तैयार माल के आगे विदेश माल कहीं भी नहीं ठहरता था। 'सारसुधानिधि' के 21 अगस्त, 1882 के अंक में लेखक (सम्भवत: पं. सदानन्द मिश्र) ने अंग्रेजी शासन द्वारा भारतीय वस्त्र शिल्प के विनाश पर टिप्पणी करते हुए लिखा—

> मैनचेस्टर ने जैसे यहाँ के वस्त्र-शिल्प की हानि की है, उसी प्रकार ग्लासगो और लंका शायर प्रभृति स्थानों के शिल्पियों ने अन्यान्य शिल्प की भी हानि की है। किन्तु इन हानियों का कारण प्रधानत: गवर्नमेंट का स्वदेशी पक्षपात ही है। जब राजा विदेशी है और वह अपने देश का धन बढ़ाने का उद्योग कर रहा है, तब प्रजा कहाँ तक उसका अवरोध कर सकती है?[45]

इस दुरवस्था को दूर करने के लिए वे एक ओर भारतीयों को स्वावलम्बन की प्रेरणा देते हैं तो दूसरी ओर सरकार से भी इस दिशा में प्रयत्न करने का आग्रह करते हैं—

> किन्तु ऐसा भी प्रजा को नहीं करना चाहिए कि जिससे हमारा देश सभी विषयों में परमुखापेक्षी हो जाए। इसके लिए गवर्नमेंट से प्रार्थना की और स्वयं इस विषय में उद्योग करना चाहिए कि जिससे अपने देश की उन्नति हो।[46]

इस सम्बन्ध में लेखक यहाँ के कारीगरों में उत्साह की आवश्यकता को रेखांकित करते हुए भारतीय शिल्पोन्नति की आवश्यकता पर बल देता है—

> अतएव जब तक कारीगरों को उत्साह प्राप्त नहीं होगा और उनके बनाए पदार्थों की कटत आदर और चाह नहीं होगी तब तक देश से एवं विध

अनिष्ट दूर होने की क्या सम्भावना है? अतएव देश सुशासन के लिए भारतीय शिल्पोन्नति की विशेष आवश्यकता उपस्थिति हुई है।[47]

'सारसुधानिधि' की दृष्टि में भारतवासियों की दरिद्रता का एक प्रमुख कारण सरकार की राजस्व नीति है। किसी भी सरकार की राजस्व नीति को तभी सफल माना जा सकता है, जब राजकोष में निरन्तर वृद्धि हो। जहाँ-जहाँ राजकोष में हानि की आशंका हो उन सरोकारों को निरुत्साहित किया जाए। 'राजस्व की अवस्था' नामक आलेख में लेखक (सम्भवतः पं. सदानन्द मिश्र) ने आय-व्यय की कसौटी पर अंग्रेजी सरकार की राजनीति की प्रामाणिक पड़ताल की है। कोई भी आर्थिक मामलों में रुचि रखने वाला व्यक्ति यह जानता है कि राजकोष की समृद्धि का जनता की खुशहाली से सीधा सम्बन्ध है। खाली राजकोष जनता को आर्थिक बदहाली की ओर ढकेलता है। 'सारसुधानिधि' के सम्पादक और लेखक यद्यपि देश की दूसरी समस्याओं को पूरे पैनेपन के साथ उठाते हैं किन्तु उनके आर्थिक चिन्तन में जो धार है वह अंग्रेजी सरकार को निरुत्तर कर देती है। 'राजस्व की अवस्था' में यह दिखाया गया है कि किस प्रकार अनाप-शनाप कर्ज लेने के कारण सरकार का राजकोष निरन्तर छीजता रहा है। इस स्थिति पर प्रामाणिक टिप्पणी करते हुए 5 मई 1879 के अंक में लिखा गया—

> ××× 1857 ई. में जब महाराणी ने भारत शासन का भार ईस्ट इंडिया कम्पनी से निज हस्तगत किया, उस काल कम्पनी को कुल इतना देना था कि जिसका सूद 21900000 रुपए देने पड़ते थे। फिर 1871/72 ई. में इतना ऋण हुआ कि जिसका सूद 32000000 रुपए देने होते थे। फिर 1876/77 ई. में 435000000 रुपए सूद के हो गए थे। इस हिसाब से साफ दिखाई देता है कि गत 20 बरस में गवर्नमेंट का दूना ऋण हो गया। पर अब देखते हैं कि इधर तीन बरस में और 13 करोड़ ऋण बढ़ गया है। तिस पर अब की तो 411 रुपए दर सूद में गवर्नमेंट ने 5 करोड़ रुपए भारतवर्ष में और बिना सूद के 2 करोड़ रुपए इंग्लैंड को ऋण किए हैं। 1879/80 ई. में गवर्नमेंट को सब मिलाकर के सूद के 67319000 रुपए देने पड़ेंगे। इस पर भी हमारे गवर्नर जनरल के प्रस्तावानुसार और 20 करोड़ रुपए ऋण करने की अनुमति लेने को विलायत के पार्लियामेंट में प्रस्ताव किया गया है।[48]

दरअसल यह सिद्धान्त लेखक की दृष्टि में बराबर बना रहता है कि सरकार का भारतवासियों की दरिद्रता पर ध्यान न देने का एक बड़ा कारण यह है कि निरन्तर कर्ज उठाने और राजकोष से व्यय में उचित प्राथमिकताओं के न होने से वह यहाँ

के लोगों की दरिद्रता के निवारण के लिए धन की उचित व्यवस्था नहीं करती। बढ़ते कर्ज से निजात पाने का एक ही उपाय है—आय में वृद्धि जो सरकार की दृष्टि में टैक्स बढ़ाकर ही की जा सकती है। इस सम्बन्ध में लेखक का मानना है—

> विचारपूर्वक देखने से देश की अवस्था तो प्रत्यक्ष दिखाई देती है कि आज कई बरसों से दुर्भिक्ष ने देश को जर्जरित कर दिया है। केवल अतिवृष्टि या अनावृष्टि जनित दुर्भिक्ष ही नहीं महामारी ने भी अपना आधिपत्य यहाँ तक विस्तार किया है कि प्राणिक्षयजनित देश श्मशान और उजाड़ हो चला है। ××× हजारों क्या लाखों ही आहार बिना मर गए और लाखों ही आहार के लिए मारे जाते हैं तो फिर किसान और कृषक के बिना कृषि कार्य किस प्रकार से साधित हो सकता है? जब यहाँ के प्रधान कृषि कार्य की अवस्था ऐसी मन्द हुई तो यहाँ की प्रजा और देश की क्या ऐसी अवस्था कदाचित् भी हो सकती है कि किसी प्रकार कर या टैक्स बढ़ा कर आमदनी बढ़ाई जाए।[49]

कहने का आशय यह है कि 'सारसुधानिधि' में सरकार की राजस्वनीति को भारतवासियों की दरिद्रता का एक महत्त्वपूर्ण कारण माना गया है क्योंकि बढ़ते ऋण से मुक्ति पाने और राजकोष की आय बढ़ाने के लिए सरकार द्वारा जनता पर लादे गए टैक्स अन्ततः उसकी दरिद्रता का कारण बन जाते हैं।

'सारसुधानिधि' के आर्थिक आलेखों में अंग्रेज सरकार द्वारा यहाँ की जनता पर लाद गए टैक्स पर निर्भीक, मर्मस्पर्शी और कठोर प्रतिक्रिया व्यक्त की गई है। एक आम भारतीय जो सरकार के अनाचार और शोषण से कराह रहा है, उसके अन्तर्मानस को समझ कर लेखकगण दबे आक्रोश और फरियाद के मिले जुले स्वरों में अपनी बात कहते हैं। इंपीरियल लाइसेंस को लेकर पं. सदानन्द मिश्र इन शब्दों में आम जनता के अन्तर्मानस को अभिव्यक्त करते हैं—

> अबकी लाइसेंस ने यहाँ बाजार में ऐसा उपद्रव मचाया हुआ है कि व्यवसाई मात्र नोटिस देख के घबरा रहे हैं। और उधर रोजगार की ऐसी अवस्था है कि बाजार में एक प्रकार बन्द हो रही है। पछांह में पानी नहीं बरसने के कारण और भी आशंका लोगों को लग रही है। इस दशा में इंपीरियल लाइसेंस अपना अपूर्व भयंकर रूप दिखाकर कटे पर नोन छिड़क रहा है। इस अवस्था में प्रजा का मान्य इज्जत से निर्वाह होना कठिन दिखाई देता है।[50]

इस टैक्स से संत्रस्त व्यापारी वर्ग की सरकार से फरियाद इन शब्दों में की जाती है—

अतएव हम महामान्य करुणा निधान ईडन साहब से सविनय प्रार्थना करते हैं कि आपके अनुग्रह से विगत बरस में थोड़ी सी प्रजा के प्राण बच गए थे, परन्तु अबकी यदि आप इस विषय में अपनी स्वाभाविक करुणा दृष्टि न दीजिएगा तो निरीह प्रजापुंज पर न्याय विरुद्ध अतीव असह्य अत्याचार हो जाएगा, इसमें सन्देह नहीं।[51]

ऐसी फरियाद के साथ अपने क्षोभ को अभिव्यक्ति देते हुए पं. सदानन्द मिश्र ने 4 अक्टूबर, 1880 को लिखा—

हम ऐसे बीसियों दृष्टांत दिखा सकते हैं कि जिन पर 500 रुपए लगाये गए हैं और यथार्थ में वह अन्याय लगाये गए हैं। इस पर कहीं टैक्स लगा है, इस पर यहाँ के कलक्टर साहिब ने यह विचार किया है कि जो लोग 500 रुपए दे नहीं सकते थे, उन पर और 250 रुपए जुरमाने के लगाकर 750 रुपए स्थिर कर लिए गए हैं। इस अन्याय का भला कहीं ठिकाना है? इस अवस्था में यह जान पड़ता है कि यह न्यायपरायण ब्रिटिश राज्य है? कभी नहीं।[52]

'सारसुधानिधि' के सम्पादक और लेखक तत्कालीन राजनीतिक घटनाक्रम से न केवल पूरी तरह अवगत थे, बल्कि वे उस पर निर्भीक और सार्थक प्रतिक्रिया देने में चूकते नहीं थे। यह वह समय था जब मिस्र के सेनापति द्वारा विद्रोह किए जाने पर इस विद्रोह को शांत करने के लिए टर्की से कहा गया और ब्रिटिश गवर्नमेंट द्वारा उसे आश्वस्त किया गया कि यदि टर्की विद्रोह को दबाने में सहायता करता है तो युद्ध के व्यय का भार मिस्र ही वहन करेगा। किन्तु मिस्र की आर्थिक स्थिति को देखते हुए इस भरपाई की सम्भावना कम ही थी। इसलिए टर्की इस मामले से अलग ही रहा। फ्रांस ने भी अपने राष्ट्रहितों के अनुरूप इस पचड़े में पड़ना स्वीकार नहीं किया। इंग्लैंड ने यह जिम्मेदारी अपने सिर पर ले ली और भारतीय सेना को इस मुहिम में झोंक दिया। मिस्र ने न तो इस युद्ध का खर्चा ब्रिटिश सरकार को दिया और न उसे मिस्र के किसी भाग का अधिकार मिला। यह सारा व्यय ब्रिटिश सरकार को झेलना पड़ा और प्रकारांतर से इसे भारतीयों से वसूल किया गया। 'सारसुधानिधि' ने इस वसूली पर अपना क्षोभ इन शब्दों में अभिव्यक्त किया—

उचित तो इंग्लैंड को यह है कि भारतीय सेना को वेतनपर्यंत सब व्यय देके और कुछ पुरस्कार दे ××× किन्तु हम देखते हैं कि भारत गवर्नमेंट उसी व्यय के निर्वाहार्य अढ़ाई करोड़ 4 रुपया सैकड़ा सालाना सूद पर लिए जाएँगे। ××× इस हिसाब से देखते हैं तो लार्ड हार्टिंग्टन भारत को पीसना

चाहते हैं। किन्तु धर्मतः भारत वर्ष इस युद्ध का व्यय देने का अधिकारी किसी प्रकार नहीं है।[53]

वस्तुतः राजभक्ति और विनम्रता के सारे आवरणों के बावजूद 'सारसुधानिधि' सरकार के प्रत्येक उस अनुचित कदम जो जनता के करों के बोझ को किसी भी रूप में बढ़ाए सहन करने को तैयार नहीं है। यह पत्रिका इस वास्तविकता का भी उद्‍घाटन करने में नहीं चूकती कि जब तक प्रजा मरने-मारने पर उतारू न हो जाए तब तक सरकार किसी न किसी टैक्स को जनता पर लादती ही रहेगी।[54] इन टैक्सों के बोझ से भारतीयों की निर्धनता बढ़ती जाती है और ये टैक्स उनकी दरिद्रता का एक प्रमुख कारण है।

भारतवासियों की कंगाली का दोष केवल सरकार को ही नहीं दिया जा सकता। 'सारसुधानिधि' की दृष्टि में इस देश के लोग भी इसके जिम्मेदार हैं। यहाँ की दरिद्रता का एक प्रमुख कारण अशिक्षा भी है। इस पत्रिका के सम्पादक और लेखक यह भली प्रकार जान और समझ रहे थे कि इस देश के लोग न तो व्यापार के लिए आर्थिक विषयों का ज्ञान रखते हैं और न वे औद्योगिकीकरण और वाणिज्य की नई-नई रीतियों में पारंगत हैं। वे मानते है कि—

> दौलत के पैदा होने की रीत समझना हो तो पहले वह इल्म जानना चाहिए जो कि दुनिया की चीजों के बाबत है, जैसे कैमिस्ट्री (रसायनशास्त्र), भूस्तर विद्या (जियोलॉजी), उद्‍भिद विद्या (बॉटनी)। इन इल्मों की समझ चाहिए और उनकी सब कलाओं की समझ चाहिए। आईन बनाने की समझ और ताक़त चाहिए, राजनीति विद्या की समझ चाहिए, धर्मशास्त्र की समझ चाहिए।[55]

इस पत्रिका में उस शिक्षा पर बल नहीं दिया गया जिसका व्यावहारिक जीवन में कोई उपयोग न हो। यहाँ उस शिक्षा की आवश्यकता को रेखांकित किया गया है जो भारतवासियों को दरिद्रता से निकालकर समृद्धि की ओर ले जा सके। निःसन्देह भारतीय श्रमिक और किसान स्वभाव से मेहनती हैं किन्तु केवल धन उत्पन्न करने के लिए बुद्धि (उपर्युक्त प्रकार की शिक्षा) के महत्त्व को 'सारसुधानिधि' के आर्थिक चिन्तक आवश्यक ही नहीं अपरिहार्य भी मानते हैं।[56] वे इसी क्रम में भारतीय लोगों के द्वारा मशीनीकरण की आवश्यकता पर भी बल देते हैं। वे भारतीय व्यापारियों को धिक्कारते हैं कि उन्हें व्यापार की बिल्कुल समझ नहीं है। मैनचैस्टर और ग्लासगो की उन्नत मशीनों के बल पर यूरोपीय लोगों ने अपने देश की दरिद्रता को दूर कर दिया किन्तु उन्नत मशीनों के न होने से भारतवासी निर्धन ही बने रहे।[57] 'सारसुधानिधि' के लेखक श्री मोहन भट्ट ने अपने निबन्ध में विस्तृत रूप से भारतीय और यूरोपीय

लोगों की मशीनीकरण को लेकर सारगर्भित तुलना की है—

> इस देश में भी अब थोड़ी कलें बनी हैं परन्तु मैनचैस्टर और ग्लासगो से तुलना करने से तो सूई के अग्रभाग के समान भी हो या नहीं परन्तु उनमें भी बीस तीस नम्बर सूत से ज्यादा नहीं बनता और कपड़ा भी मोटा ही बनता है, पर ऐसी कलें भी दो ही चार हैं और तो केवल सुरखी पाट मैदा तेल इत्यादि की हैं और यहाँ वाले तो केवल मैदा, सुरखी और तेल पीड़ने में मस्त हैं। क्या हमारे इस देश वाले मखमल, साटन, ग्वारनटलेट, अद्धी, नैनसुख और छींट आदि की उत्तम कलें नहीं बना सकते?[58]

यह तो बात हुई मशीनों की किन्तु शिक्षा के अभाव में भारतीय व्यापारी छोटी-छोटी बातों पर लड़ते-झगड़ते रहते हैं। जबकि पश्चिमी उद्योगी शिक्षा के प्रभाव से एक होकर बड़े से बड़े उपक्रम स्थापित कर लेते हैं। इस स्थिति का अंकन 'सारसुधानिधि' में श्री मदन मोहन भट्ट इस प्रकार करते हैं—

> और दूसरे यहाँ वालों में एक तो बिल्कुल ही नहीं है यद्यपि दो या तीन मनुष्य भी मिल करके कोई काम तिजारत का या कोई दुकान करते भी हैं तो थोड़े ही दिनों में उनके आपस में ऐसा फिट्ट फजीता उछलता है कि जिसके सुनने से घृणा होती है और उधर योरोप खंडवालों में इसी एके की ऐसी जड़ मजबूत है कि जरा सा भी कोई काम शुरू करना हुआ तो उसी दम दस आदमी इकट्ठे हो गए और शेयर अर्थात् अंश कर लिया और उसी अंश का परिमाण करके जितना मूलधन चाहा इकट्ठा कर लिया और उपस्थित काम चलाने लगे।[59]

वस्तुतः उस दौर में किसानों, श्रमिकों, शिल्पकारों, व्यापारियों की जो दुर्गति थी 'सारसुधानिधि' में उन कारणों की अत्यन्त प्रामाणिक, सार्थक और मूलगामी पड़ताल की गई है। इन कारणों में अधिकांश आर्थिक हैं किन्तु कुछ प्रवृत्तिगत कारण भी हैं जो भारतीयों को पीछे की ओर ढकेलते थे और आज भी उन्हें आगे बढ़ने से रोकते हैं। 'सारसुधानिधि' में इन कारणों की चर्चा ही नहीं की गई उन पर अपनी खीझ भी व्यक्त हो गई है। 'सारसुधानिधि' में चाँदी सस्ती होने से व्यापारियों को होने वाली हानि की ओर भी ध्यान आकर्षित किया गया है। प्रश्न यह है कि चाँदी सस्ती होने पर उस समय हमारे देशवासियों पर क्या प्रभाव पड़ा? पहले व्यापारी वर्ग की बात करें। मिश्र व्यापारी वर्ग को हो रही हानि की विवेचना इन शब्दों में करते हैं—

> ××× जितने रुपयों का माल यहाँ से जाता है उनमें से 18 करोड़ और उन्हीं रुपयों से समर-1 खरीदने में जो बेसी लगता है वह सब हिसाब करके

> वहाँ के वहाँ ही ले लेते हैं, उसके बदले में बंकों को हुंडी लिख देते हैं। बंक वाले यहाँ गवर्नमेंट से ले लेते हैं। इससे जितने रुपए का माल यहाँ से रफ्तनी हुआ ठीक उतने रुपये का माल वहाँ से पलटा नहीं हो सका अर्थात् यदि यह 17/18 करोड़ रुपए हम लोगों को विलायत में न देने पड़ते तो हम लोग जितने रुपये का माल रफ्तनी करते हैं उसके पलटे में वह 18 करोड़ का माल आमदनी कर सकते। ××× अतएव रफ्तनी से आमदनी भारतवर्ष में बहुत कम होती है। इसलिए दिन पर दिन भारतवर्ष की हीन अवस्था होती जाती है।[60]

वस्तुत: चाँदी सस्ती होने का प्रभाव आम भारतीयों पर सीधा तो नहीं पड़ता किन्तु चाँदी सस्ती होने पर सरकार के बाहर से माल लेने पर चाँदी का मूल्य ज्यादा देना पड़ता है और फिर यहाँ चीजें महँगी हो जाती हैं। यह महँगाई भी जन साधारण को निर्धनता की ओर ले जाती है। इस तथ्य को और स्पष्ट करते हुए पं. सदानन्द मिश्र लिखते हैं—

> प्रथम तो गवर्नमेंट के राजस्व की इतनी क्षति हुई कि 20 बरस पहले जब चाँदी परिमिति निकलती थी तब जो राजस्व अदा होता उतने ही में खरच निर्वाह होता था। पर अब उससे यद्यपि बहुत राजस्व अदा होता है पर चाँदी का दाम कम होने के कारण खरच निर्वहन नहीं होता और हम लोगों को पहले के अपेक्षा बेसी देना पड़ता है। दूसरे, वाणिज्य में हमें हम लोगों की आमदनी रफ्तनी के हिसाब से भीतरी क्षति इतनी है कि देश दिनोदिन दरिद्र हुआ जाता है और तीसरे यह कि रुपये कि बहुतायत से और आमदनी अपेक्षा रफ्तनी बेसी होने के कारण क्या इस देश की और क्या विदेश की सभी चीजें महँगी होती जाती हैं। इससे यहाँ वालों को अतिशय क्षति होती है।[61]

समग्रत: कहा जा सकता है कि 'सारसुधानिधि' के सम्पादकों और लेखकों ने भारतवासियों की निर्धनता के जो कारण बताए हैं उनकी जिम्मेदारी मुख्य रूप से औपनिवेशिक शासन की है, जिसमें जनता पर टैक्स का बढ़ता बोझ और राजस्व सम्बन्धी गलत नीतियाँ और गलत विदेश नीति आदि प्रमुख रूप से उत्तरदायी हैं। किन्तु वे यह भी मानते हैं कि अशिक्षा, किसान का घिसापिट पुराना तरीका, औद्योगिक प्रबन्धन एवं तकनीकी ज्ञान के अभाव में भी भारत की निर्धनता दूर नहीं हो पा रही और इसके लिए यहाँ के निवासी भी काफी हद तक उत्तरदायी हैं। व्यापारी वर्ग में पारस्परिक एकता का न होना, व्यापार और उद्योग में जोखिम उठाने से बचने की प्रवृत्ति; पूँजी के ब्याज से काम चलाने की आदत, चाँदी की मन्दी आदि कारणों से भारत निर्धन और निर्धन होता जा रहा है। निर्धनता के जो कारण 'सारसुधानिधि' में बताए

गए हैं वे प्रामाणिक तो हैं ही आर्थिक चिन्तन की परम्परा में भी प्राय: सर्वमान्य हैं।

'सारसुधानिधि' में भारतवासियों की दरिद्रता के कारण ही नहीं गिनाए गए बल्कि इस दरिद्रता की प्रमुख रूप से जिम्मेदार ब्रिटिश सरकार की निर्भीक आलोचना भी की गई है। किन्तु हमें यह बराबर ध्यान में रखना होगा कि यह आलोचना भले ही कहीं-कहीं कटु हो गई हो किन्तु सरकार की दमनकारी नीतियों से खुद को बचाते हुए बहुत सधे हुए ढंग से इस आलोचना को अंजाम दिया गया है। यही नहीं, सरकार को ऐसे सुझाव भी दिये गए हैं कि जिन पर ध्यान देकर वह भारतीयों की निर्धनता को दूर करने में सहायता कर सकती थी। यह बात अलग है कि अपने राजनीतिक और व्यावसायिक हितों के चलते सरकार ने प्राय: इन सुझावों को अनदेखा किया, किन्तु इसमें कोई सन्देह नहीं कि 'सारसुधानिधि' के सम्पादकों और लेखकों ने इन सुझावों को सरकार के सामने रखकर पत्रकारिता के अपने दायित्वों का उचित निर्वाह किया।

सिविल सर्विस में चुने हुए युवकों को जो भारी-भरकम वेतन दिया जाता है वह इस देश की जनता पर एक बड़ा बोझ है। इस बोझ को कम करने के लिए सारसुधानिधि सम्पादक पं. सदानन्द मिश्र का मानना है कि—

> ××× भारत राज्य शासन के प्रधान अधिकारी प्राय: सभी सिविल हैं और ज्यादा व्यय भी इन्हीं लोगों की वेतन देने में होता है। अतएव इनके वेतन का संकोच करना खर्च घटाने का प्रधान रस्ता है, इसलिए मुनासिब है कि वर्तमान सिविलों की तलब घटाकर आगे के कुछ दिनों के लिए सिविल परीक्षा बन्द कर दी जाए। क्योंकि यदि वर्तमान सिविलों की तलब घटा भी दी गई और आगे की परीक्षा बन्द न की गई तो वह घटाना किसी का न हुआ, कारण परीक्षा खुले रहने से प्रतिबरस 22/23 सिविल परीक्षोत्तीर्ण होते हैं और गवर्नमेंट को उसी दिन उनको नौकरी देनी पड़ती है।[62]

वस्तुत: यह पूरी तरह सच है कि इंग्लैंड में भारत की सिविल सेवा को लेकर पहला आकर्षण तो यह था कि भारत में आकर उन्हें आशातीत प्रतिष्ठा मिलती थी। दूसरे भारत में इन 'सिविलियन्स' को इतना अधिक वेतन मिलता था कि वे पूर्ण विलासिता और वैभव के साथ अपना पूरा कार्यकाल व्यतीत कर सकते थे और कमाए हुए धन से अपना पूरा जीवन सुखपूर्वक बिता सकते थे। इसीलिए इन 'सफेद हाथियों' को इस देश की जनता द्वारा पालना लेखक को खटकता था। इसलिए उनके वेतन को घटाए जाने और कुछ वर्ष के लिए सिविल सेवा की परीक्षा को स्थगित करने का सुझाव पूरी तरह उचित था।

ईस्ट इंडिया कम्पनी से शासन का अधिकार लेने के बाद इंग्लैंड की महारानी विक्टोरिया ने यह घोषणा की थी कि उच्च-निम्न सभी प्रकार के पदों पर भारतीयों को नियुक्त किया जाएगा, किन्तु यदि एक-दो विशेष अपवादों को छोड़ दें तो भारतीयों

को सिविल सर्विस में कोई नहीं पूछता था। 'सारसुधानिधि' ने इस दिशा में पहल करते हुए सुझाव दिया—

> ××× भारतवर्ष के राजकर्म करने के विषय में अवश्य जितना सत्व यहाँ वालों का है, उतना औरों का नहीं और भारतवासियों के बीच बहुतों की योग्यता भी ऐसी है कि अवश्य वे उपयुक्त पद लाभ कर सकते हैं और उनको उनके उपयुक्त पद भी देने चाहिए, परन्तु क्या करें यदि इस न्याय पक्ष के अनुरोध से भारतवासियों का सत्व जो उच्च पद हैं भारतवासियों को दे दें तो वे जो इंग्लैंड से प्रति बरस सिविल परीक्षा दे देकर दल के दल आते हैं, उनका मानसंभ्रम और पोषण कहाँ से हो सकता है। ××× गवर्नमेंट भी अपनी पूर्वकृत प्रतिज्ञापालन में समर्थ हों कि जो इन्होंने की थी कि भारतवर्ष के ऊँचे पदों में भारतवासियों का अधिकार है और कालक्रम से वे ऊँचे पद इन्हीं लोगों को दिए जाएँगे। इस प्रतिज्ञा पालन का यही अवसर है। ××× हम यह नहीं कहते हैं कि सब सिविलों को हटाकर उनके स्थान में सब यहाँ ही वालों को नियुक्त करो। किन्तु हमारे कहने का तात्पर्य यह है कि सिविलियनों की आमदनी बन्द करो जिसमें कि और अन्याय हो और भारतवर्ष को अनावश्यक ही सत्वाधिकारियों का सत्व छीन कर भी उनका पोषण न करना पड़े।[63]

समग्रत: कहना होगा कि सिविल सेवा में जो संशोधन के सुझाव लेखक ने दिये हैं वे निस्सन्देह भारतीयों के लिए एक कल्याणप्रद होते किन्तु ऐसी अपेक्षा भारतीयों के शोषण पर टिकी ब्रिटिश सरकार से कैसे की जा सकती थी?

जिस दौर में 'सारसुधानिधि' का प्रकाशन हो रहा था उससे पूर्व भी और उस समय भी किसानों की आर्थिक दशा बेहद शोचनीय थी। इस दशा का मर्मस्पर्शी चित्र प्रस्तुत करते हुए पं. सदानन्द मिश्र ने लिखा—

> यह कुछ सामान्य दुख का विषय नहीं है कि जिनके परिश्रम से मनुष्य मात्र क्या वरन् ग्राम्य पशु और पक्षी मात्र के आहार का निर्वाह होता है परन्तु बचा ही सन्ताप का विषय है कि उन्हीं कृषाणों को पेट भरके दोनों समय अन्न प्राप्त नहीं होता।[64]

इसका कारण केवल यह नहीं कि फसल खराब होने के कारण ही किसान अपना पेट नहीं भर पाते। बल्कि सौभाग्य से अच्छी फसल होने पर भी बेचारे किसान भूखे पेट ही सोते हैं। इसका कारण निर्दिष्ट करते हुए मिश्र जी लिखते हैं—

> ××× यदि अन्न अच्छा उत्पन्न हुआ तो सबसे पहले तो जमींदार का खजाना, इसके बाद जिस महाजन से बीज के लिए और खाने के लिए

अनाज लिया था। उसको देहुड़ा देना पड़ा इसके बाद अथवा बीच ही में नगदी महाजन अर्थात् जिसने नगद रुपए दिये हैं उसके अपने रुपये अदा करने का उपाय किया। कोई तो बलपूर्वक उत्पन्न अन्न लिये जाता है, किसी ने किसी पर कुटकी करी है इत्यादि भयानक दृश्य दिखाई देने लगते हैं। ××× जितना उत्पन्न हुआ वह सब का सब जमींदारों और महाजनों ने ले लिया और उसको फेर उन्हीं महाजनों से भिक्षा स्वरूप माँगना पड़ा।[65]

किन्तु इस शोषण कथा के रंग को दैवी आपदाएँ और गाढ़ा कर देती हैं। बैल का मर जाना, अतिवृष्टि या अनावृष्टि; अथवा घर में किसी बड़े मंगल कार्य का होना—ये सब स्थितियाँ किसानों को ऋण के ऐसे जटिल जाल में फँसा देती हैं कि जिससे निकलने का उनके सामने कोई मार्ग नहीं होता। यहीं लेखक इस ज्वलंत प्रश्न को सरकार के सामने रखता है—

कृषि जीवियों का उद्धार किस प्रकार हो सकता है?

लेखक स्वीकार करता है कि सरकार की दृष्टि इस समस्या पर पड़ी है। सरकार ने प्रावधान किया है कि यदि किसानों को धन की आवश्यकता हो वे सरकार से रुपए उधार ले लें। किन्तु ऊपर से देखने में यह व्यवस्था तर्कसंगत और सरल जान पड़ती है किन्तु किसानों को इसका लाभ मिलने की बजाय उनका संकट और भी बढ़ गया है। सरकार के इस निर्णय से किसानों के सम्मुख जो समस्याएँ आईं उनका विस्तृत उल्लेख लेखक ने किया है। इसे संक्षेप में इन बिन्दुओं के अन्तर्गत प्रस्तुत किया जा सकता है—

1. सरकार केवल भूमि की उन्नति के लिए किसानों को ऋण देगी। किन्तु किसानों को अन्य उद्देश्यों की पूर्ति के लिए ऋण की आवश्यकता होती है। ऐसे में यदि भूमि की उन्नति के लिए उसे ऋण मिल भी जाए (जो सम्भव नहीं) तो उस पर कर्ज का बोझ बना ही रहता है।
2. सरकार यदि भूमि की बेहतरी के लिए ऋण देगी भी तो वह बिना कुछ गिरवी (जमानत) के बतौर रखे बिना नहीं दिया जाएगा पहले तो भूखे मरते किसान के पास गिरवी रखने को बचता ही क्या है? किन्तु किसी प्रकार गिरवी की व्यवस्था करने पर अन्य कार्यों के लिए उसे महाजनों से ऋण नहीं मिलता. क्योंकि सरकार के कर्ज की वसूली पहले होगी। महाजनों पर गिरवी रखने के लिए किसानों के पास कुछ नहीं होगा।
3. सरकार जो कर्ज किसानों को देगी उसे कलक्ट्री से प्राप्त करना होगा। एक किसान जिसका गाँव कलेक्ट्रेट से बहुत दूर हो उसके लिए वहाँ जाकर ऋण प्राप्त करना कितना कठिन था, इसकी कल्पना की जा सकती है।

इसलिए भागदौड़ और अन्य कठिनाइयों के चलते वह सरकार की बजाय महाजन से ऋण लेने में सुविधा महसूस करता है। गरीब अशिक्षित किसान लिखा-पढ़ी और अन्य औपचारिकताओं के जाल से बच कर महाजनों के कर्ज की जकड़बन्दी में फँस जाता है।[66]

तब उस समय सरकार को यह सम्मति दी गई कि जगह-जगह कृषि बैंक स्थापित किए जाएँ। और इन बैंकों में किसानों को कर्ज देने की व्यवस्था हो। इन बैंकों की स्थापना धनी महाजन मिलकर करें। यह नियम स्थिर करने का सुझाव दिया गया कि महाजनों के लिए ब्याज की सीमा बांध दी जाए कि 1 रुपया माहवारी से अधिक ब्याज न लें। निश्चय ही ये सुझाव उपयोगी हैं किन्तु समस्या यह है कि अभी आपस में शेयर डालकर किसी बड़े काम को करने की प्रथा का प्रचलन अपने यहाँ नहीं है। यदि महाजनों को बगैर किसी झमेले में पड़े अधिक ब्याज मिल रहा है तो वे कृषि बैंक स्थापित करने में क्यों रुचि लेंगे? एक बार चलो मान भी लिया जाए कि महाजन एक रुपये मासिक से अधिक ब्याज न लेने पर सैद्धान्तिक रूप से सहमत हो जाएँ तो क्या वे ईमानदारी से इस नियम का अनुसरण करेंगे? जिनको अधिक ब्याज खाने का चस्का लग गया है वे जितना धन देंगे उससे ज्यादा का कागज लिखवाया करेंगे। अगर किसान ऐसा नहीं करेगा तो वे उसे पैसा नहीं देंगे।

तब फिर इस समस्या का समाधान कैसे हो? इस सम्बन्ध में लेखक का सुझाव है कि डाकघरों में जो बचत खाते स्थापित किए गए हैं वही किसानों को ऋण देने का भी कार्य करें—

> अब जो पोस्ट ऑफिस की ओर से जगह-जगह सेविंग्स बंक स्थापित हुए हैं उनकी संख्या इससे और भी बढ़ा देनी चाहिए जिसमें आसामियों को दूर न जाना पड़े। उन बंकों में जैसे लोगों के रुपए जमा होंगे वैसे ही ऋण भी दिए जाएँगे।

प्रथम तो गवर्नमेंट को घर में रुपए बहुत कमती लगाने पड़ेंगे। दूसरे यह कि आसामियों को महाजनों सरीखा निकट ही बंक प्राप्त हो जाएगा। तीसरे यह कि यदि बंक जिस हिसाब से जमा कराने वालों को सूद देता है उससे सैकड़ा अधमर्णों से विशेष ले तो भी बंक को लाभ ही रहेगा। इसमें आसामियों को सूद का बहुत ही सुभीता होग।

एक समस्या उस समय यह भी थी कि सरकार किसानों को कर्ज किस आधार पर दे। इसके लिए लेखक का सुझाव है कि—

> ××× गवर्नमेंट को इस विषय में थोड़ा साहस करना होगा। इसके लिए इतना ही नियम बहुत है कि जितना जिस आसामी से साधारण महाजन

छोड़ते हैं उसको गवर्नमेंट भी छोड़े। ××× गवर्नमेंट आज्ञा यह प्रचार करे कि जिस आसामी से जितना पाओना है, महीने के भीतर मये सूद के सब चुका ले और आसामियों को चाहिए कि गवर्नमेंट से उधार ले के आसामियों को चुका दें नहीं तो आसामियों का दंड और महाजनों की नालिश सुनी नहीं जाएगी। किन्तु यह सब आवेदन उन्हीं बंक में किए जाएँ जो आसामी स्वयं आके स्वीकार कर ले। उसका रुपया बंक चुका दे और जिसमें आसामी और महाजन के कहने में किंचित अन्तर हो जो उसका विचार पहले अदालत में हो। अदालत जितने की डिगरी दे उतना ही बंक दे दे। ऐसा होने से एक बार ही गवर्नमेंट बंक महाजनों का स्थान अधिकार कर लेंगे, बस फेर कृषाणों के उद्धार होने में क्या सन्देह रहा?[67]

वस्तुतः यह सुझाव व्यवहार के धरातल पर अधिक कारगर नहीं हो सका क्योंकि पहले तो महाजन साधारण आसामी से कुछ छोड़ते ही नहीं थे, दूसरे आसामी और महाजन के बीच कर्ज को लेकर होने वाले विवाद में अदालत का हस्तक्षेप मामले को अधिक जटिल बना सकता था। किन्तु जो सुझाव लेखक द्वारा प्रस्तुत किया गया है वह यह तो दर्शाता ही है कि कर्ज के भार से दबे किसानों को लेकर उस समय के आर्थिक चिन्तक कितने संवेदनशील और गम्भीर थे। उनका यह मानना उस दौर की परिस्थितियों को देखते हुए बिल्कुल सही था कि—

जब तक महाजनों का स्थान बंक अधिकार नहीं करेंगे तब तक आसामियों का उद्धार महाजनों से कमी न हो सकेगा।[68]

भारतीय किसान की एक विडम्बना यह है कि फसल आने पर जरूरत के समय किसानों को अनाज सस्ती दर पर देना होता है और उसी अनाज के महँगा होने पर जमींदार या आढ़तिया उसको बेचकर मनचाहा लाभ कमाता है। इसके लिए लेखक का सुझाव है कि—

××× गेहूँ प्रभृति बहुमूल्य अनाज सवाया देना और खेसारी मटर प्रभृतिडे छुड़ा देना ऐसा होने से अन्याय नहीं हो सकता है।[69]

लेखक खरीदार (किसान) और विक्रेता (जमींदार या आढ़तिया) दोनों के हितों को बनाए रखना चाहता है ताकि क्रय-विक्रय में सन्तुलन बना रहे।[70]

किसानों की निर्धनता का एक प्रमुख कारण यह है कि सरकार ने उस समय मालगुजारी वसूल करने की कोई स्थायी व्यवस्था कायम नहीं की थी। यदि ऐसी स्थायी व्यवस्था सरकार कर दे तो वे जमींदार जिन पर मालगुजारी वसूल करने की जिम्मेदारी है उनकी पैदावर बढ़ाने में रुचि होगी। वे जमीन को अपना मानेंगे। ऐसी व्यवस्था न होने से जमींदार की भूमि-सुधार और पैदावार बढ़ाने में कोई रुचि

नहीं रहती। इसी से वह कुछ मुनाफा तय करके ठेकेदार को दे देता है। ठेकेदार की तो स्वाभाविक रूप से भूमि के सुधार में कोई रुचि नहीं होती। जितनी थोड़ी-बहुत सहानुभूति जमींदार को किसानों से होती है ठेकेदार को किसी भी प्रकार की सहानुभूति नहीं होती। वह उसी जमीन को टुकड़ों में बाँटकर किसानों को देता है और अपने जमींदार को पूरी मालगुजारी देने के लिए किसानों पर अवर्णनीय अत्याचार करता है। बेचारे किसान ठेकेदारों के अत्याचारों से बचने के लिए महाजनों की शरण में जाते हैं। ऐसे में एक ओर मालगुजारी अदा न कर पाने पर ठेकेदार किसान से जोत छुड़ाने को तत्पर होते हैं तो दूसरी ओर महाजन कर्ज अदा न कर पाने की दशा में अदालत से कुड़की ले आने को तैयार बैठा होता है। कोढ़ पर खाज यह कि ठेकेदार उसी मौके पर किसान को जोत से अलग करता है, जब उसकी मेहनत से खड़ी फसल तैयार होती है। जमींदार या ठेकेदार तैयार फसल को जाते के साथ ही कब्जे में कर लेता है। जमींदार और ठेकेदार को तो अपनी मालगुजारी से काम होता है। किसान जो हाड़तोड़ परिश्रम करता है उसके बदले उसे बर्बादी ही हासिल होती है। इस भयावह स्थिति का एकमात्र कारण है सरकार द्वारा मालगुजारी के अदा करने की स्थायी व्यवस्था न किये जाना। लेखक के अनुसार—

> यदि बङ्ग देश के तहत सर्वत्र चिरस्थायी बन्दोबस्त हो जाए तो सब देश के कृषाण अपेक्षाकृत सम्पन्न हो सकते हैं। क्योंकि जब तक जमींदार अथवा कृषाण यह नहीं समझेंगे कि यह भूमि हमारी है तब तक उनको इस भूमि की ममता नहीं होगी। अभी तो जमींदार यह समझते हैं हमको क्या पड़ा है कि हम भूमि के सुधारने में यत्न और परिश्रम करें।[71]

वस्तुत: मालगुजारी का स्थायी बन्दोबस्त सरकार के लिए एक ऐसा सुझाव है जिसको मानकर सरकार किसानों को बहुत बड़ी राहत दे सकती थी।

जैसा कि हम पहले कह चुके हैं 'सारसुधानिधि' के आर्थिक चिन्तकों ने किसानों को खेती के पारम्परिक तौर-तरीके बदलने का आग्रह किया। किन्तु वे इस वास्तविकता से अवगत थे कि अशिक्षित और पिछड़े किसानों के लिए यह सम्भव नहीं था कि वे वैज्ञानिक ढंग से किसानी कर सकें। इसके लिए सरकार का पहल करना आवश्यक ही नहीं अपरिहार्य भी था। यद्यपि हमारे किसान पीढ़ियों से किसानी में लगे रहने के कारण इस काम का व्यापक अनुभव रखते हैं। कृषि कार्य को करने में उनकी अपनी सोच और तरीका होता है। यदि उन्हें कोई किसानी का ज्ञान देना चाहे तो वे उसे सहज स्वीकार करने को तैयार नहीं होते हैं।

> यहाँ कृषि की रीति यह प्रचलित है कि जिस भूमि में जो अनाज बोया जाता है बराबर प्रति मौसम वहीं बोया करते हैं। इसी क्रम से उन-उन बीजों के उपादान घटते जाते हैं और विज्ञान के अभाव से पृथ्वी के व्यथित पदार्थ

पुनः अर्पित नहीं होते, यही कारण है कि यहाँ दिन पर दिन पैदावारी घटती जाती है, और जो कुछ दिन भूमि का क्षतिपूरण नहीं किया गया तो भविष्य में भारतवर्ष की क्या दशा होगी।[72]

लेखक का मानना है कि किसान स्वयं इस दिशा में पहल कर सकें यह उनके लिए सम्भव नहीं है।

अतएव गवर्नमेंट को चाहिए कि अन्यान्य विषयों पर चाहे उपेक्षा भी करें, परन्तु वैज्ञानिक कृषि के विषय में शिथिलता कदापि न करे।[73]

'सारसुधानिधि' ने सरकार को वैज्ञानिक कृषि की शिक्षा के लिए तो प्रेरित किया ही इसके लिए हिन्दी में छोटी-छोटी पुस्तकें प्रकाशित करने पर बल दिया।[74] इससे पत्रिका के सम्पादकों और लेखकों का हिन्दी-प्रेम भी प्रकट होता है। दरअसल उस दौर में किसानों को कृषि की वैज्ञानिक प्रविधियों में प्रशिक्षित करने के लिए यह आवश्यक था कि इसके लिए उनकी अपनी भाषा में छोटी-छोटी पुस्तकें सरकार की ओर से प्रकाशित और वितरित की जाएँ। यह सुझाव आवश्यक एवं व्यावहारिक तो है ही हिन्दी के प्रति 'सारसुधानिधि' की निष्ठा और प्रतिबद्धता का भी परिचायक है।

'सारसुधानिधि' ने सम्भवतः पहली बार आत्मशासन प्रणाली का पूरी गम्भीरता से समर्थन करते हुए अपने सारगर्भित प्रस्ताव सरकार के सम्मुख प्रस्तुत किए। तत्कालीन गवर्नर जनरल लार्ड रिपन, जो अपनी उदारता और भारतीयों के प्रति मानवीय संवेदनशीलता के लिए जाने जाते थे, ने आत्मशासन प्रणाली की ओर बढ़ने की पहल की। उन्होंने बजाय एक ही प्रणाली के बृहत्तर बोर्ड स्थापित करने के स्थानीय बोर्डों के गठन की आवश्यकता का अनुभव किया। वे चाहते थे कि स्थानीय लोगों की रुचि और आवश्यकता के अनुसार बोर्डों का गठन किया जाए। डिस्ट्रिक्ट बोर्ड की अपेक्षा वे स्थानीय बोर्डों की स्थापना को इसलिए भी आवश्यक समझते थे क्योंकि डिस्ट्रिक्ट बोर्डों के दूर होने के कारण इनमें दूर के सभासदों की सहभागिता सम्भव नहीं हो पाएगी। इससे कार्य में एकरूपता तो रहेगी नहीं विभागीय कर्मचारियों का वर्चस्व बढ़ जाएगा। गवर्नर जनरल से स्थानीय बोर्डों के गठन का संकेत मिलते ही 'सारसुधानिधि' ने इस सम्बन्ध में तीन प्रस्ताव प्रस्तुत किए। उसने सरकार के दृष्टिकोण से आगे बढ़कर लिखा—

××× भारत वर्ष जितना बड़ा साम्राज्य है इसको सुसभ्य रीति से शासन करने में अर्थ-व्यय की सम्भावना है। तदुपयोगी अर्थ संग्रह करके जो गवर्नमेंट स्वयं शासन करे तो प्रजा के चित्त में यह संस्कार हो सकता है कि गवर्नमेंट लूटे लेती है, अतएव जिसमें यहाँ की प्रजा अपना दायित्व समझ के अपना प्रयोजनीय काम आप करने में समर्थ हो जिसके द्वारा गवर्नमेंट बहुत से

> करणीय व्यय प्रजा पर सौंपकर आप हलकी हो। अर्थात् प्रयोजनीय व्यय उपस्थित होने से प्रजा उसके निर्वाह का आप यत्न कर लें।[75]

इस उद्धरण में तत्कालीन ब्रिटिश सरकार के आत्मशासन प्रणाली सम्बन्धी दृष्टिकोण का सारसंक्षेप प्रस्तुत किया गया है। किन्तु हमें ऐसा प्रतीत होता है कि सरकार के इस तथाकथित दृष्टिकोण पर प्रकारान्तर से जन अकांक्षा का आवरण भी चढ़ा हुआ है। वस्तुतः यहाँ की प्रजा खुद से सम्बन्धित व्यय खुद करे और बहुत से व्यय से सम्बन्धित राशि प्रजा को सौंप दी जाए—ऐसा तत्कालीन सरकार मन से चाहती थी—इस पर हमें सन्देह है। दिखाने के लिए ही सही सरकार ने यदि अपने इन प्रयोजनों को जनता के सामने रखा (जिसकी लेखक ने प्रशंसा की ही उसे भविष्य की आशाओं से भी जोड़ा) तो भी आत्मशासन और व्यय की जाने वाली राशि में जनता की हिस्सेदारी, इनसे आम भारतीय की आशाओं-आकांक्षाओं का सीधा सम्बन्ध है। इन आशाओं-आकांक्षाओं को लेखक इन शब्दों में अभिव्यक्ति देता है—

> किन्तु हम लोग जो आत्मशासन प्रणाली के विशेष पक्षपाती हैं उससे हमारा प्रयोजन यह है कि इसके द्वारा हम लोगों की इतना क्षमता होनी चाहिए कि जिसमें भारतवर्ष के शासन सम्बन्ध में अब जो व्यय होता है इसके संकोच का उपाय करें।[76]

वस्तुतः लेखक प्रबुद्ध भारतवासियों का प्रतिनिधित्व करते हुए ब्रिटिश शासन द्वारा किए जा रहे अनापशनाप व्यय पर आत्मशासन प्रणाली के द्वारा अंकुश लगाए जाने का पक्षधर है। यदि सरकार आत्मशासन प्रणाली को पूरी ईमानदारी से और उन्नत तथा विकसित रूप में लागू करती तो मिस्र की सहायता के लिए किए जाने वाले युद्ध में भारत के संसाधनों की बर्बादी सम्भव न होती। सिविल सर्विस में चुने गए 'सफेद हाथियों' का खर्च उठाने को भारत बाध्य न होता और न अनुत्पादक खर्चों के लिए ऋण लिए जाने की हिम्मत सरकार की न होती। ऐसा नहीं है कि 'सारसुधानिधि' के लेखक आत्मशासन प्रणाली को लेकर सरकार की नीयत को नहीं समझते।

> पाठक! विचारिए हमारे तात्पर्य और गवर्नमेंट के प्रयोजन में कितना अन्तर है। इसी हिसाब से गवर्नमेंट की प्रवर्तित शासन प्रणाली में अन्तर रह जाता है।[77]

लेखक इस वास्तविकता से पूरी तरह अवगत है कि भारतवासियों की जो प्राथमिकताएँ, आकांक्षाएँ, अपेक्षाएँ और आवश्यकताएँ हैं वे सरकार की नीयत कार्यकलापों और उद्देश्यों से पूरी तरह अलग हैं। किन्तु लार्ड रिपन द्वारा आत्मशासन प्रणाली का विचार और इस दिशा में थोड़ी सी पहल उसे भारतवासियों के सुखद भविष्य के प्रति थोड़ा-बहुत आश्वस्त करने लगती है। इसीलिए बोर्ड के गठन को लेकर

लेखक अनेक सुझाव प्रस्तुत करता है। इन सुझावों का सार-संक्षेप इस प्रकार है—

1. प्रसिद्ध जनपदों में सरकार द्वारा बोर्डों के गठन की घोषणा की जाय।
2. जनसाधारण किन्हीं प्रतिष्ठित और 2-3 व्यक्तियों का चुनाव करे।
3. बोर्ड के सदस्यों का कार्यकाल दो वर्षों का रखा जाए। कार्यकाल के बीच उन्हें सरकार द्वारा रायबहादुर, खान बहादुर आदि मानद उपाधियों से विभूषित किया जाए।
4. चुने हुए सभासदों द्वारा सभापति का निर्वाचन किया जाएगा।
5. निर्वाचित सभासदों में एक अवैतनिक सम्पादक और एक गवर्नमेंट के कर्मचारी अथवा बाहर से वैतनिक सम्पादक की नियुक्ति की जाए।
6. बोर्ड का सम्पूर्ण कामकाज स्थानीय प्रचलित भाषा में होगा। सरकार को बोर्ड के कार्यवृत्त एवं निर्णयों से अवगत कराने के लिए अंग्रेजी भाषा का प्रयोग किया जा सकता है।[78]

जो सुझाव लेखक ने सरकार को दिए हैं वे पूरी तरह सार्थक होने के साथ व्यावहारिक भी हैं। ये सुझाव कहीं भी सरकार के शासनतंत्र की सीमाओं का अतिक्रमण नहीं करे। दरअसल आत्मशासन प्रणाली पर प्रस्तुत प्रस्तावों का महत्त्व इस दृष्टि से अधिक है कि स्वशासन, जो भावी स्वतंत्रता आन्दोलन का 'गोमुख' है उसकी पदचाप इन प्रस्तावों में सुनी जा सकती है। यहाँ स्वतंत्रता के लिए भारतीयों की छटपटाहट को धुंधले रूप में ही सही महसूस किया जा सकता है।

सरकारी राजकोष जिस प्रकार उन दिनों चिन्ता की विषय था यह 'सारसुधानिधि' के 'भारतीय राजभंडार की अवस्था और गवर्नमेंट के कर्तव्य' शीर्षक लेख से जाना जा सकता है। यह लेख पत्रिका में 7 जुलाई, 1879 को प्रकाशित हुआ। लेखक का नाम न होने से यह माना जा सकता है कि इसके लेखक पत्रिका के सम्पादक पं. सदानन्द मिश्र हैं। मिश्र जी ने राजकोष की दुरवस्था पर सरकार को जो सुझाव दिए थे, वे इतने यथार्थपरक और व्यावहारिक थे कि उनको अमल में लाकर राजकोषीय घाटे पर काफी हद तक काबू पाया जा सकता था। किन्तु ऐसा करने से सरकार का आभामंडल फीका पड़ जाता। और फिर शोषण और लूटपाट पर टिकी सरकार भला अपने ही पैर पर कुल्हाड़ी क्यों मारती? अस्तु लेखक ने इस सम्बन्ध में सरकार को जो सुझाव दिये हैं वे संक्षिप्त रूप में प्रस्तुत हैं।

सबसे पहले राजकोष की दुरवस्था का अंकन करते हुए मिश्र जी लिखते हैं—

> ××× वर्तमान भारतीय राज भंडार की ऐसी हीन अवस्था हो गई है कि अब उधार-सुधार लेकर काम चलाना कठिन है, क्योंकि उधार लेते ऋण इतना बढ़ गया है कि अब उसके सूद देने को उधार लेना पड़ता है।[79]

इस दुरवस्था को सरकार की विवेकहीनता और बढ़ा रही है—

> उधर मैनचैस्टर वालों की खातिर के कारण अभी 20 लाख रुपए छोड़ने पड़े और अफगान युद्ध के कारण दुर्भिक्ष निवारण के लिए जो डेढ़ करोड़ रुपए अलग रखते थे उसमें से भी खर्च हो गए।[80]

जब दुर्भिक्ष की मार झेल रहे भारतवासियों के कष्ट को अनदेखा कर उसके लिए निर्धारित राशि में से अफगान युद्ध के लिए धन खर्च कर दिया जाता हो तो इससे अधिक आर्थिक शोषण की विडम्बना और क्या होगी? राजकोष की इस चिन्ताजनक स्थिति के लिए लेखक का सरकार को स्पष्ट सुझाव है—

> अब आमदनी से खर्च बेसी होता है और आमदनी बढ़ाने का समय नहीं है तो सिवाय खर्च घटाने के और दूसरा उपाय भी नहीं है, अतएव खर्च घटाना उचित है।[81]

1871 में सरकार ने कृषि विभाग की स्थापना की। सरकार का उद्‌देश्य था कि इस विभाग के गठन द्वारा कृषि कार्य का विकास; कम फसल देने वाली जमीनों को उन्नत करना और फायदा देनेवाली फसलें उगाने के लिए प्रोत्साहित करना इस विभाग पर प्रतिवर्ष 1857 रुपए खर्च किए जाते थे। अन्ततः सरकार ने इस विभाग को समाप्त कर दिया, किन्तु तब तक बहुत देर हो चुकी थी। कृषि विभाग के सेक्रेट्री ह्यूम को 50000 रुपए वेतन दिए जाता था। किन्तु कृषि कार्य में कोई उन्नति नहीं हुई। न भूमि की उर्वरता बढ़ी न किसानी के ढर्रे में कोई बदलाव आया। लेखक का मानना है कि इस विभाग को गठन की कोई आवश्यकता न थी। इस विभाग के संचालन में व्यर्थ ही 16-17 लाख खर्च हो गए जो बचाए जा सकते थे।

सरकार जिस प्रकार खर्च कम करने का उपक्रम करती थी वह एक तरह का विवेकहीन पलायनवाद था। कृषि विभाग का बोझ स्थानीय शासन पर डालने से उस पर काम का बोझ तो बढ़ा ही उसे केन्द्रीय सरकार को चाहे जैसे बने निर्धारित राशि की भरपाई करनी पड़ेगी—ऐसा सरकार ने सुनिश्चित किया। इस पर लेखक की टिप्पणी है—

> खर्च घटाना अवश्य कर्तव्य है, खर्च घटाए बिना भारतीय राजभंडार की अवस्था कभी भी सुधरेगी नहीं, यह तो हम सब स्वीकार करते हैं परन्तु खर्च घटाने की रीति का जिस प्रकार गवर्नमेंट अवलम्बन करती है उसमें इतना तो अवश्य हो सकता है कि थोड़े से भारतवासी दरिद्र एक तो मर ही रहें और भी मरने लगेंगे।[82]

लेखक को पूरा विश्वास और आशंका है कि—

××× खर्च घटाने के समय सबसे पहले क्षुद्र वेतनभोगी दरिद्र कर्मचारी ही मारे जाएँगे। कुछ बड़ी-बड़ी तलब के स्वजातीय कर्मचारियों को थोड़े ही आघात लगने पाएँगे।[83]

'सारसुधानिधि' के लेखक सरकार द्वारा किए जा रहे उपर्युक्त उपायों को किसी भी दृष्टि से युक्तिसंगत नहीं मानते। वस्तुतः सरकार की नीयत यदि खर्च घटाने की होती तो सबसे पहले वह ऊँचे पदों पर आसीन अधिकारियों के भारी-भरकम वेतन घटाने का प्रयास करती। किन्तु ऐसा कोई प्रयास करने से वह प्रायः कतराती रही। 'सारसुधानिधि' के द्वारा सरकार को निर्भीकतापूर्वक स्पष्ट सुझाव दिया गया कि—

गवर्नर जनरल सबसे पहले स्वयं अपने वेतन में से एक तृतीयांश घटा दें और इसी दृष्टांत से यावत कर्मचारी हैं जिनका वेतन बीस हजार मासिक से दो सौ पर्यंत है। सभी की तलब घटा दी जाए तो कार्य और विभाग सब राज्यों के त्यों बने रहे, और राजभंडार में जो प्रति बरस अन्दाजन सवा तीन करोड़ घटते हैं वह पूरण हो जाए और कोई निराश और निरन्न भी न हो और न किसी की हरकत हो। और न किसी के पद मर्यादा का लांघव हो।[84]

अपने इस सुझाव की विवेचना करते हुए मिश्र जी लिखते हैं—

यदि यहाँ गवर्नर जनरल बहादुर अपने वेतन में से साठ-सत्तर हजार छोड़ दें तो भी दो लाख सालाना तलब रहती है। इस हिसाब से मर्यादा घटने का क्या सम्भव है? दूसरे प्रस्तावित विषय में दो सौ तक वेतन में से घटाने का यह तात्पर्य है कि यदि दो सौ की जगह एक सौ साठ मिलें तो उसका कार्य निर्वाह हो सकता है। जब दो सौ वाले काम राय डेढ़ सौ में चल सकता है तो पन्दरे सौ वाले का काम हजार रुपए में निःसन्देह निर्वाह हो सकता है।[85]

वे विलियमक बेंटिक के अपने वेतन घटाने (25000 के स्थान पर 20000) को प्रेरक मानते हुए लार्ड लिटन से आग्रह करते हैं कि उसी परम्परा का निर्वाह करते हुए वे अपने 20000 रुपए वेतन में रु. 5000 से घटा दें और तदनुरूप अपने अधीनस्थ अधिकारियों का वेतन घटाने का आदेश दें।[86]

वस्तुतः सरकार के राजकोष की दुरवस्था के निवारण के लिए लेखक ने जो बड़े अधिकारियों के वेतन घटाने का सुझाव दिया है वह राजभक्ति पर बल देने के सारे प्रयासों के बावजूद एक निर्भीक, सार्थक, देश के लिए समर्पित पत्रकार अपनी कलम से जिस सीमा तक क्रान्ति की अलख जगा सकता है, उसका यह एक प्रामाणिक दस्तावेज है।

रेलवे को लेकर 'सारसुधानिधि' ने जो अपना दृष्टिकोण प्रस्तुत किया है वह विचारणीय है। दिल्ली से कोलकाता तक रेलवे का संचालन एक प्राइवेट कम्पनी के अधीनस्थ था। 1880 में रेलवे को सरकार द्वारा उक्त प्राइवेट कम्पनी से खरीदा जाना था। 'सारसुधानिधि' का मानना है कि यह आवश्यक नहीं कि रेलवे को सरकार 1880 में ही खरीदे। राजकोष की चिन्तनीय स्थिति को देखते हुए 1880 में ही पत्रिका के लेखक ठीक इसी वर्ष रेलवे की खरीद पर सहमत नहीं है। सरकार के पास इतना धन इस समय नहीं है कि रेलवे को 1880 में ही खरीदा जाए। पहली बात तो यह कि स्वयं कम्पनी ने रेलवे में जितने रुपए लगाए हैं उतना लाभ उसे अब तक नहीं मिला। सरकार इतना रुपया लगाकर लाभ कमा लेगी इसमें सन्देह है। दूसरे—

> ××× चाहे एक ही बेर सब रुपए दिए जाएँ, चाहे क्रम से थोड़े करके दिए जाएँ, बिना उधार लिए गति नहीं। जब वह ऋण लेना पड़ा तो भारतवर्ष ही के सिर पर चढ़ा। अब क्या कुछ भारतवर्ष को कम देना है? इतने ऋण पर भी और ऋण करते जाना यह कौन सी नीति है? ××× अतएव हमारी समझ में तो कदाचित भी ऋण लेकर ईस्ट इंडिया रेलवे खरीदना मुनासिब नहीं।[87]

तीसरे, कम्पनी रेलवे के संचालन में सुप्रबन्ध और व्यावसायिक कौशल का उपयोग करती है, सरकार की फिजूलखर्ची और संचालन की कुशलता के अभाव को देखते हुए रेलवे की खरीद में घाटा होने की आशंका है। इसके साथ दिल्ली, कोलकाता के साथ जबलपुर लाइन के ले लेने से अवश्य लाभ की सम्भावना है, जो सरकार की कार्यसूची में नहीं है। चौथे, रेलवे की खरीद के लिए ऋण लेने से इसका सीधा प्रभाव इस देश के लोगों पर पड़ेगा। किन्तु रेलवे की खरीद को लेकर 'सारसुधानिधि' में जो मन्तव्य प्रकट किया गया है उसका यह आशय कदापि नहीं है कि लेखक रेलवे के संचालन का विरोधी है या तकनीकी विकास में उसकी रुचि नहीं है। बल्कि 'सारसुधानिधि' की नीति ही विज्ञान, तकनीक और औद्योगिक विकास की है। यहाँ लेखक सरकार को राजकोष का आईना दिखाकर यह सुझाव देना चाहता है कि कम्पनी से रेलवे की खरीद राजकोष की दुरवस्था को देखते हुए सरकार की तात्कालिक प्राथमिकता नहीं होनी चाहिए क्योंकि इसके लिए कर्ज लेना होगा जिससे राजकोष प्रभावित होगा और राजकोष बढ़ाने के लिए जो टैक्स लगाए जाएँगे उनसे अन्ततः भारतवासी और विपन्न हो जाएँगे।

'सारसुधानिधि' के आर्थिक चिन्तक भारतवासियों की दरिद्रता के लिए केवल सरकार को ही दोषी नहीं ठहराते और सरकार के सामने सुझाव और प्रस्ताव प्रस्तुत करके ही सन्तुष्ट नहीं हो जाते। वे इस वास्तविकता से भलीभाँति अवगत थे कि भारतवासियों की विपन्नता के लिए बहुत हद तक वे स्वयं भी दोषी हैं। और इन

दो दोषों के निवारण के लिए उन्होंने अनेक बहुमूल्य सुझाव भी प्रस्तुत किए हैं। ये सुझाव यद्यपि दरिद्रता के पूरे परिदृश्य को लेकर नहीं हैं किन्तु यदि इन सुझावों पर भारतवासी अमल करते तो इस देश की दरिद्रता का एक सीमा तक निवारण सम्भव हो सकता था।

इसे एक विडम्बना ही कहा जाएगा कि उस दौर के भारतीयों में धन के मामलों को लेकर कोई रुचि नहीं थी। वे अपनी विपन्नता को लेकर दुखी तो थे किन्तु विपन्नता के मूलभूत कारणों की समझ उन्हें नहीं थी। अर्थशास्त्र विषयक ज्ञान में तो किसी प्रकार की रुचि थी ही नहीं।

> अर्थशास्त्र में धन की बावत की बातें हैं किस रीति से धन पैदा होता है और उस धन के पैदा करने वालों में वह धन किस रीति से बँट जाता है। और आदमियों की धन सम्बन्धी हालत किन वजहों से भली और बुरी हुआ करती है। ये सब बातें अर्थशास्त्र से मालूम होती है।[88]

अर्थशास्त्र के सिद्धान्त व्यक्तिगत सन्दर्भों में लागू न होकर सामूहिक रूप में लागू होते हैं—

> ××× अर्थशास्त्र किसी खास-खास आदमी की दौलत की बाबत नहीं है। उसमें कुल देशभर की दौलत का बयान होता है कि वह दौलत किन कारणों से बढ़ती है और मुल्क में रहने वालों में जो बँट जाती है उसकी रीत कैसी है और किन कारणों से बढ़ती और घटती है। ये सब बातें अर्थशास्त्र में मालूम होती हैं।[89]

किसी राष्ट्र की आर्थिक समुन्नति के लिए अर्थशास्त्र का सम्यक ज्ञान अत्यन्त महत्त्वपूर्ण है, किन्तु हमारे देशवासियों ने उस दौर में अर्थशास्त्र के ज्ञान की प्रायः उपेक्षा की। धन कैसे पैदा होता है, इसको जानने के लिए सामान्य शिक्षा नहीं बल्कि उन सब विषयों का ज्ञान अपेक्षित हैं जो धन के उत्पादन में सहायक हो।[90] प्रकृति के नियमों के अनुसार, परिश्रम के बल पर भी धन प्राप्त होता है किन्तु यदि अर्थशास्त्र और अन्य सम्बन्धित विद्याओं का भी उपयोग किए जाए तो इस धन की निश्चय ही अभिवृद्धि होती है। 'सारसुधानिधि' के लेखक पं. मदन मोहन भट्ट ने उन कारणों की गहन पड़ताल की है जो भारतीयों समृद्धि में बाधक हैं। इनमें एक कारण है व्यवसायी लोगों में आपसी एकता का अभाव। इसी कारण वे मिलजुल कर कोई बड़ा उपक्रम नहीं कर सकते। यदि कोई ऐसा प्रयास भी करता है तो उसको सहयोग देना तो दूर उसके असफल होने पर उसका मजाक उड़ाते हैं। इस प्रकार निठल्ले रहकर भोगविलास में अपना समय बिताते हैं। इसके विपरीत यूरोप के लोग शेयर-व्यवस्था से धन एकत्र करके बड़े से बड़ा उद्योग और व्यवसाय खड़ा कर लेते हैं।

'सारसुधानिधि' में इस बात पर विशेष चिन्ता व्यक्त की गई है कि भारत से ही यहाँ का कच्चा माल बाहर जाता है और जब वहाँ से तैयार माल यहाँ आता है भारतवासी उसी को दुगनी-तिगुनी कीमत देकर खरीदते हैं। 'धन' निबन्ध के लेखक पं. मदन मोहन भट्ट का सुझाव है कि—

> ××× यदि हम पाट और रुई के बदले कपड़े बना कर भेजें तो जो दाम हमको पाट और रुई बेचने में मिला था उसका दूना और तिगुना मिले और अब जो हमको कपड़े खरीदने में दूना देना पड़ता है वो न देना पड़े।[91]

कुछ लोग इस पर यह आपत्ति जताते हैं कि जैसा माल यूरोप से बन कर आता है उसकी तुलना में भारत में तैयार माल उतना अच्छा कैसे बन पाएगा? इस पर लेखक के दो तर्क हैं—एक, जब यूरोप से यहाँ माल नहीं आता था तब भी तो यहाँ के लोग अपना काम चलाते थे।

> ××× पहले तो ये ही अंगरेज लोग यहाँ से ही कपड़े ले जाते थे और अब भी ढाके की मलमल और बनारस का कमखाब, कश्मीर का शॉल अमरोहे की छींट और फरासडांगा, शांतिपुर का कपड़ा तो इस देश में भी बहुत बढ़िया और उम्दा बनता है।[92]

यदि यह माल हाथ से बनता है और मशीनों से तैयार नहीं होता तो लेखक का प्रश्न है—

> क्या यहाँ कलें बनाने से नहीं बन सकती?[93]

समग्रत: कहें तो 'सारसुधानिधि' में भारत की दरिद्रता दूर करने के लिए भारतवासियों को जो सुझाव दिए गए हैं उनमें एक महत्त्वपूर्ण सुझाव धन और अर्थशास्त्र के महत्त्व का अंकन करते हुए उनके प्रति प्रबुद्ध और संवेदनशील होने को लेकर है। यहाँ भारतवासियों का आह्वान किया गया है। वे अपने को भाग्य के भरोसे न छोड़ें बल्कि पूरे उत्साह और एकाग्रता से धनोपार्जन में लग जाएँ। यूरोप के व्यवसायीजनों की भाँति एकताबद्ध होकर बड़े उपक्रमों की स्थापना के लिए शेयर पद्धति को अपनाएँ। यहाँ प्रश्न उठाया गया है कि क्या कारण है कि अनुर्वर भूमि में रहने वाले यूरोपीय लोग समृद्धि की ओर निरन्तर बढ़ते जा रहे हैं और उपजाऊ भारत भूमि के लोग अपनी दरिद्रता से बेहाल है।[94] भारतवासियों को सुझाव दिया गया है कि विशेष अवसरों पर भारत के लोग अपनी हैसियत से बढ़कर जो फिजूलखर्ची करते हैं उसे रोका जाए। भारतीय कच्चे माल से भारत में ही वस्तुएँ बनाई जाएँ। यदि आवश्यकता पड़े तो नई-नई मशीनों के निर्माण के लिए यहाँ के लोग प्रशिक्षित हों। यहाँ के उद्योगति ऐसी मशीनें लगाकर गुण और परिमाण दोनों दृष्टियों से यूरोप के

उद्योगपतियों से प्रतिस्पर्द्धा का प्रयास करें। व्यापार, व्यवसाय और उद्योग में एक-दूसरे का हाथ पकड़कर जोखिम उठाने को तैयार रहें। इस प्रकार धन को केन्द्र में रखकर 'सारसुधानिधि' ने जिस प्रकार जनता (विशेष रूप से भारत के व्यावसायियों और उद्योगपतियों) को जागरूक किया है, उसका निर्विवाद रूप से अपने समय के लिए तो महत्त्व है ही, वह हमें आज भी प्रेरित और प्रभावित करता है।

भारतवासियों को एक समय में अपनी शिल्प-विद्या के लिए जाना जाता था। ढाका की मलमल, बनारस का कमखाब, कश्मीर की शालें, अमरोहे की छींट और फरासडांगा—इनकी भारत में ही नहीं विदेशों में भी धाक थी।

> ××× अट्ठारहवीं सदी के आरम्भ में ही अंग्रेज मिल मालिकों ने कम्पनी का विरोध किया था, क्योंकि उम्दा किस्म का हिन्दुस्तानी कपड़ा आने से उनके माल की खपत न होती थी। 1720 में उन्हें इस बात में सफलता मिली कि वे हिन्दुस्तान का रेशमी कपड़ा और छपा हुआ कैलिको इंग्लैंड में आना बिल्कुल बन्द कर दें। हिन्दुस्तान से जो भी सूती माल आता था, उस पर बहुत भारी चुंगी लगा दी गई। तब कम्पनी हिन्दुस्तानी कपड़ों का व्यापार यूरोप से करने लगी और अंग्रेजी बन्दरगाह सिर्फ माल बाँटने के अड्डे बन गए।[95]

जो लोग कताई और बुनाई की कला जानते थे और जो परम्परागत रूप से इस काम में लगे थे कम्पनी के निर्लज्ज स्वार्थों के चलते वे तबाह हो गए। जो परिवार खाते-पीते आनन्द से जीवन बिता रहते थे वे गाँव से शहर की ओर पलायन कर गए थे। शिल्प-विद्या इंग्लैंड में भी नष्ट हुई थी किन्तु औद्योगिक क्रान्ति के फलस्वरूप वहाँ के दस्तकारों को रोजगार के संकट का सामना नहीं करना पड़ा। भारतीय शिल्प-विद्या के विनाश का यह सिलसिला कम्पनी शासन के स्थान पर ब्रिटिश शासन आ जाने के बाद भी खत्म नहीं हुआ। 1911 की जनगणना रिपोर्ट में दर्शाया गया है कि पिछले दस वर्षों में कपड़ा मजदूरों की संख्या में 6 प्रतिशत की कमी आई है। ताँबे और पीतल के बर्तन जो गुणवत्ता की दृष्टि से अपना सानी नहीं रखते थे उनके स्थान पर कलई के बर्तन यूरोप से आने लगे। इस कारण धातु के मजदूर कम हो गए। कुल मिलाकर शिल्प विद्या उस दौर में पूरी तरह समाप्त होने की कगार पर थी।[96]

'सारसुधानिधि' ने भारतीय शिल्प-विद्या के विनाश के लिए सरकार को ही दोषी माना है। सरकार को सम्बोधित करते हुए 'भारतीय शिल्पोन्नति की आवश्यकता' नामक लेख में इन शब्दों में सरकार की भर्त्सना की गई है—

> ××× जब आप हमारे कल्याण के लिए हमारे देश के शासन में प्रवृत्त हुए हैं तब ऐसी स्वार्थपरता किसी प्रकार योग्य नहीं है कि हमारा देश ऐसी दशा

> में प्राप्त हो कि यहाँ के प्राचीन शिल्पियों को अपने जातीय व्यवसाय को छोड़ के कुत्सित, दूषित और निंदित उपाय द्वारा अपना निर्वाह करना पड़े।[97]

भारतीय शिल्पोन्नति सरकार के रहमोकरम पर सम्भव है। 'सारसुधानिधि' के आर्थिक चिन्तक इस दृष्टिकोण के कट्टर विरोधी थे। सरकार की नीति और नीयत के खोट से वे पूरी तरह अवगत थे। वे जानते थे सरकार अपने देश के हितों को किसी भी कीमत पर बनाए रखने के लिए शासन कर रही है। इसलिए लेखक शिल्पियों को स्वावलम्बन की नीति अपनाने पर बल देता है—

> जब राजा विदेशी है और वह अपने देश का धन बढ़ाने का उद्योग कर रहा है, तब प्रजा कहाँ तक उसका अवरोध कर सकती है? किन्तु ऐसा भी प्रजा को नहीं करना चाहिए कि जिससे हमारा देश सभी विषयों में पर मुखापेक्षी हो जाए। इसके लिए गवर्नमेंट से प्रार्थना और स्वयं इस विषय का उद्योग करना चाहिए कि जिसमें अपने देश की उन्नति हो।[98]

उस समय की परिस्थितियों की माँग थी कि शिल्पी सरकार से अपना संवाद बनाए रखें। अपनी समस्याओं की ओर सरकार का ध्यान आकर्षित करते रहे किन्तु अन्ततः उन्हें शिल्पोन्नति के लिए स्वयं ही कमर कसनी होगी। लेखक इस वास्तविकता से भलीभाँति अवगत है कि बिना सरकार के प्रोत्साहन के शिल्पियों में शिल्प को लेकर उत्साह जाग्रत होने की सम्भावना कम है। किन्तु इसका विकल्प यही है कि भारतवासी विदेशी चीजों का प्रयोग बन्द करें। स्थान-स्थान पर स्वदेशी वस्तुओं के विक्रय केन्द्र बनें जहाँ से स्वदेशी वस्तुएँ उचित मूल्य पर उपलब्ध हो सकें।[99]

समग्रतः 'सारसुधानिधि' में शिल्पकाल की उन्नति के लिए सबसे महत्पूर्ण सुझाव यह दिया गया है कि यहाँ के लोग स्वदेशी उत्पादों को अपनाएँ। ये उत्पादन बिक्री केन्द्रों पर आवश्यकतानुसार सस्ते दामों पर उपलब्ध हों। यदि यह देश विदेशी वस्तुओं का बहिष्कार करके स्वदेशी वस्तुओं को अपनाने लगेगा तो भारतीय शिल्प-विद्या का उन्नयन निश्चित है। हमें इस महत्त्वपूर्ण सुझाव के परिप्रेक्ष्य में यह ध्यान रखना होगा कि 'सारसुधानिधि' में बंगाल से पूरे देश में फैले उस स्वदेशी आन्दोलन की पदचाप सुनी जा सकती है जो कालांतर में भारत के स्वतंत्रता आन्दोलन का मेरुदंड बना।

देशेर कथा (देउस्कर) से लगभग पच्चीस वर्ष पूर्व 'सारसुधानिधि' पत्रिका का प्रकाशन आरम्भ हुआ। पत्रिका के सम्पादकों और अन्य लेखकों ने जिस निर्भीकता से अपने समय के भारत के आर्थिक परिवेश को प्रस्तुत किया; अपनी राजभक्ति के आवरण के बावजूद सरकार की उसकी आर्थिक नीतियों को लेकर सार्थक आलोचना की; सरकार और जनता को देश की दरिद्रता निवारण के लिए उपयोगी सुझाव दिए, उनसे स्पष्ट है कि यह पत्रिका देश को आर्थिक, राजनीतिक और सांस्कृतिक क्रान्ति

के लिए तैयार करने की दिशा में महत्त्वपूर्ण भूमिका का निर्वाह कर रही थी। भाषा में थोड़ी अनगढ़ता और राजभक्ति की अपनी सीमाओं के बावजूद 'सारसुधानिधि' का ऐतिहासिक महत्त्व होने के साथ वह भविष्य के लिए भी प्रासंगिक है।

प्रेमघन

प्रेमघन जी के आर्थिक चिन्तन में उन कारणों की पड़ताल की गई है जो भारतीय किसानों, व्यापारियों, उद्योगपतियों, दस्तकारों की आर्थिक दुरवस्था के मूल में विद्यमान हैं। इसके साथ ही वे तत्कालीन सामन्तों के अवगुणों को रेखांकित करते हुए देशवासियों की दरिद्रता दूर करने के लिए उनका आह्वान करते हैं। वे अंग्रेजों के आने से पहले भारतीयों की आर्थिक दशा की वर्तमान शासकों के दौर से तुलना करते हुए रेखांकित करते हैं कि अंग्रेजी शासकों की नीति और नीयत ने इस देश के लोगों को कंगाल बना दिया है। शासन द्वारा नौकरियों की अपने लोगों में बन्दरबाँट, भारी-भरकम करों को जनता पर लाद देना; अपने व्यावसायिक हितों की रक्षा के लिए भारतीय व्यापार, उद्योग और दस्तकारी का विनाश—इन्हीं कारणों से भारत दिनोदिन दरिद्र होता जाता है। उन्होंने इस देश के लोगों की दरिद्रता को दूर करने के लिए अनेक सुझाव भी प्रस्तुत किए हैं जिनमें सबसे प्रमुख है—स्वदेशी वस्तुओं का ग्रहण और विदेशी वस्तुओं का परित्याग। समग्रतः प्रेमघन जी का आर्थिक चिन्तन अपनी प्रकृति में प्रगतिशील, रचनात्मक और आज के परिवेश के लिए भी बहुत हद तक प्रासंगिक है।

अपने निबन्धों में प्रेमघन जी ने दरिद्र किसानों की वास्तविक दशा का जो अंकन किया है वह प्रामाणिक होने का साथ मर्मस्पर्शी भी है। उन्होंने किसान की अंग्रेजी शासन से पूर्व की दशा और वर्तमान स्थिति का अंकन करते हुए लिखा—

> ××× जो अपनी उपज से इतर देशों को भी खिलाता था, वह अपने वासियों को दिन भर में एक बार भी न खिला सके। क्या भारतवासी व्यवसाय और परिश्रम बुद्धि और विद्या से हीन और शून्य तो नहीं हो गए; या इस भूमि में वह शक्ति ही नहीं बच रही, जिससे केवल एक मनुष्य के परिश्रम से पूरा परिवार भोजन करता था, अब सबके परिश्रम करने पर भी पूरे प्रकार से अटने के अतिरिक्त रात्रि दिवस पेट के चपेट से सँवई और साग, खजूर और गेहूँ की गाँठ तक का लाला पड़ा है। ऐसी दशा कैसे हुई और कैसे जो सुख का आकार था आज दुख का विवर हो रहा है।[100]

वस्तुतः किसान अंग्रेजी शासन से पूर्व इतना तो सक्षम और समर्थ था कि वह अपने परिवार के साथ दूसरों का भी पेट भर सके। किन्तु अंग्रेजी शासन में अनेक

कारणों (जिनमें सरकार की शोषणपरक नीतियाँ प्रमुख रूप से उत्तरदायी हैं) से वह बदहाली की उस अवस्था में पहुँच गया है कि उसे और उसके परिवार को बहुत बार भूखे पेट सोना पड़ता है। किसानों की इस दशा के लिए सरकार द्वारा की गई वसूली है। एक तो खेतों की उर्वरा शक्ति का निरन्तर ह्रास हो रहा था जिससे उपज घटती जा रही थी। इसके अतिरिक्त सरकार द्वारा करों की निर्दयतापूर्वक वसूली और उससे पार पाने के लिए निष्ठुर और लालची सूदखोर महाजनों की शरण लेना कोढ़ में खाज जैसा था। इस पूरे शोषण-तंत्र को लेखक ने इन शब्दों में रेखांकित किया—

> प्राकृतिक शक्ति ने भी इसे जवाब दिया है। निरन्तर पीड़ित होने से इसमें अब उपज की शक्ति भी वैसी नहीं रही और खेतों के कर बढ़ जाने से उनके मालिकों में परिवर्तन हुआ करता है। किसान को इस परिवर्तन से धनहीन हो जाने के कारण समय पर उचित दयाशील ऋणदाता के न मिलने से कुटिल और निर्दय छोटी पूँजी वाले बनिये तथा अल्प महाजनों की शरण लेनी पड़ती है, जो उनकी हड्डी तक चूस जाने में अन्याय और पाप नहीं समझते।[101]

इस महाजनी तंत्र की विस्तार से विवेचना करते हुए लेखक इस वास्तविकता की ओर संकेत करने से से नहीं चूकता कि किसानों का अशिक्षित होना उनकी जीवन-पर्यन्त ऋणग्रस्तता का एक महत्त्वपूर्ण कारण है—

> कितने खेत बिसार न मिलने के कारण परती रह जाते हैं। यदि बिसार भी मिला तो समय पर और जितना चाहिए उतना नहीं मिलता। लाचार हो जहाँ 12वाँ 13वाँ पन्सेरी बीआ डालना चाहिए वहाँ 6वाँ पन्सेरी डाल सन्तोष कर लेते हैं। जानना चाहिए कि जिन्हें बिसार की इतनी कमी है उनके करके लेन-देन की क्या दशा होगी। एक बार ऋणी हो जाने से किसान के गले की फँसड़ी महाजन के अधीन रहती है। अनपढ़ किसान मारे भय के चूँ तक नहीं कर सकता।[102]

महाजन के शिकंजे में जकड़े किसान की दुर्दशा को लेखक इन शब्दों में उकेरता है—

> किसानों का हर तिहाई केवल थोड़े दिनों के भोजन के अतिरिक्त अन्न कर तथा महाजन के ब्याज ही के अर्थ बिक जाता है और पूर्ववत शाक तथा और मोटे अन्न जो अन्य देशों के पशुओं के दिये जाते होंगे, खाकर दिन बिताता है।[103]

प्रेमघन जी का मानना है कि भारीभरकम करों के बोझ तले दबकर तो किसान

दयनीय आर्थिक कंगाली से ग्रस्त हैं ही सिंचाई के साधनों का अभाव, पैदा किए हुए अन्न का निर्यात, अधिकाधिक लोगों का कारीगर के नाश से खेती का अवलम्बन भी उसकी दरिद्रता को बढ़ाने के प्रमुख कारण हैं—

> ग्रामों के स्वामी लोग सरकारी तहसीलदारों से बिना कर दिये नहीं छुटकारा पाते। इसी से वे अपने आसामियों से निर्दयता से, चाहे उनके खेतों में वर्षा तथा और कारणों से कुछ भी उत्पन्न न हुआ हो कर भर लेते हैं। दैवात् दो-तीन वर्ष यदि उक्त कारणों से किसान को कुछ भी न मिला तो उसे खेती त्यागना पड़ता है, अन्तिम शरण से दुर्भिक्ष के कारण मुखमोड़ चोरी और भिक्षा की ओर दौड़ता है, इसी से किसानों को वन पशुओं के समान मनुष्यों से भी तिहाई की रक्षा करने पड़ती है। निदान कर के बढ़ने से, परती ऊसर तक के उठ जाने से, इसी से पृथ्वी के तृणविहीन हो जाने से पशुओं के दुख पाने से, दरिद्रता के कारण जलाशयों के न होने से, अन्न के परदेश चले जाने से, नित्य परिवर्तन से, खेती ही की और मार्गों के रुक जाने से, सबके दौड़ने से किसान नित्य प्रतिदिन और दरिद्र होता जाता है।[104]

यहाँ लेखक ने किसानों की दारुण दशा का मर्मस्पर्शी अंकन तो किया ही है इसके साथ ही इस दरिद्रता के मूलभूत कारणों की ओर भी संकेत किया है। किन्तु लेखक का यह भी मानना है और यह मानना पूरी तरह सही है कि किसानों की बदहाली को देश के समूचे परिदृश्य से काटकर नहीं देखा जा सकता। क्योंकि चाहे किसान हों या व्यापारी अथवा शहरों में रहने वाले बेरोजगार लोग सभी की आर्थिक दुरवस्था एक-दूसरे से जुड़ी है। इसलिए प्रेमघन जी किसानों की उपर्युक्त दयनीय दशा के साथ-साथ अन्य वर्गों की आर्थिक बदहाली की सारगर्भित विवेचना करते हैं।

अधिकांश विद्वानों का मत है कि भारतवर्ष प्राचीन युग से ही धार्मिक, आध्यात्मिक एवं सांस्कृतिक रूप से ही नहीं बल्कि आर्थिक रूप से भी विकसित देश था। देश में कितना धन-वैभव था इसका अनुमान महमूद गजनवी द्वारा भारत में लूटमार कर वह धन ले जाने के सन्दर्भ में किया जा सकता है। तीस वर्ष के बीच सत्रह बार आक्रमण में केवल नगरकोट का मन्दिर लूटकर सात सौ मन स्वर्ण मुद्रा, सात सौ मन सोना-चाँदी के बर्तन चालीस मन सोना, दो हजार मन चाँदी और बीस मन जवाहरात अपने साथ ले गया था।[105] ऐसे ही बहुत से आक्रमणकारी भारत की अकूत सम्पत्ति लूट कर ले गए।

> किन्तु भारत की इतनी सम्पत्ति तो लुट जाने पर भी इसकी दशा जरा भी शोचनीय नहीं हुई। कारण यह कि उस समय भारत का धन तो लूटा गया

था, पर आजकल की भाँति उसके उद्योग-धंधे का सर्वनाश नहीं किया गया था। इसलिए भारत अपना इतना धन लुटाकर भी अपने उद्योग-धंधे की बदौलत समृद्धिशाली बना हुआ था।[106]

भारत में अविकसित तकनीक के बावजूद जो वस्तुएँ बनती थीं वे गुणवत्ता और मूल्य की दृष्टि से पूरे विश्व में अपनी धाक जमाए थीं। क्या निर्धन क्या धनवान सभी इन वस्तुओं को उपयोग में लाते थे। हम किसी भी रूप में विदेशी वस्तुओं पर अवलम्बित न थे। प्रेमघन ने भारतीय व्यापार के अंग्रेजी शासन से पूर्व की स्थिति और तत्कालीन अंग्रेजी शासन में उसकी दुर्दशा का इन शब्दों में अंकन किया है—

> व्यापार की दशा जैसी कुछ इस देश में आगे थी उसके समक्ष में आधुनिक व्यापार को किसी अंश में कोई ममताओं को पहिनते, बर्तते और काम में लाते थे एवं अन्य देशी वस्तुओं के अनुस्थिति से इन्हीं को स्थान मिलता था और धनाढ्यों के घर में जितनी सामग्री सजावट के अर्थ काम में लाई जाती थी देशी रही रहती थी। परन्तु परदेशी जहाजों के आगमन से यंत्र निर्माणित, अल्प व्यय के कारण सर्वजन सुलभ वस्तुओं के सामने यहाँ की बनी पुराने चाल की भूखे ग्राहकों को कैसे रुचिकर हो सकती थीं। निदान सांसारिक विषय में कुशल चघड़ चतुर विलायतियों की सस्ती स्वच्छ वस्तुओं के हिन्दुस्तानी पण्यों में प्रवेश पाने से और फ्रीट्रेड की आशा इस देश के शासकों के देने से धीरे-धीरे देशी व्यवसाय निष्फल हो चले और व्यापार के क्षेत्र में पराजित होने से पूँजी तक गँवा इतर दोनों मार्गों में इस कक्षा के मनुष्यों ने प्रवेश करना आरम्भ किया और जो कुछ शेष बच गया है वह भी कुछ दिनों में नष्टप्राय: हुआ चाहता है।[107]

इसमें कोई सन्देह नहीं कि सरकारी तंत्र के दबावों से भारतीय व्यवसायी विनाश की कगार पर थे किन्तु इसके लिए केवल सरकार जिम्मेदार नहीं थी बल्कि व्यवसायी वर्ग भी इसके लिए एक हद तक स्वयं भी उत्तरदायी था। व्यवसायी वर्ग का एक बड़ा दोष यह है कि उनमें पारस्परिक एकता का अभाव है। अंग्रेजी व्यवसायी शेयरों से पूँजी एकत्रित करके बड़ी से बड़ी कम्पनी खड़ी कर लेते हैं और अपनी व्यावसायिक एकता के बल पर ही उन्होंने भारतीय बाजार पर एकाधिकार कर लिया है किन्तु—

> हमारे देश के लोग क्यों एक साथ मिलकर कार्य नहीं कर सकते? क्यों इन्हें एक-दूसरे पर भरोसा नहीं रहता? इसका कारण हम केवल दुर्भाग्य दुर्बुद्धि और प्रमाद समझेंगे। इसमें सन्देह नहीं किया यदि दृढ़ता के साथ ऐसे कार्य किए जाएँ और स्वच्छ व्यवहार के साथ उचित मनुष्य नियुक्त किये जाएँ जो ऐसे कार्यों को कर सकते हों और हर प्रकार से इसके

उत्तरदायी हों और साझियों को निश्चय करा दिया जाए कि उनका धन रक्षित रहेगा और उचित कार्य में लगाया जाएगा, इससे हानि-लाभ के वे भाग्यानुसार भागी होंगे, तो ऐसे कार्य असाध्य नहीं हो सकते, परन्तु वहाँ के वासियों के स्वभाव में तो अकेले बर्ताव करना, रातदिन अपनी क्षुद्ररक्षा में पड़े रहना अच्छा लगता है।[108]

इससे आगे पढ़कर वे उचित शिक्षा और प्रशिक्षण से उदासीनता; अहंकारी मनोवृत्ति और भोग विलास में सन्तुष्ट रहने की मानसिकता के लिए व्यवसायी वर्ग की भर्त्सना करने से नहीं चूकते।

प्रेमघनजी भारतीयों की दरिद्रता का आधारभूत कारण विदेशी वस्तुओं के प्रति भारतीयों के आकर्षण को मानते हैं अपनी साधारण सी आवश्यकताओं के लिए विदेशी वस्तुओं का अवलम्बन उन्हें बार-बार क्षुब्ध करता है।

भारतवर्ष में 25 करोड़ वासियों में कोई भी ऐसा न होगा जो विलायती कपड़े न पहनता हो और दूसरी आवश्यक सामग्रियों को इन्हीं विलायतियों के घर की बनी न लेता हो। जब आवश्यक शारीरिक वस्त्र को हमें परदेशियों से लेना पड़ता है, तब धन का रहना कैसे सम्भव है? निदान व्यापार का नाश हो जाना ही देश की दरिद्रता का मुख्य कारण है।[109]

लेखक जब भारत के स्वर्णिम अतीत की तुलना अपने समय के परिवेश से करता है तो उसका मन क्षुब्धता और व्यथा से भर जाता है। वह अपने परिवेश से अतीत की तुलना करने पर पाता है कि सरकार द्वारा किए गए औद्योगिकीकरण से मशीनों और उनके उत्पादनों के विस्तार से किस प्रकार पूरा वातावरण प्रदूषण से व्याप्त हो गया है—

××× जहाँ का आकाश सदैव सामगान और संगीत की तान से भरा रहता, यज्ञधूप से सुगंधित और सुहावना दीखता था, वह इंजनों की सीटी और उनकी धकाधक ध्वनि से पूरित यूरोपीय आकाश का भ्रम उत्पन्न कराने लगा है। सामान्य वायु के अभाव में जहाँ पैसे धेले के पंखे से वायु का कार्य चलता था, वहाँ अब बिजली के पंखे वायु प्रदान कर रहे हैं। अलकतरा, फिनाइल, आइडोफार्म आदि भाँति-भाँति की नई दुर्गंधियों से दुर्गंधित स्वाभाविक वायु का प्रवाह बहने लगा है। जहाँ केवल कंडे और लकड़ी की अग्नि थी, तहाँ पत्थर के कोयले की भट्ठियाँ, कैरोसिन और बिजली के चूल्हे और चिराग जलते हैं। विलायती मिट्टी, पत्थर, ईंट और लोहे घरों के उपादन और पत्रों के रूप में यहाँ की पृथ्वी को भी तोपते जाते हैं। सामान्य कूपों को पाटते यद्यपि अनेक प्रकार की अशुद्धि

को फैलाते, नदियों के स्वाभाविक सुस्वाद जलों को विकृत करके, नल के से जल का प्रवाह और ही गति से बह चला है, तो भी भाँति-भाँति के विलायती पानी, औषधारिष्ट से अब यहाँ के पानी का भी पानी उतर गया है। तब सामान्य भारत जात वस्तुओं की परिवर्तनावस्था की कौन कथा कही जाए?[110]

वस्तुत: जिन वस्तुओं का उल्लेख उपर्युक्त उद्धरण में किया गया है उनसे फैलते प्रदूषण को लेकर लेखक की जो चिन्ता है वह इक्कीसवीं सदी के इस दौर के लिए भी पूरी तरह प्रासंगिक है। इस ग्लोबल युग में जिस प्रकार निर्लज्जता और निर्ममता से प्राकृतिक संसाधनों का दोहन किया जा रहा है और जिस प्रकार से यह दोहन 'ग्लोबल वार्मिंग' का कारण बन गया है उसको एक शती और एक दशक से भी अधिक वर्षों से पहले (यह निबन्ध सन् 1906 में लिखा गया था) हिन्दी नवजागरण के आर्थिक चिन्तक देख और उसकी विडम्बनाओं को महसूस कर रहे थे।

ऐसा नहीं है कि परम्परागत देशी कारीगरी से बनी वस्तुओं की गुणवत्ता में कोई कमी आई हो। किन्तु विदेशी वस्तुओं के मोहपाश में जकड़े इस देश के लोग तब देशी वस्तुओं की उपेक्षा में लगे थे।

××× यद्यपि जयपुर में अति सुन्दर सुहावने चित्र बनते और मिलते हैं, परन्तु हमें तो केवल विलायती ही भाते। सहारनपुर, बरेली, मुरादाबाद, गोरखपुर आदि स्थानों में लकड़ी के बने अनेक उत्तम पदार्थ लभ्य होते, परन्तु हमें विलायती ही जँचते। आगरा, गया आदि में पत्थर; लखनऊ, चुनार और निजामाबाद आदि में मिट्टी, ढाका, टाँडा, काशी आदि में सूत और रेशम; काश्मीर और अमृतसर आदि में ऊनी वस्त्र बढ़िया और बहुमूल्य लभ्य होते; दिल्ली और काशी में तारकशी, गोटे पट्टे और बेलबूटे तथा रुई की कारीगरी अद्यावधि बहुत कुछ होती, किन्तु उनको कौन पूछता है? मुरादाबाद, सलेमपटी, अयोध्या, कर्नाल आदि के बर्तन, फर्रुखाबाद और लखनऊ की छींट और छपे कपड़े; ग्वालियर और जयपुर में रंग के काम बहुत अच्छे होते हैं, परन्तु अब उन्हें कौन लेता है?[111]

हम यह भूल गए हैं कि भारत की कारीगरी की एक समय विदेश में जितनी माँग थी उससे अंग्रेजी शासन की छाती पर भी साँप लोटता था। किन्तु इन वस्तुओं की कद्र न की। हमारा सोचने का तरीका बदल गया। हम पूरी तरह कि विदेशी रंग में रंग गए।

अवश्य ही सोलह आना भारत तो तभी तक था, जब तक विशुद्ध भारत भारतवर्ष कहलाता था। जब से इसका नाम हिन्दोस्तान पड़ा, चार आना

> घटकर बारह आना शेष रहा था। किन्तु जबसे कि इंडिया कहलाया, इसने अपना सब कुछ गँवाया और कदाचित अब उसे आना, आध आना कह देने में भी कुछ विशेष संकोच नहीं होता, क्योंकि अब भारत नें कुछ भी भारतीयता का अवशेष नहीं लखाता। शिक्षा-दीक्षा विदेशी, विद्या-बुद्धि विदेशी, मति-गति विदेशी, रीति-नीति और प्रीति विदेशी, चाल-ढाल और मालताल भी विदेशी, खान-पान विदेशी, व्यायाम-विश्राम और नाम तथा काम सब विदेशी ही विदेशी की भारमार है। जिधर दृष्टि दीजिए सर्वत्र बस विदेशीय ही सामग्री का प्रचार है।[112]

यह उद्धरण भारतेन्दु युग की राष्ट्र भावना का एक ऐसा प्रामाणिक और सार्थक दस्तावेज है जो आज के ग्लोबल दौर में भी हमें अपनी वर्तमान दशा पर सोचने के लिए बाध्य करता है। आज भी भारत को भारत के रूप में नहीं जाना जाता हमारे देश के कर्णधारों की कृपा से वह 'इंडिया' हो गया है। हम अपनी सांस्कृतिक परम्पराओं और आर्थिक वैभव को पूरी तरह भूल गए हैं। यहाँ कहने को शासन हमारा है, हमारे प्रतिनिधि शासन करते दिखाई देते हैं किन्तु हमारी राजनीति और अर्थव्यवस्था के सूत्र अमेरिका के हाथों में हैं। विडम्बना यह है कि स्वदेशी का नारा देकर स्वतंत्रता के बाद जो उद्योग स्थापित हुए हैं वे भी विदेशी उत्पादनों को आदर्श मानकर अपनी आर्थिक और व्यावसायिक नीतियाँ निर्धारित करते हैं। किन्तु भारतेन्दु युग के उस दौर में जब हम ब्रिटिश शासन के अधीन थे उस समय हिन्दी नवजागरण के आर्थिक चिन्तकों के समक्ष प्राथमिक और तात्कालिक समस्या यह थी कि औपनिवेशिक शक्तियों द्वारा शोषित दरिद्र भारतवासी कैसे अपने 'स्वत्व' को पा सकें। इसीलिए विदेशी शासन और विदेशी वस्तुओं के प्रति घृणा इन आर्थिक चिन्तकों की नैतिक आवश्यकता थी। विदेशी वस्तुओं ने हमारी समूची जीवन पद्धति को जिस प्रकार आक्रांत कर लिया है, उसे रेखांकित करते हुए प्रेमघन जी ने लिखा—

> हम अति कष्ट से भूमि जोतते, अन्न बोते, सींचते, काटते और दाँओसा और स्वच्छ कर राशि मात्र लगाते, परन्तु उसको खाते हैं दूसरे द्वीप के लोग। हम उसे बेचकर क्या पाते हैं? सीप के बटन वा सींघ की कंधी, कागज के चित्र और मिट्टी के खिलौने। हम सौ-सौ दुख झेल कर कपास बोते, परन्तु रुई निकालकर विदेश भेज देते हैं और उसके बदले में विदेशी बने कपड़े मोल लेते। उसके सीने को सूई का यंत्र तथा बटे सूत भी वहीं से लेकर सीते, वहीं के सिद्ध रंग से उसे रँगते और वहीं के बने बटन लगाकर पहिनते; उसे तथा मुँह धोने के लिए साबुन भी वहीं से लेते; लिखने के कागज, कलम और रोशनाई वहीं से मँगाई जाती, पढ़ने की किताबें भी वहीं से आतीं। यदि यहाँ छपतीं तो सब सामान वहीं से

> आता। यदि लोटे, थाली और लोहे की सन्दूकें हम यहाँ बनाते, तो तांबे, पीतल और लोहे की चद्दरें कहीं की लेकर![113]

ऐसा भी नहीं है कि हमारे द्वारा भेजे गए कच्चे माल की तुलना में ये वस्तुएँ हमें सस्ते दामों पर मिल जाती हों। प्रेमघनजी कच्चे माल के मूल्य और उससे बनने वाली विदेशी वस्तुओं के मूल्य की तुलना करते हुए बताते हैं कि किस प्रकार हम अपने ही कच्चे माल से बनी चीजों को कई गुना कीमत पर खरीदकर सन्तुष्ट हैं।

> ××× बहुतेरा कोरा माल प्रायः यहाँ से एक रुपए मूल्य पर वहाँ जाता, तो घूमकर पच्चीस-पचास का होकर यहाँ आता! हम जिसे एक रुपये पर बेचते तो फिर उसी को पचास रुपए पर मोल लेते हैं। चार पुए का बैल का चमड़ा यहाँ से जाता तो वहाँ से पचास रुपए के जूते और सैकड़ों के बैग बनकर आते। यहाँ से दस रुपए की रुई जाती तो पाँस सौ की अधी बनकर आती। सारांश हमारे सुख की सभी सामग्री विदेशी ही सिद्ध और सुसम्पन्न करते और हम लोग आनन्द से हाथ पर हाथ घरे बैठे ऊँघते।[114]

उस दौर में विदेशी वस्तुओं की गुलामी से हमारा 'स्वत्व' तो आहत होता ही था हमारी आर्थिक दशा भी दिनोदिन दयनीय होती जाती थी। उस समय का धनाढ्य वर्ग पहले तो अपना धन विदेशी वस्तुओं के उपयोग में खर्च कर विलासितापूर्ण जीवन जीता रहा किन्तु बाद में जो उनकी दुर्दशा हुई उसका अंकन प्रेमघनजी ने इन शब्दों में किया—

> जब तक खाने को मिल जाता था, चैन उड़ाते और अंगड़ाइयाँ लेते रहे। रुपया जब तक सामने खनकता रहा, एक-सा नम्बर वन का नशा जमा रहा। जब उसकी खनखनाहट सात समुद्र पार जा बसी, नशा उतर गया। मुफ़लिसी की ख़ुमारी आ सिर पर चढ़ बैठी। अब जो किसी भाँति होश ठिकाने आया, तो देखते हैं कि चारो ओर दाने-दाने के लाले पड़ गए हैं। लोग ताशा-सा पेट बजाते भूख-भूख चिल्ला रहे हैं। अपनी अंतड़ियाँ भी जब मरोड़ खाने लगीं, तो सोचने लगे कि बस, अब कुछ कार्य करना चाहिए। परन्तु क्या करें कि कहीं से कोई आशय नहीं सूझता। ××× यदि कोई और उद्यम किया चाहते, तो प्रथम तो कोई उद्यम लखाई ही नहीं पड़ता, जो अपने पुरुखे करते थे यदि उसे हठात् हम करना भी चाहें तो कर नहीं सकते; क्योंकि अभ्यास छूट गया है।[115]

तब इस देश की दरिद्रता कैसे दूर हो? हिन्दी नवजागरण के आर्थिक चिन्तन में लेखकों ने केवल आर्थिक दुरवस्था का रेखांकन ही नहीं किया बल्कि उसके समाधान पर भी गम्भीरता से मनन किया है। यह भी उल्लेखनीय है कि हिन्दी नवजागरण के

अधिकांश आर्थिक विषयों पर चिन्तन करने वाले लेखकों ने स्वदेशी को अपनाने को ही इन समस्याओं का मूलभूत समाधान स्वीकार किया है। दरअसल जब ये लेखक भारत की निर्धनता पर विचार करते थे तो सबसे पहले भारतवासियों के 'स्वत्व' को जाग्रत करने का प्रश्न आता था। आखिर भारत अपने 'स्वत्व' को कैसे प्राप्त करे? उस समय ताक़त के बल पर स्वत्व को हासिल करना इन लेखकों को सम्भव नहीं दीखता था। तब यह सोचा गया कि अंग्रेजी शासन को आर्थिक रूप से दुर्बल कर राजनीतिक स्वतंत्रता का पथ प्रशस्त किया जाए। इसके लिए भारतेन्दु युग के आरम्भ से ही स्वदेशी अपनाने पर बल दिया गया। प्रेमघनजी ने भी भारतीयों के विदेशी वस्तुओं के प्रति बढ़ते आकर्षण की भर्त्सना करते हुए स्वदेशी को अपनाने का आग्रह किया। उन्होंने भारतीयों से स्वदेशी को अपनाने का आग्रह करते हुए लिखा—

> ××× जो स्वदेशी पदार्थ देश में लभ्य होते हैं, कदापि विदेशी न लिए जायँ। स्वदेशी पदार्थ चाहे विदेशी से किंचित भद्दा और घटिया मूल्य में महँगा क्यों न मिलता हो, तथापि अचल आग्रह रखना उचित है।[116]

किन्तु यह अचल आग्रह तब तक सम्भव नहीं है जब तक हमारे भीतर राष्ट्र प्रेम की भावना न हो—

> जब तक हममें स्वदेशानुराग न हो, अपने देश की वस्तुओं से सच्ची प्रीति न हो, अपने देश द्धार की चिन्ता न हो, स्वदेशी वस्तुओं का प्रचार कैसे सम्भव है?[117]

लेखक को यह आभास है कि स्वदेशी को अपनाना सहज नहीं। पहली बात तो यह कि मशीनों से जिन वस्तुओं का उत्पादन होता है—वे वस्तुएँ थोड़ी मेहनत और कम लागत पर हमें मिल जाती हैं। तब हमारे स्वयं के उत्पादन कैसे क्रय किए जाएँगे? किन्तु इस समस्या से उबरने का एक ही उपाय है—सारे किन्तु—परन्तु के बावजूद स्वदेशी अपनाने का दृढ़ निश्चय किन्तु—

> केवल विदेशी वस्तु वर्जन या बहिष्कार की प्रतिज्ञा और प्रलाप करने ही में क्या फल हो सकता है क्योंकि हमारी आवश्यकताएँ बहुत बढ़ गई हैं, उनकी पूर्ति अवश्य ही करनी होगी। जब तक देश में उनका अभाव है विदेशी वस्तु वर्जन एक प्रकार परम असम्भव है।[118]

निश्चय ही यह स्थिति निराशाजनक है किन्तु ऐसा नहीं कि इस स्थिति से निपटा न जा सके। सबसे पहले हमें आत्मसंयम से अपनी बढ़ती हुई आवश्यकताओं पर अंकुश लगाना होगा। देश के विशिष्ट और साधारणजनों को अपने स्वदेशानुराग का परिचय देते हुए स्वदेशी के स्वीकार और विदेशी के बहिष्कार के लिए रचनात्मक

प्रयास करने चाहिए।[119] ऐसा नहीं है कि प्रेमघनजी स्वदेशी के सम्बन्ध में सैद्धान्तिक और उपदेशात्मक बातें करते हैं। वे देख रहे हैं कि स्वदेशी के व्यापक प्रचार-प्रसार से भारतीय उद्योगपतियों ने अपनी मिलें खोलनी प्रारम्भ कर दी हैं—

> बम्बई और कलकत्ते में बहुत सा देशी कार्य आरम्भ हो गया है। बहुत सी मिलें खड़ी हो गई हैं। एक स्थान और है जहाँ यदि कार्य आरम्भ किया जाए और इस बात की चेष्टा की जाए कि हम अपने देश को और अपने ही देश के बने कपड़े घाटा सह कर भी पहिनाएँगे, जिसका करना हमारे देश के प्रधान धनाढ्यों और राजाओं को कुछ भी दुस्तर नहीं है; तो बहुत सुगमता से हो सकता है। हमारा प्रयोजन कराँची बन्दर से है, यदि इस स्थान पर कपड़े की उतनी मिलें खड़ी की जाएँ जिससे भारतवर्ष के समग्रवासियों के अर्थ हर प्रकार के ओढ़ने-पहनने और बिछाने के कपड़े तैयार किये जा सकें, जिससे इन्हें बाहरी कपड़ों को लेने की आवश्यकता यहाँ न मिलने के कारण न हो, और हर नगर में इन मिलों के अढ़तिये नियुक्त हो जाएँ, तो क्या मैनचेस्टर कभी भी हमारी बराबरी कर सकेगा?[120]

किन्तु ऐसा करने के लिए केवल आम जनता का सहयोग ही पर्याप्त नहीं है। क्योंकि बिना पर्याप्त पूँजी लगाए भारत में बड़े उद्योगों की स्थापना सम्भव नहीं है। किन्तु लेखक इस वास्तविकता से भलीभाँति अवगत है कि इस देश के धनाढ्य वर्ग और सामन्त भोग और विलास में पूरी तरह डूबे हैं। देश की दरिद्रता को लेकर उनके मन में कोई संवेदनशीलता नहीं। लेखक सामन्त वर्ग की ऐयाशी से चिन्तित ही नहीं क्षुब्ध भी है। उसका मानना है—

> रामराजा की भाँति सुवर्ण का तुलादान देने और करोड़ों रुपया दे कुछ ब्राह्मणों को अपाच्य करने से देश की दशा सुधर नहीं सकती और जो यूरोपीय ढंग बदलने में केवल उनके अवगुणों को खींचते; बाल कटाते; पोलो खेलते, पार्टी देते, घुड़दौड़ दौड़ाते, न केवल अपना उपहास कराते वरन् अपने उचित कर्तव्यों के पूर्ण अयोग्य बनते। जिनकी रक्षा और सुधार का भार भगवान ने उनके हाथों सौंपा है उनकी दुर्गत देखते नहीं लजाते। ××× देश का उद्धार करना उनका परम कर्तव्य है इसकी सामर्थ्य भी भगवान ने उन्हें दी है।[121]

ऐसा नहीं है कि केवल हमारे देश के सामन्त ही पैसे वाले हैं—

> हमारे देश के धनी विलायती अमीरों की कभी भी धन में समता नहीं कर सकते। ऐसे-ऐसे धनी विलायत में हैं जो इन सब राज्यों को मोल ले सकते

हैं; परन्तु यदि वे ऐसे ही देश के तथा अपने कार्यों में निस्पृह होते तो उनके देश की ऐसी दशा न होती। उन्हें धगाड़ हाथ-पैर ढील आलस्य की निद्रा में सोना, सूद खाना नहीं भाता। थोड़ी आय के हो जाने से ठिकाना लगने और कुछ अधीनों पर अधिकार पाने से सुख में निमग्न हो राग-रंग में लीन हो देश से नाता तोड़, घर बैठे उन्हें जँभाना नहीं अच्छा लगता।[122]

सम्पूर्ण देश प्रेम और विदेशी शासन से घृणा करने के बावजूद अंग्रेज उद्योगपतियों, व्यावसायियों की लगन, प्रबन्ध कौशल और कठोर परिश्रम आदि गुणों की लेखक मुक्तकंठ से प्रशंसा करता है और यहाँ के सामन्तवर्ग का आह्वान करता है—

××× इस देश के राजा लोग एक बार इस बात पर तत्पर हो जाएँ कि वे अपनी प्रजा को विलायती कपड़ा पहिनने से रोकेंगे तो क्या गवर्नमेंट उनका कुछ भी कर सकती है? ××× सब राजा मिलकर यदि कटिबद्ध हों 80-85 करोड़ रुपया कपड़े के निमित्त लगा दें तो देश की दशा कुछ दिनों में और की और हो जाय। कराँची पूर्वी मेन्चेस्टर और लंका शायर बन जाए। राजाओं को लाभ हो देश दरिद्रता से छूटे।[123]

वस्तुतः प्रेमघनजी स्वदेशी को जनान्दोलन बनाने के लिए केवल जनसाधारण का ही आह्वान नहीं करते बल्कि धनिकों, सामन्तों को उनकी विलासिता, अकर्मण्यता और आलस्य के लिए फटकारते हुए उन्हें भी इस आन्दोलन से जोड़ने का प्रयास करते हैं। 'स्वदेशी' उनके लिए राष्ट्रीय प्रश्न है जिसमें वे जन-जन के सहयोग की अपेक्षा कर सकते हैं।

भारतीयों, विशेषकर युवावर्ग की बेरोजगारी तब भी देश की एक भयावह समस्या थी और आज भी भयावह समस्या है। अन्तर यह है कि अब नियुक्तियों में धन के लेन-देन और भाई-भतीजावाद का बोलबाला है। तब नौकरी में अपने देश के युवकों को नौकरी देना अंग्रेजी सरकार की प्राथमिकता थी।

जब इस देश में परदेशी नहीं थे और राज्य का भार देशियों पर था, तब इसी देश के लोग नौकरी पाते थे। अब विदेशी राजा के होने से नौकरियाँ विलायतियों को विशेषकर दी जाती हैं और देश के लोगों को परिश्रम कर उनके विद्याओं के पढ़ने पर भी नौकरी नहीं मिलती।[124]

एक समय था जब नौकरी-पेशा जातियों के अतिरिक्त नौकरी करने को हेय दृष्टि से देखा जाता था। किन्तु हिन्दी नवजागरण के उस प्रारम्भिक दौर में भी कंगाली झेल रहे वे भारतवासी जो बेरोजगार थे। कैसी भी, कोई भी नौकरी पाने के लिए पूरी ताकत से जद्दोजहद कर रहे थे। किन्तु गवर्नमेंट भारतीयों पर विश्वास नहीं करती और अपने देश के लोगों को (इंग्लैंड के लोगों को) नौकरी देने में कोई कोताही नहीं बरतती।

यदि ये विदेशी यहाँ नौकरी कर यहीं रह जाते और अपने धन को इसी देश में रखते तो थोड़ा-बहुत उपकार इस देश का उनसे होता, पर वे तो नौकरी कर कड़ाकुल पक्षियों की भाँति ऋतु परिवर्तन होते ही पिन्शिन ले उड़कर अपने देश को चले जाते हैं।[125]

भारत का धन विदेश जाने में इन नौकरशाहों की भूमिका कम महत्त्वपूर्ण नहीं। इससे हमारे देश की दरिद्रता और बढ़ती जाती है।

निष्कर्ष रूप में कहा जा सकता है कि भारतेन्दु युग के अन्य आर्थिक चिन्तकों की भाँति प्रेमघन भी भारतीय किसानों, व्यापारियों, दस्तकारों की निर्धनता और बेबसी से न केवल पूरी तरह अवगत हैं बल्कि विदेशी वस्तुओं के आकर्षण में लिप्त रईसों, सामन्तों की स्वार्थपरता, विलासिता और अकर्मण्यता से भी क्षुब्ध और व्यथित हैं। भारतवासियों की निर्धनता से मुक्ति के लिए वे स्वदेशी को एक कारगर हथियार की तरह इस्तेमाल करते हुए रईसों और सामन्तों को जागरूक करने का प्रयास करते हैं। जनसाधारण से उनकी सहभागिता के लिए उनका आह्वान करते हैं। इस दृष्टि से प्रेमघनजी का आर्थिक चिन्तन उनके अपने युग के लिए तो महत्त्वपूर्ण है ही, हमारे अपने युग की बहुत सी समस्याओं के लिए भी प्रासंगिक है।

प्रताप नारायण मिश्र

भारतेन्दु युग के बहुत से साहित्यकार ऐसे हैं जिन्होंने आर्थिक-चिन्तन की दृष्टि से अधिक नहीं लिखा किन्तु देश की आर्थिक दुरवस्था से वे न केवल परिचित थे बल्कि उससे दुखी और व्यथित भी थे। उनमें प्रताप नारायण मिश्र का नाम विशेष रूप से उल्लेखनीय है।

प्रताप नारायण मिश्र ने यद्यपि आर्थिक विषयों पर अधिक नहीं लिखा है किन्तु इसमें कोई सन्देह नहीं कि अपने समय की ज्वलंत आर्थिक समस्याओं पर उन्होंने बराबर अपनी दृष्टि बनाए रखी है। वे मन, वचन और कर्म से प्रखर राष्ट्रवादी थे। वे देख रहे थे कि किस प्रकार विदेशी सरकार निर्लज्जतापूर्वक भारत के आर्थिक शोषण में लगी थी। यह देश जो एक समय अपनी कारीगरी और शिल्प-विद्या के कारण पूरे विश्व में धाक जमा रहा था, जिसके उत्पादों ने विदेशी बाजारों पर पूरी तरह आधिपत्य कर लिया था, अंग्रेज सरकार ने अपनी स्वार्थपरता और व्यापार में पिछड़जाने की आशंका से भारतीय कारीगरी और शिल्प-विद्या की जड़ों पर प्रहार किया। सन् 1813 तक हिन्दुस्तान का सूती और रेशमी शॉल इंग्लैंड के बने माल की तुलना में 50 से 60 प्रति सैकड़ा कम दाम पर बेचा जा सकता था। इसलिए अंग्रेज सरकार ने अपने व्यापार की रक्षा के लिए भारतीय माल को रोकने के लिए 70 से

80 प्रति सैकड़ा भारत के माल पर कर लगा दिया। यदि अंग्रेज सरकार ऐसा न करती तो पेस्ली और मैनचेस्टर के कारखाने शुरुआती दौर में ही बन्द हो गए होते। भारत की कारीगरी को नष्ट करके ही भाप की शक्ति से संचालित कारखाने खोले गए।[126] नवजागरण के अन्य आर्थिक चिन्तकों की भाँति मिश्र जी के साम्ने ब्रिटिश सरकार की वास्तविकता पूरी तरह से स्पष्ट थी। भारतेन्दु की भाँति वे भी देख और महसूस कर रहे थे कि किस प्रकार सरकार भारतीय माल पर अधिक से अधिक कर लगा कर; यहाँ की कारीगरी और शिल्प-विद्या को विनष्ट कर हमारे धन को अपने देश में खींचे ले रही थी। उन्होंने इस पर अपनी टिप्पणी की—

> हम अपने मुख्य निर्वाह की वस्तु के लिए भी परदेशियों का मुँह देखा करें ×××[127]

वे भारतीयों का आह्वान करते हैं कि "जब हमको एक वस्तु चिरस्थायिनी और अल्पमूल्य पर मिलती है तो बाहर से हम वह वस्तु क्यों लें।"[128] यह निबन्ध 1886 में लिखा गया था। तब स्वदेशी आन्दोलन का दूर-दूर तक पता न था किन्तु हिन्दी नवजागरण के आर्थिक चिन्तकों के अन्तर्मानस में राष्ट्रप्रेम का जो आलोक प्रदीप्त हो रहा था उसकी गति और दिशा राष्ट्र के आर्थिक स्वावलम्बन की ओर ही उन्मुख हो सकती थी। सच तो यह है कि स्वदेशी की भावना एक समृद्ध परम्परा से निरन्तर पोषण प्राप्त करती रही है। पं. प्रताप नारायण मिश्र स्वदेशी (आन्दोलन नहीं) की परम्परा की महत्त्वपूर्ण कड़ी हैं। मिश्र जी ने कहीं भी स्वदेशी को सैद्धान्तिक चर्चा नहीं की है, बल्कि उन्होंने उसे व्यवहार मे लाने के लिए रचनात्मक सुझाव दिए हैं। विदेशी वस्त्रों से देशी वस्त्रों की तुलना करते हुए स्वदेशी वस्त्रों की उपयोगिता पर बल देते हुए वे लिखते हैं—

> विलायती कपड़ा नैनसुख मलमल इत्यादि तीन आने से पाँच आने गज मिलता है। उसके दो अंगरखे साल भर बड़ी मुश्किल से चलते हैं, पर उसके मुकाबिले देशी कपड़ा (मुरादाबादी चारखाना, कासगंजी गाढ़ा इत्यादि) तीन आने गज का। कपड़ा यद्यपि अरज कम होने के कारण कुछ अधिक लगता है, पर उसके दो अंगरखे तीन वर्ष हिलाये नहीं हिलते।××× शौकीन लोग यह भी ख्याल न करें कि देशी कपड़े में नफ़ासत नहीं होती, नहीं ढाके की मलमल, भागलपुरी टसर और मुर्शिदाबादा की गर्द अब अंगरेजी कपड़े को अपने आगे तुच्छ समझती है।[129]

यहाँ लेखक ने देशी और विदेशी कपड़ों की तुलना करके प्रामाणिक रूप से देशी कपड़ों को मजबूती और सुन्दरता दोनों दृष्टियों से श्रेष्ठ सिद्ध किया है। किन्तु वे केवल देशी वस्त्रों को श्रेष्ठ सिद्ध करके ही विराम नहीं लेते बल्कि अत्यन्त मर्मस्पर्शी

शब्दों में आग्रहपूर्वक जनसाधारण से देशी वस्त्रों को अपनाने का आग्रह करते हैं—

> आखिर कपड़ा पहिनोगे ही, एक बार हमारे कहने से एक-एक जोड़ा देशी कपड़ा बनवा डालो। यदि कुछ सुभीता दीख पड़े तो मानना, दाम कुछ दूने न लगेंगे, चलेगा तिगुने से अधिक समय। देशी लक्ष्मी और देशी शिल्प के उद्धार का फल सेंतमेंत। यदि अब भी न चेतो तो। तुमसे ज्यादा भकुआ कौन? नहीं? हम सबसे अधिक, जो ऐसों को हितोपदेश करने में व्यर्थ जीवन खोते हैं।[130]

यहाँ यह बात ध्यान देने की है कि लेखक पहले तो अपने पाठकों को प्रीतिपरक आग्रह से देशी वस्त्रों को व्यवहार में लाने के लिए समझाता है फिर न समझने की दशा में उनको 'भकुआ' कहने से नहीं चूकता और फिर अन्ततः कही हुई बात का असर दिखाई न पड़ने पर स्वयं को सबसे बड़ा 'भकुआ' मानकर अपने विचारों को विराम देने के लिए विवश हो जाता है। इससे स्पष्ट है कि नवजागरण के आर्थिक चिन्तकों के अत्यधिक आग्रह के बावजूद लोग देशी कपड़ों की उपेक्षा कर विदेशी कपड़े पहनना पसन्द करते थे। इन परिस्थितियों को लेकर स्वदेशी के लिए जनजागरण कितना कठिन था, इसकी कल्पना की जा सकती है।

अस्तु, हिन्दी नवजागरण के आर्थिक चिन्तन में मिश्र जी का प्रदेय भले ही अपेक्षाकृत संक्षिप्त रहा हो किन्तु वह भारतेन्दु की 'स्वत्व निज भारत गहै' अवधारणा को अत्यन्त प्रभावशाली ढंग से आगे बढ़ाता है।

बालकृष्ण भट्ट

बालकृष्ण भट्ट का आर्थिक चिन्तन न केवल राजनीतिक चेतना से ओतप्रोत था, बल्कि वह शासन की मुखर आलोचना में कोई संकोच न करता था। भट्ट जी कालक्रम की दृष्टि से भले ही भारतेन्दु युग के साथ चल रहे थे किन्तु विचारधारा की दृष्टि से वे अपने आर्थिक चिन्तन को लेकर पूरी निर्भीकता के साथ सरकार के विपक्ष में खड़े थे। उनके आर्थिक चिन्तन और उससे गुंथी राजनीतिक विचारधारा ने पुरुषोत्तम दास टंडन, मदनमोहन शुक्ल, मधु मंगल मिश्र, माधव प्रसाद शुक्ल, राधा मोहन गोकुल, रासबिहारी शुक्ल, हरिमंगल मिश्र, हरदेव प्रसाद, पं. सुन्दरलाल को प्रेरित और उद्वेलित किया। लाला लाजपतराय और सरदार जीतसिंह का मांडले जेल में कैद होना; सूरत अधिवेशन में कांग्रेस का विभाजन, तिलक पर मुकदमा; खुदीराम बोस को फांसी—इन घटनाओं पर उन्होंने निर्भीकतापूर्वक अंग्रेज सरकार को आड़े हाथों लिया। वे जब देश की आर्थिक दुरवस्था पर दृष्टिपात करते हैं तो उनका उद्देश्य केवल इस दुरवस्था का अंकन नहीं होता बल्कि इसकी जिम्मेदार

अंग्रेज सरकार की कठोर आलोचना और इस दुरवस्था के निदान के लिए रचनात्मक और कारगार सुझाव प्रस्तुत करना भी होता था। भारतेन्दु के सामने पूर्ण स्वतंत्रता का ध्येय पूरी तरह स्पष्ट न था। 'स्वत्व निज भारत गहे' की आकांक्षा अवश्य थी किन्तु ब्रिटिश शासन से भारत की पूर्ण मुक्ति की दिशा अभी भविष्य के धुँधलके में थी। भट्ट जी आर्थिक, सामाजिक, सांस्कृतिक और राजनीतिक सभी दृष्टियों से भारत की पूर्ण मुक्ति के पक्षधर थे। 'हिन्दी प्रदीप' में राजनीतिक मुक्ति का स्वर पूरी तरह स्पष्ट और मुखर है। बालकृष्ण भट्ट रचनावली के सम्पादक समीर कुमार पाठक ने उनके आर्थिक चिन्तन पर अत्यन्त सटीक टिप्पणी करते हुए लिखा है—

> ××× अंग्रेजी राज के स्थापित होने का अर्थ आधुनिक भारत का निर्माण नहीं बल्कि भारत की धन-सम्पत्ति लूटना था। भारतीय जनता पर टैक्सों की मार तथा भारतीय व्यापार पर प्रतिबन्ध के बाद देश पर लगातार कर्ज बढ़ा, बेरोजगारी बढ़ी, नई जमींदारी व्यवस्था के हाथों किसान तबाह हुए—इन सभी मुद्दों पर बालकृष्ण भट्ट का विश्लेषण, उनके चिन्तन के निहितार्थ उन्हें वर्तमान दौर में प्रासंगिक बनाते हैं।[131]

हम उनके आर्थिक चिन्तन की इन्हीं और अन्य पक्षों की भी विवेचना का प्रयास करेंगे।

टामस मुनरो ने किसी समय लिखा था—

> The consequence of coquest of India by British arms would be in place of raising of debase the whole people.[132]

यह भविष्यवाणी मुनरो ने अंग्रेजों के आने से पूर्व की थी और यह पूरी तरह सच ही साबित नहीं हुई बल्कि इसकी परिणति ने भारतीयों की अवनति से बहुत आगे बढ़कर उन्हें भयावह कंगाली तक पहुँचा देने को रेखांकित करती है। एक तो टैक्सों का बढ़ता बोझा; दूसरे, भारतीय उद्योग-धंधों का सर्वनाश, तीसरे, सरकार का प्रशासनिक कुप्रबन्धन और भ्रष्टाचार; विभिन्न माध्यमों और तरीकों से इस देश का धन अपने देश में खींच ले जाने का निर्लज्ज आचरण—न जाने ऐसे कितने कारण हैं कि जिनके लिए पूरी तरह अंग्रेज सरकार जिम्मेदार थी।

भट्ट जी स्वाभावतः प्रगतिशील (मार्क्सवादी अर्थ में नहीं) आर्थिक चिन्तक थे। जहाँ भी उन्हें आर्थिक विषमता दिखाई देती थी वे उस पर करारी चोट करने से नहीं चूकते थे। उन्हें भारत की सिविल सर्विस पर सरकार द्वारा किया जाने वाला भारी अपव्यय क्षुब्ध करता था। एक ओर अधिकांश भारतवासियों की भयावह दरिद्रता और दूसरी ओर सिविल सर्विस के राजकुमारों के भारीभरकम वेतन और विलासितापूर्ण जीवन—यह आर्थिक विषमता उन्हें प्रायः क्षुब्ध किये रहती थी। उन्होंने लिखा—

दरिद्रता की व्यथा से आहत भारत की दीन-दुखियों की प्रजा के प्राण के रुधिर सहस धन खींच वैभवोन्माद में उन्मत्त इन सिविलियनों को इंद्रलोक का सुख देना कौन सा न्याय और दया है? हमारे इस लेख पर कितने सिविलियन हँसेंगे पर उनमें जो कोई सत्य और न्याय परायण हों। उन्हीं से हम शपथपूर्वक पूछते हैं कि यदि उनकी तलब आधी के लगभग घटा दी जाए तो राज्य का प्रबन्ध क्या बिगड़ जाएगा? तब क्यों दुखियों के मुख से कौर छीना जाता है? क्यों हमें तन का कपड़ा तक दुर्लभ हो रहा है? क्यों हमारे ऊपर टिकस पर टिकस का बोझ लदता जाता है जिस बोझ से हमारा कंठगत प्राण हो रहा है? यदि प्रजा की सुख रहित राजनीति में कुछ धर्म समझा जाता हो तो क्यों थोड़े खर्च में यहाँ के राज्य का प्रबन्धन न कराया जाए?[133]

भट्ट जी जिस आक्रोश से सिविलियनों के भारी-भरकम वेतन और उनके विलासितापूर्ण जीवन को रेखांकित करते हैं वह उनके देश के प्रति असीमित प्रेम के साथ-साथ उनकी प्रगतिशील दृष्टि को भी उजागर करता है। टैक्सों के बढ़ते बोझ का एक बड़ा कारण वे यह भी मानते हैं कि सिविलियनों का राजसी वेतन दरिद्र भारतीयों की छाती पर साँप बन कर बैठा है। वे इस वर्ग के वेतन की एक बानगी प्रस्तुत करते हुए इन शब्दों में अंग्रेजी सरकार को धिक्कारते हैं—

आश्चर्य है लेफ्टिनेंट गवर्नर, हाईकोर्ट के जज, कमिश्नर, कलक्टर, डायरेक्टर, इंजीनियर, पोस्टमास्टर, जनरल डायरेक्टर ऑफ पब्लिक इंस्ट्रक्शन, सनिटरी के दलों की 8,000 रुपए, 6,000 रुपए, 4,000 रुपए, 3,000 रुपए, 2,500 रुपए, 2,000 रुपए इत्यादि मासिक तलब ऐसे अभागे देश में जहाँ नोन सी आवश्यक वस्तुओं पर भी टिकस लगाया जाता है, जहाँ आधी से अधिक प्रजा पाव भर सत्तू और सेर भर जल पीकर पेट पालती है। धिक्!! क्रूरता और अत्याचार की पराकाष्ठा है ×××।[134]

इस पर कोढ़ में खाज यह कि उपर्युक्त पदों में बहुत से ऐसे थे जिनसे न जनता का हित था और न सरकार का। रेल तार के बिना फिर भी पत्राचार में विलम्ब की आशंका थी किन्तु इन साधनों के रहते पाँच-छः कलक्टरों पर एक कमिश्नर से काम चल सकता था। तब इतने कमिश्नरों के वेतन आदि के लिए धन के अपव्यय का कोई औचित्य नहीं है।[135] वस्तुतः सरकार को जनता की दुरवस्था की कोई चिन्ता नहीं है, अन्यथा इन सफेद हाथियों को पालने में जनता की गाढ़ी कमाई से छीने गए टैक्स के अपव्यय का कोई औचित्य नहीं है।

प्रजा तो दुर्भिक्ष कर पीड़िता हो त्राहि-त्राहि पुकार रही है। छोटे और बड़े

लाट साहब और अनेक दूसरे-दूसरे कर्मचारीजन गर्मी आते ही शिमला सपाटू और नैनीताल की तरावट में जा कर करवट लेते हैं। विकराल ग्रीष्म की खरतर घाम में तपकर जो धन प्रजा उपार्जन करती है वह उससे भाँति-भाँति के कर के रूप में छीन लिया जाता है और सिविलियन महाशयों के सुखसाजन में लगाया जाता है।××× यदि ये लोग पहाड़ पर जाने का खर्च अपनी-अपनी तलबों से देते होते तो हम कभी न कहते कि न जाएँ।[136]

वस्तुत: गरीब बदहाल जनता के पैसे पर यह अय्याशी लेखक को कहीं भीतर तक छील देती है। वह जहाँ जनसाधारण की भीषण दरिद्रता से क्षुब्ध और व्याकुल है वहीं इन राजपुरुषों की विलासिता से वह अपने आक्रोश को शब्द दिये जाने से रोक नहीं पाता और सरकार को इनका आधा वेतन काट लेने और शिमला, नैनीताल की यात्रा बन्द करने का सुझाव देने से नहीं चूकता।

भट्ट जी की दृष्टि सरकारी कामों में होने वाले भ्रष्टाचार पर भी है। वह देख रहा है कि सरकारी कार्य-कलापों में व्याप्त भ्रष्टाचार किस तरह जनता के पैसे में दीमक की भाँति लगा है। इस भ्रष्टाचार को उजागर करते हुए लेखक सरकार को आईना दिखाते हुए लिखता है—

हमारे-तुम्हारे बीच भी कुछ ऐसे मनुष्य हैं जो रुपया उधार काढ़ इमारत उठवाते हैं, वैसे ही हमारी परम नीति निपुण सरकार कोठियों रुपये उधार लेकर अनेक तरह के पब्लिक वर्क्स जिनसे लाख रुपए में हजार भी वसूल नहीं बनवाया करती है और इस महकमे की अंधाधुंध लूट आपको विदित ही है कि जो सड़ी दीवार हम-आप दस रुपए में उठवा लेते हैं, उसी में इंजीनियर साहब की कृपा से 100 रुपया सोख जाता है—जो बारिक आप सौ रुपये में बनवा सकेंगे उसमें 1,000 रुपए अथवा 2,000 रुपए लग जाता है—और इसमें आश्चर्य क्या, रुपया न इंजीनियर साहब को देना पड़ता है न उनके मौसिया भाई कलक्टर, कमिश्नर आदि महाशयों के गांठ आता है तो फिर एक की जगह दस और दस की जगह सौ लगाते उनका क्या बिगड़ता है?[137]

जिस भ्रष्टाचार की चर्चा भट्ट जी सन् 1885 में करते हैं और सम्भवत: वे आश्वस्त होंगे कि स्वतंत्रता मिलने के बाद इस भ्रष्टाचार का नामोनिशान तक न रहेगा; यदि वे स्वतंत्रता मिलने के बाद पैदा होते तो ऐसे भ्रष्टाचार से सैकड़ों गुना बड़े भ्रष्टाचार को देखकर सिर पकड़ लेते। और सम्भवत: उनके मुँह से हठात् निकल जाता—अरे हमारे भ्रष्ट 'काले अंग्रेजों' की तुलना में वे 'गोरे अंग्रेज' कहीं नहीं ठहरते। किन्तु हमें यह भी ध्यान रखना होगा कि हमारे हिन्दी नवजागरण के साहित्यकार भविष्य का ताना-बाना नहीं बुन रहे थे बल्कि उस समय की चिन्ता सरकार के पर्याय

उन अंग्रेज लुटेरों को भारत से बाहर निकालने की थी जिन्होंने निर्लज्जतापूर्वक इस देश का शोषण करके उसे कंगाल बना दिया था।

किसी भी सरकार के संचालन के लिए आवश्यक है कि वह अपने खर्चों के लिए जनता पर टैक्स लगाए। देश के उचित प्रबन्धन के लिए टैक्स का आधार ही प्रमुख होता है। टैक्स से प्राप्त इसी धन से सरकार उत्पादक और अनुत्पादक व्यय करती है। प्राचीन समय से ही शासक जनता से उसकी सामर्थ्य के अनुसार कर लिया करते थे। प्राचीनकाल में राजा प्रजा की आय का छठवाँ भाग कर के रूप में लेते थे। यहाँ तक कि अरण्यवासी ऋषि-मुनियों की तपस्या का छठवां भाग राजा का समझा जाता था क्योंकि अरण्य-वन में भी वन्य जीवों से ऋषियों की रक्षा का भार राजा पर होता था। अंग्रेजी शासन से पूर्व—

> ××× प्राय: सीधे टैक्स से राजभंडार भरा जाता था और लगान विशेषकर धरती ही पर लगाया जाता था सो भी जितना अधिक लगान धरती का सरकार हमसे लेती है उतना कभी नहीं लिया जाता था।[138]

करों के इस बढ़ते बोझ के तले इस देश की जनता कराह उठी थी। भट्ट जी ने इस करों के बोझ की विवेचना बहुत प्रामाणिक और मर्मस्पर्शी ढंग से की है जो उनके आर्थिक चिन्तन का एक महत्त्वपूर्ण पक्ष है।

अंग्रेजी सरकार की मुख्य प्रवृत्ति लालच की है। सरकार टैक्स में अधिकाधिक राशि वसूल कर एक ओर भारी मात्रा में धन विदेश भेज रही थी तो दूसरी ओर इसी धन से फिजूलखर्ची के नये-नये प्रतिमान गढ़ रही थी। भारत में प्राचीन काल में जो कर-व्यवस्था थी उससे ब्रिटिश शासन में वसूले जाने वाले टैक्सों की तुलना करते हुए भट्ट जी लिखते हैं—

> हिन्दुओं के धर्मशास्त्रों में लाभ या उपज का छठवां भाग लिया जाता था अर्थात् रुपए में दस पैसे के लगभग। अंग्रेजी राज्य में सब मिलाकर रुपए में दस आने के लगभग अर्थात् पहले का चौगुना लिया जाता है। यही कारण है कि अन्न अब इतना महँगा बिकता है और प्रजा भूखों मरती है। इसके अतिरिक्त और बीसियों रीतियों से सरकार हम लोगों से कर लेती है—नोन का कर, अफीम का कर, कानून के जाल में फँसाया, बात-बात में स्टेंप का कर इत्यादि। इससे भी जब पेट न भरा तब लाइसेंस टैक्स लगाया जिससे उन लोगों को जो किसी तरह का व्यापार करते हैं अपनी-अपनी दशा के अनुसार 500 रुपए साल तक देना पड़ा। ××× इतनी आमदनी से भी जब फ़जूलखर्ची का काम न चला तो अब यह इनकम टैक्स अर्थात् आमदनी पर टैक्स लगाया गया है और चारों ओर से लोग इसके विपरीत चीत्कार कर रहे हैं।[139]

यद्यपि टैक्स लगाना सरकार की आवश्यकता भी है और विवशता भी। किन्तु टैक्स का बोझ तब ज्यादा अखरता है जब जनता की गाढ़े पसीने की कमाई से सरकार अपने स्वार्थ के लिए दूसरे देशों से भारत के खर्चे पर युद्ध लड़ती है या दिखावे और फिजूलखर्ची में धन का अपव्यय करती है।

भट्ट जी आयकर लगाने में जब सरकार की नीयत और स्वार्थपरक कार्यकलापों की पड़ताल करते हैं तब हमें यह जानकर आश्चर्य होता है कि सिवाय दिखावे की प्रवृत्ति, लालच और स्वार्थ के आयकर लगाने का कोई कारण नहीं है। सरकार तर्क देती थी कि क्योंकि खर्च बढ़ गया है और उसकी प्रतिपूर्ति के लिए आयकर लगाना आवश्यक हो गया। किन्तु जब भट्ट जी इस बढ़ते हुए खर्च के कारणों की विवेचना करते हैं तो सरकार की बदनीयती उभरकर सामाने आ जाती हैं। ये कारण निम्नलिखित हैं—

1. पहले से अमीर काबुल के लिए धन, हथियार आदि उपलब्ध कराने पर खर्च।
2. बर्मा पर आक्रमण में युद्ध का खर्च।
3. दिखावे के लिए दिल्ली दरबार पर होने वाला खर्च।
4. चाँदी का भाव घटने और बाहर सोने की गिनी या पौंड का चलन होने से अंग्रेज अधिकारियों की पेंशन का पौंड में भुगतान होने से बढ़ा हुआ खर्च।
5. सिविलियनों के भारी-भरकम वेतन पर होने वाला खर्च।

ऊपर जिन खर्चों का उल्लेख किया गया है वे किसी भी दृष्टि से आवश्यक और अपरिहार्य नहीं कहे जा सकते। उनके लिए सरकार की बदनीयती कुप्रबन्धन और फिजूलखर्ची जिम्मेदार थी। ब्रिटिश सरकार में भारतीयों के प्रति लेशमात्र संवेदनशीलता नहीं थी। यदि ऐसा होता तो वे समझ सकते कि पहले ही अनेक टैक्सों के बोझ से कराह रहे निर्धन भारतीय अब किसी और टैक्स को झेलने कि स्थिति में नहीं है।

> हिन्दुस्तान के लोग इंग्लैंड की अपेक्षा पचासों गुना अधिक गरीब हैं, यह बात चिरस्मरणीय फासेट जैसे भारत हितैषियों ने सिद्ध कर दी है और इस गरीबी पर ध्यान दीजिए तो जो कर अब गवर्नमेंट लेती है वही इनके लिए अति से अधिक है। अधिक लज्जा की और क्या दूसरी बात होगी कि प्रजा का प्राण और नस-नस में लोहू के समान धन इस समय अनेक टैक्सों के द्वारा उगाहती है और घोर से घोर फ़जूलखर्ची की रीति पर फूँकती है। जितना अंधाधुंध खर्च इस देश के राज्य प्रबन्ध में होता है उतना पृथ्वी मंडल के किसी देश के राज्य प्रबन्ध में नहीं होता××× ।[140]

इसे एक विडम्बना ही कहा जाएगा कि इस देश के लोगों की निर्धनता और

बेबसी का मजाक उड़ाते हुए अंग्रेजी सरकार ने जनता की गाढ़ी कमाई से करों के रूप में उगाहे जाने वाले धन का जिस बेशर्मी से दुरुपयोग किया वह अपनी मिसाल आप है। भट्ट जी इस बेशर्मी पर क्षुब्ध तो हैं ही वे सरकार को सुझावों के कड़वे घूंट पिलाने से नहीं चूकते—

> इंग्लैंड हिन्दुस्तान से 50 गुना अधिक धनी है, वहाँ भी सेना का इतना खर्चा नहीं होता। क्यों नहीं देशी लोगों को सेना की अफसरी दी जाती? यहाँ के लोगों यदि अफसरी दी जाती तो विलायत से बड़ी-बड़ी तलब देकर साहब लोगों की जरूरत होती? क्यों प्रतिवर्ष दार्जिलिंग, शिमला और नैनीताल गर्मियों में जाया करती है? हाईकोर्ट के जज यहाँ की गर्मी सह सकते हैं तो क्या लेफ्टिनेंट और गवर्नर नहीं सह सकते?[141]

आगे समग्र रूप में भट्ट जी सरकार को उसके काम में सुधार के लिए लिखते हैं—

> ××× तुमसे प्रार्थना करते हैं कि प्रजा को पीड़ा पहुँचाने वाले कामों को बचाए रहो—फजूलखर्ची को कम करो, प्रजा का भार हल्का करो, टैक्स घटाओ और उनका आशीर्वाद पाओ। यही सड़क तुम्हारे राज्य चक्र चलाने की सीधी और हमवार है, यहीं मार्ग तुम्हारे कल्याण का है, इसी में तुम्हारा श्रेय है, श्रेयसा मेष पंथा, किंबहु।[142]

चाँदी की मन्दी की चर्चा भारतेन्दु युग के प्राय: सभी आर्थिक चिन्तकों ने की है। वस्तुत: यह एक ऐसी स्थिति थी जिसने अंग्रेजी राजकोष को गम्भीर रूप से प्रभावित किया था। यही कारण है कि इन आर्थिक चिन्तकों ने चाँदी की मन्दी पर चिन्ता तो जाहिर की ही है उसके भारतीय जनता पर पड़े दुष्प्रभाव को भी रेखांकित किया है। भट्ट जी ने इस दुष्प्रभाव की इन शब्दों में विवेचना की है—

> पहले सौ रुपए का माल विलायत से खरीदते थे तब सौ का सौ रुपया देना पड़ता था सो बट्टा बढ़ते-बढ़ते 100 की जगह 140 रुपए देना पड़ता है और विलायत से माल यहाँ आने में जो 50 रुपया सैकड़ा खर्चा पड़ता है सो अलग। अब बतलाइए उन मालों में लाभ की आशा करना कौन बुद्धिमानी है? उधर टिक्कस की धौंस इधर बट्टे की बढ़ती दोनों चक्कियों में पिस कर रोजगारियों का सब लाभ धूल में मिल जाता है।[143]
>
> यही नहीं—व्यापार को अलग रखिए केवल उसी धन में जो प्रतिवर्ष हमारे देश के राज्य प्रबन्ध के बदले इंग्लैंड में जाता है, सेना का खर्च, पेंशन, मंत्रियों की तलब इत्यादि। न जाने कितने मद हैं जिनके द्वारा हम लोगों

> को करोड़ों रुपया हर साल बट्टे का देना पड़ता है और उसी के भरने को यह टिक्कस पर टिक्कस लगता जाता है। ××× अभागी प्रजा भूखे पेट सोवे और भूखे पेट जागे, पवन पीकर और धूर फांक कर अपने दुखित जीवन को किसी तरह पर काटे। सरकार जब तक टिक्कस वसूल होता जाता है, तब तक क्यों और बातों की चिन्ता करे?[144]

सचमुच उस दौर में चाँदी का मन्दा होना भारतीय व्यापारियों और साधारणजनों के लिए अभिशाप बन गया था। बाहर से जो भी माल आता था उसका भुगतान क्योंकि स्वर्ण मुद्रा में करना होता था अतः माल की मूल राशि पर जो बट्टा लगता था उसने व्यापारियों के लिए लाभ के रास्ते बन्द कर दिये। सेना के खर्च, पेंशन के भुगतान, कर्मचारियों, अधिकारियों मंत्रियों के वेतन, इनमें भी सरकार को राजकोष से बट्टे की रकम देनी पड़ती थी। राजकोष भरने के लिए टैक्सों का बोझ इस देश की जनता पर डाला गया। फलस्वरूप उसकी आर्थिक दुरवस्था और भी दयनीय हो गई।

हिन्दी नवजागरण के आर्थिक चिन्तन में चाँदी की इस मन्दी को लेकर काफी चर्चा हुई और इस समस्या के समाधान के लिए सरकार द्वारा आवश्यक कदम उठाए जाने का समर्थन किया गया। भट्ट जी ने सरकार के लिए यह आवश्यक माना कि वह बढ़ते टैक्सों से कराहती जनता की मनोव्यथा समझे और साथ ही चाँदी की मन्दी से अपने राजकोषीय घाटे के प्रति भी सजग हो। इसके लिए चाँदी की मुद्रा को बनाए रखना आवश्यक है और विभिन्न शासकों को भी चाँदी मुद्रा का संरक्षण करना होगा—

> यदि इन सब देशों के शासनकर्ता एक मन हो चाँदी की मुद्रा बन्द कर देने का विचार त्याग न देंगे तो दिन-दिन यह सोना-चाँदी को चबाता और दबाता चला जाएगा। अंग्रेज लोग अपनी चीजों का दाम सोने ही के मोहर में जिसको वे पौंड स्टर्लिंग कहते हैं, लेते हैं और सोने की मोहर का दाम दिन-दिन बढ़ता जाता है। इसी से हमारे देश में लोगों को प्रति वर्ष करोड़ों रुपए की हानि उन लोगों को बट्टा देने में सहनी पड़ती है और जब तक इंग्लैंड सोने के सिक्के की प्रधानता दूर कर चाँदी के सिक्कों का स्वच्छंद प्रचार न करेगा तब तक यह बट्टा हमको देना पड़ेगा।[145]

इसमें कोई सन्देह नहीं कि चाँदी की मन्दी और भारत में होने वाले उसके आर्थिक दुष्प्रभाव को भट्ट जी ने पूरी प्रामाणिकता के साथ अंकित किया है किन्तु भारत के व्यापारियों के लिए यह संकट तभी तक था जब तक वे विदेशी माल क्रय करते थे। सच तो यह है कि व्यापारी वर्ग का विदेशी वस्तुओं के प्रति आकर्षण उनकी आर्थिक दुरवस्था के लिए प्रमुख रूप से जिम्मेदार था। इसलिए उस दौर के व्यापारियों में

भट्ट जी स्वदेशी और स्वावलम्बन पर बल देते हुए लिखते हैं—

> हमारे सेठ-साहूकारों की बुद्धि में यह बात काहे को कभी आवेगी कि प्रमेसिरी नोट का पाँच आना तीन पैसे ब्याज छोड़ उस रुपये से कारखाने खोल अपने ही देश में इन चीजों को बनवावें और बेचें जिनको विलायत से मँगाते और मुनाफे के नाम होते हैं। काहे को उन्हें यह कभी सूझेगा कि यदि वे कपड़ा कागज और भाँति-भाँति की फैंसी चीजें जो एक से एक चढ़-बढ़कर यहाँ बिसातियों की दुकान पर दीख पड़ती हैं, यहीं बनावें और बेचें वरन फिर एक बार 20 रुपए और 25 रुपए सैकड़ा लाभ उठावें, अपने को और अपने देश को भी भरपूर लाभ पहुँचावें।[146]

लेखक का समग्र आशय यही है कि चाँदी की मन्दी के दुष्परिणामों में सरकार तो दोषी है ही किन्तु उसे कोसने से इस समस्या का निदान नहीं होने वाला क्योंकि सरकार तो अपनी स्वार्थपरता और लालच के चलते इस विषय में कुछ करेगी नहीं। व्यापारी-वर्ग को ही ब्याज-बट्टे का लालच छोड़ देश में ही खुद के उद्योगों की स्थापना करनी होगी ताकि विदेशों से माल मँगाने की आवश्यकता ही न पड़े और अतिरिक्त बट्टा देने से मुक्त होकर वे उचित लाभ अर्जित कर सकें। किन्तु हमारा व्यापारी वर्ग उस समय रखे हुए धन पर ब्याज खाने को ही अपना ध्येय मान लेता है—

> यों बेकाम रुपया चाहे गंजियों में भरा हुआ रखा रहे, कभी उस रुपए के ब्याज का परता न फैलावेंगे, पर किसी किसी काम में जब उसे लगाना चाहेंगे तो दमड़ी-दमड़ी की कटौती काट लेंगे, किफायतशिआरी की नाक में दम कर डालेंगे—तात्पर्य यह कि जिस ढर्रे पर हमारे यहाँ का व्यापार ढुलक रहा है, वह ढंग ही कुछ ऐसा है, मिचलौना और घिनौना-सा है कि अब उस ढंग पर चलने से उस प्रकार का व्यापार नहीं बढ़ सकता; जिससे हम अपने देश की दौलत का बढ़ना कह सकते हैं।[147]

दरअसल हमारे व्यापारी जिस ढंग से व्यापार करते थे वह दकियानूसी संकीर्ण एवं बौड़मपने से भरा था। उस समय अंग्रेज व्यापारी जिस ढंग से और जिस आधुनिक तकनीक से सम्पन्न होकर व्यापार करते थे, उससे व्यापार का पूरा स्वरूप ही बदल गया। यह बदला हुआ स्वरूप इस बात पर विशेष बल देता था कि व्यापारी न केवल उद्योगों और व्यापार की नई तकनीकों से अवगत हों बल्कि वे सभ्य और सुसंस्कृत भी हों।

> नये सिविलाइज सुसभ्य देशों के साथ व्यापार करने को नये-नये सिविलाइज्ड ढंग भी होने चाहिए। उन ढंगों को हमारे वर्तमान मूर्ख

> अनपढ़ महाजन या सौदागर जो कि सिवा ऊपरी दिखावट की बातों के अपने वाणिज्य वर्ग के कर्म के मुतलक नहीं जानते किस तरह समझ या चला सकते हैं![148]

लेखक की दृष्टि मे यह आवश्यक ही नहीं अपरिहार्य है कि भारतीय व्यापारी औद्योगिक एवं तकनीकी ज्ञान में पारंगत होने के साथ-साथ सभ्य, सुसंस्कृत तथा व्यवहारकुशल भी हों। पूँजी होने से ही व्यापार उद्योग में सफलता प्राप्त नहीं की जा सकती। यों भी, जितनी पूँजी अंग्रेज व्यापारियों या उद्योगपतियों के पास थी, उसके आगे भारतीय व्यापारी और उद्योगपति कहीं नहीं टिकते थे। किन्तु हमारी तरह पूँजी के ब्याज से बैठे-बैठे खाना उनके स्वभाव में नहीं है बल्कि अपने व्यापार या उद्योग की बढ़ोतरी के लिए जी तोड़ परिश्रम करना जैसे उनके रक्त में घुल-मिल गया है।

> यूरोप के महाजनों में किसी को मूर्ख न सुना जहाँ कि लोगों को जितनी अधिक सम्पत्ति होगी उतना ही अधिक सुशिक्षा का संचार उस घराने में पाया जाता है—यह तो हमारे ही यहाँ की कुछ ऐसी बिगड़ी आबोहवा है कि रुपया पाकर गोबर गनेस न हुए तो मानो नाक ही कटी, कुल और खानदान की बात ही में बट्टा लगा। ××× हमारे देश में पढ़े-लिखे सुशिक्षित भी 20 रुपए की नौकरी को गनीमत मानते हैं। रोजगार में रुपए-पैसे की झंझट सहने से—जो पेशा उनके बापदादों के समय से होता आया है। पढ़-लिख कर भी उमड़ी चाकरी ही की ओर ही झुक पड़ते हैं और विदेशियों की डाँट-डपट-लात वो महाप्रसाद समान मान लेते हैं।[149]

ध्यान दीजिए—यहाँ उन शिक्षित व्यक्तियों को आलोचना का पात्र बनाया जा रहा है जिनके पास इतनी पूँजी है कि स्वयं अपना काम खड़ा कर सकें किन्तु वे व्यापार करने अथवा अपना उद्योग स्थापित करके स्वाभिमान से जीने की बजाय निकृष्ट चाकरी करके अपने अधिकारियों से अपमानित होने में गौरव का अनुभव करते हैं। पूँजीपतियों को खरी-खोटी सुनाकर जिस प्रकार लेखक उनके शिक्षित, व्यवहारकुशल तथा उद्योगों और व्यापार में प्रशिक्षित होने पर बल देता है, यदि उसको अमल में लाया जाता तो भारत की चिन्तनीय निर्धनता पर काफी हद तक नियंत्रण पाया जा सकता था।

उस दौर में भी यह माना जाता था कि भारत एक कृषि प्रधान देश है। वस्तुत: यदि तब भारत कृषि प्रधान देश था तो यह उसकी विवशता थी। जब विदेशी सरकार ने इस देश में उद्योग-धंधों का पूरी तरह विनाश कर दिया तो स्वाभाविक रूप से खेती पर निर्भरता बढ़ी। किन्तु खेती पर पड़ने वाले इस बोझ के बावजूद; पारम्परिक ढंग से किसानी के बावजूद देश में अन्न की कोई कमी नहीं थी। हमारे देश के किसान पूरे देश का पेट भरने में समर्थ थे किन्तु ब्रिटिश सरकार की बदनीयत और कुप्रबन्धन के

कारण वे भूखे मरने अथवा आधे पेट रहने को विवश हैं। एक तो फ्रीट्रेड की आड़ में सरकार मनमानी करती थी, दूसरे यहाँ पैदा होने वाले अन्न को वह अपने स्वजातीय बन्धु-बान्धवों की उदर-पूर्ति के लिए अपने देश भेजने में कोताही नहीं बरतती थी। लाखों अंग्रेज जो यहाँ आकर बस गए थे उनका पेट भी हमारा किसान ही भरता था।

> यहाँ की प्रजा की भाँति यहाँ की धरती में भी सहनशीलता का गुण आ गया है। न आबादी ही यहाँ की नित्य-नित्य बढ़ती जाती है लाखों विदेशी जो यहाँ आकर बसते जाते हैं उनके लिए भी भोजन का सम्पादन क्या कोई बड़ी बात है। इंग्लैंड वाले जो यहाँ हैं ऊँची-ऊँची तनख्वाहें पाते हैं। रुपए सेर भी गेहूँ मिलेगा तो कुछ चिन्ता नहीं। रहे देशी लोग वे भूख से पीड़ित हो सिधार भी जाएँगे तो क्या हानि है। जो थोड़ा-बहुत अन्न वे बाँट लेते हैं यह भी विलायत वालों के काम में आवेगा।[150]

इस स्थिति से उबरने के लिए लेखक यह आवश्यक मानता है कि—

> ××× सरकारी लगान कम कर दिया जाए और गवर्नमेंट अपना कट्टरपन छोड़कर किंचित्मात्र दया को चित्त में स्थान दे तथा यम की दाढ़ सदृश गल्ले का एक्सपोर्ट एक कलम बन्द कर दिया जाए तो हमारे देश में अन्न का टूटा कभी न रहे।[151]

किन्तु जब किसी वर्ष अन्न की उपज कम होती या अनावृष्टि, सूखा, ओला-वृष्टि आदि के दैवी प्रकोप से खेतों में कुछ नहीं होता तब तो बेचारा किसान पूरी तरह तबाह हो जाता था। इस विदेशी शासन से पहले अनेक राजाओं, बादशाहों के शासन में निर्धन जनता के लिए शासन के अनाज भंडार खोल दिये जाते थे; तालाब और नहरों की खुदाई कर किसानों को सिंचाई के साधन उपलब्ध कराए जाते थे। तब जो तालाब पूरी तरह धर्मार्थ थे, अंग्रेज सरकार ने उन पर भी कर लगा दिया। यह सही है कि सरकार ने बड़ी-बड़ी नहरों का निर्माण किया किन्तु सरकार उन पर भी लाभ कमाने के उद्देश्य से भारीभरकम कर लगाने से नहीं चूकी। फिर नहर के पानी के अत्यधिक उपयोग से भूमि की उर्वराशक्ति पर भी प्रतिकूल प्रभाव पड़ रहा था। लेखक बार-बार इस बात पर बल देता है कि—

> हमारे देश के दुर्भिक्ष का दूसरा महाकारण रफ्तनी एक्सपोर्ट है। हिन्दुस्तान से अन्न इंग्लैंड आदि देशों में न लद जाया करे तो अनावृष्टि सरीखे ऐसे सैकड़ों उपद्रव हुआ करें, अन्न का घाटा हमें न रहे। अन्न के व्यापारियों के यहाँ पहले वर्षों की उपज का अन्न इतना इकट्ठा रहता था कि एक साल अनावृष्टि या किसी दूसरे उपद्रवों के कारण जो कम उपज होती थी वह कुछ मालूम न पड़ती थी। केवल इतना ही होता था कि जितना अन्न

एक रुपए में मिलता था वह सवा रुपए का मिलने लगता था। अब तो जो कुछ उपज होती है वह प्रतिवर्ष बराबर विलायत को लद जती है। खेत में गल्ला अधकच्चा खड़ा रहता है तभी रेलीब्रदर के आदमी घूम-घूम कर भाव तय कर लेते हैं।[152]

यहाँ एक प्रश्न यह उठता है कि रेलीब्रदर्स या कोई भी किसान की इच्छानुसार ही तो मूल्य तय करता होगा कि फिर अच्छी रकम मिलने पर किसान को क्या कठिनाई थी? किन्तु हमें ध्यान रखना होगा कि किसान अपने जीवन-यापन के साथ-साथ विवाह आदि सामाजिक उत्सवों आदि के लिए इसी अनाज पर निर्भर रहता था। उसकी आवश्यकताओं और मजबूरियों का लाभ उठाकर मनमानी कीमत पर खरीद लिया जाता था। किसान की आर्थिक दुरवस्था वैसी की वैसी रहती थी। यदि गेहूँ को बाहर भेजने से जो करोड़ों रुपया यहाँ आता था वह बाहर से आने वाले कपड़े, फैंसी चीजों की खरीद होने से वापस फिर विदेश में ही पहुँच जाता था।

बला से करोड़ों रुपये का गेहूँ जाता है, उतना रुपया प्रतिवर्ष आपके देश में रह जाता है, न अन्न मिलेगा तो रुपए को चबा-चबा दिन काटेंगे। देश में धन तो बढ़ रहा है सो इस भरोसे न रहिए, उन रुपयों के एवज में उतनी कीमत की चीजें लोहा, लक्कड़, कपड़े इत्यादि आपके गले मढ़ दिये जाते हैं। उन्हीं को देख-देख विलायत वालों की चालाकी और कारीगरी सराह पेट भर लीजिए, चुपचाप बैठे रहिए।[153]

लेखक इस बात से व्यथित है कि अंग्रेज सरकार अपने माल से यहाँ के बाजार को पाट कर जिस निर्लज्जता से भारत का आर्थिक दोहन कर रही थी, उससे निर्धन वर्ग भुखमरी की कगार पर पहुँच गया था। वह आक्रोश में भरकर सरकार को खरी-खोटी सुनाता है—

क्या राजनीति या गूढ़ पॉलिटिक्स के यही माने हैं कि दया का कहीं लेश भी न रहने पावे, हिन्दुस्तान की करोड़ों दीन जनता भूखों मरे और इंग्लैंड के पेट भरे लोग इन भुक्खड़ों की रोटी छीन गुलछर्रे उड़ावें। धिक् स्वार्थपरता, इससे अधिक निठुराई और क्या होगी?[154]

भट्ट जी किसानों और अन्य निर्धन जनता की भयावह आर्थिक दुरवस्था पर तो दृष्टिपात करते ही हैं इस गम्भीर स्थिति से उबरने के लिए महत्त्वपूर्ण सुझाव भी देते हैं। वे देख रहे थे कि दुर्भिक्ष और अन्य कारणों से गरीब जनता इस स्थिति में है ही नहीं कि वह महँगी विदेशी वस्तुएँ खरीद सके। जब जनता की क्रय शक्ति ही चुक जाएगी तो विदेशी वस्तुओं को खरीदार कौन होगा?

> क्रय-विक्रय रुक जाने से व्यापार रुक जाता है। जब व्यापार ही रुक गया तो देश की श्रीवृद्धि की कौन आशा है?[155]

इसलिए भट्ट जी यह आवश्यक मानते हैं कि किसान को उसके अन्न का सही मूल्य मिले। उसकी क्रय-शक्ति बढ़े। तभी व्यापार की समुन्नति सम्भव है किन्तु सरकार की स्वार्थपरता के कारण उसके कानों में जूँ तक नहीं रेंगती। तब यही उपाय बचता है कि धनी व्यक्तियों की पूँजी और गरीबों का श्रम दोनों मिलकर यहाँ अपने व्यापार और उद्योग स्थापित करके, उनको आगे बढ़ाकर देश को आर्थिक समृद्धि की ओर ले जाएँ।[156] किन्तु जब तक धनी व्यक्ति इस दिशा में संकल्पबद्ध नहीं होते तब तक देश की आर्थिक समृद्धि अभी दूर की कौड़ी है।

भारतेन्दु युग के प्राय: सभी आर्थिक चिन्तकों ने इस बात पर विशेष चिन्ता व्यक्त की है कि भारतीय कृषक उस समय खेती के नये तौर-तरीकों से पूरी तरह अनभिज्ञ थे। हमारी खेती उस समय पूरी तरह मौसम की अनुकूलता-प्रतिकूलता पर निर्भर थी। और उस पर विडम्बना यह कि कृषि क्षेत्र में हो रहे नये-नये अनुसंधानों से वे रंचमात्र भी परिचित नहीं थे। नवजागरण के प्राय: सभी आर्थिक चिन्तक किसानों के कूप-मंडूक बने रहने पर व्यथित थे। भट्ट जी के सामने देशी और विदेशी कृषि के दोनों प्रकार के तौर-तरीके थे। जब वे दोनों के तौर-तरीकों की तुलना करते थे तो उन्हें गहरी निराशा होती थी—

> ××× विलायत में कई एक एग्रीकल्चरल कॉलेज हैं, जिनमें कृषि विद्या सिखाई जाती है, बड़े-बड़े इम्तिहान होते हैं। हमारे यहाँ कृषि विद्या की कोई पुस्तक हुई नहीं बल्कि निपट गँवार-देहाती और निरक्षर लोगों के लिए ही खेती का करना निश्चित किया गया है। विलायत में हल इत्यादि खेती के औजारों की कितनी तरक्की की गई, हमारे यहाँ हजारों वर्ष से जो तरीका खाद आदि का और महा भद्दे तरह का हल का निकल पड़ा, उसमें तिलभर भी तरक्की नहीं हुई।[157]

वस्तुत: यदि उस दौर में हमारे किसानों के कृषि कार्य की समुन्नति के लिए सरकार यहाँ भी कृषि विद्यालय खोलती; खेती के नये तौर-तरीकों को जानने-समझने के लिए मातृभाषा में छोटी-छोटी पुस्तकें प्रकाशित कर उन्हें किसानों के बीच वितरित करती; उन्हें साक्षर और फिर शिक्षित बनाने का प्रयास करती तो बहुत हद तक उनकी हालत सुधरने की सम्भावना थी। किन्तु अंग्रेज सरकार को अपने स्वार्थों की पूर्ति से अवकाश नहीं था। वस्तुत: देश की वास्तविक समृद्धि पराधीन रह कर सम्भव नहीं।

> जब कोई देश या जाति अपनी स्वाधीन दशा में है जबकि देश के लोगों

> को परिश्रम फल भरपूर मिलता रहता है अर्थात् केवल देश की बनी सब चीजें काम में लाई जाती हैं और क्रय-विक्रय से जो रुपया पैदा होता है वह विदेशों की चिंउटिया ढोवन से बच देश के लोगों को धनी और मालदार किये रहता है और राजकाज का सब काम देश के लोगों के हाथ में रहता है, उस समय सर्वसाधारण का मन स्वस्थ, निरुद्वेग और प्रमुदित रहता है, उनके मानसिक व्यापार के द्वारा परिणत कार्य विद्या, बुद्धि, विज्ञान की उन्नति, शिल्प कौशल सब पूरी तरह होते रहते हैं।[158]

समग्रत: कहें तो भट्ट जी एक ओर तो सरकार की स्वार्थपरता, लालच और अकुशल प्रबन्धन के लिए उसे आड़े हाथों लेते हैं तो दूसरी ओर व्यापारी वर्ग की काहिली, जोखिम न उठाने की प्रवृत्ति और अपनी पूँजी को भारतीय उद्योगों और व्यापार में लगाने से बचने की भी तीव्र भर्त्सना करते हैं। इसके साथ ही वे किसानों की आर्थिक दुरवस्था से उनकी मुक्ति के लिए खेती के तौर-तरीकों में बदलाव और कृषि के उचित प्रशिक्षण पर बल देते हैं। किन्तु सबसे बढ़ वे स्वराज्य, स्वदेशी और स्वावलम्बन की आवश्यकता और महत्त्व को रेखांकित करते हुए अपने आर्थिक चिन्तन को राष्ट्रवाद की मुख्य धारा से जोड़ देते हैं। सचमुच अपने आर्थिक चिन्तन से वे भावी स्वातंत्र्य-आन्दोलन की पीठिका तैयार करते हैं।

बालमुकुंद गुप्त

गुप्तजी का आर्थिक चिन्तन यद्यपि परिमाण में स्वल्प है, किन्तु उसमें भारतेन्दुयुगीन आर्थिक चिन्तन का सार समाहित हो गया है। उनके आर्थिक चिन्तन की धुरी है उनका राष्ट्र के प्रति असीम प्रेम। भारतेन्दु युग के अनेक आर्थिक चिन्तकों की भाँति गुप्त जी ब्रिटिश सरकार द्वारा की गई फिजूलखर्ची पर कठोर प्रहार करने से नहीं चूकते। अपनी सुविख्यात व्यंग्य कृति 'शिवशंभु के चिट्ठे' में उन्होंने यद्यपि खलनायक के रूप में लार्ड कर्जन को प्रस्तुत करते हुए उसकी लानत-मलाम्त की है किन्तु इस बहाने उन्होंने अंग्रेजी सरकार की उन स्वार्थपरक, शोषणकारी और स्वेच्छाचारी नीतियों का विरोध किया है जिन्होंने भारत को भयावह आर्थिक दुरवस्था में पहुँचा दिया। सरकार द्वारा की गई फिजूलखर्ची के वे दो उदाहरण प्रस्तुत करते हैं—1. विक्टोरिया हॉल का निर्माण और 2. दिल्ली दरबार का आयोजन।

वस्तुत: ये दोनों कार्य सरकार की निर्लज्ज फिजूलखर्ची का जीता-जागता उदाहरण हैं। लेखक इस प्रकार की फिजूलखर्ची से इसलिए क्षुब्ध है कि यह सरकार के आडम्बरपूर्ण दिखावे के अतिरिक्त और कुछ नहीं। लेखक मानता है कि इस प्रकार के अपव्यय से न सरकार को कोई लाभ होता है न जनसाधारण को—

उससे दरिद्रों का कुछ दुख घट जाएगा या भारतीय प्रजा की कुछ उन्नति हो जाएगी, ऐसा तो आप भी न सोचते होंगे।[159]

भारतेन्दु ने दिल्ली, दरबार पर अपना रिपोर्ताज प्रस्तुत किया था। उसमें भी व्यंग्य के पैनेपन के साथ इस 'तमाशे' की खबर ली गई है। गुप्त जी ने इसे स्पष्ट रूप से फिजूलखर्ची मानते हुए अपना क्षोभ व्यक्त किया है।

ब्रिटिश शासन के उस दौर में महँगाई अपनी चरम सीमा पर थी। मुगलशासन में फिर भी महँगाई की मार नहीं थी। अनाज सस्ता और आसानी से उपलब्ध था। इस तथ्य को उन्होंने 'शाइस्ता खाँ के पत्र' में रोचक ढंग से प्रस्तुत किया है। कल्पना का आश्रय लेते हुए गुप्त जी ने शाइस्ता खाँ द्वारा फुलर को लिखे गए पत्र में अपने समय की महँगाई को रेखांकित किया है। शाइस्ता खाँ औरंगजेब के समय में बंगाल का सूबेदार था। उससे लेखक ने ब्रिटिश सरकार के दौर में महँगाई को इन शब्दों में निरूपित किया है—

मैंने बंगाले के दारुस्सलतनत ढाके में एक रुपए के 8 मन चावल बिकवाये थे। क्या तुममें वह जमाना ला देने की ताकत है? मैं समझता हूँ कि अंग्रेजी हुकूमत में यह बात नामुमकिन है। ××× जहाँ तुम्हारी हुकूमत जाती है, वहाँ खाने-पीने की चीजों की आग लग जाती है। ××× तुम्हारा नमक का महसूल जजिए से किस बात में कम है?[160]

लेखक के इस कथन से स्पष्ट है कि अंग्रेजी शासन में किस प्रकार महँगाई से उस समय जनता त्रस्त थी। जजिया की तरह नमक पर लगाया जाने वाला कर भी जजिया कर की ही तरह अपमानजनक था, क्यों कि नमक जनसाधारण की आधारभूत आवश्यकताओं में से एक था जिस पर कर वसूलना पूरी तरह से अन्यायपूर्ण था। लेखक अंग्रेजी शासन के अत्याचार और शोषण को देखते हुए अन्ततः इस निष्कर्ष पर पहुँचता है कि—

न बंगभंग ही निश्चित विषय है और न भारत का यथेच्छ शासन। स्थिरता न प्रभात को है और न संध्या को। सदा न बसन्त रहता है न ग्रीष्म। हाँ, एक बात अब भारतवासियों के जी में भलीभाँति पक्की होती जाती है कि उनका भला न कंजरवेटिव ही कर सकते हैं और न लिबरल ही। यदि उनका कुछ भला हो सकता है तो उन्हीं के हाथ से×××।[161]

वस्तुतः हिन्दी नवजागरण के दौर के आर्थिक चिन्तकों में प्रायः सभी इस बात पर एकमत थे कि अंग्रेजी शासन चाहे कैसा भी रूप धर कर सामने आए हमारे देश का कल्याण तभी सम्भव है जब उस पर देश के लोगों का शासन हो। राजनीतिक स्वतंत्रता का यह धुंधला स्वप्न ही हमारी वर्तमान स्वतंत्रता के मूल में है। राजनीतिक

स्वतंत्रता के लिए हिन्दी नवजागरण के आर्थिक चिन्तक स्वदेशी को एक कारगर हथियार के रूप में इस्तेमाल करने के पक्ष में थे। बालमुकुंद गुप्त जनता से स्वदेशी अपनाने का आह्वान करते हुए अपनी 'स्वदेशी आन्दोलन' कविता में इस दृष्टिकोण को इन शब्दों में अभिव्यक्ति देते हैं—

आओ एक प्रतिज्ञा करें, एक साथ जीवैं-मरैं।
चाहे बंग होय सौभाग, पर न टूटे अपना अनुराग!
भोगविलास सभी दो छोड़, बाबूपन से मुँह लो मोड़।
छोड़ो सभी विदेशीमाल, अपने घर का करो ख्याल,
अपनी चीजें आप बनाओ, उनसे अपना अंग सजाओ।
भजो बंग माता का नाम, जिससे भला होई अंजाम।[162]

इन पंक्तियों में लेखक बंग-भंग को चिन्ता का विषय नहीं मानता बशर्ते जनसाधारण में देश के प्रति अनुराग बना रहे। हम यदि विलासितापूर्ण जीवन जीने से विरक्त हो सकें; विदेशी वस्तुओं का बहिष्कार कर सकें; अपनी आवश्यकता की वस्तुओं का उत्पादन स्वयं कर सकें और उन्हें प्रीतिपूर्वक अपना सकें तो अंग्रेजी शासन स्वदेशी के इस हथियार की मार से अपने आप ही समाप्त हो जाएगा।

भारतेन्दु ने भारतीयों की दुर्दशा पर अनेक महत्त्वपूर्ण मर्मस्पर्शी टिप्पणियाँ कीं। कालांतर में हिन्दी नवजागरण के आर्थिक चिन्तकों ने अपने-अपने ढंग से प्रामाणिकता के साथ जनसाधारण की आर्थिक दुरवस्था का अंकन किया। दरअसल इस दौर के प्राय: सभी लेखक और पत्रकार अपने समय के परिवेश के अन्तर्विरोधों को पूरी संवेदनशीलता और गहराई से पकड़ते हुए अपनी साहित्यिक जिम्मेदारी को निभा रहे थे। यही कारण कि आम आदमी की विपन्नता पर वे सभी व्यथित और क्षुब्ध थे। गुप्त जी ने गद्य के साथ अपनी कविताओं में भी भारत के निर्धन वर्ग के लोमहर्षक चित्र अंकित किये हैं। यथा—

जिन बेचारों के तन पर कपड़ा छप्पर फूँस नहीं,
खाने को दो सेर अन्न नहीं, बैलों को लूस नहीं।
नग्न शरीरों पर बेचारों को कोड़े पड़ते हैं।
मालमाल कह चपरासी भाग की भाँति बिगड़ते हैं।[163]

वह किसान जो सबका पेट पालता है, जिसके पसीने से ही विश्व का जीवित रहना सम्भव है उसकी दुर्दशा पर उनका मन कविता में इस प्रकार फूट पड़ता है—

तुमसे लाख बनैं-बिगड़े कुछ हानि-लाभ नहिं होना है,
जिसके बिगड़े सब जग बिगड़े उनका हमको रोना है,

जिसके कारण सब सुख पावैं, जिसका बोया सब खावैं,
हाय हाय उनके बालक नित भूखों के मारे चिल्लावें
हाय-सबको गेहूँ देते वह ज्वार-बाजरा खाते हैं
वह भी जब नहिं मिलता तब वृक्षों की छाल चबाते हैं।[164]

यह सही है कि बाल मुकुंद गुप्त जी ने अपने संक्षिप्त किन्तु सारगर्भित आर्थिक चिन्तन में अर्थशास्त्र का कोई सैद्धान्तिक ढाँचा खड़ा नहीं किया। और यह भी कि उन्होंने देश को आर्थिक दुरवस्था से उबारने के लिए सरकार अथवा जनता को कोई नसीहत या सुझाव भी नहीं दिये। किन्तु उन्होंने शिवशंभु के चिट्‌ठे, अपनी कविताओं और अन्य आलेखों में भारत की पूरी तरह बिगड़ चुकी आर्थिक दशा; अंग्रेजी सरकार द्वारा किये जा रहे इस देश के आर्थिक संसाधनों का निर्लज्जतापूर्ण दोहन; उसकी फिजूलखर्ची आदि विषयों पर उन्होंने अपना दृष्टिकोण निर्भीकतापूर्वक प्रस्तुत किया है। इस दृष्टि से संक्षिप्त ही सही, उनका आर्थिक चिन्तन अध्येता के लिए महत्त्वपूर्ण हो जाता है।

समग्र विहंगावलोकन

1857 के प्रथम स्वतंत्रता संग्राम को यद्यपि उसके ऐतिहासिक महत्त्व के आधार पर इतिहासकारों द्वारा निर्विवाद स्वीकृति मिली किन्तु उसकी अन्तश्चेतना के मूलभूत स्वरूप को प्राय: उपेक्षित किया गया। यह सही है कि डलहौजी द्वारा राज्य हड़पने की नीति और गाय और सूअर की चर्बी के कारतूसों में उपयोग को 1857 की क्रान्ति के तात्कालिक कारणों के रूप में रेखांकित किया गया। किन्तु सम्पूर्ण देश का उपनिवेशवादी शक्तियों के विरुद्ध एकजुट होना इस क्रान्ति के स्रोतों की गहरी पड़ताल की अपेक्षा करता है। इसमें कोई सन्देह नहीं कि अपने राज्यों को कम्पनी द्वारा हड़पे जाने और अन्य स्वार्थों की पूर्ति न हो पाने की दशा में सामन्त वर्ग इस क्रान्ति को आकार देने में आगे आया किन्तु औपनिवेशिक सत्ता द्वारा भारत पर किए जा रहे सांस्कृतिक आक्रमण और आर्थिक संसाधनों के दोहन से निर्धनता झेल रहे किसान और मजदूर और समाज के अन्य वर्ग कम्पनी शासन को उलट देने का मन बना चुके थे। हमें यह भी ध्यान रखना होगा कि इस क्रान्ति का नेतृत्व सामन्तवर्ग के हाथों में नहीं था; बल्कि वे सिपाही इसका नेतृत्व कर रहे थे जो उन किसानों और मजदूरों के परिवार से थे जो कम्पनी शासन द्वारा किए जा रहे किसानों और मजदूरों के आर्थिक शोषण के अपने परिवार के साथ स्वयं भुक्तभोगी थे। ये सिपाही औपनिवेशिक शक्तियों द्वारा अपनी परम्पराओं और संस्कृति पर प्रहार से भी विक्षुब्ध थे। इस दृष्टि से 1857 के स्वतंत्रता संग्राम को कम्पनी शासन के आर्थिक शोषण

और सांस्कृतिक आक्रमण के विरुद्ध जनक्रान्ति कहना अधिक उचित होगा।

भारतेन्दु ने 1857 की क्रान्ति को लेकर यद्यपि अपनी कोई विशेष प्रतिक्रिया व्यक्त नहीं की किन्तु—

कठिन सिपाही द्रोह अनल जा जनबल नासी।
जिन भय सिर न हिलाई सकत कहुँ भारतवासी।

लिखकर इस ऐतिहासिक परिघटना को आकार देने की विकट परिस्थितियों और उसे दबाने को अंग्रेजी शासकों द्वारा किये गए लोमहर्षक अत्याचारों के भारतवासियों पर आतंक को रेखांकित करके औपनिवेशिक शक्तियों के अत्याचारों के प्रतिरोध की कठिन चुनौती की कठिनाइयों के सामना करने और अपनी भावी रणनीति का संकेत दे दिया है। वे समझ गए थे कि 1857 के जनप्रतिरोध को कम्पनी शासन द्वारा निर्ममता से दबाए जाने से सीख लेकर अब तलवार के स्थान पर लेखनी को हथियार बनाना अधिक उचित और व्यावहारिक होगा। इसलिए उन्होंने सत्ता से जुड़े परिवेशगत दबावों के बीच अपने आर्थिक चिन्तन का पथ प्रशस्त किया। भारतेन्दु ने न केवल अंग्रेजी शासन द्वारा देश के आर्थिक संसाधनों के दोहन और उसके विदेश चले जाने को एक भयावह विडम्बना माना है बल्कि 'स्वत्वनिज भारतगहै' को धुरी मानकर स्वदेशी अपनाने और भारतीयों को विज्ञान और तकनीक में प्रशिक्षित होने पर बल दिया है। वे भारतीय किसानों, मजदूरों और शिल्पियों की आर्थिक दुरवस्था से अत्यन्त व्यथित थे और इसके लिए अंग्रेजी शासन को जिम्मेदार ठहराने के साथ-साथ भारतवासियों को भी स्वावलम्बन के लिए प्रेरित करते हैं।

भारतेन्दु युग में प्राय: सभी आर्थिक चिन्तक भारतेन्दु से प्रेरित और प्रभावित हैं। किन्तु भारतेन्दु परवर्ती आर्थिक चिन्तन निरन्तर अपेक्षाकृत अधिक मुखर, प्रामाणिक और औपनिवेशिक सत्ता के स्पष्ट विरोध में विकसित होता गया है। 'सारसुधानिधि' के सम्पादक और लेखक इस युग में पहली बार अर्थशास्त्र की प्रमुख पारिभाषिक शब्दावली की विवेचना के साथ-साथ अर्थशास्त्र के महत्त्व को भी रेखांकित करते हैं। यद्यपि कुछ लेखकों ने विस्तार से आर्थिक प्रश्नों पर विचार नहीं किया किन्तु प्राय: सभी ने राष्ट्र-प्रेम की धुरी पर आर्थिक चिन्तन की समानधर्मी प्रवृत्तियों को अपनी विवेचना का विषय बनाया है। ब्रिटिश शासन के आर्थिक कुप्रबन्धन एवं आर्थिक शोषण की विडम्बनाएँ सभी आर्थिक चिन्तकों की दृष्टि में हैं। वे भारतेन्दु की अपेक्षा अधिक निर्भीक और मुखर हो कर सरकार की आलोचना करते हैं। कुछ लेखक आलोचना के साथ-साथ सरकार को देश की गम्भीर आर्थिक अवस्था से उबारने के लिए व्यावहारिक सुझाव भी प्रस्तुत करते हैं। स्वार्थांध अंग्रेजी सरकार इन सुझावों पर कितना ध्यान दे सकी, यह अलग बात है। ये लेखक भारतीय किसानों की भयावह दरिद्रता, देशी कारीगरी के विनाश, भारतीय व्यापार एवं उद्योगों की

दुर्दशा का प्रामाणिक अंकन करने के साथ हर वर्ग को निर्धनता से उबरने के लिए उनकी दुर्बलताओं और दोषों पर ध्यान दिलाने के साथ-साथ गरीबी से मुक्ति के लिए कारगार उपाय भी सुझाते हैं। भारतेन्दु सहित नवजागरण के सभी आर्थिक चिन्तकों ने स्वदेशी के अपनाने को सर्वाधिक प्रमुखता दी है। उनकी दृष्टि में विदेशी शासन को आर्थिक रूप से छिन्न-भिन्न करने के लिए विदेशी वस्तुओं के बहिष्कार एवं अपने देश की वस्तुओं को अपनाना आवश्यक ही नहीं अपरिहार्य भी हैं। अपने देश की वस्तुओं को अपनाने से जनसाधारण स्वावलम्बी तो होगा ही सम्पन्न भी होगा।

निष्कर्ष रूप में कहा जा सकता है कि यद्यपि 1857 की जनक्रान्ति के बाद भारतेन्दु युग के प्रारम्भ में राजभक्ति के आवरण में आर्थिक चिन्तन को आकार मिला फिर बाद में राजभक्ति का यह आवरण धीरे-धीरे बेमानी होता गया और इस दौर के लेखकों ने राष्ट्रप्रेम को केन्द्र में रखकर निर्भीकतापूर्वक अपने आर्थिक चिन्तन को विकसित किया। भारतेन्दु युग का आर्थिक चिन्तन औपनिवेशिक दबावों के कंटकाकीर्ण रास्ते से आगे बढ़ कर राजनीतिक स्वत्व की दिशा में एक ऐतिहासिक और बहुत दूर तक आज के दौर के लिए प्रासंगिक एक वैचारिक तीर्थयात्रा है।

सन्दर्भ सूची

1. भारत में अंग्रेजी राज और मार्क्सवाद, भाग-1, रामविलास शर्मा, पृ. 26-27
2. वही, पृ. 62
3. भारतेन्दु हरिश्चन्द्र और हिन्दी नवजागरण की समस्याएँ, रामविलास शर्मा, पृ. 23
4. महावीर प्रसाद द्विवेदी और हिन्दी नवजागरण, रामविलास शर्मा, पृ. 12
5. Freedom struggle in Uttar pradesh Part-I, पृ. 453-58, उद्धृत—महावीर प्रसाद द्विवेदी और हिन्दी नवजागरण, रामविलास शर्मा, पृ. 13
6. वही, पृ. 13
7. आधुनिक भारत का इतिहास, बी.एल. ग्रोवर, पृ. 351
8. भारत में अंग्रेजी राज और मार्क्सवाद, भाग-1, रामविलास शर्मा, पृ. 39
9. 'देखो पूरब की ओर जहाँ गंगातटवासी श्यामवर्ण की जाति तुम्हारे अत्याचारी साम्राज्य की नींव हिला देगी। वहाँ विद्रोह अपना भीषण शीश उठा रहा है, स्वदेश बन्धुओं की मृत्यु का बदला लेने के लिए प्रतिहिंसा विकराल नेत्रों से घूर रही है। सिंधु नदी की तरंगें लाल होकर उद्वेलित होंगी, बहुत दिनों से उधार पड़ा है उत्तरी (ब्रिटिश) रक्त, उसे अब पाने का दावा करती है। सिंधु नदी इस प्रकार तुम्हारा नाश हो, जब पैलास देवी ने तुम्हें स्वाधीनता के अधिकार दिए थे, तब उसने वर्जित किया था—दूसरों को गुलाम न बनाना।' उद्धृत—भारत में अंग्रेजी राज और मार्क्सवाद, भाग-2, रामविलास शर्मा, पृ. 49-50
10. पीछे वाले (अंग्रेजी) दस्तों के ढोल कायरता भरी धुन सुना रहे हैं। गरजते हुए भारत ने पीछे हटने वालों पर धावा बोल दिया है। सरहदें पीछे को हटती जा रही हैं। एक के पीछे दूसरा चला, कुछ बलपूर्वक भगाए गए, उनसे ज्यादा हड़कम्प में भागे। विज़यी सैलाब! सैकड़ों

पर्वतों से जनता के अधिकारों की दुर्धष नदी बहती है। और सिपाही जागते हैं, एक के बाद दूसरी पलटन जागती है। आखिर उन्हें याद आ गया है कि उनकी भी एक मातृभूमि है। तब वहाँ से भागते हैं पैसे के लोभी जज, ऐयाश लार्ड, मुफलिस अंग्रेज जो वहाँ जाकर नवाब बन गए हैं। अत्याचारी महाजन और घमंडी व्यापारी भागते हैं, जब सारे देश में स्वतंत्रता का दुंदुभिघोष फैल जाता है। वही, पृ. 53-54

11. 1857 का स्वातंत्र्य समर, विनायक दामोदर सावरकर, पृ. 420-421
12. उद्धृत—भारत में अंग्रेजी राज और मार्क्सवाद भाग-2, रामविलास शर्मा, पृ. 56
13. भारतेन्दु और हिन्दी नवजागरण की समस्याएँ, रामविलास शर्मा, पृ. 44
14. उद्धृत—भारतेन्दु बाबू हरिश्चन्द्र का जीवन चरित्र, राधाकृष्णदास, पृ. 19-21
15. भारतेन्दु हरिश्चन्द्र और हिन्दी नवजागरण की समस्याएँ, रामविलास शर्मा, पृ. 51
16. भारतेन्दु समग्र, सम्पादन हेमन्त शर्मा, पृ. 1090-91
17. वही, पृ. 982
18. आलोचना, अक्टूबर-दिसम्बर-86, सं. नामवर सिंह, राष्ट्रीय जागरण और भारतेन्दु : शिवकुमार मिश्र, पृ. 24
19. भारतेन्दु समग्र, सम्पादक हेमन्त शर्मा, पृ. 462
20. वही, पृ. 228
21. वही, पृ. 228
22. भूमिका, पृ. 15
23. वही, पृ. 258
24. उद्धृत—भारतेन्दु समग्र, सं. हेमन्त शर्मा, पृ. 251
25. कविवचन सुधा, 22-12-1873, उद्धृत—भारतेन्दु समग्र, सं. हेमन्त शर्मा, पृ. 1090
26. कविवचन सुधा, 09-02-1874, उद्धृत—भारतेन्दु समग्र, सं. हेमन्त शर्मा, पृ. 1090
27. उद्धृत—भारतेन्दु समग्र, सं. हेमन्त शर्मा, पृ. 211
28. उद्धृत—भारतेन्दु समग्र, सं. हेमन्त शर्मा, पृ. 1091
29. कविवचन सुधा, 23-03-1874, उद्धृत—भारतेन्दु समग्र, सं. हेमन्त शर्मा, पृ. 1091
30. उद्धृत—आधुनिक भारत का इतिहास : एक नवीन मूल्यांकन, बी.एल. ग्रोवर, यशपाल, पृ. 196
31. उद्धृत—भारतेन्दु हरिश्चन्द्र और हिन्दी नवजागरण की समस्याएँ, रामविलास शर्मा, पृ. 67
32. उद्धृत—भारतेन्दु समग्र, सं. हेमन्त शर्मा, पृ. 732
33. उद्धृत—वही, पृ. 256
34. उद्धृत—वही, पृ. 1011
35. उद्धृत—वही, पृ. 1011
36. उद्धृत—वही, पृ. 1012
37. उद्धृत—वही, पृ. 1012
38. उद्धृत—वही, पृ. 1012
39. नवजागरण कालीन पत्रकारिता और सारसुधानिधि, भाग-1, सं. कर्मेंदु शिशिर, पृ. 105
40. वही, पृ. 16-18
41. वही, पृ. 17
42. आज का भारत, रजनी पामदत्त, पृ. 69

43. नवजागरण कालीन पत्रकारिता और सारसुधानिधि, भाग-2, सं. कर्मेंदु शिशिर, पृ. 225
44. वही, पृ. 222-223
45. नवजागरण कालीन पत्रकारिता और सारसुधानिधि, भाग-2, सं. कर्मेंदु शिशिर, पृ. 333
46. वही, पृ. 333
47. वही, पृ. 334
48. वही, पृ. 51
49. वही, पृ. 52
50. वही, भाग-1 पृ. 156-157
51. वही, पृ. 157
52. वही, पृ. 159
53. वही, पृ. 169
54. वही, पृ. 171
55. वही, पृ. 117
56. वही, पृ. 118
57. वही, पृ. 111
58. वही, पृ. 110
59. वही, पृ. 111
60. वही, भाग-2, पृ. 57
61. वही, पृ. 58
62. वही, पृ. 93
63. वही, पृ. 92-93
64. वही, पृ. 374
65. वही, पृ. 374
66. वही, पृ. 375
67. वही, पृ. 377
68. वही, पृ. 377
69. वही, पृ. 377
70. वही, पृ. 377
71. वही, पृ. 191
72. वही, पृ. 225
73. वही, पृ. 225
74. वही, पृ. 225
75. वही, पृ. 285
76. वही, पृ. 285
77. वही, पृ. 285
78. वही, पृ. 288-89
79. वही, पृ. 78
80. वही, पृ. 78
81. वही, पृ. 78

82. वही, पृ. 81
83. नवजागरण कालीन पत्रकारिता और सारसुधानिधि (भाग-2), सं. कर्मेंदु शिशिर, पृ. 81
84. वही, पृ. 82
85. वही, पृ. 82
86. वही, पृ. 83
87. वही, पृ. 65
88. वही, भाग-1, पृ. 115
89. वही, पृ. 115
90. वही, पृ. 111
91. वही, पृ. 111
92. वही, पृ. 111
93. वही, पृ. 112
94. आज का भारत, रजनी पायमत्त, पृ. 121-22
95. वही, पृ. 128
96. नवजागरण कालीन पत्रकारिता और सारसुधानिधि : भाग-2, सं. कर्मेंदु शिशिर, पृ. 333
97. वही, पृ. 333
98. वही, पृ. 334
99. वही, पृ. 334
100. प्रेमघन-सर्वस्व, भाग-2, सं. प्रभाकरेश्वर उपाध्याय, श्री दिनेश नारायण उपाध्याय, 'भारतवर्ष की दरिद्रता' निबन्ध, पृ. 238
101. वही, पृ. 240
102. वही, पृ. 240
103. वही, पृ. 241
104. वही, पृ. 241
105. देश की बात, देवनारायण द्विवेदी, सं. मैनेजर पांडेय, पृ. 30
106. वही, पृ. 31
107. प्रेमघन-सर्वस्व, भाग-2, सं. प्रभाकरेश्वर उपाध्याय, दिनेश नारायण उपाध्याय, 'भारतवर्ष की दरिद्रता' निबन्ध, पृ. 239
108. वही, पृ. 239
109. वही, पृ. 240
110. स्वदेशीय वस्तु बहिष्कार और विदेशी बहिष्कार निबन्ध, पृ. 213
111. वही, पृ. 215
112. वही, पृ. 215
113. वही, पृ. 215-16
114. वही, पृ. 216
115. वही, पृ. 216
116. वही, पृ. 215
117. वही, पृ. 215
118. वही, पृ. 217

119. स्वदेशीय वस्तु बहिष्कार और विदेशी बहिष्कार निबन्ध, पृ. 217
120. भारतवर्ष के लुटेरे और उनकी दीनदशा 'निबन्ध', पृ. 251
121. वही, पृ. 250
122. वही, पृ. 251-52
123. वही, पृ. 251
124. 'भारतवर्ष की दरिद्रता' निबन्ध, 241
125. वही, पृ. 241
126. उद्धृत देश की बात, जयनारायण द्विवेदी, पृ. 41-42
127. प्रताप नारायण ग्रन्थावली, सं. विजय शंकर मल्ल, देशी कपड़ा, पृ. 87
128. वही, पृ. 87
129. वही, पृ. 87-88
130. वही, पृ. 88
131. बालकृष्ण भट्ट रचनावली, भाग-1, सं. समीर कुमार पाठक, पृ. 52
132. उद्धृत देश की बात, देवनारायण द्विवेदी, पृ. 36
133. बालकृष्ण भट्ट रचनावली, भाग-1, सं. समीर कुमार पाठक, 'सरकारी खर्च', पृ. 69
134. वही, पृ. 69
135. वही, पृ. 70
136. वही, पृ. 70
137. वही, पृ. 71
138. इनकम टैक्स (आय अथवा आमद पर कर), पृ. 91-92
139. वही, पृ. 92
140. वही, पृ. 92-93
141. वही, पृ. 93
142. वही, पृ. 95
143. 'चाँद का भाव-बट्टा', पृ. 120
144. वही, पृ. 121
145. वही, पृ. 121
146. वही, पृ. 121-22
147. 'हमारे देश का बनिज क्यों नहीं बढ़ता', पृ. 78
148. वही, पृ. 78
149. वही, पृ. 78
150. 'सावन के अन्धे को हरियाली ही सूझती है,' पृ. 269
151. 'दुर्भिक्षदलित भारत', पृ. 311
152. वही, पृ. 311-312
153. वही, पृ. 312
154. वही, पृ. 312
155. वही, पृ. 312
156. 'दुर्भिक्षदलित भारत', पृ. 312
157. इंडिया की सँभलकर फिर उठने की क्या अब भी आशा है, पृ. 61

158. देश या जाति की तरक्की शिल्प वाणिज्य तथा विद्या-वृद्धि सब साथ-साथ चलती है, पृ. 388
159. भारत-मित्र, 11 अप्रैल, 1903, उद्धृत बालमुकुंद गुप्त ग्रन्थावली, सं. डॉ. नत्थन सिंह, पृ. 110
160. बालमुकुंद गुप्त ग्रन्थावली, सं. डॉ. नत्थन सिंह, पृ. 275
161. मार्ली साहब के नाम पत्र, भारत-मित्र, 15 फरवरी, 1907, उद्धृत बालमुकुंद गुप्त, ग्रन्थावली, सं. डॉ. नत्थनसिंह, पृ. 272
162. 'हिन्दोस्थान' 1890, उद्धृत बालमुकुंद गुप्त ग्रन्थावली, सं. डॉ. नत्थन सिंह, पृ. 243
163. वही, पृ. 243
164. वही, पृ. 242

हिन्दी नवजागरण का आर्थिक चिन्तन : उत्तरार्द्ध

महावीर प्रसाद द्विवेदी

हिन्दी नवजागरण के आर्थिक चिन्तन की परम्परा में द्विवेदी जी पहले विचारक हैं जो ब्रिटिशकाल की भारतीय अर्थव्यवस्था के अन्तर्विरोधों और विडम्बनाओं की प्रामाणिक विवेचना के साथ-साथ शिक्षित भारतीयों की आर्थिक समझ को विकसित करने के लिए अर्थशास्त्र का एक सैद्धान्तिक ढाँचा तैयार करने का भी प्रयास करते हैं। उन्होंने 'सम्पत्तिशास्त्र' नामक ग्रन्थ का प्रणयन करके हिन्दी नवजागरण के आर्थिक चिन्तन को एक नई दिशा दी। उनका आर्थिक चिन्तन अपनी अन्त:प्रकृति में राष्ट्रीय तो है ही साथ ही, वह प्रामाणिकता की ठोस जमीन पर भी खड़ा है।

'सम्पत्तिशास्त्र' का प्रकाशन सन् 1908 में हुआ। इससे पूर्व देउस्कर की पुस्तक 'देशेर कथा' (हिन्दी में देश की बात) का प्रकाशन हो चुका था। यह वह समय है जब बंग-भंग का आन्दोलन अपने प्रकर्ष पर था। 1906 में कांग्रेस के सूरत अधिवेशन में गर्मदल और नरमदल के रूप में कांग्रेस का विभाजन हो चुका था। पूरे देश में स्वदेशी आन्दोलन अपने पूरे उठान पर था। समग्रत: राष्ट्रवाद की भावना से पूरा देश आप्लावित था। इसी वातावरण में 'सम्पत्तिशास्त्र' का प्रकाशित होना एक ऐतिहासिक घटना थी।

> अर्थशास्त्र में महावीर प्रसाद द्विवेदी की गहरी दिलचस्पी के पीछे भारत की आर्थिक-राजनीतिक दुर्दशा और उसके कारणों को समझने-समझाने की चिन्ता थी, केवल ज्ञान के एक नए रूप को हिन्दी में ले जाने की आकांक्षा ही न थी। वही चिन्ता सम्पत्तिशास्त्र में ठोस चिन्तन का रूप लेकर सामने आई।[1]

निस्सन्देह द्विवेदी जी ने भारतीय और यूरोपीय अर्थशास्त्र की चिन्तन परम्परा का ग्रन्थ के प्रणयन में सहयोग लिया है किन्तु उन्होंने नीर-क्षीर विवेक से इस सामग्री का उपयोग करते हुए अपने लेखन में देश की आर्थिक अवस्था को ही अपना प्रस्थान बिन्दु बनाया है। उन्हीं के शब्दों में—

यद्यपि हमने पूर्वोक्त पुस्तकों और समाचार पत्रादिकों का मंथन करके यह पुस्तक लिखी है, तथापि इसमें जिन बातों का हमने विचार किया है और जो सिद्धान्त हमने निकाले हैं उनकी जिम्मेदारी सर्वथा हमारे ही ऊपर है। क्योंकि हमने और ग्रन्थकारों की सिर्फ़ वही बातें ग्रहण की हैं जिन्हें हमने निर्भ्रांत समझा है, अथवा जो इस देश की सांपत्तिक अवस्था पर घटित हो सकती है। हिन्दुस्तान की स्थिति बहुत विचित्र है। उसकी सांपत्तिक अवस्था में कई तरह का अनोखापन है। पाश्चात्य सम्पत्तिशास्त्र के कितने ही नियम ऐसे हैं जिनका अनुसरण करने से पश्चिमी देशों का तो लाभ है, पर हिन्दुस्तान की सर्वदा हानि है। ऐसे नियमों को हमने त्याज्य समझा है और पाश्चात्य सम्पत्तिशास्त्र का वहीं तक अनुसरण किया है जहाँ तक हमने, अपनी अल्पबुद्धि के अनुसार, इस देश का लाभ देखा है वहाँ, जो कुछ हमने लिखा है, सब अपनी तरफ से लिखा है। कई एक परिच्छेद तो हमने अपनी निज की कल्पना से बिल्कुल ही नए लिखे हैं। सम्पत्तिशास्त्र का आधार व्यवहार है। प्रत्येक देश के व्यवहार में अन्तर होता है। ××× इस देश के लिए सम्पत्तिशास्त्र-विषयक वही पुस्तक उपयोगी होगी जो देश की आर्थिक अवस्था को ध्यान में रख कर लिखी जाएगी।[2]

इस उद्धरण को ध्यान से देखने पर 'सम्पत्तिशास्त्र' के प्रणयन को लेकर निम्नलिखित बिन्दु स्पष्ट होते हैं—

1. यूरोप और भारत के जिन अर्थशास्त्र सम्बन्धी ग्रन्थों की सहायता ली गई है, उनसे कच्चे माल का काम लिया गया है। जिन सिद्धान्तों की विवेचना की गई है वे लेखक के अपने हैं और उनके लिए वह स्वयं को ही उत्तरदायी मानता है।
2. लेखक ने अन्य ग्रन्थों की उसी सामग्री का उपयोग किया है जो भारत की आर्थिक अवस्था पर घटित की जा सकती है।
3. पाश्चात्य अर्थशास्त्र को वहीं तक आधार बनाया गया है जिससे भारत की आर्थिक दशा को लाभ पहुँचने की सम्भावना है।
4. अनेक अध्यायों में लेखक ने भारतीय-अभारतीय किसी प्रकार की सामग्री का उपयोग नहीं किया है। उनको अपने विवेक से लिखा है।
5. प्रत्येक देश की आर्थिक अवस्था भिन्न होती है। उसी के अनुरूप वहाँ आर्थिक सिद्धान्त निर्मित होते हैं। सम्पत्तिशास्त्र पर वही ग्रन्थ उपयोगी होगा जो उस देश की आर्थिक दशा को विवेचित और विश्लेषित करेगा। सम्पत्तिशास्त्र पर प्रस्तुत ग्रन्थ भारत की आर्थिक दशा को दृष्टि में रखते

हुए लिखा गया है। उद्देश्य यह है कि भारत की आर्थिक दुरवस्था में सुधार के लिए ग्रन्थ उपयोगी हो।

जैसा कि पहले कहा जा चुका है कि 'सम्पत्तिशास्त्र' से पूर्व देउस्कर जी की पुस्तक 'देशेर कथा' प्रकाश में आ चुकी थी किन्तु यह आश्चर्य का विषय है कि द्विवेदी जी ने स्वयं प्रस्तुत सहायक ग्रन्थों की सूची में 'देशेर कथा' का उल्लेख नहीं किया। इसके कारणों की विवेचना में न जाकर हम कहना चाहेंगे कि 'देशेर कथा' अर्थशास्त्र की सीमा का अतिक्रमण करके जिस प्रकार भारत के स्वाधीनता आन्दोलन का विभाव बनती है, वह उसके विशिष्ट महत्त्व का जीता-जागता प्रमाण है। मैनेजर पांडेय की यह मान्यता अकाट्य है कि "द्विवेदी जी की पुस्तक 'सम्पत्तिशास्त्र' देश की स्वाधीनता की चिन्ता से उपजी विचार परम्परा की ही एक महत्त्वपूर्ण कड़ी है, लेकिन वह पहली और आखिरी कड़ी नहीं है। भारतीय भाषाओं में इस परम्परा की पहली क्रान्तिकारी किताब 'देशेर कथा' है, जिसके लेखक सखाराम गणेश देउस्कर हैं।"[3] इसी क्रम में माधवराव सप्रे के योगदान को भी भुलाया नहीं जा सकता जिन्होंने ब्रिटिश उपनिवेशवाद की राजनीति और उसके लूटतंत्र की अर्थव्यवस्था को पूरी निर्भीकता और प्रामाणिकता से उजागर किया। उन्होंने 'स्वदेशी आन्दोलन और बायकाट' (1906) में ब्रिटिश उपनिवेशवाद के द्वारा किये जा रहे भारत के निर्लज्ज आर्थिक शोषण तथा स्वदेशी आन्दोलन के पक्ष में खुलकर लिखा। अस्तु 'सम्पत्तिशास्त्र' का महत्त्व दो दृष्टियों से अधिक है—

1. उपर्युक्त लेखकों में अर्थशास्त्र की सिद्धान्त पक्ष से जुड़ी मूलभूत अवधारणाएँ स्पष्ट रूप से उभरकर सामने नहीं आ सकी हैं। वे राष्ट्रवाद के महासागर में घुलनशील कभी-कभी विलुप्त हो गई हैं। द्विवेदी जी ने सम्पत्तिशास्त्र के ढाँचे को बनाए रखकर उसके भीतर रहकर राजनीतिक और राष्ट्रीय विचारों को अभिव्यक्त किया है। इसकी पुष्टि के लिए हम 'सम्पत्तिशास्त्र' के अनुक्रम को प्रस्तुत कर रहे हैं। इस विषय सूची से पाठक जान सकेंगे कि द्विवेदी जी का उद्देश्य देश की आर्थिक दुरवस्था का अंकन करने के साथ पाठकों को अर्थशास्त्र का प्रारम्भिक ज्ञान देना भी था—

अनुक्रम

पूर्वार्द्ध

पहला भाग—विषय प्रवेश

भारत में सम्पत्तिशास्त्र के अभाव का कारण

शास्त्रत्व—विचार

सम्पत्ति का स्वरूप

दूसरा भाग—सम्पत्ति की उत्पत्ति अथवा धनागम

जमीन

मेहनत

व्यय

पूँजी

तीसरा भाग—सम्पत्ति की वृद्धि

प्रारम्भिक बातें

जमीन की वृद्धि

मेहनत की वृद्धि

पूँजी की वृद्धि

चौथा भाग—सम्पत्ति का विनिमय

प्राथमिक विचार

मालियत और कीमत

सिक्का

पदार्थों की कीमत

रुपए की कीमत

काग़ज़ी रुपया

पाँचवाँ भाग—सम्पत्ति का वितरण

विषयोपक्रम

लगान

मालगुज़ारी

सूद

मुनाफा

मज़दूरी

छठा भाग—सम्पत्ति का उपभोग

सातवाँ भाग—देशों की आर्थिक अवस्था की तुलना

सर्वसाधारण बातें

हिन्दुस्तान की आर्थिक अवस्था का दिग्दर्शन

उत्तरार्द्ध

पहला भाग—व्यावसायिक बातें

व्यवसायी व्यक्ति

व्यवसायी कम्पनियाँ अथवा समूचा समुत्थान

हड़ताल और द्वारावरोध

व्यवसाय-समिति

व्यवसायियों और श्रम-जीवियों के हित विरोध-नाशक उपाय

दूसरा भाग

साख

बैंकिंग

बीमा

तीसरा भाग—व्यापार

व्यापार से लाभ

विदेशी व्यापार

विदेशी माल के भाव का तारतम्य

विदेशी यात और आयात माल की कमोबेशी का परिणाम

माल के मूल्य का विनिमय

गवर्नमेंट की व्यापार-व्यवसाय-विषयक नीति

बन्धन-रहित और बन्धन-निहित व्यापार

चौथा भाग—कर

करों की आवश्यकता और तत्सम्बन्धी नियम आदि

प्रत्यक्ष कर

परोक्ष कर

विदेशी व्यापार पर कर

पाँचवाँ भाग—देशांतर गमन[4]

यदि हम इस सम्पूर्ण विषय-सूची का ध्यान से अवलोकन करें तो स्पष्ट होगा कि अर्थशास्त्र के प्राय: प्रत्येक पक्ष को ग्रन्थ में समाहित किया गया है। प्रयत्न यह किया गया है कि प्रत्येक पक्ष के आशय को स्पष्ट करते हुए भारतीय अर्थव्यवस्था के सन्दर्भ में उसकी विवेचना की जाए। इससे आर्थिक सिद्धान्तों का समूचा बिम्ब उभरकर सामने आ जाता है। यह उपक्रम पूर्व में और बाद में भी किसी आर्थिक चिन्तन से सम्बन्धित ग्रन्थ में नहीं मिलता। 'सारसुधानिधि' में यद्यपि अर्थशास्त्र के महत्त्वपूर्ण पारिभाषिक शब्दों को लेकर चर्चा की गई है किन्तु इनसे अर्थशास्त्र की समग्र अवधारणा उभरकर नहीं आती। 'सम्पत्तिशास्त्र' में जहाँ अर्थशास्त्र का सम्पूर्ण ढाँचा खड़ा किया गया है, वहाँ इसी के अन्तर्गत भारत की आर्थिक दुरवस्था का अंकन करते हुए उसके निवारण के लिए महत्त्वपूर्ण ठोस और रचनात्मक सुझाव भी प्रस्तुत किये गए हैं। इस दृष्टि से 'सम्पत्तिशास्त्र' अपने आप में अलग अनूठी और विलक्षण कृति है।

2. द्विवेदी जी के सम्पत्तिशास्त्र के प्रणयन का दूसरा उद्देश्य भी इसे इस विषय पर लिखे अन्य ग्रन्थों से उसे पृथक करता है। वे 'सरस्वती' के सम्पादन के आरम्भ से ही यह अनुभव करने लगे थे कि हिन्दी में ज्ञान-विज्ञान के विषयों पर लिखा जाना प्रायः नहीं होता। उन्होंने 'सरस्वती' के माध्यम से तो इस दायित्व का निर्वाह किया ही, स्वयं भी इस दिशा में लिखने का प्रयत्न किया। 'सम्पत्तिशास्त्र' उनके इसी लेखन की चरम परिणति है। यहाँ अर्थशास्त्र जैसे जटिल विषय को अत्यन्त सरल और सुबोध भाषा में प्रस्तुत करके उसे हस्तामलक बना दिया गया है। उस दौर में द्विवेदी जी से पूर्व और बाद में भी किसी अर्थशास्त्र से सम्बन्धित ग्रन्थ में इस उद्देश्य को सामने नहीं रखा गया। वह राष्ट्रीय स्वतंत्रता संग्राम के विभाव-पक्ष की जिम्मेदारी निभाती गई। इसलिए मैनेजर पांडेय जो श्रेय 'देशेर कथा' और माधवराव सप्रे के लेखन को देना चाहते हैं उसे हम स्वीकार करते हैं किन्तु इससे 'सम्पत्तिशास्त्र' की मौलिकता एवं विशिष्टता रंच मात्र भी कम नहीं होती।

सम्पत्तिशास्त्र में 'भूमिका' के अन्तर्गत इसके महत्त्व पर संक्षिप्त किन्तु सारगर्भित चर्चा की गई है। लेखक मानता है कि हमारा देश एक सम्पत्तिहीन देश है। अधिकांश भारतवासी दरिद्र और कठिनता से अपना जीवन-यापन करने के लिए विवश हैं। किन्तु फिर भी भारतीय लोग उस समय (और कुछ हद तक आज भी) अपनी निर्धनता के कारणों से अनभिज्ञ हैं या वे इन कारणों की पड़ताल करना आवश्यक नहीं समझते। लेखक का यह मानना है कि सम्पत्तिशास्त्र के ज्ञान के बिना हम यह नहीं जान पाते कि भारत की निर्धनता के मूलभूत कारण कौन-कौन से हैं।

> बिना सम्पत्ति शास्त्रीय ज्ञान के इसका यथार्थ कारण जानना बहुत कठिन है, और सम्पत्तिशास्त्र किस चिड़िया का नाम है, यह भी हम लोग नहीं जानते। जानते सिर्फ वही मुट्ठी भर लोग हैं जिन्होंने कॉलेजों में अंग्रेजी की उच्च शिक्षा पाई है। पर 30 करोड़ भारतवासियों के सामने उच्च-शिक्षा प्राप्त लोगों की संख्या दाल में नमक के बराबर भी तो नहीं। अतएव सम्पत्तिशास्त्र के सिद्धान्तों के प्रचार की यहाँ बहुत बड़ी जरूरत है।[5]

निस्सन्देह हम सम्पत्तिशास्त्र या अर्थशास्त्र के ज्ञान से या उसके सिद्धान्तों के अनुरूप व्यवहार का अनुसरण करके अपनी निर्धनता के कारणों को समझकर उनके निराकरण का प्रयास कर सकते हैं। और जब इस शास्त्र के अनुशीलन में प्रवृत्त होते हैं तब हमारे सामने देश की आर्थिक परिस्थितियों की पड़ताल का प्रश्न आता है। द्विवेदी जी ने 'सम्पत्तिशास्त्र' में सबसे पहले इसी प्रश्न पर विचार किया है कि हमारे देश में सम्पत्तिशास्त्र के अभाव के कौन से कारण हैं। वे अपनी विवेचना में

इस निष्कर्ष पर पहुँचते हैं कि हमारे देश में सम्पत्ति को आध्यात्मिक दृष्टि से त्याज्य माना गया है। विद्वान तत्त्वदर्शियों ने सम्पत्ति को 'अनेक अनर्थों का मूल' माना है अत: सम्पत्तिशास्त्र विषयक लेखन में रुचि नहीं ली गई।[6] इसके साथ ही यह भी एक वास्तविकता है—

> सम्पत्तिशास्त्र का सम्बन्ध व्यापार और राज्य-व्यवस्था से बहुत अधिक है। पर इन दोनों बातों में यह देश पराधीन है। जिस तरह से विदेशियों ने इस देश के राजपाट को अपने अधीन कर लिया है उसी तरह व्यापार को भी। जब सम्पत्तिशास्त्र के उत्पादक कारण उपस्थित हुए तब स्वाधीनता जाती रही। और स्वाधीनता के बिना सम्पत्ति-वृद्धि के नियम बनाकर तदनुकूल व्यवहार करना और सम्पत्ति को नष्ट होने से बचाना बहुत कठिन काम है। तथापि स्वदेश-प्रेम का अंकुर लोगों के हृदय-क्षेत्र में जैसे-जैसे अंकुरित होता जाता है तैसे-तैसे इस देश की सम्पत्ति को बढ़ाने और उसका निर्गमन रोकने की यथाशक्ति चेष्टा की जाने लगी है।[7]

निस्सन्देह सत्ता और व्यापार में पराधीन होने के कारण न चाहकर भी इस देश के लोग अपनी आर्थिक स्थिति के प्रति उदासीन रहे किन्तु राष्ट्र-प्रेम के विकास के साथ-साथ हम अपनी आर्थिक दशा को बेहतर बनाने के प्रति अधिक जागरूक और संवेदनशील होने लगे थे। इससे उस दौर में अर्थशास्त्र के प्रति लोगों की रुचि बढ़ने की सम्भावनाओं को देखते हुए द्विवेदी जी ने इस ग्रन्थ का प्रणयन किया।

'सम्पत्तिशास्त्र' के अन्तर्गत सबसे पहले लेखक देश की सम्पत्ति घटते जाने के कारणों की पड़ताल करता है। सम्पत्ति की सैद्धान्तिक विवेचना करते हुए उसने लिखा—

> विनिमय-साध्य व्यावहारिक चीजों का विशेष गुण मूल्यवान होना है। यदि वे मूल्यवान नहीं—यदि उनकी कुछ भी कीमत नहीं—तो वे विनिमय-साध्य नहीं। ऐसी चीजों के बदले दूसरी चीजें नहीं मिल सकतीं। ××× इससे यह नतीजा निकला जो चीजें मूल्यवान हैं, जो प्रचुर परिमाण में पड़ी हुई नहीं मिलतीं, जिनको प्राप्त करने में परिश्रम करना पड़ता है वही विनिमय-साध्य है। और विनिमय-साध्य होना ही सम्पत्ति का प्रधान लक्षण है।[8]

इसके अतिरिक्त प्राप्ति के योग्य होना; व्यावहारिक रूप से उनकी आवश्यकता का होना; जो मानव-साध्य हों—इन लक्षणों को भी सम्पत्ति के अन्तर्गत स्वीकार किया जा सकता है।[9]

किसी देश की सम्पत्ति किन कारणों से घटती है, इस पर द्विवेदी जी ने

गम्भीरतापूर्वक विचार किया है। उनकी दृष्टि में देश की सम्पत्ति घटने के तीन मूलभूत कारण हैं—

1. जमीन की उपजाऊ क्षमता घटने से उसकी उत्पादकता घटना तथा भूमि के खनिज-स्रोतों के निरन्तर दोहन से देश की सम्पत्ति कम होती है।
2. विजेता यदि विजित देश की सम्पत्ति को लूटकर अपने देश ले जाए तो इससे भी देश की सम्पत्ति का क्षरण होता है।
3. कारीगरी का नाश, शासन द्वारा अपने व्यापारिक स्वार्थों की पूर्ति के लिए विजित देश के व्यापार।

इनमें पहले कारण को लेखक ने प्राकृतिक, दूसरे को राजकोय और तीसरे को व्यापार से सम्बन्धित माना है।[10]

जहाँ पहले कारण की बात है उसे ठीक-ठीक प्राकृतिक कारण नहीं माना जा सकता, क्योंकि भूमि की उर्वरा-शक्ति घटने में प्रकृति उतनी दोषी नहीं जितना मनुष्य स्वयं है। उचित खाद के उपयोग; सिंचाई की उत्तम व्यवस्था और भूमि के बिना विराम और अन्तराल के निरन्तर उपयोग से भूमि की उर्वरा शक्ति घटती जाती है। इसके लिए भारत में किसानों की अपेक्षा अंग्रेज सरकार का कृषि-सम्बन्धी कुप्रबन्धन, लगान और मालगुजारी की बढ़ती दरों का बोझ तथा कृषि की उपेक्षा प्रमुख रूप से उत्तरदायी हैं। किसान का खेती की नई तकनीकों से अनभिज्ञ होना, परम्परागत घिसे-पिटे तरीकों से खेती करना भी भूमि की उर्वरा-शक्ति घटने का एक महत्त्वपूर्ण कारण है। इसके साथ ही सरकार ने जिस प्रकार भूमि के खनिज संसाधनों का अंधाधुंध दोहन किया उससे भी देश सम्पत्तिविहीन हो गया।

भारत में सम्पत्ति के अभाव का दूसरा कारण अंग्रेजी सरकार की लूट-मार की प्रवृत्ति और लालच का स्वाभाविक परिणाम है। दादाभाई नौरोजी ने अपने 'निकासी के सिद्धान्त' के द्वारा ब्रिटिश शासन की इस लूट का प्रामाणिक और मर्मस्पर्शी अंकन किया था। *Poverty and un British Rule in India Poverty of India* में उन्होंने स्पष्ट रूप से रेखांकित किया—

> निकासी के कारण सारा ही शासन चक्र एक गलत, अप्राकृतिक और आत्मघाती दिशा में घूम रहा है।[11]

वे यह मानते थे कि—

> हमारे लिए निकासी एक व्यापारिक मामला नहीं है। यह विदेशी सत्ता द्वारा भारत के संसाधनों के उपभोग के अस्वाभाविक प्रशासन और अस्वाभाविक प्रबन्धन है।[12]

द्विवेदी जी ने ब्रिटिश सरकार द्वारा भारतीय सम्पत्ति को ढोकर विदेश ले जाने की इसी प्रवृत्ति को देश की सम्पत्ति घटने के महत्त्वपूर्ण कारण के रूप में रेखांकित किया है।

भारत की सम्पत्ति के कम होते जाने के लिए लेखक ने भारतीय व्यापार की दुर्दशा की पड़ताल की है। उनकी दृष्टि में ब्रिटिश शासन ने अपने व्यापारिक स्वार्थों की पूर्ति के लिए जिस प्रकार देशी व्यापार, कारीगरी और उद्योग-धंधों का विनाश किया उससे भी हमारे देश की सम्पत्ति को ग्रहण लग गया है।

भारत की दरिद्रता के जो उपर्युक्त कारण गिनाए गए हैं उनके अतिरिक्त कुछ ऐसे भी कारण हैं जिनके लिए उस दौर में हमारे देशवासी भी उत्तरदायी थे। लेखक ने इन कारणों की पड़ताल इन शब्दों में की है—

> हम लोगों की रग-रग में पुरानापन घुसा हुआ है। पुरानी आदतें हमारी छूटती ही नहीं। वही पुराना रखा और वही पुराना हल अब तक चल रहा है। यहाँ की जमीन और आबोहवा ऐसी है कि कच्चा बाना यहाँ बहुत पैदा होता है। मज़दूर जितने चाहो मिल सकते हैं, और मजदूरी भी सस्ती है। पर मज़दूर न तो चुस्त और चालाक ही हैं और न काम ही अच्छा करना जानते हैं। मज़दूरों से मतलब, कुलियों से नहीं, हाथ से काम करने वाले जितने श्रमजीवी है सबसे है। पूँजी बहुत कम है। जितनी है भी उसका अधिकांश ज़ेवर या प्रामिसरी नोट आदि के रूप में पड़ा हुआ है। उससे कोई उद्योग-धंधा किया ही नहीं जाता। फिर पूँजी वाले ऐसे तंगदिल आदमी हैं कि व्यापार-व्यवसाय में रुपया लगाने का उन्हें साहस ही नहीं होता। ××× कम्पनियाँ खड़ी कर के बड़े-बड़े व्यवसाय करना यहाँ वालों को मालूम नहीं। ××× जमीन को उर्वरा बनाने—उसकी उत्पादन-शक्ति बढ़ाने—की उत्तम तरकीबें लोगों को न मालूम होने से उसकी पैदावार कम होती जाती है। ××× संचय करना लोग जानते नहीं। ××× धार्मिक ख्याल लोगों के ऐसे हो रहे हैं कि सम्पत्ति बुरी चीज समझी जाती है।[13]

इस पूरे उद्धरण का अनुशीलन करने पर भारत में सम्पत्ति के अभाव के निम्नलिखित निष्कर्ष-बिन्दु सामने आते हैं—

1. किसान पुराने ढंग से खेती के पुराने उपकरणों से कृषि-कार्य करते हैं।
2. श्रमिक अकुशल हैं और सही तरीके से काम करना नहीं जानते।
3. अधिकांश पूँजी या तो आभूषणों के रूप में है या उससे ब्याज कमाने की नीयत रहती है।
4. जिनके पास पूँजी है वे व्यापार-व्यवसाय में उसे लगाने का साहस नहीं करते।

5. जमीन से अच्छी फसल ले पाने की उन्नत तकनीक से यहाँ के किसान अनभिज्ञ हैं।
6. बचत करने के प्रति लोग उदासीन हैं।
7. धार्मिक मान्यताओं के चलते धन की प्राप्ति या उसकी अभिवृद्धि का प्रयास करना अच्छा नहीं समझा जाता।

'सम्पत्तिशास्त्र' में किसानों की आर्थिक दुरवस्था की सारगर्भित और प्रामाणिक विवेचना की गई है। लेखक किसानों की आर्थिक बदहाली का अंकन इन शब्दों में करता है—

> यहाँ गत तीस-चालीस वर्ष में जिस मान से आबादी बढ़ी है उस मान से सम्पत्ति की वृद्धि नहीं हुई। उलटा, सर्वसाधारण की उपजीविका के साधन घट गए हैं। करोड़ों आदमियों को दिन-रात में एक बार भी पेट भर खाने को नहीं मिलता। फिर, यह देश कृषि-प्रधान है। खेती से ही निर्वाह करने वालों की संख्या यहाँ अधिक है। जमीन का उपजाऊपन पहले से बहुत कम हो गया है। लोगों के पास किसी तरह की पूँजी या अनाज का संग्रह नहीं है। एक ही फसल बिगड़ जाने से कृषिजीवियों को या तो चार-पाँच पैसे रोज़ पर सरकार के इमदादी कामों पर मज़दूरी करनी पड़ती है या घर-घर भीख माँगनी पड़ती है।[14]

सरकार द्वारा जिस प्रकार निर्दयता से बढ़ी हुई दरों पर लगान वसूल किया जाता है वह भी किसानों की दरिद्रता का एक प्रमुख कारण है। द्विवेदी जी ने लगान को परिभाषित करते हुए लिखा है—

> किसी की जमीन, जंगल, नदी, तालाब, खान, मकान आदि का व्यवहार करने के लिए जो कुछ बदले में लिया जाता है, उसका नाम लगान है। ××× पुराने जमाने में हिन्दुस्तान में, जमीन पर राजा का स्वामित्व न था। हर आदमी अपनी-अपनी जमीन का मालिक था। राजा उससे सिर्फ़ उसकी जमीन की पैदावार का छठा हिस्सा ले लिया करता था। ××× अब जमीन की मालिक गवर्नमेंट बन गई है। वह जमीन का लगान लेती है और लोगों को लाचार होकर देना पड़ता है। पर इसे प्रजा की रक्षा के लिए लगान के रूप में कर न समझिए। ××× सरकारी जमीन, सरकारी जमीन पर की खानें, सरकारी जमीन पर के तालाब बिना किराये—बिना भाड़े के—नहीं मिलते। इसी भाड़े—इसी किराये—इसी कर का नाम लगान है।[15]

उस समय लगान दो रूपों में वसूल किया जाता था—1. इस्तिमरारी या स्थायी बन्दोबस्त और 2. गैर इस्तिमरारी या अस्थायी बन्दोबस्त।

इस्तिमरारी या स्थायी बन्दोबस्त में सरकार जो लगान निश्चित कर देती है उसमें कोई बदलाव नहीं होता। इस बन्दोबस्त में जमींदार को जमीन पर अपने मालिकाना हक का भरोसा रहता है और जमीन से बेदखल किये जाने की आशंका नहीं रहती क्योंकि उसे ज्ञात है कि उसका लगान निश्चित है और वही उसे देना है। गैर इस्तिमरारी या अस्थायी बन्दोबस्त में उस समय दस, सोलह, बीस या तीस वर्ष बाद पुनः लगान की दरें निर्धारित की जाती थीं और उन्हीं दरों से लगान वसूल किया जाता था। बंगाल और बिहार के अतिरिक्त अन्य प्रान्तों में अस्थायी बन्दोबस्त ही लागू था। उत्तर प्रदेश, मध्य प्रदेश और पंजाब में जमींदारी रीति से लगान वसूल किया जाता था और शेष प्रान्तों में रैयतवारी रीति से। ज़मींदारी प्रथा में जमींदार किसानों से इच्छानुसार लगान वसूल करते थे और रैयतवारी में यह काम सरकार करती थी। गैर इस्तिमरारी बन्दोबस्त चाहे वह जमींदारी रीति से लगान वसूल किया जाए चाहे रैयतवारी रीति से किसान की आर्थिक दुरवस्था बढ़ती ही जाती थी। लेखक का मानना है—

> जो हानियाँ काश्तकारों को गैर इस्तिमरारी बन्दोबस्त के कारण उठानी पड़ती हैं उनको दूर करने के लिए बंगाल का ऐसा दवामी बन्दोबस्त सब कहीं हो जाए तो बहुत ही अच्छा हो।[16]

उस दौर में सरकार की जो लगान-वसूली की नीति थी उससे उत्तर भारत का किसान पूरी तरह बर्बाद हो गया था। लेखक इस सन्दर्भ में किसानों की दुर्दशा का अंकन इन शब्दों में करता है—

> जब पैदावार बहुत कम हो जाती है और लगान नहीं बेबाक होता तब कर्ज लेना पड़ता है। क्रम-क्रम से कर्ज की मात्रा बढ़ती जाती है। ××× तिस पर भी सरकार इस रिवाज को बन्द नहीं करती। यदि हर साल हजारों आदमियों के घर-द्वार उजड़ते चले जाएँगे तो देश की बड़ी भयंकर दशा होगी।[17]

जैसा कि पहले लिखा जा चुका है कि द्विवेदी जी ने लगान को किराये के रूप में परिभाषित किया था। यद्यपि सरकार ने इसे घटाकर 83 से 75 फिर 66 और फिर 1855 में 50% कर दिया किन्तु लेखक की दृष्टि में—

> यह किराया इतना ज़ियादह है कि दुनिया के किसी सभ्य देश में इतना नहीं। ××× यह वही बात हुई कि किसी दुकान में 10 हजार रुपया लगाकर कोई महाजनी करे और साल में 4 हजार उसे मुनाफा हो तो उसका आधा अर्थात् दो हजार दुकान के मालिक को देना पड़े। ××× सरकार राज्य-प्रबन्ध के खर्च बढ़ाती गई। अतएव जमीन की आमदनी को घटाना उसने अपने लिए असम्भव समझा। प्रजा के सुख-दुख का उसने कम ख़याल

> किया, अपने राज्य की दृढ़ता और विस्तार का अधिक। ××× पटवारी, चौकीदारी, स्कूल, शफाखाने आदि के कई नये कर जमीन पर लगा दिये और उन्हें भी मालगुजारी के साथ वसूल करने लगी। ××× मालगुजारी की शरह कहीं-कहीं 56 फीसदी हो गई, कहीं 58 और कहीं 60!!! यदि इस देश के सम्पत्ति-रस को निचोड़ना ही था तो और किसी मद से निचोड़ते, जहाँ अधिक गीलापन होता। निचोड़ा कहाँ से जहाँ मुश्किल से दो-चार बूंद निकले।[18]

समग्रत: कहें तो द्विवेदी जी ने यह माना है खेती में परम्परा से चली आ रही विधि, पुरानी तकनीक एवं पुराने औजारों के प्रयोग ने तो किसान की आर्थिक दुरवस्था में भूमिका निभाई ही है सरकार द्वारा वसूले जाने वाले लगान और मालगुजारी की बढ़ी हुई दरों ने प्रमुख रूप से उसकी निर्धनता में वृद्धि की है। इससे सरकार का शासन दृढ़ हुआ; उसकी पूँजी में अभिवृद्धि हुई और इस बढ़ी हुई पूँजी से उसकी फिजूलखर्ची में भी इजाफ़ा हुआ। किन्तु किसान की आर्थिक हालत बद से बदतर होती गई।

अंग्रेजी सरकार के निहित स्वार्थों और गलत आर्थिक-नीतियों का परिणाम यहाँ के कारीगरों को भी भुगतना पड़ा। ईस्ट इंडिया कम्पनी के इस देश में आने से पहले भारतीय कारीगरी की पूरे विश्व में धाक थी। द्विवेदी जी से बहुत पूर्व जाने-माने अर्थशास्त्री और आर्थिक राष्ट्रवाद के प्रमुख प्रवक्ता श्री आर.सी. दत्त ने लिखा था—

> 18वीं शताब्दी में भी भारतवर्ष एक महान औद्योगिक और महान कृषि देशों में था और भारतीय करघे की वस्तुएँ एशिया और यूरोप के बाजारों की पूर्ति करती थीं। किन्तु विदेशी उत्पादनों द्वारा भारतीय शिल्प उत्पादनों की स्थानापन्नता ब्रिटिश भारत के इतिहास का निकृष्टतम अध्याय है। विदेशी शासन ने लाखों कारीगरों को परम्परागत व्यवसायों से वंचित करके उन्हें एकमात्र अवशिष्ट साधन कृषि पर अधिकाधिक निर्भर कर दिया।[19]

इससे पूर्व यूरोप का बाजार भारतीय वस्तुओं से पटा था। इसका कारण था विदेश में भारतीय वस्तुओं की बढ़ती माँग—

> ब्रिटिश शासन में भारत के विदेशी व्यापार का विस्तार स्वाभाविक, स्वतंत्र तथा आर्थिक गतिविधि के सामान्य पथ के रूप में नहीं हुआ था। अधिकारियों द्वारा इसे अस्वाभाविक रूप से बढ़ावा दिया गया था। अत: इस रूप में वह लादा हुआ, कृत्रिम, अस्वस्थ तथा आर्थिक दृष्टि से अशक्त था। भारत में आयात के मूल्य में वृद्धि का वास्तविक परिणाम यह निकला कि भारत के शिल्प कला उद्योग की इंग्लैंड के भाप और मशीन उद्योग से असमान प्रतियोगिता में मृत्यु हो गई।[20]

द्विवेदी जी ने 'सम्पत्तिशास्त्र' में देशी कारीगरी के नाश को अंग्रेजी शासन से पूर्व और अंग्रेजी शासन की सापेक्षता में रखकर देखा था।

> एक समय था कि डच, अरब और अँगरेज सौदागर इस देश की बनी हुई चीजों से सारे योरप के बाजार पाट देते थे। पर अब वह स्वप्न हो गया है। अब तो सिर्फ कच्चा माल, विशेषकर प्रजा के पेट पालने का अनाज, देशांतर को जाता है और अकाल पड़ने पर यहाँ वालों को दाने-दाने के लिए मुहताज होना पड़ता है।[21]

ब्रिटिश सरकार ने हिन्दुस्तानी वस्तुओं के निर्यात को हतोत्साहित करने के लिए भारी-भरकम कर लगा दिया और विलायती माल के आधार पर कम से कम कर लगाकर या बिना कर लगाए उससे भारतीय बाजारों को पाट दिया। इसका परिणाम यह हुआ कि भारतीय शिल्पोद्योग प्रायः पूरी तरह से विनष्ट हो गया। यदि सरकार को भारतीय शिल्पोद्योग की थोड़ी भी चिन्ता होती तो यहाँ के शिल्पकारों को भी नई-नई तकनीकों से अवगत कराने के लिए शिक्षण और प्रशिक्षण की व्यवस्था करती।

> प्रजा को अर्थकारी शिक्षा देना भी राजा ही का काम है। पर औद्योगिक कला-कौशल सम्बन्धी शिक्षा देने का गवर्नमेंट ने आज तक इस देश में कुछ भी प्रबन्ध नहीं किया। जो कुछ किया भी है वह न करने के बराबर है। ××× अंग्रेजों की जाति व्यापार ही से बढ़ी है। उद्योग और कला-कौशल की बदौलत वह इस समय संसार में सबसे अधिक सम्पत्तिमान हो रही है। हिन्दुस्तान का राज्य-सूत्र इसी जाति के हाथ में है। अतएव यही जगत यदि हम लोगों को शिल्प, वाणिज्य और कला-कौशल आदि से सम्बन्ध रखने वाली अर्थकारी विद्या न सिखलावे तो बड़े आश्चर्य की बात है।[22]

किन्तु जब भारतीय उत्पादों के प्रति ब्रिटिश नीति ही भेदभावपरक थी तो उससे ऐसी अपेक्षा कैसे की जा सकती थी? सरकार ने आयात और निर्यात सम्बन्धी अपनी पक्षपातपूर्ण नीतियों से किस प्रकार भारतीय कारीगरों को गहरी क्षति पहुँचाई, द्विवेदी जी इस सन्दर्भ में श्री आर.सी. दत्त के विचारों से काफी प्रभावित हैं और उन्होंने अपनी पुस्तक के पृ. 264 पर इन विचारों का सारांश भी प्रस्तुत किया है। द्विवेदी जी ने आर.सी. दत्ता के आर्थिक विचारों का सार-संक्षेप प्रस्तुत किया। हम उन्हीं विचारों से सम्बन्धित दत्त महोदय की यह टिप्पणी अविकल रूप से प्रस्तुत कर रहे हैं—

> The import of Indian godds to Europe was repressed by prohibitive duties; the export of British goods to India was encouraged by almost nominal duties. The production of raw material in India for British industries, and the consumption

of British manufactures in India, were the two-fold objects of the early commercial policy of England ××× when queen Victoria ascended the throne in 1837 (?) ××× there was no relaxation in the policy of the British rulers of India has been determined not by the interests of Indian manufactures but by British manufactures.[23]

द्विवेदी जी ने सम्भवत: दत्त महोदय के विचारों से प्रेरित होकर भारतीय कारीगरों, व्यापार और उद्योग के पतन और विनाश का सार्थक, सारगर्भित और प्रामाणिक अंकन किया। ईस्ट इंडिया कम्पनी के शासन में तो भारतीय निर्यात को भारी-भरकम ड्यूटी लगाकर हतोत्साहित किया ही गया महारानी विक्टोरिया द्वारा शासन-सूत्र सँभालने पर भी भारतीय निर्यात को कोई विशेष राहत नहीं मिली।

> 1858 ईसवी के बाद भी अंगरेज व्यापारियों का ध्यान हिन्दुस्तान से योरप जाने वाले माल पर बराबर बना रहा। हिन्दुस्तानी माल पर कर लगाने का कर्तब तब तक भी बराबर उन्हीं के हाथ में रहा। इंग्लैंड में तैयार हुए माल पर रफ़्तनी हिन्दुस्तान की बढ़ा दी। फल यह हुआ कि विलायत का माल, यहाँ के मुकाबले में सस्ता बिकने लगा। फिर भला हिन्दुस्तान की बनी हुई चीजें कोई क्यों खरीदता?[24]

लेखक की दृष्टि में ब्रिटिश शासन द्वारा भारत के साथ आयात-निर्यात के सम्पूर्ण इतिवृत्त की एक झलक प्रस्तुत की है। उसने निर्दिष्ट किया कि अठारहवीं शताब्दी में ईस्ट इंडिया कम्पनी को ब्रिटिश शासन से यह अधिकार मिल गया कि उसके माल पर किसी प्रकार का टैक्स न लगाया जाए। 1757 में जब प्लासी में नवाब सिराज़ुद्दौला का पूरी तरह पराभव हो गया और कम्पनी का शासन स्थापित हो गया तब कम्पनी के नौकर भी बिना कर चुकाए अपना माल भेजने लगे। इन्होंने कम्पनी के व्यापार से अलग अपना-अपना व्यापार शुरू कर दिया।

> जो देखो वही 'कम्पनी बहादुर' बन बैठा और माल पर महसूल देने से इनकार करने लगा। सबका माल बिना महसूल दिये ही एक जगह से दूसरी जगह जाने लगा। पर बेचारे हिन्दुस्तानी व्यापारियों के माल पर पूर्ववत ही महसूल लगता गया। परिणाम यह हुआ कि यहाँ के व्यापारियों को भारी हानि होने लगी; वे बेचारे व्यर्थ ही पीसे जाने लगे।[25]

स्वाभाविक ही था कि नवाब के माल पर जो महसूल मिलता था, वह भी कम हो गया। इसके साथ ही प्रजा पर भी अत्याचार होने लगा। जिन चीजों का व्यापार करने की अनुमति नहीं थी अंग्रेज व्यापारी उनका भी व्यापार करने लगे। हर जगह

अंग्रेज गुमाश्तों ने मनमाने भाव पर माल खरीदना और बेचना शुरू कर दिया। इन अंग्रेज गुमाश्तों की कार्य-पद्धति को उजागर करते हुए द्विवेदी जी लिखते हैं—

> जिस मंडी या जिस बाजार में अंग्रेज व्यापारियों का गुमाश्ता पहुँचता तथा वहाँ वह एक जगह आकर ठहर जाता था, उसे वह अपनी कचहरी कहता था। हर गुमाश्ते की कचहरी अलग-अलग थी। वहीं बैठे-बैठे वह अपने चपरासियों और हरकारों से दलालों और जुलाहों को बुला भेजता था। उनसे वह एक दस्तावेज लिखाता था कि इतना माल, इतने दिनों बाद; इस कीमत पर हम देंगे। इसके बाद उसे थोड़ा सा रुपया पेशगी दे दिया जाता था। यदि जुलाहा या कोली दस्तखत करने से इनकार करता था तो वह खूब ठोंका जाता था। इस तरह उसकी पूजा हो चुकने पर रुपए उसके कपड़े में ज़बरदस्ती बाँध दिए जाते थे।[26]

बाद में वारेन हेस्टिंग्स और हेनरी वैनिस्टार्ट ने नवाब मीर क़ासिम से मिलकर यह निश्चित किया कि जो माल विलायत से यहाँ आए या यहाँ से विलायत जाए, उस पर महसूल न लगे। पर जो माल यहीं का हो और एक जगह से दूसरी जगह भेजा जाए, उस पर महसूल दिया जाए। किन्तु अंग्रेज व्यापारियों ने इस पर गहरी आपत्ति की। काउंसिल की बैठक हुई जिसमें निर्णय लिया गया कि कम्पनी के लोगों को बंगाल में बिना महसूल के व्यापार करने की पूरी स्वतंत्रता है। किन्तु नवाब की सत्ता का मान रखने के लिए नमक पर 20 प्रतिशत महसूल स्वीकार किया जा सकता है। भले ही वारेन हेस्टिंग्स और हेनरी वैनिस्टार्ट काउंसिल के विचार से सहमत नहीं थे किन्तु काउंसिल के बहुमत के आगे वे असहाय थे। अन्तत: नवाब ने विदेशी और देशी व्यापारियों—सभी से महसूल उठा लिया। उद्देश्य यह था कि यदि बिना महसूल दिए विदेशी व्यापारी लाभ कमा सकते हैं तो देशी व्यापारियों को यह लाभ क्यों न मिले। किन्तु काउंसिल के सदस्यों को नवाब की यह व्यवस्था भी रास न आई। वे पहले की व्यवस्था चाहते थे जिसमें भारतीय व्यापारियों को यह महसूल देना था। नवाब इससे सहमत नहीं था। इस बीच अंग्रेजों से युद्ध में मीर कासिम पराजित हुआ और मीर जाफ़र को उन्होंने गद्‌दी पर बिठाया। कम्पनी के लोग पहले की तरह बिना महसूल के व्यापार करते रहे। 1765 तक यह स्थिति बनी रही। इसके बाद लार्ड क्लाइव ने बंगाल, बिहार और उड़ीसा की दीवानी कम्पनी के लिए प्राप्त की। कम्पनी को शासन का अधिकार मिलने पर कम्पनी ने व्यापार करना बन्द कर दिया, यद्यपि कम्पनी के लोग निजी तौर पर दो-तीन वर्षों तक व्यापार करते रहे।

> तब तक इस देश का व्यापार-व्यवसाय बहुत कुछ बरबाद हो चुका था। तथापि जो कुछ बाकी था वह भी विलायत के जुलाहों और कल-

कारखानेदारों को खटक रहा था। ××× कम्पनी के डायरेक्टरों ने हुक्म निकाला कि हिन्दुस्तान में कच्चा ही रेशमी माल तैयार करने वालों को उत्साह किया जाए; उन्हीं के लिए सब तरह का सुभीता किया जाए। जो लोग रेशमी कपड़ा खुद ही बनाना चाहें मदद न दी जाए। ××× परिणाम यह हुआ कि 1833 ई. तक इस देश में कितने ही कारख़ाने टूट गए। रेशमी और सूती दोनों तरह का कपड़ा बनना बहुत कुछ बन्द हो गया।[27]

इसी वर्ष पार्लियामेंट ने कम्पनी के व्यापार करने पर प्रतिबन्ध लगा दिया। इसके परिणामस्वरूप अंग्रेज व्यापारी प्रतिबन्धहीनता का फायदा उठाकर व्यापार करने लगे। अब हिन्दुस्तान में विदेशों से निर्यात काफी कम हो गया। कहाँ तो एक समय हिन्दुस्तान भारी मात्रा में तैयार कपड़ा विदेश भेजता था अब विलायत से भारी मात्रा में कपड़ा उल्टे हिन्दुस्तान आने लगा। इस बीच भारतीय व्यापारियों को राहत देने के लिए सरकार ने कुछ जाँच कमेटियों का गठन किया किन्तु व्यपारियों को हानि न होने की कीमत पर भारतीय माल के निर्यात पर महसूल की दरों को प्राय: वैसा ही रहने दिया गया। 1859 में लार्ड कैनिंग ने प्रयास किया कि इंग्लैंड से आने वाली चीजों पर महसूल बढ़ाकर उसे यूरोप के दूसरे देशों के बराबर कर दिया जाए। इस पर अंग्रेज व्यापारियों ने इसका तीव्र विरोध किया। इस विरोध का परिणाम यह हुआ कि अगले ही वर्ष 1860 में भारत में बाहर से आने वाले माल पर महसूल घटाया गया और यहाँ के कच्चे माल के निर्यात पर महसूल पूरी तरह समाप्त कर दिया गया। यद्यपि सरकार इस स्थिति को बदलने की बराबर चेष्टा करती रही। 1871 में भारतीय और अंग्रेज व्यापारियों—दोनों का ध्यान रखते हुए भारत से विदेश जाने वाले माल पर महसूल तो लगाया गया किन्तु हिन्दुस्तानी व्यपारियों की प्राय: उपेक्षा की गई। विदेश से आयात किए जाने वाले सूत पर 30 प्रतिशत और सूती कपड़े पर 5 प्रतिशत महसूल लगाया गया। इससे भले ही भारतीय व्यापारियों को कोई लाभ न पहुँचा हो किन्तु कम ही सही पर अंग्रेज व्यापारियों को महसूल देना पड़ा। इस बीच बम्बई में कपड़े के एक-दो कारखाने खुले और वहाँ कपड़ा तैयार किया जाने लगा। अंग्रेज जुलाहे अपने कपड़े की खपत कम होने की आशंका से चिल्लपौं मचाने लगे। उनका तर्क था कि विलायती सूत और कपड़े पर महसूल लगाने से हिन्दुस्तानी व्यापार को बढ़ावा मिलेगा और इससे अंग्रेज व्यापारियों को हानि होगी। 1879 में तत्कालीन गवर्नर जनरल लार्ड लिंटन ने विलायत के मोटे कपड़े पर महसूल पूरी तरह समाप्त कर दिया। 1882 में विलायत से आने वाले नमक और शराब को छोड़कर प्राय: सभी चीजों पर महसूल पूरी तरह उठा लिया गया। हिन्दुस्तान से निर्यात किए जाने वाले माल पर महसूल वसूल किया जाता रहा। अन्तत: सरकार की नीति यही बनी रही कि विलायत से आने वाले माल पर कम से

कम महसूल लगाया जाए और हिन्दुस्तान से बाहर जाने वाले मोटे से मोटे कपड़े पर भी महसूल वसूल किया जाए।

> हिन्दुस्तान में कल कारखाने अभी कल से खुले हैं। उनके मालिकों को उत्साह देने के लिए—इस उद्योग की जड़ें जमाने के लिए—गवर्नमेंट को चाहिए था कि यहाँ की बनी हुई, विदेश जाने वाली चीजों पर कुछ भी महसूल न लगाती। पर उसने ऐसा करना मुनासिब नहीं समझा। विलायत के व्यापारी चाहते हैं कि हिन्दुस्तान सिर्फ अनाज और तेलहन आदि नहीं, वह सिर्फ़ रुई, ऊन, नील आदि कच्चा बना विलायत भेजकर वहाँ के कारखानेदारों को लाभ पहुँचावें।[28]

द्विवेदी जी ने अंग्रेज सरकार की तत्कालीन व्यापार-सम्बन्धी नीति की जो संक्षिप्त रूपरेखा प्रस्तुत की है उससे स्पष्ट है कि ईस्ट इंडिया कम्पनी के शासन से लेकर लेखक के समकालीन महारानी विक्टोरिया के शासनकाल तक अंग्रेज व्यापारियों के हितों का ही संरक्षण होता रहा। आरम्भ में कम्पनी के गुमाश्तों ने मनमानी कीमत पर यहाँ के जुलाहों से माल तैयार कराया और मनचाहा मुनाफा कमाया। इसके साथ ही विदेश से आयातित माल पर या तो महसूल बिल्कुल नहीं लगाया या नाममात्र के लिए महसूल की वसूली की गई। इसके विपरीत यहाँ तैयार होने वाले माल पर इतना अधिक महसूल लगाया गया कि भारतीय व्यापारियों के लिए लाभ की कोई सम्भावना न बची। बीच-बीच में शासन ने आयातित माल पर महसूल लगाने की कोशिश की किन्तु यहाँ से निर्यातित माल के महसूल की दर में कोई विशेष परिवर्तन नहीं किया गया। इसका परिणाम यह हुआ कि भारतीय उद्योगपति, व्यापारी और कामगार सभी बदहाली का शिकार हो गए।

इसी क्रम में द्विवेदी जी ने बन्धनरहित व्यापार (Free Trade) और बन्धनसहित व्यापार (Protected Trade) पर राष्ट्रवादी परिप्रेक्ष्य में विचार किया है। इन दोनों व्यापार-पद्धतियों को वे इन शब्दों में परिभाषित करते हैं—

> दो देशों के दरमियान जो व्यापार होता है उसे कोई-कोई देश किसी तरह की कृत्रिम—किसी तरह की बनावटी—बाधा नहीं पहुँचाते। उसे वे बिना किसी प्रतिबन्ध के होने देते हैं। आयात या यात माल पर कर लगाकर उसकी आमदनी रफ़्तनी को रोकने या कम करने का कोई यत्न नहीं करते; अथवा यदि करते भी हैं तो इतना नहीं कि माल की आमदनी या रफ़्तनी में बाधा उत्पन्न हो। अपना माल वे अन्य देश को स्वतंत्रतापूर्वक जाने देते हैं और अन्य देश का माल, जिसकी उन्हें जरूरत है, बे-रोकटोक आने देते हैं। इसी का नाम बन्धनरहित व्यापार है। विपरीत इसके जो देश

अपने यहाँ के कला-कौशल और उद्योग-धंधों को तरक्की देने के लिए विदेशी माल पर कर लगाकर उसकी आमदनी को रोकने या कम करने की चेष्टा करते हैं उनके यहाँ का व्यापार बन्धन निहित व्यापार कहलाता है। आवश्यकता होने पर ऐसे देश अपने यहाँ के माल के लिए विदेश जाने का सब तरह का सुभीता भी करते हैं। उस पर कर नहीं लगाते या लगाते हैं तो बहुत कम।[29]

द्विवेदी जी ने बन्धनरहित और बन्धननिहित व्यापार की अपनी विवेचना को सम्पत्तिशास्त्र के सिद्धान्तों तक ही सीमित रखा है। उन्होंने सुश्री एम.डी. फासेट, मिल, इतिहास-लेखक ल्यकी कारनोगी आदि के विचारों का हवाला देते हुए बन्धनरहित और बन्धननिहित व्यापार के पक्ष-विपक्ष को प्रस्तुत करते हुए सम्पत्तिशास्त्र के सिद्धान्तों के अनुसार दोनों प्रकार की व्यापार-पद्धतियों पर विचार किया है। वह मानते हैं कि कोई देश तब तक प्रतिबन्धित व्यापार को संरक्षण देता है जब तक उसके नागरिकों और राष्ट्र के आर्थिक हितों की पूर्ति होती रहती है। बन्धननिहित या बन्धनरहित व्यापार को राष्ट्र के आर्थिक हितों के अनुरूप आगे बढ़ाया जाता है।

इस समय इंग्लैंड ने व्यापार बन्धन किसी अंश में बन्द कर दिया है, सो उचित ही किया है। उससे जो कार्य सिद्धि होनी थी वह हो चुकी। यदि अब तक भी व्यापार का प्रतिबन्ध होता तो उससे इंग्लैंड को हानि उठानी पड़ती। ××× इसी से स्वदेश के उद्योग-धंधे को उन्नत करने के लिए सिद्ध हो गया तब वह बन्धनरहित व्यापार का पक्षपाती हो गया।[30]

लेखक का यह अभिमत है कि दोनों प्रकार का व्यापार चिरस्थायी और सार्वभौमिक नहीं हो सकता। ठीक वैसे ही जैसे सम्पत्तिशास्त्र के नियम सभी देशों पर यथावत् लागू नहीं किये जा सकते। वैश्विक परिदृश्य बदलने के साथ-साथ व्यापार की नीतियाँ और पद्धतियाँ ही नहीं बदलतीं आर्थिक सिद्धान्तों में भी बदलाव होता है।

व्यापार से सम्बन्धित सम्पत्तिशास्त्र के सिद्धान्तों और भारत की आर्थिक दुरवस्था को लेकर द्विवेदी जी दुविधा में रहे हैं। एक ओर वे सम्पत्तिशास्त्र के नियमों को दृष्टि में रखते हुए इस विषय की स्वदेशी और विदेशी से ऊपर उठकर विवेचना करते हैं तो दूसरी ओर स्वदेशी उद्योग-धंधे के विकास को भी अपना समर्थन देते हैं। एक ओर उनका अभिमत है—

कच्चे बाने से अपने ही देश में माल तैयार करने से आने-जाने का ख़र्च जरूर बच जाता है। पर स्वदेश में माल तैयार करने पर भी यदि विदेश का माल सस्ता पड़े तो क्यों न उसे लेना चाहिए? सम्पत्ति-शास्त्र के किन नियमों के अनुसार उनका त्याग आप उचित समझते हैं? रुई विदेश न भेजकर

> आप यहीं कपड़े तैयार कीजिए और देखिए कि स्वदेशी कपड़ों से सस्ते पड़ते हैं या महँगे। यदि महँगे पड़ें तो यहीं कपड़ा बनाने से क्या लाभ?[31]

यहाँ द्विवेदी जी सम्पत्तिशास्त्र के सिद्धान्तों और व्यावहारिकता के नाते सस्ते विदेशी माल को अपनाने को आपत्तिजनक नहीं मानते। किन्तु जब वे भारतीय कारखानों की ओर देखते हैं तो चिन्तित हो उठते हैं—

> ××× इंग्लैड से कपड़ा मँगाने में वह सस्ता पड़ता है। इससे करोड़ों रुपये का कपड़ा हर साल इंग्लैंड से यहाँ आता है। यदि यह स्थिति ऐसी ही रही तो दिनोदिन कपड़े की आमदनी बढ़ती जाएगी और दो-चार कपड़े के कारखाने इस देश में हैं वे बन्द हो जाएँगे। लोग कुछ दिनों में कपड़ा बनाना बिल्कुल ही भूल जाएँगे। परिणाम यह होगा कि हिन्दुस्तान को कपड़े कि लिए हमेशा इंग्लैंड का मुहताज़ रहना पड़ेगा। इस दशा में इंग्लैंड यदि अपने कपड़े का भाव बढ़ा दे तो भी हिन्दुस्तान को उससे कपड़ा लेना ही पड़ेगा।[32]

इस स्थिति की गम्भीरता को महसूस करते हुए द्विवेदीजी स्वदेशी के महत्त्व, आवश्यकता एवं प्रासंगिकता पर विचार करते हुए लिखते हैं, 'हिन्दुस्तान से जाने वाले को अधिक सुभीता पहुँचाने ही के इरादे से लगाया गया है। हिन्दुस्तान के कल-कारखानों के लिए नए-नए नियम बनाने और उनमें काम करने वालों के घंटे नियत करने की जो खटपट हुआ करती है, और इस समय, नवम्बर 07 में भी जो इस विषय की जाँच-पड़ताल हो रही है, उसका आंतरिक आशय एक बच्चा तक समझ सकता है। इस दशा में यदि हम लोग स्वदेशी वस्तुओं से प्रेम करें और स्वदेशी उद्योग-धंधों को उन्नत करने की तरकीबें सोचें तो सर्वथा उचित है।"[33] इस औचित्य को रेखांकित करते हुए द्विवेदी जी स्वदेशी को सरकार के विरुद्ध राजनीतिक आन्दोलन बनाए जाने पर सहमत नहीं हैं। वे स्वदेशी का समर्थन करते हुए इसमें सरकार की सहमति को बराबर ध्यान में रखते हैं।[34] बंग-भंग की कोख से जन्मे स्वदेशी आन्दोलन और उसके व्यापक राष्ट्रीय समर्थन को लेकर वे तनिक भी उत्साह नहीं दिखाते। उनकी मान्यता है कि—

> ××× हम अपने देश में उद्योगशीलता की वृद्धि करें; नए-नए कारख़ाने खोलें; नए-नए व्यापार-व्यवसाय जारी करें। हाँ, बात यह है कि हमारे इस स्वदेश-प्रेम में राजनीति का कोई रहस्य न होना चाहिए। उससे राजनीतिक बू न आनी चाहिए। गवर्नमेंट को हानि पहुँचाने, उसे चिढ़ाने, या उससे किसी बात का बदला लेने के इरादे से यह काम न करना चाहिए।[35]

यहाँ प्रश्न उठता है कि द्विवेदी जी स्वदेशी आन्दोलन के उस दौर में क्यों स्वदेशी का समर्थन करते हुए उसके राजनीतिक निहितार्थों से कन्नी काटकर निकल जाना चाहते हैं? यहाँ यह उल्लेखनीय है कि इस पुस्तक से सम्बन्धित सहायक ग्रन्थों की सूची में देउस्कर की पुस्तक देशेर कथा (देश की बात) का उल्लेख नहीं है। माधवराव सप्रे का भी वे अनमने भाव से सन्दर्भ देते हैं। इससे स्पष्ट है कि पूर्वोक्त लेखकों की भाँति वे अपने आर्थिक विचारों को लेकर सरकार से सीधे-सीधे उलझना नहीं चाहते। बल्कि जिस स्वदेशी आन्दोलन से प्रभावित नेता, रचनाकार, लेखक, बुद्धिजीवी सीधे-सीधे सरकार के विरोध में खड़े हैं उसी स्वदेशी आन्दोलन के राजनीतिक परिप्रेक्ष्य का विरोध करते हुए द्विवेदी जी परिस्थितियों के दबाव को देखते हुए सरकार से अपने विचारों का सन्तुलन बिठाते हुए ही स्वदेशी का समर्थन करते हैं। जिस प्रकार देउस्कर और माधवराव सप्रे स्वदेशी को देश के स्वतंत्रता संग्राम से जोड़ने के लिए कटिबद्ध हैं, द्विवेदी जी वैसा नहीं करते। वे बहुत सधे हुए ढंग से राजनीतिक प्रश्नों से बचते हुए बन्धनरहित और बन्धननिहित व्यापार की विवेचना करते हुए स्वदेशी के प्रसंग को हल्के से छूते भर हैं—राजनीतिक सरोकारों से बचते हुए। पूछने का मन करता है—ऐसा क्यों?

इस 'क्यों' का सम्यक् उत्तर पाने के लिए हमें 'द्विवेदी जी' के 'सम्पत्तिशास्त्र' के उद्देश्यों की पड़ताल करनी होगी। दरअसल उनका इस ग्रन्थ के प्रणयन का उद्देश्य था—हिन्दी पाठकों को सम्पत्तिशास्त्र के सैद्धान्तिक और व्यावहारिक—दोनों पक्षों से सम्पूर्ण बोधगम्यता के साथ अवगत कराना। फिर यह प्रश्न उठता है कि आखिर वे हिन्दी पाठकों को सम्पत्तिशास्त्र से अवगत क्यों कराना चाहते हैं? द्विवेदी जी के शब्दों में—

> सम्पत्तिशास्त्र पढ़ने, और उस पर विचार करके उसके सिद्धान्तों के अनुसार व्यवहार करने से यहाँ की दरिद्रता थोड़ी-बहुत जरूर दूर हो सकती है। अच्छी तरह शिक्षा न मिलने और सम्पत्तिशास्त्र का ज्ञान न होने से हम लोग अपनी कमजोरियों को नहीं जान सकते; और देश की दशा क्यों खराब हो रही है, इसके कारणों को नहीं समझ सकते।[36]

वस्तुत: लेखक का मूलभूत उद्देश्य है—देश की आर्थिक दुरवस्था के कारणों को समझने के लिए सम्पत्तिशास्त्र का प्रणयन। उनका उद्देश्य देशी-विदेशी अर्थशास्त्रियों की सामग्री का अनुशीलन कर सम्पत्तिशास्त्र या अर्थशास्त्र के सिद्धान्तों की प्रस्तुति और उनके आलोक में देश की शोचनीय आर्थिक अवस्था के कारणों की पड़ताल और उनका यथासम्भव कारगर समाधान खोजने का प्रयास। इसलिए वह राजनीतिक शैली में ब्रिटिश शासन का विरोध अथवा स्वदेशी का समर्थन नहीं करता बल्कि वह हिन्दी पाठकों को इतना जागरूक और ज्ञानी बना देना चाहता है कि वे स्वयं ही बौद्धिक

और रचनात्मक—दोनों दृष्टियों से सक्षम होकर स्वतंत्रता संग्राम में सहभागी बन सकें।

जैसा कि हमने पूर्व में निवेदित किया द्विवेदी जी अर्थशास्त्र के आधारभूत सिद्धान्तों की विवेचना करके देश की आर्थिक दशा का दिग्दर्शन कराना चाहते थे। यही कारण है कि उन्होंने भूमि, श्रम, व्यय, पूँजी, सम्पत्ति की वृद्धि, सम्पत्ति का विनिमय, सम्पत्ति का वितरण, सम्पत्ति का उपभोग, साख, बैंकिंग, बीमा, व्यापार, कर आदि विषयों की बोधगम्य विवेचना की है। उन्होंने अर्थशास्त्र के प्राय: सभी विषयों को भारतीय और पाश्चात्य अर्थशास्त्रियों द्वारा निरूपित सिद्धान्तों के आधार पर व्याख्यायित किया है। वे पहले विषय को पारिभाषिक रूप से स्पष्ट करते हैं और फिर सरल उदाहरणों के द्वारा विषय को विस्तार देते हैं। उचित तो यह होता कि हम द्विवेदी जी द्वारा प्रस्तुत सभी विषयों की विवेचना करते किन्तु इससे अत्यधिक विस्तार से ग्रन्थ का सन्तुलन प्रभावित होता। दूसरे इन विषयों पर अब द्विवेदी जी के बाद इतना कुछ लिखा जा चुका है कि सामान्य विद्यार्थी भी इनकी मूलभूत अवधारणाओं से अवगत हैं। अत: इससे अनावश्यक पुनरावृत्ति की भी आशंका थी। जिन्हें उनके विचारों का विस्तार से अध्ययन करना हो वे सम्पत्तिशास्त्र का सांगोपांग अध्ययन कर सकते थे। हमारा उद्देश्य द्विवेदीजी के आर्थिक चिन्तन का समग्र और सारगर्भित अध्ययन करना है। इसके लिए हमें 'सब कुछ प्रस्तुत कर देने' के प्रलोभन से बचने के अतिरिक्त और कोई विकल्प नहीं है।

अब हम उस दौर की आर्थिक दुरवस्था से बाहर आने के लिए द्विवेदी जी द्वारा प्रस्तुत समाधानों की विवेचना करेंगे। इसमें कोई सन्देह नहीं कि वे अपनी इस सीमा से अवगत थे कि उन्हें अपने पाठकों को अर्थशास्त्र के मूलभूत सिद्धान्तों को प्रस्तुत करते हुए अर्थशास्त्र का एक ढाँचा खड़ा करना है। किन्तु अपनी इसी सीमा के अन्तर्गत वे देश की शोचनीय आर्थिक दशा के अंकन के साथ इस स्थिति से उबरने के लिए कुछ समाधान और सुझाव प्रस्तुत करते हैं। उन्होंने इस सम्बन्ध में निम्नलिखित सुझाव प्रस्तुत किये—

1. नए-नए उपायों से जमीन की उत्पादक शक्ति को बढ़ाना।
2. आबादी न होने के कारण अच्छी जमीन जो परती पड़ी है उसे आबाद करना।
3. वैज्ञानिक रीतियों से कला-कौशल और दस्तकारी की उन्नति करना।
4. कच्चा बाना देशांतर को न भेजकर यहीं सब तरह का माल तैयार करना।
5. नई-नई कलें जारी करके उपयोगी कारखाने खोलना।
6. पूँजी बढ़ाना और संभूय-समुत्थान के नियमानुसार व्यवसाय करना।[37]

ये इस प्रकार के उपाय है जिनके लिए द्विवेदी जी की दृष्टि में सरकार की सहायता की आवश्यकता नहीं। द्विवेदी जी चाहते हैं कि हमारे देश के लोग बिना

सरकार के हस्तक्षेप के स्वावलम्बन के द्वारा अपनी आर्थिक दुरवस्था से उबरने का प्रयत्न करें। ऊपर जो सुझाव उन्होंने दिये हैं उनके अतिरिक्त भी बहुत से सुझाव उन्होंने 'सम्पत्तिशास्त्र' में दिये हैं। हम उनकी चर्चा भी यथास्थान करेंगे। किन्तु अभी हमें द्विवेदी जी के उपर्युक्त सुझावों पर विचार करना है।

सबसे पहले लेखक जमीन की कम होती उत्पादक-क्षमता की चर्चा करता है। उनकी दृष्टि में—

> जिस जमीन में स्वाभाविक उर्वरा शक्ति है उसी में अधिक लागत लगाने और अधिक मेहनत करने से उपज अधिक हो सकती है। जिसमें यह शक्ति नहीं है उसमें चाहे जितनी लागत लगाई जाए और चाहे जितनी मेहनत की जाए कभी उपज अच्छी न होगी। अतएव जमीन की अर्थोत्पादकता का मुख्य कारण उसका उपजाऊपन है।[38]

भूमि की उर्वरा-शक्ति यदि बढ़ जाती है तो देशों में इतना अन्न-उत्पादन हो सकता है कि किसान आर्थिक बदहाली से काफी हद तक उबर सकते हैं। लेखक का मानना है कि जमीन की उर्वरा-शक्ति बढ़ाने के लिए पारम्परिक उपाय अपर्याप्त हैं। इसके लिए कृत्रिम उपायों को अपनाना होगा। इसके लिए हमें सिंचाई के नये साधन अपनाने होंगे। यदि खेती में अच्छी खाद का उपयोग किया जाए तो निश्चय ही भूमि अधिक उपजाऊ बनेगी। यूरोप में जिस प्रकार रसायनशास्त्र की मदद से जिन्स के अनुसार खाद का प्रयोग किया जाता है, हमें भी उसी प्रकार खाद का प्रयोग करना होगा। खेती के पुराने औजारों में भी बदलाव की आवश्यकता है। नये तरह के हल का उपयोग जो कलकत्ता, कानपुर आदि शहरों में आसानी से उपलब्ध है भूमि की उर्वरा-शक्ति में निश्चय ही वृद्धि करेगा। विदेश में बीज बोने से लेकर अनाज प्राप्त करने के लिए मशीनों का प्रयोग किया जाता है। यदि अपने देश में ऐसी मशीनों के बारे में प्रचार हो और उनको क्रय किया जाए तो कम खर्च में अनाज का अधिक उत्पादन सम्भव है।[39]

इसके बाद द्विवेदी जी कम आबादी वाले क्षेत्रों की परती पड़ी अच्छी जमीन के उपयोग पर प्रकाश डालते हैं—

> हिन्दुस्तान के कुछ प्रान्त ऐसे हैं जो बेतरह घने बसे हुए हैं। वहाँ बीघे भर भी परती जमीन नहीं मिलेगी। पर मध्य भारत में कई रियासतें ऐसी हैं जहाँ लाखों बीघे अच्छी जमीन यों ही पड़ी हुई है। जोतने-बोने वाला ही नहीं। ××× यदि लोग ऐसी-ऐसी जगहों में जाकर आबाद हों तो सम्पत्ति की वृद्धि हुए बिना न रहे।[40]

द्विवेदी जी का यह सुझाव पूरी तरह व्यावहारिक नहीं है। एक किसान जो

पीढ़ियों से अपनी जमीन पर खेती करता है। अपने गाँव में रहकर वह यहाँ की परम्परा और परिवेश में पूरी तरह रम गया है, उसके लिए अचानक किसी दूसरे प्रदेश में जा बसना और खेती करना आरम्भ कर देना सहज नहीं। किन्तु अपनी आर्थिक बदहाली से उबरने के लिए इस प्रकार के निर्णय के औचित्य को भी नकारा नहीं जा सकता।

लेखक का तीसरा सुझाव यह है कि शिल्प-कला और दस्तकारी के पुराने तरीक़ों को न अपनाकर नई वैज्ञानिक रीतियों का अनुसरण किया जाए। ऐसी चीजों को तैयार करने में नई तकनीकों का इस्तेमाल किया जाए। यदि हमारे दस्तकार पुराने तरीकों का उपयोग करके चीजें बनाते हैं तो एक तो वे कम मात्रा में बनाई जाएँगी और दूसरे उनकी गुणवत्ता भी सन्तोषजनक नहीं होगी। इसलिए लेखक मशीनों के उपयोग की आवश्यकता पर बल देता है।

> कपड़े इत्यादि जो चीजें, कलों से बनाई जाती हैं उनके विषय में एक बात याद रखने लायक है। वह यह कि ऐसी चीजों की उत्पत्ति, ख़र्च के हिसाब से अधिक होती है। अर्थात् उनकी तैयारी में ख़र्च कम पड़ता है। इसी से उनकी कीमत भी कम होती है। जहाँ तक कीमत से सम्बन्ध है, हाथ से बना हुआ कपड़ा कभी कलों से बने हुए कपड़े की बराबरी नहीं कर सकता। क्योंकि उत्पत्ति का ख़र्च जितना अधिक होता है, कीमत उतनी ही बढ़ती है।[41]

यही बात शिल्प और दस्तकारी की अन्य चीजों पर भी लागू होती है।

हमारे देश में प्राकृतिक संसाधनों की बहुलता के कारण कच्चा माल प्रचुर मात्रा में मौजूद है? किन्तु अंग्रेजी शासन ने अपने आर्थिक स्वार्थों की पूर्ति के लिए यहाँ के कच्चे माल को अपने देश भेजना प्रारम्भ कर दिया और वहाँ के तैयार माल से यहाँ के बाजार को पाट दिया।

> ××× 1834-35 में सारे योरप से जितना माल इस देश में आया था, 16 वर्ष बाद, अर्थात् 1850 में, उससे दूना आधा-दूना क्यों दूने से भी अधिक। बेचारे हिन्दुस्तान को इस माल का मोल अधिकतर अनाज, रुई, रेशम और ऊन आदि कच्चे बाने ही की रफ़्तनी से चुकाना पड़ा; क्योंकि और माल भेजने का तो द्वार ही विलायत वालों ने बन्द कर दिया था। फिर जितने का माल उसने विदेश से पाया उससे ड्योढ़ी कीमत का उसे विदेश भेजना पड़ा, जिसके बदले माल के रूप में उसे कुछ भी न मिला।[42]

इस स्थिति से उबरने के लिए लेखक यह आवश्यक समझता है कि हमारे देश के लोग ही कच्चे बाने से माल तैयार करें और स्वयं इस माल के विक्रय से लाभ

उठाएँ। किन्तु उस दौर में अंग्रेजी शासन की अधीनता में ऐसा करना किसी भी दृष्टि से सम्भव न था। किन्तु वह मानता है कि यदि भारत में उद्योग स्थापित हों और हमारे पूँजीपतियों में जागरूकता आए; वे नई उन्नत तकनीकों का इस्तेमाल करें तो कच्चा बाना बिना विदेश भेजे देश को स्वावलम्बी बनाया जा सकता है। इसीलिए अपने चौथे सुझाव में वह इस देश में कल-कारखानों की अधिकाधिक स्थापना पर बल देता है। भारत में जिन लोगों के पास पूँजी है वे उसे लेकर कोई जोखिम नहीं उठाना चाहते। वे या तो इसे किसी न किसी रूप में अपने पास रखना चाहते हैं या इस पूँजी को किसी को उधार देकर जो ब्याज मिलता है उससे सन्तुष्ट हो जाते हैं।

> यही पूँजी यदि किसी बड़े उद्योग-धंधे में लगाई जाए तो लगाने वाले का रुपया एक दिन भी बेकार न रहे।[43]

यहाँ यह भी उल्लेखनीय है कि उस दौर में सरकार की नीतियाँ ऐसी थीं कि कच्चा माल यहाँ से बढ़ी हुई महसूल की दरों पर जाता था और विदेश से तैयार माल कम महसूल की दरों पर यहाँ आता था। यदि इसी कच्चे माल से देश में ही उत्पादन हो, वस्तुएँ सस्ती भी मिलेंगी और सर्वसुलभ भी होंगी। इसके लिए ही यदि देश में ही, देश के लोग बड़े-बड़े कारखाने लगाएँ—भारी उद्योग स्थापित करें तो देश की आर्थिक दुरवस्था पर एक हद तक नियंत्रण पाया जा सकता है।

उस दौर में और आज भी प्रश्न यह है कि बड़े कारखाने का उद्योग लगाए कैसे जाएँ? वर्तमान में तो शेयर निर्गत करके धन एकत्रित करके, सरकारी सुविधाओं का लाभ उठाकर बड़े-बड़े कारखाने और उद्योग स्थापित कर लिये जाते हैं। किन्तु उस समय ऐसा करना सरल नहीं था। एक तो जिनके पास पूँजी होती थी वे उसे साथ रखने में रुचि रखते थे। ऐसा इसलिए था कि अंग्रेजी शासन से पहले डकैती और चोरी बहुत होती थी। किन्तु शासन द्वारा कानून व्यवस्था लागू करने से जनता का धन सुरक्षित रहता था। अत: द्विवेदी जी साझेदारी या संभूय-समुत्थान के द्वारा बड़े उद्योग या कारखाने स्थापित करने का आह्वान करते हैं—

> ××× हमें कम्पनियाँ खड़ी करके काम करना चाहिए। कुछ आदमियों को मिलकर, अपनी अभीष्ट सिद्धि के लिए, चन्दे के द्वारा पूँजी इकट्ठी करनी चाहिए। इसके बाद कुछ प्रतिष्ठित और पुरुषार्थी मनुष्यों की एक प्रबन्धकारिणी कमेटी बना लेनी चाहिए और एक योग्य और तजुर्बेकार आदमी को उसका अधिष्ठाता नियत करके उसी को कम्पनी चलाने का भार दे देना चाहिए। ××× इस प्रकार जहाँ जैसी आवश्यकता हो कम्पनियाँ खड़ी करके कोई भी काम या कारखाना सुगमता से चलाया जा सकता है और यहाँ के मृतप्राय उद्योग धंधों का पुनरुज्जीवन किया जा सकता है।[44]

उस दौर की दूसरी कठिनाई यह थी कि अपनी पूँजी को लेकर लोग किसी तरह का जोखिम नहीं उठाना चाहते थे। वे अपना रुपया ब्याज पर उधार देते थे। उनका धन और ब्याज सुरक्षित रहे इसके लिए ज़ेवर आदि गिरवी रखकर भी रुपया ब्याज पर उधार देने का प्रचलन था। वर्तमान में बैंकिंग व्यवस्था उन्नत होने के कारण अब यही काम बैंकों के द्वारा होने लगा है। तब भी बहुत से लोग बैंक में जमा करके ब्याज अर्जित करते थे। द्विवेदी जी के अनुसार—

> यही पूँजी किसी बड़े उद्योग-धंधे में लगाई जाए तो लगाने वाले का रुपया एक दिन भी बेकार न रहे। साथ ही उसे अपनी पूँजी लगाने के सम्बन्ध की लिखा-पढ़ी या प्रबन्ध आदि के बखेड़े में भी पड़ने की जरूरत न हो। संभूय-समुत्थान के नियमानुसार व्यवसाय करने वाली कम्पनियों में रुपया लगाने से हमेशा रुपया बढ़ता रहता है और रुपया लगाने वाला घर बैठे उससे लाभ उठाया करता है।[45]

संभूय-समुत्थान में तीसरी बाधा लोगों में जोखिम उठाने से बचने की प्रवृत्ति है।

> कितनी ही कम्पनियाँ बड़े उत्साह और आडम्बर से खड़ी की गईं, परन्तु थोड़े ही दिनों में उनका दिवाला निकल गया। फल यह हुआ कि किसी-किसी रुपया लगाने वाले की घर-गृहस्थी तक बिक गई। इसी से जिस तरह दूध का जला छाछ भी फूँक-फूँककर पीता है, रुपया लगाने में लोग हिचकिचाते हैं।[46]

लेखक इस बात से पूरी तरह सहमत है कि निश्चय ही बड़े उद्योग और कारखानों में पूँजी लगाना जोखिम का कार्य है। किन्तु यदि पूँजी लगाने से पहले पूरी बारीकी से छानबीन की जाए कम्पनी के सम्पूर्ण ढाँचे पर—उसकी भविष्य की सम्भावनाओं पर पूरी सजगता और सावधानी से विचार कर लिया जाए तो जोखिम की आशंकाएँ प्रायः नहीं रहतीं।

> ××× आदमी को अपना मन खूब भर लेना चाहिए कि यह कम्पनी चलेगी या नहीं। जब सब तरह से दिलजमई हो जाए तब रुपया देना चाहिए। जिन कारणों से काँच और दियासलाई आदि के छोटे-छोटे कारख़ाने न चल सके उन पर खूब अच्छी तरह विचार करके काम शुरू करना चाहिए।[47]

लेखक संभूय-समुत्थान में चौथी बाधा पारस्परिक अविश्वास को मानता है। हमें एक-दूसरे पर उनकी नीयत को लेकर प्रायः विश्वास नहीं होता।

> लोगों को एक अन्धविश्वास हो गया है कि प्रत्येक आदमी अपने व्यवसाय

> में कुछ-न-कुछ चालाकी जरूर करता है। इसी बुनियाद पर लोग कह देते हैं कि कम्पनियों के मैनेजर जरूर चतुर आदमी रखे जाते होंगे।[48]

निस्सन्देह यह मान लेना व्यक्ति की स्वाभाविक प्रवृत्ति है। किन्तु यदि किसी को बड़े उद्योग में पूँजी लगानी है तो उसे अपने विवेक का उपयोग करके अपने विश्वास को पुष्ट करना होगा।

> रुपया लगाने वालों को सावधान जरूर रहना चाहिए, परन्तु अपने साथियों का कुछ विश्वास भी करना चाहिए। उनको समझाना चाहिए कि एक सुसंगठित कम्पनी में गोलमाल करना बहुत मुश्किल है; क्योंकि ऐसी कम्पनियों के प्रबन्धकर्ता मन्दिरों के महंतों की तरह नहीं होते। यहाँ सारा हिसाब-किताब यथानियम रखा जाता है। मैनेजर के ऊपर कितने ही तज़ुर्बेकार और इज़्जतदार डाइरेक्टर्स (Directors) होते हैं। छोटे-छोटे खर्च भी कई जगह लिखे जाते हैं। इसके सिवा हर साझीदार के पास हर साल जमा-ख़र्च का ब्यौरेवार चिट्ठा भेजा जाता है। वह खुद भी वार्षिक या छमाही मीटिंग में डाइरेक्टरों से जो चाहे पूछ सकता है और जब चाहे हिसाब की जांच कर सकता है।[49]

इस प्रकार पूँजी लगाने वाला यदि हिसाब-किताब में पारंगत हो—सजग और सावधान हो तो पूँजी डूबने की आशंका प्राय: नहीं होती।

द्विवेदी जी ने आर्थिक दुरवस्था से उबरने के लिए श्रम को विशेष महत्त्व दिया है। उनके अभिमतानुसार श्रम वस्तुओं को गति प्रदान करने का माध्यम है। श्रम के द्वारा वस्तुएँ गति प्राप्त करती हैं। जितने जड़ पदार्थ हैं श्रम उनको सक्रिय करता है। उसकी सहायता के बिना सम्पत्ति का उत्पन्न होना सम्भव नहीं। उत्पादक श्रम से सम्पत्ति की बढ़ोतरी में निरन्तरता बनी रहती है जबकि अनुत्पादक श्रम से एक स्थिति में ऐसा नहीं होता। मनोरंजन अथवा विलासिता की वस्तुएँ बनाने से सम्पत्ति उत्पन्न होने में निरन्तरता नहीं रहती।[50]

> काश्तकार, बढ़ई, लोहार आदि का श्रम प्रत्यक्ष उत्पादक है, जिसके कारण जड़ पदार्थों में चिरस्थायी उपयोगिता पैदा हो जाती है उसी श्रम का नाम उत्पादक श्रम है।[50]

लेखक ने श्रमजीवियों के उन दोषों की ओर भी संकेत किया है जिनके कारण श्रम के वांछित परिणाम नहीं मिलते। इन दोषों में नशे का व्यसन; ईमानदारी का अभाव; कार्यकुशलता की कमी; अशिक्षा आदि प्रमुख हैं। इन दोषों के रहते श्रम से न श्रमिक सुखी रहता है और न समग्र रूप में सम्पत्ति की वृद्धि होती है। लेखक का मानना है कि—

> यदि देश में शिक्षा का प्रचार हो जाए और श्रमजीवी लोग शिक्षित हो जाएँ तो उनके ये दोष बहुत कुछ दूर हो सकते हैं। क्योंकि शिक्षित आदमी विश्वास और संयमशीलता के गुणों को अच्छी तरह जान जाते हैं। इससे वे संयमशील और विश्वसनीय बनने की कोशिश करते हैं। शिक्षा से उनकी बुद्धि परिमार्जित हो जाती है, उनके ज्ञान की वृद्धि हो जाती है, उन्हें उन्नति के उपाय सूझने लगते हैं। इस कारण वे अधिक सम्पत्ति पैदा कर सकते हैं—उनका श्रम अधिक उत्पादक हो जाता है।[51]

समग्रत: लेखक देश की शोचनीय आर्थिक दशा से उबरने के लिए श्रम की महत्ता को रेखांकित कर देश की सम्पत्ति में बढ़ोतरी के लिए एक नई दिशा का उद्‌घाटन करता है।

वस्तुत: 'सम्पत्तिशास्त्र' भारतेन्दु युग से लेकर स्वतंत्रतापूर्व तक अर्थशास्त्र की पहली व्यवस्थित और मौलिक कृति है। हिन्दी नवजागरण के आर्थिक चिन्तन की परम्परा में 'सम्पत्तिशास्त्र' का प्रणयन एक ऐतिहासिक घटना है, क्योंकि अर्थशास्त्र के प्राय: प्रत्येक पक्ष को सम्पूर्णता से उद्‌घाटित करने वाली यह पहली पुस्तक है। वर्तमान में जब ग्लोबल अर्थव्यवस्था के अन्तर्गत बड़े-छोटे देशों में अपने-अपने आर्थिक स्वार्थों को लेकर उठा-पटक हो रही है—नई-नई आर्थिक मान्यताओं और प्रतिबद्धताओं का उद्‌भव और पराभव हो रहा है, भले ही सम्पत्तिशास्त्र बहुत प्रासंगिक न रह गया हो; किन्तु बीसवीं शती के उस प्रारम्भिक दौर में जब हिन्दी पाठक अर्थशास्त्र के मूलभूत सिद्धान्तों के प्राय: अनभिज्ञ था, पूरा देश आर्थिक दुरवस्था की काली छाया से ग्रस्त था, सम्पत्तिशास्त्र एक विराट् आलोक स्तंभ बनकर सामने आया। निश्चय ही द्विवेदी जी ने सम्पत्तिशास्त्र में राजनीतिक निहितार्थों को अधिक महत्त्व नहीं दिया। यह भी सही है कि 'सम्पत्तिशास्त्र' में प्रस्तुत उनका आर्थिक चिन्तन पूरी तरह निर्विवाद नहीं। किन्तु यह तो मानना होगा कि द्विवेदी जी इस पुस्तक के माध्यम से—अर्थशास्त्र के सैद्धान्तिक आवरण में अपने समय में भारत की गरीबी के मूलभूत कारणों को समझने और उनका निदान खोजने की भगीरथ चेष्टा कर रहे थे। वर्तमान में जब हम एक नये तरह के उपनिवेशवाद के दबावों को झेल रहे हैं 'सम्पत्तिशास्त्र' की बहुत सी मान्यताएँ, सिद्धान्त और अवधारणाएँ हमारे आज के परिवेश में प्रासंगिकता के नये सन्दर्भ जोड़ती हैं।

'सम्पत्तिशास्त्र' के बाद भी द्विवेदी जी 'सरस्वती' में अपने आर्थिक विचारों को अभिव्यक्ति देते रहे। इस दौर में अपने समय की राजनीतिक गतिविधियों ने भी उन्हें एक हद तक प्रभावित किया। इसलिए उनके सत्ता-विरोध के तेवर भी उनके विचारों में देखने को मिल जाते हैं। सरस्वती के फरवरी, 1923 के अंक में वे आबकारी महकमे की रिपोर्ट पर अपनी तल्ख़ टिप्पणी में लिखते हैं—

उससे (सरकार से) कहिए, महसूल बढ़ाने और दुकानें कम कर देने से यह रोग दूर नहीं हो सकता। जिन्हें नशे का चसका है, वे दो-चार कोस की मंजिल मारकर भी अफ़ीम और भंग लावेंगे और क़ीमत अधिक हो जाने पर भी लोटा-थाली बेचकर उसे ख़रीदेंगे। पर सरकार इस दलील को लचर समझती है। सरकार, यह दो करोड़ की आय और किसी मद से वसूल कर लीजिए। पर यह दलील भी, और इस तरह की अन्य दलीलें भी उसे खोखली जान पड़ती हैं। शायद वह यह कहती होगी कि जिन लोगों का काम—जिन लोगों की दावतें—शराब आदि के बिना फीकी ही रहती हैं, उनके सुभीते का भी तो कुछ खयाल करना होगा।[52]

यहाँ जिस तरह व्यंग्य का आश्रय लेकर सरकार की लान्त-मलामत की गई है; लेखक के मन में सरकार की आबकारी विषयक गलत नीतियों के कारण बढ़ती नशाखोरी से जो आक्रोश है वह सम्पत्तिशास्त्र के आर्थिक चिन्तन का अगला पड़ाव है, जहाँ तक वह इस नशाखोरी को लेकर सरकार से दो-दो हाथ करने के लिए तैयार है। लेखक अपने ढंग से सरकार से प्रश्न करता है कि गाँजा, भंग, शराब, अफीम, चरस तो इसी देश में पैदा होता है और नशेबाज़ इन्हीं का उपयोग प्राय: करते हैं किन्तु कोकीन को सरकार क्यों जर्मनी से पाँच सेर तक मँगाकर गोदाम में रखती और कम होने पर वहाँ से मँगाती है? उसके पीछे सरकार की क्या नीयत है? सरकार को चाहिए कि इसे मँगाना बन्द करे। उसने आबकारी रेपोर्ट के आधार पर तथ्य सहित इस बात की पुष्टि की कि सरकार घाटा होने पर इन चीजों पर महसूल बढ़ाकर अपना घाटा पूरा कर लेती है क्योंकि किसी कीमत पर मिले नशे के आदी को तो उसे खरीदना ही है। यहाँ सरकार को दोष देते हुए भी वह सरकार को श्रेय देता है कि नये प्रबन्ध के अनुसार सरकार ने बहुत सी दुकानें तोड़ दी हैं। मेलों, समारोहों में भी शराब का विक्रय नहीं होता। होली पर भी दुकानें बन्द रहती हैं। और यदि सरकार ने 33 लाख रुपये कम कमाए तो इसका एक कारण पूरे जिलों में असहयोगियों का मचाया हुआ ऊधम है।

ऊपर के उद्धरण को ध्यान से पढ़ें तो स्पष्ट होगा कि लेखक सरकार की आबकारी नीति से क्षुब्ध तो है किन्तु वह जितना भी नशे की लत को लेकर सरकार थोड़े-बहुत कदम उठाती है उनकी प्रशंसा करने से नहीं चूकती। सबसे दुखद यह है कि यदि असहयोग आन्दोलन के कार्यकर्ता अहिंसक ढंग से शराबबन्दी के लिए आन्दोलन करते हैं तो यह उसे 'ऊधम' लगता है। दरअसल द्विवेदी जी भारत की स्वतंत्रता के आन्दोलन की हर राजनीतिक गतिविधि से स्वयं को अलग करना चाहता है। इसीलिए उसका आर्थिक चिन्तन आर्थिक राष्ट्रवाद से छिटककर दूर जा पड़ता है। किन्तु इसमें कोई सन्देह नहीं कि आबकारी विभाग की रिपोर्ट पर उसकी प्रतिक्रिया

सारगर्भित, प्रामाणिक और सरकार की आबकारी नीति के विरुद्ध है। यह प्रतिक्रिया आज के दौर में इसलिए अधिक प्रासंगिक है क्योंकि इस प्रजातांत्रिक दौर में भी सरकार की आबकारी सम्बन्धी नीतियाँ लगभग वही हैं जो उपनिवेशवाद शासन के दौरान थीं।

जैसा कि पहले कहा जा चुका है कि द्विवेदी जी इस बात से अभिज्ञ भी हैं और चिन्तित भी कि बहुत सी चीजें जो भारत में बहुतायत से तैयार होती थीं अब कच्चे माल के बदले विदेश से आती हैं। इससे देश को गम्भीर आर्थिक क्षति पहुँचती है। विशेष रूप से वस्त्रोद्योग में सरकार की आर्थिक नीतियों से देशी उद्योग की दयनीय दशा होती जा रही थी। किन्तु द्विवेदी जी पूरी तरह स्वदेशी को अपनाने को अनेक दृष्टियों से देखते-परखते हैं। वे इस परिप्रेक्ष्य में गांधीजी के असहयोग आन्दोलन पर इन शब्दों में टिप्पणी करते हैं—

> जो लोग इस बात को समझते हैं, वे उपाय भर अपने ही देश का बना वस्त्र काम में लाते हैं। तथापि ऐसे समझदार आदमियों की संख्या बहुत कम थी। पर असहयोग की कृपा से, अब उनकी संख्या बहुत अधिक हो गई है। इन लोगों की सलाह है कि विदेशी वस्त्र का एकदम परित्याग कर दो। उसके बदले केवल गाढ़ा—केवल हाथ का बुना हुआ खद्दर—काम में लाओ। देश ही में काते गए सूत से तैयार हुआ खद्दर व्यवहार करो। ऐसा करने से न विदेशी कपड़े के कारखानादारों ही को कुछ देना पड़ेगा और न सूत तैयार करने वालों ही को। इससे अपना साठ-सत्तर करोड़ रुपया हर साल बच जाया करेगा; सूत कातने और खद्दर तैयार करने वालों का व्यवसाय चमक उठेगा; देश की दीनता धीरे-धीरे दूर हो जाएगी। उनकी यह दलील बहुत ठीक जान पड़ती है।[53]

किन्तु द्विवेदी जी असहयोग आन्दोलन से जुड़े लोगों की इस दलील से पूरी तरह सहमत नहीं हैं। उन्हें देसी-विदेशी पुतलीघरों और कारखाने के मालिकों की चिन्ता होने लगती है—

> पर असहयोगियों की इस शिक्षा से देश और विदेश दोनों के पुतलीघरों के मालिकों को हानि पहुँच सकती है। ××× यहाँ जो कपड़ा आता, वह अधिकतर अँगरेजों ही की विलायत से आता है। वह यदि न आवे तो वहाँ के लाखों आदमी भूखों न मरें तो बेकार जरूर हो जायँ। ××× इसी से अधिकांश लोग खुल्लमखुल्ला विदेशी वस्त्र का बहिष्कार करते सकुचाते हैं। कुछ लोग अच्छे-बारीक, सस्ते और तरहदार कपड़ों की इच्छा होने से भी गाढ़े को नहीं पसन्द करते।[54]

तो असहयोग आन्दोलन से जुड़ी स्वदेशी अवधारणा को अमान्य करने में द्विवेदी जो तर्क देते हैं वे किसी भी राष्ट्र-प्रेमी को ग्राह्य नहीं हो सकते। स्वयं द्विवेदी जी भी इन तर्कों से पीछे हटने को तैयार हैं किन्तु इसके लिए असहयोगियों की जानबूझकर सरकार को तंग करने की नीति के वे समर्थक नहीं।

> पर यदि उनके इस कार्य की जड़ में द्वेष-भाव न हो, यदि वे केवल अपने देश की अर्थोन्नति के लिए ही स्वदेशी वस्त्र के प्रचार की आवश्यकता समझते हों तो इस विषय में उनके विरोधियों को भी कुछ कहने-सुनने के लिए जगह नहीं।[55]

द्विवेदी जी असहयोग से जुड़े लोगों की नीयत के प्रति शंकालु हैं किन्तु वे मन-ही-मन विदेशी वस्त्र-व्यवसाय को चपत लगने से मन-ही-मन प्रसन्न भी है।[56]

वस्तुतः द्विवेदी जी के उपर्युक्त विचारों को उसके सही परिप्रेक्ष्य में समझने के लिए हमें उनके मानस को समझना होगा। दरअसल उन्हें देश-हित में विदेशी वस्तुओं के बहिष्कार से कोई आपत्ति नहीं। उन्हें आपत्ति है सरकार को जानबूझकर परेशान करने की नीयत से। वे किसी भी विषय पर न स्वयं सरकार से सीधे-सीधे टकराना चाहते हैं और न किसी भी आन्दोलन को इसकी अनुमति देने के लिए तैयार हैं। वे इस सबके लिए मध्यम मार्ग का ही अनुसरण करते हैं।

द्विवेदी जी ने सरस्वती में टैक्स देने और खर्च करने के अधिकार पर एक सारगर्भित टिप्पणी प्रस्तुत की है। उनकी दृष्टि में—

> जो कर दिया जाता है वह भी एक प्रकार का चन्दा ही है। ××× कर इसलिए दिया जाता है कि उसकी सहायता से कर देने वालों के जान-माल की रक्षा की जाय, उनके सुख-चैन के साधनों की वृद्धि की जाय, उनकी तकलीफें दूर की जायँ और आराम से रहने के लिए सब तरह के सुभीते कर दिये जायँ।[57]

किन्तु जो टैक्स सरकार वसूल करती है उससे वह मनमाना खर्च करती है। कई बार इस खर्च का टैक्स देने वालों के हित से कोई सम्बन्ध नहीं होता। ऐसी स्थिति में लेखक का मानना है कि—

> ××× जो लोग कर देते हैं, उनको यह अधिकार होना चाहिए कि अपने दिए हुए रुपये के जमा-खर्च की वे जाँच करें, जिस मद में जितना खर्च करना चाहें करें, जिस खर्च को चाहें तोड़ दें और जिसको चाहे बढ़ा दें। जिन लोगों के हाथ में कर का रुपया रहता है वे कर देने वालों के एजेंट मात्र हैं। वे उनके मुनीम जी हैं और कुछ नहीं। कर देने वाले लाखों-करोड़ों होते हैं। वे सभी जांच का काम नहीं कर सकते। उनमें से अधिकांश जाँच

करने की योग्यता भी नहीं रखते। अतएव वे अपने प्रतिनिधियों द्वारा यह काम कराते हैं।[58]

लेखक का यह दृष्टिकोण निस्सन्देह उसके समय की परिस्थितियों को देखते हुए क्रान्तिकारी है। वर्तमान में जो प्रजातांत्रिक व्यवस्था है उसके अन्तर्गत कर से प्राप्त आय पर निगरानी के लिए सांसद और विधायक के रूप में जनप्रतिनिधि तो हैं किन्तु सरकार का बहुमत होने पर वह बिना किसी रोक-टोक के अपने राजनीतिक स्वार्थों की पूर्ति के लिए मनमाना खर्च करती है। जनता जो आर्थिक बारीकियों को अशिक्षित तथा अर्द्धशिक्षित होने के कारण नहीं समझ पाती, यह सब होते हुए देखती रहती है। इस सम्बन्ध में लेखक का मानना है कि—

> कर देने वाले यदि शिक्षित हो जायँ और अपने अधिकार यदि उनकी समझ में आ जायँ तो उनकी इच्छा के अनुकूल कार्य होने के मार्ग में जो बाधाएँ आती हैं, उनके दूर होने में देर न लगे। अतएव हर जाति हर देश और हर प्रान्त में शिक्षा-विस्तार की सबसे अधिक जरूरत है।[59]

लेखक ने ब्रिटिश सरकार के राजवंश को मिलने वाली भारी-भरकम रकम पर भी दृष्टिपात किया है। उसने राजपुरुषों को मिलने वाली रकम की एक सूची प्रस्तुत की है—

	राजा को मिलने वाली रकम	**पौंड**
1	जेब ख़र्च	1,10,000
2	नौकर-चाकरौं की तनख़्वाह	1,25,000
3	निजी ख़र्च	1,93,000
4	इमारत-ख़र्च	20,000
5	दान-पुण्य	13,200
6	फुटकर	8,000
	कुल	4,69,200

राजवंश के और लोगों को क्या मिलता है, वह भी देख लीजिए—

1	महारानी अलेग्जांड्रा	70000
2	ड्यूक आव् कनाट	25000

3	प्रिंस आव् वेल्स को कुछ नहीं क्योंकि उन्हें उनकी जायदाद से काफ़ी आमदनी होती है। 1921 में उससे 1,94,020 पौंड की आमदनी हुई थी जिसमें से उन्हें दिये थे—	33,736
4	ड्यूक आव् यार्क की तरह प्रत्येक राजा के प्रत्येक राजकुमार को—	10000
5	कुमारी मेरी	6000
6	महारानी मेरी यदि अपने पति के बाद जीती रहें तो उन्हें मिलेंगे—	70000[60]

इस तालिका को प्रस्तुत करने से पहले लेखक भारत में राजाओं और बादशाहों के शाही ख़र्च से इंग्लैंड के शाही परिवार के ख़र्च की इस दृष्टि से तुलना करता है कि जहाँ भारत के राजा और बादशाह पर अपने खर्च पर अंकुश नहीं था। वे मनमाना खर्च करने के लिए स्वतंत्र थे। किन्तु इंग्लैंड के शाही परिवार का कोई सदस्य बिना पार्लियामेंट की अनुमति के कुछ भी व्यय नहीं कर सकता।[61] इसमें कोई सन्देह नहीं कि इंग्लैंड में शाही परिवार का प्रत्येक सदस्य व्यय की राशि प्राप्त करने के लिए अपनी पार्लियामेंट का मुखापेक्षी है। किन्तु पार्लियामेंट भी शाही परिवार के सदस्यों पर कितना खर्च करती है, वह उपर्युक्त तालिका से स्पष्ट है। किन्तु भारत की दरिद्र प्रजा किस प्रकार कितनी कठिनाई से अपना भरण-पोषण करती है इंग्लैंड के शाही खर्चों की तुलना इससे होनी चाहिए।

> इधर अपने देश, भारतवर्ष के क़ानून का यह है कि प्रजा के प्रतिनिधि के एक नहीं तीन-तीन दफ़े नमक पर कर बढ़ाना नामंजूर करने पर भी, उसी इंग्लैंड के राजा के प्रतिनिधि, वाइसराय, उसे अपने अधिकार के बल पर दूना कर देते हैं।[62]

इसी क्रम में लेखक नये शासन सुधार के अन्तर्गत भारत के मुख्य मुख्य अधिकारियों के वार्षिक वेतन की सूची प्रस्तुत करता है, जिस पर दृष्टिपात कर लेना सार्थक और मनोरंजक होगा—

नये शासन-सुधार में भारत के मुख्य अधिकारियों का वार्षिक वेतन

1	भारत के गवर्नर जनरल	2,56,000
2	बंगाल, मदरास, बम्बई और संयुक्त प्रदेश के गवर्नर	1,28,000
3	भारत के प्रधान सेनापति (कमांडर इन चीफ़)	1,00,000
4	पंजाब और बिहार-उड़ीसा के गवर्नर	1,00,000

5	मध्य प्रदेश के गवर्नर	72,000
6	आसाम के गवर्नर	66,000
7	गवर्नर जनरल के प्रबन्धकर्तृ कौंसिल के मेम्बर (प्रधान सेनापति को छोड़कर	80,000
8	बंगाल, मदरास, बम्बई और संयुक्त प्रदेश के गवर्नर के प्रबन्धकर्तृ कौंसिल के मेंबर	64,000
9	पंजाब और बिहार-उड़ीसा के गवर्नर के प्रबन्धकर्तृ कौंसिल के मेंबर	60,000
10	मध्य प्रदेश के गवर्नर के प्रबन्धकर्तृ कौंसिल के मेंबर	48,000
11	आसाम के गवर्नर के प्रबन्धकर्तृ कौंसिल के मेंबर	42,000[63]

द्विवेदी जी ने ब्रिटेन के शाही परिवार के सदस्यों और भारत के प्रमुख अधिकारियों के व्यय और वेतन की जो सूची प्रस्तुत की है उसका प्रमुख उद्देश्य यही था कि वे पाठकों को जानकारी दे सकें कि आर्थिक दुरवस्था से बेहाल भारतवासियों की तुलना में इन्हें मिलने वाली राशि इतनी बड़ी थी कि जिसकी यहाँ के लोग कल्पना भी नहीं कर सकते। दरअसल द्विवेदी जी अंग्रेज सरकार द्वारा किये गए भारत के आर्थिक शोषण के विरोध में स्वयं टिप्पणी नहीं करते बल्कि तथ्यों की प्रस्तुति कर बहुत कुछ पाठकों पर सोचने के लिए छोड़ देते हैं।

हिन्दी नवजागरण के आर्थिक चिन्तन की परम्परा में द्विवेदी जी इसलिए महत्त्वपूर्ण हैं क्योंकि भारतेन्दु, पं. सदानन्द मिश्र (सारसुधानिधि के सम्पादक), प्रेमघन, प्रतापनारायण मिश्र आदि ने अंग्रेज सरकार की नीतियों और उसमें छिपी देश के आर्थिक शोषण की नीयत को उजागर तो किया किन्तु हिन्दी समाज को अर्थशास्त्र के मूलभूत सिद्धान्तों से परिचित कराने के साथ-साथ देश की आर्थिक दुरवस्था के अंकन और उससे उबरने के लिए ठोस सुझाव प्रस्तुत करने का कार्य महावीर प्रसाद द्विवेदी के द्वारा ही सम्पन्न हुआ। भले ही आर्थिक राष्ट्रवाद के राजनीतिक आन्दोलनों से बचते हुए यह कार्य सम्पन्न किया किन्तु इसमें कोई सन्देह नहीं कि द्विवेदी जी के आर्थिक चिन्तन का हिन्दी समाज पर व्यापक प्रभाव पड़ा और अर्थशास्त्र के मूलभूत प्रश्नों तथा सिद्धान्तों से उनका जुड़ाव सम्भव हुआ।

सरस्वती में प्रकाशित अन्य लेखकों का आर्थिक चिन्तन

हमने आचार्य महावीर प्रसाद द्विवेदी जी के आर्थिक चिन्तन से परिचय प्राप्त किया।

किन्तु हमें यह भी ध्यान में रखना होगा कि द्विवेदी जी के साथ-साथ 'सरस्वती' में अन्य लेखकों के विचार भी समय-समय पर प्रकाशित होते रहे। इन विचारों से अवगत हुए बिना हम इस दौर के आर्थिक चिन्तन को सम्पूर्णता से नहीं समझ सकते। भले ही यह चिन्तन स्फुट और इतस्त: बिखरा हुआ है किन्तु उसमें बहुत से ज्वलंत प्रश्नों पर सार्थक टिप्पणियाँ की गई हैं।

माधवराव सप्रे के प्रमुख आर्थिक विचारों को हम उनके विस्तृत निबन्ध 'स्वदेशी आन्दोलन और बॉयकॉय' में देख चुके हैं। सप्रेजी ने 'सरस्वती' में भी अपने महत्त्वपूर्ण आर्थिक दृष्टिकोण को लेकर अनेक लेख प्रकाशित किये हैं। वर्ष 1907 में 'इंग्लैंड की व्यापार नीति' शीर्षक से एक लेख प्रकाशित हुआ। इस लेख में सप्रेजी ने अप्रतिबद्ध और संरक्षित व्यापार-नीतियों की विवेचना करते हुए लिखा था—

> अप्रतिबद्ध व्यापार नीति के अन्तर्गत सरकार देश से आने वाले माल को देश में आने में कोई बाधा उत्पन्न नहीं करती। यह माल बिना टैक्स के देश में आता है। माल का स्वतंत्र क्रय-विक्रय होता है। संरक्षित व्यापार-नीति में वह स्वदेश के व्यापार की उन्नति के लिए—स्वदेश के कारीगरों के रोजगार की वृद्धि के लिए—तथा विदेशी कारखानेदारों की प्रतिस्पर्द्धा से बचने के लिए स्वदेश में आने वाले परदेशी माल पर कर लगानी है। इससे परदेश का माल महँगा हो जाता है और स्वदेश का सस्ता।[64]

अपने 'हड़ताल' नामक निबन्ध में सप्रेजी ने बिना किसी हिचक के श्रमिकों की हड़ताल के औचित्य का समर्थन किया है—

> जब किसी देश की सम्पत्ति थोड़े से पूँजीवालों के हाथ आ जाती है और अन्य लोगों को मज़दूरी से अपना निर्वाह करना पड़ता है, तब पूँजीवाले अपने व्यापार का नफ़ा स्वयं आप ही ले लेते हैं और जिन लोगों के परिश्रम से यह सम्पत्ति उत्पन्न की जाती है उनको वे पेट भर खाना भी नहीं देते। ऐसी दशा में श्रम करने वाले मजदूरों को हड़ताल करनी पड़ती है।[65]

सरकार को एक विशाल कारखाने के मालिक के रूप में प्रस्तुत करके सप्रेजी ने उसके द्वारा किये गए अन्याय पर अपनी प्रतिक्रिया इन शब्दों में व्यक्त की है—

> यदि यह कहा जाय कि, इस देश की गवर्नमेंट एक बड़े कारखाने की मालिक है, तो अतिशयोक्ति न होगी। जब इस प्रकार के मालिक के मज़दूर पेट भर भोजन पाने और सुख से रहने का दावा करते हैं, और जब

राजसत्ता से यह दावा नामंजूर किया जाता है, तब वह केवल अर्थशास्त्र ही का विषय नहीं रह जाता; उस समय केवल अर्थशास्त्र के साधारण नियमों का अवलम्बन करने से कुछ लाभ नहीं होता। ऐसी दशा में अन्य उपायों का अवलम्बन करना पड़ता है, जिनका वर्णन इंग्लैंड और यूरप के अन्य देशों के इतिहासों में किया गया है। परन्तु इस विषय की चर्चा सरस्वती में नहीं की जाती, क्योंकि उनका सम्बन्ध राजनीति से है।[66]

सप्रेजी ने द्विवेदी जी को लेकर राजनीति की जो चर्चा की है उसका संकेत हम पहले कर चुके हैं। दोनों के दृष्टिकोण में मूलभूत अन्तर यह है कि द्विवेदी जी जहाँ अपने आर्थिक चिन्तन में उसकी राष्ट्रवादी राजनीतिक परिणति से बचते हैं वहाँ सप्रेजी इस 'बचाव' को उचित न मानकर उस पर व्यंग्यात्मक प्रहार करने से नहीं चूकते। द्विवेदी जी ने भी 'सम्पत्तिशास्त्र में एक अध्याय' 'हड़ताल और द्वारावरोध' में हड़ताल के औचित्य-अनौचित्य की विस्तृत विवेचना की है। उनके एतत्सम्बन्धी दृष्टिकोण को इस प्रकार प्रस्तुत किया जा सकता है—

1. किसी व्यवसाय में कार्यरत लोगों का आपसी सहमति से किसी तय की हुई समझ पर मालिक की इच्छा के विरुद्ध काम छोड़कर बैठ जाना हड़ताल है।
2. यदि कोई कारखाने का मालिक मजदूरों को उनकी इच्छानुसार मजदूरी न दे तो वह कहीं और काम कर सकता है। हड़ताल करना अनुचित है।
3. आवश्यक सेवाओं के कर्मचारियों के हड़ताल पर जाने का कोई औचित्य नहीं है क्योंकि इससे आम नागरिक को भारी तकलीफें उठानी पड़ती हैं।
4. शक्तिशाली, समर्थ व्यक्ति सदैव निर्बल का शोषण करता रहा है। यह उसकी स्वाभाविक प्रवृत्ति है। कारखाने के मालिक अधिक काम लेते और कम मजदूरी देते हैं। ऐसे में लगातार लिखित और मौखिक फरियाद करने के बाद यदि मजदूर हड़ताल करता है तो लेखक उससे सहमत है।
5. हड़ताली मजदूरों का यह हक नहीं बनता कि वे काम पर जाने वाले मजदूरों को रोकें। उन्हें हड़ताल करने का अधिकार जरूर है दूसरों की स्वतंत्रता छीनने की नहीं।
6. यदि कारखाने के मालिक हड़ताल के कारण कारखाने की तालाबन्दी करते हैं तो यह उचित है बशर्ते वे तालाबन्दी करने से पहले मजदूरों को नोटिस दे दें।
7. सम्पत्तिशास्त्र के अनुसार उत्पादन-व्यय अधिक नहीं बढ़ने देना चाहिए। मज़दूरों को अधिक मजदूरी देने से उत्पादन-व्यय बढ़ता है। अत: बिना किसी प्रभावी कारण के मजदूरों की मजदूरी नहीं बढ़ानी चाहिए।

8. समग्रत: हड़ताल से सम्पत्ति का उत्पादन प्रभावित होता है। लाभ की अपेक्षा हानि अधिक होती है। अत: हड़ताल करना निंदनीय है।[67]

द्विवेदी जी के उपर्युक्त सारांश-सूत्रों का विश्लेषण करने से स्पष्ट होता है कि वे हड़ताल के सन्दर्भ में कारखाने के मालिकों के साथ है। हड़ताल का समर्थन वे प्राय: किन्तु-परन्तु के साथ ही करते हैं। जबकि सप्रेजी इस सम्बन्ध में पूरी तरह श्रमिकों के पक्षधर हैं। वस्तुत: द्विवेदी जी कुछ तो 'सम्पत्तिशास्त्र' में निरूपित सिद्धान्तों के दबाव में और कुछ कारखाने मालिकों के प्रति सहानुभूति के कारण सप्रेजी की तरह मुखर होकर प्रगतिशील दृष्टिकोण न अपनाने के लिए तत्पर हैं। इसीलिए सप्रेजी द्विवेदी जी के स्वयं के दृष्टिकोण और 'सरस्वती' की नीतियों को लेकर क्षुब्ध हैं।

वर्ष 1907 में सप्रेजी की भाँति रामजी लाल शर्मा का 'सरस्वती' में एक लेख प्रकाशित हुआ—'स्वदेशी बनाम बायकाट'। इस लेख में सरकार की आयात-निर्यात-सम्बन्धी नीति की इन शब्दों में आलोचना की—

> विलायत से जो काँच, पत्थर, लोहा, लक्कड़ आता है उसके बदले भारत वैसी ही चीज अर्थात् नमक दे सकता था। परन्तु नमक का व्यापार तो हमारी न्यायशीला गवर्नमेंट ने अपने अधीन कर रक्खा है। इन विदेशी चीजों और बच्चों के खिलौनों के बदले में भारत का अन्न और रुई आदि परमोपयोगी वस्तु देता है अर्थात् जीवनोपयोगी चीज देकर विदेश से वह व्यर्थ चीजें लेता है। इससे देश की बड़ी अधोगति होती जा रही है।[68]

'सरस्वती' में अनेक लेखकों ने किसानों की आर्थिक दुरवस्था के कारणों की बड़ी सार्थक और प्रामाणिक पड़ताल की है। एक लेखक ग्रामीण ने इन कारणों पर टिप्पणी करते हुए लिखा—

> भारतवर्ष में कृषकों की दुरवस्था और निर्धनता के कई कारण हैं। एक तो यहाँ किसानों में शिक्षा का अभाव है। दूसरे यहाँ की गवर्नमेंट ने देश के कुछ अंशों को छोड़कर अन्यत्र सब कहीं भूमि को अपने अधिकार में कर रखा है। वही उसकी मालिक बनी बैठी है। अतएव उसके भूमि के लगान और मालगुजारी के सम्बन्ध में जो कानून बनाए हैं वे बहुत ही कड़े हैं। फिर जहाँ कहीं तअल्लुकेदारियाँ हैं वहाँ किसानों के सुभीते का कम तअल्लुकेदारों के सुभीते का अधिक खयाल रखा गया है। यही सब कारण हैं जो किसान को पनपने नहीं देते।[69]

हमारा युवा शिक्षित वर्ग कृषि-कार्य को प्राय: उपेक्षा की दृष्टि से देखता है। यदि साधन-सम्पन्न शिक्षित वर्ग कृषि-कार्य को नई तकनीकों से करे तो कृषि की

समृद्धि का पथ प्रशस्त हो सकता है। अपने निबन्ध 'भारत में कृषि की घोर उपेक्षा' में श्री गंगाप्रसाद अग्निहोत्री खेती की तत्कालीन अवनति का कारण विद्वानों द्वारा कृषि-कार्य को हेयदृष्टि से देखा जाना और यह मान लेना है कि इसके लिए ज्ञान-विज्ञान की कोई आवश्यकता नहीं होती।[70]

श्री मोहनलाल बड़जात्या ने यह स्पष्ट किया है कि किस प्रकार भारत के व्यापार पर विदेशी व्यापारियों का लगातार नियंत्रण होता गया। लेखक इस वस्तुस्थिति को इन शब्दों में व्यक्त करता है—

> देश का माल बाहर भेजने का काम विदेशी कम्पनियों के हाथ में है। यथा राली ब्रदर्स, जापान काटन ट्रेडिंग कम्पनी आदि। पहले ये लोग माल की ख़रीदी यहाँ के व्यापारियों, आढ़तियों से करते थे। पर अब उन्होंने देश के प्रत्येक नगर में जहाँ रुई या गल्ले की मंडी हो, अपनी शाखाएँ खोल ली हैं और इस तरह देश के व्यापारियों को जो आढ़त या दलाली मिल जाती थी वह भी जाती रही। ××× हाँ, इनके द्वारा आयात किये हुए माल को बेचने वाले दलाल हिन्दुस्तानी हैं। माल का मुनाफा और कमीशन तो ये कम्पनियाँ खा जाती हैं और हमें जोखिम उठाने के लिए कमीशन के टके मिलते हैं।[71]

माधव प्रसाद मिश्र इंग्लैंड के राजनीति-निपुण लोगों से व्यापार सम्बन्धी नीतियों में भारत को स्वतंत्रता देने की माँग करते हैं—

> भारतवर्ष का यथार्थ हित तभी होगा जब इंग्लैंड के राजनीति निपुण लोग स्वार्थ-बुद्धि को छोड़कर हमारे व्यापार की नीति को कुछ स्वतंत्र होने देंगे। जब तक ये लोग केवल अपने ही देश के हितसाधन की ओर लगे रहेंगे और भारतवर्ष के हित की कुछ परवा नहीं करेंगे तब तक इंग्लैंड की किसी व्यापार-नीति से हमारा कल्याण नहीं होगा।[72]

'सरस्वती' के जिन लेखकों ने नवजागरण के आर्थिक चिन्तन की परम्परा को समृद्ध किया है उन्होंने एक ओर भारत के खेतिहर किसानों की आर्थिक दुरवस्था का अंकन करते हुए उससे उबरने के लिए कुछ सुझाव प्रस्तुत किये हैं, वहाँ अंग्रेज सरकार की स्वार्थांध व्यापार-नीति, उसके भारत पर पड़ने वाले दुष्प्रभावों पर तीखी टिप्पणी करते हुए देश की अपेक्षाओं को भी स्पष्टता से रेखांकित किया है। स्वदेशी आन्दोलन को भी बहुत से लेखकों का समर्थन मिला है। माधवराव सप्रे जैसे क्रान्तिद्रष्टा लेखकों ने सरस्वती की मध्यममार्गी नीतियों का अतिक्रमण भी किया है। किन्तु इसमें कोई सन्देह नहीं कि इन लेखकों के आर्थिक चिन्तन के बिना द्विवेदी युग के आर्थिक चिन्तन का बिम्ब पूरा नहीं होता।

माधवराव सप्रे

सप्रेजी का आर्थिक चिन्तन अपनी अन्त:प्रकृति में राष्ट्रवादी था। उन्होंने स्वदेशी आन्दोलन की विस्तृत मीमांसा करते हुए उसके 'अर्थशास्त्र' को जितनी स्पष्टता से विश्लेषित किया वह ऐतिहासिक महत्त्व का अधिकारी होने के साथ-साथ आज के सन्दर्भ में भी पूरी तरह प्रासंगिक है। इसके साथ ही किसानों की हालत सुधारने के लिए उन्होंने महत्त्वपूर्ण सुझाव दिये और श्रमिकों के पक्ष को पाठकों के सामने रखकर उनकी हड़ताल को भी पूरी दृढ़ता के साथ नैतिक समर्थन दिया। इस प्रकार हिन्दी नवजागरण के बौद्धिक पक्ष की राह से उन्होंने अपने आर्थिक चिन्तन का स्वरूप निर्धारित किया।

जैसा कि पहले कहा जा चुका है कि आर्थिक राष्ट्रवाद स्वदेशी आन्दोलन के द्वारा अपने उत्कर्ष पर पहुँचा। जिस समय ब्रिटिश शासन ने बंग-भंग का निर्णय लिया बंगाल में ही नहीं बल्कि समूचे भारत में अंग्रेजों के विरुद्ध आक्रोश धधक उठा। बंगाल में और बाद में धीरे-धीरे पूरे देश में यह महसूस किया जाने लगा कि जब तक निरंकुश ब्रिटिश सरकार पर ऐसा आघात न किया जाएगा जो उसे भीतर-बाहर दोनों ओर से हिला कर रख दे, तब तक इस देश द्वारा की जाने वाले अनुनय-विनय पर कोई ध्यान नहीं दिया जाएगा। तब बंगवासियों ने 'स्वदेशी' के हथियार को ब्रिटिश शासन के मर्मस्थल पर आघात करने के लिए पूरी ताकत के साथ इस्तेमाल किया। हमें यह भी ध्यान में रखना होगा कि 'स्वदेशी' या 'बायकाट' की अवधारणा भारत के लिए नई नहीं है। समय-समय पर अनेक नेताओं, मनीषियों, समाजसुधारकों, पत्रकारों ने 'स्वदेशी' के लिए अनेक रचनात्मक प्रयास किये; जनांदोलन किये जिनका उल्लेख पूर्व में किया जा चुका है। यहाँ केवल यह उल्लेखनीय है कि बंगाल में 'बंग-भंग' के बाद यह अपने चरम उत्कर्ष पर पहुँचा। यह भी ध्यान देने योग्य है कि 'स्वदेशी' की अवधारणा और उसकी कोख से जन्मा जनांदोलन आसमान से नहीं फट पड़ा। उसके पीछे ब्रिटिश सरकारी की निर्लज्ज शोषण की सतत परम्परा की निश्चित पृष्ठभूमि है।

एक समय था जब इस देश के उत्पादनों की पूरे विश्व में प्रबल माँग थी—

> अकेले बंगाल प्रान्त से पन्द्रह करोड़ का महीन कपड़ा हर साल विदेशों को भेजा जाता था। पटना में तीन लाख तीस हजार चार सौ छब्बीस स्त्रियाँ, शाहबाद में एक लाख उनसठ हजार पाँच सौ स्त्रियाँ, गौरखपुर में एक लाख पचहत्तर हजार छह सौ स्त्रियाँ चरखों पर सूत कातकर पैंतीस लाख रुपया कमाती थीं। इसी प्रकार दीनापुर की स्त्रियाँ नौ लाख और पूर्णिया जिले की स्त्रियाँ दस लाख रुपए का सूत कातने का काम करती थीं।[73]

किन्तु क्लाइव के आने पर स्थितियाँ पूरी तरह बदल गईं। वह यहाँ की सम्पत्ति

और वैभव को देखकर चकित हो उठा। उसने यह भी देखा कि अपनी कारीगरी और विदेशों में भारतीय माल के बल पर भारतवासी खुशहाल हैं। अंग्रेजों ने इस देश के जुलाहों और व्यापारियों पर जो अत्याचार किये उनके साक्ष्य स्वयं अंग्रेजी लेखकों के ग्रन्थों में मौजूद हैं। सप्रेजी इस अत्याचार को इन शब्दों में व्यक्त करते हैं—

> ××× अंग्रेज लोगों ने इस देश के जुलाहों से यही कहा कि 'तुम कपड़ा बुनने का काम छोड़ दो; हम लोगों को सिर्फ कच्चा माल दिया करो। हम लोग तुम्हारे लिए कपड़ा बुन देंगे।' इस आज्ञा का पालन बड़ी सख्ती से होने लगा और अन्त में इसका परिणाम यह हुआ कि भारतवर्ष में सिर्फ कच्चा माल तैयार होने लगा और वह सब इंग्लैंड के कारखानों में जाने लगा। इधर भारतवर्ष के कारीगर रसातल को चले गए, भारतवर्ष का व्यापार मिट्टी में मिल गया और उधर इंग्लैंड के कारखानों के मालिक मालामाल हो गए, अंग्रेजों का व्यापार खूब बढ़ने लगा।[74]

यह शोषण कम्पनी के शासकों ने अनायास नहीं किया बल्कि जानबूझकर और पूरी निर्लज्जता के साथ किया। सप्रेजी ने इस शोषण को तथ्यों सहित प्रस्तुत करते हुए लिखा—

> इंग्लैंड की पार्लियामेंट सभा में कानून बनाया गया कि जो व्यापारी हिन्दुस्तानी कपड़ा बेचेगा, उसको दो सौ रुपए और जो मनुष्य हिन्दुस्तानी कपड़ा पहनेगा, उसको पचास रुपए दंड किया जाएगा। सन् 1815 में दूसरा कानून जारी किया गया कि इंग्लैंड में कालीकट से आने वाले सौ पौंड के कपड़े पर अड़सठ पौंड छह शिलिंग आठ पेंस 'कर' लगाया जाए और हिन्दुस्तान के रंगीन कपड़े की आमद बिल्कुल बन्द कर दी जाय। जब अंग्रेजों ने यह देखा कि इतना कड़ा 'कर' लगाने पर भी हिन्दुस्तान की चीजें इंग्लैंड में बिक्री के लिए आती हैं, तब उन लोगों ने प्रति सैकड़ा बीस पौंड 'कर' और बढ़ा दिया। अब सौ पौंड कीमत की छींट पर उनासी पौंड छह शिलिंग आठ पेंस और मलमल पर सैंतालीस पौंड छह शिलिंग आठ पेंस 'कर' हो गया। इस प्रकार सभ्यता का घमंड करने वाले अंग्रेजों ने इस देश के व्यापार को मिट्टी में मिला दिया।[75]

लेखक ने इस निर्लज्ज लूट पर ट्रेवीलियन, शोर, लारपेंट, माँट गोमरी मार्टिन के साक्ष्य प्रस्तुत करके यह सिद्ध किया है कि सरकार द्वारा भारतीय कारीगरों के शोषण से केवल भारतीय ही क्षुब्ध नहीं थे बल्कि अनेक अंग्रेज भी इस लूट से आहत थे।

माधवराव सप्रे ने इस शोषण को रेखांकित ही नहीं किया बल्कि इसके प्रतिकार के लिए एक सुसिंचित रणनीति को भी आकार दिया। उन्होंने 'स्वदेशी' को इस

शोषण का सामना करने के लिए एक हथियार की तरह इस्तेमाल करने पर बल दिया। उनका मानना था—

> ××× यद्यपि हम लोग अपने राज्यकर्ताओं के स्वच्छंद, बेपरवाह और अनुचित बरताव को रोक नहीं सकते; तथापि हम लोग अपने राज्यकर्ताओं के देश भाइयों (अर्थात् अंग्रेजों) के करोड़ों रुपयों के हिन्दुस्तानी व्यापार को मिट्टी में मिला सकते हैं।[76]

ऐसा करने के लिए लेखक ने स्वदेशी को अपनाने को एकमात्र विकल्प के रूप में रेखांकित किया है। कुछ लोग प्रश्न उठाते हैं कि जब हमारे देश में स्वदेशी वस्तुओं का उत्पादन ही नहीं होता—या सब प्रकार का उत्पादन नहीं होता तब कैसे स्वदेशी वस्तुओं का व्यापार अमल में लाया जा सकता है? इसके लिए लेखक का तर्क है कि—

> जितनी भी वस्तुओं का उत्पादन होता है, हमें उन्हीं को अपनाकर स्वदेशी आन्दोलन की पहल करनी होगी। यदि हम इस बात की प्रतीक्षा करते रहेंगे कि जब सभी उत्पादन इस देश में होने लगेंगे तभी हम स्वदेशी वस्तुओं का उपयोग आरम्भ करेंगे—इससे स्वदेशी का प्रयोग करने में अनावश्यक विलम्ब होगा। ऐसी स्थिति में सरकार द्वारा कारीगरों और व्यवसायियों का आर्थिक शोषण और सरकार का लाभ निरन्तरता में बना रहेगा। ××× स्वदेशी वस्तु का व्यवहार जितने अंश में किया जाएगा उतना ही उससे लाभ होगा; उससे किसी प्रकार की हानि होने का डर नहीं है।[77]

जब सभी चीजों का उत्पादन इस देश में होने लगेगा तब तो स्वदेशी आन्दोलन की आवश्यकता ही नहीं रहेगी। हम स्वयं ही स्वदेशी वस्तुओं का कोई विकल्प न होने पर उनका स्वयं ही उपयोग करने लगेंगे।

> सच बात तो यह है कि जब तक हमारे देश में सब प्रकार की चीजें बनने नहीं लगती हैं तभी तक उनके व्यवहार की प्रतिज्ञा करने की अत्यन्त आवश्यकता है; क्योंकि अर्थशास्त्र का सिद्धान्त है कि जब तक किसी वस्तु की माँग नहीं बढ़ती तब तक उसकी आमदनी भी नहीं बढ़ती। किसी देश में बहुत सी चीजें तभी तैयार होती हैं, जब उनके बनाने वालों को देश या प्रजा की ओर से उत्तेजन दिया जाता है।[78]

लेखक इस वास्तविकता से अनभिज्ञ नहीं है कि सरकार की स्वदेशी वस्तुओं के उत्पादन में कोई रुचि नहीं होगी। यह उनके अपने व्यावसायिक हितों के विरुद्ध जाता है। इसलिए स्वदेशी के लिए प्रजा में उत्साह का संचार होना अत्यन्त आवश्यक है।

> हम जानते हैं कि आज देशी वस्तु के व्यवहार की प्रतिज्ञा करने से कल ही हमारे देश में देशी वस्तु का बाजार गरम न हो जाएगा। हम जानते हैं कि हमारी प्रतिज्ञा का फल, योगाभ्यास के 'अनेक जन्म-संसिद्धस्ततो यातिपरांगति' के अनुसार, बहुत दिनों के बाद दिखाई देगा। इसलिए हमारी यह प्रार्थना है कि हमारे सभी देश भाइयों को अभी से देशी वस्तु के व्यवहार की दृढ़ प्रतिज्ञा करनी चाहिए।[79]

उस दौर में कुछ लोग स्वदेशी आन्दोलन को राजनीति से अलगाकर चलना चाहते थे। वे इसे एक सामाजिक आन्दोलन के रूप में देखते और व्याख्यायित करते थे। उनका मानना था कि स्वदेशी आन्दोलन का मुख्य आधार आर्थिक अत: औद्योगिक है। इसका सम्बन्ध स्वदेशी उद्योगों की स्थापना और उनके उत्पादों के भारतीयों द्वारा किये जाने वाले व्यवहार से है। यदि यह आन्दोलन इसी दायरे में सीमित रहता है तो वह अपने निर्धारित उद्देश्यों को अधिक सफलता से प्राप्त कर लेगा। सप्रेजी इस मान्यता को पूरी तरह स्वीकार नहीं करते। उनका मानना है कि यद्यपि यह आन्दोलन अपनी अन्त:प्रकृति से तो राजनीतिक नहीं है किन्तु हमारे स्वतंत्रता आन्दोलन के बहुत से अग्रणी नेताओं जो राजनीतिक भी हैं सत्ता पक्ष को प्रभावित करने की क्षमता रखते हैं। ये नेता चाहते हैं कि यह आन्दोलन राजनीतिक आन्दोलनों के साथ चलकर शासकों की राजनीति को एक हद तक प्रभावित कर सके।

> यह आन्दोलन साक्षात् राजनीतिक न हो तो न सही, परन्तु इसमें सन्देह नहीं कि हमारे नायकों की यही इच्छा है कि इस आन्दोलन का हमारे राज्यकर्ताओं की वर्तमान राजनीति पर कुछ असर पड़े। इस आन्दोलन से हमारे राजमदांध सरकारी अधिकारियों की आंखें थोड़ी-सी खुल जाएँ और वे हमारी उचित प्रार्थनाओं पर कुछ ध्यान देने लगें। इस प्रकार यह आन्दोलन अप्रत्यक्ष रूप से राजनीतिक कहा जा सकता है।[80]

दरअसल स्वदेशी के पीछे वह राष्ट्रवाद है जो अपने राष्ट्रीय हितों के संरक्षण में नैतिकता-अनैतिकता की दुविधा को आड़े नहीं आने देता।

> गत दस-बारह वर्षों में दुनिया के सब देशों में जो विशेष घटनाएँ हुई हैं उनकी ओर जिन लोगों ने ध्यान दिया होगा—जिन लोगों ने उस घटनाओं का सूक्ष्म रीति से विवेचन किया होगा—उनको यह बात दिखाई पड़ेगी कि इस समय एक विशेष कल्पना से—सारी दुनिया का ढंग ही बदलता जा रहा है। अमेरिका, चीन, जापान, आस्ट्रेलिया, दक्षिण अफ्रीका, फ्रांस, जर्मनी और इंग्लैंड की, गत दस-बारह वर्षों की सब घटनाओं को मथकर यदि कोई एक विशेषकर जानना चाहे तो उसे यही दिखाई पड़ेगा कि ये देश

> 'स्वकीय का स्वीकार और परकीय का त्याग' इसी एक कल्पना, इसी एक भाव, इसी एक सिद्धान्त रूपी केन्द्र के चारों ओर चक्कर लगा रहे हैं।[81]

वस्तुत: आधुनिक युग में ही नहीं बल्कि ईस्ट इंडिया कम्पनी सहित जितने बाहर के लोग यहाँ आए उन्होंने नैतिक-अनैतिक के फेर में पड़े बिना अपने राष्ट्रीय हितों को सर्वोपरि रखा। यद्यपि उन्होंने व्यक्तिगत स्तर पर कम धन इकट्ठा नहीं किया किन्तु यह अपने देश को बिना क्षति पहुँचाए किया गया था। यूरोप से चली राष्ट्रवाद की इस लहर ने दूसरे देशों और एशिया को भी अपनी लपेट में ले लिया। एशिया में इस राष्ट्रवाद का प्रतिनिधि जापान बना। किन्तु भारत का यह दुर्भाग्य है कि विदेशी दासता के नीचे दबकर उसका 'स्वत्व' प्राय: नि:शेष हो गया है। स्वदेशी आन्दोलन ने इस 'स्वत्व' को एक बार पुन: जाग उठने का अवसर दिया है। सप्रेजी देश का आह्वान करते हैं—

> ××× प्रत्येक हिन्दुस्तानी को स्वदेशी वस्तु के व्यवहार द्वारा अपना द्रव्य अपने देशवासियों को ही देना चाहिए। यदि स्वदेशी वस्तु के अभाव के कारण विदेशी वस्तु की जरूरत हो तो प्रत्येक हिन्दुस्तानी को यह निश्चय करना चाहिए कि जिस इंग्लैंड के लोगों ने हमारे मुँह की रोटी छीन ली है और जिस इंग्लैंड के लोग काले आदमियों को पशु-तुल्य समझते हैं, उस देश की बनी कोई भी चीज हम न खरीदेंगे।[82]

दरअसल लेखक स्वदेशी आन्दोलन को राष्ट्रीय स्वाभिमान से जोड़ते हुए उसी स्वत्व को जाग्रत करना चाहता है जिसकी आकांक्षा 'स्वत्व निज भारत गहै' कहकर की थी।

स्वदेशी आन्दोलन मूलत: आर्थिक चिन्तन पर टिका हुआ है। सप्रेजी अपने इस विस्तृत निबन्ध में राष्ट्रीयता और राजनीतिक सन्दर्भों की बात उठाते अवश्य हैं किन्तु स्वदेशी आन्दोलन के मूल में जो 'अर्थशास्त्र' मौजूद है उसको वे बार-बार रेखांकित और विश्लेषित करते हैं। वे हमें बताते हैं—

> अंग्रेज व्यापारी हर साल तीस करोड़ रुपये का कपड़ा इस देश में बेचकर हमारा धन लूट ले जाते हैं। क्या इस बात से हमारा जी नहीं जलना चाहिए? जिस मनुष्य का जी इस बात से नहीं जलता कि तीस करोड़ की हमारी सम्पत्ति केवल विलायती कपड़ा खरीदने में विदेश चली जाती है, वह 'स्वदेशी' का अनुयायी कैसे हो सकता है?[83]

यहाँ के पूँजीपति और बड़े व्यापारी जो भी करेंगे अपने लाभ के लिए करेंगे। यदि किसी काम में उन्हें घाटा दिखाई देता है तो उसे करने में उनकी कोई रुचि नहीं होगी। सप्रेजी इस वास्तविकता को इन शब्दों में रेखांकित करते हैं—

> मिलों का व्यापार बहुत लाभदायक है। उस व्यापार में पूँजीपतियों को बहुत लाभ मिलता है। जब वे लोग इस बात को जान लेंगे कि हमारे देश भाई किसी प्रकार की आपत्ति आने पर विदेशी वस्तु को स्वीकार न करेंगे, वे केवल स्वदेशी वस्तु को ही स्वीकार करेंगे; तब इस देश के प्रत्येक शहर और गाँव में स्वदेशी वस्तु के नए-नए कारखाने दिखाई पड़ने लगेंगे।[84]

यहाँ एक प्रश्न यह उठाया जा सकता है कि यदि भारत का उस समय पूरी तरह स्वदेशीकरण हो जाता तो क्या अंग्रेजों के स्थान पर भारतीय पूँजीपति भारतीयों का खून चूसने में लिप्त न हो जाते? यह प्रश्न आज के दौर में भी हमारे सामने है क्योंकि स्वदेशीकरण का नारा देकर कुछ उद्योगपतियों ने अपने उद्योग जगत का निर्माण कर लिया है और लाभ कमाने की अन्धी दौड़ हमारे सामने है। वस्तुतः भारत में पूँजीवाद के विकास का यह नया चरण है। किन्तु उस समय जब स्वदेशी आन्दोलन की अलख जगाई जा रही थी उस समय ब्रिटिश शासन द्वारा किये जा रहे आर्थिक शोषण के खिलाफ स्वदेशी अपनाने के अतिरिक्त कोई विकल्प सामने नहीं था। तब अपेक्षा की जा रही थी कि भारतीय उद्योगपति भी राष्ट्रवादी की भावना से प्रेरित होकर भारतीय लोगों के शोषण से बचेंगे। बहुत हद तक ऐसा हुआ भी किन्तु स्वतंत्रता प्राप्ति के बाद भारतीय पूँजीपतियों ने अधिकाधिक लाभ कमाने की प्रवृत्ति से प्रेरित होकर नैतिक मूल्यों को अनदेखा किया तो इसमें स्वदेशी आन्दोलन को दोष नहीं दिया जा सकता क्योंकि परिस्थितियों के दबाव में यह उस दौर की एक बड़ी आवश्यकता थी जो अन्ततः आजादी की लड़ाई की पृष्ठभूमि बनी। उस समय कांग्रेस के राजनीतिक आन्दोलन में स्वदेशी आन्दोलन ने उसे पूर्णता प्रदान करने में महत्त्वपूर्ण भूमिका निभाई। उस समय तात्कालिक रूप से यह अपेक्षा की जा रही थी कि—

> जिस प्रकार कांग्रेस द्वारा राजनीतिक आन्दोलन करने से यह आशा की जाती है कि अंग्रेज अधिकारियों की अनियंत्रित राजसत्ता कुछ घट जाएगी, उसी प्रकार 'स्वदेशी' आन्दोलन और 'बायकाट' के द्वारा उद्योग करने से यह आशा की जाती है कि अंग्रेज व्यापारियों की सत्ता और इस देश की सम्पत्ति को चूसने का उनका यत्न कुछ शिथिल हो जाएगा।[85]

सप्रेजी जिस समय 'स्वदेशी आन्दोलन और बॉयकॉट' नामक ग्रन्थ का प्रणयन कर रहे थे उस समय अनेक बुद्धिजीवी और समाज-सुधारक इस बात को लेकर शंकित थे कि स्वदेशी आन्दोलन के कारण देश में बनी वस्तुएँ महँगी होती जा रही हैं जिसके परिणामस्वरूप आम आदमी को हानि होती है। सप्रेजी इस तर्क का खंडन करते हुए इन शब्दों में अपना अभिमत व्यक्त करते हैं।

> ××× यह देश अंग्रेज सरकार के अधीन है; इसलिए वह हम लोगों के

> व्यापार की रक्षा और उन्नति के लिए विदेशी वस्तुओं पर कर लगाना नहीं चाहती। ऐसी अवस्था में जो कार्य सरकारी 'कर' लगाने से सिद्ध होता है, वही सर्वसाधारण लोगों के स्वदेशी वस्तु-व्यवहार की प्रतिज्ञा से सिद्ध हो रहा है। जब लोग अपने देश के व्यापार की रक्षा और उन्नति के लिए स्वदेशी वस्तु के व्यवहार की प्रतिज्ञा कर लेते हैं तब यही समझना चाहिए कि वे लोग विदेशी वस्तुओं पर 'कर' लगाने से जो फल होता, उसको स्वीकार करने के लिए खुशी से तैयार है।[86]

यह राष्ट्रीयता की भावना है जो अंग्रेजी सरकार को कर देने की अपेक्षा लेखक महँगा स्वदेशी कपड़ा खरीदने का आह्वान करता है।

सप्रेजी जानते हैं कि कांग्रेस देश की आर्थिक और औद्योगिक स्थिति से भलीभाँति परिचित हैं। कांग्रेस द्वारा उस समय विगत पाँच वर्षों तक देशी कारीगरी और कला कौशल की प्रदर्शनी का आयोजन स्वदेशी आन्दोलन का सीधा-सीधा समर्थन है। वस्तुत: लेखक की दृष्टि में कांग्रेस और स्वदेशी आन्दोलन एक-दूसरे के पूरक हैं। वस्तुत: राजनीतिक दृष्टिकोण और आर्थिक चिन्तन के मंथन से ही स्वतंत्रता का नवीनत निकला था। हम कह सकते हैं कि हिन्दी नवजागरण के आर्थिक चिन्तन के भारतीय स्वातंत्र्य आन्दोलन में एकाकार हो जाने से ही हम स्वतंत्रता के लक्ष्य को प्राप्त कर सके। माधवराव सप्रे जी राजनीतिक और आर्थिक चिन्तन के बीच एक सेतु बनाने का भगीरथ प्रयत्न करते हैं।

'स्वदेशी आन्दोलन और बॉयकॉट' के अतिरिक्त सप्रेजी ने 'सरस्वती', 'मर्यादा' आदि पत्रिकाओं में भी कुछ निबन्ध लिखे थे जिनमें उनका आर्थिक चिन्तन अधिक स्पष्टता से उभरकर सामने आता है। 'मर्यादा' में प्रकाशित अपने निबन्ध 'राष्ट्रीय जागृति की मीमांसा' में वे यहाँ के उद्योगपतियों और व्यापारियों का आह्वान करते हैं कि अपने व्यापार और उद्योग-धंधों की समुन्नति के लिए उन्हें पश्चिम से भी बहुत कुछ सीखना है—

> हमें अपने व्यापार और उद्योग-धंधों की उन्नति के लिए कुछ पश्चिमीय उपायों को स्वीकार करना चाहिए, हमें शारीरिक मेहनत करने में अपनी मान-हानि नहीं समझनी चाहिए, जिस व्यवसाय में हमारी स्वाभाविक प्रवृत्ति हो उसी में मन लगाकर काम करना चाहिए, पश्चिमी देशों के अच्छे-अच्छे निपुण आदमियों से इस विषय की शिक्षा प्राप्त करनी चाहिए और व्यापार सम्बन्धी दुनिया भर की वर्तमान आवश्यकताओं पर उचित ध्यान देना चाहिए। यह काम केवल बॉयकॉट से अथवा स्वदेशी के संकुचित भावों से सिद्ध नहीं होगा। यह अत्यन्त उदार भावों ही से सफलतापूर्वक किया जा सकता है।[87]

उपर्युक्त निबन्ध सन् 1915 में प्रकाशित हुआ और 'स्वदेशी आन्दोलन और बॉयकॉट' 1906 में छपा। इन वर्षों तक आते-आते लेखक के दृष्टिकोण में महत्त्वपूर्ण बदलाव आया है। अब वह स्वदेशी और बॉयकॉट को 'संकुचित' मानने लगा है। अंग्रेजी शासन और व्यापार और उद्योग में प्रचलित पश्चिमी तौर-तरीकों के प्रति भी उसकी सोच में भी उल्लेखनीय नरमी आई है। वह मानने लगा है कि भारतीय व्यापार और उद्योग धंधों के विकास के लिए पश्चिमी तौर-तरीके अपनाना आवश्यक है। वह चाहता है कि व्यापार और उद्योग के संचालन के विशेषज्ञ लोगों से भारत के व्यापारी और उद्योगपति प्रशिक्षण लें। उसे यह लगने लगा है कि स्वदेशी आन्दोलन अंग्रेजों और अंग्रेजी शासन से घृणा के बलबूते पर आगे नहीं बढ़ सकता। उसे अपनी सोच की संकीर्णता को त्यागकर पश्चिम ही नहीं बल्कि सारी दुनिया को साथ लेकर चलना होगा। लेखक के दृष्टिकोण में यह बदलाव बदलते हुए राजनीतिक परिवेश की सहज-स्वाभाविक परिणति है।

सप्रेजी ने किसानों के शोषण के कारणों की भी गम्भीर पड़ताल की है। भारतीय कृषकों की कंगाली के बहुत से कारण हिन्दी नवजागरण के आर्थिक चिन्तकों ने गिनाए हैं। भारत के जाने-माने अर्थशास्त्री श्री रमेशचन्द्र दत्त ने किसानों की दरिद्रता के बहुत से कारणों को रेखांकित किया है जिनमें प्रमुख हैं सरकार द्वारा कृषि पर लगाया गया भारी-भरकम कर। अकाल आयोग (Famine Commission) के अनुसार—

> भारत का कृषक सरकार के कठोर लगान वसूली नियमों के कारण ही सूदखोर के चंगुल में फँसता है।[88]

सूदखोरों द्वारा किये जाने वाले आर्थिक शोषण का कारण सरकार का कठोरता से लगान वसूलना है।

> ××× राष्ट्रीय सम्पदा के लिए अब केवल कृषि ही एकमात्र स्रोत रह गया है। भारत की 4/5 आबादी अब केवल कृषि के सहारे है। परन्तु भारत में भूमि कर न केवल अत्यधिक है, अपितु जो और भी बुरा है कि वह घटता-बढ़ता रहता है और कई प्रान्तों में तो अनिश्चित है।[89]

इन और इन जैसे भारतीय किसानों की दरिद्रता को दूर करने के अनेक उपाय भी आर्थिक चिन्तकों ने सुझाए। इनमें एक महत्त्वपूर्ण सुझाव यह है कि भारतीय किसान जो अशिक्षित है उसका अशिक्षित होना ही दरिद्रता के सभी कारणों का मूल है। यदि वह पढ़ा-लिखा होता तो सूदखोर महाजनों के जाल-बट्टे को भली प्रकार समझ पाता। सरकार की कर-वसूली की अत्याचारपूर्ण नीतियों का संगठित होकर विरोध कर पाता और खेती के नये तौर-तरीके अपनाकर सम्पन्नता की ओर बढ़ता। सप्रेजी ने इसीलिए किसानों की शिक्षा पर विशेष बल दिया है। 'सरस्वती' में उन्होंने

स्पष्ट रूप से रेखांकित किया कि—

> जो एक दिन दूसरों का पेट भरते थे (और आज भी रूपांतर से भरते ही हैं) आज वही भूखों क्यों मर रहे हैं? ××× इसके प्रधान कारणों में उनका अशिक्षित रहना भी एक कारण है। यदि वे पढ़ना-लिखना जानें, यदि वे अपने और जमींदार के सम्बन्ध को भली-भाँति समझें, यदि वे कर्ज लेने और कर्ज चुकाने के नियमों से परिचित हों, तो उन्हें पद-पद पर उन बाधाओं से त्रस्त न होना पड़े जो जमींदारों, सूदखोर, महाजनों, गाँव के प्रभु पटवारियों और क्रूर कर्मचारियों की कृपा से भोगनी पड़ती हैं।[90]

यदि हमारे किसान शिक्षित होते तो इस प्रकार का शोषण कदापि सम्भव नहीं था।

सप्रेजी ने 'सरस्वती' में प्रकाशित अपने 'हड़ताल' शीर्षक से प्रकाशित निबन्ध में मजदूरों की हड़ताल का पुरजोर समर्थन किया है। पूँजीपतियों के मनोविज्ञान को सामने रखते हुए उन्होंने लिखा है—

> मनुष्य का स्वभाव ही ऐसा है कि वह अपने नफे का हिस्सा किसी दूसरे को नहीं देना चाहता। जो पूँजीवाले अपनी पूँजी लगाकर बड़े-बड़े व्यवसाय करते हैं, वे यही चाहते हैं कि नफा अपने ही हाथों में बना रहे, जिन मजदूरों के श्रम से व्यवसाय किया जाता है, उनको इस नफे का कुछ भी हिस्सा न मिले। इसी को अर्थशास्त्र में 'पूँजी और श्रम का हित-विरोध' कहते हैं।[91]

समग्रतः सप्रेजी ने स्वदेशी आन्दोलन के आर्थिक पक्ष को न केवल व्यावहारिक रूप में रेखांकित किया है, बल्कि उन्होंने अपने लेखन से राजनीतिक और आर्थिक चिन्तन के बीच एक सेतु भी निर्मित किया है। उन्हें जितनी चिन्ता किसानों की दरिद्रता के निवारण की है उतनी ही चिन्ता मजदूरों के पूँजीपतियों द्वारा किये गए शोषण की भी है। वस्तुतः वे सही अर्थों में राष्ट्रवादी आर्थिक चिन्तक हैं।

राधामोहन गोकुल

सन् 1908 में 'देश का धन' शीर्षक से गोकुलजी की एक कृति प्रकाशित हुई। उनके आर्थिक चिन्तन का आधार उनकी यही कृति है। इस पुस्तक में लेखक ने देशवासियों की आर्थिक दुरवस्था का विहंगावलोकन करते हुए उसके मूलभूत कारणों की पड़ताल के साथ-साथ उन समाधानों की ओर भी इंगित किया है, जो इस अवस्था से उबरने में कारगर भूमिका निभा सकते हैं।

> पुस्तक का महत्त्व यह नहीं है कि वह अर्थशास्त्र की मौलिक पुस्तक है। उसका महत्त्व यह है कि राधामोहन गोकुल जी बहुत अच्छी तरह समझ रहे हैं कि देश की पराधीनता उसके कारण रुकी हुई है।[92]

ग्रन्थ की भूमिका में परमात्मा के अटल-न्याय का हवाला देते हुए लेखक मनुष्य की समाजबद्धता को ही उनके सर्वांगीण विकास का कारण मानता है। वे चाहते हैं कि—

> वह (देश और समाज) अपनी आर्थिक उन्नति की चिन्ता में रहे और वाणी और कर्म द्वारा अपने चिन्तित देश के सुख साधक कारणों को सर्वसाधारण में फैलावे।[93]

वह देश की सांस्कृतिक विकास की तुलना में उसके भौतिक विकास को रंच मात्र भी कम महत्त्वपूर्ण नहीं मानते, बल्कि पराधीनता के इस दौर में वह देश की आर्थिक, वैज्ञानिक और औद्योगिक उन्नति को प्राथमिकता देते हैं। जनसाधारण इन विषयों से अवगत हो, इसके लिए वह हिन्दी में ज्ञान-विज्ञान-सम्बन्धी लेखन की आवश्यकता पर विशेष बल देते हैं।

ग्रन्थ का आरम्भ कुछ परिभाषाओं से होता है। इन्हें हम शास्त्रीय दृष्टि से परिभाषाएँ नहीं कह सकते। परिभाषा में जो कसाव, सैद्धान्तिक जकड़बन्दी और अवधारणात्मक इतिवृत्तात्मकता होती है, वह इन परिभाषाओं में देखने को नहीं मिलती। दरअसल इन परिभाषाओं के बहाने लेखक अपने आर्थिक चिन्तन की रूपरेखा और दिशा निर्दिष्ट करना चाहता है। अपनी परिभाषाओं की विवेचना का क्रम वे 'देश' और 'जाति' से करते हैं। यद्यपि देश और जाति सीधे-सीधे अर्थशास्त्र की दृष्टि से विवेचना का विषय नहीं हैं, किन्तु यहाँ इनकी चर्चा इसलिए की गई कि उस समय उपनिवेशवाद की कोख से जन्मे ब्रिटिश प्राच्यविद् ही नहीं, अनेक भारतीय बुद्धिजीवी भी भारत को एक राष्ट्र के रूप में स्वीकार करने को तैयार नहीं थे।

> उन दिनों देश-प्रेम का अर्थ होता था, अपने परम्परागत राजा द्वारा शासित जन्म स्थान (Home Land) हिन्दुस्तान हम सभी का देश है, वह धारणा उस समय उत्पन्न न हुई थी।[94]

गोकुल जी के अनुसार देश धरती का वह भाग है, जिसके सुख और दुख से उसका दूसरा हिस्सा भी प्रभावित होता है। डॉ. रामविलास शर्मा जातीयता के जिस परिप्रेक्ष्य को नवजागरण की धुरी मानते हैं, गोकुलजी उसी से देश और जाति की परिभाषा गढ़ते हैं। वे हिमालय से लेकर कन्याकुमारी तक के भू भाग को एक देश और उसके सभी वर्गों, जातियों, सभ्यताओं, धर्मों से जुड़े लोगों को व्यापक समानता के कारण एक जाति के रूप में परिभाषित करते हैं।[95] तदनन्तर अर्थशास्त्र सम्बन्धी विशिष्ट शब्दों का अर्थ स्पष्ट करते हैं। धन को श्रम से जोड़ते हुए वे श्रम के प्रतिफल को धन मानते हैं तथा मुद्रा, सोना, चाँदी आदि को धन न मानकर वे उन पदार्थों को धन के रूप में स्वीकार करते हैं, जो उपयोग की दृष्टि से मूल्यवान हों।[96] विद्या को

वे दार्शनिक अथवा आध्यात्मिक परिप्रेक्ष्यों में ग्रहण न करके पदार्थ के यथार्थ ज्ञान को विद्या मानते हैं।[97] शास्त्र उनकी दृष्टि में अटल सिद्धान्तों का क्रमबद्ध रूप है, जो ज्ञान की शाखा विशेष की मीमांसा का आधार बनते हैं।[98] अर्थशास्त्र की परिभाषा करते हुए वे उसे जड़ ज्ञान के रूप में नहीं देखते, बल्कि उसे राष्ट्र की आर्थिक उन्नति-अवनति तथा उसकी आर्थिक दशा को जानने का माध्यम मानते हुए द्रव्य के उत्पादन और उसके वास्तविक ज्ञान से जोड़ते हैं।[99] श्रम से प्राप्त उपयोगी वस्तुओं को वे परिवर्तनशील मानते हैं और इन्हीं को धन की संज्ञा देते हैं।[100] दाम उनकी दृष्टि में मुद्रा नहीं बल्कि किसी पदार्थ के बदले में जो दिया जाता है वह दाम है।[101] यह देय मुद्रा में भी हो सकता है और वस्तु के रूप में भी। वस्तु के उत्पादन में लगी पूँजी और श्रम से जो अधिक मिलता है, वह नफा और जितना कम प्राप्त होता है, वह घटी अर्थात् हानि है। गोकुलजी नफा और आमदनी में अन्तर करते हैं—

> ××× जो पदार्थ तैयार होकर सर्वसाधारण की खरीदारी के निमित्त बाजार में आता है, उसके योग को उस समय की आमदनी कहते हैं।[102]

इसी प्रकार बाजार में आए हुए पदार्थ के ग्राहक के हाथ बिक जाने को खपत तथा उधार देने वाले को मूलधन के ऊपर जो मिलता है, वह ब्याज है।[103] इसी प्रकार गोकुलजी श्रम का फल, पूँजी, इंपोर्ट, एक्सपोर्ट, मुद्रा, तोल, नाप आदि की सरल सूत्रबद्ध परिभाषाएँ प्रस्तुत करते हैं।[104] अर्थशास्त्र की जटिल शब्दावली का प्रयोग किये बिना जिस प्रकार सरल शब्दों में उन्होंने इन परिभाषाओं को स्पष्ट किया है, वह सचमुच देखते ही बनता है।

परिभाषाओं को प्रस्तुत करने के बाद लेखक तत्कालीन भारतीय अर्थव्यवस्था के समूचे परिदृश्य का विहंगावलोकन करता है। ब्रिटिश उपनिवेशवाद जिस प्रकार अपनी पूँजी के बल पर और सत्ता के मद में देशवासियों का शोषण करता है, उससे वह भली-भाँति परिचित है। वे मानते हैं कि यदि हमारे अर्थशास्त्री उपनिवेशवादी शक्तियों के हाथों में न खेलें और राष्ट्रीय भावना से आर्थिक सिद्धान्तों को व्यवहार में लाएँ तो यह देश निर्धनता से सम्पन्नता की ओर अग्रसर हो सकता है। लेखक की दृष्टि में देशवासियों की निर्धनता केवल इसलिए गम्भीर चिन्ता का विषय नहीं कि वह उन्हें—न्यूनतम आवश्यकताओं की पूर्ति से वंचित करती है, बल्कि इसलिए भी कि पेट भरने की जद्दोजहद में उनका सांस्कृतिक और नैतिक विकास अवरुद्ध हो जाता है। इसका परिणाम यह होता है कि नये आविष्कारों और नये कला-कौशल से उनका कोई रिश्ता नहीं बन पाता।

> मनुष्य जातियों के इतिहासों से विदित होता है कि कभी किसी जाति में नितांत दरिद्र और परतंत्र होते हुए उच्च गुणों को (बल, वैभव, वीरता, दया, धर्म) नहीं लाभ किया।[105]

गोकुलजी अनैतिक स्रोतों से प्राप्त आय को देश के लिए किसी भी दृष्टि से हितकर नहीं समझते। उनके अभिमतानुसार—

> ××× यदि गांजा, भांग, तंबाकू, शराब आदि की ठेकेदारी में कोई-कोई लोग धनी हो गए हैं व होते जाते हैं तथा राज्य भी धन-लाभ करता है तो यह सिद्धान्त ठहराना कि ठेकेदारी की रीति सर्वसाधना के लिए लाभकारी है, बड़ी भूल है। यह रीति सर्वसाधारण को लाभकारी नहीं हो सकती।[106]

यदि इससे कुछ लोग धनी भी हो जाते हैं, फिर भी जनसाधारण का सब तरह से विनाश निश्चित है। वर्तमान परिप्रेक्ष्य में देखें तो आज भी सरकार नशीले पदार्थों से प्राप्त आय को छोड़ने को बिल्कुल तैयार नहीं। दरअसल आज नये संगठित पूँजीवाद ने बाजार को औजार के रूप में इस्तेमाल कर उपयोग को जीवन के चरम मूल्य के रूप में प्रतिष्ठित कर दिया है। रस्म अदायगी के तौर पर सरकार नशीले पदार्थों के दुष्परिणामों पर विज्ञापन देने के लिए विक्रेताओं को बाध्य तो करती है, किन्तु इनका उत्पादन बन्द करने पर ध्यान न दे अंधाधुंध इन चीजों के दाम बढ़ाती जाती है। इससे नशे का आदी मनुष्य और भी दरिद्र और अनैतिक होता जाता है। गोकुलजी ने परतंत्र भारत में नशीले पदार्थों के व्यापार को लेकर जो आशंका व्यक्त की थी वह सौ वर्ष बीत जाने के बाद पूरी तरह से फलीभूत हो गई है।

हमारे देश को स्वतंत्र हुए छः दशक से अधिक समय हो गया, किन्तु जहाँ तक निर्धनता की समस्या है, हम अब तक उसका समाधान नहीं खोज पाये हैं। हमारी कुल जनसंख्या का एक छोटा-सा अंश दिनोदिन समृद्ध होता जा रहा है। उपभोग की धुरी इसी वर्ग के इर्द-गिर्द घूमती है। बाकी लोग किसी प्रकार जीवित रहने के लिए संघर्ष कर रहे हैं। भारतवर्ष दो हिस्सों में बँट गया है—एक अमीर भारत; जिसके हाथ वैभव, सत्ता, सुविधा सभी कुछ है। एक गरीब भारत; जिसमें अधिकांश लोग दो जून रोटी के लिए जद्दोजहद कर रहे हैं। इसका कारण यह है कि स्वतंत्रता-संग्राम में हमारे नेताओं ने राजनीतिक स्वतंत्रता प्राप्त करने को प्राथमिकता दी। भारत की आर्थिक दुरवस्था, अशिक्षा, पिछड़ेपन का सामना करने से पहले हमने सत्ता हस्तांतरण को अपना उद्देश्य मान लिया। गोकुलजी ने लगभग एक शताब्दी पहले यह समझ लिया था कि राजनीतिक स्वतंत्रता प्राप्त करने से पहले हमें आर्थिक मोर्चे पर लड़ना है। इसीलिए उन्होंने अपने आर्थिक चिन्तन के माध्यम से इस देश में व्याप्त निर्धनता के कारणों, समस्याओं और उनके समाधान का पथ प्रशस्त करना चाहा। उस समय नरमदलीय कांग्रेजी नेता जिस प्रकार अनुनय-विनय के द्वारा ब्रिटिश साम्राज्य को द्रवित करना चाहते थे, उस पर कटाक्ष करते हुए उन्होंने लिखा—

> बड़े-बड़े लोग लम्बी-लम्बी वक्तृताओं के द्वारा व भिखमंगी के बल से अंग्रेजों को भगाना चाहते हैं, पर अपने हाथ-पाँव हिलाकर बिना राजा

> और राजनीतिक के सहाय जो काम सुख से साधन हो सकते हैं, उनका कुछ भी ध्यान नहीं।[107]

बिना राजा और राजनीति के इस देश से निर्धनता और अशिक्षा के उन्मूलन के लिए जो काम हो सकते हैं, वही उनकी प्राथमिकता में थे। वे मानते थे कि यदि हम मिलकर निर्धनता और अशिक्षा को दूर करने के लिए काम करें तो राजनीतिक आजादी प्राप्त करना कठिन नहीं। तब हमारा आजाद भारत अधिक शक्तिशाली और समृद्ध होता।

गोकुलजी अर्थशास्त्र के सैद्धान्तिक चिन्तन की अपेक्षा देश के लोगों, उनके व्यापार, कला और सभ्यता के अध्ययन को आवश्यक मानते थे। उनकी सम्पत्ति में हमें विभिन्न देशों की अर्थव्यवस्था का अध्ययन करने के साथ-साथ उनकी सभ्यताओं के विकास और पतन के कारणों की तह में भी जाना होगा। आर्थिक व्यवस्थाओं के साथ-साथ उनकी सामाजिक व्यवस्थाओं की भी पड़ताल करनी होगी। संक्षेप में कहा जाए तो अर्थशास्त्र, समाजशास्त्र और इतिहास की सापेक्षता में ही राष्ट्र की आर्थिक समस्याओं का समाधान सम्भव है।[108] इस प्रकार का बृहद् ज्ञान हिन्दी में प्रस्तुत किया जाए, इस पर लेखक विशेष बल देता है। वह इस बात को लेकर क्षुब्ध हैं कि हिन्दी में कविता, कहानी, नाटक आदि तो पर्याप्त संख्या में लिखे जा रहे हैं, किन्तु हिन्दी में ज्ञानात्मक साहित्य-लेखन के प्रति कोई रुचि नहीं है। उसके अभिमतानुसार—

> ××× यदि हमारे देश के धनी विद्वानों को कुछ भी देश की आर्थिक दशा का ध्यान होता तो क्या नागरी में आज बिजली, भाप, गरमी, वायु, जल, कमानी, संचालन-शक्ति आदि के बलों पर और नाना प्रकार के विज्ञानों पर सहस्त्रों ग्रन्थ मौजूद न होते और यदि धनी पात्रों को वास्तविक व्यापार का पता होता तो क्या हजारों कारखाने आज भारत में हमारे न खुले होते?[109]

यहाँ पहले तो हिन्दी में ज्ञान-विज्ञान के ग्रन्थों के अभाव पर चिन्ता व्यक्त की गई है। इसके लिए हिन्दी में पारिभाषिक शब्दावली के अभाव का रोना तब भी रोया जाता था और आज भी रोया जाता है। गोकुलजी ने इस समस्या का जो समाधान प्रस्तुत किया था वह आज भी कारगर है। स्वतंत्रता मिलने के बाद यदि हम चाहते तो इस समाधान का लाभ उठा सकते थे। गोकुलजी ने लिखा—

> बहुधा विद्वान लोग शब्दों के अभाव को बड़ी रोक मानते हैं, यह एक भूल है। प्रचलित शब्दों को चाहे वह किसी भाषा के क्यों न हों, अपने साँचे में ढाल-ढाल कर काम में लाना आरम्भ करें। फिर वह समय दूर न होगा कि जब एक सर्वांग सुन्दर व्याकरण का कोश हमारी सन्तति के निमित्त तैयार हो जाए।[110]

क्या आज गोकुलजी के इस परामर्श को मानकर सरल हिन्दी में ज्ञान-विज्ञान के साहित्य को समृद्ध नहीं किया जा सकता।

गोकुलजी ने इस बात पर भी चिन्ता व्यक्त की है कि जिनके पास धन है, वे नहीं जानते कि व्यापार की सही दिशा क्या है? देशी धनिकों द्वारा अपने कारखाने खोलने में रुचि न लेना इस बात का प्रमाण है। ये व्यापारी विदेशों से तो अपमान सहकर भी माल मँगाने तो तत्पर रहते हैं, किन्तु स्वयं अपना प्रतिष्ठान खोलकर आत्मनिर्भर होने से कतराते हैं। वह विदेशियों की शर्तों पर माल खरीदता है। अग्रिम भुगतान करता है, तब भी उसे समय पर माल मिले इसकी कोई गारंटी नहीं।[111] भारतीय व्यापारियों को परावलम्बन से बचने के लिए वे सुझाव देते हैं—

> हम लोग जो भारत के बन्दरगाहों पर आए माल को आँखें खोलकर रोकड़ी दाम देकर खरीदें तो हमारा बहुत से दुख और हानि से बचाव हो सकता है।[112]

यदि ऐसा न करना चाहें तो—

> ××× जर्मनी, जापान अमरीका से जो चीजें खरीदते हैं, उनके बनाने की कलें खरीदें और आप माल तैयार करें तथा कारीगरों से उदारता बरतें और कलें तैयार करावें, कम्पनियाँ बनावें, विचार से काम करें, जो अपना विश्वास न करे, उसके बाप, दादों और देश का विश्वास स्वप्न में भी न करें, तब व्यापार की लड़ाई जीतेंगे।[113]

> गोकुल जी व्यापार को एक संघर्ष के रूप में देखते हैं। इस संघर्ष का प्रतिपक्ष है विदेशी व्यापारी और पूँजीपति। भारतीय व्यापारी को वे आत्मनिर्भर व्यापार और उद्योग का सन्देश देना चाहते हैं। इसके साथ ही 'शठे शाठ्यं समाचरेत' नीति अपनाने पर बल देकर स्वाभिमान से व्यापार करने की प्रेरणा भी देते हैं। वे भारत के व्यापारी-वर्ग की काहिली, नासमझी और क्षुद्र स्वार्थों पर कट्टर प्रहार करने से नहीं चूकते। ऐसे व्यापारियों को उन्होंने 'कुपढ़' और 'बेसमझ' कहा है।[114]

उनका यह भी मानना है कि व्यक्तिगत रूप से उद्योग और व्यापार चलाने की अपेक्षा संगठन बनाकर उन्हें संचालित करना अधिक उचित है। उनका सुझाव है कि यदि हजार मनुष्यों का संगठन धन लगाकर मिल-जुल कर काम करे तो बहुत से धनी, बुद्धिमानों और उद्यमियों का संगठन खड़ा किया जा सकता है। एक व्यक्ति बेईमान और स्वार्थी हो सकता है, किन्तु हजार व्यक्तियों के संगठन में अच्छे और ईमानदार लोग भी होंगे, जो इस सामूहिक प्रयास को नैतिक रूप से नीचे नहीं गिरने देंगे।[115]

पूँजी पर प्रकाश डालते हुए गोकुलजी लिखते हैं कि—

किसी देश के धन का वह अंश जो उसके वासियों के पास उनके भोग से बचा हुआ एकत्रित रहता है, पूँजी है। इसके द्वारा और धन प्राप्ति का प्रबन्ध सुगमता से होता है।[116]

पूँजी दो प्रकार की होती है—स्थिर और गतिशील। स्थिर पदार्थों में जो धन लगाया जाता है, वह अचल पूँजी है और गतिशील पदार्थों में लगाया गया धन चल पूँजी।[117] वे पूँजी को केवल प्रत्यक्ष लाभ का जरिया नहीं मानते, बल्कि देश और देशवासियों की समृद्धि में लगाए गए धन को भी वे पूँजी का दरजा देते हैं। वे मानते हैं कि पूँजी एकत्रित करने की तुलना में पूँजी का उचित उपयोग अधिक कठिन है। पूँजी के उचित उपयोग की ओर संकेत करते हुए उन्होंने लिखा है—

जो पूँजी एक बार कई-कई हजार मनुष्यों को भोजन और दक्षिणा देने में नष्ट होती है, यदि उस पूँजी को उन्हीं लोगों के निमित्त कला-कौशल विद्यादि सीखने के प्रबन्ध में लगा दी जाय करे तो प्रत्येक पुर, ग्राम और नगर में देश के धन-जन समृद्धि का एक-एक अद्वितीय चिरस्थायी द्वार खुल जाए और उन्हीं की सन्तति, जिनको हरामखोर बनाकर नष्ट किया जाता है पुश्त-दर-पुश्त लाभ उठावें।[118]

जनसंख्या वृद्धि की समस्या पर भी गोकुलजी आर्थिक परिप्रेक्ष्य में ही विचार करते हैं। यदि जनसंख्या की वृद्धि के साथ-साथ कारीगरों और श्रमजीवियों की संख्या भी बढ़े और उसी अनुपात में पूँजी का विस्तार और प्रबन्धन न हो तो कारीगरों और श्रमिकों की माँग भी घटती जाएगी और इससे बेकारी बढ़ेगी तथा लोग अधिक संख्या में निर्धनता-ग्रस्त होंगे। इसलिए जनसंख्या वृद्धि तथा पूँजी के विस्तार में सन्तुलन आवश्यक है। लेखक बढ़ती जनसंख्या को लेकर न केवल चिन्तित है, बल्कि एक हद तक क्षुब्ध भी है। उसका मानना है कि जो जनसंख्या प्रकृति के नियमों के प्रतिकूल बढ़ जाती है, उसका दुर्भिक्ष, महामारी तथा प्राकृतिक आपदाओं से नष्ट होना तय है।

यदि भारतवासी मात्र गुलामी, मजूरी, दुराचार करने, भूखे मरने को ही पैदा किये जाते हैं और रोते हैं तो हम मुक्त कंठ से प्रार्थना करते हैं कि हे परमात्मन, हमारा सबका जल्दी अन्त कर कराल अकाल और प्लेग को भेजकर शीघ्र कथा समाप्त कर। देश के भाइयों और बहनों से कहते हैं कि कृपया कोई सन्तति उत्पादन मत करो, 30 कोटि कुली क्या थोड़े हैं?[119]

आज जबकि हमने जनसंख्या की दृष्टि से 120 करोड़ की सीमा लाँघ ली है, क्षुद्र राजनीतिक लाभों के लिए जनसंख्या नियंत्रण की बात तक नहीं करता। गोकुल जी की भाँति इस प्रश्न पर उग्र होना तो बहुत दूर की बात है।

लेखक ने गम्भीरता से विचार करके यह निर्णय करना चाहा है कि अन्ततः

किसी देश की समृद्धि को जानने का आधार क्या है? यद्यपि दिखावे में हमें विकास का अनुमान हो सकता है, किन्तु ऐसा विकास किसी काम का नहीं होता।

> चाहे किसी एक शाखा में दुख न हो, चाहे खेती, कारीगरी, सौदागरी पहले से और भी अधिक होती हो, चाहे देश में और अधिक बलिष्ठ, शिक्षित सेना, लड़ाई के जहाज (धूम पोत) हो गए हों, चाहे राजा व राज परिवार पहले से अधिक बड़े-बड़े और उत्तम प्रासादों में आनन्द करते हों, चाहे रेल, तार, बिजली, इत्यादि के चमत्कार कहीं अधिक हो गए हों, पर हम दृढ़तापूर्वक कह सकते हैं कि ऐसा देश और ऐसी जाति ऊपर से चिकनी-चुपड़ी दीख पड़ती है, पर लाभ के दर की औसत कम है तो जरूर भीतर ही भीतर जड़ में कीड़े लग गए हैं।[120]

वैश्वीकरण के इस दौर में हमें जो विकास और ऐश्वर्य की चकाचौंध दिखाई पड़ती है, उसका यदि यथार्थ पर मूल्यांकन किया जाए तो गोकुल जी के शब्दों में कहना होगा, जरूर भीतर ही भीतर जड़ में कीड़े लग गए हैं। यह विकास एकतरफा, प्रकृति के नियमों के विपरीत और मुट्ठी भर धनिक वर्ग के पक्ष में है। बाकी लोग तो टैक्सों के बोझ, महँगाई तथा भ्रष्टाचार के नीचे दबकर चीत्कार कर रहे हैं। गोकुलजी जब ब्रिटिश शासन द्वारा लिए जाने वाले टैक्सों के अत्याचार पर लिख रहे थे तो वह अनायास ही वर्तमान परिप्रेक्ष्य में उतना ही प्रासंगिक हो जाता है—

> हम देखते हैं कि दलाल, गाड़ी वाले, फेरीवाले, ढेलेवाले, नाई, धोबी, कुम्हार, लोहार आदि कोई भी कर से नहीं बचे, फिर देश में पूँजी कहाँ से हो, क्यों काल पर काल न पड़े। लाइसेंस, हाउसटैक्स, पशुओं पर टैक्स, खेत का टैक्स, इत्यादि-इत्यादि अनगिनत टैक्स देते-देते प्रजा शरीर को अन्न का टैक्स देने में असमर्थ हो रही है।[121]

जैसा कि पहले कहा जा चुका है कि जिस समय 'देश का धन' (1908) प्रकाशित हुई गोकुलजी उस समय कलकत्ता में थे। यह वह दौर था जब बंग-भंग आन्दोलन के साथ-साथ स्वदेशी आन्दोलन भी अपने प्रकर्ष पर था। गोकुलजी ने स्वदेशी आन्दोलन में बढ़-चढ़ कर हिस्सा लिया। उनके आर्थिक चिन्तन में यह भी समाहित था कि स्वदेशी अपना कर हम अपने देश को समृद्ध बनाने में महत्त्वपूर्ण भूमिका निभा सकते हैं। उन्हीं के शब्दों में—

> स्वदेश की वस्तुओं के व्यवहार का प्रेम जो थोड़े से आर्यसमाजियों ही पर परिमित था, अब देश के समस्त विभागों पर प्रभाव डाल रहा है। इसी से देशीय कारखाने जो वास्तव में बहुत ही थोड़े सच्चे देशी हैं, गिरी दशा से उठकर कुछ चंगे देखे जाते हैं ×××।[122]

किन्तु स्वदेशी के प्रति उनका आग्रह अंध भावुकता से प्रेरित नहीं है। वे इसकी अतिवादिता को स्वीकार नहीं करते। उनके अभिमतानुसार—

> ××× स्वदेशी आन्दोलन द्वारा किसी अन्य देश का कोई पदार्थ यत्किंचित भी न लेना उद्देश्य बुद्धि विरुद्ध है। जिस तरह प्रान्तांतरों में परस्पर सम्बन्ध है और होना आवश्यक है, उसी तरह देशांतरों को भी जानना चाहिए।[123]

जिस वस्तु का अपने देश में अभाव हो, उसे अन्य देश से ले लेने में कोई बुराई नहीं है। इसी प्रकार अधिक उपार्जित पदार्थ का बाहर जाना प्रजा को उद्योगी, धनी, उत्साहित बनाने में बड़ा कारण है।[124]

गांधीजी ने मशीनों के उपयोग को प्रायः उचित नहीं माना। इसके पीछे आर्थिक चिन्तन से अधिक नैतिक दृष्टिकोण प्रमुख था। गोकुलजी शुद्ध आर्थिक दृष्टिकोण से मशीनों की उपयोगिता पर विचार करते हैं। मशीन के विरुद्ध एक तर्क यह दिया जाता है कि मशीनें लगाने से कारीगरों की मजदूरी कम हो जाएगी, किन्तु गोकुलजी का तर्क है कि—

> ××× जहाँ-जहाँ मशीन हैं, मजूरों की दर बढ़ गई (जैसे—कलकत्ता, बम्बई, कानपुर आदि) जो मजूर दो आने रोज पर मिलता था, आठ आने रोज पर कठिनता से मिलता है। कारीगरों का इनमें बहुत काम रहता है। इससे कारीगरों की मजूरी में हानि नहीं होती।[125]

किन्तु सभी काम मशीन से हों, गोकुलजी इसके पक्षधर नहीं। जो काम हाथ से किये जा सकते हैं, वे हाथ से ही किये जाने चाहिए और उनमें भी कारीगरों को अच्छा लाभ होता है। मशीन के विरुद्ध यह भी कहा जाता है कि उससे पूँजीपतियों को ही लाभ होता है। मशीन के विरुद्ध यह भी कहा जाता है कि उससे पूँजीपतियों को ही लाभ होता है। गोकुलजी इसका सतर्क खंडन करते हैं। उनका मानना है कि—

> जो मजूर पाँच आने रोज कपड़ों की कल में पाता है, उसको जो कपड़ा पहले चार आने गज लेना पड़ता था, अब इस कल की बदौलत तीन आने, ढाई आने गज मिले तो क्या डेढ़ आने रोज के सिवाय डेढ़-दो आना गज की बचत, जो साल भर में मिलेगी वह लाभ नहीं है। इससे मजूरों को लाभ ही लाभ है।[126]

इन दिनों हमारे देश में मुक्त व्यापार की अर्थव्यवस्था का बोलबाला है। जब हम पराधीन थे तो ब्रिटिश सरकार ने फ्री ट्रेड को लागू किया था। गोकुलजी का विचार है कि पहले देश को अपने आर्थिक हितों को ध्यान में रखना चाहिए। जब हम अपने उत्पादों को अधिकाधिक लाभ कमाते हुए भीतर और बाहर खपा लें, अपने राष्ट्रीय

आर्थिक हित सुरक्षित कर लें, तभी फ्री ट्रेड की नीति अपनाई जाए। उनकी सम्मति में—

> भारत में फ्री ट्रेड उन जातियों को जो मोटी हो गई हैं और मोटा करने वाली हैं, किन्तु देश को वर्तमान में बहुत हानिकर हैं। जितना फ्री ट्रेड का विरोध करके दूसरी जातियाँ बढ़ी हैं, उतना ही भारत पहले बढ़ ले, तब यह भी उनके साथ मिलकर फ्री ट्रेड में जीत सकता है। जब भारत में उन्नति थी, तब दूसरे देश वाले फ्री होते तो चिन्ता न थी।[127]

क्या वर्तमान मुक्त व्यापार व्यवस्था को इस देश पर लादने से पहले हम अपने राष्ट्रीय हितों का संरक्षण कर पाए, जिसकी चिन्ता गोकुल जी ने की है?

हिन्दी नवजागरणकालीन आर्थिक चिन्तन वस्तुतः हमारे राष्ट्रीय स्वातंत्र्य आन्दोलन का एक अत्यन्त महत्त्वपूर्ण प्रेरणास्रोत है। दादा भाई नौरोजी से लेकर वर्तमान आर्थिक चिन्तकों तक उपनिवेशवादी भारतीय अर्थव्यवस्था का विश्लेषण और मूल्यांकन होता रहा है। इनमें राष्ट्रीय दृष्टि से तो यह विश्लेषण और मूल्यांकन होता रहा है, उपनिवेशवादी सोच ने भी इस काम को अपने ढंग से आगे बढ़ाया। हिन्दी नवजागरण में भारतेन्दु से लेकर स्वतंत्रतापूर्व तक हिन्दी के विद्वानों ने उपनिवेशवादी अर्थव्यवस्था को समझा और उसका राष्ट्रीय दृष्टि से मूल्यांकन किया। इस क्षेत्र में गोकुलजी का अवदान इसलिए महत्त्वपूर्ण है कि वे उपनिवेशवाद के जकड़न भरे दौर में भी देश की आर्थिक दुरवस्था में सुधार की सम्भावनाएँ तलाश रहे थे। वे इस मान्यता के पक्षधर नहीं थे कि स्वतंत्रता मिलने के बाद सारी आर्थिक समस्याएँ हल कर ली जाएँगी। स्वतंत्रता के समानांतर देश को शिक्षित और आर्थिक रूप से समृद्ध करने की जिस पहल के वे हिमायती थे वह पहल हमारे स्वतंत्रता संग्राम के नेता नहीं कर पाए। इस दृष्टि से देखें तो गोकुलजी का आर्थिक चिन्तन हमारे स्वतंत्रता-संग्राम का प्रस्थान बिन्दु बन सकता था। अपनी गतिविधियों में वे क्रान्तिकारी थे और अपने चिन्तन में अपने समय के ऋषि और भविष्य द्रष्टा। उनका व्यक्तित्व और उनकी कर्म-साधना जितनी विलक्षण थी, उनका आर्थिक चिन्तन उतना ही अनूठा, यथार्थपरक और व्यावहारिक था। उन्होंने एक रूपक में अपने आर्थिक चिन्तन को साकार करते हुए लिखा—

> किफायत समाजरूपी शरीर में रुधिर संचालक शक्ति है, विचार वैद्य है, देश की भाषा, देश के पदार्थ पथ्य हैं।[128]

आज जब बाजार जीवन के केन्द्र में आकर पसर गया है, जब हम एक नये तरह के उपनिवेशवाद के दौर में एक और नवजागरण के लिए छटपटाने लगे हैं, गोकुल जी के आर्थिक चिन्तन के बहुत से पक्ष गहरी प्रासंगिकता के साथ उभरकर सामने आ रहे हैं।

मर्यादा पत्रिका

हिन्दी नवजागरणकालीन पत्रिकाओं में 'मर्यादा' का विशिष्ट स्थान है। इसका पहला अंक नवम्बर, 1910 में अभ्युदय कार्यालय, प्रयाग से पं. कृष्णकांत मालवीय के सम्पादन में प्रकाशित हुआ। पत्रिका के सम्पादन में पं. पद्मकांत मालवीय जी का भी विशेष सहयोग रहा। इसके प्रवेशांक का प्रथम लेख राजर्षि पुरुषोत्तम दास टंडन द्वारा लिखा गया। 10 वर्षों तक पत्रिका के प्रकाशित होने के अनंतर इसका प्रकाशन ज्ञान मंडल, काशी को सौंप दिया गया। सन् 1921 से बाबू शिवप्रसाद गुप्त के संचालन एवं डॉ. सम्पूर्णानन्द के सम्पादन में पत्रिका का प्रकाशन हुआ। 1923 में अपरिहार्य कारणों से पत्रिका का प्रकाशन बन्द हो गया। इसका अन्तिम अंक 'प्रवासी विशेषांक' था जिसका सम्पादन पं. बनारसी दास चतुर्वेदी ने किया। इसका वार्षिक मूल्य 5 रुपये था और प्रत्येक अंक की प्रति का मूल्य 2 आना था। पत्रिका 10×7" के आकार में प्रकाशित होती थी। मर्यादा के अंकों का संकलन और सम्पादन करने वाले हिन्दी नवजागरण के विशेषज्ञ चिन्तक श्री कर्मेन्दु शिशिर के अनुसार मर्यादा के कुल 114 अंक प्रकाशित हुए। इनमें छः अंक श्री कर्मेन्दु शिशिर को उपलब्ध नहीं हो सके। इन्हीं संकलित एवं सम्पादित अंकों को 'मर्यादा' के आर्थिक चिन्तन की विवेचना में विषय-सामग्री के रूप में ग्रहण किया गया है।

सामान्यत: मर्यादा एक साहित्यिक पत्रिका थी किन्तु राजनीतिक परिप्रेक्ष्य के प्रति अपनी तीक्ष्ण दृष्टि एवं तत्कालीन परिस्थितियों एवं मूलभूत प्रश्नों की तलस्पर्शी समझ इस पत्रिका को विशिष्ट बनाती है।

> सरस्वती का मुख्य स्वर साहित्यिक था जबकि मर्यादा मासिक होते हुए भी पूरी तरह राजनीतिक थी। राजनीतिक मामलों में आप तुलना करें तो सरस्वती की अपेक्षा मर्यादा ज्यादा सचेत, विचारमग्न, साहसी और मुखर थी।[129]

प्रथम विश्वयुद्ध के दौर में जब राष्ट्रों के बीच अपने-अपने स्वार्थों को लेकर जो आपाधापी का माहौल था उसका 'मर्यादा' में प्रामाणिक अंकन देखते ही बनता है।

> विश्व राजनीति पर उसकी निगाह कितनी पैनी है। इसमें एशिया और यूरोप के स्वार्थों का भी नजरिया है, उसकी समझ है। यूरोप के विभिन्न देशों इंग्लैंड, फ्रांस, जर्मनी, इटली या रूस, अमेरिका और मध्य एशियाई देश जो इसके उपनिवेश थे—इनके आपसी रिश्ते, अदीठ स्वार्थ और इनकी कार्रवाइयों का जैसा विश्लेषण 'मर्यादा' ने किया है, वह आज की हिन्दी पत्रकारिता के लिए भी नजीर है।[130]

वस्तुत: 'मर्यादा' मिशनरी पत्रिका का एक ऐसा शिखर है जो आज की पत्रकारिता

के लिए एक दिवास्वप्न ही है। उस दौर में जबकि प्रेस एक्ट के आतंक के आगे बड़े-बड़े पत्रकार घुटने टेक चुके थे 'मर्यादा' के सम्पादक पूरी निडरता के साथ अपने मिशन के प्रति समर्पित रहे। इसका एक कारण यह था कि यह समय बाल गंगाधर तिलक, गोपालकृष्ण गोखले से देश के प्रेरित और प्रभावित होने का था। राष्ट्रवादी विचारधारा अपने पूरे उफान पर थी। मिशनरी पत्रकार प्रेस एक्ट के दबदबे को मानने के लिए तैयार नहीं थे। ऐसे में 'मर्यादा' के सम्पादक लिख रहे थे—

> भारत में दमन-नीति का दौर-दौरा है। समाचार-पत्रों पर प्रेस-एक्ट की तलवार जोरों से चल रही है और यह कहना कठिन है कि कोई पत्र दूसरे सप्ताह में जरूर ही प्रकाशित होता होगा। यों तो प्रेस-एक्ट गलाघोंटू और ऐसा विस्तृत बना ही है कि हर दशा में यदि इच्छा हो तो वह किसी भी पत्र को धर दबा सकता है।[131]

भले ही बहुत से विषयों पर कोई नवीन सामग्री न दी जा सकी हो; भले ही भाषा की दृष्टि से कुछ लेख अपरिपक्व रह गए हों, किन्तु 'मर्यादा' के सम्पादकों और लेखकों में राष्ट्र-प्रेम का जो जज़्बा है विदेशी पराधीनता से मुक्त होने की जो छटपटाहट है; अंग्रेज सरकार द्वारा किये गए भारत के निर्लज्ज आर्थिक शोषण के प्रति जो रोष है वह इन महान पत्रकार साधकों को प्रणम्य बनाता है।

> साम्राज्यवाद, निर्लज्जता और नृशंसता के साथ गरीब और कमजोर देशों को सताते हैं—उनकी भर्त्सना और कहीं-कहीं तो प्रतिरोधों की सराहना आपको चकित कर देगी।[132]

समग्रत: कहें तो 'मर्यादा' हिन्दी पत्रकारिता के कंटकाकीर्ण पथ में वह 'मील का पत्थर है' जो राष्ट्रीयता की विरासत, उसके तत्कालीन उफान और भविष्य की सम्भावनाओं का स्पष्ट दिशा-निर्देश करता है।

मर्यादा में निरूपित आर्थिक चिन्तन को हम सरलता से दो भागों में विभक्त कर सकते हैं—

1. किसानों से सम्बन्धित आर्थिक चिन्तन और
2. श्रमिकों, कारखानेदारों, व्यवसायियों से सम्बन्धित आर्थिक चिन्तन। हम सबसे पहले किसानों से सम्बन्धित आर्थिक चिन्तन पर बात करेंगे।

उन्नीसवीं शती के प्रारम्भ से ही उपनिवेशवादी शक्तियों द्वारा भारतीय किसानों के आर्थिक शोषण पर भारत के विद्वान आर्थिक विचारकों रमेशचन्द्र दत्त, दादाभाई नौरोजी आदि ने विस्तार से लिखा है। उन्होंने अकाट्य प्रमाण देकर यह सिद्ध किया है कि भारतीय किसान की आर्थिक दुरवस्था की प्रमुख और मूलभूत जिम्मेदारी और

औपनिवेशिक सत्ता और उसके लालची कर्णधारों की थी। सच तो यह है कि इन्हीं की प्रेरणा और प्रभाव से हिन्दी नवजागरण किसानों की शोचनीय आर्थिक दशा की ओर आकृष्ट हुआ। किन्तु ऐसा भी नहीं है कि हिन्दी नवजागरण द्वारा उठाए गए किसान-प्रश्न पूर्वोपलब्ध परम्परा की ही देन हैं। कहना होगा कि हिन्दी नवजागरण के लेखक और विचारक अपने समय में इस आर्थिक शोषण को न केवल प्रत्यक्ष देख रहे थे बल्कि उससे क्षुब्धता और छटपटाहट भी महसूस कर रहे थे। दूसरे, ये सभी लेखक और सम्पादक प्रायः मध्यवर्गीय या निम्नमध्यवर्गीय परिवारों से आए थे इसलिए उन्होंने निर्धनता को किसी न किसी रूप में महसूस किया था। तीसरे, प्रायः सभी में देशभक्ति की भावना कूट-कूटकर भरी थी। यही कारण है कि उनका आर्थिक चिन्तन अधिक प्रभावी, सम्प्रेषणीय और राष्ट्र-प्रेम से ओतप्रोत है। हमें यह भी ध्यान में रखना होगा कि हिन्दी का पाठक जो देश की आर्थिक समस्याओं से प्रायः अनभिज्ञ था उसे इन समस्याओं से परिचित कराने, उनसे जोड़ने और उनमें सहभागी बनने में मर्यादा के आर्थिक चिन्तन की भूमिका अत्यन्त महत्त्वपूर्ण थी।

ऋणग्रस्तता भारतीय किसानों की एक प्रमुख समस्या रही है।

> अन्य देशों के किसानों के मुकाबले में भारतीय किसान को कर्ज लेने की ज्यादा चाह या कुछ ज्यादा जरूरत पड़ा करती है। ब्याह-शादियों में वह अधिक रुपया खर्च करता है। मुकदमेबाजी में संसार भर के किसान उससे पीछे हैं। पूर्व समय से आजकल उसके खर्च बढ़ गए हैं। उसने उन्हें नहीं बढ़ाया, वे खुद ही बढ़ गए हैं। बैल की जो जोड़ी पहले 30, 35 रुपए की मिल जाती थी वही उसे आज मुश्किल से सौ रुपए में मिलती है। तब वह अपने 'महाजन' की शरण में जाता है।[133]

वस्तुतः कुछ कारण ऐसे थे जिनमें कर्ज लेने से बचा जा सकता था, जैसे विवाह आदि विभिन्न आयोजनों में फिजूलखर्ची। किन्तु बढ़ी हुई मालगुजारी और कृषि-सम्बन्धी व्यय को अनदेखा नहीं किया जा सकता था। इसलिए किसान कर्ज लेने से बच नहीं सकते थे। 1877-79 में भयंकर अकाल पड़ा जिसके चलते किसानों को भूखे मरने की नौबत आ गई। तब उन परिस्थितियों में हमारे किसान पूरी तरह महाजनों के शिकंजे में जकड़ गए। यहीं से सरकार को कर्ज देने वाली समितियों (Cooperative Credit Socities) की आवश्यकता का अनुभव हुआ। 1904 में इस सम्बन्ध में एक कानून पास हुआ जिसके अन्तर्गत किसानों को कर्ज देने वाली ये समितियाँ अस्तित्व में आईं। इन समितियों का उद्‌देश्य यह था कि किसान महाजनों के जाल से बच सकें और फिजूलखर्ची से बचते हुए किसान इस कर्ज का कृषि-कार्यों में उचित उपयोग कर सकें।

इन समितियों के अधिकांश मेंबर वही होते थे जो किसानी का कार्य करते थे।

यदि कोई सदस्य कर्ज नहीं चुकाता था तो समिति उन सदस्यों से यह कर्ज वसूल कर लेती थी जो उसकी जमानत देते थे। कर्ज उन्हीं मदों में दिया जाता था जिन्हें समिति उचित समझती थी। यदि कर्जदार मदों में धनराशि को खर्च नहीं करता था तो वह धनराशि वापस ले ली जाती थी। कर्ज-अदायगी की सीमा अधिक से अधिक पाँच वर्ष के लिए होती थी। ऋण का भुगतान एकमुश्त करने के अलावा किस्तों में भी किया जा सकता था। किन्तु किस्तों की अदायगी में ढील नहीं बरती जाती थी। कर्ज के लिए या तो समिति के सदस्य जमानत देते थे। समिति किसी सेंट्रल बैंक से रुपया उधार लेती थी। जितने सूद पर बैंक से वह रुपया लिया जाता था उससे कुछ अधिक दर पर वह रुपया किसान को मिलता था। ब्याज-दरों के अन्तर से प्राप्त राशि सुरक्षित कोष में जमा की जाती थी। इस सम्बन्ध में लेखक आशा करता है कि—

> देश में ये समितियाँ बहुत कुछ काम करेंगी। इनसे हमारे किसानों का जीवन बदला जाना है। इसलिए हम चाहते हैं कि हमारे देश का कोई भी गाँव ऐसा बाकी न रहे जिसमें एक ऐसी समिति न हो।[134]

जैसा कि पहले कहा जा चुका है किसानों की ऋणग्रस्तता के अनेक कारणों में एक महत्त्वपूर्ण कारण लगान की अधिकता और उसकी घटती-बढ़ती दरें हैं। पं. मदनमोहन मालवीय ने कृषि-सुधार के लिए किये गए सरकार के विभिन्न प्रयासों की सराहना करते हुए भी सरकार द्वारा लगान का 25 या 30 रुपये प्रति 100 रुपये पर घटाने की पुरजोर वकालत की है।[135] प्रश्न यह है कि सरकार भला घाटा उठाकर लगान क्यों कम करना चाहेगी? इसके लिए के.डी. मालवीय जी का सुझाव है कि—

> ××× सरकार दस साल के लिए लगान अधिक कम कर दे और रकम को शराब पर टैक्स बढ़ाकर या जो चीजें यहाँ बाहर से आती हैं उन पर ड्यूटी लगा कर या सेना विभाग या पुलिस विभाग या मुफ़्तखोर विभाग का खर्चा घटाकर अपना काम चलाए तो 10 वर्ष के बीच में कृषकों की भूमि की बहुत कुछ उन्नति हो सकती है।[136]

अन्य आर्थिक चिन्तकों की तरह 'मर्यादा' के लेखक इस बात पर विशेष बल देते हैं कि स्थायी बन्दोबस्त के अभाव में जब सरकार समय-समय पर लगान में बढ़ोतरी करती है तो उसकी देनदारी उसे बर्बाद कर देती है।

> स्थायी बन्दोबस्त से केवल देश का ही लाभ नहीं है—सरकार को भी इससे लाभ है।[137]

जहाँ पर लगान स्थायी रूप में एक बार निश्चित कर दिया जाता है वहाँ किसान भी अपनी कृषि-आय बढ़ाने के लिए अधिक परिश्रम करता है। क्योंकि वह जानता

है कि उसका लगान पूर्व निश्चित है। किसानों की आय बढ़ने से जमींदार भी समृद्ध होते हैं। इस धन से नये-नये व्यापार और उद्योग धंधों की स्थापना कर सकते हैं। इससे सरकार को एक लाभ यह भी है कि जब जमींदार सीधे सरकार को लगान देगा तो उस व्यवस्था के लिए कलेक्टर की नियुक्ति पर्याप्त है और अधिक कर्मचारियों की आवश्यकता नहीं होती। इनके वेतन की बचत भी सरकार को ही होती है।[138]

मर्यादा के लेखकों ने कृषि के सुधार के लिए अनेक महत्त्वपूर्ण रचनात्मक सुझाव प्रस्तुत किये हैं। किन्तु कोई भी कृषि-सुधार हो उसे लागू करने के लिए सरकार का योगदान आवश्यक ही नहीं अपरिहार्य भी है। यह उस समय देखा और महसूस किया जा रहा था कि अन्य देशों की तुलना में भारत सरकार खेती की मद में बहुत कम राशि खर्च करती है।

> डेन्मार्क के निवासियों की संख्या 25,00,000 से अधिक नहीं है परन्तु वहाँ की सरकार अपनी प्रजा के सुख के लिए तीस लाख रुपये खर्च करती है। और डेनमार्क से 80 गुना किसानों की संख्या रखने वाले भारतवर्ष लिए 24 करोड़ की जगह केवल बीस लाख खर्च किए जाते हैं।[139]

इससे स्पष्ट होता है कि सरकार कृषि-सुधार के लिए न्यूनतम राशि भी उपलब्ध नहीं कराती। अमरीका की सरकार अपने किसानों की वैज्ञानिक कृषि की शिक्षा के लिए न केवल चिन्तित और संवेदनशील थी बल्कि कृतसंकल्प भी थी। लेखक अमरीका द्वारा कृषि-शिक्षा पर किये जाने वाले व्यय के अनुसार तत्कालीन भारत सरकार से अपेक्षित इस मद पर व्यय के लिए सरकार को बताता है कि—

> संयुक्त राज्य अमरीका की जनसंख्या विगत मर्दुमशुमारी के अनुसार पौने आठ करोड़ थी। परन्तु कृषि-शिक्षा के लिए वहाँ 10 बड़े-बड़े कालेज और 54 कृषि-परीक्षा के क्षेत्र हैं। इन क्षेत्रों के लिए वहाँ की सरकार प्रतिवर्ष कम से कम 30,60,000 रुपए खर्च करती है। इस हिसाब से भारत में वार्षिक एक करोड़ रुपए के खर्च से 150 कृषि-परीक्षा के क्षेत्र स्थापित होने चाहिए थे। उक्त गवर्नमेंट के कृषि विभाग का खर्च कम से कम साढ़े आठ करोड़ होना चाहिए।[140]

डेनमार्क और अमरीका द्वारा कृषि पर किये जाने वाले खर्च की भारत में अंग्रेज सरकार द्वारा किये जाने वाले खर्च की तुलना से स्पष्ट है कि भारत सरकार इस मद में मात्र 20 लाख रुपये खर्च करती है जो हर दृष्टि से अपर्याप्त है। श्री मातादीन शुक्ल इस सम्बन्ध में अन्य देशों द्वारा कृषि की मद पर किये जाने वाले खर्च की एक तालिका प्रस्तुत करते हैं जिससे स्पष्ट है कि अंग्रेज सरकार द्वारा इस मद पर किया जाने वाला खर्च कितना कम है। तालिका इस प्रकार है—

नाम देश	वार्षिक व्यय
रूस	छः अरब रुपए
आस्ट्रिया और हंगरी	5 अरब 2 करोड़ 50 लाख
अमेरिका	1 करोड़ 20 लाख
इटली	40 लाख
स्वीडन	बावन लाख पचास हजार
डेनमार्क	तीस लाख[141]

इसी क्रम में निम्नलिखित तालिका में देखा जाना भी महत्त्वपूर्ण है जिससे हमें प्रत्येक देश के खेतिहरों और कुल आबादी में उनके प्रतिशत का ज्ञान होता है—

नाम देश	खेतिहर	आबादी में प्रतिशत
बेल्जियम	617372	22.7
जर्मनी	9883257	35.2
हालैंड	492774	30.7
आस्ट्रिया	8105574	60.9
फ्रांस	8843761	42.7
आयरलैंड	671889	44.7
इटली	9666467	59.4
स्विटजरलैंड	481049	30.9
भारतवर्ष	220160976	70[142]

उपर्युक्त दोनों तालिकाओं को मिलाकर देखें तो स्पष्ट होता है कि भारत की 70 प्रतिशत आबादी खेतिहर है। यह भी उल्लेखनीय है कि यदि अन्य स्थानिक करों (जो लगभग 5 प्रतिशत होते हैं) को छोड़ दें तो भी लगभग 20 प्रतिशत लगान, किसानों से वसूला जाता है। क्योंकि यहाँ किसानों की संख्या अधिक है और खेती की उर्वरा शक्ति कम है, फिर भी लगान बढ़ता जाता है। सरकार लगान से अपने राजकोष में बेतहाशा वृद्धि कर लेती है किन्तु कृषि की बेहतरी पर कम से कम धनराशि खर्च करना चाहती है। इस पर कोढ़ में खाज यह कि उसकी रेल बनाने और उस पर राजकोष का बड़ा हिस्सा खर्च करने में अधिक रुचि है। यदि वर्षा के जल को संचित करने

की व्यवस्था सरकार द्वारा की जाती तो निश्चय ही खेती को लाभ होता। 'मर्यादा' में 'एक किसान' नाम से अप्रैल, 1914 में लेखक ने रेल और नहर पर सरकार द्वारा किये गए व्यय की तुलना करते हुए नहरों को बनाने की आवश्यकता पर बल देते हुए लिखा—

> ××× अकाल अनावृष्टि के कारण नहीं पड़ता। इसके न मानने पर भी वर्षा के जल को रोक रखने के लिए तालों, तड़ागों और बाँधों की आवश्यकता है। यदि नहरों की सहायता से खेतिहर सुख-समृद्धि लाभ कर सकेंगे तो फिर सहज ही वाणिज्य-विस्तार भी हो जाएगा। इन सबके सिवाय रेल बनाने में जो भारत का रुपया विलायत को जाता है नहर बनाने में वह रुपया भारत में रहेगा। सन् 1882 से 1902 तक में रेल के लिए भारत से 458 करोड़ रुपया विलायत को गया। यदि वह रुपया नहरों के बनवाने में व्यय होता तो खेती को लाभ पहुँचता ही, साथ ही साथ हमारे मजदूर और ठेकेदार मालामाल हो जाते।[143]

अकाल इस देश के लोगों के लिए एक भयावह परिस्थिति है। अकालों में जो जन-धन की हानि होती है उसकी कल्पना सहज नहीं। मर्यादा में चार्ल्स एडवर्ड रसेल का एक उद्धरण दिया गया है जिससे स्पष्ट होता है कि किस प्रकार भिन्न-भिन्न वर्षों में पड़ने वाले अकालों में कितने मनुष्य काल-कवलित हुए—

> 1833 के मद्रास के अकाल में झुंड के झुंड मनुष्य सड़कों पर मर गए। गाँवों की सड़क एक बड़े भीषण रणक्षेत्र का नज़ारा दिखाती थी। गंटोर की 5,00,000 की आबादी में से 2,00,000 मनुष्य भूख से तड़प-तड़पकर मर गए। 1837 में उत्तरीय भारत के अकाल में 10,00,000 जानें गईं। 1866 में उड़ीसा की तिहाई आबादी प्रायः 10,00,000 मनुष्यों ने हा अन्न! हा अन्न! कहते हुए प्राण त्याग दिया। 1869 के उत्तरीय भारत के अकाल में मृत्यु संख्या 12,00,000 थी। 1877 के मद्रास के अकाल में 50,00,000 से अधिक मनुष्य मरे। 1878 के उत्तरीय भारत के अकाल में मृत्यु संख्या 12,50,000 थी। 1897 के अकाल में 30,00,000 मनुष्य केवल सरकारी सहायता पाकर जिंदा रह सके।[144]

इससे स्थिति की भयावहता का अनुमान लगाया जा सकता है कि इन अकालों ने किस प्रकार देश को मृत्यु, कंगाली और भुखमरी के अन्तिम छोर तक पहुँचा दिया था। मोटे हिसाब से 1890 तक 80,00,000 लोग इन अकालों के कारण मृत्यु का ग्रास बन चुके थे। मर्यादा के लेखक न केवल इन अकालों की भयावहता से आहत और क्षुब्ध थे बल्कि वे इनसे निपटने के लिए समाधानों की तलाश भी कर

रहे थे। वे इस बात से भलीभाँति अवगत थे कि इन अकालों के लिए एक हद तक दैवी प्रकोप तो जिम्मेदार थे ही सरकार की भूमिका को इस सन्दर्भ में कम करके नहीं आँका जा सकता। इसलिए अकालों की चुनौती से निबटने में भी जिम्मेदारी सरकार की ही बनती है।

> अकाल के सम्बन्ध में गवर्नमेंट का सबसे बड़ा कर्तव्य यह है कि जमीन के लगान को कम कर, सिंचाई का समस्त देश में पूरा प्रबन्ध कर, व्यापार-सम्बन्धी शिक्षा का प्रचार और व्यापार की उन्नति कर, योग्य स्वदेशियों को ऊँचे-ऊँचे पदों पर अधिक संख्या में भरती कर भारतवासियों की जातीय आमदनी को बढ़ाए और इस प्रकार से न केवल भारतवासियों की दृष्टि में वरन् समस्त सभ्य संसार की दृष्टि में धन्यवाद और सुयश की भागी बने।[145]

> इसके अतिरिक्त लोगों को शिल्प-कला और व्यापार सम्बन्धी आवश्यक प्रशिक्षण दिया जाए। पेड़ और जंगलों के विकास के लिए सरकार प्रयास करे ताकि अधिक बारिश सम्भव हो। पशुओं की उन्नत नस्लें विकसित की जाएँ, इससे लोगों को घी-दूध आदि मिलने के साथ अधिक खाद भी उपलब्ध होगी।[146]

समग्रत: 'मर्यादा' में किसानों की जिन समस्याओं पर विचार किया है और उनका जो समाधान प्रस्तुत किया गया है यह कृषकों से जुड़ा आर्थिक चिन्तन इतना प्रौढ़ और परिपक्व है कि वह कृषक-प्रश्नों का और समाधानों का समूचा और प्रभावी बिम्ब प्रस्तुत करता है। किसानों की समस्याएँ तो वहीं हैं जो 'मर्यादा' से पूर्व हिन्दी नवजागरण के आर्थिक चिन्तकों ने प्रस्तुत की हैं किन्तु 'मर्यादा' तक आते-आते अब इन समस्याओं के समाधानों में अधिक रचनात्मकता और व्यावहारिकता देखने को मिलती है। यदि इन सभी समाधानों को एक साथ प्रस्तुत किया जाए तो ये समाधान होंगे—

1. उचित जल-संचय की व्यवस्था।
2. उन्नत खादों का प्रयोग।
3. मालगुजारी की स्थायी और उचित दरों का निर्धारण।
4. कृषि-शिक्षा की उचित व्यवस्था और खेती के परम्परागत तरीकों में बदलाव।
5. महाजनों के चंगुल से बचने के लिए सस्ती दरों पर ऋण उपलब्ध कराने के लिए देहातों में सहकारी समितियों की स्थापना।
6. शिल्पकला और व्यवसाय को प्रोत्साहन।
7. वृक्षों और जंगलों के विकास के लिए प्रयास।

8. पशुओं की उन्नत नस्लें तैयार करना।
9. सरकारी नीतियों में जनता की सहभागिता।

उपर्युक्त सुझावों पर यदि सरकार और हमारे किसान अमल करें तो किसानों की आर्थिक दुरवस्था का अन्त हो सकता है—ऐसा तत्कालीन परिस्थितियों में 'मर्यादा' के लेखकों ने माना है। यद्यपि किसानों की आर्थिक समस्याओं का प्राथमिकताओं की दृष्टि से यह सही क्रम नहीं है। जिस क्रम से समाधान और सुझाव उपलब्ध हुए हैं हमने इन्हें उसी रूप में प्रस्तुत कर दिया है। हम यहाँ उपर्युक्त समाधानों की संक्षिप्त विवेचना करेंगे।

'मर्यादा' में जल-संचयन और जल-प्रबन्धन पर विशेष बल दिया गया है। इस सम्बन्ध में सरकार की नीतियों की भी कठोर आलोचना की गई है। विशेष रूप से रेल की मद पर अधिक खर्च और नहर आदि सिंचाई के साधनों पर कंजूसी दिखाना उस समय सरकार की प्रवृत्ति थी। रेल-निर्माण में उस समय 15-16 करोड़ रुपया खर्च किया गया और नहरों के निर्माण और संरक्षण पर मात्र 2-3 करोड़। 'मर्यादा' के लेखकों का मानना है कि सरकार को रेल पर अधिक खर्च न करके नहरों पर अधिक खर्च करना चाहिए। पत्रिका में दर्शाया गया है कि सन् 1882 से 1902 तक रेल के लिए भारत से 458 करोड़ रुपया विलायत को गया। रेल के काम को स्थगित करके यदि यही धनराशि नहर बनाने में खर्च की जाती तो एक हद तक किसान अपनी आर्थिक दुरवस्था से मुक्त हो सकते थे।

'मर्यादा' के अनुसार हमारे उस समय के किसान परम्परा से इस्तेमाल की जाने वाली खादों पर ही निर्भर थे। इससे भूमि का उपजाऊपन धीरे-धीरे कम होने लगता था। सरकार उन्नत किस्म की खादों के विषय में किसान को अवगत कराए और ऐसा उन्हें स्वयं भी उपलब्ध कराए तो खेती की उर्वरा शक्ति बढ़ सकती है।

मालगुजारी के सम्बन्ध में 'मर्यादा' के अनुसार सरकार की नीति कृषि-विरोधी रही है। कुछ प्रान्तों को छोड़कर 10-20 वर्षों में मालगुजारी की दरें बढ़ा दी जाती हैं। इससे किसान दुविधा और आशंका में बढ़ी हुई दरों के बोझ तले आधे-अधूरे मन से खेती करते हैं। 'मर्यादा' के लेखक इसीलिए मालगुजारी के निर्धारण में स्थायी बन्दोबस्त की माँग करते हैं और वे यह भी चाहते हैं कि ये दरें किसान की आर्थिक स्थिति के अनुकूल हों। किसान आधुनिक कृषि की तकनीकों को जानने के लिए कृषि शिक्षा प्राप्त करें ताकि वे खेती के पारम्परिक तरीकों में बदलाव ला सकें। इसके लिए सरकार को विशेष प्रयास करने की आवश्यकता है, इस पर भी मर्यादा के लेखकों ने बल दिया।

महाजनों द्वारा किसानों का आर्थिक शोषण 'मर्यादा' के अनुसार किसानों की आर्थिक दुरवस्था का एक प्रमुख कारण है। पत्रिका के लेखक चाहते हैं कि सरकार

देहात के क्षेत्रों में ऐसी समितियों का गठन करे, जो बैंक से रुपया उधार लेकर कुछ अधिक दर पर उचित आवश्यकताओं के लिए जरूरतमन्द किसानों को ऋण दें और किस्तों में ऋण की वसूली करें।

खेती पर लोगों की निर्भरता कम की जाए। इसके लिए शिल्प-प्रशिक्षण और उद्योग-प्रशिक्षण केन्द्र खोले जाएँ। लोगों की शिल्प, व्यवसाय और उद्योगों में रुचि जाग्रत की जाए ताकि उनके सामने किसानी के अलावा जीवन-यापन के और भी विकल्प हों।

जंगलों में पेड़-पौधे प्रदूषण को शुद्ध करने के साथ-साथ वर्षा को भी सम्भव बनाते हैं। मर्यादा के द्वारा यह सुझाव दिया गया कि सरकार वनों के विस्तार और विकास पर भी ध्यान दे।

उस समय प्राय: देखा जाता था कि किसान का पशु-धन दुर्बल और बलहीन होता था, इससे बैल आदि पूरी शक्ति से किसानी के काम को नहीं कर सकते थे। गाँव में दुधारू गाय-भैंसों का अभाव था। इसलिए 'मर्यादा' में पशुधन के विकास पर अधिक बल दिया गया।

उस समय एक बड़ी विडम्बना यह थी कि सरकारी कृषि-नीतियाँ प्राय: अंग्रेज अधिकारी बनाते थे। न उन्हें देश की भौगोलिक दशा का ज्ञान होता था और न वे किसानों की समस्याओं से कोई सरोकार रखते थे। 'मर्यादा' के लेखकों ने इस बात पर विशेष बल दिया था कि सरकारी कृषि-नीति में किसानों की सहभागिता हो ताकि सही कृषि-नीति बनें और उनका उचित कार्यान्वयन किया जा सके।

'मर्यादा' में हिन्दी नवजागरण के आर्थिक चिन्तन की पूर्व परम्परा का अनुसरण करते हुए व्यवसाय, व्यापार और उद्योग की भी विस्तृत चर्चा और विवेचना की गई है। इस चर्चा को हम दो भागों में विभक्त कर सकते हैं—

1. सैद्धान्तिक चर्चा और
2. व्यावहारिक चर्चा। हमने पहले देखा कि 'सारसुधानिधि' के अनेक आलेखों में; महावीर प्रसाद द्विवेदी के ग्रन्थ 'सम्पत्तिशास्त्र' में अर्थशास्त्र के सैद्धान्तिक पक्ष पर गम्भीरता से विचार किया गया है। 'मर्यादा' में उस अनुपात में तो सिद्धान्त-पक्ष को स्थान नहीं दिया गया किन्तु उसकी उपेक्षा भी नहीं की गई। व्यावहारिक पक्ष में अपने समय की उन ज्वलंत समस्याओं पर तार्किक ढंग से विचार किया गया है जिनके कारण उस समय भारत के उद्योग, व्यापार और व्यवसाय अधोगति को प्राप्त हो रहे थे।

श्री सूर्यनारायण अग्रवाल ने अपने आलेख 'धनोत्पादन के साधन' में अर्थशास्त्र के सिद्धान्त-पक्ष के अन्तर्गत सर्वप्रथम सम्पत्तिशास्त्र के अन्तर्गत धन या सम्पत्ति उसे माना है जो विनिमय साध्य हो। तदनंतर उन्होंने धन के उत्पादन के तीन साधन

स्वीकार किये हैं—1. जमीन, 2. मेहनत और 3. पूँजी।[147] इन्हीं की विवेचना इस निबन्ध में की गई है।

धनोत्पादन का पहला साधन है जमीन। व्यापार की प्रत्येक वस्तु जमीन से जुड़ी होती है। धनोत्पादन के लिए जमीन की उर्वरा शक्ति का बढ़ाया जाना आवश्यक है।

> पृथ्वी की उर्वरा शक्ति कई तरह से बढ़ाई जा सकती है। खेतों की जुताई इत्यादि वैज्ञानिक रीति से उत्तम खाद देने से, सिंचाई का अच्छा बन्दोबस्त करने से, खेतों में बहुत से कार्य मशीन द्वारा करने से, जहाँ जमीन परती पड़ी है वहाँ बसकर उसी जमीन पर खेती करने से, जमीन की वैज्ञानिक रीति से फलों की सहायता से, सिंचाई इत्यादि कर उसे उपजाऊ बना देने से, शहर से दूर पर परती जमीन से उत्पन्न हुए माल को ले जाने के लिए रास्ता इत्यादि बनवाने से जमीन की पैदावार बढ़ जाती है।[148]

यद्यपि इस प्रकार के सुझाव 'मर्यादा' के कुछ लेखकों ने किसानों के सम्बन्ध में इससे पूर्व भी प्रस्तुत किये हैं। अन्तर यह है कि लेखक यहाँ जमीन को धनोत्पादन के साधन के रूप में देखता है और जमीन से धनोत्पादन में वृद्धि के लिए ही उपर्युक्त सुझाव प्रस्तुत करता है। मेहनत या श्रम को लेखक दो वर्गों में विभाजित करता है—1. प्रत्यक्ष उत्पादक श्रम (Directly Productive Labour) और 2. अप्रत्यक्ष उत्पादक श्रम (Indirectly Productive Labour)। प्रत्यक्ष उत्पादक श्रम उसे माना गया है जहाँ श्रमिक सीधे-सीधे अपने उत्पादन से धन अर्जित करता है। अप्रत्यक्षोत्पादक श्रम धनोत्पादन के परिणाम सीधे-सीधे और तुरंत नहीं मिलते। बढ़ई, किसान, कुम्हार आदि का श्रम प्रत्यक्ष उत्पादक श्रम है। अध्यापक, वैज्ञानिक, शोधकर्ताओं का श्रम अप्रत्यक्ष उत्पादक श्रम माना जाएगा। इसी क्रम में जिस उत्पादक श्रम से किसी प्रकार का धनोत्पादन न हो उसे अनुत्पादक श्रम कहते हैं।

श्रम-विभाजन धनोत्पादन में महत्त्वपूर्ण भूमिका का निर्वाह करता है। श्रम-विभाजन से आशय है—एक ही तरह के कार्य को उसके जानकार व्यक्ति द्वारा किया जाना—

> ××× जब मनुष्य एक ही कार्य में लगा रहता है वह उस समय की बचत कर ज्यादा उत्पादन करता है। जिस किसी एक ही कार्य को मनुष्य सदा करता रहता है, उसकी सब बारीकियाँ उसे मालूम हो जाने के कारण अगर वह बुद्धिमान होता है तो अपनी बहुत-सी मेहनत बचाने की तरकीबें सोचने लगता है और इस तरह आविष्कार कर डालता है। बहुत से आविष्कार इसी तरह हुए हैं।[149]

लेखक ने श्रम-विभाजन के दोषों की ओर भी संकेत किया है। एक ही कार्य को किये जाने से उसकी बुद्धि तीक्ष्ण नहीं होती। दूसरे, एक वस्तु जो श्रम-विभाजन

के चलते बनाई जाती है उसमें सुन्दरता और गुणवत्ता का अनुपात-भेद आ जाता है। इसके साथ ही एक विशेष कार्य को करने वाला श्रमिक यदि उपलब्ध न हो तो वस्तु का निर्माण सम्भव नहीं हो पाता। यह भी उल्लेखनीय है कि एक विशेष कार्य का जानकार यदि उस काम को छोड़ देता है तो दूसरा कार्य वे ढंग से नहीं कर सकता और उसके जीवन-यापन में कठिनाई होने लगती है।

श्रम की विवेचना के अनंतर लेखक पूँजी की विवेचना करता है। पूँजी को परिभाषित करते हुए वह लिखता है—

> पूँजी सम्पत्ति का वह भाग है जो कि द्रव्य धनोत्पादन में सहायता के लिए बचाया जाता है।[150]

> समस्त दौलत जो धनोत्पादन में सहायता देते हैं पूँजी हैं।[151]

लेखक निर्दिष्ट करता है कि यदि सम्पत्ति का कुछ भाग विलासिता में खर्च होता है तो वह पूँजी नहीं है। उसकी सम्पत्ति का वही भाग पूँजी है जो निरन्तर नये धनोत्पादन में लगाया जाता है।

पूँजी का विभाजन चल और अचल पूँजी के रूप में भी किया जाता है। चल पूँजी वह है जिसका बदला उत्पादन की वस्तु के विक्रय पर तुरंत मिल जाता है। किन्तु अचल पूँजी जितनी वह व्यय होती है उसी क्रम से उत्पन्न की हुई वस्तु के विक्रय से मिलती है।[152]

समग्रत: कहें तो 'मर्यादा' में अर्थशास्त्र के जिन पक्षों का सैद्धान्तिक निरूपण किया गया है वह भले ही हमारे अपने समय के सन्दर्भों में मौलिक अथवा अद्यतन न हो किन्तु इसमें कोई सन्देह नहीं कि लेखक ने अर्थशास्त्र की पूर्वोपलब्ध सामग्री का मनोयोगपूर्वक अध्ययन करके अत्यन्त सरल शब्दों में इसको प्रस्तुत किया है। हिन्दी नवजागरण के उस काल में जबकि हिन्दी पाठक अर्थशास्त्र के आधारभूत सिद्धान्तों से अनभिज्ञ था तब अर्थशास्त्र के इस सिद्धान्त-निरूपण का अपना महत्त्व था, यह निर्विवाद है।

'राष्ट्र की सम्पत्ति' नामक अपने आलेख में श्री हरदयाल ने अर्थशास्त्र के सिद्धान्त-पक्ष का अतिक्रमण करते हुए सम्पत्ति की विवेचना की है। उन्होंने यह स्थापना की है कि राष्ट्र की सम्पत्ति भौतिक पूँजी नहीं बल्कि राष्ट्र की बुद्धि और आचरण है। लेखक इस बात से व्यथित है कि राष्ट्र की इस सम्पत्ति का विवेकहीन तरीके से दुरुपयोग हो रहा है। यह दुरुपयोग तीन रूपों में हो रहा है—

1. दुराचार द्वारा धन कमाने में,
2. मिथ्या दर्शन शास्त्र के प्रचार में और
3. कल्पित और मनोरंजक साहित्य की रचना में।

भ्रष्टाचार तब भी इस देश की एक बड़ी समस्या थी और आज के दौर में भी इसका विष हमारे देश के समूचे शरीर में फैल गया है। अनैतिक रूप से धन कमाने की स्पृहा में कुछ लोग अपना पूरा बुद्धि-कौशल लगा देते हैं। लेखक ने बुद्धि जिसे उसने राष्ट्र की सम्पत्ति माना है उसके इस दृष्टि से उपयोग पर इन शब्दों में अपनी चिन्ता व्यक्त की है—

> यह बड़ी चिन्ता की बात है कि हमारे बीच में पढ़े-लिखे किराये के टट्टुओं की एक ऐसी बड़ी तादाद बढ़ रही है जो अपने भाइयों पर मुसीबत और बरबादी लाकर अपनी जीविका कमाते हैं। इस प्रकार भारतवर्ष की विद्या और बुद्धि देशवासियों के लिए सुखकारक और बलदायक न होकर उलटा उनका हनन करती है।[153]

वस्तुत: उस दौर में कुछ शिक्षित लोग बुद्धि के कुलाबे भिडाकर जिस प्रकार अनुचित साधनों से धन कमाते थे उससे उन्हें भले ही थोड़े से धन की प्राप्ति हो जाती हो किन्तु उससे नैतिक मूल्यों का हनन तो होता ही था, राष्ट्र के आर्थिक संसाधन भी प्रभावित होते थे। वर्तमान में शिक्षित लोगों की बड़ी संख्या अपने बुद्धि-बल का दुरुपयोग कर देश के वातावरण को प्रदूषित कर रही है। पिछले कुछ वर्षों से साइबर अपराधों ने तो जैसे पूरे देश को हिला दिया है। इस प्रकार उस समय अभिव्यक्त लेखक की व्यथा आज के दौर में और अधिक प्रासंगिक हो उठी है।

लेखक परम्परागत दार्शनिक ऊहापोहों और धर्म के आडम्बरों का अपने बुद्धि-बल से प्रचार करने को भी राष्ट्र के बुद्धि बल का दुरुपयोग मानता है। उसके अभिमतानुसार—

> जिस प्रकार कोई देशद्रोही शत्रु से मिलकर अपने ही देश की हार का कारण होता है उसी तरह भारतवर्षीय ब्रह्मज्ञान, सचाई का देली दुश्मन अपने असली रूप को सदैव वाग्जाल में छिपाते हुए हमारी अवनति का कारण हुआ।[154]

कुछ लोग जाति का हवाला देकर जाति के लोगों का संगठन करके उन्हें अध्यात्म के ढकोसलों और धर्म के थोथे बाह्यचारों के नाम पर बरगलाते हैं और इस प्रकार जिन बौद्धिक शक्तियों का उपयोग राष्ट्र की समृद्धि और विकास के लिए होना चाहिए था उन्हीं शक्तियों से वे भूखी जनता को दिमागी गुलामी की ओर ढकेल रहे हैं।

> यह कैसे दुख की बात है कि वे लोग भी, जो जाति का भला करना चाहते हैं, अपनी शक्ति का दुरुपयोग कर रहे हैं और रोटी की जगह पत्थर दे रहे हैं? एक ओर तो दुर्भिक्ष, महामारी और मलेरिया देश का सत्यानाश कर रहे हैं और दूसरी ओर हमारे ब्रह्मज्ञानी महात्मा ब्रह्मविद्या के रहस्यों और नित्यानित्य पदार्थों की खोज में लगे हुए हैं।[155]

इन्हीं तथाकथित ब्रह्मशक्तियों के प्रभाव में आकर उस समय की शिक्षित पीढ़ी उन्हीं के साथ अपनी बौद्धिक शक्तियों के दुरुपयोग में लगी हुई है। होना तो यह चाहिए था कि यह शिक्षित वर्ग विज्ञान, तकनीक, समाजशास्त्र, अर्थशास्त्र आदि में पारंगत होकर देश की उन्नति में भागीदार बनता। किन्तु इनको सिखाने के लिए ऐसे कालेजों और संस्थानों का अभाव तो जिम्मेदार है ही, स्वयं शिक्षित वर्ग भी इन विषयों के अध्ययन में पहल करना तो दूर उनसे भयभीत रहता है।

> देश भर में ऐसा एक भी कला-कौशल का विद्यालय, विज्ञानालय या पुस्तकालय नहीं है जिसे हम आदर्श रूप कह सकें। पदार्थ विज्ञान, अर्थशास्त्र और राजनीति इस देश के शिक्षित समुदाय के लिए भयावनी चीज है।[156]

वस्तुतः हमारे शिक्षित वर्ग को अपनी बौद्धिक शक्तियों का जो उपयोग विज्ञान, तकनीक, पदार्थ विज्ञान, अर्थशास्त्र और राजनीति को जानने-समझने में करना चाहिए था, उन्हीं बौद्धिक शक्तियों से या तो वह अपने बुद्धिबल से दूसरों को ठगकर अथवा दार्शनिक गुत्थियाँ सुलझाने में बेकार कर देता है। सच तो यह है कि नवजागरण के अधिकांश सम्पादक और लेखक भारत की युवा पीढ़ी को ज्ञान-विज्ञान में शिक्षित कर एक ओर उन्हें अपने समय की समस्याओं और प्राथमिकताओं से जोड़ना चाहते थे तो दूसरी ओर उन्हें राजनीतिक रूप से प्रबुद्ध बनाकर भारत की आजादी की लड़ाई में अपनी भूमिका निभाने को भी तैयार करना चाहते थे।

आधुनिक युग के आरम्भ से ही और आधुनिक युग में ही क्यों, हर युग में साहित्यकार के सामने यह प्रश्न बना रहता था कि साहित्य का उद्देश्य विशुद्ध मनोरंजन है या समाज और देश के प्रति ही वह जिम्मेदार है और मनोरंजन की साहित्य की रचना में कोई भी भूमिका नगण्य और महत्त्वहीन है। मनोरंजन और मानव-कल्याण का यह संघर्ष ही साहित्य के काल-विभाजन की धुरी बना। आधुनिक काल में भी साहित्य में मनोरंजन या जनरंजन की भूमिका घटती-बढ़ती रही है। भारतेन्दु युग में मनोरंजन को अनदेखा तो नहीं किया गया किन्तु तत्कालीन राजनीतिक, सामाजिक व आर्थिक समस्याएँ और प्राथमिकताएँ साहित्य में प्रमुखता पाती रहीं। आचार्य महावीर प्रसाद द्विवेदी ने पहली बार साहित्य में ज्ञान को उसके केन्द्र में प्रतिष्ठित किया। उन्होंने भारतीय काव्यशास्त्र की समूची आनन्दवादी और कलावादी परम्परा के विपरीत खड़े होकर साहित्य की अभूतपूर्व परिभाषा निर्मित की—"ज्ञानराशि के संचित कोश का नाम साहित्य है।" उन्होंने रीतिकालीन कलावाद पर कठोर प्रहार करते हुए भगीरथ की तरह साहित्य में ज्ञान की गंगा को अवतरित किया। किन्तु द्विवेदी जी साहित्य को ज्ञानोन्मुख बनाते-बनाते राजनीतिक प्रश्नों से प्रायः कन्नी काटकर निकल जाते थे। इस दृष्टि से 'मर्यादा' के लेखक द्विवेदी जी की राजनीति से बचने की आचार-संहिता

का उल्लंघन करते हुए युवा पीढ़ी को राजनीति में शिक्षित होने का आह्वान करते हैं। समय की माँग को देखते हुए वे साहित्य में मनोरंजन की भूमिका को स्थगित करना चाहते हैं, क्योंकि उस समय मनोरंजन से गुदगुदाने वाला साहित्य यथेष्ट नहीं था तो केवल ज्ञान-विज्ञान का साहित्य। वे मानते थे कि—

> मनोरंजक बातों की रचना उस समय तक रुकनी चाहिए जब तक हम विज्ञान और समाजशास्त्र की कमी को पूरा न कर लें। भारत की बुद्धि का इस प्रकार अभी अपव्यय नहीं होना चाहिए क्योंकि हमारे उपयोगी साहित्य का प्रत्येक विभाग बेतरह दरिद्र है। शिक्षा प्रदायिनी बातों के बाद आमोद-प्रमोदकारी बातों की रचना उचित है।[157]

लेखक देश के युवकों को बहुत मर्मस्पर्शी शब्दों में अपनी बौद्धिक सम्पदा को ज्ञान-विज्ञान में निवेशित करने की प्रेरणा देता है—

> भारतवर्ष के युवको! ××× तुम्हें जानना चाहिए कि रसायनशास्त्र, चिकित्साशास्त्र, प्राणीशास्त्र, मनोविज्ञान ही आधुनिक वेद हैं और भूगोल, अर्थशास्त्र, राजनीति आदि वेदांग हैं। जब तुम्हारा हृदय मूर्खतापूर्ण जीवन की स्वार्थपूर्ण बातों से घबरा जाए तो जाओ, विज्ञान और समाजशास्त्र की शरण लो, जो पाश्चात्य दुनिया में आधुनिक कलाओं और विज्ञान के उपयोग की माता है।[158]

सम्पत्तिशास्त्र की हिन्दी नवजागरण में पर्याप्त विवेचना की गई, किन्तु 'मर्यादा' के इस लेखक ने राष्ट्र की मूलभूत सम्पत्ति बौद्धिक क्षमता की जिस प्रभावी ढंग से अपने समय को देखते हुए सार्थक विवेचना की है वह अपने आप में अद्‌भुत है। इसे हम हिन्दी नवजागरण के आर्थिक चिन्तन की एक मौलिक और तलस्पर्शी विवेचना भी कह सकते हैं।

'मर्यादा' में तत्कालीन शिक्षा-व्यवस्था पर भी आर्थिक परिप्रेक्ष्य में विचार किया गया है। दरअसल अंग्रेजी शासन से लेकर इस प्रजातांत्रिक दौर में भी हमारी शिक्षा-नीति में कोई मौलिक परिवर्तन दिखाई नहीं देता। देश को आर्थिक रूप से समुन्नत बनाने के लिए जिस प्रकार के शिक्षित व्यक्तियों की देश को आवश्यकता है वैसे शिक्षित व्यक्तियों का तब भी अभाव था और आज भी अभाव है। मर्यादा का लेखक तत्कालीन शिक्षा-पद्धति की विडम्बनाओं को इन शब्दों में उजागर करता है—

> आजकल की भारतीय शिक्षा अच्छे-अच्छे क्लर्क, मजिस्ट्रेट और वकील आदि बना सकते हैं। परन्तु व्यवसायी तथा कारबार के चलने वाले मनुष्य पैदा करना उनकी शक्ति के बाहर है।[159]

उस समय लार्ड मैकाले का क्लर्क पैदा करने वाला शिक्षा-तंत्र था जो सरकार

के प्रशासन को संचालित करने में तो सहयोगी हो सकता था किन्तु भारत को आर्थिक दुरवस्था की दलदल से निकालने के लिए जिस प्रकार की शिक्षा की आवश्यकता थी उसकी उपेक्षा का क्रम अब तक निरन्तर चला आ रहा है। मैकाले की शिक्षा-सम्बन्धी सोच से हटकर 'मर्यादा' का लेखक युवकों को अर्थशास्त्र की ओर उन्मुख शिक्षा पर बल देता है—

> इस विपत्ति के समय में यह आवश्यक है कि हमारे युवक सम्पत्तिशास्त्र में पूरा ज्ञान प्राप्त करें और देखें कि हिन्दुस्तान के खेतों में किस-किस किस्म की पैदावार होती है और हो सकती है, कुल पैदावार कितनी है, कुल रुपया कितना है, किस प्रकार से भिन्न-भिन्न दलों में यह रुपया बाँटा जाता है, कितना हाकिम लेते हैं, और कितना रुपया जमींदारों और साहूकारों को मिलता है, कितना धर्म सम्बन्धी कर्मों में व्यय होता है, कितना किसानों के पास बचता है, कितना धूर्त, लंपट फकीरों, साधुओं और लफंगों में बाँटा जाता है, कितना देश में व्यय होता है, कितना बाहर जाता है। अन्न का भाव क्यों बढ़ रहा है, मनुष्यों की आय बढ़ रही है या नहीं, अधिक धन पैदा करने के कौन से ढंग हैं इत्यादि-इत्यादि।[160]

यह उद्धरण अनेक दृष्टियों से अर्थशास्त्रोन्मुख शिक्षा के महत्त्व को रेखांकित करता है। यदि इस प्रकार की शिक्षा की ओर उस समय की युवा पीढ़ी में रुचि होती तो इससे कृषि के आर्थिक पहलू की आवश्यक जानकारी होने से यह पीढ़ी किसान को उसकी आर्थिक दुरवस्था से मुक्त करने में सहयोग देती। देश में सरकार द्वारा धन की बन्दरबाँट को पहचान कर उस पर नियंत्रण करने के लिए आवश्यक कदम उठाती। बढ़ती महँगाई पर रोकथाम करने के लिए सरकार को आवश्यक प्रयत्न करने के लिए बाध्य करती। देश का धन देश से बाहर जाने पर अंकुश लगाती। देशवासियों की आय में वृद्धि के उपायों की तलाश करती। और सबसे बढ़कर अधिक धन कमाने के लिए नये-नये उपायों की खोज करती। लेखक द्वारा अर्थशास्त्र की शिक्षा के जो लाभ सुझाए गए हैं वे आज भी उतने ही प्रासंगिक हैं जितने उस दौर में थे।

तत्कालीन ब्रिटिश सरकार जिस प्रकार राजकोषीय धन का अपव्यय करती थी उसको लेकर हिन्दी नवजागरण के बहुत से आर्थिक चिन्तकों ने क्षोभ व्यक्त किया था। देश की जनता के पसीने की गाढ़ी कमाई किस प्रकार मनमाने तरीके से खर्च कर दी जाती थी उसको लेकर 'मर्यादा' के लेखक भी क्षुब्ध हैं। जून, 1914 में प्रकाशित 'कोष-दोष' नामक आलेख में श्री अप्रिय वक्ता इस वस्तुस्थिति पर इन शब्दों में टिप्पणी करते हैं—

> भारत सरकार की वार्षिक आय प्राय: 8 करोड़ 28 लाख, 38 हजार 750 पाउंड अर्थात् 1 अरब 24 करोड़, 25 लाख 36 हजार 250 रुपया

है। सरकार इस सम्पत्ति को जिस प्रकार व्यय करती है हमें वह पसन्द नहीं। अकाल से जर्जर अपनी दशा से बेखबर किसानों की सारी कमाई केवल सेना विभाग बहा देता है। भारत सरकार को भूमि कर (Land Revenue) के रूप में कुल मिलाकर 2 करोड़ 57 लाख 6 हजार 697 पाउंड मिलता है और केवल सेना विभाग का व्यय 2 करोड़ 9 लाख 1 हजार 367 पाउंड होता है। इस हृदयविदारक लेखा के भयंकर अंकों को केवल चित्रित करने से ही हाथ कम्पायमान होता है।[161]

लेखक ने सरकार की अपव्ययी राजकोषीय नीति का और खुलासा करते हुए बताया कि "भारत सरकार के व्यय के लिए 30 करोड़ रुपये सीधे इंग्लैंड चले जाते हैं। इनमें 24 करोड़ सिविल विभाग के खर्चों के लिए निश्चित थे। 7 करोड़ पुलिस के लिए; 16 करोड़ अंग्रेजों के वेतन भत्तों के लिए; सेना तथा रक्षा पर कुल व्यय 38 करोड़ किये जाते थे। सम्पूर्ण राजकोषीय धन से मात्र 3 या 4 करोड़ भारत एवं भारतीयों के लिए खर्च किये जाते थे।"[162] इससे स्पष्ट है कि भारत और भारतवासियों के कल्याण का दावा करने वाली अंग्रेज सरकार का यह दावा कितना खोखला और पाखंड भरा था।

रेल पर सरकार द्वारा किया जाने वाला खर्च भी मर्यादा के लेखकों को इसलिए अखरता है कि यह व्यय इस देश की अन्य प्राथमिकताओं की अनदेखी करके किया जाता था। लेखक यह देख रहा है कि—

रेल पर करोड़ों रुपया प्रतिवर्ष व्यय किया जाता है। सन् 1910 तक 440 करोड़ रुपया उधार लेकर सरकार ने रेल पर लगाया। इसका ब्याज हमें टैक्स के रूप में प्रतिवर्ष देना पड़ता है। सन् 1910 में ही इसका ब्याज-कर प्रजा को 18 करोड़ रुपया देना पड़ा था।[163]

एक महत्त्वपूर्ण वास्तविकता जिसकी ओर रेल पर सरकारी नीति पर टिप्पणी करते हुए हिन्दी नवजागरण के आर्थिक चिन्तकों ने प्रायः ध्यान आकर्षित नहीं किया, वह है रेलवे की सुविधाओं से जनसाधारण को वंचित रखा जाना। तीसरे दर्जे में यात्रियों की दारुण यातना उस समय सचमुच बहुत शोचनीय थी। लेखक अपने पाठकों से संवाद की मुद्रा अपनाते हुए लिखता है—

क्या आपको स्मरण है कि आपके तीसरे दर्जे के यात्री प्रतिदिन लात और कोड़े खाते हैं? और क्यों? इसलिए नहीं कि वे टिकट नहीं खरीदते वरन् इसलिए कि उनकी संख्या इतनी अधिक होती है कि वे गाड़ियों में समा नहीं सकते और आपने कभी ये सुना है कि आपके कहने से या प्रार्थना करने से गर्वनमेंट ने इनके लिए तीसरे दर्जे की गाड़ियाँ बढ़वा दी हैं।[164]

देश की जनता जो टैक्स देती है जिसके बल पर रेलवे का पूरा ताम-झाम टिका था, वही जनता तीसरे दर्जे में भेड़-बकरियों की तरह घुसकर नाना प्रकार के कष्ट सहती है। क्या जनता जिसकी गाढ़ी कमाई से रेलवे सम्भव हो सकी है उसके लिए अलग से तीसरे दर्जे की गाड़ियों की व्यवस्था नहीं की जा सकती थी? इस प्रश्न के साथ लेखक सरकार को खरी-खोटी सुनाता है।

अंग्रेजी शासन में प्राय: सम्पूर्ण भारत जिस प्रकार दैहिक, दैनिक और भौतिक तापों से ग्रस्त था वैसे ही देश की जनता का एक बड़ा भाग कंगाली के अन्तिम छोर पर खड़ा था। यह समूचा भयावह परिदृश्य 'मर्यादा' के लेखकों के सामने है। श्री सी.एस. देवले ने अगस्त, 1917 में वैरिंगर (बाद के लार्ड क्रोमर) की एक तालिका को प्रस्तुत किया है जिसमें भारत सहित 16 देशों की प्रतिव्यक्ति वार्षिक औसत आय के आँकड़े दिये हैं, जिनमें भारत में प्रतिव्यक्ति वार्षिक आय 27 रुपये मानी है—

देश	**औसत वार्षिक आय**
स्काटलैंड	6750 रुपये
आस्ट्रेलिया	600 रुपये
सं. राज्य अमेरिका	585 रुपये
बेल्जियम	420 रुपये
फ्रांस	405 रुपये
केनेडा	390 रुपये
जर्मनी	330 रुपये
हालैंड	330 रुपये
नार्वे	300 रुपये
स्विटजरलैंड	285 रुपये
स्पेन	240 रुपये
आस्ट्रिया	225 रुपये
इटली	180 रुपये
रूस	165 रुपये
तुर्किस्तान	60 रुपये
भारत	27 रुपये[165]

लेखक ने तालिका प्रस्तुत करने से पूर्व इस तथ्य का उल्लेख किया है कि दादाभाई नौरोजी द्वारा औसत भारतीय की वार्षिक आय 20 रुपये मानी गई थी। लेखक ने प्रति मनुष्य औसत व्यापार; जनसंख्या आदि के आँकड़े प्रस्तुत किये हैं। वस्तुतः लेखक प्रामाणिक साक्ष्य प्रस्तुत करके भारत की आर्थिक दुरवस्था को रेखांकित करना चाहता है। यदि हम लार्ड की उपर्युक्त तालिका, जो दूसरे देशों और भारत में प्रतिव्यक्ति वार्षिक आय को प्रस्तुत करती है, को आधार मानें तो भी 27 रुपये में सालभर गुजर-बरस करने वाले भारतीय कंगाली का अनुमान लगा सकते हैं। अनेक प्रकार के आँकड़ों का साक्ष्य देकर दादाभाई नौरोजी इस निष्कर्ष पर पहुँचते हैं कि—

> It will he seen, from a comparison of the above figures, that, even for such food and clothing as a criminal obtains, there is hardly enough of production even in a good season, leaving alone all little luxuries, all social and religious wants, all expenses of occasions of joy and sorrow, and any provision for bed reason. It must, more over, be born in mind that every poor labourer does not get the full share of the average production. This high and middle classes get a much larger share, the poor class much less, while the lowest cost of living is generally above the lowest cost of living is generally above the average share. Such appears to be the condition of the masses of India. They do not get enough to provide the bare necessaries of life.[166]

भारत के दरिद्र लोग किस तरह उस समय (यह ग्रन्थ सन् 1878 में प्रकाशित हुआ) जीवन की आधारभूत सुविधाओं से वंचित होकर भयंकर कंगाली में अपना जीवन बिता रहे थे। 'मर्यादा' के लेखक ने अन्ततः इस वास्तविकता को बलपूर्वक रेखांकित किया कि—

> भारत की वर्तमान आर्थिक अवस्था सन्तोषजनक नहीं है और इसकी अच्छी तरह जाँच होनी चाहिए। देश और विदेश में हमें विदेशियों से प्रतियोगिता करनी पड़ती है और कला-कौशल का ज्ञान हमें नहीं है। इसके सिवाय यहाँ पूँजी और शिक्षित कारीगरों का भी अभाव है। ऐसी अवस्था में हम क्या कर सकते हैं और हमें सहायता और निगहबानी के लिए किस मुँह की ओर ताकना चाहिए। इसके लिए हमें उसी एजेंसी के मुख की ओर ताकना पड़ेगा, जिसने अपनी अज्ञानता से यह अवस्था प्राप्त की है। मेरा मतलब उस एजेंसी से है, जिसने आधुनिक शक्तियों को हमसे अतुलनीय प्रतियोगिता करने का अवसर देकर हमें बरबाद करने का अवसर—जो

> असहाय अवस्था की प्रतियोगिता का वास्तविक फल है—दिया है। वह एजेंसी हमारे शासकों के सिवाय कोई नहीं है, जिसको हमारी सहायता कर अज्ञान, दरिद्रता और धाँधली से हमारा उद्धार करना चाहिए।[167]

'मर्यादा' तक आते-आते अब भारत की दरिद्रता के लिए प्रमुख रूप से दोषी ब्रिटिश सरकार पर अँगुली उठाने का दौर हमें स्पष्ट रूप से दिखाई देता है। किन्तु अँगुली उठाने में ही इस दौर के लेखक अपने कर्तव्य की इतिश्री नहीं मान लेते बल्कि अनेक ऐसे ठोस सुझाव भी प्रस्तुत करते हैं जिनकी आशा सरकार से की जा सकती थी—

> देश की उन्नति के लिए राष्ट्रीय-पद्धति की शिक्षा, जो उदार कला-कौशल की शिक्षा हो और उसकी जड़ में प्रारम्भिक शिक्षा अनिवार्य और नि:शुल्क हो, कृषक को यह विश्वास दिलाया जाए कि उसके परिश्रम का पूरा फल उसे चखने को मिलेगा, संरक्षक उपायों का प्रयोग; प्रत्येक जहाजी व्यवसाय और जहाजों के निर्माण और खलासियों को शिक्षा देने का प्रबन्ध, पूँजी साख और मजदूरी का संगठन 'इकनामिक बोर्ड' की प्रतिष्ठा ही ऐसे कार्य हैं, जिनकी आशा औद्योगिक उन्नति चाहने वाला भारत सरकार से कर सकता है और जिनका समावेश सरकार के आर्थिक कार्यों में है।[168]

यदि हम उपर्युक्त सुझावों को सूत्रबद्ध करें तो ये सुझाव हैं—

1. राष्ट्रीय पद्धति की शिक्षा के लिए योजना बनाना। ऐसी शिक्षा जिसमें शिल्प-विद्या का प्रशिक्षण दिया जाए। प्राथमिक शिक्षा अनिवार्य और नि:शुल्क हो।
2. कृषक हितों के लिए उचित नीतियों का कार्यान्वयन करके उनमें सरकार के प्रति भरोसा पैदा किया जाए।
3. व्यापार और कृषि के पक्ष में संरक्षण की नीतियाँ लागू करना।
4. इकनॉमिक बोर्ड का गठन जिसमें पूँजी, साख और मजदूरी के मामले हम किये जाएँ।
5. पोत-निर्माण और खलासियों के शिक्षण-प्रशिक्षण की व्यवस्था।

इसमें कोई सन्देह नहीं कि ये सुझाव ठोस और रचनात्मक हैं। अंग्रेज सरकार इन्हें कार्यान्वित करने में सक्षम थी। किन्तु जिस सरकार का एकमात्र उद्देश्य ही भारत का आर्थिक शोषण और दोहन कर स्वयं समृद्ध और शक्तिशाली होना हो उससे आप कितनी ही प्रार्थनाएँ, निवेदन और आवेदन करें उसके कान पर जूँ नहीं रेंगती। अंग्रेज सरकार की नीति और नीयत यही थी। इसलिए सरकार और कोष के प्रबन्ध में भारतीयजनों की भागीदारी की माँग जोर पकड़ने लगी थी। हिन्दी नवजागरण के

आर्थिक चिन्तक राज कोष पर अंकुश रखने के लिए अब भारतीयों के प्रतिनिधित्व पर बल देने लगे थे—

> वर्तमान सब दोषों की जड़ यह है कि हमारे कोष का प्रबन्ध अफसरों के हाथ में हैं। संसार की सभ्य जातियों की भाँति हमें भी अपने कोष पर अधिकार होना चाहिए। अंग्रेजों ने भी तो कोष का पूर्ण अधिकार हाउस ऑफ कॉमन्स को दे रखा है। इसी प्रकार प्रजा के हाथ में रहने से कोष के दोष वास्तव में दूर हो सकते हैं। ××× राजनीति का प्रथम सूत्र यह है कि प्रतिनिधि नहीं तो कर नहीं।[169]

यह आर्थिक स्वतंत्रता की दिशा में प्रस्थान है। वस्तुतः राजनीतिक स्वतंत्रता और आर्थिक स्वतंत्रता एक-दूसरे पर आश्रित हैं। आर्थिक स्वतंत्रता कालांतर में राजनीतिक स्वतंत्रता की पृष्ठभूमि बनती है और यह भी सही है कि राजनीतिक स्वतंत्रता मिल जाने के बाद कोई भी देश आर्थिक रूप से भी स्वतंत्र हो जाता है क्योंकि वह अपनी आर्थिक नीतियों का निर्माण स्वयं कर सकता है। किन्तु जब तक हम राजनीतिक रूप में स्वतंत्र हों तब तक हमारे लिए आर्थिक स्वतंत्रता का कम महत्त्व नहीं है। इस स्थापित मान्यता को रेखांकित करते हुए मर्यादा में लिखा गया—

> आर्थिक स्वतंत्रता, राजनैतिक स्वतंत्रता से किसी भी अंश में जीवन के लिए कम आवश्यक नहीं है। वह देश जो राजनैतिक सम्बन्ध में स्वतंत्र है, सम्भव है उसकी आर्थिक अवस्था दूसरे ही देश के अधीन हो, जैसे चीन, परन्तु यह कदापि सम्भव नहीं कि आर्थिक स्वतंत्रता प्राप्त देश किसी राष्ट्र की परतंत्रता का दुख अधिक काल तक भोगे, जैसे दक्षिण अफ्रीका।[170]

लेखक यह कहना चाहता है कि राजनीतिक स्वतंत्रता के चलते भी आर्थिक नीतियाँ किसी अन्य देश से संचालित हों। 1990 में भारत ने जब अपनी आर्थिक नीतियों के केन्द्र में उदारवाद और वैश्वीकरण को प्रतिष्ठित किया तब एक प्रकार से यह अपनी आर्थिक नीतियों को लेकर अमेरिका के आगे आत्मसमर्पण था। किन्तु पराधीनता के दौर में यदि कोई देश आर्थिक स्वतंत्रता की ओर बढ़ पाए तो उसकी परतंत्रता भी अधिक समय तक बनी नहीं रह सकती। हिन्दी नवजागरण के उस दौर में इसीलिए हमारे देश के नेता, बुद्धिजीवी आर्थिक स्वतंत्रता के लिए छटप्टा रहे थे। वे देख रहे थे कि आर्थिक स्वतंत्रता के लिए स्वदेशी को अपनाना आवश्यक नहीं अपरिहार्य भी है। और स्वदेशी के प्रचार के लिए समाचार-पत्रों की भूमिका अत्यन्त महत्त्वपूर्ण है।

> समाचार-पत्र ही पता लगाकर समय-समय पर यह लिख सकते हैं कि अमुक स्वदेशी वस्तु अमुक स्थान में बनती और मिल सकती है। देश में कुछ ऐसे भक्त उत्पन्न होने लगे हैं जो स्वदेशी वस्तु बरतना ही अपना

> धर्म समझते हैं परन्तु जब उन्हें देश में बनने वाली कितनी ही वस्तुओं का पता नहीं मिलता, तो वे अपना नियम कैसे पाल सकते हैं। अन्त में विदेशी वस्तु मोल लेने पर बाध्य होना पड़ता है। स्वदेशी वस्तुओं की जितनी प्रदर्शनियाँ जितनी अधिक से अधिक हो सकें हमें खोलना चाहिए। इनके विज्ञापन खूब प्रकाशित होने चाहिए क्योंकि कई बार ऐसा हुआ है कि कई वस्तुओं के कारखाने खुले, परन्तु अधिक विज्ञापन न देने से उनकी बिक्री अधिक न हो सकी और उनको हानि उठाकर कारखाने बन्द कर देने पड़े।[171]

देश में उस समय ऐसे अनेक शिक्षित लोग थे जो यहाँ की आर्थिक दुरवस्था से अनभिज्ञ थे। वे नहीं समझ पाते थे कि किसी देश की आर्थिक स्वतंत्रता या परतंत्रता क्या होती है। अर्थशास्त्र के नियमों के अनुसार मर्यादा का लेखक आर्थिक परतंत्रता की पहचान इन शब्दों में करता है—

> आर्थिक परतंत्रता सिद्ध करती है कि देश में वस्तुओं की उपज का अभाव है अथवा यह कि देश का कच्चा माल दूसरे सभ्य देशों में चला जाता है और उससे बनी हुई वस्तुएँ फिर देश में आकर अधिक मूल्य पर मिलती हैं।[172]

इस आर्थिक परतंत्रता के दंश का जिन लोगों ने अनुभव किया उन्हें इस आर्थिक गुलामी का पूरा परिदृश्य व्यथित और क्षुब्ध कर रहा था। निर्बाध व्यापार की सरकार की नीतियों ने भारतीय व्यापार और व्यवसाय को लगभग पूरी तरह चौपट कर दिया था।

> इसीलिए हमारे नेता लोग पुकार मचा रहे हैं कि हमें आर्थिक स्वराज्य के अधिकार मिल जाने चाहिए जिससे हम देश की अवस्था के अनुसार आने तथा जाने वाले माल पर कर लगा सकें और अपने देश के लुप्तप्राय कला-कौशल की फिर से उन्नति कर सकें। क्या कारण है कि दूसरे उपनिवेश के लोग तो अपने यहाँ हमारे देश के बने माल को घुसने तक नहीं देते पर हमें उनके देश का माल खरीदना ही पड़ता है? यह कहाँ का न्याय है? हम चाहते हैं कि स्वराज्य उपनिवेशों की भाँति हम भी अपने देश का प्रबन्ध करें जिससे उनकी भाँति सुखी और समृद्धिशाली बनकर अपनी सरकार की सहायता कर सकें।[173]

समग्रत: मर्यादा द्विवेदी युगीन आर्थिक चिन्तन का अगला सोपान है जो सम्पत्तिशास्त्र की तरह तत्कालीन राजनीतिक प्रश्नों से पलायन नहीं करता बल्कि जोखिम उठाकर उन प्रश्नों को आर्थिक स्वराज्य की दिशा में उन्मुख करता है। मर्यादा के लेखकों में देश के विकास और निर्माण के लिए जो छटपटाहट थी; उपनिवेशवादी शक्तियों के निर्लज्ज आर्थिक शोषण के प्रति जो आक्रोश था; जनता की भयावह

निर्धनता के प्रति जो संवेदनशीलता थी—इन सबको सीधे-सीधे अभिव्यक्त करने में प्रेस एक्ट के जोखिम थे—उन्हें चुनौती देते हुए इन लेखकों ने जिस प्रकार हिन्दी नवजागरण के आर्थिक चिन्तन को समृद्ध किया वह प्रशंसनीय ही नहीं प्रणम्य भी है। सम्भव है कि सूचना क्रान्ति के इस दौर में यह आर्थिक चिन्तन हमें अद्यतन प्रतीत न हो किन्तु इसमें कोई सन्देह नहीं अपनी तत्कालीन परिस्थितियों में यह आर्थिक चिन्तन तब के हिन्दी पाठक को न केवल जागरूक करता था बल्कि कहीं भीतर तक झकझोरता भी था। आश्चर्य है कि इस आर्थिक चिन्तन के बहुत से बिन्दु वर्तमान वैश्वीकरण पर टिकी आर्थिक संरचना के सामने भी प्रश्न खड़े करते हैं। इसलिए यह आर्थिक चिन्तन ऐतिहासिक दृष्टि से महत्त्वपूर्ण होने के साथ-साथ बहुत हद तक प्रासंगिक भी है।

प्रेमचन्द

यों तो हम बहुत से साहित्यकारों को युग-प्रवर्तक मानकर उनके साहित्य का विवेचन-विश्लेषण करते हैं किन्तु जिस साहित्यकार ने सही अर्थों में रचना-कर्म की परम्परागत धारा को मोड़कर उसे एक नई दिशा देने का काम किया वे प्रेमचन्द हैं। उन्होंने सामन्तीय संस्कारों से ओतप्रोत साहित्य की परम्परा को जनवादी सरोकारों से जोड़ कर उसे एक नया स्वरूप दिया। उनका रचनाकार समाज के रेशे-रेशे को उकेर कर सृजन के प्रगतिशील आयामों की स्थापना करता है। वे सही अर्थों में जनसाधारण के प्रतिनिधि साहित्यकार हैं। वे साहित्य की उस नई परम्परा के पुरोधा हैं जो आम आदमी की प्राथमिकताओं, आकांक्षाओं तथा समस्याओं के तंतुओं से निर्मित हुई है। इसीलिए उनका रचनाकर्म और वैचारिकी प्रासंगिक होने के साथ-साथ निरन्तर मानवीय संवेदना का अक्षय स्रोत है और भविष्य में भी रहेगा।

वे समाज की चिन्ताओं, प्राथमिकताओं और आकांक्षाओं से भलीभाँति परिचित थे। अन्यत्र दुर्लभ है। अपने आर्थिक चिन्तन में उन्होंने किसानों के दयनीय और शोषित जीवन को केन्द्र बनाकर जो महत्त्वपूर्ण टिप्पणियाँ की हैं वे इसका साक्ष्य हैं कि किस प्रकार अंग्रेजी शासन में किसान अपने आर्थिक शोषण के कारण आर्थिक दुरवस्था का शिकार था। एक ओर तो उस दौर में किसान लगान और मालगुजारी की बढ़ी हुई दरों के कारण कंगाल होता जा रहा था तो दूसरी ओर महाजनों के ऋण की जकड़बन्दी में फँसकर वह पूरी तरह तबाह होता जा रहा था। उस दौर की यह एक कठोर वास्तविकता थी और एक हद तक आज की भी सचाई है, प्रेमचन्द ने उस दौर में लिखा था—

> भारत के अस्सी फीसदी आदमी खेती करते हैं। कई फीसदी वह है जो अपनी जीविका के लिए किसानों के मुहताज हैं, जैसे गाँव के बढ़ई, लुहार आदि।

> राष्ट्र के हाथ में जो विभूति है, वह इन्हीं किसानों और मजदूरों की मेहनत का सदक़ा है। हमारे स्कूल और विद्यालय, हमारी पुलिस और फौज, हमारी अदालतें और कचहरियाँ, सब उन्हीं की कमाई के बल पर चलती हैं, लेकिन वही जो राष्ट्र के अन्न और वस्त्रदाता हैं, भरपेट अन्न को तरसते हैं, जाड़े-पाले में ठिठुरते हैं और मक्खियों की तरह मरते हैं।[174]

सच तो यह है कि हमारे देश की सम्पूर्ण अर्थव्यवस्था शताब्दियों से खेती पर टिकी हुई है। अन्तर इतना है कि शासन-तंत्र में परिवर्तन के साथ-साथ किसानों के शोषण के तरीकों में बदलाव होता रहा है। किसान न पहले सुखी था और न अब सुखी है। आजादी मिलने के बाद भी किसानों की दयनीय अवस्था चिन्ताजनक बनी रही है। आजादी के बाद तो फिर भी कृषि के नये-नये उपकरणों का प्रयोग किसान करने लगा है। किसानों की आर्थिक दशा में भी एक हद तक सुधार भी हुआ है। किन्तु ब्रिटिश शासनकाल में तो किसानों की दशा शोचनीय ही नहीं भयावह थी।

> हिसाब लगाया जाय तो आज हमारी व्यक्तिगत आय शायद पच्चीस रुपये से अधिक न हो, पर आज तक किसी ने किसानों की दशा की ओर ध्यान नहीं दिया और उनकी दशा आज भी वैसी है जो पहले थी। उनकी खेती के औजार, कृषि-विधि, कर्ज, दरिद्रता पूर्ववत है।[175]

बहुत से विद्वानों ने विशेष रूप से हिन्दी नवजागरण के आर्थिक चिन्तकों ने यह माना है कि यदि किसान कृषि के लिए नये उपकरणों का प्रयोग करें और खेती के लिए नई तकनीकों को काम में लाएँ तो अच्छी पैदावार होगी जिसमें किसान अपनी निर्धनता से काफी हद तक निजात पा सकते हैं। प्रेमचन्द इस स्थिति को अलग दृष्टिकोण से देखते हैं। उनका मानना है कि—

> अच्छे औजारों, अच्छे बीजों, अच्छी खादों का केवल दिखा देना ही काफी नहीं है। सौ में दो किसान इस प्रदर्शन से फायदा उठा सकते हैं। जिनको भोजन का ठिकाना नहीं है, जो नाक तक ऋण के नीचे दबा हुआ है उससे यह आशा नहीं की जा सकती कि वह नये तरह के बीज या औजार या खाद खरीदेगा। उसे तो पुरानी लीक से जौ भर हटना भी दुस्साहस मालूम होता है। उसमें कोई परीक्षा करने की, किसी नई परीक्षा का जोखिम उठाने की सामर्थ्य नहीं है। उसे तो लागत के दामों यह चीजें किस्तवार अदायगी की शर्त पर दी जानी चाहिए। सरकार के पास इन कामों के लिए हमेशा धन का अभाव रहता है। हमारे विचार से इससे जरूरी कोई काम ही नहीं है।[176]

किन्तु ब्रिटिश सरकार ऐसे सुझावों पर भला क्यों ध्यान देती। यह बात सही है कि परम्परागत तौर-तरीकों से खेती करने वाले किसान चाहते हुए भी न तो नये उपकरणों और औजारों को अपना सकते हैं और न खेती की नई तकनीकों का उपयोग कर सकते हैं। इसका कारण यह नहीं कि उस दौर के किसान अशिक्षित अथवा अयोग्य थे। बल्कि किताबी ज्ञान न होने पर भी किसानी के हर पहलू पर उनकी गहरी पकड़ थी। किसानी उनके लिए जीवन-यापन का मुख्य साधन तो थी ही किन्तु वह विरासत से पाए कृषि-कार्य के अनुभवों से समृद्ध भी थी। निश्चित ही कृषि के नये उपकरणों और नई तकनीकों का अपना महत्त्व था किन्तु इनके बिना भी अपनी मेहनत और तजुर्बे के बल पर खेती से किसान भी समृद्ध हो सकते थे। किन्तु ऐसा इसलिए सम्भव नहीं था क्योंकि—

> ××× एक ओर तुषार तथा अति-वृष्टि फ़सल को चौपट कर रही है, एक ओर आँधी उनके रहे-सहे खेत को भी भ्रष्ट कर रही है—दूसरी ओर प्लेग, हैजा, शीतला उनके नौजवानों को हरी-भरी तथा लहलहाती जवानी में उसी तरह दुनिया से उठाये लिये चली जा रही है, जिस तरह लहलहाते खेत अभी छः दिन पूर्व के पत्थर-पाले से जल गया। गल्ला पैदा हो रहा है, पर भाव इतना मन्द है कि कोई दो वक्त भोजन भी नहीं कर सकता। स्त्री के तन पर जो दो-चार गहने थे, वे साहूकार के पेट से बचकर सरकार की मालगुजारी के पेट में चले गए। नन्हे बच्चे चीथड़ा ओढ़ कर जाड़ा काटते थे, वही अब उनका पिता पहनकर अपने तन की लाज ढक रहा है। माता के पास केवल इतना ही वस्त्र है, जितने से वह घूँघट काढ़ सके—धोती चाहे ठेहुने तक ही क्यों न खसक आए।[177]

वस्तुतः उस दौर का किसान दैहिक, दैविक और भौतिक तीनों प्रकार की आपदाओं को झेल रहा था। किन्तु इन आपदाओं के दंश को और मारक बना देती है किसानों की ऋणग्रस्तता। किसान को खेती से जो मिलता है उसका बहुत बड़ा हिस्सा सूदखोर-महाजनों की भेंट चढ़ जाता है। प्रेमचन्द किसानों की ऋणग्रस्तता की भयावह स्थिति को इन शब्दों में रेखांकित करते हैं—

> कौन नहीं जानता कि भारत के किसान बुरी तरह कर्ज के नीचे दबे हुए हैं। उनका प्रायः सभी काम कर्ज से ही चलता है। बीज वह सूद पर लेते हैं और एक का डेढ़ अदा करते हैं. कपड़ा या तो वह ब्याज से उधार लेते हैं या पठानों से। बैल भी वे प्रायः फेरी करने वाले व्यापरियों से ही उधार लिया करते हैं। शादी-ग़मी, तीर्थ-व्रत में तो अपनी सम्मान-रक्षा के लिए उन्हें कर्ज लेना ही पड़ता है। और इस कर्ज का सूद कम से कम पच्चीस रुपये सालाना है।[178]

इस सूद के फेर में वे अपने जीवन पर्यंत ही नहीं अगली पीढ़ियों तक भी कर्ज से लदे रहते हैं। किसान किस प्रकार कर्ज के इस मकड़जाल में फँसकर यातनाएँ भुगतते हैं इसका भयावह चित्रण वह जिस रूप में करते हैं वह सचमुच लोमहर्षक है—

> ××× गरीब किसान एक बार कर्ज लेकर फिर उऋण नहीं हो सकता। सूद भी नहीं अदा कर पाता, मूल का तो कहना ही क्या। और यही कर्ज वह विरासत में अपने पुत्रों पर छोड़ जाता है। कितने जमींदार और साहूकार किसानों या किसान-मजूरों को सौ-पचास रुपया उधार देकर उनसे जीवन यावज्जीवन मज़दूरी कराते रहते हैं। केवल उन्हें ज़िन्दा रहने के लिए कुछ अनाज रोज दे दिया करते हैं। वेतन सूद में कटता रहता है। अक्सर तो ऐसा होता है कि किसान की पैदावार खलिहान में ही साफ हो जाती है। जमींदार ने अपना लगान वसूल कर लिया, साहूकारों ने अपना बाकी, किसान हाथ झाड़कर अपनी तक़दीर को रोता हुआ घर जाता है और पहले ही दिन से फिर कर्ज लेना शुरू करता है।[179]

किसानों की ऋणग्रस्तता को प्रेमचन्द ने अपनी कहानियों और उपन्यासों में अत्यन्त मर्मस्पर्शी ढंग से निरूपित किया है। विरासत में कर्ज का बोझ ढोने को उन्होंने अपनी कहानी 'सवा सेर गेहूँ' में बहुत कारुणिक ढंग से अभिव्यक्त किया है। किसी गाँव के एक किसान शंकर ने किसी साधु के भोजन के लिए गाँव के एक ब्राह्मण से सवा सेर गेहूँ उधार लिया। विप्रजी ने ब्याज का ऐसा जाल बट्टा फैलाया कि बीच-बीच में गेहूँ का दान पाने के बावजूद विप्रजी का ब्याज सुरसा के मुख की तरह फैलता गया। शंकर की भयावह स्थिति को प्रेमचन्द इन शब्दों में चित्रित करते हैं—

> शंकर ने विप्रजी के यहाँ बीस वर्ष तक गुलामी करने के बाद दुस्सार संसार से प्रस्थान किया। सवा सेर गेहूँ अभी तक उसके सिर पर सवार थे। पंडित जी ने उस गरीब को ईश्वर के दरबार में कष्ट देना उचित न समझा, इतने अन्यायी, इतने निर्दयी न थे। उसके जवान बेटे की गरदन पकड़ी। आज तक वह विप्रजी के यहाँ काम करता है। उसका उद्धार कब होगा, होगा भी या नहीं ईश्वर ही जाने।[180]

किस प्रकार खलियान में अनाज आते ही जमींदार, महाजन आदि किसान को पूरी तरह खाली कर देते हैं इसका उदाहरण 'गोदान' में बहुत मर्मस्पर्शी ढंग से प्रस्तुत किया है। होरी और दूसरे गाँव का अहीर भोला आपस में दुख-सुख की कह रहे हैं। इसी सिलसिले में होरी कहता है—

> दादा—अनाज तो सब का सब खलिहान में ही तुल गया। जमींदार ने अपना लिया, महाजन ने अपना लिया। मेरे लिए पाँच सेर अनाज बच रहा। यह

> भूसा तो मैंने रातोरात ढोकर छिपा दिया था, नहीं तिनका भी न बचता। जमींदार तो एक ही है, मगर महाजन तीन-तीन हैं, सहुआइन अलग और मँगरू अलग और दातादीन पंडित अलग। किसी का ब्याज पूरा न चुका। जमींदार के भी आधे रुपये बाकी पड़ गए। सहुआइन से फिर उधार लिये तो काम चला। सब तरह किफायत करके देख लिया। भैया, कुछ नहीं होता। हमारा जन्म इसलिए हुआ है कि अपना रक्त बहाएँ और बड़ों का घर भरें। लोग कहते हैं सर्दी-गर्मी में, तीरथ-बरत हाथ बाँधकर खर्च करो। मुदा रास्ता कोई नहीं दिखाता।[181]

प्रेमचन्द का आर्थिक चिन्तन केवल सिद्धान्तों तक सीमित नहीं रहता बल्कि उनके सृजनात्मक साहित्य में भी पूरी जीवंतता के साथ स्पन्दित होता है। उनकी कहानियों और उपन्यासों के पात्र, उनका परिवेश, भारतीय किसान की यातनाओं और विडम्बनाओं को पूरी शिद्दत के साथ प्रस्तुत करते हैं। यही कारण है कि जब हम उनके आर्थिक चिन्तन पर बात करते हैं तो अनायास ही उनकी कहानियों और उपन्यासों में निरूपित कृषक जीवन का स्मरण आ जाता है। हम किसानों की ऋणग्रस्तता पर उनके विचारों की चर्चा करते हुए 'गोदान' के उस प्रसंग को नहीं भूल सकते जब होरी ईख की खड़ी फसल मिल में बेचता है और उसकी एवज में पाए 120 रुपये झिंगुरी सिंह और नोखेराम मूल और ब्याज के नाम पर छीन ले जाते हैं।[182]

किसानों की ऋणग्रस्तता की समस्या को तो प्रेमचन्द ने उठाया ही है, इस समस्या के समाधान के लिए दिये गए उन सुझावों पर भी वे गम्भीरता से विचार करते हैं जो किसानों को कर्ज की जकड़बन्दी से मुक्ति दिलाने में सहायक हो सकते हैं। इस समस्या पर सभी के सामने विचार करने के लिए एक समिति द्वारा जो सुझाव प्रस्तुत किये गए उन्हें उपयोगी मानते हुए उन्हें सार-रूप में इस प्रकार प्रस्तुत करते हैं—

1. पंचायती बोर्डों का गठन हो। पाँच सौ रुपयों तक के लेन-देन के मामले इसी पंचायत द्वारा तय हों। कोई अदालत इस राशि की सीमा तक के मुआमलों पर सुनवाई न करे।
2. सूद की सीमा निर्धारित कर देना। ऐसा एक्ट पारित हो कि कृषक अदालत से अपने हिसाब की नकल माँग सके। अदालत हिसाब तैयार करते समय सूद की अधिक दर होने पर उसका संशोधन कर दे। ज़मानती कर्ज पर 9 प्रतिशत और गैरजमानती कर्ज पर 15 फीसदी सूद निर्धारित कर दिया जाय। परिस्थिति के अनुसार यह दर 12 और 18 प्रतिशत की जा सकती है। समय पर किस्त वसूल न होने पर अदालत पूरी रकम की वसूली का आदेश दे सकती है।

3. हरेक महाजन पर ठीक-ठीक हिसाब रखने का दबाव हो। हिसाब की नकल आसामी को हर छठे महीने में दी जाय। ऐसा न करने पर महाजन का पूरा सूद या उसका कोई भाग अनुचित मान लिया जाय। महाजन हर एक वसूली की लिखी हुई रसीद दे वरना उसे सजा दिलाई जाय। असल उतना ही दर्ज किया जाय जितना वास्तव में दिया गया हो। नज़राना या खर्चा या जुर्माना मूलधन में ही जोड़ना अपराध माना जाय।
4. खेती की पैदावार या काश्त की जमीन पर, अगर उसका लगान पाँच सौ से अधिक हो, डिग्रियों की तामील अदालत द्वारा न होकर कलक्टर द्वारा कराई जाय, कोई डिग्री चार फसलों से ज्यादा पर न कराई जाय और यह जरूरी नहीं है कि चारों फसलें लगातार हों।
5. कोई कृषक आसामी कर्ज की डिग्री के लिए गिरफ्तार न किया जाय। इस एक्ट के पास हो जाने के बाद किसी ऋण का मूल जो एक महाजन किसी आसामी से उसकी जायदाद या फसल कुर्क करके वसूल कर सकता है, इस तरह होगा—

जमींदार से	-	मालगुजारी का दस गुना
शरह मुअइयम या दखीलकार से	-	लगान का पाँच गुना
सिक्मी से	-	लगान का तिगुना

6. किसी आसामी पर रुपये दिलवाने का दावा उसी जिले में होगा, जिसमें वह रहता है या जहाँ रुपया दिया गया।
   बेंग बीस महीने के भीतर जब आसामी चाहे सूद के साथ अदा कर सकते हैं।
7. गैर दखीलकार काश्तकारों को अपनी जमीन रहने रखने का हक दे दिया जाय।
8. छोटी मिल्कियतों का आकार नियुक्त कर दिया जाय और उन पर लगान या मालगुजारी न बढ़ायी जाय।
9. फेरी करने वाले महाजनों को किसी खास परगना या म्युनिसपैलिटी में लेन-देन करने या कपड़ा बेचने का लाइसेंस दिया जाय, जो पहले पचास रुपये फी आदमी होगा और दस रुपया फ़ीस देकर हर साल बदला जा सकेगा।[183]

दरअसल किसानों की ऋणग्रस्तता जैसी गम्भीर समस्या पर विचार करने के लिए सरकार ने एक कमेटी का गठन किया था। इस कमेटी में सरकारी सदस्यों के साथ-साथ उन लोगों को भी शामिल किया गया जिनका सरकार से कोई सम्बन्ध नहीं था। अर्थात् वे गैरसरकारी थे। इन सदस्यों में आर्थिक मामलों के जानकारों के अलावा जमींदार, सरकारी कर्मचारी, काउंसिल के सदस्य—अनेक क्षेत्रों के लोग

शामिल थे। इस समिति ने कई महीनों विचार-विमर्श के बाद अपनी रिपोर्ट प्रकाशित की जिसे प्रेमचन्द जी ने हंस में प्रकाशित कर दिया। किन्तु प्रेमचन्द देख रहे थे कि किसानों की दशा में कोई सुधार नहीं आया। यदि ये सभी सुझाव लागू कर भी दिये जाएँ तब भी किसान की दुर्दशा में कोई कमी नहीं आती क्योंकि लगान और मालगुजारी की बढ़ी हुई दरें किसान की निर्धनता में कोई कमी नहीं आने देतीं। प्रेमचन्द यह नहीं चाहते कि किसानों के निर्लज्ज शोषण से वर्ग-संघर्ष की स्थिति उत्पन्न हो किन्तु सरकार और जमींदारों से वे यह अपेक्षा अवश्य करते हैं कि वे भी किसानों को मनुष्य समझें। प्रेमचन्द लिखते हैं—

> हमें तो उन्नति के लिए ऐसे विधानों जरूरत है जो समाज में विप्लव किये बिना ही काम में लाए जा सकें। हम श्रेणियों में संग्राम नहीं चाहते। हाँ, इतना अवश्य चाहते हैं कि सरकार और जमींदार दोनों ही इस बात को न भूल जायँ कि किसान भी मनुष्य है, उसे भी रोटी और कपड़ा चाहिए, रहने को घर चाहिए, उसके घर में शादी-ग़मी के अवसर आते हैं, उसे भी अपनी बिरादरी में अपनी कुल-मर्यादा की रक्षा करनी पड़ती है। बीमारी-आरामी औरों की तरह उस पर भी व्याप्त होती है। इसलिए लगान बाँधते समय इस बात का ख्याल रखें कि किसान को कम से कम खेती में इतनी मजूरी तो मिल जाय कि वह अपने बाल-बच्चों का पालन कर सकें। ××× इसलिए जमीन के लगान की नये सिरे से तरमीम होनी आवश्यक है। बेशक उससे जमींदारों की आमदनी कम हो जाएगी, और सरकार को अपना बजट बनाने में बड़ी कठिनाई पड़ेगी, लेकिन किसान के जीवन का अन्य सभी हितों से कहीं ज्यादा मूल्य है।[184]

किन्तु न तो जमींदारों का हृदय-परिवर्तन होता है और न सरकार ही किसानों की सुधि लेती है। दरअसल हमारे देश का जमींदार किसानों का प्रत्यक्ष शोषण करने में प्रमुख भूमिका निभाता है। प्रेमचन्द ने इस वर्ग के चरित्र की बहुत गहरी पड़ताल की है। उन्होंने अपने आर्थिक चिन्तन में जमींदारों की मानसिकता, उनके सामन्तीय व्यवहार और शोषक की निर्मम भूमिका का वास्तविक निरूपण किया है। किसानों का शोषण यह वर्ग कितनी निर्लज्जता और कौशल से करता है, इस पर तो उन्होंने विचार किया ही है अपने उपन्यासों और कहानियों में इसका मर्मस्पर्शी चित्रण भी किया है। सामन्तीय मानसिकता से पनपी भोग-विलासिता के कारण अधिकांश जमींदार भी कर्ज में गले तक डूबे हैं—

> ××× जमींदारों और काश्तकारों में अन्तर यही है कि काश्तकार मेहनत करके भी कर्जदार है, पर जमींदार केवल अपनी फिजूलखर्ची और विलासिता के कारण क़र्ज़दार है। बड़े जमींदारों का तो कहना ही क्या

> पाइयों के जमींदार भी जमींदारी की शान में अपने हाथ से कोई काम करना पसन्द नहीं करते।[185]

उनका सामन्तीय अहंकार उन्हें ऐयाश ही नहीं क़ाहिल भी बना देता है। वे जब कभी अपने ही पाप-बोध से छटपटाते हैं तो कभी-कभी अपनी विलासिता और कुकृत्यों का कच्चा चिट्ठा किसानों के सामने खोलने में संकोच नहीं करते। 'गोदान' में राय साहब अमर पाल सिंह होरी से बतियाते हुए जो कुछ कहते हैं वह जमींदारों के चरित्र का पूरा खाका खींच देता है। राय साहब कहते हैं—

> बड़े आदमियों की ईर्ष्या और बैर केवल आनन्द के लिए है। हम इतने बड़े आदमी हो गए हैं कि हमें नीचता और कुटिलता में ही नि:स्वार्थ और परम आनन्द मिलता है। हम देवतापन के उस दर्जे पर पहुँच गए हैं, जब हमें दूसरे के रोने पर हँसी आती है। ××× वैद्य और डाक्टर इस ताक में रहते हैं कि कब सिर में दर्द हो और कब उसके घर में सोने की वर्षा हो। और ये रुपये तुमसे और तुम्हारे भाइयों से वसूल किये जाते हैं, भाले की नोक पर। ××× हम जौ-जौ और अंगुल-अंगुल और पोर-पोर भस्म हो रहे हैं। उस हाहाकार से बचने के लिए हम पुलिस की, हुक्काम की, अदालत की, वकीलों की शरण लेते हैं और रूपवती स्त्री की भाँति सभी के हाथ का खिलौना बनते हैं। ××× दुनिया समझती है, हम बड़े सुखी हैं। हमारे पास इलाके, महल, सवारियाँ, नौकर-चाकर, क़र्ज़, वेश्याएँ क्या नहीं है, लेकिन जिसकी आत्मा में बल नहीं, अभिमान नहीं, वह और चाहे, कुछ हो आदमी नहीं है। ××× साहब शिकार खेलने जाएँ या दौरे पर, मेरा कर्तव्य है कि उनकी दुम के पीछे लगा रहूँ। उनकी भौंहों पर शिकन पड़ी और हमारे प्राण सूखे। उन्हें प्रसन्न करने के लिए हम क्या नहीं करते। ××× मुफ्तखोरी ने हमें अपंग बना दिया है, हमें अपने पुरुषार्थ पर लेशमात्र विश्वास नहीं, केवल अफसरों के सामने दुम हिला-हिलाकर किसी तरह उनके कृपा-पात्र बने रहना और उनकी सहायता से अपनी प्रजा पर आतंक जमाना ही हमारा उद्यम है। ××× अब सरकार भी हमारी रक्षा न करेगी। हमसे अब उसका कोई स्वार्थ नहीं निकलता। लक्षण कह रहे हैं कि बहुत जल्द हमारे वर्ग की हस्ती मिट जाने वाली है।[186]

हालाँकि राय साहब का होरी से यह बतियाना किसी भी दृष्टि से उनका हृदय-परिवर्तन नहीं है। यह उनके पाप-बोध की सुरक्षित स्वीकृति है। वे अपनी रियाया के किसान होरी के सामने कह देने से कुछ हल्के भी हो जाते हैं और ऐसा करने से बात बाहर भी नहीं जाती। इसलिए हमने इसे पाप-बोध की सुरक्षित स्वीकृति कहा है। इस विस्तृत आत्मप्रलाप से तत्कालीन जमींदारों के व्यक्तित्व और कार्य-शैली का ज्ञान

हो जाता है। पहली बात तो यह वर्ग सत्ता और धन-बल के अहंकार में नैतिकता एवं सामाजिक सरोकारों को पूरी तरह भूल चुका था। पर पीड़न में ही वह सुख अनुभव करता था। अपने ऐयाशी और बीमारी के चोचलों के लिए उसे किसानों से बलपूर्वक वसूली में कोई संकोच नहीं होता। दूसरी बात यह कि अपनी और अपनी सुख-सुविधाओं की सुरक्षा के लिए प्रजा पर अपने दबदबे के लिए वे पुलिस, प्रशासनिक अधिकारियों और अदालतों की गुलामी करते थे। तीसरी बात यह कि सरकार जमींदारों का संरक्षण अपने स्वार्थों की पूर्ति के लिए किया करती थी। जब जमींदार उसके लिए किसी काम के न रहे तो वह उनसे कन्नी काटने में कोई संकोच नहीं करती।

> सरकार जमींदारों की पीठ तब ठोंकती थी, जब वह समझती थी कि ये प्रजा के स्वाभाविक नेता हैं, प्रजा पर इनकी धाक है, ये असन्तुष्ट होकर आग लगा सकते हैं और हमारी खेती को जला सकते हैं लेकिन जब उसने देखा कि ये हजरत भोग-विलास में पड़कर सारा पुरुषार्थ खो चुके हैं, कर्ज के बोझ के नीचे दब चुके हैं, और इनका अस्तित्व अब गरीबों पर अनीति और अत्याचार और सबलों की चापलूसी और जी हुजूरी पर रह गया है, और ये अब उसके लिए शक्ति का यंत्र न रहकर उसकी गति में बाधक हो गया है, तो उसने उनकी तंबीह शुरू की ××× ।[187]

हर बड़ा जमींदार इस कोशिश में रहता है कि उसे किसी न किसी प्रकार सरकार का संरक्षण प्राप्त हो। दरअसल जैसे-जैसे समय बदल रहा है, परिस्थितियाँ बदल रही हैं किसान अपने शोषण के कारणों को ही नहीं इसके जिम्मेदार लोगों को भी पहचानने लगा है। उन्हें उस भविष्य की आहट सुनाई पड़ रही है जहाँ जनता का शासन होगा—बहुमत की सत्ता होगी और तब उन्हें अपने पापों का हिसाब देना होगा। इसीलिए वे सरकारी या गैर-सरकारी—किसी भी प्रकार के संरक्षण के लिए छटपटा रहे हैं।

> कमजोर का जबर्दस्तों से संरक्षण चाहना तो स्वाभाविक है, लेकिन जबर्दस्तों का संरक्षण चाहना, इसके सिवाय और क्या है, कि वे और भी शक्तिमान हो जाएँ। क्या हमारे जमींदार भाइयों ने भी यह सोचने की तकलीफ उठाई है कि जनता से क्यों उन्हें इतना भय हो रहा है? क्यों वे यह सोच-सोच कर व्याकुल हो रहे हैं कि आनेवाली व्यवस्था में बहुमत उनके ही अधिकारों को छीनने की चेष्टा करेगा, और इसीलिए उन्हें आपस में संगठित होकर बहुमत को अपने हाथ में कर लेना चाहिए।[188]

जमींदार और किसान के सम्बन्ध आरम्भ से विजेता और विजित जैसे रहे हैं। जमींदारों ने सदैव किसानों को दुधारू गाय समझकर उसका पूरा रक्त निचोड़ लिया

है। किन्तु जैसे-जैसे सामाजिक और राष्ट्रीय परिदृश्य बदला है वैसे-वैसे जमींदारों द्वारा किसानों के शोषण पर अंकुश लगने लगा है।

> आने वाली व्यवस्था का चाहे जो रूप हो, और चाहे कैसे ही राजनीतिक दल बनें, अन्तिम निर्णय उन्हीं विचारों के हाथ रहेगा जिनका जनता पर प्रभुत्व रहेगा। और जो राजनैतिक प्रगति का नियंत्रण करेंगे। आप बाज़ी ले जाना चाहते हैं, तो आप को सिद्ध करना पड़ेगा कि जमींदार भी ग्रामीण जीवन में उतने ही उपयोगी हैं जितना किसान। ××× आपको उत्तर में यह प्रमाण देना चाहिए कि जमींदार किसान को जो सहायता देता है, उनसे जो मैत्री का सम्बन्ध रखता है, और उनके सामाजिक जीवन में अपना पूरा-पूरा स्थान लेने के लिए जो प्रयत्न करता है, वह किसान ही की भाँति हमारे कृषि-व्यापार का आवश्यक अंग है।[189]

किन्तु सरकार की नीयत का आरम्भ होने के बावजूद जमींदार स्वयं को बदलना नहीं चाहते। वे चाहते तो वक्त की नज़ाकत को भाँप कर अपनी शोषक मनोवृत्ति से मुक्त होकर आसामियों का भरोसा जीत सकते थे किन्तु

> ××× हमारे जमींदारों और ताल्लुकेदारों ने अपनी स्वार्थांधता और विलासिता तथा अभिमान में पड़कर इस प्रभार को खो दिया है और अब उनका मुँह नहीं है कि साधारण सभा में प्रवेश पाने के लिए, वह अपने आसामियों पर भरोसा कर सकें। अगर हमारे जमींदार विचारशील होते और समझते कि वह जो चैन कर रहे हैं वह आसामियों की बदौलत और उनके आसामियों के प्रति उनका कुछ कर्तव्य भी है, तो आसामी उनसे विद्रोह क्यों करते? अगर जमींदारों का बस चलता तो आसामियों की दशा इससे भी गई-बीती होती।[190]

गन्ना किसानों की समस्याओं का एक अलग पक्ष है जिसे प्रेमचन्द ने बहुत गम्भीरता से प्रस्तुत किया है। उन्होंने शक्कर मिलों के विस्तार के गुण-दोषों पर प्रामाणिकता के साथ विचार किया है। उनका मत है कि शक्कर मिलों के कारण किसान बेकार होते जा रहे हैं।

> किसान चार-पाँच महीने ऊख पेरने, गुड़ या शक्कर बनाने में काट देता था। अब यह काम उसके हाथ से निकला जा रहा है। जो काम पचास आदमी मिलकर करते थे, उसे एक आदमी मशीन के जोर से पूरा कर लेगा। बेकारी बढ़ाने का इसके सिवाय और क्या इलाज है? मिलों में दो-चार सौ मजूर काम करेंगे अवश्य, पर दस-पाँच हजार किसानों को तबाह करके। इस व्यवसाय-युग की यही महिमा है। यहाँ व्यक्ति का कोई

मूल्य नहीं है। यहाँ जो कुछ है, धन और मशीन है। वही देहातों की तबाही, वही घरेलू व्यवसायों का सर्वनाश।[191]

बात यहीं तक खत्म नहीं होती। शक्कर मिलों के मालिक अपनी संगठन-क्षमता के बल पर ऊख के मनमाने मूल्य निर्धारित कर सकते हैं किसान जो संगठित नहीं हो पाता अनायास ही उनके शोषण का शिकार हो जाता है।

> मिलवाले गिनती में थोड़े हैं। वह जब चाहें आपस में संगठन करके ऊख की दर मद्‌दी कर सकते हैं और वास्तव में ऐसा हो भी रहा है। किसान आपस में संगठित नहीं हो सकते। लाखों-करोड़ों का संगठित होना असम्भव-सा ही है। इसलिए वे मिलवालों की दया पर पड़ने को मजबूर हैं। बेचारे अपनी या भाड़े की गाड़ी पर ऊख लाद कर लाते हैं, और जाड़े-पाले में कई दिन मिल के हाते में किसी पेड़ के नीचे पड़े रहते हैं और मिल के दलालों को खासी रिश्वत देकर तब अपनी ऊख तुलवा पाते हैं।[192]

प्रेमचन्द भलीभाँति समझते हैं कि चाहे किसान खुद ऊख पेरे या मिल में ले जाए उसे उसकी मेहनत का पूरा पैसा मिलने से रहा। इसलिए वे किसानों को उसकी ऊख की उचित कीमत मिले इसके लिए सरकारी हस्तक्षेप आवश्यक समझते हैं—

> देखना यह है कि साधारण दशा में किसान को एक बीघे में कितना प्राप्त होता था, उतना उसे मिलना चाहिए। मसलन उसने एक बीघा ऊख बोई, उसमें उसने बीस मन गुड़ पैदा किया, जिसका दाम एक सौ रुपया हुआ। रकम उसकी खड़ी ऊख बिक जाने की दशा में उसे मिलनी चाहिए, या इससे अच्छा तरीका यह है कि मिल को मजदूरी और थोड़ा-सा नफ़ा देकर जो दस फीसदी से किसी तरह ज्यादा न हो, जो कुछ बचे वह ऊख पैदा करने वाले को परते से दिया जाय और इसकी निगरानी सरकार खुद करे।[193]

किन्तु प्रेमचन्द जानते हैं कि सरकार इस प्रकार की निगरानी करने का दिखावा तो कर सकती है किन्तु वास्तविकता यह है कि वह भी पूँजीपतियों की मुँह देखी करती है। ऐसी स्थिति में किसानों के संगठित होने के अतिरिक्त इस शोषण से मुक्ति का उन्हें कोई उपाय नज़र नहीं आता—

> हम तो किसानों को यही सलाह देंगे कि वे खुद अपना संगठन करें और अपनी शक्कर अपनी खंडसालों में बनकर इस ड्यूटी का पूरा फायदा उठाएँ, मगर किसानों का संगठन करें।[194]

यदि सरकार सच्चे हृदय से ऊख की खेती करने वाले किसानों के आर्थिक दोहन के प्रतिकार में ठोस उपाय नहीं करती और ऊख किसान अपने संगठन नहीं बनाते तो प्रेमचन्द भविष्यवाणी करते हैं—

भारतीय कृषकों के हाथ में अब ले-देकर यही ऊख की खेती रह गई है। अगर कारखानेदार जनता को मैली चीनी खिलाकर अपनी जेब गर्म करते रहे, तो लोग विवश होकर विदेशी चीनी खाने लगेंगे और चीनी के कारखानेदारों का दिवाला तो हो ही जाएगा, बिचारे किसान सेंत में मारे जाएँगे।[195]

वस्तुत: प्रेमचन्द ने गन्ना किसानों के आर्थिक दोहन का प्रामाणिक अंकन करते हुए इससे मुक्ति के जो वैकल्पिक उपाय सुझाए हैं उन्हें भी वे जमीनी हकीकत से परखते हैं और उन उपायों के न किये जाने पर भविष्य का भयावह चित्रण भी करते हैं। हिन्दी नवजागरण के आर्थिक चिन्तकों में कम ही ऐसे हैं जिन्होंने इतनी सूक्ष्मता से गन्ना किसानों की समस्याओं और समाधान पर विचार किया हो।

भारत में किसान प्रमुख रूप से खेती से जो फसलें उगाते हैं उनमें गन्ने के बाद रुई की फसल है। यहाँ की मिलों में कपड़ा तैयार करने में उस समय बड़ी संख्या में मजदूर काम कर रहे थे। किन्तु हमें यह भी ध्यान में रखना होगा कि इन मजदूरों के साथ-साथ हमारे किसान भी बड़ी संख्या में कपास का उत्पादन करते थे। पहले जापान भारत की रुई खरीदता था। किन्तु सरकार द्वारा जापान के कपड़ों के आयात पर जब प्रतिबन्ध लगा दिया गया तब उस समय इस बात की आशंका थी कि जापान भी इसकी प्रतिक्रिया में भारत से जाने वाली रुई पर रोक लगा देगा। प्रेमचन्द इस परिस्थिति का अंकन करते हुए लिखते हैं—

××× वास्तव में जापान अपनी धमकी को अमल में ला रहा है। लंकाशायर जापान की जगह नहीं ले सकता, क्योंकि छोटे रेशे की रुई की उसके यहाँ खपत नहीं है। जापान के सिवाय उसका कोई ख़रीददार नहीं है। जब तक हमारे मिल-मालिक इस बात का जिम्मा न लें कि वे भारत की सारी रुई खरीदेंगे तब तक उन्हें किसी प्रकार का संरक्षण नहीं मिलना चाहिए।[196]

वस्तुत: अपने आर्थिक हितों के संरक्षण की धुन में उस समय ब्रिटिश सरकार को इस बात से कोई सरोकार नहीं कि कपास पैदा करने वाले किसानों के हितों का संरक्षण क्यों और कैसे हो। उसे इस बात की बिल्कुल चिन्ता नहीं कि जापानी कपड़े का आयात रोक दिये जाने पर और जापान द्वारा भारतीय रुई की खरीद बन्द कर देने पर कपास पैदा करने वाले किसानों का क्या होगा? प्रेमचन्द अपनी जगह बिल्कुल सही हैं कि यहाँ के मिल मालिकों को बाध्य किया जाए कि वे इस रुई को खरीदें क्योंकि वे एक ओर स्वदेशी की भावना का अपने आर्थिक हितों के लिए इस्तेमाल करते हैं और दूसरी ओर ब्रिटिश सरकार से संरक्षण भी पाते हैं। प्रेमचन्द का यह कथन पूरी तरह उचित है कि यदि भारतीय रुई को भारतीय मिल मालिक नहीं खरीदते तो सरकार उन्हें कदापि संरक्षण न दे।

प्रेमचन्द ने अपने आर्थिक चिन्तन में यों तो समय-समय पर किसानों की दशा सुधारने के लिए अनेक सुझाव प्रस्तुत किये हैं किन्तु जिस किसी ने किसानों को दुर्दशा से उबारने के लिए उपाय सुझाए हैं प्रेमचन्द ने उनका उत्साह से स्वागत किया था। अवागढ़ के राजा कृष्ण पाल सिंह ने 'लीडर' पत्रिका में किसानों की आर्थिक दुरवस्था का तो लोमहर्षक चित्रण किया ही था। किसानों की दशा सुधारने के लिए अनेक ठोस और रचनात्मक सुझाव भी प्रस्तुत किये थे। यद्यपि प्रेमचन्द को सन्देह था कि प्रान्तीय काउंसिल की शक्तिशाली और राजनीतिक दलबन्दी से ग्रस्त सदस्य इन सुझावों को कार्यान्वित करने में शायद ही रुचि लें। किन्तु प्रेमचन्द इन सुझावों को सम्पूर्ण देश के सम्मुख प्रस्तुत करते हैं ताकि इन सुझावों के पक्ष में जनमत तैयार किया जा सके। वे पाठकों से राव साहब की पाँच बातों की ओर ध्यान देने की प्रार्थना करते हैं—

1. उचित मात्रा में लगान घटा दिया जावे। लगान-माफ़ी या किस्त-बन्दी का तरीका चलाया जाय। भूमि-कर जमींदार की वास्तविक वसूली के हिसाब से लगाया जावे, न कि वसूली की सम्भावना पर।
2. नहर का रेट इतना घटा दिया जावे कि सबके लिए आबपाशी सस्ती पड़े। आजकल की तरह केवल अमीरों के काम लायक ही न हो।
3. जमींदारों को उनकी जिम्मेदारी सिखलानी चाहिए तथा जायज़ वसूली से अधिक वसूली करने की आशा उन्हें नहीं देनी चाहिए।
4. किसानों का मौजूदा कर्जा जहाँ तक हो काट दिया जावे और कानून बनाकर सूद की दर तय कर दी जावे। साहूकारों को बही खाता रखने के लिए बाध्य किया जावे, तथा उन्हें केवल किसान को ख़रीद लेने के लिए 'रुपया' देने से रोका जावे।
5. सरकारी अफसरों को किसान की नाज़ायज वसूली से रोका जावे। बड़े सरकारी कर्मचारियों के वेतन में कमी की जावे, और उससे रुपया बचाकर कम वेतन पाने वाले सरकारी कर्मचारियों का वेतन बढ़ा दिया जावे।[197]

उपर्युक्त सुझावों का यदि हम ध्यानपूर्वक अवलोकन करें तो स्पष्ट होगा कि वे औपनिवेशिक शासन की शोषण मूलक मानसिकता से दूर-दूर तक मेल नहीं खाते। लगान और आबपाशी घटाना सरकार के आर्थिक स्वार्थों पर सीधा आघात था। इसी प्रकार किसानों की कर्ज-माफी या सूद की दर निश्चित कर देना, सरकारी कर्मचारियों द्वारा किसान की नाज़ायज वसूली को रोकना; कर्मचारियों का वेतन घटाना या बढ़ाना आदि सुझाव उचित हैं और यदि सरकार चाहती है तो उन्हें अमली जामा पहनाया भी जा सकता था। किन्तु अगर सरकार देश के हालातों को लेकर कान मूँदकर बैठी रहे तो सारे सुझाव और समाधान व्यर्थ हैं। प्रेमचन्द ने ब्रिटिश सरकार की शोषणपरक

मानसिकता का निरूपण इन शब्दों में किया है—

> ××× हमारी सरकार को देश की परिस्थिति की बिल्कुल चिन्ता नहीं। उसे तो डंडे का बल है। किसान आप भरेगा और लगान अदा करेगा, वरना डंडे से खबर ली जाएगी। उसे इतना ही ज़िंदा रहना चाहिए कि वह मरकर खेत जोत बो सके। इससे ज्यादा ज़िन्दा रहने की उसे जरूरत नहीं। ईश्वर की दया से आबादी भी कम नहीं। अगर दस-पाँच करोड़ आदमी मर भी जाय, तो क्या चिन्ता। जमीन परती नहीं रह जाएगी, और लगान फिर भी वसूल हो जाएगा, कर मिल ही जाएगा।[198]

प्रेमचन्द देश के किसानों की इस दुरवस्था को स्वराज्य की कामना का कारण मानते हैं—

> अगर यह दशा न होती तो स्वराज्य की कामना ही क्यों जन्म लेती।[199]

प्रेमचन्द ने चकबन्दी को लेकर काफी गम्भीरता से विचार किया है। किसानों की एक प्रमुख समस्या है खेतों का अलग-अलग दूर-दूर तक फैले होना। एक तो सामान्यत: किसान छोटी जोत के होते थे। छोटी जोत में भी खेतों का बिखरा हुआ होना उनके लिए किसी अभिशाप से कम नहीं था।

> अधिकतर किसानों के पास दो-ढाई बीघे से ज्यादा नहीं होता, और उसमें भी पाँच बिस्वे गाँव के पूर्व हैं, तो दस बिस्वे गाँव के पश्चिम, दस बिस्वे उत्तर, तो पाँच बिस्वे दक्खिन। पाँच बिस्वे को जोतकर उसे हल-बैल लिये मील भर चलना पड़ता है, तब कहीं दूसरा खेत मिलता है। सिंचाई, निराई, बुआई सभी क्रियाओं में यह हाल होता है। इस तरह उसका बहुत-सा समय नष्ट हो जाता है। न वह कुएँ बना सकता है, न बाड़ें खींच सकता है, न फसल की रखवाली कर सकता है। इस सस्ती के समय इस बाधा को दूर करना अनिवार्य हो गया है।[200]

प्रेमचन्द इस तथ्य को रेखांकित करते हैं कि पंजाब की प्रान्तीय सरकार ने चकबन्दी की दिशा में काफी काम किया लेकिन उत्तर प्रदेश में दो एक जिलों में चकबन्दी का आरम्भ किया गया किन्तु सरकार की उदासीनता के कारण यह काम आगे नहीं बढ़ पाया। इस सम्बन्ध में रायसाहब बाबू आनन्द स्वरूप ने 'लीडर' पत्रिका में एक विस्तृत लेख लिखकर चकबन्दी की योजना का विस्तृत प्रारूप प्रस्तुत किया था। प्रेमचन्द न केवल इस प्रारूप से पूरी तरह सहमत थे बल्कि वह उनके आर्थिक चिन्तन की दिशा से पूरी तरह मेल खाता है। उनके अभिमतानुसार—

> कृषि-विषय के अन्य सुधारों के लिए तो रुपये, समय और शिक्षा की जरूरत है, लेकिन इस सुधार के लिए तो सरकार को एक पैसा भी न खर्च करना पड़ेगा। थोड़ी सी तवज्जह से किसानों को बहुत बड़ा फायदा हो जाएगा और हमें विश्वास है कि पैदावार भी बढ़ जाएगी।[201]

प्रेमचन्द ने रायसाहब बाबू आनन्द स्वरूप के चकबन्दी सम्बन्धी प्रारूप का सार-संक्षेप इन शब्दों में प्रस्तुत किया है—

> ××× गाँव की जमीन को मिट्टी के हिसाब से दो-तीन टुकड़ों में बाँटना पड़ेगा, बलुआ, काली मिट्टी, कँकरीली आदि। इसके बाद गोइड़ (आबादी के निकट और पाही (आबादी से दूर) का विचार करके हरेक किसान को जमीन बाँट दी जाएगी। जमीन की पैदावार का भी लिहाज रखना पड़ेगा। सोलह आने पैदावार की जमीन के एक बीघे के बदले में आठ आने पैदावार के दो बीघे मिल जायँगे। पैदावार का तख्मीना करते समय, तालाब, सड़क आदि के सामीप्य का भी ध्यान रखना पड़ेगा, जिसमें किसी किसान की हकतलफ़ी न हो। गाँव वालों की पंचायत की सलाह से तखमीने का अफ़सर बँटवारा कर देगा। किसानों को तो लाभ होगा ही, सरकार को भी लाभ होगा। पटवारियों का काम बहुत हल्का हो जाएगा और वह जमीन जो मेंड़ों से घिरी हुई है और जिसके बारे में हमेशा किसानों के झगड़े होते रहते हैं, खेत में मिल जाएगी। हमने इस विषय में कृषकों से जो बातचीत की है, उससे मालूम होता है कि वे इस सुधार का स्वागत करने को तैयार हैं, यदि उससे उनका नुकसान न हो।[202]

उस दौर में बहुत बार यह देखने को मिलता था कि सरकार किसानों के हितों के संरक्षण के लिए जो प्रावधान करती थी उन्हें बड़े ताल्लुकेदारों और जमींदारों के प्रभाव से उन्हीं के स्वार्थों की पूर्ति के लिए उनको नया रूप दे दिया गया।

> दिसम्बर में किसानों और काश्तकारों को महाजनों के अन्याय से बचाने के लिए जो कानून बनाया गया था, उसे गवर्नर ने फिर से विचार किये जाने के लिए वापस कर दिया है। थोड़े दिन हुए बैंकरों का एक डेपुटेशन सर मालकम हैली के पास गया था। यह उसी का परिणाम है। वह बिल बना था किसानों की रक्षा के लिए। मगर हुआ यह कि किसान तो पीछे रह गए, बड़े-बड़े जमींदारों और ताल्लुकेदारों के हित को ही प्रधानता दे दी गई। बेचारा किसान जहाँ का तहाँ रह गया।[203]

प्रेमचन्द यह समझ लेने के बाद भी कि सरकार की सोच ताल्लुकेदारों और जमींदारों की पक्षधरता को प्रमुख महत्त्व देती है वे सरकार से आग्रह करते हैं कि—

> किसान ने कर्ज लिया है बैलों के लिए या बीज के लिए या खाने के लिए। उसको यदि सरकार ऋण से मुक्त करा दे, तो वह कृषक-समाज का उद्धार करेगी। जमींदारों ने कर्ज लिया है ऐयाशी के लिए, शराबखोरी के लिए, बड़े-बड़े महल बनवाने के लिए। उनके हित के लिए किसानों को क्यों दबाया जाय, जो समाज में जमींदारों से कहीं अधिक उपयोगी हैं।[204]

संक्षेप में कहें तो प्रेमचन्द ने अपने आर्थिक चिन्तन में किसानों की समस्याओं, प्राथमिकताओं और आकांक्षाओं का जो निरूपण किया है वह प्रामाणिक, तथ्यपूर्ण और यथार्थपरक तो है ही मानवीय संवेदना से भी ओतप्रोत है। अपने उपन्यासों और कहानियों में वे कृषक जीवन का जितना सटीक और मर्मस्पर्शी अंकन कर पाए हैं वैसा अन्यत्र दुर्लभ है। अनायास ही 'गोदान' और 'प्रेमाश्रय' जैसे उपन्यास तथा सवा सेर गेहूँ, कफन, सद्गति, पंच परमेश्वर जैसी कहानियाँ उत्तर भारतीय किसानों और मजूरों के जीवन की आर्थिक विडम्बनाओं और अन्तर्विरोधों के प्रामाणिक दस्तावेज बन जाती हैं। यदि किसान की आर्थिक दुरवस्था को समग्रता में और प्रामाणिक रूप में समझना है तो प्रेमचन्द के आर्थिक चिन्तन को कदापि अनदेखा नहीं किया जा सकता।

हमारे देश में मजदूरों की आर्थिक स्थिति किसानों की आर्थिक स्थिति से किसी भी तरह कमतर नहीं। मजदूर अपना खून-पसीना बहाकर कारखाने में जो उत्पादन करता है उससे मालिकों की जेबें तो भरती जाती हैं किन्तु मजदूर की आर्थिक दशा दिनोदिन बदतर होती जाती है। जब वह मालिकों से अपने जीवन की सुविधाओं के लिए अधिक वेतन या बोनस की माँग करता है तो उनके कानों पर जूँ तक नहीं रेंगती। तब विवश होकर उसे हड़ताल करनी पड़ती है। हड़ताल ही तब माँग मनवाने का अन्तिम विकल्प रह जाती है। प्रेमचन्द ने हड़ताल पर उस समय यह टिप्पणी की जिस समय बम्बई में लम्बे समय से मजदूरों की हड़ताल चल रही थी और उसके पक्ष-विपक्ष में लिखा और कहा जा रहा था। प्रेमचन्द ने अपनी बेबाक टिप्पणी में हड़ताली कर्मचारियों का पक्ष लिया है और सरकार से अपेक्षा की है वह हड़ताल के सम्बन्ध में निष्पक्ष रवैया अपनाए और दोनों पक्षों को सुनकर आवश्यक जाँच करके भेदभाव से ऊपर उठकर निर्णय ले। क्योंकि यह टिप्पणी ऐतिहासिक रूप में मालिक-मजदूर सम्बधों की प्रगतिशील दृष्टि से विवेचना करती है इसलिए हम इस टिप्पणी के आवश्यक अंशों को प्रस्तुत करते हैं—

> बम्बई के मजूरों की हड़ताल अभी तक जारी है, और उसका क्षेत्र दिन-दिन बढ़ता जाता है। ××× हुल्लड़बाजी तो कोई सरकार न पसन्द करेगी और उसे रोकना उसका काम है। यह भी मानी हुई बात है कि ऐसी हड़तालों में कुछ न कुछ हुल्लड़बाजी होनी लाज़िमी है। लेकिन सरकार का काम केवल हुल्लड़बाजी रोकना ही नहीं है बल्कि इसकी तहकीकात भी करना

है कि मजूरों की शिकायत क्या हैं, और वह जायज हैं या बेज़ा। मजूरों को हुल्लड़बाजी से कोई प्रेम नहीं और न वे अकारण सिर फोड़वाने या गोली खाने के लिए तैयार हो जाते हैं। फरज़ी शिकायतों के बल पर कोई भी नेता इतनी बड़ी हड़ताल नहीं करा सकता, और होती भी तो बहुत जल्दी ठंडी हो जाती। जब सरकार इन झगड़ों में दखल देते है तो उसे दोनों तरफ की दलीलें सुनना चाहिए। ××× नेता वही होता है जो गरीबों और मजूरों के दुख से केवल दुखी होकर न रह जाय, बल्कि उसके निवारण के उपाय भी बताए। मजूरों की मजूरी घटाई जा रही है, और यह कहा जा रहा है कि मालिकों को लाभ नहीं हो रहा है। इसका फैसला कौन करे कि वास्तव में लाभ हो रहा है या नहीं? सम्भव है मालिक को आशानुसार लाभ न होता हो और वह इसे हानि समझता हो। या मैनेजिंग एजेंट लोग लम्बी-लम्बी रक़म जेब में डालकर कहते हों कि कुछ नफ़ा नहीं हो रहा है। इसकी पूरी जाँच होनी चाहिए। ××× मजूर अपनी दशा और भाग्य को सुधारना चाहता है और उसका प्रयत्न करता है। मजूरों ने अन्य देशों में कैसे-कैसे अधिकार प्राप्त कर लिए हैं, इससे वे बेख़बर नहीं हैं। वह अपना खून और पसीना एक करके भी भर पेट अन्न नहीं पाता, उल्टे उसकी मजूरी काटी जाती है, उधर मिल के पूँजीपति, डाइरेक्टर और मैनेजिंग एजेंट कुछ नफ़ा न होने पर भी उसी शांति और सुख से दनदना रहे हैं, तो उसका खून खौल उठता है और वह उस व्यवस्था को जड़ से खोद डालना चाहता है, जिसमें ऐसा अन्याय सम्भव है, चाहे इस कोशिश में उसकी जान ही पर क्यों न बन आए। ××× अब तो उसे तब ही सन्तोष हो सकता है कि मिल के प्रबन्ध में उसका भी भाग हो। यह सहकारी आयोजना ही अब इस समस्या को हल कर सकती है, दूसरा कोई उपाय नहीं।[205]

प्रेमचन्द की उपर्युक्त टिप्पणी उनकी प्रगतिशील मानसिकता का जीवंत प्रमाण है। वे बम्बई में मजदूरों की हड़ताल मानवीय दृष्टिकोण से देखते हैं। यही कारण है कि मजदूर जब सब तरह से विवश होकर हड़ताल करता है हुल्लड़बाजी के द्वारा उसकी पीड़ा और आक्रोश ही व्यक्त होता है। इसलिए प्रेमचन्द उसे एक सीमा तक जायज भी मानते हैं किन्तु सीमा का अतिक्रमण करने के बाद उसे रोकना वे सरकार की जिम्मेदारी मानते हैं। किन्तु सरकार का यह भी कर्तव्य है कि आखिर मजदूर हड़ताल करने के लिए विवश क्यों हुए? उसे इस बात की पड़नाल करनी चाहिए कि जिन माँगों को लेकर मजदूर हड़ताल कर रहे हैं वे माँगें उचित हैं या अनुचित? हड़ताल करने, लाठी और गोली झेलने के लिए स्वेच्छा से कोई मजदूर तैयार नहीं

होता। अनुचित माँगों या गलत शिकायतों के बल पर किसी हड़ताल को लम्बे समय तक नहीं खींचा जा सकता। सरकार यदि सही तरीके से न्याय करना चाहती है तो उसे दोनों पक्षों को समान मानकर सुनना होगा। प्रेमचन्द श्रमिक नेताओं को भी उनके कर्तव्य स्मरण दिलाते हैं। वे मानते हैं कि मजदूरों का वही नेता उनका हृदय सम्राट बनता है जो उनके प्रति सहानुभूतिपरक दृष्टिकोण रखने के साथ-साथ उनकी समस्याओं के समाधान का भी प्रयास करे। प्रेमचन्द मालिकों के पक्ष पर भी विचार करते हैं और मानते हैं कि मालिक यदि अपेक्षानुसार मुनाफा न कमा सकें तो इसे हानि नहीं कहा जा सकता। कारखाने के प्रबन्धकों के दलाल अपने बुद्धि-कौशल से दिखा देते हैं कि कारखाने के मालिकों को बहुत अधिक हानि उठानी पड़ रही है। प्रेमचन्द मजदूरों के पूँजीपतियों से संघर्ष को भविष्य की कसौटी पर परखते हुए मानते हैं कि जैसे-जैसे समय बदल रहा है, वैसे-वैसे वह अपनी आर्थिक दुरवस्था से मुक्त होना चाहता है। वह अपने देश के बाहर के मजदूरों की स्थिति से भी अवगत है कि वहाँ वे अपने संघर्ष के बल पर अब सुखी और अधिकार-सम्पन्न हैं। वे जब कारखाने के मालिकों द्वारा अपना वेतन कटने, वेतन कम देने आदि पर विचार करते हैं और इन्हीं मालिकों के शाही ठाठ-बाट और विलासितापूर्ण जीवन को देखते हैं तो वे इस अन्यायपूर्ण व्यवस्था को बदलने का मन बनाने लगते हैं और इसके लिए हर कुर्बानी देने को तैयार हैं। अब मालिक-मजदूर के पारम्परिक रिश्तों का अतिक्रमण करके वे अपने को मिल के लाभ में हिस्सेदार के रूप में देखना चाहते हैं और बम्बई की हड़ताल का समाधान इस सहकारी आयोजना से ही किया जा सकता है। प्रेमचन्द ने इस टिप्पणी में सन्दर्भ तो बम्बई की हड़ताल का दिया है किन्तु वास्तव में उन्होंने समस्त भारतीय मजदूरों का प्रतिनिधित्व करते हुए उनकी समस्याओं और समाधानों को सारगर्भित रूप से प्रस्तुत किया है।

जिस प्रकार से आज के दौर में बेकारी की समस्या पूरे देश के लिए चिन्ता का कारण है, उसी प्रकार प्रेमचन्द के युग में भी बेकारी भले ही आज की तरह भयावह न हो किन्तु जिस तरह नई-नई मशीनें लगने से परम्परागत तरीकों से काम करने वाले श्रमिकों की भारी संख्या में छँटनी की जा रही थी; जिस तरह सरकारी और गैर सरकारी कर्मियों के वेतन में असमानता थी, उद्योग धंधों में जिस तरह बाहर के देशों से मुकाबला था—इन सबको देखते हुए हिन्दी नवजागरण के आर्थिक चिन्तकों का उस दौर में बेकारी पर चिन्तन आवश्यक ही नहीं अपरिहार्य भी था। प्रेमचन्द ने इस पहलू पर जो चिन्तन किया है कि वह इसलिए विशिष्ट है कि वे बेकारी के निवारण के लिए जो उपाय सुझाते हैं उनके गुण-दोषों पर विचार करते हुए अन्ततः 'स्वदेशी' को ही बेकारी से निजात पाने के लिए सबसे अधिक कारगर विकल्प माना है। प्रेमचन्द लिखते हैं—

××× रोज कर्मचारियों को छाँटकर अलग किया जा रहा है। हजारों आमदमी इस तरह बेकार हो गए। उधर नई-नई कलें निकलती आ रही हैं, जिनसे आदमियों का काम बड़ी किफायत से मशीनों द्वारा हो जाता है। अगर कहा जाय कि ऐसी मशीनें देश में आने ही न पावें तो दूसरे मुल्क वाले अपनी चीजें यहाँ भर देंगे और हम उनसे मुक़ाबला न कर सकेंगे। फिर सरकारी नौकरों के वेतन इतने ऊँचे रखे गए हैं कि युवकों को कम आदमी की जगह जँचती नहीं। सभी नौकरियों पर टूटते हैं। फिर बेकारी कैसे दूर हो? उद्योग धन्धे खोलिए, लेकिन यहाँ बाहर की चीजों से मुकाबला है। फिर वही संरक्षण का प्रश्न आता है। माल की खपत नहीं होती और पूँजी भी गायब हो जाती है। इस बेकारी का एक ही इलाज है और वह स्वराज्य है। तभी नये-नये उद्योग धंधे खोले जा सकते हैं, वैज्ञानिक उपायों से पैदावार बढ़ायी जा सकती है, जहाजी कम्पनियाँ खोली जा सकते हैं। वर्तमान परिस्थिति में तो बेकारी का कोई इलाज नज़र नहीं आता।[206]

सर्वप्रथम प्रेमचन्द कर्मचारियों की छँटनी पर अपना ध्यान केन्द्रित करते हैं। छँटनी का एक प्रमुख कारण है नई-नई मशीनों का आ जाना। प्रेमचन्द मशीनों को बेकारी का एक प्रमुख कारण मानते हैं। गांधीजी ने मशीन के दुष्परिणामों पर हिन्द स्वराज्य में विस्तार से चर्चा की है। गांधीजी ने मशीनों की जो आलोचना की है उसके मूल में तीन कारण हैं—

1. मशीनों का अधिकाधिक प्रयोग नैतिक मूल्यों का क्षरण करता है।
2. इससे हाथ से काम करने वाले लोगों का रोजगार प्रभावित होता है और
3. यंत्रों का विस्तार प्रकृति का क्षरण करता है, इससे लोग अस्वस्थ होते हैं। वे यंत्रों के विस्तार को रोकने के लिए मिल मालिकों के सम्मुख चरखे का विकल्प रखने में नहीं हिचकिचाते।[207]

गांधीजी मानते हैं कि—

यंत्र तो साँप का ऐसा बिल है, जिसमें एक नहीं बल्कि सैकड़ों साँप होते हैं। एक के पीछे दूसरा लगा ही रहता है। जहाँ यंत्र होंगे वहाँ बड़े शहर होंगे। जहाँ बड़े शहर होंगे वहाँ ट्रामगाड़ी और रेलगाड़ी होगी। वहीं बिजली की बत्ती की जरूरत रहती है। ××× प्रामाणिक वैद्य और डाक्टर आपको बताएँगे कि जहाँ रेलगाड़ी, ट्रामगाड़ी वगैरह साधन बढ़े हैं, वहाँ लोगों की तन्दुरुस्ती गिरी हुई होती है।[208]

गांधीजी यंत्रों के विरोध को स्वदेशी और स्वराज्य की कुंजी मानते हैं—

जब तक हम हाथ से आलपिन नहीं बनाएँगे तब तक उसके बिना हम अपना काम चला लेंगे। झाड़-फानूस को आग लगा देंगे। मिट्टी के दीये में तेल डालकर और हमारे खेत में पैदा हुई रुई की बत्ती बनाकर दिया जलाएँगे। ऐसा करने से हमारी आँखें खराब होने से बचेंगी, पैसे बचेंगे और हम स्वदेशी रहेंगे, बनेंगे और स्वराज्य की धूनी जगाएँगे।[209]

गांधीजी की तरह प्रेमचन्द भी मजदूरों की बेकारी का कारण मशीनों को मानते हैं। वे भी स्वदेशी को अपनाकर स्वराज्य की ओर बढ़ना चाहते हैं किन्तु वे मशीनों के पूरी तरह बहिष्कार के पक्ष में भी नहीं हैं। वे आशंका व्यक्त करते हैं कि मशीनों के अभाव में पूरे देश का बाजार विदेशी माल से पाट दिया जाएगा। वे ऊँचे वेतन वाली सरकारी नौकरियों के प्रति युवा वर्ग के आकर्षण को भी चिन्ता का विषय मानते हैं। सरकार द्वारा देशी उद्योगों को संरक्षण न दिये जाने के कारण वे भारतीय उद्योगों के विकास के प्रति आश्वस्त नहीं हैं। तब बेकारी के निवारण के लिए उन्हें एक ही उपाय सूझता है—स्वराज्य। स्वराज्य में ही देसी उद्योग-धंधों का विकास सम्भव है। तभी यह सम्भव है कि वैज्ञानिक तरीकों से खेती की जाय। अधिक पैदावार हो। वस्तुतः सरकार की नीतियाँ ही ऐसी हैं कि भारतीयों को आर्थिक शोषण से किसी प्रकार की राहत नहीं मिलती। उसे किसी भी प्रकार अपनी आय बढ़ाने की चिन्ता रहती है। 1933 के सरकारी बजट में अपने आय-व्यय को बराबरी पर लाने के लिए आयकर में भारी बढ़ोतरी की गई। मध्यम-श्रेणी के लोग आर्थिक दुरवस्था के शिकार हुए।

भारत के बाहर सोना भेजना नहीं रोका गया और इस अभागे देश का अरबों का सोना बाहर बह गया। सरकार को अपने 'कस्टम्स' की आमदनी का विरोध ध्यान रहा, न कि भारत की दरिद्रता का। रेलवे तथा अन्य महकमों में लाखों आदमी निकाल दिये गए। कमी के नाम पर लाखों बेगुनाह गरीब वर्षभर से भूखों मरने के लिए छोड़ दिये गए, पर मोटा वेतन पाने वालों के वेतन में नाममात्र की कमी की गई। कांग्रेस तथा अन्य गैरकानूनी करार दी गई संस्थाओं का रुपया जब्त करने से सरकार ने अच्छा द्रव्य संचय किया था और जुर्माने के रूप में लाखों रुपया वसूल किया गया।[210]

प्रेमचन्द यह तो स्वीकार करते हैं कि सरकार ने अपने बजट को तो व्यवस्थित किया है किन्तु न तो यहाँ के लोगों की आर्थिक दशा में कोई बदलाव आया और न देशी रोजगारों की दशा सुधरी। हाँ सरकारी नौकरों के वेतन में बढ़ोतरी से उनके सुख-सुविधा में बढ़ोतरी हुई।

हम सरकारी नौकरों को पराया नहीं समझते। वे भी हमारे हैं। उनकी वृद्धि हमारी वृद्धि है। पर हम जानना चाहते हैं कि क्या 10 को भूखा रखकर

एक का पेट पालन ठीक है? सरकार के बजट का लाभ कितने गरीबों की दरिद्रता के बल पर हुआ है, कितने गरीब बिना पेट भर खाये कराह रहे हैं? कितने अनाथ बच्चे दो घूँट दूध को तरस रहे हैं? कितनी अभागिनी माताएँ सूखी पत्तियाँ भी नहीं चबा पातीं, तो उनके स्तनों से दूध कैसे निचुड़े? दूध की जगह रक्त निचुड़ आता है।[211]

कुल मिलाकर यह कि प्रेमचन्द उस दौर में किसानों और मजदूरों की आर्थिक समस्याओं और उन समस्याओं के कारण उनकी गम्भीर दुरवस्था को तो देख ही रहे थे, साथ ही एक राष्ट्रभक्त होने के नाते उन समस्याओं का समाधान निकालने को सुझाव भी दिये—उसकी भर्त्सना भी की। किन्तु वे देख रहे थे कि ब्रिटिश सरकार का उद्देश्य केवल अपना खजाना भरने का था। अगर किसान, मजदूर, मध्यवर्ग के लेगों का कोई हित-साधन हुआ तो वह 'घुणाक्षर न्याय' का ही परिणाम माना था। इसलिए अन्ततः प्रेमचन्द भी स्वराज्य को ही भारतीयों की आर्थिक समस्याओं का एकमात्र समाधान मानते हैं।

स्वराज्य और स्वदेशी का उस पूरे स्वतंत्रता संग्राम के दौरान घनिष्ठ सम्बन्ध रहा है। प्रेमचन्द ने स्वदेशी आन्दोलन पर अपने आर्थिक चिन्तन में व्यापक, सारगर्भित और विवेकसम्मत चर्चा की है। यहाँ पहले हम उनके स्वदेशी सम्बन्धी विचारों से अवगत हों इसकी पृष्ठभूमि पर विचार कर लेना आवश्यक है।

स्वराज्य पाने के लिए स्वदेशी आन्दोलन ने महत्त्वपूर्ण भूमिका निभाई।

स्वदेशी आन्दोलन का अर्थ था भारत निर्मित सामग्री को प्रोत्साहन देना तथा विदेशी माल न खरीदना, उसका परित्याग और यहाँ तक कि उसका बहिष्कार।[212]

नरमपंथी अर्थशास्त्री औपनिवेशिक शासन में छोटे उद्योगों और हस्तशिल्प के नष्ट हो जाने को रोमेंटिक अतीत-मोह की दृष्टि से देखते थे किन्तु भारत की दरिद्रता के निवारण के लिए वे बड़े पैमाने पर कारखाने स्थापित करने के समर्थक थे। स्वदेशी आन्दोलन के इस दौर में दस्तकारी, करघों और चरखों के महत्त्व को रेखांकित किया गया। देउस्कर ने अपनी सुप्रसिद्ध कृति 'देशेर कथा' में यह हिसाब लगाया था कि—

लंकाशायर से प्रतिवर्ष आयात किए जाने वाले 216 करोड़ गज कपड़े का स्थान पूरी तरह भारतीय मिलों का कपड़ा ले सके, इसके लिए कम से कम 30 करोड़ रुपए के पूँजीगत विनियोग की आवश्यकता है। किन्तु, उनका कहना था, मात्र 2 करोड़ की लागत से बेहतर किस्म की उड़नफिरकी से युक्त 7 लाख हथकरघे चालू किये जा सकते हैं, जिनसे साल में 126 करोड़ गज कपड़ा बुना जा सकता है। ऐसी नीति से बहुत बड़ी संख्या में

> लोगों को रोजगार भी मिलेगा और पारम्परिक बुनकर जातियों का उद्धार हो जाएगा।[213]

स्वदेशी आन्दोलन की पृष्ठभूमि में बहुत से ऐसे प्रश्न मौजूद थे जिनका सम्बन्ध मनुष्य की नैतिक और सौंदर्य-बोध की प्रवृत्तियों से था।

> बीसवीं सदी के आरम्भ होते-होते भारतीय बौद्धिकजन पूँजीवादी पाश्चात्य संसार में बड़े पैमाने के उद्योगों से उत्पन्न सामाजिक बुराइयों के प्रति बहुत सजग हो चले थे। भौतिक सफलता की अंधाधुंध दौड़ ने एक ओर सम्पत्ति और समृद्धि दी थी तो दूसरी ओर दुख दैन्य दिया था; उसने वर्ग-संघर्ष को जन्म दिया था और उसके नैतिक मूल्यों तथा सौंदर्य-बोध का ह्रास हुआ था। फलत: एक ऐसे रास्ते की तलाश शुरू हो गई थी विशिष्ट रूप से 'भारतीय' (या एशियाई) हो, जो देश की आर्थिक समस्याओं का समाधान प्रस्तुत करने के साथ पारम्परिक समाज के गुणों को भी अक्षुण्ण रखे।[214]

इसमें कोई सन्देह नहीं कि स्वदेशी के रचनाकार आन्दोलन का प्रारम्भ बंगाल-विभाजन की कोख से हुआ। एक विचार, एक दृष्टिकोण और एक अवधारणा के रूप में स्वदेशी अठारहवीं शती के उत्तरार्द्ध में उपस्थित है। बंगाल में इस दृष्टि से किये गए चिन्तन को धीरे-धीरे रचनात्मक स्वरूप मिला। औद्योगिक संघ (Industrial Association) ने 1893 से स्वदेशी उत्पादों की प्रदर्शनियाँ आयोजित करने के लिए हिन्दू मेलों को नया स्वरूप दिया। बाद में इन मेलों का आयोजन कांग्रेस के वार्षिक अधिवेशनों के साथ होने लगा। बंगाल में स्थानीय रूप से इन स्वदेशी मेलों का आयोजन होता रहा। यही नहीं, हिरण्यमयी देवी द्वारा स्थापित महिला शिल्प समिति ने अक्तूबर, 1906 और मार्च, 1908 में महिला स्वदेशी मेले आयोजित किये गए। किन्तु इन मेलों का उठान बंग-भंग के निरस्त होने के बाद मन्द पड़ गया। किन्तु बाद में गांधीजी के नेतृत्व में स्वदेशी को भारत के स्वतंत्रता संग्राम में एक हथियार की तरह इस्तेमाल किया गया। गांधीजी ने ब्रिटिश सरकार से साफ तौर पर कहा—

> हमें विलायती या यूरोपी कपड़ा नहीं चाहिए। इस देश में पैदा होने वाली चीजों से हम अपना काम चला लेंगे। आय की एक आँख मैनचेस्टर पर और दूसरी हम पर रहे, यह अब नहीं पुसाएगा।[215]

हमने प्रेमचन्द के स्वदेशी विषयक विचारों की चर्चा करने से पूर्व स्वदेशी की पृष्ठभूमि, परम्परा, स्वरूप की एक संक्षिप्त रूपरेखा प्रस्तुत की है। स्वदेशी का उद्देश्य था भारत यदि अपनी जरूरत की चीजें स्वयं बनाएगा तो वह आर्थिक रूप से आत्मनिर्भर होगा। और ब्रिटिश सरकार का आर्थिक ढाँचा छिन्न-भिन्न हो जाएगा। उसके व्यापार की कमर टूट जाएगी। ये सभी बातें स्वदेशी की विवेचना

करते हुए प्रेमचन्द के सामने थीं। उन्होंने स्वदेशी के महत्त्व, उसकी प्रासंगिकता का तो निरूपण किया ही है, साथ ही इसका लाभ उठाने वाले पूँजीपतियों, कारखाना मालिकों और दलालों की भी खबर ली है। दरअसल प्रेमचन्द स्वदेशी अपनाने की जिम्मेदारी केवल जनसाधारण की नहीं मानते बल्कि उनकी दृष्टि में कारखाने के मालिकों और पूँजीपतियों को उनके कर्तव्य की याद दिलाते हैं। इसीलिए स्वदेशी के विषय में उनका आर्थिक चिन्तन अधिक वस्तुगत और न्यायोचित है।

प्रेमचन्द ने जब प्रयाग में आयोजित स्वदेशी प्रदर्शनी को देखा वे हृदय की गहराइयों से प्रभावित और अभिभूत हुए—

> बुधवार को प्रयाग में स्वदेशी प्रदर्शनी खुल गई। ××× हम श्रीयुत मोहनलाल जी नेहरू और उनके सहकारियों को इस सकल उद्योग पर बधाई देते हैं। ××× अगर हम एक बार स्वदेशी का व्रत ले लें, तो हमें बहुत कम चीजों के लिए बाहर वालों का मुँह देखना पड़ेगा। ××× बुधवार को प्रयाग का कोई अभागा ही आदमी होगा जो प्रदर्शनी में न पहुँचा हो। स्वदेश प्रेम की यह लहर देखकर किसका हृदय आनन्द और गर्व से न फूल उठेगा ×××।[216]

किन्तु प्रेमचन्द यह नहीं चाहते कि यह उत्साह केवल जनसाधारण तक सीमित होकर रह जाय। दरअसल स्वदेशी को स्थायित्व तभी मिल सकता था जब उसके साथ नैतिकता की भावना जुड़ी हो। वे यह मानते थे कि स्वदेशी जो आर्थिक स्वावलम्बन और स्वराज्य पाने का जरिया है, वह मिल मालिकों की जेब भरने का अवसर न बन जाय। प्रेमचन्द ने व्यंग्य का आश्रय लेते हुए इस वस्तुस्थिति का मार्मिक अंकन किया है। एक दृष्टांत के माध्यम से उन्होंने स्वदेशी का ढोंग रचने वाले मिल मालिकों का इन शब्दों में पर्दाफाश किया है—

> पहले किसान निपट मूर्ख था। उसके लिए काले और गोरे पूँजीपति में कोई फर्क न था। जैसे नागनाथ वैसे साँपनाथ। साँप और नाग दोनों ही उसके लिए समान थे। मि. बुल और पुनपुनवाला दोनों ही को देखकर काँप उठता था। तब धीरे-धीरे उसने राजनीतिक ज्ञान सीखा, राष्ट्र और जाति जैसे शब्दों से उसका परिचय हुआ और भोले बालकों की भाँति जो हर एक वस्तु को मुँह में डाल लेते हैं, इस सरल व्यक्ति ने भी सेठ पुनपुनवाला के वैष्णव तिलक और हिन्दू-धर्म के प्रति असीम श्रद्धा और उनके नाम को उजागर करने वाली धर्मशालाओं, मन्दिरों और पाठशालाओं को देखकर, उनको अपना उद्धारक समझा। यही सेठ पुनपुनवाला तो हैं, जिनके नाम और यश की कथाएँ मोटे-मोटे अक्षरों में समाचार-पत्रों में छपती हैं। ऐसे राष्ट्र-प्रेमी सेठ से उसने मन में आशाएँ बाँध लीं। ये अपने हैं अपने देश के हैं; कितने ही स्वार्थी क्यों न हों विदेशियों से तो अच्छे ही होंगे।

××× लेकिन जब पुनपुनवाला के मिलों में उसकी ऊख की खरीद होने लगी, जब उनकी आढ़तों में उसका अनाज या सन तौला जाने लगा, तब उसे अनुभव हुआ कि सेठ जी बाहर से जितने बड़े धर्मात्मा और देशभक्त हैं, भीतर से उतने ही लुटेरे और बन्धु द्रोही भी हैं, और धन और देश-प्रेम का यह सारा आडम्बर उन्होंने केवल अपने स्वार्थ के लिए रच रखा है। ××× मि. बुल इन सेठ पुनपुनवाला से कहीं खरे, सच्चे और सज्जन हैं। उनके मिल में उनकी ऊख झटपट तुल जाती है और तुरंत दाम मिल जाते हैं। रोकड़ियों और प्यादों को कुछ न कुछ चटाना जरूर पड़ता है और इसमें लेश मात्र भी आपत्ति नहीं है—पर यदि इसकी शिकायत की जाय तो मि. बुल उसे सुनने और दूर करने के लिए तैयार रहते हैं।[217]

यह उद्धरण यों तो सामान्य रूप से कारखाना मालिकों के दोहरे चरित्र को रेखांकित करता है किन्तु स्वदेशी की दृष्टि से यह उस पूँजीवादी मानसिकता का उद्‍घाटन करता है जो स्वदेशी के मूल में विद्यमान उस राष्ट्रीय मानसिकता के धुर विरोध में जाती है, जिससे जनसाधारण पूरी तरह ओतप्रोत था। दरअसल हमारे देश के पूँजीवादियों ने स्वदेशी को अपनी जेबें भरने का एक दुर्लभ अवसर समझा और इस अवसर का पूरा लाभ भी उठाया। प्रेमचन्द ने इस वस्तुस्थिति का अंकन करते हुए लिखा—

कोई स्वदेशी चीज खरीदिये, वह उसी दाम की विदेशी चीज से या तो महँगी होगी, या अगर एक दाम हुई, तो माल घटिया होगा। नये व्यवसायों के विषय में तो हमें कुछ कहना नहीं, लेकिन जो माल आज पचास साल से बनता आता है, वह क्यों विदेशी माल से घटिया या महँगा हो? अगर ग्राहक से त्याग की आशा की जाती है, तो मिल के करोड़पति मालिकों को क्यों कुछ त्याग करने की प्रेरणा नहीं होती। यह तो सरासर जबर्दस्ती है कि गरीब ग्राहक तो एक ही जगह सवा खर्च करे और धनवान मिल ओनर दोनों हाथ से अपना घर भरे।[218]

यह सही है कि स्वदेशी के मूल में विद्यमान राष्ट्रीय भावना जनसाधारण का उद्‍दीपन-विभाव बनी रहे किन्तु जब यह देखा जाता है कि मिल मालिक इस भावना का लाभ उठाकर और धनवान होते जा रहे हैं तब आम आदमी की राष्ट्रीय भावना का ज्वार कब तक बना रह सकता है?

हम पेट काटकर महँगा स्वदेशी माल खरीदते हैं। उधर मिल मालिक उसी शान से जीवन के सुख भोग रहा है। उसके विलास में कोई कमी नहीं की जा सकती। वह तो यही चाहता है कि भारत में कहीं का माल

न आने पावे और वह अपनी चीज के मुँह माँगे दाम खड़े करे, लेकिन यह नीति बहुत दिन तक नहीं चल सकती, न जनता को हमेशा मुग़ालते में रखा जा सकता है। ××× स्वदेशी राष्ट्र के प्रति व्रत है और इस व्रत का पालन दोनों ओर से होना चाहिए। मिल-मालिकों का कर्तव्य है कि वे अपने माल को उसी त्याग-भाव से सस्ता बेचने का उद्योग करें, जिस त्याग-भाव से ग्राहक उनका माल खरीदता है।[219]

बंगाल में यदि हम मिल मालिकों के इस अवसरवादी स्वार्थपरक दृष्टिकोण के स्रोतों की पड़ताल का प्रयत्न करें तो हम पाएँगे कि हमारे स्वतंत्रता आन्दोलन के अग्रणी नेताओं के आर्थिक चिन्तन और कार्य-व्यवहार में पूँजीवादी सोच अपरिहार्य रूप से गुँथी हुई है।

भारतीय राष्ट्रवादी नेताओं का आर्थिक दृष्टिकोण मूलतः पूँजीवादी था। आर्थिक जीवन के लगभग प्रत्येक क्षेत्र में उन्होंने पूँजीवाद के विकास की सामान्यतया और औद्योगिक पूँजीपतियों के हितों की विशेषतया वकालत की। परन्तु यदि कभी-कभी ऐसा लगता है कि भारतीय नेताओं ने औद्योगिक पूँजीपतियों पर आवश्यकता से कुछ अधिक ध्यान दिया तो यह इसलिए नहीं कि उनका दृष्टिकोण इस वर्ग के निहित स्वार्थों तक सीमित था। वास्तविकता यह थी कि आर्थिक क्षेत्र में देश के पुनरुद्धार का एकमात्र पूँजीवादी प्रणाली पर औद्योगिक विकास था। अथवा, दूसरे शब्दों में उस समय वस्तुगत रूप से औद्योगिक पूँजीपतियों का हित ही राष्ट्र के प्रमुख हित के साथ मेल खाता था।[220]

जिस समय स्वदेशी आन्दोलन चल रहा था उस समय राष्ट्रीयता की एक ऐसी लहर उठी जिसके चलते ठहरने का ठिठकने का अवकाश ही नहीं था। उस समय एक ही लक्ष्य था—भारत को स्वदेशी के माध्यम से स्वावलम्बी बनाकर आर्थिक दृष्टि से ब्रिटिश सरकार की कमर तोड़ देना और अन्ततः स्वराज्य हासिल करना। जनसाधारण इसी उद्देश्य को केन्द्र बिन्दु बनाकर स्वदेशी वस्तुएँ अपनाने को कटिबद्ध था। किन्तु उसके पास गुण-दोष के आधार पर स्वदेशी की पड़ताल का न विवेक था और न अवसर। यह काम आन्दोलन के अग्रणी नेताओं को करना था। उन्हें मिल मालिकों की स्वार्थ-लिप्सा को भी अनुशासन में रखना था। ऐसा प्रयास करना था कि मिल मालिक अपने उत्पादन को विदेशी माल की तुलना में बेहतर बनाएँ और उनका मूल्य भी विदेशी माल की अपेक्षा कम हो। किन्तु वे ऐसा न कर सके। पूँजीपतियों का हित ही राष्ट्र का हित समझने वाले नेताओं में जनसाधारण को विदेशी माल के बहिष्कार और स्वदेशी चीजें अपनाने को तो प्रेरित किया किन्तु पूँजीपति मिल मालिकों की स्वार्थपरक मानसिकता में बदलाव को उन्होंने आवश्यक नहीं

समझा। प्रेमचन्द जब देसी उत्पादन के घटिया होने की बात करते हैं तो जापान का उदाहरण देकर उन्हें आड़े हाथों लेते हैं—

> जापान के कपड़े भारत में इतने सस्ते बिकते हैं कि यहाँ के मिल उनका मुकाबला नहीं कर सकते। हम पूछते हैं कि आप क्यों उनका मुकाबला नहीं कर सकते? अगर आप में अक्ल नहीं है, अगर आपको माल किफायत से बनाना नहीं आता तो जापानियों के चरणों में बैठकर उनसे सीखिए। आपकी हिमाकत, बेवकूफी और फिजूलखर्ची का तावान जनता क्यों भरे?[221]

किन्तु हमारे मिल मालिक क्यों इतना सिरदर्द मोल लेते जब स्वदेशी की आड़ लेकर वे अपने घटिया माल को महँगा बेच सकते थे। वे ऐसी स्थिति में काहिलों की तरह सरकार से संरक्षण की गुहार लगाते रहे। वे यह भूल जाते थे कि ब्रिटिश सरकार जब सस्ता और गुणवत्तायुक्त विदेशी माल भारत के बाजारों में खपा सकती थी तो क्या पड़ी थी वह यहाँ के मिल मालिकों को आर्थिक संरक्षण दे। हाँ, उन्होंने पहले एक दौर में विदेशी माल को संरक्षण और भारतीय माल का बहिष्कार अवश्य किया था किन्तु यदि मिल मालिक अपने माल का संरक्षण सरकार से चाहते थे तो इससे बड़ी बेवकूफी और क्या हो सकती थी। इसलिए प्रेमचन्द जब जापान को भारत के वस्त्र-बाजार को बन्द कर देने में सक्षम देखते हैं तो वे फूट पड़ते हैं—

> हम तो इतना जानते हैं कि जापानी मजदूर कितनी ही बुरी दशा में क्यों न हों, भारत के मजदूरों से अच्छी दशा में हैं। फिर भी जापान भारत के बाजार में आकर भारत में कपड़े का बाजार बन्द कर देता है और हमारे अक्लमन्द मिल मालिक संरक्षण का रोना रोने लगते हैं। यह तो खेल में दाँत काटना है और कुछ नहीं। निस्सहाय जनता को लूटना है। इसको और कोई नाम ही नहीं दिया जा सकता।[222]

इसमें कोई सन्देह नहीं कि स्वदेशी की उमंग में स्वदेशी वस्त्रों को अपनाने का इस देश ने निश्चय किया। और मिल मालिक भी भारी मुनाफा देख खुशी से अपनी बगलें बजाने लगे किन्तु—

> ××× मिल मालिकों ने यह भी सोचा है कि उनके महँगे कपड़े लेगा कौन? कृषक ही तो उनके सबसे बड़े खरीदार हैं। कृषक के पास आमदनी का क्या साधन रह गया? गेहूँ जाता नहीं, तेलहन कोई पूछता नहीं, पाट मारा-मारा फिर रहा है, शक्कर का व्यवसाय भी उसके हाथ से निकल गया, वह तो अब खड़ी ऊख बेचकर रुपये की जगह चवन्नी पाकर अपने भाग्य को ठोंकता हुआ घर चला जाता है।[223]

अब यदि सरकार मिल मालिकों के पक्ष में खड़ी होती है तो—

> ××× इस संरक्षण से भारतीय कपड़े की निकासी में जरा भी वृद्धि न होगी। जो चीज एक रुपये में मिल रही हो, उसे डेढ़ रुपये में खरीदने के लिए इस मन्दी और बेकारी के समय भारत की जनता तैयार नहीं है।[224]

इस पर कोढ़ में खाज यह है कि अगर अपना पेट काटकर 'स्वदेशी' चीजें खरीदने का साहस भी जुटाते हैं तो यहाँ भी उन्हें निराशा हाथ लगती है।

> कितनी ही सुगंध, कितनी ही ऊनी और रेशमी चीजें, कितने ही शीशे और चीनी के सामान, कितने ही तरह के काग़ज यहाँ स्वदेशी के नाम बिक रहे हैं, हालाँकि लेबिल के सिवाय उनमें कुछ भी देसी नहीं है। ऐसे धोखेबाज व्यापारी इस स्वदेशी की हवा में जितना लूटना चाहें, लूट लें। मगर एक दिन उनका पर्दाफाश हो जाएगा और इस धोखेबाजी का फल उन्हें भोगना पड़ेगा।[225]

वस्तुतः प्रेमचन्द स्वदेशी वस्तुओं को अपनाने और विदेशी वस्तुओं के बहिष्कार का मुक्त हृदय से स्वागत करते हैं किन्तु उनकी वेदना यह है कि उद्योगपतियों ने जिस प्रकार इसको अपने आर्थिक स्वार्थों की पूर्ति का जरिया बना लिया है वह स्वदेशी आन्दोलन को न केवल दुर्बल बना रहा है, बल्कि आर्थिक भ्रष्टाचार के इस दौर में हम स्वराज्य के मार्ग से भी भटक गए हैं। सरकार भी किसी भी तरह भारत को आर्थिक स्वराज्य देने को तैयार नहीं है। जिस राजनीतिक स्वराज्य को प्राप्त करने के लिए उस दौर में भारत का स्वतंत्रता संग्राम आगे बढ़ रहा था उसे सरकार हर दृष्टि से अपने विरुद्ध मान रही थी। अभी देश को आर्थिक स्वराज्य पाने की दिशा में काम करना था क्योंकि यदि हम आर्थिक रूप से स्वतंत्र और स्वावलम्बी होते तो राजनीतिक स्वतंत्रता के लिए संघर्ष अधिक सरल होता।

> यदि भारत को आर्थिक स्वराज्य नहीं मिल रहा है, तो केवल इसी कारण कि ब्रिटेन कभी भी, अपने मस्तक, भारत के हित के सामने अपने हित का हवन नहीं कर सकता। इसीलिए भारत को राजनीतिक स्वराज्य भी नहीं दिया जा रहा है कि सम्भव है कि आर्थिक शक्ति भी प्राप्त हो जाय और यह दुधारू गाय ब्रिटेन के हाथ से निकल जाय।[226]

प्रेमचन्द ने आर्थिक स्वराज्य से राजनीतिक स्वराज्य की यात्रा में स्वदेशी का जो तटस्थ और प्रामाणिक मूल्यांकन किया है वह उस दौर के लिए तो महत्त्वपूर्ण था ही वर्तमान परिस्थितियों में भी अनेक दृष्टियों से प्रासंगिक है।

प्रेमचन्द ने अपने आर्थिक चिन्तन में केवल भारतीय परिप्रेक्ष्य में यहाँ की आर्थिक

समस्याओं, प्राथमिकताओं और वास्तविकताओं की पड़ताल नहीं की बल्कि उन्होंने विश्व के अनेक देशों की महत्त्वपूर्ण घटनाओं का तटस्थ मूल्यांकन किया है जिनका भारत पर ही नहीं समूचे विश्व के आर्थिक पक्षों पर व्यापक प्रभाव पड़ा है। यह बात यहाँ विशेष रूप से उल्लेखनीय है कि वैश्वीकरण में जिस प्रकार विश्व का समूचा आर्थिक परिदृश्य बदला है उसके बीज प्रेमचन्द के इस वैश्विक आर्थिक चिन्तन में हमें मिल जाते हैं।

प्रेमचन्द जिस प्रकार अपने देश में स्वराज्य के महत्त्व को रेखांकित कर रहे थे वे बराबर ध्यान में रखते हैं कि जब तक भारत आर्थिक दृष्टि से समृद्ध नहीं होता तब तक राजनीतिक स्वराज्य के कोई मायने नहीं। जापान उस दौर में आर्थिक दुरवस्था के बावजूद जिस प्रकार पड़ोसी देशों से युद्ध के लिए उद्यत था इसे उन्होंने राजनीतिक स्वराज्य की विडम्बना ही माना था। वे जापान की इस विडम्बना को रेखांकित करते हुए लिखते हैं—

> जापान की संघर्ष-प्रवृत्ति देखकर हमने अनुमान लिया था, कि वहाँ की जनता खुशहाल होगी, लेकिन समाचार-पत्रों से ज्ञात होता है कि वहाँ की आर्थिक दशा बहुत ही नाजुक हो रही है। वह भी किसानों का देश है और वहाँ के किसान केवल भूखों ही नहीं मर रहे हैं, बल्कि लड़कियाँ तक बेच रहे हैं। वे घास की जड़ें खा-खाकर अपने दिन काट रहे हैं। प्रजा का तो हाल यह है और अधिकारी वर्ग पड़ोसियों से लड़ाई ठान बैठे हैं। यह उन देशों का हाल है जहाँ स्वराज्य है।[227]

वस्तुतः कोई देश आर्थिक, राजनीतिक—सभी दृष्टियों से शक्तिशाली होने पर ही इस योग्य होता है कि वह अन्य देशों से युद्ध करने की सोच सके। ऐसे अनेक देश हैं जो अपनी दुरवस्था के बावजूद केवल अपने अहंकार के पोषण के लिए देश के लोगों की आर्थिक दशा सुधारने की चिन्ता न करके अपना अधिकांश बजट सैन्यशक्ति को बढ़ने में खर्च कर देते हैं। लेखक इस सम्बन्ध में अमेरिका का उदाहरण देते हुए लिखता है—

> कहा जाता है कि अमेरिका की आर्थिक दशा बहुत चिन्ताजनक हो रही है। हजारों बैंक टूट गए, करोड़ों आदमी बेकार हैं। फिर भी राष्ट्रसंघ निःशस्त्रीकरण की स्कीम गिर जाने के कारण अमेरिका के प्रेसिडेंट मि. हूबर ने जंगी जहाजों के बनवाने की धमकी दी है। उनका कहना है कि जब कोई राष्ट्र अपनी सैनिक्ः शक्ति कम करने को तैयार नहीं, तो अमेरिका ही क्यों चुप रहे? अमेरिका का व्यापार दुनिया भर से बढ़ा हुआ है। इसलिए उसके पास जंगी जहाज भी उतने चाहिए कि वह दुनिया भर का मुकाबला कर सके। यह धमकी सुनकर इंग्लैंड और फ्रांस और इटली

> का खून भी गर्म हो जाएगा और उन्माद पूर्ण वेग से शस्त्र-अस्त्र एकत्र किये जाने लगेंगे। उधर बेकार प्रजा भूखों मर रही है। यह है उन देशों का हाल जहाँ स्वराज्य है।[228]

इसे एक विडम्बना ही कहा जाएगा कि प्रथम विश्वयुद्ध में जो भीषण नरसंहार हुआ—सम्पत्ति की जो भयानक क्षति हुई उससे जापान, अमेरिका आदि देशों ने कोई सबक नहीं सीखा। तब यह मान लिया गया था कि राष्ट्र की आर्थिक दशा कितनी ही बदहाल क्यों न हो, निर्धनता और बेकारी की स्थिति कितनी ही भयावह क्यों न हो, सैन्यशक्ति में बढ़ोतरी आवश्यक ही नहीं अपरिहार्य है। और हम यदि वर्तमान को देखें तो लगभग वैसे ही हालात आज भी हैं। वैश्वीकरण का जो अन्तरराष्ट्रीय विस्तार हुआ है, तमाम देशों की आर्थिक विकास की दर जिस प्रकार गिर रही है उसके बावजूद हमें अमेरिका की आर्थिक दशा अधिक मजबूत दिखाई पड़ रही है। किन्तु वास्तविकता यही है कि अमेरिका का आर्थिक ढाँचा धीरे-धीरे दरकता जा रहा है। वहाँ भी बेकारी दिनोदिन बढ़ रही है। बैंकों की दशा भी गम्भीर है। किन्तु अपनी दादागीरी और वर्चस्व के लिए वह सैन्य और परमाणु शक्ति बढ़ाने में लगा है। प्रेमचन्द जब बार-बार जापान और अमेरिका की दयनीय आर्थिक स्थिति के बावजूद अपने वर्चस्व को बढ़ाने के लिए उन्हें कोशिश करते देखते हैं तो बार-बार यह कहना नहीं भूलते कि 'यह तो उन देशों का हाल है जहाँ स्वराज्य है'। प्रेमचन्द की दृष्टि में स्वराज्य केवल स्वतंत्रता एवं स्वायत्तता का नाम नहीं है बल्कि वह उच्च मूल्यों और आदर्शों पर टिका स्वावलम्बी और आर्थिक दृष्टि से समृद्ध शासन है। कुछ देशों को स्वराज्य तो हासिल हुआ किन्तु वर्चस्व के लिए उन्होंने स्वयं को हथियारों और परमाणु बमों के ढेर पर खड़ा कर लिया। आज के दौर में जब अमेरिका, चीन, ईरान, उत्तर कोरिया जैसे देश अपनी दादागीरी स्थापित करने के लिए तीसरे विश्वयुद्ध की ओर बढ़ रहे हैं तब प्रेमचन्द की स्वराज्य की परिकल्पना आज भी भारत के लिए सार्थक और प्रासंगिक है। प्रेमचन्द ने उस दौर में ब्रिटिश सरकार द्वारा राजधानी को सजाने, सँवारने के लिए किये जा रहे खर्च की आलोचना करते हुए लिखा—

> नई दिल्ली का वैभव गरीब भारत के लिए व्यर्थ की चीज है तथा उससे ब्रिटिश वैभव की प्रतिष्ठा प्रस्थापित होती है। महासमर की विजय से गरीब भारत को क्या मिला इसलिए यदि ब्रिटेन अपना संकट समझता है, तो वह दूसरों के संकट का भी ध्यान रखे। उसे चाहिए कि गरीब भारत की दुर्दशा का विचार करते हुए उससे जो कर्ज की अदायगी करानी है, माफ कर दे।[229]

प्रेमचन्द की यह टिप्पणी आज के भारत के लिए पूरी तरह प्रासंगिक है। इस देश के कर्णधारों ने असन्तुलित विकास के चलते देश को 'भारत' और 'इंडिया'

में विभाजित कर दिया है। ऐसा लगता है जैसे प्रेमचन्द ने उपर्युक्त टिप्पणी आज के राष्ट्रीय सन्दर्भ में की है क्योंकि आज भी नई दिल्ली का वैभव, ऐश्वर्य और विलासिता मेहनतकश किसानों और मजदूरों के पसीने पर टिकी है। प्रेमचन्द आज होते तो कहते कि महानगरों की विलासिता पर इस देश को यूरोप और अमरीका बनाने पर जो बजट लुटाया जा रहा है, अच्छा हो कि उसे जनता के कल्याण के लिए बनी योजनाओं पर खर्च किया जाए।

वर्तमान में अमेरिका, ईरान और ईराक में जिस प्रकार अपना वर्चस्व बढ़ाने की चेष्टा कर रहा है और सैन्य बल से उन्हें आतंकित कर रहा है, उसके मूल में ईरान और ईराक में मौजूद तेल के स्रोत हैं। यह एक स्थापित वास्तविकता है कि जो देश तेल के स्रोतों पर अधिकार रख पाएगा विश्व में वही शक्तिशाली माना जाएगा। आज के समय भी इस वैश्विक वास्तविकता को प्रेमचन्द आज से 83 वर्ष पूर्व तेल को लेकर मचे घमासान पर लिखते हैं—

> यदि आज महासमर हो जावे तो जो राष्ट्र तेल के स्रोतों पर अधिकार रख सकेगा वही विजयी होगा। इसी वास्ते फ्रांस और जर्मनी की समस्या नहीं सुलझ पाती। फ्रांस चाहता है कि जर्मनी के तेल-स्रोतों पर उसी की हुकूमत रहे। ब्रिटेन चाहता है कि बर्मा और ईरान का तेल उसी के हाथ में रहे। अमेरिका अपनी स्टैंडर्ड आयल कम्पनी के लिए दक्षिण अमेरिका के प्रत्येक स्वतंत्र कहे जाने वाले गणतंत्र का गला घोंटने को तैयार रहता है। निकारगुआ का सत्यानाश इसी कारण हुआ। बाकी के तेल के स्रोतों के पीछे लाखों की जानें जा चुकी हैं।[230]

उपर्युक्त विचारों से अनुमान लगाया जा सकता है कि प्रेमचन्द की विश्व के आर्थिक परिप्रेक्ष्य पर पकड़ कितनी गहरी थी। वे एक ओर जापान, अमेरिका जैसे देशों की हथियारों की होड़ और जनता की गरीबी के अन्तर्विरोधों को रेखांकित करते हैं वहीं तेल के स्रोतों पर काबिज होने के लिए घमासान मचाए देशों को तेल को लेकर विश्वयुद्ध होने की आशंका भी जताते हैं। उन्होंने इस बात को पूरी तरह न्यायोचित ठहराया है कि यदि किसी स्वतंत्र देश के पास तेल के अपने स्रोत हैं तो उसे उस तेल को निकालने का पूरा अधिकार है। भारत बर्मा के तेल पर अपना अधिकार करता है तो यह न्यायोचित है। किन्तु यदि वह ईरान के तेल-स्रोतों पर काबिज होना चाहता है तो यह अन्याय है। ईरान यदि अपना तेल निकालकर उसका उपयोग करता है तो यह उसका अधिकार है।

निष्कर्ष रूप में कहें तो प्रेमचन्द का आर्थिक चिन्तन पूरी तरह प्रगतिशील विचारों से ओतप्रोत है। उन्होंने अपने समय के भारत के सम्पूर्ण आर्थिक परिदृश्य को अपनी दृष्टि में रखा है। किसान से जुड़े आर्थिक प्रश्नों के प्रत्येक पहलू पर उन्होंने

पूरी प्रामाणिकता और निर्भीकता से विचार किया है। कर्ज के मकड़जाले में जकड़ा किसान कितनी लोमहर्षक यातनाओं को झेलता है इसको उन्होंने पूरी मर्मस्पर्शिता के साथ प्रस्तुत किया है। इसके साथ उन्होंने किसानों को कर्ज से मुक्ति के लिए अनेक रचनात्मक सुझाव भी दिये हैं। यही नहीं, यदि किसी ने भी किसान-प्रश्नों के समाधान प्रस्तुत किये हैं प्रेमचन्द ने न केवल उनको प्रस्तुत किया है, बल्कि उनका उत्साहपूर्वक समर्थन किया है। मजदूरों की आर्थिक दुरवस्था को अंकित करने के साथ उन्होंने हड़ताल को लेकर तार्किक ढंग से विचार करते हुए उसका पूरी तरह समर्थन किया है। स्वदेशी आन्दोलन का हिन्दी नवजागरण के लेखकों ने प्रायः अधिमूल्यन किया है। किन्तु प्रेमचन्द ने स्वदेशी के अन्तर्विरोधों की विवेचना करते हुए पूँजीपतियों, कारखाना मालिकों की स्वार्थपरक अवसरवादिता को प्रभावशाली ढंग से रेखांकित किया है। अन्तरराष्ट्रीय आर्थिक परिदृश्य के प्रति वे कितने संवेदनशील थे इसका आभास अमेरिका, जापान आदि देशों द्वारा अपने वर्चस्व के लिए हथियारों पर किये जाने वाले अनाप-शनाप खर्च पर उनके दृष्टिकोण से होता है। तेल पर विश्व के शक्तिशाली देशों के टकराव में वे न्यायोचित ढंग से देश की स्वतंत्रता एवं स्वायत्तता का समर्थन करते हैं।

वस्तुतः प्रेमचन्द का आर्थिक चिन्तन अपने समय की आर्थिक विडम्बनाओं को तो उजागर करता ही है, वह हमारे आज के आर्थिक परिप्रेक्ष्य के लिए पूरी तरह सार्थक और प्रासंगिक है।

सन्दर्भ सूची

1. सम्पत्तिशास्त्र, महावीर प्रसाद द्विवेदी, सं. मैनेजर पांडेय, प्रस्तावना, पृ. 8
2. वही, पृ. 23
3. वही, सम्पादक की प्रस्तावना, पृ. 9
4. वही, पृ. 27-29
5. वही, भूमिका, पृ. 19
6. भारतवर्ष में सम्पत्ति के अभाव का कारण, पृ. 31
7. वही, पृ. 33
8. वही, पृ. 39
9. सम्पत्तिशास्त्र, महावीर प्रसाद द्विवेदी, पृ. 41
10. वही, पृ. 32
11. पॉवरटी एंड अनब्रिटिश रूल इन इंडिया, दादाभाई नौरोजी, पृ. 389
12. स्पीचेज एंड राइटिंग्स, दादाभाई नौरोजी, पृ. 316
13. सम्पत्तिशास्त्र, महावीर प्रसाद द्विवेदी, हिन्दुस्तान की आर्थिक अवस्था का दिग्दर्शन, पृ. 171-72
14. वही, लगान, पृ. 125

15. वही, पृ. 118
16. वही, पृ. 127
17. वही, पृ. 126
18. वही, पृ. 133
19. इंग्लैंड एंड इंडिया, आर.सी. दत्त, पृ. 128
20. इकोनॉमिक हिस्ट्री ऑफ इंडिया, आर.सी. दत्त, पृ. viii
21. सम्पत्तिशास्त्र, महावीर प्रसाद द्विवेदी, हिन्दुस्तान की आर्थिक अवस्था का दिग्दर्शन, पृ. 172
22. वही, पृ. 173
23. इकोनॉमिक हिस्ट्री ऑफ इंडिया, आर.सी. दत्त, पृ. X
24. सम्पत्तिशास्त्र, महावीर प्रसाद द्विवेदी, गवर्नमेंट की व्यापार विषयक नीति, पृ. 265
25. वही, पृ. 266
26. सम्पत्तिशास्त्र, महावीर प्रसाद द्विवेदी, गवर्नमेंट की व्यापार विषयक नीति, पृ. 266
27. वही, पृ. 268
28. वही, पृ. 272
29. बन्धनरहित और बन्धननिहित व्यापार, पृ. 273
30. वही, पृ. 282
31. वही, पृ. 279
32. वही, पृ. 279
33. वही, पृ. 282-83
34. वही, पृ. 283
35. वही, पृ. 283
36. वही, भूमिका, पृ. 19
37. हिन्दुस्तान की आर्थिक अवस्था का दिग्दर्शन, पृ. 174
38. सम्पत्ति की उत्पत्ति अथवा धनागम, पृ. 49
39. वही, पृ. 49
40. हिन्दुस्तान की आर्थिक अवस्था का दिग्दर्शन, पृ. 173
41. पदार्थों की कीमत, पृ. 102
42. गवर्नमेंट की व्यापार विषयक नीति, पृ. 271
43. सम्पत्तिशास्त्र, महावीर प्रसाद द्विवेदी, संभूय-समुत्थान, पृ. 181
44. वही, पृ. 179
45. वही, पृ. 181
46. वही, पृ. 182
47. वही, पृ. 183
48. वही, पृ. 184
49. वही, पृ. 184
50. वही, पृ. 54
51. वही, पृ. 57
52. सरस्वती, फरवरी-1923, उद्धृत—महावीर प्रसाद द्विवेदी रचनावली, खंड-15, संकलनकर्ता—भरत यायावर, पृ. 460

53. वही, अक्तूबर-1923, उद्धृत—महावीर प्रसाद द्विवेदी रचनावली, खंड-15, संकलनकर्ता—भरत यायावर, पृ. 76
54. वही, सितम्बर-1923, उद्धृत—वही, पृ. 476
55. वही, सितम्बर-1923, उद्धृत—वही, पृ. 476
56. वही, सितम्बर-1923, उद्धृत—वही, पृ. 475-76
57. वही, मई-1915, उद्धृत—वही, पृ. 521
58. वही, मई-1915, उद्धृत—वही, पृ. 522
59. वही, मई-1915, उद्धृत—वही, पृ. 522
60. वही, मई-1915, उद्धृत—वही, पृ. 522
61. वही, मई-1915, उद्धृत—वही, पृ. 522
62. वही, जुलाई-1923, उद्धृत—वही, पृ. 585-86
63. वही, जनवरी-1920, उद्धृत—वही, पृ. 532
64. सरस्वती, भाग-5, सं.7, जुलाई-1904, इंग्लैंड की व्यापार-नीति, माधवराव सप्रे, पृ. 230
65. सरस्वती, भाग-8, सं.5, मई-1907, हड़ताल, माधवराव सप्रे, पृ. 207
66. वही, पृ. 209
67. सम्पत्तिशास्त्र, महावीर प्रसाद द्विवेदी, हड़ताल और द्वारावरोध, पृ. 186-91
68. सरस्वती, सं. महावीर प्रसाद द्विवेदी, भाग-8, वर्ष 1907, स्वदेशी बनाम बायकाट, रामजी लाल शर्मा, पृ. 290
69. सरस्वती, सं. पदुमलाल पुन्नालाल बख्शी, भाग-2, खंड-2, सं.6, पूर्ण संख्या-1336, दिसम्बर-1927, अमेरिका में कृषि-कार्य, श्रीयुत ग्रामीण, पृ. 1392
70. वही, भारत में कृषि की घोर उपेक्षा, गंगाप्रसाद अग्निहोत्री, पृ. 1392
71. वही, हमारे व्यापार में हमारा हाथ, मोहनलाल बड़जात्या, पृ. 1461
72. प्रतिनिधि संकलन, माधवराव सप्रे, सं. नामवर सिंह, सप्रेजी का आलेख—'स्वदेशी आन्दोलन और बॉयकॉकट', पृ. 41
74. वही, पृ. 43
75. वही, पृ. 43-44
76. वही, पृ. 17
77. वही, पृ. 17
78. वही, पृ. 18
79. वही, पृ. 18
80. वही, पृ. 19
81. वही, पृ. 21
82. वही, पृ. 23
83. वही, पृ. 25
84. वही, पृ. 25
85. वही, पृ. 31
86. वही, पृ. 39-40
87. मर्यादा, भाग-4, संकलनकर्ता एवं सम्पादक—कर्मेन्दु शिशिर, सप्रेजी का आलेख—राष्ट्रीय जागृति की मीमांसा, पृ. 56

88. इकोनॉमिक हिस्ट्री ऑफ इंडिया, आर.सी. दत्त, (अकाल आयोग की रिपोर्ट का अंश), उद्धृत—भारत विभाजन की अन्त:कथा, प्रियंवद, पृ. 159
89. वही, पृ. 160
90. प्रतिनिधि संकलन, माधवराव सप्रे, सप्रेजी का आलेख—किसानों की शिक्षा, पृ. 156
91. वही, पृ. 159
92. भारत में अंग्रेजीराज और मार्क्सवाद, भाग-1, रामविलास शर्मा, पृ. 464
93. राधामोहन गोकुल समग्र, द्वितीय भाग, सं. कर्मेन्दु शिशिर, पृ. 297
94. सन् सत्तावन की राजक्रान्ति, रामविलास शर्मा, पृ. 464
95. राधामोहन गोकुल समग्र, भाग-2, सं. कर्मेन्दु शिशिर, पृ. 299
96. राधामोहन गोकुल समग्र, भाग-2, सं. कर्मेन्दु शिशिर, पृ. 299
97. वही, पृ. 300
98. वही, पृ. 300
99. वही, पृ. 300
100. वही, पृ. 300
101. वही, पृ. 300
102. वही, पृ. 300
103. वही, पृ. 300
104. वही, पृ. 300
105. वही, पृ. 302
106. वही, पृ. 303
107. वही, पृ. 305
108. वही, पृ. 304
109. वही, पृ. 305
110. वही, पृ. 297
111. वही, पृ. 307
112. वही, पृ. 307
113. वही, पृ. 318
114. वही, पृ. 317-18
115. वही, पृ. 319-20
116. वही, पृ. 325
117. वही, पृ. 326
118. वही, पृ. 328
119. वही, पृ. 347
120. वही, पृ. 332
121. वही, पृ. 332-33
122. वही, पृ. 317
123. वही, पृ. 336
124. वही, पृ. 337
125. वही, पृ. 344

126. वही, पृ. 344
127. वही, पृ. 334
128. वही, पृ. 332
129. मर्यादा, प्रथम खंड, सं. कर्मेन्दु शिशिर, अपनी बात, पृ. 26
130. वही, पृ. 26
131. वही, पृ. 28
132. वही, पृ. 26-27
133. तृतीय खंड, किसानों का उद्धार (कर्ज देनेवाली समितियाँ) विद्यार्थी, अप्रैल-1913, पृ. 309
134. वही, पृ. 308
135. वही, पृ. 317
136. हमारी सरकार और खेती का लगान, के.डी. मालवीय, अप्रैल-1914, पृ. 359
137. वही, पृ. 351
138. वही, पृ. 351
139. हिन्दुस्तान में कृषकों की दशा, मातादीन शुक्ल, नवम्बर-1917, पृ. 397
140. वही, पृ. 398
141. वही, पृ. 397
142. वही, पृ. 394
143. रेल और नहर, एक किसान, अप्रैल-1914, पृ. 347
144. चार्ल्स एडवर्ड रसेल, उद्धृत—मर्यादा, तृतीय खंड, अकाल की विकरालता, अज्ञात, अप्रैल-1914, पृ. 309
145. अकाल और प्रजा, अज्ञात, अप्रैल-1914, पृ. 326
146. अकाल से बचाने के उपाय, सुखबीर सिंह, अप्रैल-1914, जून-1912, पृ. 335
147. वही, पृ. 83
148. वही, पृ. 84
149. वही, पृ. 87
150. मर्यादा, तृतीय खंड, सं. कर्मेन्दु शिशिर, पृ. 89
151. वही, पृ. 91
152. धनोत्पादन के साधन, सूर्यनारायण अग्रवाल, जून-1912, पृ93
153. वही, पृ. 96
154. वही, पृ. 97-98
155. वही, पृ. 97
156. वही, पृ. 98
157. वही, पृ. 99
158. राष्ट्र की सम्पत्ति, हरदयाल, सितंबर-अक्तूबर-1912, पृ. 105
159. भारतवर्ष की दरिद्रता, नारायण सिंह, जनवरी-1913, पृ. 113
160. खंड-6, सम्पत्तिशास्त्र का गौरव, हरदयाल, अगस्त-1913, पृ. 134
161. कोष-दोष, अप्रिय वक्ता, जून-1914, पृ. 147-48
162. वही, पृ. 150
163. वही, पृ. 152

164. वही, पृ. 153
165. व्यापार से भारतीय शासन का सम्बन्ध, सी.एस. देवले, अगस्त-1917, पृ. 198
166. पॉवरटी ऑफ इंडिया, दादाभाई नौरोजी, पृ. 25
167. व्यापार से भारतीय शासन का सम्बन्ध, सी.एस. देवले, अगस्त-1917, पृ. 201-02
168. वही, पृ. 211
169. कोष-दोष, अप्रिय वक्ता, जून-1914, पृ. 154
170. कोष-दोष, अप्रिय वक्ता, जून-1914, पृ. 154
171. भारतीय आर्थिक और व्यापारिक स्थिति, रामकृष्ण राय, मार्च-1917, पृ. 190-91
172. उद्योग धंधे / देशोन्नति से उनका सम्बन्ध, गोपीनाथ कुँवर, अगस्त-1917, पृ. 192
173. भारत में महँगी, कुँवर नारायण, नवम्बर-1919, पृ. 259
174. हंस, सं. प्रेमचन्द, 19 दिसम्बर-1932, उद्धृत—प्रेमचन्द के विचार, भाग-1, सं. रामविलास गुप्त, पृ. 474
175. वही, पृ. 474, उद्धृत—वही
176. वही, 12 अक्तूबर-1932, उद्धृत—वही, पृ. 476
177. वही, 8 मई-1935, उद्धृत—वही, पृ. 477
178. वही, 12 अक्तूबर-1932, उद्धृत—वही, पृ. 471
179. वही, पृ. 471
180. बड़े घर की बेटी तथा अन्य कहानियाँ, सं. सुरेश सलिल, सवासेर गेहूँ, प्रेमचन्द, पृ. 69
181. गोदान, प्रेमचन्द, पृ. 23
182. वही, पृ. 167
183. हंस, सं. प्रेमचन्द, 12 अक्तूबर-1932, उद्धृत—प्रेमचन्द के विचार, भाग-1, सं. रामविलास गुप्ता, पृ. 471-72
184. वही, 30 जनवरी-1933, उद्धृत—वही, पृ. 475
185. वही, 12 अक्तूबर-1932, उद्धृत—वही, पृ. 470
186. गोदान, प्रेमचन्द, पृ. 16
187. हंस, सं. प्रेमचन्द, 22 जनवरी-1934, उद्धृत—प्रेमचन्द के विचार, सं. रामविलास गुप्त, पृ. 489
188. वही, 12 फरवरी-1934, उद्धृत—वही, पृ. 492
189. वही, 22 जनवरी-1934, उद्धृत—वही, पृ. 490
190. वही, 29 अगस्त-1932, उद्धृत—वही, पृ. 469
191. वही, 17 जुलाई-1933, उद्धृत—वही, पृ. 484
192. वही, 22 मार्च-1935, उद्धृत—प्रेमचन्द के विचार, भाग-2, सं. रामविलास गुप्त, पृ. 161
193. वही, 17 जुलाई-1933, उद्धृत—प्रेमचन्द के विचार, भाग-1, सं. रामविलास गुप्त, पृ. 483
194. वही, 14 नवम्बर-1932, उद्धृत—वही, पृ. 484
195. वही, 14 नवम्बर-1934, उद्धृत—प्रेमचन्द के विचार, भाग-2, सं. रामविलास गुप्त, पृ. 160
196. वही, 18 सितंबर-1933, उद्धृत—प्रेमचन्द के विचार, भाग-1, सं. रामविलास गुप्त, पृ. 201
197. वही, 8 मई-1933, उद्धृत—वही, पृ. 479
198. वही, अक्तूबर-1931, उद्धृत—वही, पृ. 77
199. वही, पृ. 77

200. वही, 19 अक्तूबर-1932, उद्धृत—वही, पृ. 473
201. वही, पृ. 473
202. वही, 19 अक्तूबर-1932, उद्धृत—वही, पृ. 473
203. वही, 16 अप्रैल-1934, उद्धृत—वही, पृ. 498
204. वही, पृ. 498-99
205. वही, 7 मई-1934, उद्धृत—वही, पृ. 498-99
206. वही, 12 मार्च-1934, उद्धृत—वही, पृ. 243
207. हिन्द स्वराज, महात्मा गांधी, पृ. 86-87
208. वही, पृ. 86
209. वही, पृ. 86
210. हंस, सं. प्रेमचन्द, 13 फरवरी-1933, उद्धृत—प्रेमचन्द के विचार, भाग-1, पृ. 131
211. वही, उद्धृत—वही, पृ. 131
212. भारत में आर्थिक राष्ट्रवाद का उदय तथा विकास, बिपन चन्द्र, पृ. 66
213. देशेर कथा, देउस्कर, पृ. 172
214. बंगाल में 'स्वदेशी आन्दोलन', सुमित सरकार
215. हिन्द स्वराज्य, महात्मा गांधी, पृ. 89
216. हंस, सं. प्रेमचन्द, 31 अक्तूबर-1932
217. वही, 6 नवम्बर-1933, उद्धृत—वही, भाग-1, पृ. -321-22
218. वही, 19 अक्तूबर-1932, उद्धृत—भाग-2, पृ. 157
219. वही, पृ. 157
220. भारत में आर्थिक राष्ट्रवाद का उदय तथा विकास, बिपन चन्द्र, पृ. 348
221. हंस, सं. प्रेमचन्द, 19 जून-1935, उद्धृत—प्रेमचन्द के विचार, भाग-2, सं. विलास गुप्त, पृ. 348
222. वही, पृ. 169
223. वही, पृ. 169
224. वही, पृ. 170
225. वही, 14 नवम्बर-1932, उद्धृत—वही, पृ. 160
226. वही, 24 अप्रैल-1933, उद्धृत—वही, भाग-1, पृ. 148
227. वही, 31 अक्तूबर-1932, उद्धृत—वही, भाग-1, पृ. 281
228. वही, 7 नवम्बर-1932, उद्धृत—वही, 281-82
229. वही, 21 नवम्बर-1932, उद्धृत—वही, पृ. 283
230. वही, 19 दिसम्बर-1932, उद्धृत—वहीं, पृ. 284-85

तब और अब

कोई भी नवजागरण आकस्मिक रूप में उभरकर सामने नहीं आता। वह परम्परा की निरन्तरता के अणुओं से संघटित होता है। हिन्दी नवजागरण भी इस स्वाभाविक तथ्य का अपवाद नहीं है। उन्नीसवीं शती के उत्तरार्द्ध से धार्मिक एवं सांस्कृतिक अस्मिता की पहचान के लिए जो वैचारिक खलबलाहट आरम्भ हुई उसने धीरे-धीरे भारतीय नवजागरण को रूपाकार दिया और हिन्दी प्रदेश ने इससे प्रेरित और प्रभावित होकर जो विमर्श किया उसे हम हिन्दी नवजागरण के रूप में देखते हैं। यह बात अलग है कि भारतीय नवजागरण अपनी अन्त:प्रकृति में धार्मिक एवं सांस्कृतिक था। वहाँ हिन्दी नवजागरण सांस्कृतिक अस्मिता से आर्थिक यथार्थबोध और तदनंतर राजनीतिक स्वत्व की ओर सीधी यात्रा है। औपनिवेशिक शासन द्वारा किये गए भारतवासियों के आर्थिक शोषण को भारतीय स्वतंत्रता संग्राम एक प्रमुख प्रेरणा स्रोत के रूप में ग्रहण करता है। निस्सन्देह हिन्दी नवजागरण में भी सामाजिक और सांस्कृतिक प्रश्नों को पूरा-पूरा 'स्पेस' दिया गया। किन्तु यहाँ जो भारत के किसानों, मजदूरों, शिल्पियों, व्यापारियों, उद्योगपतियों की आर्थिक दुरवस्था पर विचार करते हुए इसके लिए प्रमुख रूप से औपनिवेशिक सत्ता को दोषी ठहराया गया उसने भारतीय स्वतंत्रता संग्राम को विदेशी शासन से राजनीतिक मुक्ति के साथ आर्थिक मुक्ति के लिए भी प्रेरित किया। 1885 जो कांग्रेस का स्थापना-वर्ष था—वहाँ से लेकर 1947 में स्वतंत्रता-प्राप्ति तक हिन्दी नवजागरण द्वारा उठाए गए प्राय: वे सभी आर्थिक प्रश्न प्रमुखता पाते रहे जो राजनीतिक स्वत्व के लिए आजादी की लड़ाई के प्रेरणा स्रोत बने। उन्नीसवीं शती के उत्तरार्द्ध से हिन्दी नवजागरण की यात्रा आरम्भ होती है और वह बीसवीं शती के आरम्भिक वर्षों तक भारतीय स्वतंत्रता संग्राम के साथ-साथ चलते हुए अन्ततः उसी में लय हो जाती है। जिस प्रकार 15 अगस्त, 1947 भारतीय स्वतंत्रता संग्राम की सहज परिणति है, उसी प्रकार हिन्दी नवजागरण का आर्थिक चिन्तन का भी स्वाभाविक परिणाम है—भारत की स्वतंत्रता।

जिस समय हमारे देश की जनता और नेता आजादी की लड़ाई लड़ रहे थे उस समय सबका एकमात्र लक्ष्य था—विदेशी शासन से मुक्ति। आजादी मिलने के बाद भारत कैसा होगा—स्वतंत्र भारत की राजनीतिक, आर्थिक, सांस्कृतिक नीतियाँ क्या

होंगी जनता इससे प्राय: अनभिज्ञ थी। वह सोचती थी कि आजादी मिलते ही देश में 'रामराज्य' आ जाएगा—सभी को निर्धनता से पूरी तरह मुक्ति मिल जाएगी—सभी देशवासियों के वे सारे सपने साकार हो जाएँगे जिन्हें आजादी की लड़ाई लड़ते हुए उन्होंने देखा था। दूसरी ओर स्वतंत्रता संग्राम के अग्रणी नेताओं का स्वतंत्र भारत के लिए अपना-अपना 'विज़न' था जिसको वे पाल-पोसकर आकार देने में जुटे थे। मुख्य रूप से आर्थिक प्रश्नों को लेकर आजादी मिलने के पहले ही मत वैभिन्य उभरकर सामने आया। भारत की अर्थनीति को लेकर गांधीजी और पं. जवाहर लाल नेहरू ठीक विपरीत ध्रुव पर खड़े थे। स्वतंत्र भारत की आर्थिक संरचना को समझने के लिए दोनों नेताओं के आर्थिक दृष्टिकोण को समझ लेना आवश्यक ही नहीं अपरिहार्य भी है।

गांधीजी भारतीय स्वतंत्रता संग्राम के सबसे बड़े नेता थे। इसलिए नहीं कि वे अपने व्यक्तित्व और कार्यकलापों को लेकर असाधारण, विलक्षण और विशिष्ट थे। बल्कि उनमें ये सब कुछ नहीं था इसीलिए वे सबसे अलग और इसीलिए इस देश के निर्विवाद नेता थे। उन्होंने पूरे भारत में घूम-घूमकर इस देश के रेशे-रेशे को समझा ही नहीं था उसे आत्मा की गहराइयों तक आत्मसात कर लिया था। ग्रामीण लोक जीवन और संस्कृति उनके लिए भारतीय परम्परा का उत्तमांश भी था और आधुनिकता का सीमांत भी। इसलिए वे भारत के भविष्य को 'दरिद्रनारायण' की आँखों से देखते थे। इसलिए चाहे यंत्र हो या भारी उद्योग; चाहे नगरीय सभ्यता का वैभव हो या आभिजात्य का आभामंडल—वे ऐसी किसी बड़ी से बड़ी नियामत के विरोध में खड़े थे जो आम भारतीय के व्यक्तित्व, परिवेश और दरिद्रनारायण के दायरे से बाहर हो।

गांधीजी के व्यक्तित्व में बुद्धि की अपेक्षा हृदय का अनुपात अधिक था। इसलिए विशेष अवसरों पर उनकी प्रतिक्रियाएँ प्राय: भावुक होती थीं। आर्थिक प्रश्नों पर विचार करते हुए भी चिन्तक के खोल में वे भावुक और संवेदनशील बने रहते हैं। हमें यह भी ध्यान में रखना होगा गांधीजी के आर्थिक चिन्तन में न तो योजनाबद्धता है न समग्रता। यह आर्थिक चिन्तन इस बात का भी दावा नहीं करता कि भारत की भावी अर्थ-संरचना के हर पहलू को उसने आत्मसात कर लिया है। उन्होंने यंत्र, तथाकथित नई सभ्यता तथा साधनों की अनैतिकता के धुर विरोध में खड़े रहकर ग्रामीण अर्थव्यवस्था को अपना समर्थन दिया है।

वे देश में रेलों के निर्माण को पसन्द नहीं करते। वे मानते हैं कि—

> रेल से अकाल बढ़े हैं, क्योंकि रेलगाड़ी की सुविधा के कारण लोग अपना अनाज बेच डालते हैं। जहाँ महँगाई हो वहाँ अनाज खिंच जाता है, लोग लापरवाह बनते हैं और उससे अकाल का दुख बढ़ता है।[1]

वे बड़ी-बड़ी मिलों के खोले जाने से सहमत नहीं हैं क्योंकि उनमें मजदूर गुलाम बन गए हैं। वहाँ काम करने वाली महिलाओं की दशा और भी दयनीय है।[2] वे मशीन

के प्रचलन को लेकर चिन्तित हैं। वह यंत्र के समर्थकों से प्रश्न करते हैं—

> जब ये सब चीजें यंत्र से नहीं बनती थीं तब हिन्दुस्तान क्या करता था? वैसा ही आज भी कर सकता है। जब तक हम हाथ से आलपिन नहीं बनाएँगे तब तक उसके बिना हम अपना काम चला लेंगे। झाड़-फानूस को आग लगा देंगे। मिट्टी के दीये में तेल डालकर और हमारे खेत में पैदा हुई रुई की बत्ती बनाकर दिया जलाएँगे। ऐसा करने से हमारी आँखें (खराब होने से) बचेंगी और हम स्वदेशी रहेंगे, बनेंगे और स्वराज्य की धूनी जगाएँगे।[3]

वस्तुत: गांधीजी उत्पादन में आत्मनिर्भरता के लिए मशीन को अपरिहार्य नहीं मानते। जो वस्तुएँ हाथ से नहीं बनाई जा सकतीं, वे देशवासियों को उनके बिना काम चलाने के लिए प्रेरित करते हैं। यंत्र की तुलना वे साँप के बिल से करते हुए लिखते हैं—

> यंत्र तो साँप का ऐसा बिल है, जिसमें एक नहीं बल्कि सैकड़ों साँप होते हैं। एक के पीछे दूसरा लगा ही रहता है। जहाँ यंत्र होंगे वहाँ बड़े शहर होंगे। जहाँ बड़े शहर होंगे वहाँ ट्रामगाड़ी और रेलगाड़ी होगी। वहीं बिजली की जरूरत रहती है।[4]

गांधीजी निश्चय ही यंत्र के विरोधी हैं किन्तु वे उस सीमा तक यंत्र की उपयोगिता स्वीकार कर लेते हैं जहाँ तक वह हमारी उपयोग की चीजों को ठीक कर सके या सुधार सके।[5] यहाँ तक कि वे यंत्र से देशवासियों को बचने की नसीहत देते हुए उन्हें प्रेरित करते हुए उन यंत्रों के नाश की कोशिश करने का भी आह्वान करते हैं जो हमारी जीवन-पद्धति में सम्मिलित हो गए हैं।

गांधीजी मैनचेस्टर से आने वाले वस्त्रों को इस बात के लिए दोष नहीं देते कि उसने भारतीय वस्त्रों के व्यापार एवं उद्योग को नष्ट कर दिया है जैसा कि हिन्दी नवजागरण के आर्थिक चिन्तकों ने माना है। उनकी दृष्टि में औपनिवेशिक सत्ता यहाँ वस्त्र-निर्माण और उसके निर्यात को क्षति पहुँचाने के लिए पूरी तरह कटिबद्ध थी और मैनचेस्टर में तैयार माल से भारतीय बाजार को पाट देना चाहती थी। किन्तु गांधीजी हिन्दी नवजागरण के आर्थिक चिन्तकों की इस मान्यता से सहमत नहीं थे। उनकी दृष्टि में—

> मैनचेस्टर को कैसे दोष दिया जा सकता है? हमने उसके कपड़े पहने तभी तो उसने कपड़े बनाए।[6]

गांधीजी इस बात से तो सहमत हैं कि मैनचेस्टर का कपड़ा यहाँ आता रहे और भारत का पैसा यहाँ से बाहर जाता रहे किन्तु यह बिल्कुल नहीं चाहते कि हम भारत

में ही मैनचेस्टर कायम कर लें और पैसा भारत में ही रहे। क्योंकि यह नैतिकता के विरुद्ध होगा।[7] वस्तुत: हिन्दी नवजागरण के आर्थिक चिन्तकों के सामने लक्ष्य था आर्थिक रूप से अंग्रेजी शासन की कमर तोड़कर स्वराज्य की ओर बढ़ना। गांधीजी स्वतंत्रता के बाद भारत के भविष्य के विषय में सोच रहे थे। यदि भारत का नेतृत्व अपरिपक्व और अनुभवहीन लोगों के हाथों में आ गया तो भारत का भविष्य भी अन्धकार में डूब जाएगा। इसलिए गांधीजी का मानना है कि—

> जो प्रौढ़ और तज़ुरबेकार हैं, वे ही स्वराज्य भुगत सकते हैं, न कि बे-लगाम लोग।[8]

वे देख रहे थे कि भारत में धीरे-धीरे पाश्चात्य संस्कृति पाँव पसारती जा रही थी। स्वयं इस देश के अनेक लोग इसे अंग्रेज बनाना चाहते थे। वे ऐसे लोगों को सम्बोधित करते हुए लिखते हैं—

> ××× आप हिन्दुस्तान को अंग्रेज बनाना चाहते हैं। और हिन्दुस्तान अंग्रेज बन जाएगा तब वह हिन्दुस्तान नहीं कहा जाएगा, लेकिन सच्चा इंग्लिस्तान कहा जाएगा। यह मेरी कल्पना का स्वराज्य नहीं है।[9]

वस्तुत: गांधीजी का स्वराज्य और भारत के भविष्य को लेकर एक सोचा-समझा 'विज़न' था। इसे हम स्वतंत्र भारत के निर्माण का 'गांधियन मॉडल' भी कह सकते हैं। इस 'विज़न' या 'माडल' में उस भारत की परिकल्पना है जिसके अन्तस् में ग्रामीण लोकजीवन और संस्कृति स्पन्दित होती हो। जहाँ यंत्र का कोई स्थान न हो। व्यवसायधर्मी वकीलों और डाक्टरों आदि की आवश्यकता न हो। रेलों, ट्रामों के बिना भी हमारा काम चल सके। हम छोटे-छोटे कुटीर उद्योग-धंधों से ही अपनी चीजें स्वयं बनाकर आत्मनिर्भर हो पाएँ। वह पैसा जो अनैतिक साधनों से कमाया जाए उसको कदापि व्यवहार में न लाया जाए। एक प्रकार से यह भारत के अतीत के उस उत्तमांश को वापस लौटा लेने का स्वप्नजीवी प्रयास था जो धर्म और नैतिकता पर पूरी तरह आधारित हो।

पं. जवाहर लाल नेहरू जो भारतीय स्वतंत्रता संग्राम के प्रमुख सेनानी थे उन्होंने गांधीजी का सर्वाधिक स्नेह प्राप्त किया। स्वतंत्र भारत के प्रधानमंत्री के रूप में वे गांधीजी की पसन्द भी थे। स्वतंत्रता मिलने के कुछ वर्ष पहले उन्होंने आजाद भारत की अर्थ-नीतियों पर गम्भीर चिन्तन और मंथन किया था। उन्होंने उस विषय में गांधीजी के आर्थिक विचारों की पूरी गहराई से पड़ताल की। पूरी आजादी की लड़ाई में गांधीजी के अनुगामी पं. नेहरू उनकी आर्थिक नीतियों से प्राय: पूरी तरह असहमत थे। उन पर अंग्रेजों की ऊर्जावान जीवन-पद्धति और भौतिक उन्नति पर टिके यथार्थपरक जीवन-दर्शन का गहरा प्रभाव पड़ा। उन्होंने यूरोपीय समाज को प्रगतिशील माना और

इंग्लैंड की औद्योगिक क्रान्ति ने उनकी चेतना पर गहरा असर डाला था। इसलिए गांधीजी के मशीन-विरोध और भारी उद्योगों के प्रति उग्र असहमति के स्थान पर उन्होंने भारी उद्योगों को स्वतंत्र भारत के विकास का गोमुख माना। वे यह मानते थे कि गांधीजी के नेतृत्व में कांग्रेस गाँव के लघु कुटीर उद्योगों को उन्नत करने और हाथ से काते गए सूत से बने वस्त्रों का उपयोग करने की पक्षधर थी किन्तु पं. नेहरू की दृष्टि में कांग्रेस विधान मंडलों और अन्यत्र भी भारी उद्योगों को बराबर अपनी सहमति और समर्थन दे रही थी।[10] नेहरू यह मानते थे कि बेकारी इस देश की एक बड़ी समस्या है। हिन्दुस्तान में आजादी से पहले मध्यम दर्जे का औद्योगिकीकरण देखने को मिल रहा था। उसमें पर्याप्त संख्या में मजदूरों को काम नहीं मिल पा रहा था। पूँजी तो बढ़ रही थी किन्तु इसका पूरा उपयोग नहीं हो पा रहा था। यदि योजनाबद्ध रूप से भारी उद्योगों के विकास पर काम किया जाए तो बड़ी संख्या में मजदूरों को काम देकर बहुत सी बुराइयों से निजात पाई जा सकती है।[11]

पं. नेहरू गांधीजी के 'आर्थिक विज़न' से जब असहमति व्यक्त करते हैं तो उससे पहले वे गांधी और उनके 'विज़न' की गहराई से पड़ताल करते हैं—उसके कारणों की और उसकी सम्भावित परिणतियों की भी। वे गांधीजी द्वारा किये भारी उद्योगों के विरोध को एक विशेष परिस्थितिजन्य वास्तविकता के रूप में देखते हैं—

> अगर बेकार और अर्धबेकार लोगों की एक बहुत बड़ी तादाद को फ़ौरन कुछ राहत पहुँचानी थी, अगर उस सड़ाँध को जो सारे देश फैल रही थी और जनता को निकम्मी बना रही थी, रोकना था, अगर गाँव वालों के रहन-सहन के दर्जे को सामूहिक रूप से उठाना था, अगर बेबसों की तरह दूसरों का मुँह ताकने की जगह उन्हें आत्मनिर्भरता सिखानी थी, और अगर इस थोड़ी-सी पूँजी के सहारे करना था, तो और कोई रास्ता नहीं था।[12]

पं. नेहरू गांधीजी के भारी उद्योगों के प्रति उनके दृष्टिकोण को एक 'फौरी विवशता' मानने को तो तैयार हैं किन्तु उसे सार्वकालिक नीति मानने पर सहमत नहीं। वे यह भी उल्लेख करना नहीं भूलते कि गांधीजी ने मशीनों के प्रति अपनी कठोर धारणा को काफी हद तक बदल लिया। उन्होंने गांधीजी की इस बदली हुई धारणा को उद्धृत किया—

> जिस चीज के मैं ख़िलाफ़ हूँ, वह है मशीन के लिए पागलपन; खुद मशीन के मैं ख़िलाफ़ नहीं हूँ।[13]

गांधीजी ने बाद में बिजली और उससे चलने वाले औजारों के उपयोग पर भी अपनी सहमति व्यक्त की। गांधीजी ने बाद में अनेक प्रकार के भारी उद्योगों, बड़ी मात्रा में बुनियादी उद्योगों, सार्वजनिक आवश्यकताओं पर सहमति देते हुए यह

शर्त रखी कि इन्हें सरकारी देखरेख में अमली जामा पहनाया जाए। पं. नेहरू को गांधीजी के विचारों के इस बदलाव से निश्चय ही बल मिला होगा। कितु वे स्वयं ही दृढ़तापूर्वक भारी उद्योगों के पक्ष में खड़े थे। उन्होंने स्पष्टतापूर्वक और मजबूती से औद्योगिकीकरण का समर्थन करते हुए लिखा—

> मैं पूरी-पूरी तरह से ट्रैक्टर और बड़ी मशीनों का हिमायती हूँ और मेरा यह पक्का यक़ीन है कि धरती का भार घटाने के लिए हिन्दुस्तान का तेजी से औद्योगिकीकरण जरूरी है। साथ ही गरीबी से मुकाबला करने के लिए, रहन-सहन की हैसियत को उठाने के लिए, प्रतिरक्षा के लिए, बहुत से दूसरे कामों के लिए यह औद्योगिकीकरण जरूरी है।[14]

किन्तु वे इस बात से अनभिज्ञ नहीं हैं कि औद्योगिकीकरण के कुछ अपने ख़तरे हैं जिनके लिए सजगता और योजनाबद्धता की आवश्यकता है। वे छोटे और घरेलू उद्योगों को पूरी तरह खारिज करने के पक्ष में नहीं हैं। वे मानते हैं—

> ××× हिन्दुस्तान में बड़े उद्योग की वृद्धि कितनी ही तेजी से क्यों न हो, छोटे और घरेलू धंधों के लिए एक बहुत बड़ा क्षेत्र बराबर खुला रहेगा।[15]

किन्तु इसके साथ ही वे बदलते हुए वर्तमान विश्व की सापेक्षता में भारत के औद्योगिक विकास को रखकर देखते हैं तो वे इस महत्त्वपूर्ण वास्तविकता को रेखांकित करने में नहीं चूकते कि—

> ××× मौजूदा दुनिया के सन्दर्भ में अन्तरराष्ट्रीय आत्मनिर्भरता के ढाँचे में भी कोई देश तब तक राजनीतिक और आर्थिक रूप से स्वतंत्र नहीं हो सकता, जब तक कि उसके उद्योग धंधे खूब बढ़े हुए न हों। और जब तक कि उसके शक्ति-स्रोत पूरी-पूरी तरह विकसित न हों।[16]

पं. नेहरू यह भी मानते हैं कि ऐसे यदि कोई देश औद्योगिक रूप से कमजोर होता है तो शक्तिशाली देशों के आक्रमण की आशंकाएँ बढ़ जाती हैं। तब राजनीतिक आजादी एक दिखावा भर रह जाती है और आर्थिक सत्ता का भी शक्तिशाली देशों में हस्तांतरण हो जाता है।[17] वे इस बात के लिए पूरी तरह आश्वस्त हैं कि एक ही देश में बड़े पैमाने पर मशीनीकरण और औद्योगिकीरण और छोटे घरेलू धंधों का वर्चस्व—ये दो व्यवस्थाएँ एक साथ अपना अस्तित्व बनाए नहीं रख सकतीं। अन्ततः निर्णायक रूप से दूसरी व्यवस्था को ही पराजित होना होगा।[18]

समग्रता में देखें तो गांधीजी और पं. नेहरू दोनों के आर्थिक चिन्तन में एक विशेष तरह की स्वप्न जीविता थी। दोनों स्वतंत्र भारत के लिए अपना-अपना सपना सँजोए थे। यह अलग बात है कि गांधीजी के स्वप्न की दिशा गाँव की परम्परा के

उत्तमांश की ओर उन्मुख थी और नेहरू वर्तमान की भूमि पर खड़े होकर भारत के भविष्य का स्वप्न देखते थे।

> उनकी आँखों में एक स्वप्न चमकता था, जिसका मूल किसी दूर भविष्य में था। ××× विज्ञान के आविष्कार से उनके भीतर आनन्द की गुदगुदी पैदा होती थी और विज्ञान को ही वे शायद मनुष्य-जाति का सबसे बड़ा काव्य मानते थे।[19]

गांधीजी ने नेहरू और नेहरू ने गांधीजी के आर्थिक दृष्टिकोण में एक महत्त्वपूर्ण सन्तुलन बिठाने की भी कोशिश की किन्तु दोनों के दृष्टिकोण के मूल में अतिवाद कहीं न कहीं मौजूद था। इसलिए भारत की अर्थनीति के निर्माण में शुद्ध रूप से गांधी मॉडल अपनाया जाता तो भी भारत के भविष्य को क्षति पहुँचती और यदि नेहरू मॉडल को पूरी तरह अपनाया गया है तो भी अपनी सारी आर्थिक उपलब्धियों के बावजूद भारत आर्थिक दुष्चक्रों की ढलान पर फिसलता जा रहा है। भारत की आर्थिक उन्नति के लिए दोनों मॉडलों में किस तरह सन्तुलन बिठाकर और नये विचारों का समावेश करके पूर्ण आर्थिक दृष्टि से पूरी तरह आत्मनिर्भर भारत बनना अभी शेष है।

आजादी के बाद देश की आर्थिक नीतियाँ निर्धारित करते समय नेतृत्व के समक्ष दो दिशाएँ थीं। एक पूँजीवादी दिशा जिसके अन्तर्गत माँग और आपूर्ति का निर्धारण बाजार की शक्तियों के अनुसार करना होता था। हाँ उत्पादित वस्तुओं का वितरण व्यक्तियों की आवश्यकता के अनुसार नहीं होता बल्कि उनकी क्रय-क्षमता को देखकर उत्पादन और वितरण की नीतियों को आकार दिया जाता था। इस व्यवस्था में वह समुदाय पूरी तरह उपेक्षित था जिसके पास धन न होने से उसकी क्रयशक्ति नहीं के बराबर थी। दूसरी ओर समाजवादी दिशा थी जिसमें सरकार को यह निश्चित करना होता कि जनता के हित में क्या है। सरकार को ही यह अधिकार था कि उत्पादन तथा वितरण की व्यवस्था किस प्रकार की जाए। इस व्यवस्था में सार्वजनिक हित के लिए सरकार ही सुविधाएँ उपलब्ध कराती थी। किन्तु निजी सम्पत्ति के लिए यहाँ कोई स्थान नहीं होता।

भारत के पहले प्रधानमंत्री पं. जवाहर लाल नेहरू यद्यपि स्वतंत्रता से पूर्व ही समाजवाद की मूलभूत अवधारणाओं से काफी हद तक प्रेरित और प्रभावित थे। इसलिए पूँजीवादी आर्थिक व्यवस्था के पक्ष में नहीं थे। वे जानते थे कि हमारे देश के लिए पूँजीवादी आर्थिक व्यवस्था इसलिए अनुकूल नहीं है क्योंकि इस व्यवस्था में निजी तौर पर अधिकांश लोगों की आर्थिक दशा का सुधार सम्भव नहीं। समाजवादी आर्थिक व्यवस्था में क्योंकि निजी सम्पत्ति पर जनता का अधिकार नहीं होता अतः भारत के लिए यह व्यवस्था भी ग्राह्य नहीं हो सकती थी। वस्तुतः इन दोनों व्यवस्थाओं के अतिवादी तत्त्वों को पृथक करके और तदनंतर उनके मिश्रण से ही

किसी कारगर अर्थव्यवस्था का ढाँचा खड़ा किया जा सकता था। इसीलिए भारत ने मिश्रित अर्थव्यवस्था का विकल्प ग्रहण किया। इस मिश्रित अर्थव्यवस्था में समाजवाद और पूँजीवाद के उत्तमांशों का इस प्रकार सन्तुलन साधा गया कि सार्वजनिक क्षेत्र को प्रमुखता देते हुए भी निजी क्षेत्रों को भी उचित महत्त्व देकर व्यक्तिगत सम्पत्ति और जनतांत्रिक रुझानों को उचित संरक्षण प्रदान किया गया। इसके लिए योजनाबद्ध आर्थिक नीतियाँ बनाई गईं।

सन् 1950 में प्रधानमंत्री की अध्यक्षता में योजना आयोग का गठन किया गया। इसे हम पंचवर्षीय योजनाओं के आरम्भ का युग भी कह सकते हैं। अपने देश के संसाधनों का राष्ट्रीय हित में कुछ उद्देश्यों के लिए (जिन्हें एक निश्चित अवधि में पूरा करना होता है) प्रयोग, योजना की मूलभूत विशेषता होती है। भारत की विभिन्न पंचवर्षीय योजनाओं में अलग-अलग लक्ष्यों पर बल दिया गया है। पंचवर्षीय योजनाओं में उन्हीं क्षेत्रों को प्राथमिकता दी गई जिनकी राष्ट्र के आर्थिक निर्माण में प्रमुख भूमिका हो। जो इनसे अलग और कम महत्त्व के क्षेत्र हैं उन्हें प्राय: निजी क्षेत्रों के लिए छोड़ दिया गया।

पंचवर्षीय योजनाओं का लक्ष्य है संवृद्धि, आधुनिकीकरण, आत्मनिर्भरता और समानता। ऐसा नहीं होता कि प्रत्येक पंचवर्षीय योजना के लक्ष्य समान रहते हैं। क्योंकि हमारे पास संसाधन सीमित हैं इसलिए हर बार प्राथमिकताएँ एक सी हों यह आवश्यक नहीं। वे बदलती रहती हैं। यदि हम 1950 से 1990 की सात पंचवर्षीय योजनाओं का मूल्यांकन करें तो पाएँगे कि कृषि के क्षेत्र में वास्तविक किसानों को ही भूमि का स्वामी बनाने की दिशा में कदम उठाए गए। भूमि की अधिकतम सीमा निर्धारित करने के लिए भी सरकार आगे बढ़ी किन्तु इस लक्ष्य तक पहुँचने में सरकार सफल नहीं हुई। कानून की दुर्बलता का लाभ उठाकर अनेक भूमि स्वामियों ने बड़े-बड़े भूमि खंडों को हथिया लिया। भूमि को निकट सम्बन्धियों के नाम करके सरकार के भूमि सुधारों को पलीता लगाया गया। हरितक्रान्ति की दिशा में सरकार को निश्चय ही सफलता मिली। नई प्रौद्योगिकी अपनाने से भारत खाद्य उत्पादनों की दृष्टि से काफी हद तक आत्मनिर्भर हो गया। घरेलू आवश्यकताओं की पूर्ति तथा किसानों द्वारा अतिरिक्त गेहूँ बाजार में बेचने के साथ सरकार खाद्यान्नों के अभाव का सामना करने के लिए मजबूत सुरक्षित स्टॉक भी बना सकी। किन्तु हरितक्रान्ति का एक स्याह पक्ष यह भी था कि छोटी जोत के किसान इसके लाभ से वंचित रह गए। हरितक्रान्ति का अधिकांश लाभ बड़े किसानों की झोली में ही चला गया। गनीमत यह थी कि सरकार ने कम ब्याज पर छोटे किसानों को कर्ज दिये। इससे छोटे और बड़े किसानों के बीच की असमानता एक हद तक कम हो सकी।

यदि इन योजनाओं के परिप्रेक्ष्य में देश के उद्योग और व्यापार पर दृष्टि डाली जाय तो स्पष्ट होगा कि द्वितीय पंचवर्षीय योजना से ही सरकार बड़े तथा भारी

उद्योगों के नियंत्रण के लिए कटिबद्ध थी। निजी क्षेत्र सार्वजनिक क्षेत्रों की नीतियों के अनुपूरक होंगे। अनेक वस्तुओं के निर्माण के लिए लघुउद्योगों को जिम्मेदारी दी गई। इनका उत्पादन लघु उद्योगों के लिए आरक्षित था। इस आरक्षण का आधार उन वस्तुओं के उत्पादन में उनकी दक्षता थी। उद्योगों में आयात-प्रतिस्थापन की नीति के चलते आयात की अपेक्षा घरेलू उत्पादन से आवश्यकता की पूर्ति को प्राथमिकता दी गई। इन सात पंचवर्षीय योजनाओं के चलते भारत की औद्योगिक उपलब्धियाँ महत्त्वपूर्ण रहीं। 1950-51 में जो जीडीपी 11.8 प्रतिशत थी वह 1990-91 में 24.6 प्रतिशत हो गई। विदेशी प्रतिस्पर्द्धा से भारतीय उद्योगों को बचाने का परिणाम यह हुआ कि इलैक्ट्रॉनिक एवं ऑटोमोबाइल के क्षेत्र में देशी उद्योगों का विकास हुआ और आत्मनिर्भरता बढ़ी। किन्तु सरकारी नियंत्रण के कारण उद्यमिता पर नकारात्मक प्रभाव पड़ा। संरक्षणवादी नीतियों के कारण हमारे उद्यमियों को विदेशी प्रतिस्पर्द्धा से बचाया गया। इससे विदेशों में प्रयुक्त होने वाली नई-नई प्रौद्योगिकी का उपयोग करने से हम वंचित रह गए। उत्पादित वस्तुओं की गुणवत्ता में सुधार करने के लिए विदेशी प्रतिस्पर्द्धा का अभाव एक बड़ी बाधा बना। उद्यमियों के केवल अपने ही देश के भीतर तक सीमित रहने के कारण भारत में निर्यात के क्षेत्र का विस्तार नहीं हो पाया।

किन्तु समग्रत: देखें तो—

> पंचवर्षीय योजनाओं की उपलब्धियों को नकारा नहीं जा सकता। उन्हीं के कारण भारत को एक तरह की खाद्य आत्मनिर्भरता हासिल हो सकी (एक तरह की इसीलिए कि भारत की पूरी आबादी को अभी भी पेट भर खाना नहीं मिलता तथा कुपोषण की समस्या बहुत व्यापक है) और एक न्यूनतम औद्योगिक ढाँचा तैयार हो सका। हालाँकि अपेक्षित पैमाने पर देश का उद्योगीकरण नहीं हो सका।[20]

इन योजनाओं के चलते राजस्व प्राप्तियों में घाटा बढ़ता गया। इस घाटे की पूर्ति के लिए भारी मात्रा में कर्ज लिया गया। राज्य सरकारों का ओवर ड्राफ्ट बढ़ता गया। जो कर्ज लिया गया उसके ब्याज का भुगतान कठिन होता जा रहा था। 1989-90 में स्थिति यह थी कि ब्याज भुगतान की राशि 20,558 करोड़ हो गई। इस वर्ष सरकार द्वारा 42,290 करोड़ रुपये उधार लिये गए। इनमें 20,558 रुपये ब्याज में चले गए।

> योजनाओं के लिए बाजार से ऋण 'छोटी बचतें और अन्य साधन' मद के तहत जहाँ छठी योजना (1980-81 से 1984-85) के लिए 24,702 करोड़ रुपये लिए गए, वहीं सातवीं योजना (1985-86 से 1989-90) में यह रकम दुगुनी से ज्यादा हो गई। आठवीं योजना (1992-93 से 1996-97) में यह रकम सातवीं योजना की दस गुनी थी—2,02,255

> करोड़ रुपए। यह एक तरह से योजना-प्रक्रिया का अवसान था। स्पष्ट है कि पूँजी निर्माण तथा योजनाबद्ध विकास के लिए सरकार संसाधनों का प्रबन्ध करने में विफल रही। ऐसी स्थिति में आर्थिक विकास के लिए निजी पूँजी—देशी और खासतौर से विदेशी पूँजी—पर ही निर्भर रहा जा सकता था। दूसरे शब्दों में, उदारीकरण का रास्ता योजनागत विकास की असंगतियों से खुला।[21]

वर्ष 1991 में भारत विदेशी ऋणों का भुगतान करने की स्थिति में नहीं था। पैट्रोल आदि आवश्यक चीजों के मूल्य के आवश्यक आयात का भुगतान करने के लिए विदेशी मुद्रा का रिजर्व 15 दिनों के लिए भी पर्याप्त नहीं था। अप्रैल 1991 में भारत को 20 करोड़ डॉलर का ऋण लेने के लिए यूनियन बैंक ऑफ स्विट्जरलैंड को 20 टन सोना बेचना पड़ा। इन परिस्थितियों में सरकार ने अन्तरराष्ट्रीय पुनर्निर्माण और विकास बैंक जिसे सामान्यत: विश्वबैंक के रूप में भी जाना जाता है और अन्तरराष्ट्रीय मुद्राकोष से देश के आर्थिक संकट का सामना करने के लिए कर्ज के लिए आग्रह किया। इन संस्थाओं ने सात बिलियन डॉलर का कर्ज तो दिया किन्तु यह कर्ज सशर्त था। शर्तें यह थीं कि—

1. सरकार उदारीकरण के लिए आवश्यक कदम उठाएगी।
2. निजी क्षेत्रों पर लगे सरकारी नियंत्रण को हटाया जाए और
3. भारत और दूसरे देशों के बीच विदेशी व्यापार पर लगे प्रतिबन्धों को भी हटाया जाएगा। भारत ने इन शर्तों को मान लिया और अपनी नई आर्थिक नीति की घोषणा की। कहने की आवश्यकता नहीं कि उदारीकरण ही अब सरकार की अर्थ-नीति के केन्द्र में था।

दरअसल उदारीकरण बुनियादी तौर पर एक पूँजीवादी व्यवस्था है जिसमें स्वतंत्रता को विशेष महत्त्व दिया गया है। स्वतंत्रता का अर्थ किसी व्यक्ति की स्वतंत्रता से नहीं बल्कि बाजार की स्वतंत्रता से है।

> बाजार पर अंकुश जितने कम होंगे, आर्थिक निर्णय उतने ही बेहतर होंगे, क्योंकि स्वतंत्रता हर व्यक्ति को यह अवसर देती है कि वह अपने सर्वोत्तम हित में फैसला कर सके। स्पष्ट है कि यह पूँजीवादी व्यवस्था का ही दूसरा नाम है, क्योंकि पूँजी पर जिसका नियंत्रण जितना ज्यादा होगा, वह उतना ही स्वतंत्र होगा। इस तरह बाजार की स्वतंत्रता समाज में ज्यादा से ज्यादा विषमता पैदा करने की स्वतंत्रता हो जाती है।[22]

उदारीकरण के कार्यान्वयन को दो भागों में बाँटकर देखा जा सकता है—

1. स्थिरीकरण और
2. ढाँचागत समायोजन।

स्थिरीकरण के अन्तर्गत सरकार को अपना राजकोषीय घाटा कम करना होता है। यदि राजकोषीय घाटा बढ़ेगा तो अनुचित रूप से माँग में अभिवृद्धि होती है। जब इन माँगों की पूर्ति नहीं हो पाती तो महँगाई बढ़ती है। महँगाई बढ़ने पर स्वाभाविक रूप से निर्यात घटता है। ऐसे में विदेशी मुद्रा का संकट पैदा हो जाता है। इसीलिए मुद्रा का अवमूल्यन करने की सलाह भी दी जाती है। ढाँचागत समायोजन दरअसल पहले ही कार्यक्रम का विस्तार है। इसके अन्तर्गत एक ओर देशी उद्योगों को सरकारी नियंत्रण से मुक्त करने की नीति का कार्यान्वयन होता है तो दूसरी ओर सार्वजनिक क्षेत्र को सीमित करते हुए निजी क्षेत्र का विस्तार किया जाता है। बाजार की शक्तियों को अधिक प्रभावी होने का अवसर दिया जाता है। सब्सिडी को घटाना भी ढाँचागत समायोजन के कार्यक्रम में शामिल है। मुद्रास्फीति को नियंत्रण में रखना भी आवश्यक है।

यदि हम भारत में उदारीकरण कार्यक्रम का समग्रता में अवलोकन करना चाहें तो पाएँगे कि सकल उत्पाद की दृष्टि से 1991 के बाद से घरेलू उत्पादन में बढ़ोतरी हुई। सेवा-क्षेत्र में भी वृद्धि हुई। औद्योगिक उत्पादन में 2012-13 में गिरावट दीख पड़ी और इस समय तक उसकी वृद्धि को स्थिरता और निरन्तरता प्राप्त नहीं हो सकी। उदारीकरण के फलस्वरूप भारत की बड़ी उपलब्धि प्रत्यक्ष विदेशी निवेश और विदेशी विनिमय रिजर्व में भारी वृद्धि हुई है। औद्योगिक रूप से भारत की स्थिति मजबूत है। वाहन, कल-पुर्जों, इंजीनियरिंग उत्पादों, प्रौद्योगिक उत्पादों, वस्त्र-उत्पादन आदि में भारत का निर्यात आशातीत रूप से बढ़ा है। किन्तु यह चिन्ता का विषय है कि आर्थिक विकास के सारे दावों के बावजूद भारत में रोजगारों का सृजन नहीं हो पाया है। जहाँ तक कृषि का सम्बन्ध है, आर्थिक उदारीकरण से कृषि को वांछित लाभ नहीं मिला है। कृषि की संवृद्धि दर में निरन्तर गिरावट आई है। यह उल्लेखनीय है कि सिंचाई, बिजली, सड़क-निर्माण, बाजार से सम्पर्क-माध्यमों, कृषि शोध-सम्बन्धी गतिविधियों पर व्यय में काफी कमी आई है। इसके विपरीत हरितक्रान्ति में सरकार ने इन पक्षों पर काफी ध्यान दिया था। सरकार कृषक उत्पादनों के लिए जो समर्थन-मूल्य तय करती है वे भी सन्तोषजनक नहीं हैं। आंतरिक उपभोग की सामान्य फसलों के स्थान पर निर्यात के लिए नकदी फसलों पर बल दिया जा रहा है। इससे सामान्य उत्पादों की कीमतें बढ़ रही हैं। उद्योगों के विकास की दर में भी कुछ शिथिलता देखने को मिली। औद्योगिक उत्पादन जिस अनुपात में हुआ उस अनुपात में माँग में बढ़ोतरी नहीं हुई। जैसा कि हम जानते हैं कि उदारीकरण के दौर में हमें विकसित देशों, उत्पादों और पूँजी प्राप्त करने के लिए अपना बाजार उनके लिए खोलने को विवश होना पड़ा है। इससे आयातित वस्तुओं से घरेलू वस्तुओं की प्रतिस्पर्द्धा के कारण घरेलू

वस्तुओं की माँग कम होने लगी क्योंकि आयातित माल घरेलू माल से सस्ता था। इससे बाहर का माल तो बेरोकटोक आने और घरेलू माल की माँग न होने से यहाँ के उद्योग तो प्रभावित हुए ही भारत में रोजगार का दायरा भी चिन्तनीय रूप से संकुचित हो गया है। विनिवेश की दृष्टि से देखें तो सार्वजनिक सम्पत्ति बेचने में उसे जो धन मिलता है वह उसकी अपेक्षानुसार नहीं मिल पा रहा। निरन्तर सरकार की अपेक्षाओं से कम धन मिल रहा है। 1991-92 में अवश्य 2500 करोड़ विनिवेश से प्राप्त करने की आशा की गई थी किन्तु सरकार तब लक्ष्य से 3040 करोड़ अधिक जुटाने पाने में सफल रही। वस्तुतः विनिवेश की अनेक अर्थशास्त्रियों ने कटु आलोचना की है। सार्वजनिक उपक्रमों की सम्पत्ति को प्रायः लाभ में नहीं बेचा जाता। उसे औने-पौने दामों में 'निपटा' दिया जाता है। इसके साथ ही विनिवेश से प्राप्त राशि का उपयोग उद्योगों के विकास या ढाँचागत विकास में न होकर राजस्व घाटे की पूर्ति के लिए किया जाता है इससे हर दृष्टि से यह घाटे का सौदा है।

आर्थिक उदारीकरण का सबसे बड़ा अभिशाप यह है कि सार्वजनिक क्षेत्रों में जनता के कल्याण के लिए खर्च की जाने वाली राशि के स्रोत सूखते जा रहे हैं। यद्यपि सरकार ने कर घटाकर और टैक्स चोरी पर बहुत हद तक लगाम लगाकर राजस्व-संग्रह में वृद्धि का प्रयास किया किन्तु सीमा शुल्क में कटौती (जो उदारीकरण की अनिवार्य शर्त है); विदेशी निवेश के लिए सम्बन्धित करों में रियायत आदि ने सरकार के सारे प्रयासों पर पलीता लगा दिया। इससे राजस्व-संग्रह के प्रयासों को गहरा धक्का लगा है। इसके परिणामस्वरूप जन-कल्याण पर होने वाले व्यय में प्रायः कतर-ब्यौंत होती रहती है।

आर्थिक उदारीकरण को इस दृष्टि से भी देखा जाना चाहिए कि वह विकास की अवधारणा को एकांगी रूप से प्रस्तुत करता है। अब विकास का अर्थ देश का समग्र विकास नहीं बल्कि मात्र आर्थिक विकास लिया जाता है। इस आर्थिक विकास का पैमाना भी सबका विकास (जो सत्ता पक्ष के लिए वोट बटोरने का नारा भर है) नहीं बल्कि देश के छोटे से धनाढ्य वर्ग को अधिकाधिक धनी और शक्तिशाली बनाना है। फोर्ब्स नाम की संस्था, जो विश्व के अमीरों पर अपना अध्ययन प्रकाशित करती रहती है, के अनुसार 2018 की रिपोर्ट के अनुसार भारत के अमीरों की सम्पत्ति 492 अरब डॉलर (32,964) करोड़ थी। एक अध्ययन के अनुसार (आँकड़े अन्तिम नहीं) भारत की औसतन प्रति व्यक्ति आय 1,12,764 प्रति वर्ष थी। यदि इस प्रतिव्यक्ति आय को 100 धनाढ्यों में फैलाया जाए तो यह 29.23 करोड़ लोगों की एक वर्ष की कमाई है। सच तो यह है कि वर्तमान में 121 अरबपति न केवल भारत की अर्थव्यवस्था को बल्कि भारत की लोकतांत्रिक समझ को भी अपने नियंत्रण में ले चुके हैं। आर्थिक उदारीकरण के इसी दौर में हम सरकारों को धीरे-धीरे 'जनकल्याणकारी राज्य' की अवधारणा से पीछा छुड़ाते दीखते हैं। इसका परिणाम यह हुआ कि गरीब और अमीर

के बीच खाई भयावह रूप से चौड़ी हुई। जब फरवरी 2017-18 में रुपए की कीमत गिर रही थी, देश में लगभग छः करोड़ लोग बेरोजगारी के संकट से जूझ रहे थे, ऑक्सफोर्ड की रिपोर्ट के अनुसार भारत के अरबपतियों ने इसी वर्ष 20,913 अरब रुपए की कमाई की। सबसे अमीर और श्रमिक की कमाई में 1.60 करोड़ गुना का अन्तर है। यह विषमता आर्थिक उदारीकरण की ही भयावह परिणति है। सरकार ने लोक अधिकारों, बुनियादी सेवाओं, शिक्षा, स्वास्थ्य सामाजिक सुरक्षा आदि पर अपनी जिम्मेदारियों को सीमित किया है। सच तो यह है कि हिन्दी नवजागरण के आर्थिक चिन्तन में औपनिवेशिक शोषण से मुक्ति की जो छटपटाहट है, आज के दौर में हम एक विपरीत ध्रुव पर खड़े हैं जहाँ एक नये प्रकार की औपनिवेशिक सत्ता (जिसे पूँजीपतियों की सत्ता भी कहा जा सकता है) ने इस देश के संसाधनों को पूरी तरह निचोड़ लिया है। किन्तु आर्थिक उदारीकरण के इस पूरे दौर में एक नया उच्च मध्यवर्ग उभरकर सामने आया है जो बाजारतंत्र में उपभोक्ता की भूमिका बखूबी निभा रहा है किन्तु दरिद्र नारायण की दशा हिन्दी नवजागरण के दौर से भी बदतर है। जनसाधारण को सेलफोन के भीतर की आभासी दुनिया की लत लगा दी गई है। अब वास्तविक मुद्‌दों पर हमारा ध्यान नहीं जाता, हमें मन्दिर-मस्जिद, हिन्दू-मुसलमान, दलित-सवर्ण के मुद्‌दों पर सीमित करने के लिए मीडिया बहुत शातिर तरीके से विवश कर रहा है।

पिछले 5-6 वर्षों में एक बार फिर स्वदेशी की चर्चा फिर जोर पकड़ने लगी है। प्रधानमंत्री आत्मनिर्भरता पर अतिरेकपूर्ण बल देते हुए 'मेक इन इंडिया' का नारा लगाते दिखाई देते हैं। संघ के एजेंडे में इस बात पर जोर दिया गया है कि हम अपने माल का उत्पादन तो खुद करें ही उस उत्पादित माल का उपयोग भी स्वयं करें। हिन्दी नवजागरण के आरम्भिक वर्षों में स्वदेशी का जो अलख जगाया जा रहा था उसमें ऊपरी सतह पर एक आदर्शवादी और भावनात्मक आर्थिक राष्ट्रवाद मौजूद था। तब स्वदेशी के ग्रहण में अंग्रेजी शासन को आर्थिक रूप से कमजोर करने का उद्‌देश्य उसे एक नैतिक-राष्ट्रीय समर्थन देता दिखाई देता था। तब 'स्वदेशी' के सामने औपनिवेशिक सत्ता का शोषण एक चुनौती के रूप में मौजूद था जिसकी काट में आर्थिक राष्ट्रवादियों की तरह हिन्दी नवजागरण का आर्थिक चिन्तन भी अपनी भूमिका निभा रहा था। किन्तु अबकी बार 'स्वदेशी' का सन्दर्भ और उद्‌देश्य—दोनों ही भिन्न हैं। अब हमारे सामने मुकाबले के लिए कोई बाहरी औपनिवेशिक सत्ता नहीं बल्कि आर्थिक उदारीकरण की पूँजीवादी देशों से निर्मित और समर्थित वे नीतियाँ हैं जिनसे देसी पूँजीपतियों के आर्थिक हितों में बाधा पहुँचती है। अब राष्ट्र और राष्ट्रीयता का जो मुद्‌दा उछाला जा रहा है उसी की चाशनी में लपेटकर स्वदेशी को पेश किया जा रहा है। दरअसल राष्ट्र की अवधारणा को धर्म निरपेक्षता से पूरी तरह काटकर 'हिन्दू राष्ट्र' के रूप में आगे लाया जा रहा है। इसे भूख, गरीबी, अशिक्षा, बेरोजगारी आदि

वास्तविक प्रश्नों से कन्नी काटकर निकल जाने के रूप में देखा जाना चाहिए। स्वदेशी देशी पूँजीपतियों से सत्ता की प्रतिबद्धता की स्पष्ट घोषणा है जो अपनी परिणति में गरीब-अमीर की खाई को और चौड़ा करने की तैयारी है। जिस समय बीसवीं शताब्दी के प्रारम्भिक वर्षों में स्वदेशी में राष्ट्रीय स्तर पर एक नैतिक आग्रह को स्पष्ट रूप से देखा जा सकता था किन्तु उसके नीचे देशी पूँजीपतियों, धन्ना सेठों की अधिकाधिक लाभ उठाने की प्रवृत्ति मौजूद थी जिसकी ओर प्रेमचन्द अपने आर्थिक चिन्तन में बार-बार संकेत करते हैं। किन्तु वर्तमान में स्वदेशी का आग्रह सीधे देसी पूँजीपतियों और सत्ता-पक्ष की दुर्गम संधि का सीधा-सीधा खेल है। राजनीति न केवल देश के वास्तविक मुद्दों को ही बौना करके उन्हें हाशिये पर ला देती है बल्कि वह पारम्परिक औदात्य से लिपटे शब्दों को भी बौना करके पेश करने में कोई संकोच नहीं करती। राष्ट्र, राष्ट्रीयता, धर्म, स्वदेशी, परम्परा, इतिहास जैसे शब्द इस दौर में कितने बौने किन्तु कितने खतरनाक हो गए हैं वह एक अलग विवेचना का विषय है। अस्तु...।

समग्रत: हिन्दी नवजागरण के आर्थिक चिन्तन में भले ही औद्योगिकीकरण को समर्थन दिया गया हो किन्तु भारत राजनीतिक रूप से स्वतंत्र होकर आर्थिक गुलामी के मकड़जाल में फँस जाएगा, इसकी कभी कल्पना नहीं की गई थी। उस दौर के आर्थिक चिन्तकों ने स्वदेशी का जो अलख जगाया था उसके ठीक विपरीत ध्रुव पर खड़े होकर उदारीकरण के दौर में हम आर्थिक रूप से विदेशी शक्तियों के गुलाम हो गए। तब हिन्दी नवजागरण ने जिस उपनिवेशवाद के विरुद्ध संघर्ष किया। उदारीकरण एक नये किस्म के उपनिवेशवाद के आगे घुटने टेक गया।

> जिन आन्दोलनों में ऊर्जा बाकी थी (जैसे नारी मुक्ति आन्दोलन, पर्यावरण के प्रति चिन्तित आन्दोलन, मानवाधिकार आन्दोलन और गैर सरकारी स्वयंसेवी संस्थाओं की नये सामाजिक आन्दोलनों में भागीदारी), उनकी शब्दावली को हड़पकर और माँगों के साथ ऊपरी तालमेल बैठाकर भूमंडलीकरण ने फिर से एक घोड़े की दौड़ का रूप धारण कर लिया था।[23]

हिन्दी नवजागरण के आर्थिक चिन्तकों ने अनेक दशकों तक निर्धनता की मुक्ति के लिए जो संघर्ष किया उसके पीछे समृद्ध लोकोन्मुखी भारत का स्वप्न उन्हें ऊर्जा देता था। आजादी के बाद जिस भारत को स्वतंत्र, आत्मनिर्भर और राजनीतिक-आर्थिक स्वत्व की दिशा में आगे बढ़ना था, एक पल में उसकी बागडोर ऐसे हाथों में चली गई जो निस्सन्देह भारतीय हाथ नहीं थे। यह इस देश के उदारीकरण की भयावह त्रासदी थी। हमने भारतीय नवजागरण पर चर्चा करते हुए देखा था कि किस प्रकार वह परम्परा के पुनर्पाठ के साथ आधुनिकता की खलबलाहट का दौर भी था। वह खलबलाहट हमारी अपनी जड़ों से जुड़ी थी। वह किसी विश्वबैंक की कोख से जन्मी आधुनिकता नहीं थी जो नारी-मुक्ति, संस्कृति के औदात्य; जनोन्मुखी रुझानों

को पूरी विकृति के साथ और निर्लज्जतापूर्वक परोस रही है—

> आज हजारों उपक्रम बन्द हो चुके हैं। कृषि की हालत ठीक नहीं है। 70 प्रतिशत भारतीयों को आवश्यकता से कम भोजन मिल रहा है, जबकि औसत खाद्य उत्पादन का चौथाई हिस्सा गोदामों में पड़ा खराब हो रहा है। लोग भूख, गरमी, सरदी तथा प्रतिकूल परिस्थितियों के कारण मर रहे हैं। दस-पन्द्रह करोड़ मध्यवर्गीय तथा शहरी लोगों के बूते पर चमकते-दमकते बाजार किसी पर्यटक या पर्यवेक्षक को तो गुमराह कर सकते हैं, परन्तु अभावों से पीड़ित करोड़ों भारतीयों को नहीं।[24]

दरअसल हिन्दी नवजागरण का आर्थिक चिन्तन अपनी अन्त:प्रकृति में राष्ट्रवादी है। औपनिवेशिक शासन की शोषणपरक और दमनपूर्ण नीतियाँ उनके आर्थिक चिन्तन का उकसाने वाला कारण थीं। इसलिए उनके विरोध का केन्द्र औपनिवेशिक शासन और उनकी वे नीतियाँ हैं जो भारतवासियों की दरिद्रता का प्रमुख कारण थीं। विडम्बना यह है कि एक नये मुखौटे के साथ उपनिवेशवाद फिर लौट आया है।

> ××× औपनिवेशिक ढाँचे की मौजूदगी ने भारत को वैसा नहीं बनने दिया जैसा नवजागरण के अथवा स्वाधीनता आन्दोलन के सेनानियों ने कल्पना की थी। मौजूदा भारतीय यथार्थ की तमाम विकृतियाँ और नवजागरण के मूल्यों का यह अन्तर्विरोध आज परस्पर विपरीत ध्रुवांतों पर दिखाई देता है। ××× नवजागरण अपने प्रस्थान बिन्दु से आखिरी यात्रा तक जिस आत्मनिर्भरता पर जोर दे रहा था उसमें संग्रह और त्याग का विवेक भी था। आज राष्ट्रीय सिद्धान्त के रूप में पर-निर्भरता विकास का पैमाना हो गई है।[25]

वस्तुत: जब तक हम औपनिवेशिक ढाँचे से पूरी तरह मुक्ति को अपना मुख्य उद्देश्य नहीं बनाएँगे तब तक हिन्दी नवजागरण का आर्थिक चिन्तन सही अर्थों में फलीभूत नहीं होगा।

> तब मुख्य विरोध साम्राज्यवाद से था, तो आज का मुख्य अन्तर्विरोध नव-साम्राज्यवाद से है।[26]

इसमें कोई सन्देह नहीं उदारीकरण के मकड़जाल में फँसे भारत को इससे बाहर निकालने के लिए हमारे राजनीतिक नेतृत्व में इच्छा-शक्ति का जो अभाव दीख रहा है उसके प्रतिरोध के लिए हिन्दी नवजागरण को आगे बढ़ाते हुए एक दूसरे नवजागरण के लिए सामूहिक प्रयास आवश्यक ही नहीं अपरिहार्य भी है।

दूसरा नवजागरण केवल आत्म-पहचान और स्वत्व के लिए संघर्ष नहीं

है। इसका लक्ष्य मानव विवेक को पुनर्जागृत करके केवल एक नया सांस्कृतिक जागरण लाना ही नहीं है। बिना किसी विचारधारा के सांस्कृतिक जागरण नहीं आ सकता। इसलिए, दूसरे नवजागरण का प्रधान लक्ष्य है विचारधारा के संकट से मानव समाज को मुक्त करना, विचारधारा में आस्था की वापसी, मानवीय, आधुनिक, राष्ट्रीय और जनतांत्रिक मूल्यों में आस्था की वापसी।[27]

किन्तु प्रश्न यह है कि दूसरे नवजागरण की दिशा में उन्मुख होने के लिए क्या हमारी कोई तैयारी है? क्या हमारे पास ऐसे औजार हैं जो दूसरे नवजागरण के लिए इस देश को तैयार कर सकें। और वे कौन से औजार हैं जो इस उद्देश्य की प्राप्ति के लिए कारगर हो सकते हैं? वस्तुत: विवेकशील जनमानस, ईमानदार जनमाध्यम और उपभोक्तामूलक अपसंस्कृति का मूल्य आधारित संस्कृति द्वारा विस्थापन वे कारगर औजार हैं जिनके द्वारा दूसरे नवजागरण की दिशा में आगे बढ़ा जा सकता है।

आज उदारीकरण ने आर्थिक दृष्टि से एक नये प्रकार के उपनिवेशवाद को स्थापित ही नहीं किया है उसने हमारे जनमानस को भोथरा भी बनाया है। सही और गलत का विवेक हम पूरी तरह से खो चुके हैं। आवश्यकता जनमानस के विवेक को जाग्रत करने की है। इस दिशा में जो सबसे बड़ी बाधा है वह है मीडिया का पूरी तरह व्यावसायिक और अवसरवादी होना।

××× प्रमुख संचार माध्यम—खासकर वे कुलीन संचार माध्यम निगम ही हैं जो वह काय-सूची निर्धारित करते हैं। सामान्यत: बाकी सभी उसी का अनुसरण करते हैं जो दूसरे व्यापारिक समूहों को अपना खास 'पाठक-दर्शन-श्रोता वर्ग' बेचते हैं। इस बात पर किसी को आश्चर्य नहीं होना चाहिए कि जिस दुनिया की तसवीर वे प्रस्तुत करते हैं, वह बेचने-खरीदने वाले और उत्पाद के परिप्रेक्ष्यों और हितों को प्रतिबिम्बित करती है। संचार माध्यमों के मालिकाने का केन्द्रीकरण जबर्दस्त है और यह भी बढ़ रहा है।[28]

किन्तु हमें यह ध्यान रखना होगा कि इतना शक्तिशाली होते हुए भी वह स्वयं में प्रत्यक्ष सत्ता नहीं है क्योंकि वह भी बजार का अनुचर है। बाजार आज सर्वशक्तिमान है। ऐसा नहीं है कि बाजार का अपना इतिहास नहीं है। बाजार किसी न किसी रूप में मानव विकास का सहयात्री रहा है किन्तु अब बाजार की अवधारणा में क्रान्तिकारी परिवर्तन आया है। अब हम बाजार की नहीं बाजार की अर्थव्यवस्था की बात करने लगे हैं।

बाजार अर्थव्यवस्था से हमारा तात्पर्य उस आर्थिक प्रणाली से है जिसका नियंत्रण, नियमन और निर्देशन सिर्फ बाजार द्वारा होता है। वस्तुओं के

> उत्पादन और वितरण की प्रक्रिया में व्यवस्था बनाए रखने की जिम्मेदारी बाजार के स्वनियमन तंत्र पर होती है। बाजार अर्थव्यवस्था इस मान्यता पर आधारित होती है कि उसमें सक्रिय लोग अपने मौखिक फायदे को अधिकतम बनाने के लिए काम करेंगे।[29]

बाजार के इस मौद्रिक फायदे की जद में मीडिया अपने ढंग से अपनी भूमिका का निर्वाह करता है। अब दृश्य-श्रव्य माध्यम बड़ी कम्पनियों के दलाल बनकर कार्य करते हैं जबकि उन पर जनसंचार माध्यम नाम का मुखौटा लगा है। इन तथाकथित जनसंचार माध्यमों ने साहित्य और विचारधाराओं को ही वर्चस्वहीन नहीं किया है बल्कि राजनीतिक वर्ग भी इन पर पूरी तरह अवलम्बित हैं। यह मीडिया के बढ़ते हुए प्रभाव की ही भयावह परिणति है कि—

> बिग मीडिया ने राजनीतिज्ञों को प्रायः जनसम्पर्कहीन करके अपने पर आश्रित कर लिया है। इसने पढ़े-लिखे वर्ग को ही नहीं, साधारण ग्रामीणों को भी अपने बौद्धिक उपनिवेशवाद की लपेट में ले लिया है। बिना सैनिक भेजे यह एक ऐसी फतह है जिसकी मिसाल पूरे इतिहास में नहीं है।[30]

यह फतह संस्कृति के अक्षय कोष से जितना प्राप्त कुछ नहीं कर पाई उसने इस दृष्टि से केवल खोया ही खोया है।

यहाँ हमें प्रसंगवश हिन्दी नवजागरण की पत्रकारिता का उल्लेख करना होगा। यह वह दौर था जब पत्रकारिता आज के 'जनसंचार माध्यमों' की तरह पूँजीपतियों और राजनेताओं की दलाल नहीं थी बल्कि वह उस समय के पत्रकारों द्वारा समाज और राष्ट्र को बदलने के लिए कारगर हथियार की तरह इस्तेमाल की गई। उस समय पत्रकार होना घर फूँक तमाशा देखने जैसा था। एक ओर उन पर प्रेस एक्ट की तलवार लटकी थी तो दूसरी ओर घर की सम्पत्ति, आभूषण आदि को दाँव पर लगाकर भी इतना भी प्राप्त नहीं कर सकते थे कि पत्र के साथ अपनी रोजी-रोटी चला सकें। भारतेन्दु हरिश्चन्द्र, प्रतापनारायण मिश्र, पं. बालकृष्ण भट्ट जैसे पत्रकारों ने कितनी यातनाएँ झेलकर पत्रकारिता की मशाल जलाए रखी वह बार-बार प्रणम्य है। बहुत से पत्र आर्थिक अभाव के चलते बन्द हो गए। बहुत से पत्रकारों को सरकार द्वारा नियत दंड भरना पड़ा। अनेक ने जेल यात्रा भी की किन्तु वे अपने आदर्शों और मूल्यों के लिए निरन्तर संघर्ष करते रहे। निश्चय ही उस समय इलैक्ट्रॉनिक मीडिया का अस्तित्व नहीं था। किन्तु पत्रकारिता का इतिहास बताता है कि उस समय पत्र-पत्रिकाओं ने जिस प्रकार सामन्ती और साम्राज्यवादी सत्ता केन्द्रों से अनवरत संघर्ष किया; सामाजिक और राष्ट्रीय चेतना के प्रगतिशील विकास में जो महत्त्वपूर्ण भूमिका निभाई, उसकी तुलना में आज का मीडिया-कर्म बहुत ही तुच्छ और बौना ठहरता है।

उदारीकरण से बीसवीं सदी के अन्त तक आते-आते भारत में एक नये वर्ग को जन्म मिला। वह उपभोक्ता वर्ग है जो नवधनाढ्यों और उच्च-मध्यवर्ग से मिलकर बना है। पहले के बाजार में ग्राहक हुआ करता था, तब क्रय का आधार आवश्यकता हुआ करती थी। ग्राहक को बाजार के आर-पार दिखता था। दुकानदार और ग्राहक के बीच क्रय-विक्रय के साथ आत्मीय सम्बन्धों की हल्की मिठास भी मौजूद रहती थी। अब उनका स्थान बड़े-बड़े शॉपिंग मालों और डिपार्टमेंटल स्टोरों ने ले लिया है। जहाँ विलासिता और भव्यता का एक पूरा मायावी संसार है। नवधनाढ्य ब्रांडेड चीजें इसलिए कम खरीदते हैं कि उन्हें उनकी आवश्यकता है बल्कि इसलिए अधिक कि वे दूसरों के सामने अपने वैभव का प्रदर्शन कर सकें।

> विज्ञापन के जरिए वस्तुओं को नए अर्थों या गुणों से युक्त कर उपयोग के योग्य बनाने की कोशिश की जाती है। उपभोग के जरिए लोग अपनी पहचान बनाने की कोशिश करते हैं। वे अपने इर्द-गिर्द के लोगों से अपने को बेहतर दिखलाने की कोशिश करते हैं। ××× जो लोग उनसे नीचे हैं वे उनकी नकल कर उनके बराबर पहुँचने का प्रयास करते हैं। इसे 'बैंड वैगन इफेक्ट' कहा जाता है। इस 'चूहे-बिल्ली की दौड़' के कई अवांछित नतीजे होते हैं। अपराध और भ्रष्टाचार को बढ़ावा मिलता है।[31]

यह उपभोक्ता अधिक से अधिक खरीदने के लिए उतावला है।

> हर आदमी के भीतर, वह चाहे स्त्री हो या पुरुष, बालक हो या वृद्ध एक खरीदार बैठा है और बाजार उसे सोते-जागते कुछ खरीदने और भोगने के लिए हर क्षण उकसाता रहता है।[32]

उपभोक्तावाद ने एक ऐसी अपसंस्कृति को जन्म दिया है जो उदात्त सांस्कृतिक चेतना, मूल्य-बोध और स्वाभाविक सौंदर्य को हाशिये में डालकर मजे और सनसनी की तलाश में जंगली पशु की तरह घूमता रहता है।

> संस्कृति और व्यावहारिक जीवन में अन्तर को संस्कृति का व्यापारिक चरित्र मिटा देता है। सौंदर्यबोधी झलक चमक-दमक में बदल जाती है। व्यापारिक विज्ञापन उसे माल के अनुकूल बनाता है और बदले में माल उसे अपने में समाहित कर लेता है।[33]

ऐसा नहीं है कि उपभोक्ता, उसकी कोख से जन्मी अपसंस्कृति का यह घृणित और भयावह विस्तार अनंतकाल तक चलता रहेगा। माना गया है कि मनुष्य जो कुछ भी बनाए—अच्छा या बुरा; सुन्दर या कुरूप; मनोरम या घृणित—वह मनुष्य से बड़ा नहीं हो सकता—निश्चित रूप में वह उससे छोटा ही रहेगा। यह उपभोक्तामूलक

अपसंस्कृति मनुष्य ने निर्मित की है अत: उसी में यह सामर्थ्य है कि वह इसको नष्ट कर दे।

> ××× आदमी की समझ, सूझबूझ और तर्क बुद्धि हमेशा सुलाकर नहीं रखी जा सकती और न ही आदमी को अन्तिम रूप से मिटाकर महज उपभोक्ता में परिसीमित किया जा सकता है। दुनिया में और कुछ भी मनुष्य से अधिक अद्‌भुत और चमत्कारपूर्ण नहीं है, यह विश्वास ही उत्तर उभोक्तावाद की प्राणशक्ति है।[34]

हिन्दी नवजागरण भारतीय नवजागरण की एक विशिष्ट परिणति है। वह हमारे भारतीय स्वतंत्रता संग्राम के विराट् यज्ञ की समिधा भी है और उस यक्ष की बहुप्रतीक्षित पूर्णाहूति भी। निरन्तरता की कसौटी पर उसे भारतीय नवजागरण से पृथक करके नहीं देखा जा सकता। वह उससे इसलिए भिन्न है क्योंकि उसे हिन्दी पट्टी का जो भूगोल मिला उसने दो-दो स्वतंत्रता संग्रामों की प्रमुख गतिविधियों की परिणति को देखा और महसूस किया। हिन्दी नवजागरण ने सांस्कृतिक आत्मपहचान से आर्थिक दशा-दिशा की पड़ताल से राजनीतिक स्वत्व का मार्ग प्रशस्त किया। उसका आर्थिक चिन्तन अपनी अन्त:प्रकृति में राष्ट्रवादी और जनोन्मुखी है। यह एक औपनिवेशिक शासन के लूटतंत्र से सीधा टकराव है जो स्वतंत्रता आन्दोलन के केन्द्रीय नेतृत्व को अपने ढंग से प्रेरित और प्रभावित करते हुए गति और दिशा देता है। स्वतंत्रता मिलने के बाद भारतीय अर्थव्यवस्था ने योजनाबद्ध विकास से लेकर आर्थिक उदारीकरण तक की एक लम्बी यात्रा तय की है। निश्चय ही इस यात्रा की अनेक सांस्कृतिक उपलब्धियाँ हैं किन्तु बाजार केन्द्रित अर्थव्यवस्था, उपभोक्तामूलक अपसंस्कृति और 'बाहरी हाथों' द्वारा देश की अर्थव्यवस्था के संचालन ने एक नये प्रकार का उपनिवेशवाद हमारे सामने ला खड़ा किया है। किन्तु इतिहास के सामान्य नियम पर अविश्वास करने का कोई कारण नहीं है कि जब आगे बढ़ने में मनुष्य की अस्मिता संकट में हो तब वह पीछे मुड़कर भी देखता है और अतीत के प्रासंगिक उत्तमांश को सम्भव बनाने का अवसर देता है। आज यह अवसर हमारे सामने है। हिन्दी नवजागरण के आर्थिक चिन्तन के उत्तमांश का हमें एक बार समकालीन सन्दर्भों में मंथन करना होगा और मनुष्य की अप्रतिहत जिजीविषा और असीम गरिमा के बल पर समकालीन आर्थिक रूढ़ियों और विडम्बनाओं का कारगर प्रतिरोध करके हिन्दी नवजागरण की तरह एक नये प्रगतिशील आर्थिक चिन्तन को भारत के आर्थिक भविष्य का प्रस्थान बिन्दु बनाना होगा।

जिस समय मैं इन पंक्तियों को लिख रहा हूँ, पूरा देश कोविड-19 की दूसरी लहर का सामना कर रहा है। रोज लाखों की संख्या में लोग कोरोना की इस दूसरी लहर

से संक्रमित हो रहे और हजारों की संख्या में मर रहे हैं। कोरोना की पहली लहर ने कम कहर नहीं बरपाया। उसमें भी लाखों लोगों ने इस बीमारी की यातना को झेला। बहुतों ने इस बीमारी से लड़ते हुए उस पर विजय पाई और बहुत से मृत्यु के मुख में चले गए। पहले सरकार अपने अहंकार के चलते लापरवाह बनी रही। फिर हड़बड़ा कर अचानक ही पूरे देश को लॉकडाउन में कैद कर दिया गया। यह नहीं देखा गया कि रोज कुआँ खोदकर पानी पीने वाले मजदूर काम न मिलने पर क्या खाकर जिंदा रहेंगे। ये मजदूर अपने 'वतन' पहुँचने के लिए जान पर खेलने को तैयार थे। बहुतों की जानें गईं भी। कुछ सैकड़ों-हजारों साधनहीन मजदूर किलोमीटरों की यात्रा में सड़क पर ही दम तोड़ गए। कुछ थककर रेल की पटरी को सिरहाना बना सोए तो धड़धड़ाती रेल उन पर से गुजर गई। पहले सरकार ने उन्हें जबर्दस्ती रोकना चाहा पर उन्हें न रुकना था न वे रुके। सरकार को देर से ही सही समझ आई। रास्ते में उनके खाने-पीने का इंतजाम किया गया। उन्हें भेजने के साधन जुटाए गए। मगर जिन्हें पहुँचना था वे पहुँचे और जिन्हें नहीं पहुँचना था वे नहीं पहुँच पाए। सरकार को पहले एकतरफा ध्यान आया 'जान है तो जहान है' फिर ध्यान आया 'जान बिना खाए-पिए जिएगी कैसे?' चटपट लॉकडाउन ढीला करते-करते खोल दिया गया। लोग निश्चित होकर बिना मास्क और दूरी बनाए एक-दूसरे में गड्डमड्ड होने लगे। लॉकडाउन के इस पहले दौर में हमारी अर्थव्यवस्था पटरी से उतर गई। बेरोजगारी का ग्राफ एकबारगी उछाल मार गया। दुकानदार हाथ पर हाथ धरे बैठे थे। चारों ओर मन्दी की मार थी। फिर धीरे-धीरे आर्थिक माहौल में थोड़ा-सा सुधार दिखाई पड़ा। जिस अनुपात में यह सुधार दिखाई पड़ा उसका कारण दुकानों, शॉपिंग मॉलों, सिनेमाघरों को बिना सोचे-विचारे खोल देना था एक ओर विशेषज्ञ कोरोना की दूसरी लहर आने की चेतावनी दे रहे थे तो दूसरी ओर अपनी भविष्य की आवश्यकताओं के प्रति लापरवाह सरकार करोड़ों वैक्सीन दूसरे देशों को भेज रही थी। जब दूसरी लहर उठान पर आई तब देश के पास न पर्याप्त मात्रा में वैक्सीन थी, न अस्पतालों में कोविड मरीजों के लिए जगह थी, न आई.सी.यू. बेड थे। और सबसे खतरनाक यह कि गम्भीर रोगियों को बचाने के लिए आवश्यक ऑक्सीजन तक नहीं थी। सरकार ने एक बार फिर सारी चेतावनियों अपने अहंकार और प्रमाद के चलते कोरोना की दूसरी लहर से निपटने के लिए कोई प्रबन्ध नहीं किया। इसका परिणाम...बिना ऑक्सीजन दम तोड़ते हजारों मरीज; अस्पतालों में दाखिल न हो पाने, बिना बेड के सड़कों पर पड़े कराहते मरीज। मरघटों में लगे लाशों के अंबार, शव जलाने से पिघलती भट्टियाँ। सरकार अब चुनावों और कुंभ मेले से निजात पाकर 'कुछ करने' का मन बना रही है। दूसरे देशों को वैक्सीन की सौगात देने वाली सरकार अब वैक्सीन की भिक्षा माँग रही है।

कोरोना का यह प्रकरण सम्भव है कि ग्रन्थ के मूल विषय से सीधे-सीधे न

जुड़ता हो किन्तु अपनी ही सरकार की संवेदनहीनता, इच्छाशक्ति का अभाव; सत्ता की हनक ने हिन्दी नवजागरण के आर्थिक चिन्तन का जैसे उपहास उड़ाया है। एक बार फिर देश की अर्थव्यवस्था पूरी तरह चरमरा गई है। सरकार को चुनावों और कुंभ से निवृत्त होने के बाद लॉकडाउन का ध्यान आया है। राज्य सरकारें टुकड़ों में लॉकडाउन, कर्फ्यू आदि लगा रही हैं। सरकार की नीतियाँ डलिया में रखे मेढकों की तरह है। लॉकडाउन को मेढक सहेजते हैं तो अर्थव्यवस्था का मेढक उछलकर डलिया से बाहर गिर पड़ता है। सरकार जितनी अर्थव्यवस्था को लेकर दिशाहीन है, जनता उतनी ही स्तब्ध और क्षुब्ध है। भारत की अर्थव्यवस्था का भविष्य कोरोना के अन्धकार में छिपा है।

सन्दर्भ सूची

1. हिन्द स्वराज्य, महात्मा गांधी, पृ. 46
2. वही, पृ. 85
3. वही, पृ. 86
4. वही, पृ. 86
5. वही, पृ. 86
6. वही, पृ. 84
7. वही, पृ. 85
8. वही, पृ. 27
9. वही, पृ. 33
10. हिन्दुस्तान की कहानी, जवाहरलाल नेहरू, पृ. 467
11. वही, पृ. 468
12. वही, पृ. 470
13. वही, पृ. 473
14. वही, पृ. 471
15. वही, पृ. 471
16. हिन्दुस्तान की कहानी, जवाहरलाल नेहरू, पृ. 473
17. वही, पृ. 473
18. वही, पृ. 473-74
19. लोकदेव नेहरू, रामधारी सिंह 'दिनकर', नेशनल पब्लिशिंग हाउस, दिल्ली, 1989, पृ. 46
20. उदारीकरण की राजनीति, राजकिशोर, वाणी प्रकाशन, दिल्ली, सं. 1998, पृ. 25
21. वही, पृ. 26
22. वही, पृ. 39
23. भारत का भूमंडलीकरण, सं. अभय कुमार दुबे, वाणी प्रकाशन, दिल्ली, सं. 2003, पृ. 33
24. भूमंडलीकरण के भँवर में भारत, कमलनयन काबरा, प्रकाशन संस्थान, दिल्ली, सं. 2008, पृ. 195

25. भारतीय नवजागरण और समकालीन सन्दर्भ, कर्मेन्दु शिशिर, नई किताब, दिल्ली, सं. 2013, पृ. 129
26. वही, पृ. 129
27. दूसरे नवजागरण की ओर, शंभुनाथ, ज्ञानभारती, दिल्ली, सं. 1993, पृ. XII
28. जनमाध्यमों का मायालोक, नोम चॉमस्की, ग्रन्थ शिल्पी, दिल्ली, 2006, पृ. 18
29. बाजार, गिरीश मिश्र, ग्रन्थ शिल्पी, दिल्ली, सं. 2011, पृ. 49
30. संस्कृति की उत्तरकथा, शंभुनाथ, वाणी प्रकाशन, दिल्ली, सं. 2000, पृ. 204
31. उपभोक्तावाद : एक विश्लेषण, गिरीश मिश्र, ग्रन्थ शिल्पी, दिल्ली, सं. 2014, पृ. 118
32. बाजार के बीच : बाजार के खिलाफ, प्रभा खेतान, वाणी प्रकाशन, दिल्ली, सं. 2010, पृ. 192
33. संस्कृति उद्योग, टी.डब्ल्यू. एडर्नो, ग्रन्थ शिल्पी, सं. 2006, पृ. 69
34. संस्कृति की उत्तरकथा, शंभुनाथ, वाणी प्रकाशन, दिल्ली, सं. 2000, पृ. 170

उपसंहार

हिन्दी नवजागरण का आर्थिक चिन्तन अपनी अन्त:प्रकृति में राष्ट्रवादी है। वह एक ओर इस देश की निर्धनता के भयावह यथार्थ को पूरी प्रामाणिकता के साथ प्रस्तुत करता है, वहीं दूसरी ओर इस निर्धनता के कारणों और उसके निवारण हेतु भी वह सजग है। इसके साथ ही वह अर्थशास्त्र की बुनियादी बातों से भी जनसामान्य को अवगत कराना चाहता है जिनको जाने बिना इस देश की निर्धनता दूर करने के लिए कोई भी प्रयास सम्भव नहीं था। भारत की सांस्कृतिक चेतना को राजनीतिक स्वत्व में बदलने में इस आर्थिक चिन्तन ने महत्त्वपूर्ण भूमिका निभाई। यह सही है कि भारतीय स्वातंत्र्य आन्दोलन के उभार के साथ हिन्दी नवजागरण के आर्थिक चिन्तन की रेखाएँ धूमिल होती गईं किन्तु हमें यह भी मानना होगा कि स्वतंत्रता संग्राम के सभी प्रमुख पुरोधाओं ने जितने राजनीतिक आन्दोलनों का नेतृत्व किया उनमें अधिकांश आन्दोलन हिन्दी नवजागरण के आर्थिक चिन्तकों द्वारा उठाए गए प्रश्नों से प्रेरित और प्रभावित तो हैं ही वे इस चिन्तन से प्राप्त समाधानों और विकल्पों से भी अपने आन्दोलनों का ताना-बाना बुनते हैं। यदि हिन्दी नवजागरण के आर्थिक चिन्तन की परम्परा इन स्वतंत्रता-सेनानियों के सामने न होती तो उसमें इतनी रचनात्मकता और पैनापन होता, इस पर सन्देह किया जा सकता है।

हिन्दी नवजागरण का आर्थिक चिन्तन न तो पूरी तरह मौलिक है और न परम्परा से पूरी तरह विच्छिन्न ही। हम भारतेन्दु युग से इसका प्रारम्भ मानते हैं किन्तु 1857 के प्रथम स्वतंत्रता संग्राम में भी आर्थिक चिन्तन की पदचाप सुनी और महसूस की जा सकती है। दरअसल भारतीय और विदेशी इतिहासकारों ने 1857 के स्वतंत्रता संग्राम पर जितना लिखा वह परिमाण में बहुत अधिक है किन्तु इसको लेकर कोई स्पष्ट और समग्र बिम्ब अब तक नहीं बन पाया है। अधिमूल्यन और अवमूल्यन की फिसलन में इस स्वतंत्रता संग्राम का चेहरा धुंधलाया गया है। हम यहाँ इस लेखन के अन्तर्विरोधों और विसंगतियों की विवेचना में न पड़कर इस तथ्य पर बल देना चाहते हैं कि 1857 का स्वतंत्रता संग्राम अपने स्वरूप में न केवल शुद्ध रूप से राजनीतिक है और न यह संग्राम केवल सत्ता-परिवर्तन के लिए लड़ा गया। इस संग्राम में कहीं न कहीं आर्थिक प्राथमिकताएँ और आकांक्षाएँ भी मौजूद हैं।

वस्तुतः देश की दशा और दिशा में मूलभूत बदलाव के लिए किये गए किसी भी आन्दोलन में आर्थिक प्राथमिकताएँ, आकांक्षाएँ और समस्याएँ अनिवार्य और अपरिहार्य रूप में उपस्थित रहती हैं, क्योंकि जनता के आर्थिक सरोकारों से जुड़े बिना किसी भी राष्ट्रीय आन्दोलन का कोई भविष्य नहीं होता। 1857 का स्वातंत्र्य संग्राम भी इसका अपवाद नहीं है।

सबसे पहले हमें ध्यान रखना होगा कि जो सैनिक इस स्वतंत्रता-संग्राम का नेतृत्व कर रहे थे (इस स्वतंत्रता-संग्राम की अगुवाई कोई सामन्त, राजा या बादशाह नहीं करते थे बल्कि इस आन्दोलन के स्वरूप और दिशा का निर्धारण सैनिकों के हाथ में था) वे भले ही सेना की वर्दी पहने हों किन्तु वे किसानों और शिल्पियों के परिवार से आए थे। इन परिवारों ने औपनिवेशिक शासन द्वारा किये गए किसानों और मजदूरों के निर्लज्ज आर्थिक शोषण को अपनी आँखों से देखा था। सेना में भी वे अंग्रेज सैनिकों की तुलना में बहुत कम वेतन पाते थे और शासन द्वारा किये जा रहे आर्थिक शोषण के शिकार थे। 1857 के स्वतंत्रता संग्राम की योजना बनाते समय राजनीतिक मुक्ति के साथ किसानों, शिल्पियों के आर्थिक शोषण जिनमें वे स्वयं भी सम्मिलित थे, से मुक्ति के लिए न छटपटा रहे हों ऐसा सम्भव ही नहीं था। आर्थिक शोषण से मुक्ति की इस छटपटाहट को इस क्रान्ति की योजना बनाने वाले प्रमुख लोगों ने भी निश्चय ही महसूस किया होगा। इसलिए स्वतंत्रता संग्राम के लिए प्रेरित करने वाले अनेक इश्तिहारों में जनसाधारण की आर्थिक समृद्धि के लिए अनेक घोषणाएँ की गईं। कम्पनी शासन की शोषणपरक नीतियों का पर्दाफाश भी एक इश्तिहार में किया गया। बताया गया कि भारतीय व्यापार पर कम्पनी का एकाधिकार है। कम्पनी का एक ही उद्देश्य है चुंगी, टैक्सों आदि के ज़रिए अधिकाधिक मुनाफा वसूली। इश्तिहार में जनसाधारण को आश्वस्त किया गया कि बादशाही शासन में व्यापार पर पूरी तरह भारतीयों का अधिकार होगा। व्यापार के विस्तार के लिए भाप के इंजिन और गाड़ियाँ चलाई जाएँगी। सरकारी खजाने से उन्हें सहायता दी जाएगी जिनके पास पूँजी का अभाव है। देसी कारीगरी और शिल्प को प्रोत्साहन दिया जाएगा आदि-आदि। इश्तिहार से स्पष्ट है कि 1857 के स्वतंत्रता संग्राम का नेतृत्व आर्थिक खुशहाली की योजना पर काम करने को कटिबद्ध था। यदि इस स्वतंत्रता संग्राम को सफलता मिल जाती तो निश्चय ही नये शासन में आर्थिक समृद्धि के लिए भी काम किया जाता।

हमें यह भी नहीं भूलना चाहिए कि प्रथम स्वतंत्रता संग्राम के इस दौर में विश्व के बहुत से अर्थशास्त्रियों, मजदूर आन्दोलन के नेताओं और कवियों ने इस जनक्रान्ति से स्वयं को जोड़ने का प्रयास किया। सुप्रसिद्ध अर्थशास्त्री एडम स्मिथ यदि भारत में हो रहे औपनिवेशिक शोषण को किसानों और मजदूरों से जोड़कर देख रहे थे तो चार्टिस्ट आन्दोलन के स्वनामधन्य मजदूर नेता अर्नेस्ट जॉन्सन जेल में लिखी अपनी कविता 'इंडिया द न्यू वर्ल्ड' में किसानों और मजदूरों के हित में 1857 की

क्रान्ति की सफलता का सपना सँजोए थे। इंग्लैंड के श्रमिक नेता रिचार्ड कांग्रीव अपने देश के किसानों और मजदूरों को 1857 की क्रान्ति में सहयोग देने का आह्वान कर रहे थे। मार्क्स एंगेल्स और लेनिन ने कम्पनी शासन में भारतीय किसानों और मजदूरों के भयावह आर्थिक शोषण के प्रामाणिक साक्ष्य प्रस्तुत किये। 1811 में सुप्रसिद्ध अंग्रेजी कवि बायरन ने अपनी लम्बी कविता 'द कर्स ऑफ मिनर्वा' में भारत के भावी स्वतंत्रता संग्राम (1857 के भारतीय स्वतंत्रता संग्राम) को कल्पना के रेशों से संघटित कर प्रस्तुत किया। वस्तुत: विश्व के अनेक आर्थिक विचारक और कवि जिस प्रकार इस भारतीय क्रान्तिकारी आन्दोलन को विश्व के किसानों मजदूरों से जोड़कर देख रहे थे वह इसके आर्थिक पहलू के महत्त्व को रेखांकित करने के लिए पर्याप्त है। ऐसा नहीं है कि 1857 का स्वतंत्रता संग्राम केवल कम्पनी द्वारा किये गए आर्थिक शोषण के लिए लड़ा गया। धार्मिक एवं जातीय अस्मिता पर संकट इस संग्राम का मूलभूत कारण था किन्तु इसमें कोई सन्देह नहीं कि हिन्दी नवजागरण के आर्थिक चिन्तन के कुछ महत्त्वपूर्ण सूत्रों का पूर्वाभास 1857 के स्वतंत्रता संग्राम में स्पष्ट रूप से देखा जा सकता है।

1857 के स्वतंत्रता संग्राम का जिस कठोरता और निर्ममता से अंग्रेजी शासन द्वारा दमन किया गया उसका एक परिणाम यह हुआ कि सशस्त्र प्रतिरोध पर विराम लग गया। इसके साथ ही यह भी उल्लेखनीय है कि कुछ दशकों बाद अंग्रेजी शिक्षा में पले-बढ़े भारत के बुद्धिजीवियों ने राजनीतिक रूप से ब्रिटिश शासन को इस देश की स्वाभाविक नियति मान लिया बल्कि संविधान, न्याय तथा प्रशासन की दृष्टि से उसे भारत के हित में व्याख्यायित किया। सम्भ्रान्त बुद्धिजीवियों की दृष्टि में राजनीतिक रूप से ब्रिटिश शासन के विकल्प की बात न केवल असंगत, बल्कि कल्पना से भी परे थी। किन्तु इन्हीं बुद्धिजीवियों में एक वर्ग इस देश की भयावह निर्धनता को न केवल देख और महसूस कर रहा था बल्कि इस निर्धनता का मूलभूत कारण वह ब्रिटिश शासन को मानता था। राजनीतिक पक्ष इस सिक्के का एक पहलू था जिसकी पक्षधरता में उन्हें कोई संकोच नहीं था। दादाभाई नौरोजी ने निकासी सिद्धान्त के द्वारा यह साफ कर दिया था कि किस प्रकार ब्रिटिश शासन द्वारा भारत से वसूल किये गए राजस्व का लगभग चौथाई भाग देश से बाहर चला जाता है तथा इंग्लैंड की समृद्धि को बढ़ाने में महत्त्वपूर्ण भूमिका का निर्वाह करता है। ब्रिटिश अधिकारियों को दी जाने वाली पेंशन, ब्रिटिश सेना को भारत में रखने का खर्च, भारत में हो रहे प्रशासनिक व्यय, अंग्रेज व्यापारियों द्वारा अपनी आय को इंग्लैंड भेजा जाना आदि निकासी सिद्धान्त के प्रमुख आधार थे। दादाभाई ने इसकी पूरी जिम्मेदारी भारतीय शासन में अंग्रेजों की नियुक्ति एवं शासन के कार्यकलापों पर डाली है। उन्होंने अन्य देशों की प्रतिव्यक्ति आय की तुलना भारत की प्रतिव्यक्ति से करते हुए उसकी दयनीय आर्थिक स्थिति का प्रामाणिक अंकन किया है। वे ब्रिटिश प्रशासकों की इस मान्यता को सिरे

से नकार देते हैं कि जनसंख्या-वृद्धि भारत की निर्धनता का कारण है। दादाभाई यह मानते हैं कि जो देश प्राकृतिक संसाधनों का भंडार है उसमें मानव-संसाधन वरदान हो सकते हैं अभिशाप नहीं। उनकी दृष्टि में जब तक देश में औद्योगिक विकास गति नहीं पकड़ लेता तब तक रेल के विकास पर चर्चा करने का कोई औचित्य नहीं। दादाभाई भारत में बड़े पैमाने पर औद्योगिकीकरण को आवश्यक मानते थे। उनकी दृष्टि में पूँजी का भारत में संचय तब तक नहीं हो सकता जब तक कि भारत की सम्पत्ति का दोहन करके उसे विदेश भेजा जाता रहेगा।

सुप्रसिद्ध अर्थशास्त्री आर.सी. दत्त ने दादाभाई के निकासी सिद्धान्त को और आगे बढ़ाते हुए स्थापना की कि निकासी का प्रत्यक्ष सम्बन्ध सरकारी राजस्व से है और राजस्व में बहुत बड़ा अंश लगान की वसूली से प्राप्त राशि का है। भूमि से जो लगान वसूल होता था उससे निकासी के बहुत बड़े हिस्से का भुगतान किया जाता था। दत्त की यह मान्यता थी कि जब तक लगान की वसूली कम नहीं होती तब तक निकासी को भी कम नहीं किया जा सकता। निकासी को कम करने के लिए उन्होंने सरकार को अनेक सुझाव दिये जैसे इंग्लैंड में लिये गए सरकारी ऋणों पर भारत की ब्याज देनदारी के साथ-साथ सरकारी ऋण के बोझ को हटाना; रेलवे ऋणों का भार कम करना आदि। दत्त यह भी मानते थे कि निकासी में कटौती से स्वयं सरकार लाभान्वित होगी क्योंकि इससे भारत के निर्यात में बढ़ोतरी होगी। भारत में पड़ने वाले अकालों को उन्होंने भारत की दरिद्रता का बाह्य कारण माना। उन्होंने देश में पड़ने वाले अकालों के लिए निर्धनता के कारण उनकी क्रयशक्ति के अभाव को एक प्रमुख कारण माना। मानसून की प्रतिकूलता उनकी दृष्टि में एक बड़ा कारण थी ही। दत्त ने इन सबसे बढ़कर अकालों के प्रति सरकार की उदासीनता को अकालों का सर्वाधिक महत्त्वपूर्ण कारण माना। वे देख रहे थे विक्टोरिया शासन में भी जनसाधारण की निर्धनता के निवारण के लिए कुछ विशेष नहीं किया गया। वे देख रहे थे कि 18वीं शताब्दी में यह महान औद्योगिक और खेतिहर देश अंग्रेजी शासन में निरन्तर निर्धनता की ओर अग्रसर होता हुआ अन्ततः पूरी तरह दरिद्र हो गया। इसका कारण था विदेशी उत्पादनों द्वारा भारतीय शिल्प का स्थान ले लेना। इससे लाखों कारीगर परम्परागत रोजगारों से वंचित हो गए। कृषि पर निर्भरता बढ़ी और अत्यधिक भूराजस्व के बोझ से भारत गरीबी के बोझ से दबकर रह गया। इसे दत्त ब्रिटिश भारत के इतिहास का निकृष्टतम अध्याय मानते हैं। वे रेल निर्माण की इस दृष्टि से आलोचना करते हैं कि भारत के साथ ब्रिटेन के व्यापार को सुविधापूर्ण बनाने के लिए रेल-निर्माण को प्राथमिकता दी जा रही थी। इसके स्थान पर यदि कृषि को सुविधाजनक बनाने के लिए सिंचाई के साधनों पर धन लगाया जाता तो वह भारत की गरीबी का उन्मूलन करता। समग्रतः दादाभाई नौरोजी और आर.सी. दत्त ने अपने आर्थिक चिन्तन से राष्ट्रवादी आर्थिक चिन्तन की परम्परा का

सूत्रपात किया जो नवजागरण के आर्थिक चिन्तन का भी पाथेय बना।

1870 वह साल है जहाँ से भारतीय नेताओं ने भारत की निर्धनता की भयावहता और उसके कारणों की छानबीन आरम्भ की। दादाभाई ने इस परम्परा को आरम्भ किया और आर.सी. दत्त ने (1901 से 1903 तक) इस परम्परा को उत्कर्ष पर पहुँचा दिया। यह वह दौर था जब राजनीतिक क्षेत्र में आर्थिक चिन्तन सबसे अधिक उभरकर सामने आया। हिन्दी नवजागरण का आर्थिक चिन्तन इस दौर से निश्चित रूप से प्रेरित, प्रभावित और ऋणी है, इसमें सन्देह नहीं। इसीलिए हमने इस दौर की चर्चा को कुछ अधिक विस्तार दिया।

हिन्दी नवजागरण का आर्थिक चिन्तन कोई पृथक धारा या क्रमबद्ध परम्परा नहीं है। यह आर्थिक चिन्तन हिन्दी नवजागरण की अन्तःप्रकृति में समाहित है—दूध में शक्कर की भाँति। निश्चय ही यह उन्नीसवीं सदी के अन्त और बीसवीं सदी के आरम्भ में घटी एक ऐसी सांस्कृतिक परिघटना थी जो बीच-बीच में आर्थिक चिन्तन की लहर उठाती हुई राजनीतिक स्वत्व की दिशा में आगे बढ़ती हुई भारत के स्वतंत्रता संग्राम में लय हो जाती है। यह एक वास्तविकता है कि हिन्दी नवजागरण पर विद्वानों ने जो विचार किया उसमें उसके सांस्कृतिक पक्ष को प्रमुखता दी गई। हमारा यह आशय कदापि नहीं कि उसके दूसरे पक्षों पर चर्चा हुई ही नहीं। अवांतर रूप से हिन्दी नवजागरण के दूसरे पक्षों पर भी विचार हुआ किन्तु आर्थिक चिन्तन को लेकर कोई प्रमुख और व्यवस्थित कार्य हमारे देखने में नहीं आया। इसका एक कारण सम्भवतः यह हो सकता है कि हिन्दी नवजागरण की ऊपरी सतह पर सांस्कृतिक प्रश्नों की ही खलबलाहट थी। दूसरे यहाँ आर्थिक चिन्तन व्यवस्थित और क्रमबद्ध नहीं है—वह बिखरा और छितराया हुआ है। विद्वानों ने इसीलिए उसमें निहित सांस्कृतिक परिप्रेक्ष्य को अधिक विचारणीय समझा। किन्तु इसमें कोई सन्देह नहीं इस आर्थिक चिन्तन की अन्तःसलिला हिन्दी नवजागरण में मन्द अथवा गतिशील—किसी न किसी रूप में मौजूद अवश्य रही है। यहाँ हम न लेखकों का सन्दर्भ देंगे और न उनके उद्धरण। यह ग्रन्थ के मूलभाग में उपलब्ध है ही। हम यहाँ हिन्दी नवजागरण के आर्थिक चिन्तन का एक विहंगावलोकन प्रस्तुत करना चाहेंगे।

हिन्दी नवजागरण के आर्थिक चिन्तन का केन्द्र है भारतवर्ष की निर्धनता। यही वह धुरी है जिसके चारों ओर यह आर्थिक चिन्तन घूमता है। यदि हम निर्धनता की बात करें तो वास्तविकता यह है कि तो भारत न तब निर्धन था और न आज निर्धन है। इस देश के पास अपार प्राकृतिक संसाधन हैं—अपार खनिज सम्पदा है। समृद्ध होने के लिए अनुकूल पर्यावरण है। किन्तु इन संसाधनों का अंधाधुंध प्राकृतिक दोहन अवश्य चिन्ता का विषय है। दरअसल भारत निर्धन नहीं है निर्धन हैं यहाँ के अधिकांश निवासी। निर्धन हैं यहाँ के किसान, श्रमिक और शिल्पी। निश्चिय ही भारतवासियों की निर्धनता आज भी मौजूद है किन्तु हिन्दी नवजागरण में भारतवासियों की निर्धनता इतनी भयावह

और चिन्ताजनक थी कि उसे हिन्दी नवजागरण के आर्थिक चिन्तकों ने गहरी शिद्दत से देखा और महसूस किया। वे देख रहे थे कि एक ओर औपनिवेशिक शक्तियाँ भारतवासियों का पूरी निर्लज्जता से आर्थिक दोहन कर रही थीं तो दूसरी ओर यहाँ के किसानों की रूढ़िग्रस्त मानसिकता और भारतीय पूँजीपतियों की काहेली और जोखिम न उठाने की सोच भारतीयों की निर्धनता को बढ़ा रही थी। इनके साथ प्राकृतिक आपदाएँ तो कोढ़ में खाज की तरह मौजूद थीं ही। इसी निर्धनता को केन्द्र में रखकर हिन्दी नवजागरण के आर्थिक चिन्तकों ने अपने चिन्तन को दिशा प्रदान की।

हिन्दी नवजागरण के प्राय: सभी आर्थिक चिन्तकों ने इस देश के किसानों, मजदूरों और शिल्पियों की दरिद्रता को बहुत गहराई से देखा और महसूस किया। यह अंकन मर्मस्पर्शी तो है ही पूरी तरह प्रामाणिक और साक्ष्यों पर आधारित है। विशेष रूप से किसानों की निर्धनता का इतना लोमहर्षक अंकन किया गया है जो हमें अनायास ही चिन्तित और व्यथित कर देता है। वे देख रहे हैं कि हमारे किसान भुखमरी के कगार पर हैं। एक समय रूखा-सूखा मिल जाना भी उनके लिए गनीमत है। उन्हें तन ढकने को वस्त्र भी मयस्सर नहीं है। वे महाजनों के कर्ज के जाल में इस प्रकार फँसे हैं कि ब्याज चुकाने में ही कई पीढ़ियाँ खप जाती हैं। जमींदारों की बेगार करना और अत्याचार सहना उनके लिए रोज़मर्रा की बात है। महाजन, कारिंदे, जमींदार उसके रक्त की एक-एक बूँद चूसे ले रहे हैं। अगर कहीं अकाल पड़ गया तो भूख से मरने के अलावा कोई चारा नहीं। अन्नदाता किसान ही भूख से एड़ियाँ रगड़-रगड़ कर मरता है। दस्तकारों का धंधा पूरी तरह चौपट हो गया है। मजदूर के लिए कोई रोजगार नहीं। यदि कहीं किसी कारखाने में रोजगार मिलता भी है तो उनसे जानवरों की तरह काम लिया जाता है। हिन्दी नवजागरण के आर्थिक चिन्तकों ने भारतवासियों की निर्धनता के यथार्थ को पूरी प्रामाणिकता और संवेदनशीलता के साथ चित्रित किया है।

हिन्दी नवजागरण के आर्थिक चिन्तक भारतवासियों की अर्थिक दुरवस्था के कारणों की व्यापार परिप्रेक्ष्य में पड़ताल करते हैं। यदि इन कारणों को समग्रता में देखें तो इन्हें स्पष्ट रूप से तीन भागों में बाँटा जा सकता है—

1. वे कारण जो औपनिवेशिक शासन की नीयत और नीतियों से जुड़े हैं।
2. वे कारण जिनके लिए किसान, मजदूर, शिल्पी, व्यापारी और पूँजीपति स्वयं उत्तरदायी नहीं हैं।
3. वे कारण जिनके लिए उपर्युक्त सभी किसी न किसी रूप में दोषी हैं।

पहले वर्ग के कारणों पर विचार करें। अठारहवीं शती के अन्त से हिन्दी नवजागरण काल तक जिन राष्ट्रवादी आर्थिक चिन्तकों ने भारत की आर्थिक दुरवस्था पर विचार किया है उन्होंने एक मत से यह सिद्ध किया है कि भारत की निर्धनता के

लिए औपनिवेशिक शासन ही प्रमुख रूप से दोषी है। दादाभाई नौरोजी के निकासी सिद्धान्त को आगे बढ़ाते हुए हिन्दी नवजागरण के आर्थिक चिन्तकों ने इस शासन का पहला दोष यह माना है कि वह हमारे देश की सम्पत्ति का दोहन करके उसे विदेश भेज देता था। लगान, मालगुजारी, तथा अन्य टैक्सों से अर्जित धन के बाहर जाने से भारतीयों की निर्धनता बढ़ती जा रही थी। शासकों को इस बात से कोई सरोकार नहीं था कि इस दोहन से भारतवासियों का रक्त कितनी निर्ममता से चूसा जा रहा था और वे दिनोदिन कंगाल होते जा रहे थे। इंग्लैंड की औद्योगिक क्रान्ति की सफलता में निश्चय ही इस धन की बहुत बड़ी भूमिका थी।

भारत में कम्पनी के लोग प्रमुख रूप से व्यापार के लिए आए थे। बाद में भले ही सत्ता उनके हाथ में आ गई हो किन्तु व्यापार को उन्होंने निरन्तर प्रमुखता दी। अपने व्यापार को बढ़ाने के लिए उन्होंने भारतीय उद्योग और व्यापार का विनाश करने में कोई कसर न उठा रखी। यहाँ के शिल्प को केवल हतोत्साहित ही नहीं किया गया बल्कि उसे पूरी तरह नष्ट करने में उन्होंने कोई संकोच नहीं किया। यहाँ के तैयार माल पर इतनी अधिक चुंगी लगाई गई कि उसे भेजकर कोई लाभ नहीं कमाया जा सकता था। भारत का बाजार औपनिवेशिक शासन ने अपने तैयार माल से पाट दिया। इस प्रकार भारत में व्यापार और उद्योगों के पनपने के सारे मार्ग अवरुद्ध कर दिये गए। हिन्दी नवजागरण के आर्थिक चिन्तन में भारतीय शिल्पियों, व्यापारियों और उद्योगों की आर्थिक बदहाली का विशद और प्रामाणिक चित्र प्रस्तुत किया गया है।

भारतवासियों की निर्धनता में अभिवृद्धि का एक महत्त्वपूर्ण कारण जिसके लिए औपनिवेशिक शासन दोषी था, वह था लगान, मालगुजारी तथा अन्य टैक्सों का भारी बोझ शासन द्वारा जनता पर डालना। हिन्दी नवजागरण के प्राय: सभी आर्थिक चिन्तकों ने लगान, मालगुजारी और अन्य करों की बढ़ी हुई दरों पर चिन्ता व्यक्त की है और इस पर सरकार को आड़े हाथों लिया है। दरअसल चाहे कम्पनी शासन हो अथवा क्राउन की सत्ता, अपने सामरिक, प्रशासनिक आदि के खर्चे निकालने के लालच में सरकार इतनी संवेदनाशून्य और निर्मम हो गई थी कि दीन-हीन प्रजा से भारी-भरकम उगाही में उसे बिल्कुल संकोच नहीं होता था। भारतेन्दु-युग से लेकर नवजागरण के अवसान काल तक देश के आर्थिक पहलू पर विचार करने वाले सभी साहित्यकारों, विषय-विशेषज्ञों ने सरकार द्वारा निर्धारित लगान, मालगुजारी, इंपीरियल टैक्स, इनकम टैक्स आदि को किसी भी दृष्टि से युक्तिसंगत नहीं माना है और इसे किसानों, मजदूरों, मध्यवर्ग की बदहाली का एक बड़ा कारण माना है।

दुर्भिक्षों का लगातार चलने वाला सिलसिला इस देश की दरिद्रता का एक महत्त्वपूर्ण कारण है। 19वीं शताब्दी के उत्तरार्द्ध में देश में छोटे-बड़े 24 अकाल पड़े और लगभग 3 करोड़ मनुष्य काल-कवलित हो गए। इससे सहज ही अनुमान किया जा सकता है कि अकालों का हमारे देश पर कितना भयावह परिणाम हुआ।

हिन्दी नवजागरण के आर्थिक चिन्तन में अकालों के लिए सरकार को इसलिए दोषी ठहराया गया कि उसने इस आपदा से बचने के लिए कोई कारगर उपाय नहीं किये और इस देश की सम्पत्ति के दोहन में लगी रही। न तो उसने अकालों के पूर्व कोई ऐसी व्यवस्था की कि जिससे समय रहते अकालों से बचाव हो पाता और न ही अकाल पड़ने की स्थिति में जनसाधारण को राहत पहुँचाने के लिए बचाव कार्यों को तत्परता से अंजाम दिया।

सरकार की व्यापार सम्बन्धी नीतियों ने भी इस देश की दरिद्रता को बढ़ाने में महत्त्वपूर्ण भूमिका निभाई है। हिन्दी नवजागरण के आर्थिक चिन्तन में औपनिवेशिक शासन से पहले और बाद की व्यापारिक स्थितियों की तुलना करते हुए यह सिद्ध किया गया है कि कम्पनी शासन ने किस प्रकार भारतीय व्यापार, उद्योग और शिल्प को क्षति पहुँचाते हुए उन्हें बरबादी की कगार पर ला खड़ा किया। एक समय था जब इस देश के सूती, रेशमी, ऊनी वस्त्रों की पूरे यूरोप में भारी माँग थे। वस्त्रों के व्यापार में भारत का कोई मुकाबला नहीं था। वस्त्रों के अतिरिक्त बहुत सी दूसरी वस्तुओं का निर्यात दूसरे देशों को होता था। कम्पनी का शासन आते ही इंग्लैंड की पार्लियामेंट ने ऐसा कानून बना दिया कि यूरोप में हिन्दुस्तान के बने हुए कपड़ों को व्यवहार में लाने पर पूरी तरह प्रतिबन्ध लगा दिया गया। इससे हमारे देश का व्यवसाय पूरी तरह नष्ट हो गया। 1858 के बाद भी हमारे देश में जो माल इंग्लैंड से तैयार होकर आता था उस पर नाम मात्र का महसूल कर दिया गया। परिणामस्वरूप विदेशी माल भारत की तुलना में बहुत सस्ता बिकने लगा। जब भारत में देश की माँग पूरी करने के लिए यहाँ के लोगों ने कारखाने खोले तो इंग्लैंड के व्यापारियों ने पार्लियामेंट पर दबाव डालकर विलायती माल पर लगने वाले कर को और भी कम करवा दिया। कुछ चीजों पर तो कर बिल्कुल ही समाप्त कर दिया गया। कम्पनी शासन में मीर कासिम के शासन काल में कम्पनी के गुमाश्तों ने अपने अत्याचारों के बल पर कच्चे माल की नाममात्र कीमत देकर जुलाहों से माल तैयार कराया। इससे वे काम छोड़कर भाग गए। कम्पनी के डायरेक्टरों ने कच्चा रेशमी माल उपलब्ध कराने वालों को तो प्रोत्साहन दिया किन्तु जो कारखाने रेशमी वस्त्र तैयार करते थे उन्हें कोई मदद नहीं दी गई। हिन्दुस्तानी व्यापारी केवल कच्चा रेशमी माल विलायत भेजते थे और विदेशी व्यापार उससे वस्त्र बनाकर मनमाना लाभ वसूल करते थे। दिखावे के लिए कमेटियाँ बनाई गईं किन्तु स्थिति जस की तस रही। भारतीय व्यापारियों के हित में दिखावे के लिए बहुत से करतब दिखाने के बाद लार्ड लिटन ने विलायत के मोटे कपड़े पर कर पूरी तरह समाप्त कर दिया। 1882 ई. तक विलायत से आने वाले नमक और शराब को छोड़कर प्रायः सभी वस्तुओं पर महसूल और कर पूरी तरह समाप्त कर दिये गए किन्तु हिन्दुस्तान से बाहर जाने वाले माल पर टैक्स लगाने में कोई कोताही नहीं बरती गई। कहने का आशय यह है कि उपनिवेशवादी शासन की प्रायः सभी नीतियाँ भारतीय व्यापार के

विरुद्ध रहीं और इनसे भारतीयों की निर्धनता में अभिवृद्धि हुई।

रेल-निर्माण पर सरकार जिस प्रकार अंधाधुंध खर्च कर रही थी उसको लेकर हिन्दी नवजागरण के बहुत से लेखकों ने उसे आड़े हाथों लिया है। सन् 1910 तक सरकार ने 440 करोड़ रुपया उधार लेकर रेल-निर्माण पर लगाया। इसके ब्याज की भरपाई के लिए जनता से टैक्सों के द्वारा उगाही की गई। हिन्दी नवजागरण के आर्थिक चिन्तन में इस सम्बन्ध में सरकार की भर्त्सना की गई। दरअसल यह भारत के विकास और समृद्धि के लिए किसी भी रूप में आवश्यक नहीं था। यहाँ इसकी आलोचना करते हुए कहा गया कि यदि इस धन से नहरें बनाई जातीं, सिंचाई के अन्य साधनों का विकास किया जाता तो भारत अधिक समृद्ध और विकसित होता।

इन सबके साथ बाहरी युद्धों पर अनावश्य व्यय; निर्धन भारत का रक्त चूसकर दिल्ली दरबार के आडम्बर का ऐश्वर्ययुक्त प्रदर्शन; सिविल सर्विस के अधिकारियों के वेतन पर भारी-भरकम व्यय; जमींदारों की पक्षधरता से कृषकों पर अत्याचारों को प्रोत्साहन—औपनिवेशिक शासन की इन नीतियों और कार्यकलापों ने भारतवासियों की दरिद्रता में अभिवृद्धि की। समग्रत: कहना होगा कि इस देश के किसानों, मजदूरों, शिल्पियों, व्यवसायियों, व्यापारियों की बदहाली का सबसे प्रमुख कारण अंग्रेजी शासक की शोषणपूर्ण मानसिकता और तज्जन्य कार्यकलाप थे।

व्यापारिक और औद्योगिक स्वार्थों की पूर्ति के लिए रेल-निर्माण का उद्योग किया। हिन्दी नवजागरण के आर्थिक चिन्तन में रेल-निर्माण को लेकर सरकार की आलोचना की गई और सरकार से रेल-निर्माण के स्थान पर नहरें खुदवाने और सिंचाई के अन्य साधनों के विस्तार का आग्रह किया गया। सरकार का पक्ष था कि अकाल की विभीषिका से निपटने के लिए अकालग्रस्त क्षेत्रों में दूसरे स्थानों से तेजी से अनाज की आपूर्ति के लिए रेलों का निर्माण आवश्यक है। इसके साथ ही अकाल केवल अनावृष्टि के कारण नहीं पड़ता इसलिए नहरों और सिंचाई के साधनों के विस्तार को अधिक तूल नहीं दिया जाना चाहिए। हिन्दी नवजागरण के आर्थिक चिन्तकों का मानना था कि यदि सरकार नहरों की खुदाई को प्राथमिकता देती—सिंचाई के साधनों का विस्तार करती तो अकाल पड़ने की नौबत ही न आती। रेलों से दूर-दूर के गाँवों से भी अनाज खिंचा चला आता है और बदले में मनोरंजन और विलास की विदेशी चीजों से बाजार पाट दिया जाता है। रेल बनाने में सम्पदा भारत से बाहर जाती है और नहर बनाने में यह रुपया यहीं रह जाता और उससे यहाँ के मजदूर और नहरें खोदने से अन्य सम्बन्धित लोग लाभान्वित होते।

यद्यपि इस देश के किसानों की ऋणग्रस्तता उनकी अपनी परिस्थितियों के दबाव का परिणाम है किन्तु हिन्दी नवजागरण के आर्थिक चिन्तक यह जानते थे कि यदि सरकार चाहती तो किसान महाजनों के मकड़जाल से मुक्त हो सकते थे। इस सम्बन्ध में अनेक सुझाव प्रस्तुत किये गए। इनमें छोटे ऋण के लिए पंचायती बोर्डों का गठन;

सरकार द्वारा ब्याज की राशि की सीमा निर्धारित कर देना; महाजनों द्वारा कर्ज और उसकी अदायगी का पूरा-पूरा हिसाब रखना; नज़राने, खर्चे या दंड मूलधन में न जोड़ा जाना; कर्ज पर डिग्री के लिए किसानों को गिरफ्तार न किया जाना और कर्ज के लिए कृषि सहायक बैंकों की स्थापना विशेष रूप से उल्लेखनीय है। निश्चय ही इस दिशा में तत्कालीन सरकार ने कुछ प्रयास किये किन्तु किसान की ऋणग्रस्तता का पूरा समाधान नहीं हो पाया।

जैसा कि हमने पहले उल्लेख किया, खेती के पुराने तरीकों में बदलाव के बिना किसान की निर्धनता का निवारण सम्भव नहीं है। हिन्दी नवजागरण के आर्थिक चिन्तन में इस विषय में सरकार से बार-बार आग्रह किया गया था कि वह अधिकाधिक कृषि महाविद्यालयों की स्थापना करे। शिक्षित युवकों को, जो किसान परिवारों से हैं—उन्हें कृषि की उन्नत तकनीकों का प्रशिक्षण दें। किसानों को उन्नत बीजों और नये उपकरणों को उपलब्ध कराने के लिए सरकारी अनुदान की व्यवस्था करें। किन्तु इन सुझावों को सरकार ने कोई विशेष महत्त्व नहीं दिया और किसानों की स्थिति में कोई विशेष परिवर्तन नहीं हुआ।

हिन्दी नवजागरण के अधिकांश आर्थिक चिन्तकों ने सिविल सर्विस के अधिकारियों एवं अन्य सरकारी कर्मचारियों के भारी-भरकम वेतन को लेकर सरकार की गम्भीर और सार्थक आलोचना की है। जिस देश का किसान हाड़तोड़ परिश्रम के बाद भी भूखा सो जाता हो; जिस देश का मजदूर और शिल्पी आर्थिक बदहाली का शिकार हो वहाँ इन सफेद हाथियों के वेतन पर जनता की गाढ़ी कमाई का इस प्रकार खर्च किया जाना इन सभी लेखकों की चिन्ता का विषय था। इसके लिए न केवल सरकार की कठोर आलोचना की गई बल्कि उससे यह आग्रह किया गया कि इन लोगों के वेतन में युक्तिसंगत कटौती की जाए। कहने की आवश्यकता नहीं कि सरकार के कानों में इन सुझावों पर जूँ तक नहीं रेंगी और यह फिजूलखर्ची बदस्तूर चलती रही।

भारतवासियों को आर्थिक दुरवस्था से उबारने के लिए हिन्दी नवजागरण के आर्थिक चिन्तन में ऐसे अनेक समाधान प्रस्तुत किये गए हैं, जिनका सम्बन्ध हमारे किसानों, शिल्पियों, श्रमिकों, छोटे व मझोले दुकानदारों, व्यापारियों, उद्योगपतियों आदि से हैं। इन सबके समक्ष जो समाधान प्रस्तुत किये गए उनमें बहुत से ऐसे थे जिन्हें सभी भारतवासियों ने पूरे उत्साह और मनोयोग से अपनाया। कुछ को आधे-अधूरे मन से अपनाया गया। स्वाभाविक रूप से उनके वांछित परिणाम नहीं मिले। किन्तु ऐसा नहीं था कि इन समाधानों को सर्वथा उपेक्षित कर दिया गया हो। हम आगे इन्हीं समाधानों की विवेचना करेंगे।

भारतेन्दु युग से ही हिन्दी नवजागरण के सभी आर्थिक चिन्तकों ने देशवासियों को स्वदेशी अपनाने पर बल दिया। स्वदेशी की अवधारणा का जन्म वैसे तो बंग-भंग

की प्रतिक्रियास्वरूप हुआ किन्तु हिन्दी नवजागरण तक आते-आते इसे अभूतपूर्व समर्थन प्राप्त हुआ और हिन्दी नवजागरण के आर्थिक चिन्तन में भारतवासियों की निर्धनता दूर करने के लिए इसे एक महत्त्वपूर्ण समाधान के रूप में देखा गया। यह माना गया कि यदि सभी भारतवासी स्वदेशी को अपना लें और बाहर से आने वाले विदेशी माल का बहिष्कार करें तो हमारा धन बाहर नहीं जा पाएगा और अंग्रेजी शासन अपने माल की खपत के अभाव में आर्थिक रूप से टूट जाएगा। ऐसा होने पर स्वराज्य मिलने में कोई कठिनाई नहीं होगी। किन्तु यहाँ यह भी उल्लेखनीय है कि हिन्दी नवजागरण के आर्थिक चिन्तक यह भी देख रहे थे कि हमारे ही कुछ व्यापारी और उद्योगपति स्वदेशी की आड़ में अंधाधुंध लाभ कमाने में लगे हुए थे। इससे स्वदेशी माल न केवल महँगा होने लगा उसकी गुणवत्ता का भी ह्रास हुआ। स्वदेशी का आन्दोलन तभी सफल हो सकता था जब व्यापारी और उद्योगपति भी कम लाभ लेकर अधिक गुणवत्ता वाला माल तैयार करके बेचें। वस्तुत: हिन्दी नवजागरण के आर्थिक चिन्तक स्वदेशी आन्दोलन को तभी सफल मानने को तैयार थे जब उसमें हर देशवासी की नि:स्वार्थ सहभागिता हो।

उस दौर में हिन्दी नवजागरण के आर्थिक चिन्तक यह देख रहे थे कि किसानों की आर्थिक बदहाली का एक प्रमुख कारण उनके खेती के पुराने तौर-तरीकों से जुड़े रहना था। विश्व के बहुत से देशों में खेती की भूमि कम होते हुए भी वहाँ के किसान इतनी उपज प्राप्त कर लेते थे कि अपनी जरूरत पूरी करने के अलावा वे अपने उत्पाद बाहर भी भेज सकते थे। किन्तु भारत में कृषि-योग्य भूमि बहुत अधिक होते हुए भी इतनी फसल भी नहीं होती थी कि अपने और अपने देशवासियों की उदर पूर्ति हो सके। इसके लिए उत्तरदायी बहुत से कारणों में एक कारण यह भी माना गया कि हमारे किसान खेती की नई तकनीकों से अनभिज्ञ होने के साथ-साथ खेती के नये औजारों के प्रयोग से भी अपरिचित हैं। इसमें कोई सन्देह नहीं कि इस दिशा में पहल सरकार द्वारा की जानी चाहिए थी किन्तु हिन्दी नवजागरण के चिन्तक यह भी देख और महसूस कर रहे थे कि सरकार की पहल से पूर्व किसानों की खेती को लेकर रूढ़िगत मानसिकता में आधारभूत बदलाव होना आवश्यक है। यदि इस उद्‌देश्य को लेकर किसान संगठित होकर सरकार को नये कृषि-कॉलेज खोलने के लिए बाध्य करते; उन्नत खाद और बीजों की उपलब्धता के लिए आग्रह करते तो निश्चय ही इन कदमों के उठाए जाने से किसानों की आर्थिक स्थिति में बदलाव आता।

मजदूरों का कारखानेदारों द्वारा किया जा रहा आर्थिक शोषण उनकी निर्धनता का एक प्रमुख कारण था। इन मजदूरों से जी-तोड़ काम लिया जाता था और बदले में उन्हें इतना वेतन भी नहीं दिया जाता था कि वे अपनी और अपने परिवार की न्यूनतम जरूरतें पूरी करने में स्वयं को समर्थ पाते। तब ये बाध्य होकर हड़ताल करते थे। हड़ताल को लेकर हिन्दी नवजागरण के आर्थिक चिन्तक एकमत न थे।

इनमें कुछ यह मानते थे कि हड़ताल करने से उत्पादन प्रभावित होता था और तब देश का आर्थिक विकास भी अवरुद्ध हो जाता था। आर्थिक चिन्तकों का दूसरा वर्ग हड़ताल को पूरी तरह न्यायोचित मानता था क्योंकि इसके सिवाय मजदूरों के लिए अपनी निर्धनता से उबरने का कोई उपाय न था। शांतिपूर्वक की गई हड़ताल को उस दौर के लेखकों ने पूरी तरह उचित माना।

हिन्दी नवजागरण के उस दौर में भी बहुत से शिक्षित युवक बेकार थे। इस शिक्षा की विडम्बना यह थी कि उसमें कला-शिक्षण; शिल्प-कौशल; ज्ञान-विज्ञान के प्रशिक्षण का कोई स्थान न था। शिक्षा के बाद सरकारी नौकरियों के लिए इन नवयुवकों को सरकारी नौकरियों में ही अधिक सुभीता दिखाई देता था। सरकारी नौकरियों की संख्या तब भी इतनी अधिक नहीं थी कि सभी शिक्षित लोगों को वहाँ समायोजित किया जा सके। इससे बड़ी संख्या में शिक्षित पुरुषों को बेकारी का सामना करना पड़ा और देश की निर्धनता को बढ़ावा मिला।

हिन्दी नवजागरण के आर्थिक चिन्तन में भारतवासियों की निर्धनता के सम्पूर्ण परिदृश्य का अंकन एवं उसके उन सभी कारणों की खोज जो औपनिवेशिक शासन, परिस्थितियों के दबावों एवं स्वयं देशवासियों से जुड़े हैं, की गम्भीर पड़ताल स्वयं में एक बड़ी उपलब्धि है। किन्तु इन सबके साथ इस दौर के आर्थिक प्रश्नों से जूझ रहे प्रायः सभी लेखकों ने संक्षेप में अथवा विस्तारपूर्वक भारतवासियों की दरिद्रता के निवारण के लिए ठोस, कारगर एवं व्यावहारिक समाधान भी प्रस्तुत किये हैं। इन समाधानों में से कुछ के कार्यान्वयन के लिए सरकार को भी सुझाव दिये गए हैं। यह बात अलग है कि औपनिवेशिक मानसिकता से ग्रस्त तत्कालीन शासन ने इन सुझावों को कभी गम्भीरता से नहीं लिया। दूसरी ओर इन आर्थिक चिन्तकों ने इस देश की गरीबी को दूर करने के लिए ऐसे अनेक समाधान प्रस्तुत किये जिनका कार्यान्वयन करके भारत को आर्थिक समृद्धि की दिशा में उन्मुख किया जा सकता था। इन समाधानों में कुछ को तेजी से अपनाया भी गया और कुछ धीरे-धीरे अमल में लाए गए।

पहले हिन्दी नवजागरण के आर्थिक चिन्तकों द्वारा सरकार को दिये गए उन सुझावों पर बात करते हैं जिनको यदि सरकार अमल में लाती तो किसानों, मजदूरों, शिल्पियों, व्यापारियों की आर्थिक दशा में सुधार हो सकता था। हिन्दी नवजागरण के आर्थिक चिन्तन में सबसे अधिक प्राथमिकता इस सुझाव को दी गई कि सरकार लगान, मालगुजारी और अन्य करों की जो भारी-भरकम दरों पर वसूली करती है, उन दरों को भारतवासियों की निर्धनता और बदहाली को देखते हुए तर्कसंगत बनाया जाए। औपनिवेशिक सरकार जिस प्रकार बाहरी युद्धों, सिविल सर्विस के अधिकारियों के भारी-भरकम वेतन, ऐश्वर्य एवं आडम्बर के प्रदर्शन पर अनावश्यक व्यय करती थी यदि उसे वह कम करती तो निश्चय ही लगान, मालगुजारी आदि की दरों में

भारी-भरकम कमी की जा सकती थी। किन्तु ऐसी सरकार जो करों के दोहन से भारतवासियों के रक्त की एक-एक बूँद निचोड़ लेना चाहती हो उससे भला कैसे अपेक्षा की जा सकती थी कि वह भारतवासियों पर लद रहे करों के बोझ को कम करेगी।

सरकार की आबकारी नीतियों को लेकर भी हिन्दी नवजागरण के आर्थिक चिन्तन में सटीक आलोचना की गई है। आलोचना का मूल बिन्दु यह था कि सरकार शराब आदि नशीले पदार्थों से जो कमाई करती है उससे भारतवासी नैतिक रूप से पतित हो रहे हैं। इन चिन्तकों का यह मानना था कि यदि सरकार आबकारी की कमाई का लालच छोड़ दे और अन्य स्रोतों को आय का जरिया बनाए तो यह भारतवासियों के लिए हितकर होगा।

निस्सन्देह इस देश के लोगों की निर्धनता का सबसे प्रमुख कारणं औपनिवेशिक शासन और उसकी दोषपूर्ण नीतियाँ थीं किन्तु कुछ कारण ऐसे भी थे जिनके लिए ऐसी परिस्थितियाँ उत्तरदायी थीं जिनका शासन की शोषणपरक नीतियों से सीधा सम्बन्ध नहीं था किन्तु अप्रत्यक्ष रूप से ये परिस्थितियाँ कहीं न कहीं किसी न किसी रूप में शासन की उन्हीं नीतियों से जुड़ी थीं। जैसे किसानों की ऋणग्रस्तता को लें। कर्ज लेना तब भी किसान की विवशता थी आज भी है। किन्तु हिन्दी नवजागरण के दौर में किसानों की ऋणग्रस्तता अधिक भयावह थी। महाजन किस प्रकार मनमाने ब्याज पर ऋण देकर किसान को अपने जाल में जकड़कर उसकी निर्धनता को चिरस्थायी बनाते हैं, कैसे उसकी अगली पीढ़ियाँ भी महाजन के ऋण-जाल से मुक्त नहीं हो पातीं इसका प्रामाणिक और लोमहर्षक वर्णन हिन्दी नवजागरण के आर्थिक चिन्तन में स्थान-स्थान पर मिल जाता है। यह ऋणग्रस्तता किसानों की निर्धनता का एक प्रमुख कारण है। किन्तु सामान्यत: कोई किसान ऋण नहीं लेना चाहता। सामाजिक और सांस्कृतिक दबावों में उसे ऋण लेना पड़ता है।

जमींदारों का एक अपना वर्ग था जो सरकार का एजेंट बनकर किसानों से लगान की वसूली करता था। यह वर्ग अपने चरित्र में विलासी, काहिल, खुशामद पसन्द, यथास्थितिवादी और क्रूर था। अपने काश्तकारों से उसका सम्बन्ध लगान वसूल करने तक था और उसके लिए अत्याचार की किसी भी सीमा तक जाने के लिए वह तैयार रहता था। हिन्दी नवजागरण के अनेक आर्थिक चिन्तकों ने जमींदारों के इस वर्ग-चरित्र का पर्दाफाश करते हुए सरकार की इस बात के लिए भर्त्सना की है कि वह जमींदारों के हित-साधन हेतु किसानों पर होने वाले अत्याचारों से आँखें मूँदकर उन्हें निर्धन बने रहने पर विवश कर रही है।

अधिकांश किसान क्योंकि अशिक्षित थे और खेती में पुराने तौर-तरीकों का ही इस्तेमाल करते थे अत: खेती में वे उन्नत बीजों और खाद का उपयोग नहीं कर पाते थे। क्योंकि उस समय खेती पर अधिकांश लोग निर्भर थे अत: भूमि पर निरन्तर कृषि-कार्य किया जाता था। इससे भूमि की उर्वराशक्ति निरन्तर घटती जा रही थी। इससे

उपज भी निरन्तर कम होती जा रही थी। इसके साथ ही जैसे-जैसे परिवार बढ़ते जा रहे थे वैसे-वैसे अगली पीढ़ी तक भूमि का विभाजन होने के कारण जमीन की जोत भी घटती जाती थी। इसका परिणाम यह हुआ कि उपज में भी निरन्तर कमी आती जा रही थी। किसानों की आर्थिक बदहाली का एक यह भी कारण था।

इस देश के लोगों की निर्धनता के परिस्थितिजन्य कारणों के साथ कुछ कारण ऐसे भी थे जिनके लिए वे स्वयं भी उत्तरदायी थे। इन कारणों का निवारण उनके अपने प्रयासों से सम्भव था। एक कारण यह कि निर्धनता की पीड़ा झेलते हुए भी भारतवासी प्राय: यह जानने में कोई रुचि नहीं रखते थे कि उनकी गरीबी के मूलभूत कारण क्या हैं और उनको दूर करने के लिए उन्हें क्या करना चाहिए। निर्धनता के कारणों और उन कारणों के निवारण के लिए यह आवश्यक है कि उन्हें अर्थशास्त्र की आधारभूत बातों का ज्ञान हो। इतिहास साक्षी है कि वणिकों-व्यापारियों को छोड़ दें तो भी अधिकांश भारतीयों की धन के अर्जन और वृद्धि के लिए आवश्यक अर्थशास्त्र की मूलभूत बातों में कोई रुचि नहीं रही। भाग्यवाद पर आस्था; धन को माया से जोड़ने की प्रवृत्ति; संसार और स्वयं की नश्वरता का बोध और सबसे बढ़कर अशिक्षा, अर्थशास्त्र में अरुचि के प्रमुख कारण रहे। हिन्दी नवजागरण के आर्थिक चिन्तन में भारतवासियों की अर्थशास्त्र में अरुचि पर गम्भीर चिन्ता व्यक्त की गई है। कुछ आर्थिक चिन्तकों ने अर्थशास्त्र के मूलभूत सिद्धान्तों की विवेचना करके इस अभाव की पूर्ति का प्रयास भी किया। अस्तु, यह एक स्थापित तथ्य है कि अर्थशास्त्र के आधारभूत पक्षों का अज्ञान भी उस दौर में निर्धनता का एक प्रमुख कारण बना रहा।

इस देश के पूँजीपतियों की यथास्थितिवादी मानसिकता आर्थिक समुन्नति में एक प्रमुख बाधा थी। जिनके पास पूँजी थी वे उसे किसी व्यापार या उद्योग में लगाने की अपेक्षा उसे अपने पास संचित रखने या उससे ब्याज कमाने में सन्तुष्ट रहते थे। वे अपनी पूँजी को लगाकर कोई उद्योग खड़ा करने से प्राय: बचते थे। यही नहीं, इन पूँजीपतियों में आपस में इतना अधिक वैमनस्य और अविश्वास था कि वे अंग्रेजों की भाँति शेयरों के द्वारा सहकारी आधार पर कोई उद्योग खड़ा करने की बात सोच तक नहीं सकते थे। हिन्दी नवजागरण में आर्थिक पक्ष पर लिखने वाले लेखकों ने पूँजीपतियों की इस मानसिकता की कठोर भर्त्सना की थी। उन्होंने पूँजीपतियों का आह्वान किया कि वे अपनी पूँजी को संचित रखने की प्रवृत्ति से उबरें और आपसी सहयोग और सहकार के द्वारा नये-नये उद्योगों की स्थापना करें। ऐसा होने पर देश के औद्योगिक विकास के साथ देश में बढ़ रही बेकारी को दूर करने में भारी मदद मिल सकती थी। हिन्दी नवजागरण के आर्थिक चिन्तन में पूँजीपतियों एवं व्यापारियों से आग्रह किया गया है कि वे संचित पूँजी को गतिशील बनाए रखने का प्रयत्न करें। जिनके पास उस दौर में पूँजी होती थी वे उसे अपने पास संचित रखते थे। उनसे इन आर्थिक चिन्तकों ने आग्रह किया कि वे अपने पूँजी का उद्योग स्थापित करने में निवेश

करें। आपसी अविश्वास से मुक्त होकर जोखिम लेकर नये उद्योग खड़े करें ताकि उनके लाभ की मात्रा तो बढ़े ही, बहुत से बेकार लोगों को रोजगार भी मिल सके। अपने व्यापार और उद्योगों में वे नई-नई मशीनें और अधुनातन तकनीकों का उपयोग करें। इस समाधान को अमल में लाने को निश्चय ही बहुत से उद्योगपति और व्यापारी आगे आए और एक हद तक व्यापार और उद्योग धंधों की स्थिति में सुधार हुआ।

समग्रत: हिन्दी नवजागरण का आर्थिक चिन्तन पूरी तरह राष्ट्रवाद से प्रेरित और प्रभावित है। इस दौर के आर्थिक चिन्तक भारतवासियों की निर्धनता के परिदृश्य को न केवल पूरी प्रामाणिकता के साथ प्रस्तुत करते हैं बल्कि इस प्रस्तुतीकरण में राष्ट्रभावना की सच्ची संवेदनशीलता है। वे केवल किसानों, मजदूरों, शिल्पियों की दुरवस्था का अंकन ही नहीं करते; इस दुरवस्था की पृष्ठभूमि में मौजूद औपनिवेशिक सत्ता की कठोर भर्त्सना भी करते हैं। और इसके साथ ही भारतवासियों की दरिद्रता के निवारण के लिए सरकार और जनता को रचनात्मक सुझाव भी प्रस्तुत करते हैं। यह आर्थिक चिन्तन न मौलिक है और न परम्परा से विच्छिन्न ही। 1857 की जनक्रान्ति में भी भारतवासियों की आर्थिक खुशहाली का सपना देखा गया। बहादुरशाह जफर का घोषणा-पत्र इसका एक महत्त्वपूर्ण साक्ष्य है। दादाभाई नौरोजी के निकासी सिद्धान्त और रमेशचन्द्र दत्त की कम्पनी के शासन में भारतवासियों की निर्धनता पर उनकी आर्थिक विवेचना हिन्दी नवजागरण के आर्थिक चिन्तन की पृष्ठभूमि बने। स्वदेशी की भावना ने इस आर्थिक चिन्तन का पथ प्रशस्त किया। हिन्दी नवजागरण के आर्थिक चिन्तक अपने-अपने दौर में यह देख और महसूस कर रहे थे कि औपनिवेशिक शासन ने लगान और मालगुजारी में बेतहाशा बढ़ोतरी; भारतीय शिलपोद्योग को जानबूझकर नष्ट कर देने; दूसरे देशों पर आक्रमण या अनावश्यक हस्तक्षेप पर बेतहाशा खर्च; नहरों के स्थान पर रेल-निर्माण को प्राथमिकता; सिविल सर्विस के 'सफेद हाथियों' पर भारी-भरकम व्यय आदि ने इस देश के किसानों और मजदूरों को आर्थिक बदहाली के अन्तिम छोर पर पहुँचा दिया है। इसके साथ ही किसानों में कृषि-शिक्षा के अभाव; खेती के पुराने तौर-तरीके; पूँजीपतियों में पश्चिम के उद्योगपतियों की भाँति भारी उपक्रम स्थापित करने की साहिसकता का अभाव; सेठ-साहूकारों की धन को दबा रखने की प्रवृत्ति—इन सब पर हिन्दी नवजागरण के आर्थिक चिन्तकों की निगाह है। वे इन समस्याओं और प्रवृत्तियों के निराकरण के लिए महत्त्वपूर्ण सुझाव तो प्रस्तुत करते ही हैं; इनके लिए सरकार के साथ किसानों, मजदूरों, भारतीय उद्योगपतियों, धन्नासेठों की भर्त्सना करने से भी नहीं चूकते। वे हिन्दी पट्टी के शिक्षितों को आर्थिक रूप से जागरूक करने के लिए अपनी सीमाओं में अर्थशास्त्र का एक ढाँचा भी खड़ा करते हैं। वस्तुत: यह हिन्दी नवजागरण का आर्थिक चिन्तन नहीं यह सुप्त औपनिवेशिक सत्ता को हिला डालने वाली आर्थिक विवेचना और भारतवासियों के लिए अभूतपूर्व आर्थिक जागरण है।

निस्सन्देह हिन्दी नवजागरण के आर्थिक चिन्तन ने औद्योगिक विकास को प्रमुखता दी किन्तु भारत राजनीतिक स्वतंत्रता प्राप्त कर आर्थिक रूप से विदेशी शक्तियों पर जिस प्रकार निर्भर हो गया उससे एक नये तरह के उपनिवेशवाद ने हमें अपनी लपेट में ले लिया। हम उस समय की स्वदेशी अवधारणा के ठीक विपरीत ध्रुव पर खड़े हैं जहाँ हमने चाहे-अनचाहे विदेशी शक्तियों की अधीनता स्वीकार कर ली। हिन्दी नवजागरण के आर्थिक चिन्तन ने उपनिवेशवादी शक्तियों द्वारा किये जा रहे भारत के आर्थिक शोषण के विरुद्ध अनेक विकल्पात्मक सम्भावनाओं का पथ प्रशस्त किया। हम आजादी के बाद आर्थिक उदारवाद की कोख से जन्मी आर्थिक गुलामी का कारगर विकल्प प्रस्तुत करना तो दूर उसका प्रतिरोध भी नहीं कर सके। हिन्दी नवजागरण में आधुनिकता का जो स्पन्दन था वह सांस्कृतिक, सामाजिक, आर्थिक और राजनीतिक स्वत्व पाने की छटपटाहट से पैदा हुआ था। वह आर्थिक उदारीकरण की सन्तानों—बाजार, उपभोक्तावाद, मीडिया के छल-छंद और अपसंस्कृति की विडम्बनाओं से नहीं उपजा था। नवधनाढ्यों की माँग; सब कुछ खरीद लेने की इच्छा और उसके प्रदर्शन की हर छटपटाहट ने हिन्दी नवजागरण के विवेक सम्पन्न संवेदनशील मनुष्य को उपभोक्ता में तब्दील कर दिया है। संस्कृति आत्मा का भोजन न रहकर उद्योग बन गई है। पत्रकारिता जो नवजागरण काल में एक मिशन थी, वह तकनीकी से सम्पन्न होते हुए भी राजनेताओं, पूँजीपतियों और अन्य ताकतवार लोगों की दासी बन गई है।

स्थितियाँ सचमुच विकट हैं। किन्तु मनुष्य में वह शक्ति है कि वह अपनी प्रचंड जिजीविषा और इच्छाशक्ति के बल पर उन पर विजय प्राप्त कर सकता है। हमें अतीत के प्रासंगिक उत्तमांश और नई चुनौतियों में समन्वय और सन्तुलन साधते हुए एक नये राष्ट्रवादी आर्थिक चिन्तन से भारत के आर्थिक भविष्य की पुनर्रचना करनी होगी।

सहायक ग्रन्थ सूची

1. भूमंडलीकरण के भँवर में भारत, कमलनयन काबरा, प्रकाशन संस्थान, दिल्ली, द्वितीय संस्करण-2008
2. महामन्दी की वापसी, पॉल क्रुगमैन, अनुवादक अरविन्दमोहन, वाणी प्रकाशन, दिल्ली, संस्करण-2009
3. शोषण के अभयारण्य, अशोक कुमार पांडेय, शिल्पायन, दिल्ली, संस्करण-2010
4. प्रेमाश्रम, प्रेमचन्द, वाणी प्रकाशन, दिल्ली, संस्करण-2010
5. सन् सत्तावन की राज्यक्रान्ति और मार्क्सवाद, रामविलास शर्मा, लोकभारती प्रकाशन, इलाहाबाद, संस्करण-2007
6. भारतीय नवजागरण और पुनरुत्थानवादी चेतना, मोहित कुमार हालदार, अनुवादक—कर्ण सिंह चौहान, ग्रन्थ शिल्पी, संस्करण-2000
7. प्रेमचन्द के विचार, भाग-1, सम्पादक—रामविलास गुप्त, प्रकाशन संस्थान, दिल्ली, संस्करण-2003
8. प्रेमचन्द के विचार, भाग-2, सम्पादक—रामविलास गुप्त, प्रकाशन संस्थान, दिल्ली, संस्करण-2003
9. गोदान, प्रेमचन्द, प्रकाशन संस्थान, दिल्ली, संस्करण-2019
10. आधुनिक भारत का इतिहास, बी.एल. ग्रोवर, एस. चन्द एंड कम्पनी लि., दिल्ली, संस्करण-1999
11. औपनिवेशिक भारत में सांस्कृतिक और विचारधारात्मक संघर्ष, के.एन, पणिक्कर, अनुवाद—आदित्यनारायण सिंह, ग्रन्थ शिल्पी, दिल्ली, संस्करण-2003
12. राधामोहन गोकुल समग्र, भाग-1, संकलन एवं सम्पादन—कर्मेन्दु शिशिर, अनामिका पब्लिशर्स एंड डिस्ट्रीब्यूटर्स, दिल्ली, संस्करण-2009
13. राधामोहन गोकुल समग्र, भाग-2, संकलन एवं सम्पादन—कर्मेन्दु शिशिर, अनामिका पब्लिशर्स एंड डिस्ट्रीब्यूटर्स, दिल्ली, संस्करण-2009
14. नवजागरण की इतिहास चेतना, सम्पादक—प्रदीप सक्सेना, वाणी प्रकाशन, दिल्ली, संस्करण-2017
15. भारत का भूमंडलीकरण, सम्पादक—अभय कुमार दुबे, वाणी प्रकाशन, दिल्ली, संस्करण-2003
16. मर्यादा, खंड-3, सम्पादक—कर्मेन्दु शिशिर, अनन्य प्रकाशन, दिल्ली, संस्करण-2017
17. मर्यादा, खंड-6, सम्पादक—कर्मेन्दु शिशिर, अनन्य प्रकाशन, दिल्ली, संस्करण-2017
18. बालकृष्ण भट्ट रचनावली, सम्पादक—समीर कुमार पाठक, अनामिका पब्लिशर्स एंड डिस्ट्रीब्यूटर्स, संस्करण-2015

19. भारत में अंग्रेजी राज और मार्क्सवाद, भाग-1, रामविलास शर्मा, राजकमल प्रकाशन, दिल्ली, संस्करण-2002
20. भारत में अंग्रेजी राज और मार्क्सवाद, भाग-2, रामविलास शर्मा, राजकमल प्रकाशन, दिल्ली, संस्करण-2002
21. हरिश्चन्द्र, बाबू शिवनन्दन सहाय, उत्तर प्रदेश हिन्दी संस्थान, लखनऊ, संस्करण-2007
22. बालमुकुन्द गुप्त ग्रन्थावली, नत्थन सिंह, हरियाणा साहित्य अकादमी, चंडीगढ़, संस्करण-1993
23. प्रतापनारायण ग्रन्थावली, विजयशंकर मल्ल, नागरी प्रचारिणी सभा, काशी, संस्करण-1992
24. प्रेमघन सर्वस्व, द्वितीय भाग, प्रभाकरेश्वर उपाध्याय, हिन्दी साहित्य सम्मेलन, प्रयाग, संस्करण-2007
25. नवजागरणकालीन पत्रकारिता और सारसुधानिधि, भाग-1, सम्पादक—कर्मेन्दु शिशिर, अनामिका पब्लिशर्स एंड डिस्ट्रीब्यूटर्स, संस्करण-2008
26. नवजागरणकालीन पत्रकारिता और सारसुधानिधि, भाग-2, सम्पादक—कर्मेन्दु शिशिर, अनामिका पब्लिशर्स एंड डिस्ट्रीब्यूटर्स, संस्करण-2008
27. दुस्समय में साहित्य, शंभुनाथ, वाणी प्रकाशन, दिल्ली, संस्करण-2002
28. संस्कृति की उत्तरकथा, शंभुनाथ, वाणी प्रकाशन, दिल्ली, संस्करण-2000
29. सभ्यता से संवाद, शंभुनाथ, वाणी प्रकाशन, दिल्ली, संस्करण-2008
30. प्रौद्योगिकी और भारत में अंग्रेजी राज, सम्पादक—दीपक कुमार, रॉय मैक लायड, ग्रन्थ शिल्पी, दिल्ली, संस्करण-2003
31. विज्ञान और भारत में अंग्रेजी राज, दीपक कुमार, अनुवादक—चन्द्रभूषण, ग्रन्थ शिल्पी, दिल्ली, संस्करण-1998
32. भारत का मुक्ति संग्राम, अयोध्या सिंह, ग्रन्थ शिल्पी, दिल्ली, संस्करण-1982
33. साम्राज्यवाद का उदय और अस्त, अयोध्या सिंह, प्रकाशन संस्थान, दिल्ली, संस्करण-2002
34. सामाजिक क्रान्ति के दस्तावेज, भाग-1, शंभुनाथ, वाणी प्रकाशन, दिल्ली, संस्करण-2004
35. सामाजिक क्रान्ति के दस्तावेज, भाग-2, शंभुनाथ, वाणी प्रकाशन, दिल्ली, संस्करण-2004
36. हिन्द स्वराज्य, महात्मा गांधी, डायमंड बुक्स, दिल्ली, संस्करण-2009
37. संस्कृति उद्योग, टी.डब्ल्यू. एडर्नो, अनुवादक—राम कवीन्द्र सिंह, ग्रन्थ शिल्पी, दिल्ली, संस्करण-2006
38. देश की बात, देवनारायण द्विवेदी, सम्पादक—मैनेजर पांडेय, स्वराज प्रकाशन, दिल्ली, संस्करण-2012
39. हिन्दी नवजागरण और संस्कृति, शंभुनाथ, आनन्द प्रकाशन, कोलकाता, संस्करण-2004
40. सम्पत्तिशास्त्र, महावीर प्रसाद द्विवेदी, यश पब्लिकेशंस, दिल्ली, संस्करण-2009
41. महावीर प्रसाद द्विवेदी : रचना-संचयन, सम्पादक—भारत यायावर, साहित्य अकादमी, दिल्ली, संस्करण-2006
42. भारतेन्दु हरिश्चन्द्र और हिन्दी नवजागरण की समस्याएँ, रामविलास शर्मा, राजकमल प्रकाशन, दिल्ली, संस्करण-2004
43. महावीर प्रसाद द्विवेदी और हिन्दी नवजागरण, रामविलास शर्मा, राजकमल प्रकाशन, दिल्ली, संस्करण-2002
44. भारतीय संस्कृति और हिन्दी प्रदेश, भाग-1, रामविलास शर्मा, किताबघर प्रकाशन, दिल्ली, संस्करण-1999

45. भारतीय संस्कृति और हिन्दी प्रदेश, भाग-2, रामविलास शर्मा, किताबघर प्रकाशन, दिल्ली, संस्करण-1999
46. बंगाल में स्वदेशी आन्दोलन, सुमित सरकार, अनुवादक—आदित्य नारायण सिंह, ग्रन्थ शिल्पी, दिल्ली, संस्करण-2002
47. बाजार के बीच बाजार के खिलाफ, प्रभा खेतान, वाणी प्रकाशन, दिल्ली, संस्करण-2010
48. 1857 का स्वातंत्र्य समर, विनायक दामोदर सावरकर, प्रभात प्रकाशन, दिल्ली, संस्करण-2007
49. बाजार और समाज, गिरीश मिश्र, स्वराज प्रकाशन, दिल्ली, संस्करण-2009
50. भूमंडलीकरण और भारत, परिदृश्य और विकल्प, अमित कुमार सिंह, सामयिक प्रकाशन, दिल्ली, संस्करण-2009
51. The Economic History of India, Tirthankar Roy, Oxford University Press, Edition-2011
52. भारतीय नवजागरण और समकालीन सन्दर्भ, कर्मेन्दु शिशिर, नई किताब प्रकाशन, दिल्ली, संस्करण-2013
53. The Economic History of India, Part-I, Romesh Chander Dutt, Publication Division, Delhi, Edition-2006
54. The Economic History of India, Part-II, Romesh Chander Dutt, Publication Division, Delhi, Edition-2006
55. दूसरे नवजागरण की ओर, शंभुनाथ, ज्ञान भारती, दिल्ली, संस्करण-1993
56. उदारीकरण की राजनीति, राजकिशोर, वाणी प्रकाशन, दिल्ली, संस्करण-1998
57. आर्थिक विचारों का इतिहास, राजेश कुमार वर्मा, शिशिर कुमार वर्मा, राधा पब्लिकेशंस, दिल्ली, संस्करण-2012
58. भारतेन्दु समग्र, सम्पादक हेमन्त शर्मा, प्रचारक ग्रन्थावली योजना, वाराणसी, संस्करण-1987
59. हिन्दुस्तान की कहानी, जवाहरलाल नेहरू, सस्ता साहित्य मंडल प्रकाशन, दिल्ली, संस्करण-2013
60. देश की बात, सखाराम गणेश देउस्कर, सम्पादक—मैनेजर पांडेय, नेशनल बुक ट्रस्ट, दिल्ली, संस्करण-2005
61. आधुनिक भारत का आर्थिक इतिहास, गिरीश मिश्र, ग्रन्थ शिल्पी, संस्करण-1997
62. बड़े घर की बेटी और अन्य कहानियाँ, सम्पादन—सुरेश सलिल, शिक्षा भारती, दिल्ली, संस्करण-2018
63. बँगला नवजागरण, सुशोभन सरकार, अनुवादक—एस.एन. कानूनगो, ग्रन्थ शिल्पी, दिल्ली, संस्करण-1997
64. लोक देव नेहरू, रामधारी सिंह दिनकर, नेशनल पब्लिशिंग हाउस, दिल्ली, संस्करण-1989
65. आज का भारत, रजनी पामदत्त, ग्रन्थ शिल्पी, दिल्ली, संस्करण-2004
66. उपभोक्तावाद, गिरीश मिश्र, ग्रन्थ शिल्पी, दिल्ली, संस्करण-2014
67. जनमाध्यमों का मायालोक, नोमचॉम्स्की, अनुवादक—चन्द्रभूषण, ग्रन्थ शिल्पी, दिल्ली, संस्करण-2006
68. महावीर प्रसाद द्विवेदी रचनावली, भाग-15, सम्पादक—भारत यायावर, किताबघर प्रकाशन, दिल्ली, संस्करण-2015
69. स्वाधीनता संग्राम : बदलते परिप्रेक्ष्य, रामविलास शर्मा, हिन्दी माध्यम कार्यान्वयन निदेशालय,

दिल्ली विश्वविद्यालय, दिल्ली, संस्करण-1992
70. राज से स्वराज, रामचन्द्र प्रधान, मैकमिलन, दिल्ली, संस्करण-2012
71. औपनिवेशिक भारत में विज्ञान, प्रौद्योगिकी और आयुर्विज्ञान : डैविड आर्नोल्ड, वाणी प्रकाशन, दिल्ली, संस्करण-2005
72. भारत में उपनिवेशवाद और राष्ट्रवाद, सम्पादक—सत्या राय, हिन्दी माध्यम कार्यान्वयन निदेशालय, दिल्ली विश्वविद्यालय, दिल्ली, संस्करण-1990
73. महावीर प्रसाद द्विवेदी का महत्त्व, सम्पादक—भारत यायावर, किताबघर प्रकाशन, दिल्ली, संस्करण-2003
74. बर्नियर की भारत यात्रा, फैंक्सिस बर्नियर, अनुवादक—गंगा प्रसाद गुप्त, नेशनल बुक ट्रस्ट, दिल्ली, संस्करण-1997
75. भारत में आर्थिक राष्ट्रवाद का उद्भव और विकास, बिपन चन्द्र, अनामिका पब्लिशर्स एंड डिस्ट्रीब्यूटर्स, दिल्ली, संस्करण-2008
76. मुगलकालीन भारत की आर्थिक संरचना, ए.आई. चिचेरोव, अनुवादक—मंगलनाथ सिंह, ग्रन्थ शिल्पी, दिल्ली, संस्करण-2003
77. भारत विभाजन की अन्त:कथा, प्रियंवद, भरतीय ज्ञानपीठ, दिल्ली, संस्करण-2008
78. समाज-विज्ञान विश्वकोश, खंड-4, सम्पादक—अभय कुमार दुबे, राजकमल प्रकाशन, दिल्ली, संस्करण-2013
79. माधवराव सप्रे : प्रतिनिधि संकलन, सम्पादक—नामवर सिंह, मैनेजर पांडेय, नेशनल बुक ट्रस्ट, संस्करण-2009
80. आधुनिक भारत, सुमित सरकार, रामकमल प्रकाशन, दिल्ली, संस्करण-1993
81. एक थे राधा मोहन गोकुल, सम्पादक—कर्मेन्दु शिशिर, यश पब्लिकेशंस, दिल्ली, संस्करण-2015
82. बालमुकुन्द गुप्त : निबन्धों की दुनिया, प्रधान सम्पादक—निर्मला जैन, वाणी प्रकाशन, दिल्ली, संस्करण-2009
83. आधुनिक भारत का इतिहास, रामलखन शुक्ल, हिन्दी माध्यम कार्यान्वयन निदेशालय, दिल्ली विश्वविद्यालय, दिल्ली, संस्करण-1988
84. हिन्दी साहित्य का इतिहास, आचार्य रामचन्द्र शुक्ल, प्रकाशन संस्थान, नई दिल्ली, संस्करण-2019
86. कांग्रेस का इतिहास, भाग-1, पट्टाभिसीतारनैया, सस्ता साहित्य मंडल, दिल्ली, संस्करण-2009
87. Poverty of India, Dada Bhai Nauroji, London, Edition-1878
88. Poverty and Un British rule in India, Dada Bhai Nauroji, Landon, Edition-1901
89. Speeches and Writings, Dada Bhai Nauroji, Bombay, Edition-1887
90. भारत में अंग्रेजी राज, भाग-1, सुन्दरलाल, ओंकार प्रेस, इलाहाबाद, संस्करण-1929
91. भारत में अंग्रेजी राज, भाग-2, सुन्दरलाल, ओंकार प्रेस, इलाहाबाद, संस्करण-1938